アフリカ文化探検

半世紀の歴史から未来へ

田中二郎
JIRO TANAKA

京都大学学術出版会

序

二〇一六年一一月には私が初めてアフリカ探検の第一歩を踏み出した一九六六年からちょうど五〇年の歳月を迎えることになる。五〇年という長年月の間に私はじつに三〇回もアフリカを往復し、通算すると八年間近くこの大陸に滞在して、その自然に浸り、そこに生きる人びとと暮らしをともにしながら人類学的な調査をおこなってきた。

調査は主として南部アフリカのカラハリ半砂漠の原野に住む狩猟採集民ブッシュマンを対象としてきたが、南部アフリカに続いて東アフリカと中央アフリカ、そして非常に短期間ではあるが、西アフリカ、北アフリカへと変化に富んだこの大陸を見てまわることができた。

七ヵ月も続く長い夏には日中気温が四二度に達し、冬には氷点下一〇度近くまで冷え込む、乾ききって厳しいカラハリの荒野の中で、よくぞ長い年月を暮らし続けてきたものである。振りかえってみれば我ながら感心するばかりである。

その間、アフリカは大きく変わった。かつての自然環境や人びとの暮らしには、今では全く見られない事柄も少なくない。最後にアフリカを訪ねたのは二〇一一年三月のことだから、実際にアフリカへ通い続けたのは四五年間ということになるが、ちょうど半世紀の節目を迎えた今、私が初めてカラハリの地を探検旅行して以来、三〇回にわたって経験してきた探索と観察調査の記録を纏め、新しい時代のアフリカ研究の礎としておきたいと筆をとった次第である。

本書は四部構成からなっているが、簡単にその概要を紹介しておくことにする。

■第1部　未知の民のもとへ――初期アフリカ研究の記録

長年のあこがれの地であったアフリカ大陸へようやく出かけることができ、広大なカラハリの原野とそこに住むブッシュマンを求めてボツワナ国内を駆けめぐる。地理的探検の時代は過ぎ去ったとはいえ、野生動植物の狩猟と採集だけで一〇〇パーセント自然に依存して生きるブッシュマンがどこにどのくらいいるのかもまだ知られていない頃のことである。何ヵ月もの探索の末、ついに町や村から一五〇キロも離れたブッシュのなかに、自然に溶け込んで自給自足の生活を送っている人びとを発見した。

ひとつひとつの単語を教えてもらいながら言葉を覚えていき、人びとがどんなものをどれだけ、どのようにして手に入れて生活を成り立たせているのか、また、人びとの親族関係や居住集団の編成の仕方を追いながら、離合集散しつつ移動生活を送る人びとの姿を克明に観察し、記録していった。生態人類学の先駆けとなったブッシュマン研究の進展状況と成果の概要をここでは記している。

■第2部　アフリカ研究の発展

ブッシュマン研究に一区切りをつけて、一九七〇年代後半には舞台を主に東アフリカに移し、牧畜民の研究にとりかかる。狩猟採集民については、ブッシュマン研究を皮切りとしてコンゴ森林のピグミー研究が進展し、また、自然に強く依存して生きる焼畑農耕民の研究もタンザニアやコンゴなどで進みだしていた。狩猟、採集、漁労、農耕、牧畜といった人類の生業様式のなかで、生態人類学の手法で手つかずに残されているのは牧畜だけとなっていたので、私はケニア北部に住む遊牧民の研究に着手することにした。

短期間ずつ、ブッシュマンのその後を追跡し、森住みの狩猟民との比較のためにピグミーの地を訪ね、さらに焼畑農耕の民トングウェを訪れたが、主力はケニアの半砂漠地帯に住むラクダ遊牧民レン

写真●序－1　食料のほとんどを植物に依存しているとは言え、狩猟採集民にとって、狩りによって得られる動物は特別な存在である（第2章参照）。キリンを仕留めたブッシュマンの男たち。

写真●序―2　狩猟採集民 hunter-gatherers と称されるが、アフリカの場合、その食料のほとんどは植物に依存していることを明らかにし、それまでの hunter-gatherers 理解を大きく変えた生態人類学的研究は（第２章参照）、日本のアフリカ文化研究50年の初期における誇るべき成果の一つである。採取した野性キュウリ（*Cucumis Kalahariensis*）の根を降ろして休息するカデのブッシュマンの女。彼女は、本書にしばしば登場する、キュエロの第１夫人ツァムクエである。

ディーレ、ウシ遊牧民ポコットとトゥルカナの調査に費やした。これら六年間の踏査の記録がここには記されている。

■第3部　変容する伝統社会に参与する

一九八〇年におこなった六年ぶり四回目のカラハリ訪問により、ブッシュマンの地にも政府の近代化政策による急激な変化の波が押し寄せていることを知って、急きょ古巣のカラハリへと戻ることになった。若手研究者を次々に誘いこんで調査隊を編成し、伝統社会がどのように変容していくのか、そのありさまを追い続けることにした。

カラハリ半砂漠の最奥の地にまで定住化・集住化の政策が導入されることになって、小集団ごとに離合集散しながら移動していた従来の狩猟採集生活は大きく様変わりすることを余儀なくされた。急激に変化する人びとの生活、居住形態、行動様式、価値観などの詳細を様々な角度から追跡するために、従来の生態人類学に加えて、行動学、人文地理学、言語学、民族昆虫学、農学、先史学などの専門家も加えて、社会変化の様相を多角的にとらえようとしている。

■第4部　アフリカよ永遠に

一九九〇年代以降はセンター長や研究科長の職責を果たす必要もできて、アフリカへ出かけられる日数も一回で一ヵ月ていどと限られるようになり、カラハリの調査地で過ごせる日数もごく短くなってしまっている。新たにカラハリやその周辺で研究に着手する大学院生のフィールド入りを手助けするかたわら、一方ではグローバリゼーションの波に揺られる先住民ブッシュマンを世界史のなかに位置づけ、彼らの開発・発展のよりよい姿を探るために、歴史的研究や開発経済学、さらには医学などの広い分野の研究者に調査隊に加わってもらって学際的地域研究への展開を目指している。

写真●序−3（左上）象狩り用の槍を持つ、ムブティ・ピグミーの男。特別な経験と勇気を必要とする象狩りが出来る者は、ピグミーにとって英雄である（第4章二九九頁参照）。

写真●序−4（左下）牧畜民にとって、乾燥した大地での水の確保は、家畜をめぐる戦闘とともに最も重要な事柄である。川床に掘った水溜まりから家畜に水をやる牧畜民ポコットの若者。一般に牧畜民の社会では、育児や家事など、細々と仕事をするのは女たちの方で、成人した男は戦士として過ごす。

私自身は短期間のカラハリ訪問の前後の期日を利用して、より深くアフリカを理解しようと、南アナミビア、ジンバブウェ、ザンビアと南部アフリカを広く踏査し、さらに未知の地を求めて、エチオピア、ガーナ、コート・ジボワール、マリ、そしてサハラ砂漠を越えた北アフリカのモロッコへと足をのばしている。

アフリカ最南端からエジプトのカイロまでと、大陸を縦断して地中海に達する遠大な構想は長年の夢であったが、この計画を実行しようとした定年退官直後の二〇〇五年にはスーダンの治安状況が悪く、残念ながら計画はケニア北部の赤道直下のところで終了せざるをえなかった。

以上、四部にわたって、私の四五年間のアフリカ紀行、アフリカ諸民族の人類学的調査の記録を書きつづってきたが、最終章において、我が国のアフリカ人類学の五〇年の軌跡を概観している。

本書は半世紀にわたって、毎年のように渡り鳥のごとく、初期には長期間にわたり、そして徐々に期間は短かくなっていったのだが、日本とアフリカの間を往き来してきた記録を年代を追って書き綴ったものであるが、それぞれの時代ごとに、当時さまざまなところで発表してきた論文やエッセイを、ときには本文中に組み込み、また章末にコラム「アフリカ人類学百科」として再録したものである。

四〇〇年におよぶ残虐非道な奴隷貿易の時代に続いて、ヨーロッパ列強による一方的かつ暴力的な植民地支配によって、アフリカ社会は大きく歪められてきた。二〇世紀中葉になって、各地で反植民地運動が盛んになり、一九六〇年代には三二ヵ国もの国々が次々と独立を達成した。植民地支配のくびきを逃れて新しい国民国家の建設を目指して盛り上がりを見せた、希望にあふれた時代であった。

しかし、異なる言語、文化、価値を擁する多くの民族が混在した地域を、西洋列強の力関係と都合に合わせて分割統治がおこなわれてきた植民地時代の負の遺産をそのまま引き継いできた諸国はやが

写真●序—5　ベンバのチテネメ焼畑。雨の降る前に、森を燃やす。なぜ森の狩猟採集民が農耕民にならなかったのか、といった、農耕や牧畜への移行問題も、アフリカ文化研究の大きな問いの一つであった（撮影：掛谷誠）。

て行き詰まり、一九八〇年代にこの大陸を襲った大旱魃という自然災害にも誘引されて、二〇世紀末の二〇年間は民族紛争、内戦、低開発、貧困、エイズなどの災厄にさいなまれ、経済成長ゼロの「絶望の大陸」時代であった。

二一世紀になって、世界的な資源市場の高騰を背景に、石油、天然ガス、鉄、銅、金、ダイヤモンド、ウラン、レアメタルなど天然資源の豊かなアフリカは高度成長の時代に入り、一転して「希望の大陸」とみなされるようになった。

西洋近代主義、人道主義によるアフリカ援助といった従来の見方、この大陸への一方的な接し方が根本的に見直され、むしろアフリカ各地の諸民族が自ら根付かせ、生活実践のなかで変遷を経ながらも持続しつづけてきた独自の能力——これを太田至や松田素二らは「アフリカの潜在力」と呼んでいるが[*文献123・231・232]——を開発し、支援育成していく方向への流れが、いま大きくなっているようである。

アフリカ五〇年の歩みを、私はほんの数ヵ所の点と短い線から追いながら眺めてきただけにすぎないのであるが、本書がアフリカを理解するための一助となるならば幸いである。

文献123　太田　二〇一六
文献231　松田　二〇一四
文献232　松田　二〇一六

目次

第2部　アフリカ研究の発展

第3部　変容する伝統社会に参与する

第4部　アフリカよ永遠に

終　章　アフリカ人類学概観——生態人類学の誕生とその展開……………… 693

第1部　未知の民のもとへ

——初期アフリカ研究の記録

第1章　念願のアフリカ——北大探検隊の一員として

水溜まりを越える日産ジュニア。増水した川は数時間たてば水が引くことが多いから、持久戦を取るのが最善の方法だが、あえて渡るなら、ファンベルトを外して電気系統に水しぶきがかからないようにする。ディストリビューターやプラグコードはビニールで覆っておき、排気管には予備のラジエーターホースなどを継ぎ足して、水の逆流を防ぐ。

1　船出

私が初めてアフリカの大地に足を踏み入れたのは一九六六年一一月二八日のことであった。当時私は京都大学理学部動物学科を卒業して東京大学大学院に進学して文化人類学を学び、後に専門とするブッシュマン研究を目指していた。折も折、北海道大学探検部ではカラハリ砂漠を探検踏査する計画がもちあがっていて、そこに住む狩猟採集民ブッシュマンの調査を担当する人類学徒を探し求めているところであった。今でこそ、ブッシュマン研究は日本のフィールド科学の代表的な部門とされているけれど、当時は先史美術を専攻する木村重信（当時は京都市立美術大学（現在の京都市立芸術大学）助教授、後に大阪大学教授および国立国際美術館長）が、一九六五年八月から一〇月までの二ヵ月間、民間テレビ会社の後援を得てボツワナ西北端のツォディロ・ヒルズ山塊の岸壁画調査をおこない、その際に、日本人として初めて山塊近くに住むブッシュマンの社会調査をおこなったのみであった。[*文献149] 世界的に見ても、ローレンス・ケネディ・マーシャル一家による数次のブッシュマン調査隊（一九五〇～一九六一年）[*文献36・37・38・39・40・70]、マーシャルを引き継いだアーブン・ドゥボーとリチャード・リーによる調査隊[*文献30]、またそれとは別にボツワナ中央部のセントラル・カラハリで英保護領の行政官として調査にあたり中央カラハリ動物保護区の設置に尽力したジョージ・シルバーバウアーによる民族学調査[*文献57]は有名ではあったが、アジア人でブッシュマンを研究しようという者は、ほとんどいなかったのである。

探検隊のメンバーは、精神科医師の資格をとったばかりの倉知康隊長（現在はくらちクリニック院長）以下、工学部大学院で水文学を専攻する東郷昭彦君（後に国際協力事業団、現在の国際協力機構）、理学部地質学専攻四年生の松本亙君（後に会社員）の三名で、せっかく遠路はるばるカラハリ砂漠の

文献149　木村　一九六六
文献36　Marshall 1957
文献37　Marshall 1959
文献38　Marshall 1960
文献39　Marshall 1961
文献40　Marshall 1976
文献70　Thomas 1959
文献30　Lee 1965
文献57　Silberbauer 1981

奥地まで出かける計画に狩猟採集の民ブッシュマンの人類学調査が欠けるのはいかにも惜しいというのが、私が参加できた理由であった。この話を私にもちかけてくださったのは、以前に北大探検部の顧問をなさり、タンザニアの牧畜民ダトーガのフィールド調査をされたのち、当時は東京外国語大学アジア・アフリカ言語文化研究所（ＡＡ研）の教授をされていた富川盛道さんであった。[＊文献74・200] 私は渡りに船とばかりにこの話に飛びつき、念願のアフリカ行を果たしたのである。

日本はようやく戦後の混乱から脱して外貨が自由化され始めたところであったが、まだまだ国民の生活は貧しく、外貨は不足していて一ドルが三六〇円、海外旅行などは庶民にとって夢のまた夢だった時代である。飛行機の格安チケットなどはもちろんなく、アフリカまでの高額の正規運賃は私たちの懐具合ではとても捻出できる状態ではなかった。大学ＯＢのつてをたどって大洋漁業の役員に頼みこみ、南氷洋へ鯨捕りに出かける捕鯨船に食費一万円ぽっきり（当時は、家賃も含めた学生の一ヵ月の生活費が二万円くらいだった）の実費だけで便乗させてもらっての船出となったのである。

現地で使う車は、日産自動車にお願いして二〇〇〇ccの中型トラック、ニッサン・ジュニアを四〇万円で二ヵ月半借用することができた。七月、八月の猛暑の東京で、私たち四名の隊員は、北大、京大のそれぞれのＯＢの名刺を片手にあちこちの企業を訪ねまわって砂漠の踏査に必要な装備、食料、医薬品などの寄付をお願いしながら汗みずくになって走りまわった。

南アフリカ、ボツワナのビザ取得にも随分と苦労した。ボツワナは当時まだイギリスの保護領、ベチュワナランド・プロテクトレートで、私たちが入国する直前の九月三〇日に独立国ボツワナ共和国となったが、いずれにせよビザの取得にはイギリス大使館を通じて申請する必要があり、当時はいちいち電信でやり取りしていたので何ヵ月もの時間を必要とした。またボツワナは内陸国なので、南アフリカのダーバンに上陸し、陸路一〇〇〇キロ以上を旅してボツワナ国境まで行かなければならない。当時の南アはアパルトヘイト（人種差別――南ア政府はこれを「分離発展」と称していたが）体制下にあ

文献74　Tomikawa 1972
文献200　富川　二〇〇五

写真●1―1　日本人によるアフリカ研究の草分けとして、タンザニアの牧畜民ダトーガの調査をおこなった富川盛道（写真提供：富川愛子）。

り、日本との間にスポーツ、学術の交流は許されていなかったので、一週間ほどの通過ビザを交付してもらうのにもたいへん苦労したものである。

夏から秋にかけて東京の街中を駆けずりまわり、資金や物資の調達、船の便乗、車借用の段取り、大使館通いなどと準備に追われたあげく、鯨の肉を冷凍にして持ち帰るための冷凍工場船「地洋丸」に乗りこみ、横須賀港を出港したのは晩秋の一一月五日午後一時のことであった。富川さんをはじめ東大文化人類学研究室の同級生中林伸浩君*文献204（現在は金沢大学名誉教授）ら数人の友人たちが波止場まで見送りに来てくれたのが鮮明に記憶に残っている。

文献204　中林　一九九一

2　アフリカの大地を踏む

船旅はのんびりと心地よい。天候は穏やかで東シナ海もほとんど揺れることなく、航海士に誘われてブリッジで遊び、毎夜のように映画会をやってくれるので飽きることもない。少しはブッシュマンの勉強をしようとコピーしてきたローナ・マーシャルの論文*文献36・37・38・39や資料に向かうがなかなかゆっくり読む暇もないうちに一日が過ぎていく。一三日には赤道を通過して南半球に入るというので赤道祭が催される。夕方七時ごろから全員にビールが配られ宴会がはじまる。工場船の乗組員には東北や北海道からの冬季の出稼ぎの人びとが多く、演し物にはお国自慢の民謡、そして歌謡曲が圧倒的に多い。真夜中に赤道を通過し、まもなくスンダ海峡を通過するとインド洋に入った。

インド洋もベタ凪だというがさすがに大洋だ、うねりが結構ある。できるだけカラハリの勉強会をし、運動不足解消のために狭い船上を歩いたり体操したりするが、たいして捗らないうちに日ばかりが過ぎ、ついに一一月二八日朝一〇時ごろダーバンの港に着く。少しずつ西進してきたので気づかなかっ

文献36　Marshall 1957
文献37　Marshall 1959
文献38　Marshall 1960
文献39　Marshall 1961

たが、南アは日本との時差が七時間もあることを知らされた。ついにアフリカ大陸に上陸、大地に踏み出した一歩は感激の一語に尽きる。

二〇日間あまりお世話になり、付き合ってきた乗組員や作業員の方々に別れを告げ、地洋丸から下船して港に降りる。大きなうねりの中を航海してきた身には、動かない大地に降りたとたん、かえってバランスを崩してまるで大地が揺れているような錯覚を受け身体がふらふらする。それはしかしほんの束の間のことで、すぐに平衡感覚をとりもどす。足下にあるのはどっしりとして動かぬアフリカの大地であった。

一〇個ばかりの木箱に詰めこんだ荷物の通関をすませ、汽車の駅まで運んで首都プレトリアにある日本総領事館気付で発送、身軽になってメイフェア・ホテルという立派なホテルに投宿する。アフリカ到着を祝ってホテルのレストランで乾杯、豪華な宴を開いて幸福感に浸ったが、このホテルの食事はわれわれ貧乏探検隊にはあまりに豪勢に過ぎ、翌朝の支払いの段になって目の玉の飛び出るような代金を請求されて身のほどを知ることになった。

翌日は鉄道の駅で切符の手配をすませ、海岸道路沿いにのんびりと歩きながらダーバンの街並みを見物して過ごす。夕方駅に戻ってきて汽車に乗りこみプレトリアに向かって出発する。二等客室は四人用の個室でなかなか快適な乗り心地だ。海岸の町ダーバンを離れるとまもなく登りに差しかかり、台地上の平原に出る。アフリカ大陸の南部はほとんどの部分が数百メートルから一〇〇〇メートルの台地になっていて、海岸部に近いところで急に落ちこみ海抜ゼロメートルまで一気に高度を下げるといった地形になっている。もっとも高度一〇〇〇メートル前後の高原台地といえども、ケニアを横断する赤道直下からカラハリ砂漠の南回帰線付近まで、熱帯域では気温は相当に高い。一七〇〇〜一八〇〇メートルの高度をもつナイロビ、ヨハネスバーグ、プレトリアなどは夏の気温も冷涼で過ごしやすく、そうした快適な気候のところにヨーロッパ人が進出してきて植民地行政府を置いていたのである。

ダーバンを発ってまる一日汽車に揺られ、一一月三〇日夕方プレトリアに到着した。夜が明けてからの窓外の景色は草原からサバンナ、ところどころ川筋と思われるところが緑濃い林になっているばかりで、ときおり通りかかる町や村のたたずまい、その周辺に散在する畑地を除くと、まことに単調な大地の広がりが果てしなく続くばかりであった。

貧乏旅行者に似つかわしくない高級ホテルはダーバンでの一泊だけで懲り、プレトリアでは朝夕二食付きで三ランド九五セント（約二〇〇〇円）の比較的きれいで安いホテルに泊まることにした。

一二月一日、総領事館を訪ね、しばらく隣国のボツワナでカラハリ砂漠を探査する予定である旨の挨拶をするところから、本格的なアフリカでの仕事がはじまった。ボツワナは二ヵ月前の九月三〇日に独立したばかりで、まだ在外公館も日本と交換しておらず、外交関係の業務はプレトリア駐在の総領事館がすべて兼務している。したがって、我々はここでボツワナに二ヵ月半滞在する旨の書類を提出しておく必要があった。

3　盗難事故

プレトリアからヨハネスバーグまでは約六〇キロメートル。電車も頻繁に走っているし、高速道路も整備されており、四人だとタクシーで飛ばしてもそれほど高くないし、短時間で目的地まで行きつけるので便利だ。街なかのスモール・ストリートという街路に面した日産自動車の事務所を訪ねてトラックの受け取りについて交渉をする。プレトリア郊外の日産工場まで翌二日に車を引き取りに行き、夕方スモール・ストリートの事務所へ最後の手続きのために立ち寄った一〇分間ほどの間に、今回の

写真●1―2　ヨハネスバーグは大都会だが、街を外れるとすぐサバンナで、金鉱跡のボタ山が見える。写真は一九九〇年代のもの（撮影：太田至）。

探検行での最初のトラブルが発生した。ほんの五分か一〇分ですむからと、路上駐車したトラックの助手席に小型のサブザックを一個残したまま事務所へ行っていたのが大間違いであった。用をすませて車に戻ってきてみると、左側助手席の前の三角窓がこじ開けられ、そこから手を伸ばして窓が開けられ、ザックが盗まれていたのである。ザックは東郷のもので、金目のものはそれほど入ってなかったのだが、面倒なことに彼と私、二人分のパスポートが入っていたのである。

パスポートがなければもちろんボツワナへの国境を越えることはできないし、外国旅行は不可能である。車内の見えるところに荷物を残して車を離れることは断じてしてはならないことだったのだ。とくにヨハネスバーグの街なかは犯罪率が世界一高いところの一つとして有名な場所であった。平和ボケした日本人が、二一世紀の今でも、今だからこそ余計にかもしれないが、海外旅行に出かけて外地の空港などに着いたとたんパスポートや財布を掏られて途方に暮れるという話は巷にあふれているが、私たちもまったく初歩的な、馬鹿馬鹿しいミスを犯したものである。以後はこれを肝に銘じて用心に用心を重ねるようになったが、ヨハネスバーグやダーバン、ケープタウンのような物騒な大都会から一歩田舎へ出れば、アフリカの村々は実にのんびりと平和で、これから行くことになるボツワナなどでは当時は泥棒の心配などまったく必要なかったのである。

一二月三日の朝、プレトリア駅で到着した荷物を受け取り、東郷と私は総領事館へ行ってパスポート再発行の申請をおこなった。パスポートを再発行してもらったあと、南ア内務省で滞在ビザを延長してもらい、さらにイギリス高等弁務官事務所へ出かけてボツワナのビザの再交付をしてもらわなければならないので、私たち二人は今しばらくプレトリアに滞在しなければならない。幌付きのニッサン・ジュニア二〇〇〇ccの中型トラックに荷物を積み、何日か後にはボツワナの首都ハボローネで再会することを約して、倉知、松本の二人が四日昼ごろにプレトリアを出発。別れた私と東郷は、プレトリア―ヨハネスバーグ間を何度も往復しながら、なんとかすべての事務手続きを終え、二日遅れの

写真●1―3　これも九〇年代の写真で、建物は多少変わっているが、雰囲気は当時の裏通りと似たようなもの。こんな通りで、五〇年に及ぶアフリカ文化探検の「最初のトラブル」に見舞われた（撮影：太田至）。

一二月六日夕方七時発の列車に乗ることができた。

翌朝六時半に終着駅、ボツワナとの国境の町マフェキングに着くが、ボツワナ行の列車は五時間待ちの一一時三〇分発である。駅前のホテルで朝食をとったあと、多少の買い物をしたり、友人に手紙を書いたりして時間をつぶす。定刻にマフェキングを出発してすぐに国境にさしかかる。南ア移民局の役人が乗りこんできてパスポートの提示を求めるが、ちらっと目を通しただけ、ボツワナ側への入国には役人が乗りこんでくることすらなく、あっけなく列車は発車してボツワナ共和国に入った。ここまでずっと、窓外に広がる景色は単調なサバンナの景観である。雨季がはじまって草木が萌えだし、若々しい緑に覆われた大平原であった。

午後二時半に国境から五〇キロほど入ったボツワナ最大の町ロバツェに到着、先発した倉知さんらと電話で連絡してここで会うことになっていたのだが、彼らはなぜかもたもたしていて四時半になってようやく姿を現わした。ロバツェの北七五キロのところに急遽作られた首都のハボローネに、当時ボツワナで唯一の日本人一家が住んでおられた。農林省から国連職員として派遣され、新興独立国家ボツワナの農業統計の仕事に従事されている大畠幸夫さん一家である。当初われわれはロバツェのホテルに泊まる予定でいたのだが、倉知、松本はすでに大畠さんの家に居候をきめこんでおり、われわれ後続の二人も合流してお世話になることになったのである。後述するように、北大隊の三人が翌年二月にアフリカを引き上げたのちも、私は単身カラハリ砂漠を旅行してまわったのだが、疲れ切って首都ハボローネに戻ってくるたびに、大畠さんの家に転がりこんで休養をさせてもらった。奥様の手厚いお料理のもてなしもありがたかったが、なによりも久しぶりに日本語で気楽に好き放題おしゃべりができるというのがうれしかった。

写真●1—4　国連職員として、日本人としてただ一人新興独立国家ボツワナで働いていた大畠幸夫氏と夫人。真新しい政府庁舎の前で。

写真●1—5（左）　文字通り、独立直後に作られたばかりのボツワナの首都ハボローネ。給水塔はいち早く立てられたが、舗装道路と政府関連の建物以外は、ほとんど何もなく、車の通行もほとんどない。

4　カラハリ砂漠へ

ハボローネの大畠さん宅に三泊させてもらい、これからのカラハリ旅行のために買い出しした食料を仕分けしてトラックに積みこむ。一二月一〇日朝、大畠さんの家を出発して一路北へと向かう。マフェキングからロバツェを経由し、ボツワナの東縁をひたすら北に向かってフランシスタウンへとたどる道は、南ローデシア（一九八〇年に独立してジンバブウェ共和国となる。以下ジンバブウェと表記する）の第二の都市ブラワヨに至るボツワナ第一の幹線道路であり、ジンバブウェ、ザンビアで産する銅鉱石を南アへ輸送するための鉄道に並行して走っている。南ア、ジンバブウェの見事な舗装道路とは対照的に、国境を越えてボツワナ国内に入った途端、道路はすべて未舗装になり、幹線道路のみ砂道の上に砂利を敷いて踏み固めてある。ボツワナ国内でコンクリート舗装してあるのは、ロバツェ、ハボローネ、フランシスタウンと三つの町の中だけで、舗装部分の総延長距離は五キロメートルにも満たなかったのではないだろうか（図1―1）。

ボツワナ国内の道路はほとんどがカラハリ砂漠の大地をブルドーザーで切り開いただけの砂の道である。そこに一〇トン積み

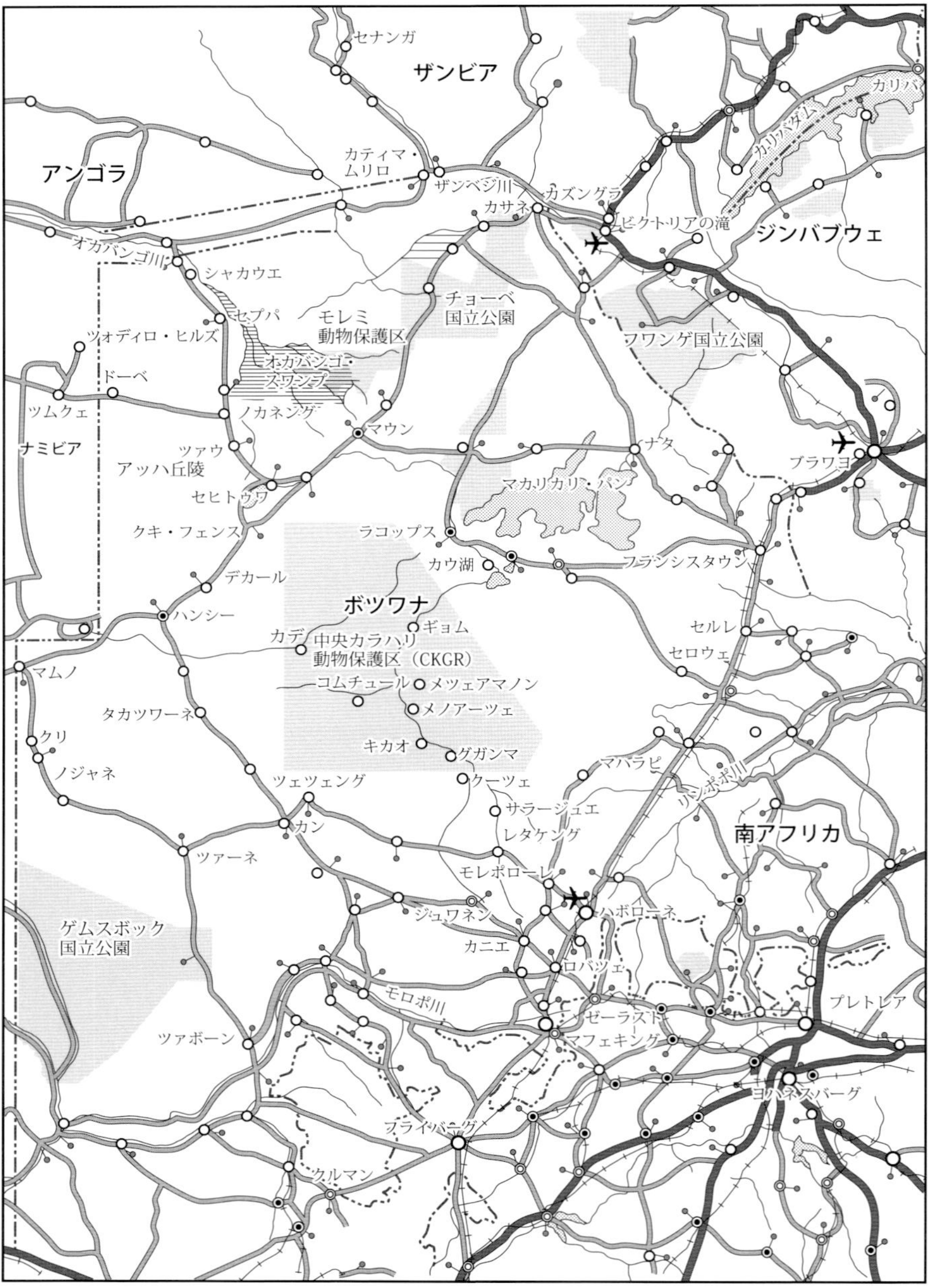
セナンガ
ザンビア
カリバ
カリバダム
アンゴラ
カティマ・
ムリロ
ザンベジ川
カズングラ
カサネ
ビクトリアの滝
ジンバブウェ
オカバンゴ川
シャカウエ
チョーベ
国立公園
セプパ
モレミ
動物保護区
ツォディロ・ヒルズ
フワンゲ国立公園
オカバンゴ・
スワンプ
ドーベ
ツムクェ
ノカネング
マウン
ナミビア
ツァウ
ナタ
アッハ丘陵
ブラワヨ
マカリカリ・パン
セヒトゥワ
クキ・フェンス
ラコップス
カウ湖
フランシスタウン
デカール
ボツワナ
ハンシー
ギョム
カデ
中央カラハリ
動物保護区（CKGR）
セルレ
セロウェ
マムノ
コムチュール
メツェアマノン
タカツワーネ
メノアーツェ
クリ
キカオ
グガンマ
ノジャネ
マハラピ
ツェツェング
クーツェ
リンポポ川
サラージュエ
カン
レタケング
南アフリカ
ツァーネ
モレポローレ
ジュワネン
ハボローネ
ゲムスボック
国立公園
カニエ
ロバツェ
モロポ川
プレトリア
ゼーラスト
ツァボーン
マフェキング
ヨハネスバーグ
フライバーグ
クルマン

図●1―1　ボツワナ

の大型トラックが行き交う。当然、二列の深い轍のあとが刻みこまれ、しかもそれが猛烈に蛇行しているので、車は上下左右に揺さぶられながら時速三〇～四〇キロのスピードで走るのが精いっぱいである。

そんな砂の道に比べれば幹線道路の砂利を敷いた道は快適で、時速八〇キロから一〇〇キロのスピードで走行することが可能である。ただしところどころに砂がたまっている箇所があって、この砂利道の運転には注意が肝要だ。砂にハンドルをとられて車が斜めにずれ、下手をすると道路から飛び出してしまって横転する事故が多発するのである。雪道ほどではないが、砂利の上を走るときには常に車が右に左にずれながら進む。車体が多少斜めになったからといって、そこであわててブレーキを踏んだり、ハンドルを切り返したりしてはならない。コンスタントなスピードで道からはずれないようにハンドルを微調整しながら真っ直ぐに走らせていくのが砂利道走行のこつである。

フランシスタウンの八〇キロ手前、セルレの町で泊まることにする。鉄道の駅近くの草っ原を少し整地して二つのテントを張る。アフリカへやってきて初めての、サバンナでの野営である。雨季に入ったばかりで昨日まではよく晴れていて暑かったが、今日は曇り空で涼しいサファリ日和であった。テントの隙間から小さな虫がいっぱい入りこんでくる。チキンラーメンと缶詰のおかずで満腹し、初めてのキャンプに興奮気味だったが、交代しながらの運転疲れもあってやがてぐっすりと眠りこんでしまった。

翌日は遅くまで寝すぎてしまい、朝食をすませゆっくりとテントをたたんで支度していると、出発は一〇時半になった。二時間かけてフランシスタウンに着く。独立とともに新しく作られた首都のハボローネを除くと、南アからの入り口にあたるロバツェに次いで二番目に大きな町である。ジンバブウェとの国境に近く、銅などを南アへ輸送する鉄道の駅があって普段は多くの人出で賑わっているのだが、今日は日曜日のためすべての店は閉まっていて閑散としている。この町でガソリン用と飲料水用の二つのドラム缶を調達し、サファリ用の最後の買い物をする予定だが、それらは明朝のこととして今日はのんびりと町を見物して早めにテントを設営する。久しぶりに日本から運んできた米の飯を炊き、具のたっぷり入ったスープをおかずに舌鼓を打って早々に寝袋にもぐりこむ。

一二月一二日、フランシスタウンの町で買い物をすませ、インド人女性が給仕する小さなレストランで昼食をとったのち一二時半に出発する。道路は狭くなったが、ザンベジ川で隔てられたザンビア（北ローデシアは一九六四年に独立してザンビア共和国となった）との国境の町カサネには野生動物の王国チョーベ国立公園が控えており、またその西にはこれも観光地として有名なオカバンゴ・スワンプがあるので、観光の拠点となるマウンの町までは砂利が敷かれていて走行は楽である。時速六〇キロからときどき一〇〇キロ近くのスピードで行程ははかどる。カサネへ北上する道との分岐点ナタの町の近くで本道から逸れ、ナタ川沿いに少し遡って川岸の草原にキャンプする。川には濁った水が淀んでいて蛙がゲロゲロと鳴いている。晩飯にお好み焼きを作ってみるがカラハリの草原で食べる大阪の味もなかなか乙なものであった。翌一三日はまた少し寝坊してしまって出発は一〇時半、道はあくまでも真っすぐで知らず知らず一〇〇キロ近いスピードが出る。広大なマカリカリ・パン（パンとはカラハリに特徴的な地形で、フライパンの底のように真っ平らな凹地で更新生には水を湛えた浅い湖であった）を左に眺めながら進むとやがてマウンに到着する。

マウンのすぐ北西にオカバンゴ・スワンプがあり、野生動物や水鳥が豊富なモレミ動物保護区は日帰りでも往復が可能であるが、せっかくならば保護区の動物の楽園の中で二、三日は滞在して過ごしたいものである。立派な宿泊施設も整備されていて、東隣のチョーベ国立公園とともにボツワナ随一の観光のメッカである。とはいえ私たちはボツワナへ観光に来たのではない。カラハリ砂漠の自然と人を探検しにやってきたのであり、今ようやくその出発地点に到着したばかりなのであった。観光地は横目にして通り過ぎ、カラハリの中心地ハンシーへと急がなければならなかった。

写真●1―6（左上）　ボツワナ国内の道路。首都ハボローネを出た途端に舗装道路は尽き、あとは砂利また は砂の道となる。トラックの轍が波打つように刻まれた砂の深いところでは、低速ギアでエンジン回転を落とさぬように、連続カーブの内回り気味に一気に進むのがコツ。停止させてしまうと、発進するのは至難の業だ。

写真●1―7（左下）　カラハリの原野をブルドーザーでならしただけの道路は、幅はたっぷり広いが砂ばかりのところが多く、砂利を敷いてあるのはロバツェからフランシスタウン、そしてマウンに至る幹線道路だけである。

マウン川の橋のたもとに快適なテント場があり、南ア人の男性がひとり大きなキャンピングカーで滞在している側に二つのテントを張る。舟で通りがかった漁師から三匹の魚を買いとりフライにする。ティラピアだったと思うが淡白な味で身がよく引き締まっていてたいへん美味しかった。

一二月一四日、いよいよ道路は狭く砂だけの悪路となり、いかにも砂漠の中を旅している気分となる。ところどころ砂の深い部分はサード・ギアからセカンド・ギアまで落としてやらないと力が出ないが、たいていはトップ・ギア、時速五〇キロメートルぐらいで進むことができる。マウンからおよそ七〇キロのセヒトゥワの村を過ぎると左手にンガミ湖が見え、湖水に続く平坦な草原が日差しに照らされてどこまでも蜃気楼となって揺らめいている。駝鳥が数十羽、放牧された牛と一緒になって群れている。スプリングボックと呼ばれる中型の羚羊（アンテロープ）がやはり数十頭、悠々と草を食んでいた。

行く手に、平坦なカラハリ砂漠には珍しい小さな丘が見えてくるが、この丘を越えたあたりから雨が降り出したと思ったら、あっという間に土砂降りとなり、すさまじい雷も伴う。一二月中旬はもう雨季に入っていていつ雨が降ってもおかしくない季節である。たちまちのうちに道路は川となってトラックは水をかき分けて進まなければならない。サード・ギアに落としてゆっくりと丘の起伏を乗り切ろうとするが、何度もスリップを繰り返す。なだらかな登りのぬかるみをどうしても突破することができず、車は泥道の中でついに立ち往生してしまった。四輪駆動を備えていない車の限界であった。夕方五時、とりあえず今日はここでキャンプすることにする。まもなく雨は小やみになり、八時にはすっかり上がる。

あれだけのひどい雨でも一晩ですっかり水は引いてしまい、陽が当たってくるともう道は乾いてきた。心配していたのだが、車は思ったより簡単にぬかるみから脱出することができた。丘陵部を降りてしまうと道路は砂道に戻り、あとは問題なく目的地のハンシーの町に到着した。

写真●1―8　広大なマカリカリ・パン。パンとはカラハリに特徴的な地形で、フライパンの底のように真っ平らな凹地。更新生には水を湛えた浅い湖であった。

5　ハンシーと中央カラハリ動物保護区

ハンシーは、ボツワナ中央部の南緯二一度から二三度にまたがり、東は東経二五度三〇分、西はナミビア（当時は南ア統治下の南西アフリカで、一九九〇年に独立しナミビア共和国になった）との国境、東経二〇度までの、カラハリ砂漠のほぼ中央部に位置する人口希薄なハンシー・ディストリクトの州都である。ディストリクトの行政をつかさどる役所、警察署、郵便局、野生生物局事務所、刑務所、学校、病院などの官公署はひととおり揃っているが、二週間に一度だけ開かれる銀行、小さなホテル、食料品や日用雑貨などが売られている商店が三軒あるだけの小さな町である（図1―2）。

未舗装の小さな滑走路が作られており、隔週の火曜日に一〇人乗りていどのセスナ機がやってきて、カラハリ・アームズ・ホテルに一泊してロバツェへ引き返していくが、固定客は銀行員、医者、それに当然のことながらパイロットの三人である。ときに政府の役人や観光客もこの飛行機でハンシーを訪れる。

ハンシー周辺は地下水脈が浅く、良い井戸水が手に入るので、一九世紀に白人たちが南アやナミビアから移住してきて一大農牧場地帯を形成している。飛行機が来て銀行の開く火曜日には、こうした近辺の農場から白人がハンシーの町へやってきて用をたし、店で買い物をしていく。役所の待合室、商店の店先、ホテルのバーは、この日ばかりはどこも白人農場主たちの社交の場となり賑わいをみせる。

ハンシー・ディストリクトは、もともとはブッシュマンだけが狩猟採集によって生活していた場所であったが、一七世紀にディストリクトの南西方面にバントゥ諸族の先駆けとなったカラハリ族が牛

写真●1―9　オカバンゴ・スワンプ。アンゴラから流れてくるオカバンゴ川が、カラハリ砂漠の平坦な土地に流れ込んでデルタ地帯を作っている。川はこのデルタで蒸発、あるいは地下に浸透して消滅するが、一帯は、乾季でも水気のある湿地帯となっている。

や山羊を伴って住みつくようになり、トウモロコシ、ソルガム、ササゲなどの栽培を細々とおこなってきた。こうした比較的地味の豊かなハンシー地区に、のちになって白人が入植し、大規模な牧場経営を営むようになったのである。

ハンシー・ディストリクトの東半分はセントラル・カラハリ・ゲーム・リザーブ（以下、ＣＫＧＲ）と名付けられた動物保護区となっている。ここはスイス国土の総面積を超える広大な保護区で、狩猟採集生活を送るブッシュマン以外の人間は許可なしでは立ち入ることを禁じられている。野生動物の保護と同時に遊動的な狩猟採集生活者ブッシュマンの暮らしを攪乱せず、彼らの生活文化を保全していく目的をも合わせて設けられた区域なのである。ここに常住しているブッシュマンはおよそ一〇〇〇人と推定されていたが、じつは東南部には五〇〇人ほどのカラハリ族が入りこんでおり、彼らも狩猟採集を主たる生業としているが、山羊の群れを飼っていたり、トウモロコシやスイカを栽培している。雨季のごく短期間を除いて水のまったく得られない保護区の中では牛の飼育は不可能であり、少なくかつ年変動の大きい降雨量のために収穫の不安定な作物とわずかとはいえ山羊の肉や乳は補助的な食料として貴重なものである。

翌年二月に北大隊のメンバーが調査を終えて単身カラハリ砂漠に戻ったあと、最終的に私はこの動物保護区の中のブッシュマンを調査研究の対象とすることになるのだが、それは後に述べることとして、とりあえずは北大探検隊としてカラハリ砂漠を踏査し、砂漠の水文学およびブッシュマンの医学的、人類学的な調査を進めていったところに話を戻そう[＊文献151・189・199]。

ディストリクト・コミッショナー（ＤＣ　州知事に相当）のサイモン・ギレットさんは長身の人柄のよいイギリス人で、色々とハンシー周辺のブッシュマン情報を教えてもらった上、彼の公邸の隣にある小さなゲストハウスに泊めてもらえることにもなった。

独立したばかりのボツワナは、大統領以下諸官庁の大臣ポストを一応ボツワナ人が占めているが、

文献151　倉知　一九七二
文献189　田中　一九七一
文献199　東郷　一九七四

図●１―２（左）ハンシーの町概略図

実務を担当する次官クラス以下高級官僚は未だにほとんどイギリス人が担当して政務を動かしているのが実情であった。各ディストリクトのＤＣも同様にイギリス人が担っていて、植民地時代からまだあまり変わっておらず、これから徐々に新興独立国家へと体制を整えようとしているところであった。

私たち外国からの探検隊や調査隊にとっては、じつはこうした状況はたいへん好都合な面が多くありがたかった。イギリスには長い博物学の伝統があり、自然科学、人文社会科学を問わず、探検や学問、科学などといった未知への探求に対し、深く理解してくれる人たちがこうした行政官にもたくさん見られたからである。

ギレットさんも私たちにたいへん好意的で、カラハリの自然と人の調査に対して、非常に親切に助言を与えてくださり、来週月曜日にはハンシー・ディストリクトの最西端、ナミビア国境沿いの村を巡察に行くから一緒についてきてはどうかと提案してくれた。彼は日帰りで往復するが、私たちは何日かあちらに滞在してブッシュマンの村に留まり、暮らしぶりを観察してみようということになった。まだカラハリ砂漠にそれほど慣れていない私たちは、初めてのところへ自分たちだけで出かけるのはやはり心細く、ＤＣと同行できるというのは安心でたいそう心強い思いであった。

ハンシーへ着いた翌日の一二月一六日は金曜日で、土、日曜日は役所も休みで仕事にならないから、午前中に役所や郵便局をまわってさまざまな雑用を片付け、店で買い物をしておいて、午後の数時間で四〇キロばかり離れたラムステン兄弟の経営する農場を見学に行く。ラムステン兄弟は数キロ四方を牧柵で

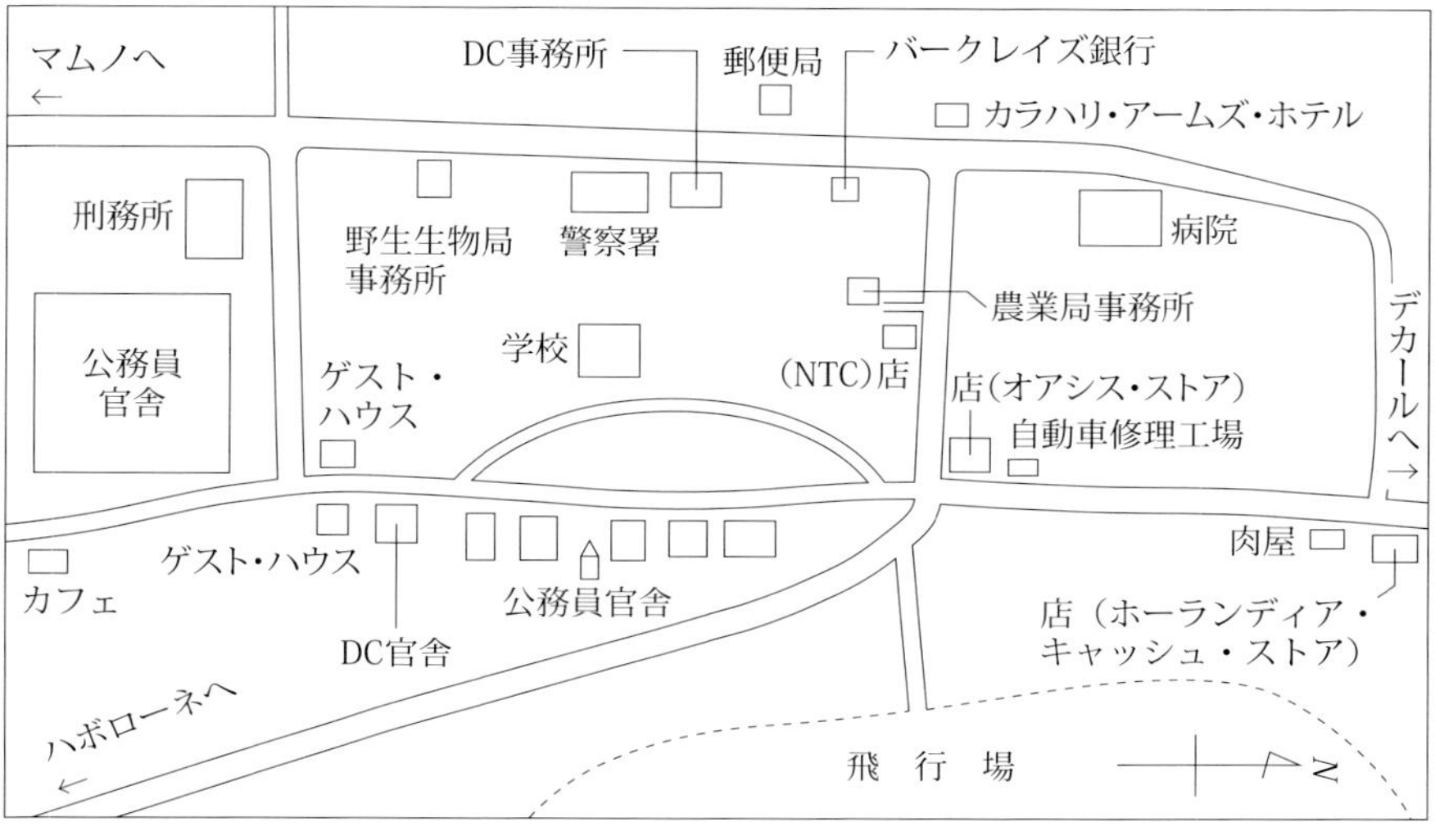

囲った土地の中に牛数千頭を飼育し、住居に近い一画を畑にしてトウモロコシなどを栽培し、何人かのブッシュマンを雇って牛の世話や畑仕事の手伝いをさせている。広大な牧場の中にあるのは、ラムステンさんらの住居とその近くに掘られた井戸、そして少し離れたところに数個のブッシュマン使用人の草ぶきの小屋がならんでいるだけである。井戸の水は風車で汲み上げてコンクリートの大きな水槽に蓄えられ、家の台所や風呂場へ引かれると同時に、家畜の水飲み場へと導かれている。

これが、カラハリ砂漠の中にひっそりとたたずむ典型的な白人農場の風景である。お隣はというと、どちらの方角へも一〇キロほど離れたところであり、ご近所に用があって、あるいはちょっと遊びに行こうと思っても、この一〇キロの砂の道を車で走っていかなければならない。隔週の火曜日、銀行の開く日に町まで出かけて、郵便物を受けとり、買い物をして、気の合った友人たちと談笑し、ビールを一杯引っかけてくるのが唯一の楽しみであり、気晴らしになる。そんなのんびりした生活ぶりである。草ぶきの小屋のまわりには二〇人ばかりの老若男女のブッシュマンがくつろいでいた。ハンシー農場一帯には、もともと、北部、中部、南部と大きく分かれるブッシュマン・グループのうちの中部ブッシュマンに属するナロを自称する人びとが狩猟採集生活を営んでいた。しかし、白人が入りこんできて囲い込みがおこなわれ牧場を経営するようになってからは、彼らは野生動物の激減した農場内では狩猟採集生活はできなくなり、白人に雇われて従属的な生活を送るようにならざるを得なかったのである。普段は牛に水を飲ませたり、朝夕乳搾りをしたりするのが主な仕事で、あとはのんびりと暮らしている。もちろん農場の敷地内に生えている食用植物、木の実や草の根っこなどを採集してきてトウモロコシ粉主体の単調な食事にバラエティーをもたせていることはいうまでもない。

写真●1―10（左上）　当時のハンシーの町。風車で水を汲み上げる、カラハリ・アームズ・ホテル。

写真●1―11（左下）　ハンシーの町を上空から俯瞰する。

6　国境の村

ギレットさんに先導されてハンシーを出発し、西に向かって一直線にナミビアとの国境へ走り出す。ハンシーの町の区画から外れたとたん砂の道がはじまるが、昨夜降った雨が道路の中央部に水溜まりを作っているので、左寄りに水を避けて車は斜めに傾きながら走らざるを得ない。五〇キロほどで白人農場地帯は終わり、ところどころ浅井戸の掘れる場所にカラハリ族の農牧の村が散在するばかりである。およそ二〇〇キロ行ったマムノと呼ばれる地点に国境の検問があるが、その七キロ手前にチャールズ・ヒルという小さな町があり、白人が経営するガソリン・スタンドがある。ここでメインロードから左に折れ、国境沿いに南に向かって狭い道路をさらに一〇〇キロ走って目的地のクリの町に着く。ギレットさんと別れて私たちは一週間ほどここに留まって調査をおこなうことにする。

クリ小学校の校長先生であるセフラレさんは四〇歳ぐらいの親切な男性で、校庭にテントを張らせてもらい、ブッシュマンに出会えるよう、色々と世話を焼いてくださった。クリの町の東方五キロから一〇キロほど藪をかき分けて入ったところに五〇人ばかりのブッシュマンが三つのキャンプに分かれて住んでおり、私たちはこれらの人びとの家族構成を聞きとって家系図を作り、全員の身体検査をすることにした。

五〇人の人びとは、中部ブッシュマンに属するナロの人びとで、カラハリ族の町の近くに住んでいるとはいえ、ハンシー農場地帯で働いている人びととは違って狩猟と採集を主たる生業として暮らしている。私たちはここに来て初めて毛皮の衣類だけをまとったブッシュマンらしい集団に出会うことができたのである。それぞれ九人、二八人、一三人と三つのグループに分かれて、数キロずつ離れて暮らしているが、全員が何らかの親族関係でつながっていることが分かった。食べものとする動植物の分布状況から、五〇人が一緒に住んでいるよりも少人数に分かれて暮らしている方が、狩りをしたり植物採集をするための効率がよいのであろう。しかし、日ごろ絶えず往き来をしているらしく、私たちが一グループ毎に調査をしていったら、そのたびに前のグループの人びとも次のグループのところへついてきて、三日目には五〇人のほぼ全員が集合して夜には盛大な踊りの輪ができあがった。

私たちは町から近いグループから順番に調査をしていった。まず身体計測から始める。砂の地面の上に木の板を置いて、その上に体重計を乗せる。一人ずつ順番に名前を確かめ、性別を記載、むずかしいのは年齢の推定である。体重計に乗ってもらって、私が目盛りの数字を読み上げ、倉知医師がノートに記録する。体重測定が終わった人には次に身長を測らせてもらう。やはり木の板の上に乗ってもらい、角材に五センチ毎にマジックインキで印を入れた即席の身長計を垂直に立てて、東郷、松本の二人で計測と記録係りを担当する。

身長、体重を測り終えたらこんどは医師の診察である。*文献151 これはいよいよ倉知医師の出番で余人の出る幕はなく、しっかりと本人確認をするぐらいがせいぜいでもっぱら見学しているばかりである。血圧を測り、聴診器で心音を聞く。腹部を触診、そして口を開いて口腔内を見る。主として歯の状態の検診である。体調に異常を訴える人、外傷のある人など、臨機応変に体温測定をしたり、投薬したり、傷口に軟膏を塗ってあげたりと処置をほどこす。

ブッシュマンは小柄なうえにほっそりと筋肉質で、肥満の人はまったく見られない。成年男子の平均身長は一六〇センチメートル、平均体重は四五キログラム、女子では身長が一五〇センチメートル、体重は四〇キログラムであった。ちなみに一九六八年度厚生省統計によれば、日本人の男性は三〇～三九歳の平均が身長一六二・九センチメートル、体重が五八・八一キログラム（二〇歳の平均は一六六・三センチメートル、五七・四九キログラム）、女性では三〇～三九歳が一五一・五センチメートル、

文献151　倉知　一九七二

五一・〇キログラム（二〇歳の平均は一五三・七センチメートル、五〇・〇二キログラム）となっており、ブッシュマンがいかに低体重であるかがわかる。倉知さんによれば、短時間のあらっぽい検査ではあったが、高血圧と肥満がまったく見られなかったこと、虫歯などの歯科疾患がきわめて少なく、ほとんど全員の歯がきれいに輝いていたことが非常に印象に残ったということである。概して非常に健康的な状態の人が多かったが、眼科疾患（とくに結膜炎）が四人に一人の割合で蔓延していた。カラハリは風が強く、よく砂埃が舞い上がっているのに加えて、蝿が結膜炎を（ときにトラホームも）うつしていくのが原因だと思われる。

のちに首都ハボローネの西五〇キロの町モレポロールに作られたリビングストン・ホスピタルのメリーウエザー医師から聞いた話によれば、ボツワナの大部分を占めるカラハリ砂漠地帯の疾患は、結核、性病、胃腸カタル、気管支炎、上気道感染症、リューマチ、皮膚疾患、妊娠出産異常などがベストテンを占め、チフスや麻疹などの流行が問題になっているとのことである。*

一週間をクリの周辺で過ごした私たちは、お世話になったブッシュマンたち、それに親切に案内役と通訳をしてくださった校長先生に別れを告げて、一二五日クリスマスの朝九時半に小学校の校庭に張ったテントをたたみハンシーへと出発した。道路はすっかり乾燥して道の真ん中を悠々と走れるので、来たときに比べて楽々と行くことができた。久しぶりに三〇〇キロ以上を走るが、今日は猛烈に暑くて、窓を全開にしていても室内は三八度ぐらいある。

ハンシーに近づくころから暗くなり、道路の上で寝ていた鳥たちがヘッドライトの明かりに驚いて飛び立つところを跳ね飛ばしてしまう。夜間の走行は動物たちと衝突する危険があるので、できるだけ避けてきたのだが、今日はハンシーのゲストハウスまで行きたいのでやむを得ず、暗い中を前進する。小鳥たちには気の毒だが、これが大きな獣などだったら、相手も怪我するか死んでしまうかもしれないが、車の方も無事ではすまない。クドゥ（大型羚羊の一種）や家畜の牛とぶつかって、相手は

＊　一九八頁「アフリカ人類学百科　9」参照

写真●１—12　クリで調査する、中央白の半袖シャツが松本亙、録音器のマイクをもっているのが倉知康、その左が私（撮影：東郷昭彦）。

死に、車の方も大破する事故がよく起きているのである。前方をにらみながら慎重に運転する。

気の毒に跳ね飛ばしてしまった小鳥たちを、車を止めて何羽か拾い集め、ハンシーのゲストハウスに着いてから料理する。クリスマスと調査の第一弾の成果を祝ってまずは乾杯。羽根をむしって臓物を取りのぞいた鳥をから揚げにして食べていたら深夜におよんでしまった。

7　カラハリ北部への旅

クリスマス休みが二七日まで続いたので、ハンシーの町では役所も商店も閉まっていて買い出しひとつできず、次の北部への旅立ちは二八日になってしまった。二日間ゲストハウスでゆっくりと休養し、二八日は朝から荷物の整理、買い物、部屋の掃除などを済ませて、午後になってからギレットさんに挨拶して出発する。

良い天気が続いていたのでクキの丘陵地帯の以前ぬかるみでスタックしたところも気がつかずに通り過ぎてしまい、一五〇キロほど走ったところで野営する。天気はよく空気もきれいで気持ちがいいので、フライシートを高く張っただけでその下でごろ寝することにする。満月がとても美しかった。しかしいざ寝ようとすると月が明るすぎたのも事実である。夜中にジャッカルが甲高い声で鳴き不気味な思いをする。

翌朝セヒトゥワの町でマウンに向かう道から分かれて北へ進む。オカバンゴの沼沢地帯に近づくと眠り病を媒介するツェツェバエの生息域に入るので、検疫所が設けてある。ここオカバンゴ・スワンプがアフリカ大陸におけるツェツェバエの南限であり、この蝿をそれより南に広がらせないように、北から来る車と人をトタン張りの簡単な小屋の中に閉じ込めて、噴霧器で殺虫剤を振りかけることに

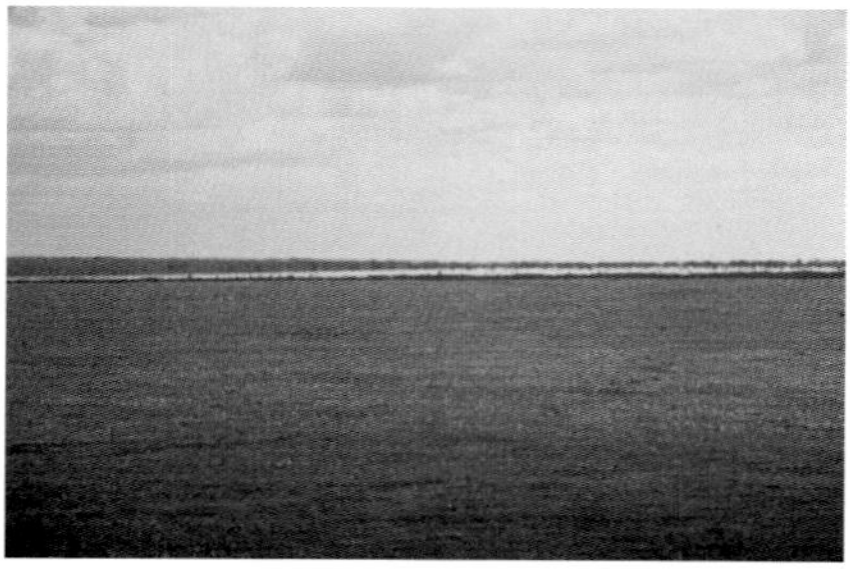

写真●1—13　セヒトゥワの近くのンガミ湖が遠望できるが、日差しがきつく陽炎がゆれていて水面との区別が定かでない。

なっている。私たちも数日後にこの道を戻るときにはたっぷりと殺虫剤を浴びせかけられることになるのだが、今日はここにテントを張って泊まっていくことにする。

オカバンゴ・スワンプの西の縁を北上していくが、やはり沼沢地の近くは草木もよく茂っていて、日本の初秋かと思われるような美しい景観である。セヒトゥワから一一〇キロ北のノカネングの町からメインロードを逸れて西へ、ナミビア国境のドーベ地域へと北部クン・ブッシュマンの調査に行く予定であるが、ドーベには英語を話せる人はいないので、この町で通訳を雇っていく。国境のドーベ地域へ向かう道は狭いけれども砂はそれほど深くなく走行するのは思ったより楽であった。

ドーベ地域は、ハーバード大学教授だったアーブン・ドゥボーが当時大学院博士課程にいたリチャード・リーとともに一九六三年から調査を始め、リーがクン・ブッシュマンの食生活を中心とした生態学的な優れた研究をおこなったところである。*文献30 狩猟と採集によって生活するブッシュマンの他にはナミビア側から移住してきたバントゥ牧畜民ヘレロ族がパンの水溜まりやいくつか掘られた井戸の近辺に居住し、遊牧生活を送っている。ヘレロは体格が良く、女性には顔立ちの整った人が多いうえ、彼女たちはビクトリア朝時代に伝わったきらびやかな衣装をまとい、頭には大きな独特の牛の角のように横に伸びた被り物を乗っけていて美しく装っている。ブッシュマンとヘレロは互いに生計様式を異にしながら近所づきあいをし、ブッシュマンの一部の者はヘレロの牛牧の手伝いをしてミルクを分けてもらい、ヘレロはブッシュマンが採集してきた木の実をミルクと交換したりしながら平和共存して暮らしているようである。

私たちはここで年越しをして一九六七年を迎えることになった。一月一日にはリチャード・リーが調査の拠点としていたモホパの村から五〇キロばかり南に行ったアッハ丘陵を訪れ、眺望を楽しむ。丘の中腹には石灰岩の奥行きの深い鍾乳洞がある。岩肌の露出した丘陵部を除くと、一望したカラハリ砂漠の風景は他地域とあまり変わらないのであるが、中央部カラハリでは降雨時にしばらく水溜ま

文献30　Lee 1965

写真●1—14　正装したヘレロの女性たち。

りができる以外まったく表面水が得られないのに対して、ここ北部クン・ブッシュマンの地では恒久的な水場が各所にあり、人びとは乾季にはとくにそうした水場を拠点として移動しながら生活を送っている。丘の麓に一泊したのち翌日にはもう少し南方の水場のある村ツァイツァイまで足を伸ばしてみる。

一月三日、戻ってきたモホパの村でブッシュマンの調査を開始する。男子一四人、女子一五人の二九人からなるグループであった。クリの町近くのナロ・ブッシュマンでおこなったのと同じ要領で、全員の名前を聞き、年齢を推定しながらそれぞれの親族関係を聞きこんでいく。二九人の家系図を書き終わったら、次は身長と体重の測定、そして倉知さんによる健康診断である。ナロに比べて女性の平均身長がやや低かったことを除くと、高血圧、肥満がなく、虫歯も少なく、それでいて結膜炎など眼科疾患が多いなど、調査対象の人数が少なすぎるかもしれないとはいえ、結果はナロの場合とほぼ同じといってよかった。[*文献151]

今日は朝から雨がポツポツと当たっていたが、午後三時ごろからは猛烈な土砂降りとなり、あっという間にテントも何もかも水浸しになってしまった。とりあえずヘレロの村の小屋の一つに逃げ込んで雨をやり過ごす。テントを張ったところはちょうど水の通り道になっていてその下には大きな池ができてしまっている。雨がおさまってくるとたちどころにあれだけの水も砂の下に吸いこまれてしまう。その夜はヘレロのとあるおばさんの小屋に泊めてもらう。彼女は大変親切で、小屋は八畳敷きぐらいの広さがあり牛の皮を敷き詰めて非常にきれいにしてあり快適だった。

翌日はモホパを引き上げてノカネングまで戻って泊まり、五日には折角ここまで来たのでさらに北上してナミビアとの国境の町シャカウエまで行ってみることにする。途中セプパの町でアンゴラから流れてきてオカバンゴ・スワンプに注ぎ込むオカバンゴ川の岸辺に着き、ここからは川岸を北西へと国境まで進むことになる。カラハリ砂漠の殺風景な景色ばかりの中で暮らしてきた身にとっては、川

文献151　倉知　一九七二

写真●1―15　雨季といえども快晴の日が多いが、ときに黒い雲に覆われることもあり、局所的に雨を降らせる。黒いカーテンがかかっているところはドシャ降りだが長続きはしない。

岸に沿って高くそびえる林の景観は新鮮で、気持ちのよい目の保養になる。

シャカウエの町で色々と情報を教えてもらった白人のモーストさんという人が、雨が降りそうだからと空き家を提供してくださり泊めてもらう。案の定真夜中にはものすごい雨が降り、テントに寝ていたらひどい目にあうところであった。翌六日は朝のうちにモーストさんがボートでオカバンゴ川を案内してくださり、ひととき川遊びをする。午後モーストさんに別れを告げてセプパまで引き返して小雨のなかでテントを張る。

一月七日、セヒトゥワに向かって走るが、道路にはところどころ水溜まりがあり苦労するがなんとか切り抜けていく。しかし水溜まりのなかを抜けるたびにエンジン回りに水がかかり過ぎたのであろう、イグニッション・ランプが付きっぱなしになってしまった。発電機の故障なのだろうか、充電していないようである。この日はセヒトゥワの小学校の片隅に泊めてもらう。雨は夜遅くまで降り続いた。

案じたとおりクキの丘陵地帯はぬかるんでいたが苦労してなんとか上り下りをやり過ごす。デカールの雑貨店でガソリンを補給し、ハンシーにたどり着いたのはいいが、ガソリンを入れて支払いをしたときに鞄を店の前に置き忘れてきたことに気づき、東郷と二人であわてて二五キロの道のりをデカールまで取りに戻る。店の女主人、付近の村人、近くの駐在のお巡りさんに聞きまわったあげく、ハンシーの自動車修理工場をやっているベイカー氏の使用人のおばさんがハンシーへ持っていってくれたことがわかり、やれやれと安心をしてハンシーへ引き上げることにする。ところがヘッドランプを長いことつけっぱなしにしていたのがたたって、出発しようとしたとたんにエンストしてしまい、もはやどうしてもスターターが始動せずエンジンがかからない。仕方なく二人で運転席に座ったまま夜を明かすことにする。

夜中の一時過ぎ、心配した倉知、松本の二人がたまたまゲストハウスに泊まっていた南部グループ

写真●1—16　調査の途次、ハンシーに立ち寄ったハインツ博士。

のコー・ブッシュマンの調査をしている南ア在住のドイツ人、ハインツ博士に頼んで彼のニッサン・パトロールで迎えに来てくれる。[*文献17] しばらくうたた寝をしている間にバッテリーが多少は回復したらしく、エンジンがかかり、ハインツの車のヘッドランプに照らされながら、無灯でハンシーまでたどり着くことができた。

翌日は朝一番に警察署に駆けつけて鞄を無事にとりもどす。署長のピーター・ブラッドリーさんの助言で、拾って警察に届けてくれたおばさんには五〇セント（約二五〇円）の謝礼をわたす。当時のボツワナでは荷物をオープンな車の荷台に積みっぱなしにしておいても盗まれることはないし、今回のように鞄を置き忘れていてもちゃんと持ち主のところに返ってくる安全なところであった。ベイカーさんの修理工場で日産から借りてきた段ボール一杯のスペア部品の中から発電機とボルテージ・レギュレーターを取り出して交換してもらい、車は快調に動くようになった。

文献17　Heinz 1966

8　カラハリ南部へ

DCのギレットさんはロバツェへ出張中だったので、帰ってくるまで休養しながら待つことにする。ハンシーから深い砂の道をたどりながらロバツェ、ハボローネへとカラハリ探検踏査の最後の行程となる。一二日午後にギレットさんが帰ってきたので、今後の旅行計画を告げ、お世話になったお礼をいう。すべての荷物を整理して車に積みこみ、ゲストハウスを掃除したりしているうちに、一三日の出発は九時半になってしまった。フクンツィでの勤務に戻りたいというカルクフォンテイン出身の小学校の先生と、その一三歳の弟で小学校を出たばかりのセベツォの二人を荷台に乗せてハンシーを出る。

写真●1―17　ツアーネの警官たちは、砂漠をラクダに騎乗してパトロールする。中央に立っているのは松本亙（撮影：倉知康）。

ロバツェまでの六〇〇キロの道はハンシー農場から一〇トン積みの大型トラックで牛を満載して運び出したり、南アへ商品の仕入れをしに行ったりするためのメインロードで、道幅は二〇メートルほどに広く切り開いてあるが、まだほとんどの部分が砂の道である。重いトラックが通ったあとには深い轍が切れ込み、しかもジグザグに蛇行している。小さな車では左右の両輪が轍に入りきらず、どうしても片方ははみ出して斜めになりながら走らざるを得ない。砂ばかりとはいえ道路には凹凸があって、車は斜めにかしぎながら絶えず上下左右に振られながら走っていくことになる。

一五〇キロほど行ったところの道端で一人の男がトビウサギを焼いているので停車して話を聞いてみる。ローン・トゥリー・パンの近くに住んでいるコー・ブッシュマンの一員だという。彼も荷台に乗せて村へ案内してもらう。発電機の故障のときに助けてもらったハインツ博士の主たる調査地はタカツワーネ周辺であるが、途中のここローン・トゥリー・パンのグループも当然彼の守備範囲に入っている。二〇人（男一〇人、女一〇人）のグループで三週間ほど前にここへ移住してきたのだという。今夜はここでテントを設営し、小学校の先生に通訳してもらって話を聞く。彼らの踊りはクリで見たのとは少しばかり違うようであった。やはり言語集団が異なると踊りにも違いが出てくるのかもしれない。翌朝は六時に起きて身体検査をおこない、昼前に出発、ここからカンまでの道は砂利が敷いてあったりしてわりに楽な行程であった。

カンからロバツェへ戻るのにはさらに南東へ進むのだが、われわれはメインロードから逸れて西へとツァーネを目指す。先生兄弟が帰る小学校のあるフクンツィはツァーネからまだ七キロ西である。ツァーネに至る最後の一時間ほどはきわめて深い砂の道で遅々として進まず、到着は薄暗くなった八時となってしまった。警察に頼んで空き家を一軒貸してもらえることになる。風呂、便所、台所付きで、なかなか快適な住み心地である。

翌一月一五日、警察の人たちと歓談する。ここから南方のツァボーンにかけてはカラハリでも一番

写真●1―18　左から、東郷と私（撮影：倉知康）。

乾燥した地域であり、西に続くカラハリ・ゲムスボック国立公園は植生に覆われていない砂漠となっているほどなので、巡回には四輪駆動のランドローバーを使うがそれとともにラクダでの騎乗パトロールもおこなっている。乗ってみるかといわれて、私たちも順番にラクダの背中に乗せてもらって遊ぶ。北アフリカから輸入されてきたヒトコブラクダは馬よりも一段と背が高い。足を折り曲げ座らせておいて、背中にしっかりと括りつけられた鞍にまたがり、鞍の前部に取りつけてある取っ手をにぎりしめる。警官がアップと掛け声をかけると、もぞもぞとまず後足を二本伸ばして四五度ぐらいに前傾して立ち上がる。腿で締め付けながら前に振り落とされないように必死に取っ手にしがみつく。つぎは前足を伸ばして立ち上がりようやく普通の姿勢になって歩き出す。よく訓練されていておとなしく歩いてくれるが、おそろしく背が高く、落ちたら怪我をしそうである。

午後は先生を送ってフクンツィまで往復する。先生がお礼に鶏を一羽分けてくれた。弟のセベツォは、なかなか利発で英語もしっかりと話せるのでここに滞在中通訳として助けてもらうことにした。今日は私の二六歳の誕生日なので、ツァーネに戻ってもう一羽鶏を買い足し、残り少なくなったジンとラム酒で誕生日パーティーとなる。ラクダに乗せてくれた警官と、知り合いになったアメリカ人平和部隊の若者にも加わってもらう。村の中を走りまわっていた鶏肉は歯ごたえがあって美味しかったが、食べきれないほどの量であった。

一月一六日、ツァーネから南西へ一五キロほどのロクヮベにはナマ・コイコイ（ホッテントット）の村があると聞いて見に出かける。八三人のグループで、首長はサイモン・クーパーという老人である。彼は世襲の首長で随分と昔にナミビア南部地方からやってきて住みついたのだという。現存するコイコイはナミビア南部に住むナマ族の約二万人だけであり、南アフリカ共和国西部に住んでいたケープ・コイコイはほとんど絶滅したか、あるいは白人との混血グループであるカラードと呼ばれる集団に吸収されてしまっている。ボツワナではコイコイはここの八三人の村人が唯一の集団で、彼ら

写真●1—19　ラクダに乗せて貰った私（撮影：倉知康）。

写真●1—20（左）　ロクヮベのコイコイの夫婦。現存するコイコイは、彼らナマ族だけであり、当時は牛の飼育、スイカ、トウモロコシ、豆などの栽培、鉄砲を用いた狩猟をおこなって暮らしていた。ブッシュマンと顔立ちはよく似て、使用する言語もクリックを多用する似通った言葉だが、コイコイの方がやや大柄で、女性にステアトピギーをもったものが目立つ。

は牛を飼育し、スイカ、トウモロコシ、豆などを栽培し、鉄砲を用いた狩猟をおこなっているとのことである。今までに見慣れてきたブッシュマンと顔立ちはよく似ているし、使用する言語もクリックを多用する似通った言葉であるが、コイコイの方がやや大柄なこと、そして女性には臀部が大きくうしろに突き出した、いわゆる脂臀（ステアトピギー）をもったものが目立っている。

翌一七日は、この町の商店の近くに住んでいるおじさんがブッシュマンの居所を知っているというので、彼に案内してもらって見に行くことにする。カンへの道を五〇キロほど戻って北へ少し入ったところにパンがあり、その縁にカラハリ族の村があってさらに五〇〇メートルほどのところにブッシュマンのキャンプがあった。しかし男たちの多くがカンへ出かけていて不在であり、一人残っていた年配の男は不愛想きわまりなく、「ヨーロッパ人の観光客が来てカメラを向けると必ず金をくれるのにお前たちはなぜ金をくれないのだ」と言って私たちの質問に答えてもくれなかった。このあたりには小さなパンがいくつもあって、ゲムスボックやスプリングボック、ブッシュダイカー、スティーンボックなどの羚羊類もたくさんおり景色もいいところなのだが、この観光ずれした態度に加えて、女連中もただでれでれと寝そべったり座り込んだりしているだけで活気がなく、われわれも調査する興味をうしなって早々にツァーネへと引き返す。

一八日は終日雨のため、セベツォをフクンツィまで送っていっただけで、出発は一日延期とする。セベツォはハボローネ近くの有名な中学校へ通いたいので、学資を稼ぐためにも私の助手をしたい意向をもっている。私は彼の素直な人柄、頭の回転の速い優れた資質を買い、向学心あふれる希望をかなえてあげるために、北大隊が解散したあと一人になって引き返してきたときにフクンツィまで迎えにきて雇ってあげることを約束した。

一九日、カンまで引き返し、インド人の店の主人から情報を得て、北東へ二五キロほどのツェツェングの町まで行ってみる。ここはカラハリ族の人びとが農牧の生活を送る小さな町であり、ここに住むブッシュマンは中部グループのナロと類縁関係が近いグイの人びとであるが、彼らもやはりカラハリ族の牛の放牧やその他の雑用に雇われているものが多く、弓矢を使って狩猟している人は全くいないという話である。カラハリ砂漠の中でも、狩猟採集だけで自給自足の生活を送っている人たちは急速に消滅しつつあるようである。

カンからロバツェへの幹線道路を数十キロ行ったところの大きなモルワモッシュ・パンで右折して小道をたどり西へ一五キロほど行ったところにカメラーネ・パンがあり大勢のブッシュマンに出会う。五〇人以上がこの付近に住んでいるらしいが、ここでもやはりブッシュマンはカラハリ族の家畜番などをして暮らしているということであった。ロバツェへの幹線道路を東へと走って、途中マブツァーネという町の手前で野営することにする。雨の降る日も多かったが、雨は長続きせず雨雲が去るとすぐ晴天の日差しがまぶしい。この夜はきれいな三日月と星を仰ぎながら道端でテントも張らずごろ寝する。

9　ツワナ人の町々

いよいよボツワナの東部の町カニエまで戻ってくるが、都会に出てくるのがまた週末になってしまった。カニエはツワナ人の二番目に大きな部族クエナ族の町で、ここでは石綿が産出し、鉱山で賑わうちょっとした都会である。一月二二日は日曜日でどこも休みなので、素通りしてロバツェに向かい、日暮れてきたのでロバツェ・ホテルに宿泊することにする。ロバツェは南アへの玄関口にあたる上に、ハンシー農場をはじめとしてカラハリの各地にあるツワナ人の放牧地から食肉用に牛が運ばれてきて、これをコーンビーフに加工する工場があり、ボツワナ一の商業の町を形成していて賑わっている。ハボローネが小さな村だったところへ独立を機に首都として急遽作られて発展していく前にはボツワナ第一の都会だったところである。カラハリ砂漠を一巡し、ロバツェへ出てきて久しぶりに電気が灯った街並みを見て改めて都会へ戻ってきたことを実感する。

翌月曜日の午前中にハボローネの大畠さんの家に帰り着く。カラハリ探査の最後に、ボツワナの人口の八〇パーセントが集中する東部の町々を訪ねてみる。オカバンゴ・スワンプの周辺を除けばただ一つ水の流れている南ア国境のリンポポ川に沿った東部地域は比較的雨量も多く、ボツワナ国内では限られた農耕に適した地域である。フランシスタウンへの道のりの半ばにあるパラピの町から西へ四〇キロばかり、ツワナ人最大のングワト部族の中心地セロウェを訪れる。大統領のセレツェ・カーマはングワトの首長だった人で、セロウェは彼の出身地でもある。最後にハボローネから西へ五〇キロのモレポローレの町へ行き、リビングストン・ホスピタルを訪ねる。リビングストンが南アからここを通ってビクトリア・フォールへと北上したときにモレポローレで滞在して医療活動をおこなったこ

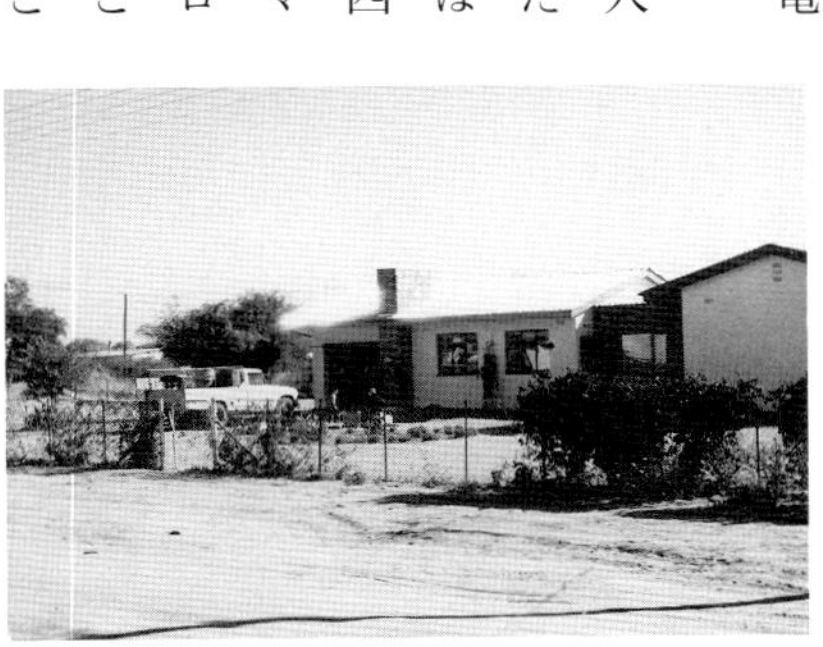

写真●1—21　公務員宿舎の一画にある大畠一家の住む家。庭の隅に私たちの日産ジュニア・トラックを置かせてもらっている。

とを記念して建てられたもので、院長のメリーウエザー博士に面会し、ボツワナの、とくにカラハリ地方の医療事情についてさまざまな情報を教えてもらう。

プレトリアの日本総領事館に電話で南アの通過ビザを取ってもらうよう依頼するなど、ハボローネで最後の仕事を終え、お世話になった大畠さんの家を発って南アへ向かったのは二月一二日であった。翌一三日は総領事館、日産のオフィスをまわってから徹夜の強行軍でダーバンまで走りつづける。旅の最後はぎりぎりの忙しない日程になってしまったが、四人のメンバーが二時間ごとに運転を交代し、他の人は居眠りしながら、なんとか無事にダーバンの町までたどりつくことができた。一四日にダーバンの港に停泊していた大洋漁業の小型のキャッチャーボート、沖洋丸に北大隊の三人を送り届け、北海道大学カラハリ砂漠探検隊は解散した。[*文献227]

文献227　北大探検部　一九七四

■アフリカ人類学百科　1

ブッシュマン、ホッテントットの名称について

一六五二年六月、ヤン・ファン・リーベックに率いられたオランダ東インド会社派遣の一団がアフリカ大陸南端の喜望峰に上陸し、小柄で黄褐色の肌をもった人びとの集団に遭遇した。これらの人びとは、牛と羊による遊牧生活を営んでおり、自らを「コイ・コイン」（人間のなかの人間、真の人間）と称していた。彼らは舌打ちに似たクリック子音（舌打音）を頻繁に交えた言葉を使用していたが（次項　アフリカ人類学百科２　参照）、初めて出会ったヨーロッパ人たちには、このクリック音が「ホット」とか「トット」としか聴きとれず、そのために「ホッテントット」と呼ばれるようになった。

入植者たちはしだいに奥地へと北上を続け、一六五五年四月にはケープ州北部で狩猟採集生活を営んでいた別のグループに出会うことになった。「ホッテントット」に比べ、さらに身長が低いことと、家畜をもたないことを除くと、形質的にも言語・文化的にもきわめて類似したこの人びとは叢林のなかを移動しながら狩猟採集の生活を送っていたので、「ブッシュマン」と呼ばれた（＊文献53）。

「ホッテントット」をあらわす「コイコイ」については、現在ナミビア南部を中心に分布するナマの他に、すでに白人社会に融合し、あるいは吸収され、消滅してしまった数多くのケープ・コイコイ諸方言群がいて、彼らの言語・文化はいずれもきわめて類似しており、自らを自称する言葉もコイ－コエ－クエと近似している。

一方「サン」は、「コイコイ」が「ブッシュマン」もしくは狩猟採集民に対して用いていた名称である。「ブッシュマン」という言葉には、「ブッシュの中で原始的な生活をしている人

びと」という差別的な意味合いがこめられているとか、女性を蔑視した性差別的なものであるといった理由で、最近は「サン」の名称が使用されることが多くなったが、じつはこの「サン」の名称にも大きな問題があったのである。

広範囲を遊牧しつつも、財産としての家畜をもち、ゆるやかながらも首長制のもとに編成された「コイコイ」の社会にとって、さしたる所有財産もなく身ひとつで移動しながら狩猟と採集の生活を送っている「ブッシュマン」は、普段は友好的に近隣づきあいをしてはいても、ときには食べものをたかり、場合によっては家畜を盗んで食べたりする厄介者とも見なされていたのであろう。彼らが呼ぶ「サン」という言葉は、もともとは、「われわれ自身とは違う人びと」を表わすものであったが、やがて「家畜をもたない人びと」「無宿の浮浪者」「ならず者」「泥棒」といった否定的、差別的な意味合いがこめられるようになっていったようである。

植民者たちが初めて「ブッシュマン」の名称を使用したとき、そこにどのような意味合いをこめていたのかはわからない。おそらくは、この「ブッシュの中に住む人」という呼び名には、野生のままに、素朴に生きる人びとという以上に、彼らヨーロッパの文明人より劣った「未開の野蛮人」といったイメージがこめられていただろうことは想像に難くない。

異民族を呼びあらわすときには、当該の民族が自らを呼びならわしている名称を用いるのがもっとも適切であることはいうまでもない。ところが本書がとりあつかおうとする「ブッシュマン」に関しては、その名称の選択について、複雑かつ困難な問題がいくつもある。

第一は、この身体形質を共通とし、きわめて似通った生活様式をもった人びとは、いくつもの言語グループに分かれて広大なカラハリ砂漠の中に散在していることである。彼らはコイサン特有の身体形質とクリック言語、狩猟採集の生活様式という共通の特徴により、全体をいわゆる「ブッシュマン」として認識しているが、民族としてのアイデンティティをもつわけではなく、自分たちのことを呼ぶ名称も方言グループ毎にまちまちなのである。それぞれの自称を民族名として用いるとなれば、十数個の民族名が乱立することになり、混乱をきたすばかりである。

現在、最もよく用いられているのは「サン」の名称である。しかし、「ブッシュマン」を牧畜民「コイコイ」とは独立した一個の民族集団だと考える立場に立つならば、この「サン」もまた他称であり、かつ前述のとおり「コイコイ」による差別的な呼び名だということになる。

本書では、狩猟採集民を、従来呼びならわしてきたとおり

「ブッシュマン」、牧畜民を彼らの自称である「コイコイ」、そして両者を合わせたクリック言語使用者を「コイサン人」と表記することにする。「山の民」「海の民」あるいは「森の民」といった表現があるように、「薮の民」ブッシュマンは本来、広大なカラハリの自然の中に生きる自由人にほかならないからである。

本書中の表記について

中部ブッシュマンはクリック（舌打音）を4種用いており、/、!、≠、//の記号を用いて表記した。

/：dental click（歯音）

!：alveolar click（歯茎音）

≠：palatal click（口蓋音）

//：lateral click（側音）

■アフリカ人類学百科　2

ブッシュマンとコイコイ

▼コイサン人とは

現在、アフリカ南部に住んでいる住民の大半はバントゥ系黒人であるが、もともとこの地方にはブッシュマンやコイコイなどの、いわゆるコイサン人が広く分布していた。コイサン人の起源は、未だに謎に包まれているが、化石人骨、石器、岩壁画などといった考古学的証拠が南アフリカから東アフリカにかけて数多く見られることから、彼らがかつては東、中央、南アフリカ一円に広く分布していたことは間違いない。コイサン人は、身体形質および言語において著しい特徴をもっている。まずピグミー（身長一五〇センチ以下を指す）ほどではないが、男子の身長がブッシュマン一五五センチ、コイコイ一六〇センチと低身長である。また、諸特徴はネグロイドともっとも多くの共通点をもちながら、黄褐色の皮膚に加え、顔が平たく頬骨の突出が目立つなど、モンゴロイドを思わせるような身体特徴をも併せもっている。とくに目につくのは、女性に見られるステアトピギー（脂臀）で、これは尻の皮下脂肪が蓄積されて後方に突出したものであり、コイコイの女性に多く見られる（写真1）。

写真●1　妹を抱く若い女。コイサン人の身体的特徴の一つ、女性に見られるステアトピギー（脂臀）は、尻の皮下脂肪が蓄積されて後方に突出したものだが、こんな具合に子どもを腰にのせることもできる。

コイサン語はいくつかの語群に分けられるが、主な共通特質としては、性称（男性形、女性形の区別）、両数（双数）、音（トーン）の高低による意味の区別、属格前置、単音節の語根、舌打音（クリック）などをもつことが挙げられる。とくに顕著なのはこのクリック子音を頻繁に用いることである。

合わせて「コイサン人」といわれるように、ブッシュマンとコイコイの区別そのものが、かつて考えられていたほど容易でないことも明らかになってきた。血清遺伝学の研究によれば、両者は非常に似かよったものであることがわかり、また、ブッシュマンと呼ばれるものの中でも、中央部ブッシュマン（ナロ、グイ、ガナなど）は、形質的にも言語的にも、ナマ・コイコイときわめて類似している。そのため現在、ブッシュマンとコイコイの区別は、伝統的な生業形態によってなされており、狩猟採集生活を基本としているものをブッシュマン、牛や羊の遊牧をおこなっているものをコイコイと呼ぶならわしになっている。

かつては東、中央、南アフリカ一円に分布していたブッシュマンは、すでに一五世紀までには、南下を続けるバントゥに圧迫されて、アフリカ南部に分布を限られるようになったが、そうしたバントゥの波状的な移動の過程で、バントゥと融和し牛の遊牧を取り入れたブッシュマンの一部がコイコイになったのだろうといわれている。そしてコイコイは生業とともに混血を通じてバントゥのもつ複雑な社会組織と多くの技術を取り入れていったために、現在みる社会・文化的諸特徴、やや大柄な身体特徴などを獲得したと思われる。

コイサン人の社会は、最後の拠点となったアフリカ南部においても、一七世紀以来の白人の進出と土地の収奪、戦争と疫病、バントゥ農牧民による圧迫などによって大きな打撃を受け、ごく一部のブッシュマンがカラハリの叢林で狩猟採集生活を続けているのを除くと、ほとんど伝統的な生活形態を残していない。

▼狩猟採集による平等社会

現在のブッシュマンの人口は、ボツワナ西部、ナミビア北東部、アンゴラ南部、そしてザンビアと南アにごく少数がいるのも合わせて、推定合計約十万人を数えるにすぎず、いずれも生活条件の悪い半砂漠地帯に押し込められた格好になっている。しかも大半は白人農場で働いたり、ツワナ人やヘレロ人、オヴァンボ人など近隣バントゥに対して従属的関係をもって生活するなど、伝統的な狩猟採集生活を営むものはごく少数にすぎず、それらの者も伝道協会や政府による定住化政策の影響を受けて急速に変化しつつある。

伝統的なブッシュマンの生活は、男の狩猟、女の植物採集によって成り立っている。カラハリに生育する一〇〇種を超える植物の果実、種子、葉、茎、根が食用とされ、また動物ではキリンをはじめ、大型の羚羊類が弓矢猟によって、また小型の羚羊やオオミミギツネ、ダチョウやホロホロチョウ、雁の仲間などが罠猟によって捕獲され食用とされる。食料の確保ばかりでなく、家屋や狩猟採集用具等、生活に必要な物資全てがカラハリの自然の中で調達される。狩猟採集民ブッシュマンの生活は、この厳しい自然にしっくりと溶けこんだ形で営まれているのである。

親族関係を基盤とした数家族、五〇人内外で構成されるこぢんまりした集団がブッシュマンの居住の単位で、この小集団が近隣の小集団との間で絶えず離合集散を繰り返しながら、水や食料を求めて移動生活をおこなう。首長はいないが、年長者や熟練の狩人が日常生活の指導にかなりの影響力をもっている。

分業や役割分担は性と年齢によるものだけであり、社会の構成員は基本的に対等で平等な関係にある。女性が採集してくる植物性食物がブッシュマンの生計の基盤となっており、男がもたらす狩りの獲物は全食物量の二〇パーセント程度を占めるに過ぎない。したがって、肉はときたまもたらされる貴重なご馳走であり、手に入ったときには居住集団内で平等に分配される。この分配と共同に代表される平等主義、互恵主義は、ブッシュマン社会を貫く基本原理となっているのである。

南アフリカのドラッケンスベルグ山塊やナミビアのブランドベルグ、トゥイフェルフォンテイン両山塊などには、ブッシュマンが数千年来描いてきた岩面壁画が残されている。それらの壁画から類推するかぎり、過去にはかなり高度な宗教的、かつ芸術的活動があったと考えられる。しかし現在では、天上の創造神と病気、災害、死の原因となる悪霊の存在は信じるが、体系だった宗教はもたず、きわめて現実主義的な生活態度を示す。冠婚葬祭や成人式などの通過儀礼もごく簡単なものである。

▼混血化の進んだコイコイ

コイコイは、かつては南アフリカの南西部に広く住んでいたが、一七世紀以来の白人の侵入により激減し、その経済、社会もほとんど伝統的形態を残していない。もっとも純粋な姿をとどめるグループと思えるナマ・コイコイが、ナミビア南部を中心として約二万人の人口を維持している例を除くと、南アフリカ共和国ではほとんど絶滅したか、あるいはカラードと呼ばれる混血集団に吸収されてしまっている。現在コイコイ語を話す人びとは約一〇万人いるといわれるが、その大半は西欧化し、都市労働者となっているカラードである。

伝統的な生活を保持するナマは、降雨量の少ない半砂漠高原地帯で牛と羊による遊牧生活を送っている。男子が家畜の飼育管理に当たり、女子が乳を搾る。乳製品をはじめ家畜産物を主食とするが、スイカ、トウモロコシ、豆などの栽培、鉄砲と罠による狩猟、そして野生植物の採集をも併せおこなっている。古くから鉄の精錬法を知っていたらしく、かつては鉄製鍋などの道具類を作り、また土器も製作していた。

父系クラン（氏族）の制度をもち、同一クラン内での結婚を禁止し、必ず他のクランの者と結婚する、いわゆる外婚制をしいており、各クランにはそれぞれに長がいるが、親族の組織化はそれほど発達したものではない。政治組織も簡単で、首長といってもそれほど権力をもっているわけではない。タタ・グーと称する長老たちが長老会議を構成し、これが部族の政治を運営する。冠婚葬祭などの通過儀礼も、他のアフリカ諸民族に比べると比較的簡単なものである。男子は一〇歳ごろに割礼の儀式を受ける。結婚に際しては、牛を婚資として花嫁の父親に支払わなければならない。

キリスト教が入ってくる以前には、彼らは霊魂の来世を信じていたと思われる。信仰の中心は、神話上の英雄を崇拝したり、雨をもたらす自然力を擬人化したりすることであった。また、彼らはブッシュマンと違って、祈祷や雨乞いの踊りもおこなう。

第2章　ついに未知の民と遭う——単独行のカラハリ探検

風下から獲物に近づくブッシュマンの男たち

1　一人でカラハリへ戻る

北大探検隊の一員として、ボツワナを一回りし、ブッシュマンが住んでいるところは一通り見てまわったのであるが、白人農場地帯ではもちろんのこと、バントゥ諸族の農牧の村ともなんの交渉をももたずに純粋に狩猟採集だけで生活している人びとに出会うことはできなかった。やはりＣＫＧＲのなかへ入っていかなければカラハリ砂漠の自然の民を見ることはできないのではないかと思われる。ここで日本に戻ってしまえば、次の機会があるかどうかも分からないというのが、当時の研究状況であり世界事情だった。大胆な計画ではあったが、北大の三人と別れた後もアフリカに留まり調査を続けてみたいと考えたのは、自然な成り行きでもあった。

北大隊の三人を送り届けた二月一四日の晩は、くたびれきってダーバンの街なかのエスプロナーデ・ホテルに泊まり、翌朝ヨハネスバーグまですっ飛ばす。ヨハネスバーグでは日産から車を中古価格四〇万円で購入すべく話し合い、プレトリアでは総領事館にボツワナ滞在を一年以上延長する旨を報告、イギリス高等弁務官事務所にてボツワナ再入国のためのビザ取得などの諸用務をはたした。そして南アでもっとも大きなウィットウォーターズランド大学の文化人類学者ジョン・ブラッキング教授、自然人類学者のフィリップ・トバイアス教授や南ア医学研究所の集団遺伝学者トゥレボー・ジェンキンス教授に会見し、ブッシュマン研究ならびにそのためのカラハリでの生活技術について貴重なアドバイスをいただく。その間、総領事館の副総領事である伴正一さんに紹介してもらった日本人学校の先生をしている美術が専門の南河宏さんのお宅に泊めてもらってヨハネスバーグ事情を教えてもらい、気楽な日本語でゆっくりとくつろぐことができた。

写真●2—1　南ア医学研究所の集団遺伝学者トゥレボー・ジェンキンス

一八日、南ア最後の夜は伴さんの家に夕食を招待され、泊めてもらって南アの人種差別問題について論じ合う。伴さんは誠実かつ正義感に燃える外交官でアパルトヘイト体制下の南アはとても居心地が悪いようであった。彼はのちに国際協力事業団（ＪＩＣＡ）の総裁も務めることになった人である。翌朝ボツワナに向けて出発、ハボローネの大畠さんの家に舞いもどってまたお世話になる。一週間ぶりに帰ってきたボツワナであるが南アで緊張した日々を送ってきたせいか、のんびりしたこの国では解放感にひたり、大変落ち着いた良い気分だ。

さて、いよいよ一人きりになってこれから本格的にブッシュマンの調査を始めることになる。そのためには面倒な手続きや準備が色々と必要であった。ハボローネ駅の近くにインド人がやっている小さな自動車修理工場があり、そこでトラックを徹底的に点検整備してもらう。自動車のサバイバルテクニックについては四〇〇頁のコラム（「フィールドのカーライフ」）で解説するが、砂とブッシュばかりのカラハリ砂漠のなかで一人行動するには、なんといってもこのトラックは生命線であり、調査を遂行していけるかどうかの鍵をにぎる必要不可欠な装備なのである。泥水のなかを掻い潜って故障した発電機は、ブラシに泥が詰まって動かなくなりうまく接触せずに電気が流れなくなっていたのが原因だった。ガタガタの重い道を走りまわったので、ハンドルの根元にあるステアリング・ギア・ボックスが緩んでいたし、前輪の車軸にもガタがきており、操縦性をよくするためにしっかり調整して不具合を直してもらった。

長期に滞在するとなると正式のビザも必要となり、この国に住むための一時居住許可を申請する必要もある。日本からもってきた国際運転免許証は有効期間が一年間なので、これもボツワナの免許証に書き換えてもらわなければならない。しかしこちらの方はいとも簡単で、運転免許を交付する役所へいくとイギリス人の役人が車を一瞥しただけで、「ああトラックに乗ってるんだな、それなら大型免許を出してやろう」とあっさり大型免許証を交付してくれた。

写真●2―2　ヨハネスバーグ事情を教えてくれた日本人学校の南河宏氏。後年、私の安曇野の自宅を訪ねてくれた。

カラハリでこれから暮らしていくための必要最低限の装備を買いそろえる必要もあった。テントは北大の人たちが持って帰り、グラウンドシート一枚と寝袋だけになってしまったので、私はブッシュマンと同じ草ぶきの小屋に住まうつもりではあったが、広げれば椅子やベッドになる手軽な折り畳み式の簡易パイプ・ベッドを買い込んだ。ふだんは焚火を使うにしても、旅行中などいざというとき簡単に調理ができるように石油コンロを、懐中電灯だけでは電池がいくらあっても足りないので石油ランプを、これらはみな中国製だったが、乏しい資金をはたいて買い求めていった。

当時、CKGRのなかのブッシュマンについては、一九五八年から私たちがアフリカを訪れたつい直前まで、南ア出身でウィットウォーターズランド大学で文化人類学の修士課程をおさめたジョージ・シルバーバウアーがベチュアナランド政府に任命されたブッシュマン調査官として長期の人類学的調査をおこなっていた。*文献56 彼は野生動植物とともにブッシュマンの狩猟採集生活をも保全するためにこの広大な地区を保護区とするよう政府に進言し、それが実現したのである。シルバーバウアーはブッシュマン調査官を辞したあと、サイモン・ギレットさんが着任するまでハンシーのDCを務めていて、その後オーストラリアの大学に人類学を教える職を得てボツワナを去ったばかりであった。

シルバーバウアーはハンシーから二〇〇キロほどのコイコムの地に深井戸を掘り、ディーゼル・エンジンで汲みあげてドラム缶につめた水を大型のトラックに積みこんで、数十キロ四方にわたってカデ地域を移動する集団につき従いながら調査活動をおこなった。

私もこの井戸のあるカデ地域へ行きたかったのであるが、ハンシーから二〇〇キロ、最寄りのデカールの白人農場からも一五〇キロ近く離れたブッシュの中へ単身で入っていくことは流石にためらわれた。CKGRに入っていく第二の選択肢として、ハボローネ在住のこの地域に詳しいイギリス人たちが薦めてくれたのは、ハンシーとは反対側の南東部からアプローチする方法であった。モレポローレから北西へと道をたどり、レタケングからサラージュエの村を過ぎるとまもなくクーツェ・パ

文献56　Silberbauer 1965

写真●2—3　ジョージ・シルバーバウアー。セントラル・カラハリで英保護領の行政官として調査にあたりセントラル・カラハリ・ゲーム・リザーブ（中央カラハリ動物保護区：CKGR）の設置に尽力した（写真提供：Dr Letitia Xade Silberbauer）。

ンでリザーブの境界を越える。リザーブに入ってからもまだ五〇キロぐらいは悪路ながらも轍の跡がついていて、カラハリ族の村があり、その北部にもブッシュマンたちが住んでいるからそちらの方を探してみてはどうかということであった。

その方針で国務省の事務次官と話し合って、それならCKGRへ立ち入る許可を取り付けてやろうということになり少し先行きが見えてきた気がする。まずは通訳兼調査助手として約束していたセベツォ少年をフクンツィまで迎えに行かなければならない。用意万端整えてハボローネの大畠さんの家を出発したのは二月二七日午後二時半、その夜はカニエから西へ六〇キロ進んだところの路傍で野営する。カラハリの原野にたったひとりで露営するはじめての夜であった。空は晴れてきれいな明るい月のもと、車の横に簡易ベッドを置き寝袋の上にグラウンドシートをひっかぶっただけであったが、案外と寝心地はよく、なんの不安もなしに朝を迎えた。

三五〇キロほどの砂の道を一気に駆けぬけて午後五時ごろにツァーネの町に着く。前に通ったときよりも心もち走りよく早めに到着したと思われる。カラハリの砂の道は、雨のあとの湿り具合のいかんで刻一刻とコンディションが変わる。乾季になってすっかり乾ききると深い砂の道はよく潜るからたいへんだよと脅かされている。ウィットウォーターズランド大学文化人類学教室で学び、カラハリ族の人類学研究で博士論文を書いたアダム・クーパー[*文献28]が追加調査のためにツァーネを訪れていたのだが、なんと彼のところに助手としてセベツォ少年がいたのである。クーパーがフクンツィを訪れた際に学資金を少しでも稼ぎたかったセベツォが頼みこんで雇ってもらっていたようである。クーパーから彼のカラハリ族研究について、さらに周辺のブッシュマンについて知っていることを色々と聞きながら二晩をツァーネで過ごし、三月二日にセベツォを連れて西へと向かう。フクンツィからはじめて通る道をさらに北西へ進んでノジャーニを経由し、すぐ近くのクリを再訪して以前お世話になった校長先生セフラレさんと旧交をあたためる。ブッシュマンたちはこのところ町には現れないが、前に訪

写真●2−4　晩年八一歳のジョージ・シルバーバウアー（撮影：Lisa de Bruin、Alan Thorold 博士と Lisa de Bruin 氏のご厚意による）。

文献28　Kuper 1982

ねたあたりに近いブッシュのなかにいるはずだとのことであった。

久しぶりのハンシーの町に三月七日に到着し、ゲストハウスに泊めてもらってハンシー周辺の探査をもう一度試みることにする。DCのサイモン・ギレットさんと相談しながら、今後の計画を練ってみる。ハボローネに取って返し、南東部からCKGRへアプローチしてみることを第一に考えるが、せっかくハンシーに来ているので、近くのデカールから南東方向へシルバーバウアーが通いつづけたトラックの轍をたどって井戸のあるカデ地域へのアプローチも試みてみることにする。

最奥の農場を抜けると、轍のあとが南東の方角に向かってただ真っすぐ一直線にのびている。草と灌木の大地は真っ平らに見えるが、車で走ってみるとじつは小さな凸凹だらけで、とても三、四〇キロ以上のスピードを出せる状態ではなかった。しかも二列の轍の間には草と灌木が生えていてまわりの原野とおなじ状態なのである。ラジエーターの前面には金網を取りつけて一応の対策は施してあるのだが、雨季のさなかにあっては草の花や実がラジエーターの網の目にびっしりと入りこんで、たちまち冷却水が沸騰しだし、エンジンが過熱気味になってしまう。一〇キロほど走っては休んでエンジンを冷やしてやりながら進んでみるが、やはり単独で一五〇キロをこのまま行くのは無謀に過ぎると思われ、四〇キロほどのところで引き返す。そうこうして二週間が過ぎ、ハボローネに舞い戻ったのは三月二一日であった。

2　セントラル・カラハリ・ゲーム・リザーブ（CKGR）へ

一週間にわたりCKGR立ち入りの許可を得るために国務省に通いつめ、二ヵ月分の食料その他必需品を買い込んで、出発は三月二九日となった。モレポローレの町を過ぎると道は細く悪くなり、リ

写真● 2 — 5　カラハリの原野を行く。すでに車が通った跡はタイヤの轍で道らしく見えるが、轍の間に繁る草花がラジエーターの隙間に入り込んで、車の冷却機能を駄目にする。

ザーブに入る前の最後の村であるサラージュエにて、集会所に使われる広場でセベツォと二人で露営する。リザーブの方面に家畜キャンプをもっていて地理に明るいパンパーンという男が同行してくれることになる。翌日は三人でリザーブの境界にあるクーツェ・パンまで行って、ここでブッシュマンの男マンターハを道案内に雇い入れ、ついにCKGRに分け入る。リザーブに入って北西へ三〇キロ、轍だけの踏み跡をたどりグガンマの村に着いて泊まることにする。グガンマはカラハリ族の村とはいっても粗末な草ぶきの小屋が五つあるだけで、数頭の山羊を飼ってはいたが、ブッシュマンと同じように罠猟と採集だけで生活しているらしい。三月三一日、グガンマからさらに北西に二〇キロほどでキカオ村に着くが、車の踏み跡はここまでである。キカオには草ぶきではあるがブッシュマンの小屋より一段と大きく立派な一二戸の小屋が建っており、数十人のカラハリ族の人びとが住んでいる。飼育している山羊の数もずいぶん多そうであり、近くには畑を切り拓いてトウモロコシや栽培スイカを植えつけているそうである。この先はまったく車が通ったこともないブッシュの中をかき分けて、目指すブッシュマンの住むメノアーツェまで進まなければならないので（図2―1）、道案内にさらにムリサとロコロの二人の青年を雇って同行してもらうことにした。

リザーブの境界にあるクーツェ・パンから轍だけの踏みあとをたどって約五〇キロでキカオに達したが、ラジエーターの前面には草が覆いかぶさって冷却水が沸騰するのでたびたび休止しては草を取り除きエンジンを冷やしてやらなければならなかった。ここから先はまったく踏み跡もないブッシュのなかを右へ左へと立ち木を避けながらムリサとロコロが指さす方向に向かってひたすら北上する。ブッシュを踏みしだいていくので足元では木の枝が車体の底をバリバリと叩く音がして、ひやひやしながら時速二、三〇キロのスピードで前進する。三〇キロばかりでようやく目当てのメノアーツェに到着する。小屋が七つあり、三〇人ほどで狩猟と採集の生活を送っているようである。山羊が数十頭飼われているがこれはカラハリ族の村人から預かっているもので、世話をする見返りにわずかながら

写真●2―6　CKGRのブッシュマン探索の助手を務めてくれたマンターハ。ナンテの実を自分用に採取している。

図●2―1（左）　セントラル・カラハリ・ゲーム・リザーブ（CKGR）内のブッシュマン居住地域（メノアーツェとカデ地域）。

搾れる乳をもらっているのだという。長い道のりであったがついにリザーブのなかで狩猟と採集によってほぼ自給自足の生活を送る人びとのところにたどり着いた。

メノアーツェの人びとは水場のあるパンを中心にして移動生活をしているようで、この場所にはごく最近やってきたばかりだという。小屋はまだ建てかけたばかりで未完成なので、毎日少しずつ骨組みを補強し、草をとってきて葺いている。私も着いてからグラウンドシート一枚かぶっただけで三泊し、四月三日になって自分の小屋を作ってもらうことにした。ここの住民にも手伝ってもらって、午前中三時間ほどで直径二・五メートルばかりの半球形の手頃な小屋ができあがった。荷物をすべて小屋の中に運びこんで整頓するとなかなか快適な居住空間ができあがった。まことにお粗末な鳥の巣のような代物であるが、生まれてはじめて自分の家を持つことができて至極ご満悦な気分である。

3　メノアーツェの人びと

今年は五年ぶりに雨がよく降り、カラハリの人びとに

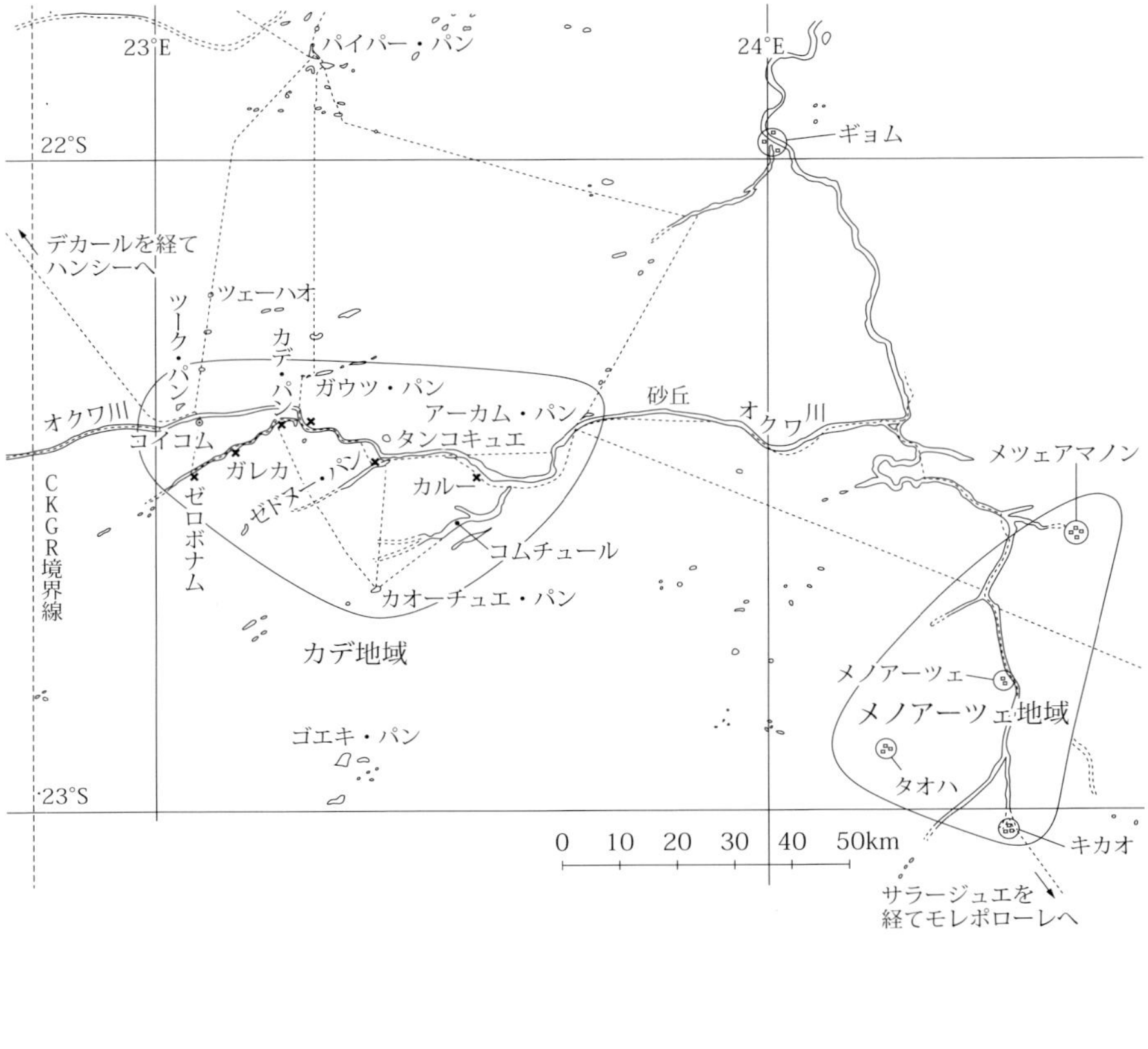

とってはたいへんよい年だったようである。メノアーツェに到着して、私はセベツォをはじめとする五人の男たちとブッシュマンの集団のなかで暮らし始めたが、私たち六人はトウモロコシ粉の練り粥を主食にして、それにインスタントの粉末スープで味付けした汁ものをぶっかけて食べることが多かった。まれに獲物の肉が手に入ったときにはもちろんそれを煮たり焼いたりして舌鼓をうったが、ふだんの蛋白源は缶詰に頼るしか方法はない。マメ科ジャケツイバラ亜科バウヒニア属のナンテと呼ばれる豆（*Bauhinia petersiana*）はおいしいからよく自分らでも採集してきて食べたが、野菜といえば基本的にはジャガイモとタマネギだけである。キャベツやニンジンも買って持ってきてはいたが、これらはそんなに長持ちはしない。水はドラム缶二本四〇〇リッターを積みこんできたが、六人で使ってどれくらい保つのだろうか。コップ一杯の水で歯磨き、洗顔をするだけで、できるだけ節約しながら過ごしていたが、なくなりそうになればメノアーツェの水溜まりの水を汲みに行こうと思っていた。しかし幸いなことに時にザーッと大粒の雨が降ってくることがあり、そんなときには大急ぎで車の天井からグラウンドシートを張りだして雨水を盥に受けるようにして集め、ドラム缶に注ぎ入れて補充することができた。

ブッシュマンのところに住み始めて、これからじっくりと観察調査をしようと思うが、やるべきことは限りなくあってどこから手を付けるか戸惑ってしまう。ここには一体どのような関係の人びとが何人いるのか、彼らがどのように一日を過ごして、何を食べているのか。聞き込みをするにしてもまずは言葉を覚えなければならない。マンターハと二人のキカオの青年ムリサとロコロはブッシュマン語とツワナ語を自在に操れるが、ツワナ語から英語に訳せるのはセベツォだけである。人びとの話す言葉をまずはムリサかロコロがツワナ語でセベツォに伝える。それをセベツォが英語に翻訳して私に伝えてくれる。私からの質問はその逆をたどって現地の人に伝えられる。二重の通訳を介した会話はなんともまどろっこしいかぎりである上に、ちゃんと正確に伝わっているのかどうかもあやしいもの

写真●２—７、８　ナンテと呼ばれる豆 *Bauhinia petersiana* の花（７）と実（８）。

写真●2―9、10　メノアーツェのブッシュマン。木の根（9の右の丸いもの）を削って絞り、その汁で皮なめしをするツィリアーモと、小屋の前で焚き火をするツィリアーモの妻ウガイ（10）。彼らも狩猟採集の生活を送っているが、完全なものではなく、数十頭のヤギをカラハリ族から預かって世話をし、その見返りに乳を貰う。

である。言葉に習熟するまでの間は専ら自分の目で直接観察してできる調査を主体にするのがいいだろうと思われた。

メノアーツェの人びとは自らをグイクエ（/Guikue、kueは人の意）と呼んでいるが、この地域はグイ（クエ）とガナ（クエ）（//Ganakue）との境界域であり、両者は混在していて婚姻関係も頻繁におこなわれている。また彼らの行動域は普段は数十キロメートル程度であるが、一〇〇キロ以上離れたキャンプを訪問したり、稀に移動したりすることもあり、ずっと西方に位置するカデ地域の住民についてもある程度知り合いがいるらしいことが分かった。

4　狩猟と採集の生活に触れる

人びとの生活は、日の出前後の起床とともに始まる。夜が白みはじめるとめいめいが勝手に起きだして、残り火をかきたて、余りものの食べものがあればそれを焚火で料理して朝の食事にするが、なければ朝食は無しですませる。

このところ小雨がしとしとと降ることが多いが、人びとは雨のない頃合いをみはからって狩猟や採集に出かける。狩猟は男だけが専業でおこなう仕事で、弓矢、槍、掘棒、火起こし棒などを差しこんだ革袋を肩にかけただけの軽装で、獲物を求めてブッシュの中へ出かけていく。日中穴の中で休んでいるトビウサギを得ようと狙っていくときには、獲物を引っかけて捕らえるための、約四メートルに継ぎ足した棒の先に鉤フックを取りつけた専用の道具を携えていく（写真2―10）。後に詳述するように、ブッシュマンがおこなう代表的な狩りは、ゲムスボック、エランド、クドゥ、ワイルデビースト、ハーテビーストといった大型羚羊やキリンなどを対象とした弓矢を用いたものである。スティーン

＊　九四頁「アフリカ人類学百科3」参照

写真●2―11（左）　トビウサギ猟の専用の道具。継ぎ足した棒の先に鉤フックを取りつけ、巣穴から引きずり出す。左手の二人の男が手にしているが、これほどに長い。

ボックやブッシュダイカーのような小型の羚羊が、通り道にしているところに足跡を見つけると木の枝とロープ一本からなる跳ね罠を仕かけておいて毎日見回りをする。

動物の狩猟はそれほど効率のよいものではなく、男たちはたいていの日は獲物を見つけることもできず手ぶらで帰ってくる。日々の食べものとなるのは、じつは女が主として受けもっている植物採集による食品なのである。雨季のさなかのこの季節にはコム（*Grewia flava*）と呼ばれるグレヴィア属の二メートルぐらいの灌木になる甘い果実（七七頁　写真2—27参照）がそろそろ終わろうとしているが、ナンテの豆が食べごろになってきている。これは鞘ごと焚火の下の灰のなかに十分ほど埋めこんで焼きあげるとまるでソラマメのような味でたいそう美味しい。やがて完熟して鞘がはじけるぐらいになると、焼いた豆を臼で搗いて粉にして食べる。この完熟した豆はブッシュマンの食べもののなかでも保存が可能な貴重なものである。カーン（*Acanthosicyos naudiniana*）と呼ばれるメロンが、雨が降りはじめるといち早く花を咲かせ実をならして重要な食物となる。このメロンにはアルカロイドが含まれていて生では食べられないので、焚火の熱い灰のなかに一時間ほど埋めこんで蒸し焼きにしてから食用にされる。まもなく生でも美味しく食べられるスイカ（*Citrullus lanatus*）が実りだす。私が最初に訪れたその時期は、一年でももっとも食料の豊富な季節だったのである。*

男が狩りに出かけるときには、近くに仕かけた罠を見回るだけのときは別として、一日中ブッシュの中を歩きまわって獲物の探索をおこなう。しかし動物を見つけ、風下から気づかれないように接近して、なおかつ上手く毒矢を射かけることができるのは、まことに幸運に支えられる出来事であり、たいていの日には苦労の甲斐なく途中でスイカや木の実をつまみ食いしながら家路をたどらざるを得ない。大勢で一緒に出かけるよりばらばらに違った方角へ探索に出かける方が獲物に出くわす確率も上がるのだが、いずれにしても動物の狩りは労多くして得るところの少ない仕事である。だから男たちは狩りに出かけたあとは二日も三日も家にいて寝ころんだり、道具の製作や修繕をしたり、毛皮の

＊　一〇九頁「アフリカ人類学百科　5」参照

写真●2—12　雨季に入っていち早く花を咲かせ実をならせるカーン・メロンはアルカロイドが含まれていて苦いので加熱してから食べられる。

縫い物をしたりして、のんびりと過ごす。

それに比べて採集の方は、求めるべき植物は動物のようにうろつきまわったり逃げたりするものではなく、季節ごとに食べられる種類のものがどこにあるか分かっているので、二、三時間の労働で必要なだけの量を採ってくることが可能である。前に述べたコムやナンテ、スイカなどのように優秀な食べものが得られるときには男もときに採集行に加わるが、植物採集は主として女の仕事である。女たちはたいてい何人もがまとまって一緒に、ときには全員がそろって出かけていく。一人だけで行くよりは、大勢でがやがやとおしゃべりをし、ときには皆で歌声を合わせながら、木の実を摘み、草の根を掘っていた方が楽しいし、効率も上がるようである。毛皮の風呂敷に詰めこんだ採集物を背中に負い、帰り道で料理用の薪を拾って風呂敷包みの上に乗せる。乳飲み子がいるときにはその子は横腹に抱きかかえなければならないし、二、三歳の子だったら薪を乗っけたそのまた上に子どもを跨らせて運んで帰ってくる。

このようにブッシュマンたちの食生活は女性の集めてくる木の実、草の葉、瓜類、根っこなど、植物が八割がたを占めているのであるが、めったに手に入らない動物の肉はなんといっても美味しいものなので、彼らは「肉こそが本当の食いものだ」と言ってこれを希求する。採集植物は基本的に採ってきた家族の単位で消費されるものであるが、まれに狩りが成功して肉が手に入ったときには、いっしょに住んでいる人びと全員でこれを平等に分けあって食べるのである。牛ほどの大きさの羚羊が獲れたりすれば、まさに滅多にないことだからこそ貴重なご馳走となり、みんなして大盤振舞にあずかることになる。

このキャンプに住みだしてから一ヵ月以上たち、近くには食用植物が少なくなってきたので、みなはそろそろ移動することを話し合っている。五月六日、このところ晴天が続いていて雨は降りそうにもなく、もう今年の雨季は終わったようである。メノアーツェのグループは二つに分かれて移動の準

写真●2—13　採集してきたスイカを体重計にのせて重さを測る。甘味はほとんどないが、90％以上が水分で貴重な食料、飲料水である。

備を始めた。五月九日、朝九時ごろから人びとは腰を上げて荷物を片付け始め、一一時ごろになって次のキャンプ地に出発した。メノアーツェ・パンの水場の向こう側でおよそ八キロ離れたところである。私は一番親しく付き合っていたツィリアーモ一家など一五人のグループに従って移動につきあった。

こちらのキャンプ地ではこのところ実り始めたクーチェと呼ばれるトリュフ（*Terfezia sp.*）がたくさん分布しており、彼らはこの食べものを目当てに移り住んできたのである。西洋松露に近縁のこの茸の一種は雨がよく降った年にだけ発生し、これを焚火の砂のなかに埋めて蒸し焼きにするとまことに美味しいものである。ナミビアの都市部に近いところではこのトリュフがたくさん採れると空路フランスまで輸出しているとさえいわれている。

5　カデ地域への転進

クーチェの季節が一ヵ月近く続き、私も専らこれを食べて過ごしてきたが、五月も終わりになってついにメノアーツェのパンも干上がって冬が近づいてきた。食料もさることながら、ドラム缶の水が底をついてきてはこれ以上メノアーツェに滞在するわけにはいかない。三〇人程度のキャンプの人びとは近隣二、三〇キロのところに住んでいるいくつかのグループとよく訪問しあっていて地域社会をつくっているし、キカオやメツェアマノンのようなカラハリ族の村人とも稀に交流しあっているので、そうした異文化交流の実態を見ていくのにもこのメノアーツェは好ましい調査地だと思えたのであるが、飲料水が涸渇しそうになってきてはやむなくこの地を去らざるをえない。五月三〇日私は後ろ髪をひかれる思いでメノアーツェの地を後にすることになった。

写真●2―14　クーチェ（トリュフの一種 *Terfezia sp.*）はたいへん美味しく好まれる。雨のよく降った年には五月ごろによく出てくる。

ＣＫＧＲのブッシュマン調査をこれ以上続けようとするならば、やはりハンシーに舞いもどってシルバーバウアーがたどった踏み跡をなんとか走破し、カデ地域の井戸水に頼ってやっていくしか道はない。もう一度国務省の役人やハンシーのＤＣとじっくりと相談してリザーブに入る安全な方法を模索してみよう。

役所通いのかたわら、ハボローネ駅前の自動車屋で、痛めつけられた車の整備をするのも大切な仕事であった。今回のブッシュ漕ぎのドライブでは二回倒木の上に乗り上げてしまい、一度目はブレーキパイプを破損してしまってブレーキが効かなくなってしまった。エンジンブレーキとハンドブレーキだけを頼りにスピードを極力ひかえて走るようにしていたが、見通しのききにくいブッシュの中で突然倒木を発見しても急には止まれなくて乗り上げてしまい、今度はガソリンを送っているパイプを押しつぶしてしまうことになった。幸いなことにパイプは破損することなくひしゃげただけだったので、プライヤーで形をもどしてガソリンが流れるようになり無事にハボローネまで帰着することができた。

六月一五日、国連派遣職員としての任期をまっとうされた大畠さんが帰国されることになった。昨年一二月以来、ハボローネに立ち寄る度にずいぶんとお世話になり、多くの政府役人を紹介してもらったり何かと頼りにさせていただいて、大畠さんにはまことに恩義を感じていたが、いざボツワナから去られるとなるとなんとも淋しいかぎりであった。トラックの荷台にスーツケースなどすべての荷物を積みこんで町からほど近い小さなハボローネ空港まで、私はご一家の出発をお見送りした。とうとうこの国には日本人は私ただ一人となってしまったのである。

ハンシーへ戻ってＤＣのギレットさんと相談した結果、七月になれば以前に野生生物局のレンジャーをやっていて今はマウンでＤＣをやっているアレック・キャンベルさんがやってきて一緒にカデの井戸周辺へ連れていってくれることになっているので、その機会に私も同行してはどうかと提案があった。キャンベルさんのランドローバーとDCの大型トラックについて行けば、私のひ弱な日産ジュニアでも安心して行くことができるであろう。ともかくかの僻地まで出かけていって自分の目で道程を確かめ、カデ地域を見てみることがなによりも肝要であった。

一ヵ月ほどの期間があったので、私はもう一度国境の町クリへ出かけて、北大隊と過ごした三つのキャンプの人びとにブッシュでの生活技術や集団の仕組みなどを学んでおくことにした。ちなみに彼らナロはカデ地域のグイやガナとは近縁の中部ブッシュマンの言語グループに属する人びとなので、かなりの語彙が共通しているし、暮らしぶりも似かよっていると思われたからである。

七月一三日午後、待ちに待ったカデ地域への遠征の旅が始まった。デカールの町から右折して農場の中をおよそ三〇キロ行ったところで夕暮れが近づいてきたので、道路わきで露営する。三台の車をならべてその近くにそれぞれ寝袋や毛布などを敷き詰めて寝場所を確保する。キャンベルさんの運転するランドローバーにもう一人マウンから来たイギリス人の役人が乗り、ギレットさんの大型トラックには専用の運転手とギレットさん、それに英語の話せるナロの通訳が乗ってきた。私の車には愛すべきセベツォ少年が同乗しており、一行は総勢七人である。持参の弁当で夕食を終え、早めに寝袋の中にもぐりこむ。明日はいよいよ初めての荒野を踏み分けて行くことを考えると、冒険心がこみ上げてきて興奮するが、夜更けて寒さが募ってくると寝袋と毛布の上にシートを掛けたままぐっすりと眠りに落ちた。翌朝水筒の水がカチンカチンに凍っていたので、温度計を見ると氷点下七度を指していた。

クラッカーとチーズに紅茶の朝飯をすませ、カデへの踏み跡をたどる。農場の終点から四〇キロほどはすでに前に通ったことがある。私の車は相変わらずラジエーターの水が沸騰して三〇分おきぐらいに休ませながら、遅れてついて行ったが、前の二台は快調に走って行き、それでも一時間ごとぐらいに私の車が無事ついてくるのを確かめるために止まって待っていてくれた。農場を出て八〇キロほ

写真●２−15、16　カデ・パンへの「道」。植物が焼き尽くされた野火の後（16）ならば、自動車で進むのは楽だ。

どは背の低いブッシュと草だけの開けた平原で走りやすかったが、CKGRの境界を越えてしばらく進むとアカシアの疎林帯に入り、砂が深いうえに、立ち木を避けながら蛇行しなければならない。そんなアカシアの林を三五キロほど行くとついに今は涸れ川となっているオクワ川に到着、この谷を横切ったすぐのところに井戸が掘られていて、ここはコイコムと呼ばれる土地であった。

井戸の近くの大きなアカシアの根元が今夜の泊まり場となるが、ここで荷物を下ろしながらギレットさんとキャンベルさんが大声で叫び出した。「しまった。井戸水を汲みあげるためのエンジンを始動するクランク・ハンドルとエンジンをポンプに繋げるベルトを忘れてきた」。何ヵ月も使われていないこの井戸から水が汲みあがるかどうかが、私がこの地域で調査していけるかどうかの鍵だったのだが、忘れたものは仕方がない。この地まで問題なくたどり着けたのだから、この次来るときには忘れずにちゃんと持ってこよう。

キャンベルさんは野生生物局にいたときに何度も調査に来て承知していたが、ギレットさんは今回がはじめてのカデ訪問で、そこまでの道程がどのようなものなのか分からず、それで私が一人でカデ地域で調査をおこなうことについても、許可してよいものかどうか迷っておられたのである。ハンシーから二〇〇キロ、農場の終点からも一二〇キロのブッシュの中とはいえ、シルバーバウアーが通いつづけたこの道（というよりは単に轍の跡）がいまも十分に使えることを自身で体験して、ついに彼も私のカデ地域での単独調査を認める決心をしてくださったのである。

写真●2—17　シルバーバウアーはCKGRでの調査を遂行するためにドイツから荒れ地を開墾したりするために作られたウニモグをとりよせて、奥地へ分け入った。ハンシー農場からカデへと一直線に伸びたこの轍の跡はウニモグで何度も往復してできたものであった。（写真提供：Dr Letitia Xade Silberbauer）

6　ブッシュマン探索

オクワ川沿いに道なき道を真西にブッシュを突っ切ってロバツェ道路に出てからハンシーへ帰ると

いうギレットさんたちと別れて、私とセベツォとはもと来た道をデカール経由で引き返した。カデ地域での調査にゴーサインを出してくれたとはいっても、病気や事故など奥地で何か事あれば一大事である。はるばる日本からやってきた若き人類学徒の身の安全をおもんぱかって、およそ一ヵ月に一度はハンシーへ戻ってくること、そして予定期日をきっちりとギレットさんに伝えて出かけることを約束させられた。約束の日までにハンシーに帰ってこない場合には、彼はベテラン・ドライバーを伴ってカデまで捜索に来てくれることになった。ふらりと訪ねてきた厄介な風来坊のような若者に対して示してくれる親切は本当にうれしいかぎりで、素直に感謝してDCの配慮をありがたくお受けすることにした。

コイコムの井戸水さえ順調に出てくれれば、あとはガソリンと食料を月に一度ぐらいのペースで補給しに戻らねばならないであろう。セベツォはブッシュマン語が理解できないから、ツワナ語とブッシュマン語を橋渡ししてくれる通訳がどうしても必要である。行きつけの雑貨店ホーランディア・キャッシュ・ストアのおばさんが勧めてくれた二人の二〇歳代のナロの青年コーウェとコムツァイを伴っていくことにする。四人で出かけるとなれば、何か事あった場合にも何とか対処がやりやすいと思われた。車が故障してどうしても動かなくなったりしても最悪の場合には一二〇キロの道のりを三日から五日をかけて農場まで歩いて脱出する覚悟も必要である。

七月一九日、用意万端整えて昼前にハンシーを出発する。途中アカシアの疎林帯に入ってまもなくのところで夜が近づいたので露営する。この度は単独なのでいままで以上に慎重に注意深く車を走らせ、それでもコイコムの井戸には翌日の昼前に到着した。さてギレットさんから借りてきたベルトでディーゼル・エンジンとポンプをつなぎ、エンジンオイルを交換、ディーゼル油を補給して、各部をひととおり点検整備して給油し、いよいよクランク・ハンドルをはずみ車に差し込んでまわしてみる。私はこのときばかりは天にも祈る気持ちではずみ車を力一杯ふりまわした。一回転、二回転、三回転、

写真●2―18　ハンシーから通訳として同行してくれた、ナロの青年コーウェ。

写真● 2 —19　コイコムの井戸

そして四回転目についにエンジンは自力で回りはじめた。最初のうちはまっ黒な煙を吐いていたが、やがてその色は徐々に薄くなっていった。ディーゼル・エンジン特有のはらわたに浸みいるような重い音で、ゆっくりと規則正しいピッチを刻みはじめた。数秒後には、ポンプの底の方でピチャピチャと水を打つ音が聞こえはじめたと思うと、次の瞬間には乾ききった砂のうえにザーッと水がこぼれ落ちた。これこそが文字通り命の水ともなる貴重なものだった。

井戸水が十分に確保できることが分かったので、次に私たちがしなければならないのは、いま、この広大なカデ地域の一体どのあたりにブッシュマンたちが住んでいるのかを探すことである。私たちはオクワ川に沿ってさらに東へ、カデ・パンへと向かって車を走らせた。いよいよブッシュマンの生息域の中心部に入ってきたのである。私たちはしばしば車を停めては付近の地面に人間の足跡はないか、周囲に人間のうろつく気配がないか注意をはらった。やがて足跡は見つかったが、最近のものではなかった。砂の表面は一様に草と灌木に覆われているので、年中吹きすさぶ風も砂を移動させることは少なく、足跡はそう簡単には消えない。夕方、さらに東の方角三〇キロほど彼方に煙が立ち昇った。狩りに出た人たちが乾ききった大地の草に火を放ったのだと思われる。

翌日は、昨日煙が見えたあたりを探索してみようとさらに東に向かった。カデ・パンから六、七キロメートルは地面の固いモラポ（涸れ川であるがパンのように地面の固いところ）の川床を行くので行程ははかどるが、このモラポがオクワ川と合流するところからが大変だった。オクワ川の川床は深い柔らかい砂になっているので、車輪は砂にもぐりこんで非常に重い。セカンド・ギアか、ときにはロー・ギアであえぐように前進する。ただでさえオーバーヒート気味のエンジンは、ここへきては一キロメートルごとに冷却のために休ませなければならなかった。へたなところで停車すると砂にもぐりこんで発進しなくなるおそれがあるので、わずかな起伏の下りの部分で停止するように心がける。しかし、ついに車輪は深い砂に沈んで動かなくなってしまった。一旦砂に潜りこんだ車輪は、前後に揺さぶりをかけても、もはや沈みこむ一方である。車体の後部が地面についてしまって、もうにっちもさっちもいかない。ジャッキで車輪を一個ずつもちあげては付近の灌木を敷きつめる。タイヤの空気圧を減らして接地面積を増す。積み荷を降ろす。悪戦苦闘三時間の末、ようやく砂地獄から脱出したときには、私たち四人ともぐったりと疲れ果ててしまっていた。カラハリは、ブッシュマンが歩くところであり、自動車で走る場所などではなかったのである。四輪駆動車であればまだしも深い砂の中も走りやすいのだが、後輪駆動だけの限界をここでも痛感する。

もしかして、私たちの車の跡を見つけたり、遠くから音を聞きつけたりして、ブッシュマンの方から姿を現わしてくれるかもしれないという考えが浮かんだ。彼らの行動範囲のなかをもうかれこれ一〇〇キロ近く走っているのだから、私たちを見つけてくれる可能性は十分ありえたのである。私たちは一旦コイコムの井戸のところに戻り、そこで気長に待って作戦を練ることにした。何日間も待ちつづけ、その間にカデ・パン周辺まで出かけて人の気配を伺ってみたが、とうとうブッシュマンたちが姿を見せることはなかった。

私たちの第一回目のカデ探査行はこうして失敗に終わった。

7　ついに砂漠の狩人と出会う

ギレットさんとの約束もあるので八月半ばに一旦ハンシーの町へ引き返して、一週間ほどを休養と旅行準備に費やしたのち、第二回目のカデ探索行に出発した。冬は終わりに近づき、夜の寒さもずいぶんと和らいだ。最後の牧場を後にしてからオクワ川沿いのアカシアの疎林帯にいたる八〇キロメートルのブッシュフェルトは、いよいよ赤茶けて乾季が一段と深まったことを示していた。木陰となる

写真●2―20　ブッシュマンは見つからなかったが、キリンの群れが悠然と駆けぬける。

立ち木はほとんどなく、草と灌木だけの単調な風景が延々と続いた。車体は絶え間なく上下左右に揺れまくり、足元ではブッシュがけたたましく車体をたたく。エンジン・ルームは相変わらず五キロごとに沸騰音をたててうなりだす。カデでの調査のスタートは思わしくない。やや焦っているなと自分でも感じていた。今度こそはうまく人びとに会えるだろうか。そして彼らとうまく付きあって暮らして行けるのだろうか。

ともすれば消沈しがちな気持ちを引き立たせてくれるのは、ときおり前方を横切る羚羊類、すなわちゲムスボックやエランドやクドゥやスプリングボックなど、それにスローモーションの映像を見るように大股に駆けていくキリンの群れなど、この広大無辺な原野でしか見ることのできない動物たちの優雅な光景であった。それらは、ときには走っているトラックの直前をすばらしい跳躍力でジャンプしながら駆け抜け、また、ときには何十頭も群らがって、立ち止まったまま私たちの通り過ぎるのを見送っていたりする。地平線の彼方をゆっくり移動するワイルデビースト（ウシカモシカ）の群れは揺らめく陽炎のなかで蜃気楼のようにぼやけて見えた。セグロジャッカルが金色の毛並みを揺り動かしながら灌木の茂みに隠れた。マングースがちょっと駆けては、その獰猛な性質に似合わぬ可愛らしい仕草で、巣穴の近くにうしろ足で立ちあがり、好奇心に満ちた目で不意の侵入者を見守っていた。

相変わらず苦しい旅であったが、二度目で慣れたせいか、前のときよりは行程ははかどり、明るいうちにコイコムに到着した。そこには真新しいブッシュマンたちの足跡があった。やはりブッシュマンたちは私たちがやってきたのを知って様子を見にきていたのである。先日満たしておいたエンジン冷却用のドラム缶の水も半分ぐらいに減っていた。

彼らは私たちの車の跡を見つけ、そしてこの井戸に水があることを確信してやってきたのに違いない。足跡の新しさから想像して、彼らはここからそれほど遠くないところに住んでいるのであろう。

写真●2―21（左）カデ・パンの動物たち。ハーテビーストの群。

カデの東方の以前に野火の見られた方向が彼らの住まいに違いない。そのことを証明するかのように、ブッシュマンたちの小さな足跡は東の方に向かって続いていた。

望ましい方向への状況の変化に勇気をえた私たちは、ふたたびオクワ川の深い砂の道に挑戦した。前回埋まりこんで苦労した難所では、あらかじめタイヤの空気圧を一キロぐらいに落として接地面積を大きくしておいてから、ロー・ギアでアクセル一杯にふかしながら一気に乗りきった。水温計は赤い危険域に入りっぱなしであるが、とにかくオクワの川床を脱して固い地面に達するまでやみくもに走りきる以外に突破する方法はない。その日はゼドヌーのモラポの近くに野営した。すでに冬の季節は終わり、九月に入っていた。

九月二日、オクワ川の南岸に沿って東に進んでいく（図２―２）。昼時になったので車を停めて小休止する。まわりには真新しい足跡がいくつか見られた。近くに人びとが住んでいるのは確かである。ビスケットをかじりながら四方を見渡していると、真北の方角にするすると煙が立ち昇った。たったいま火がつけられたばかりだ。あの煙の真下にブッシュマンがいるのだ。距離はせいぜい七、八キロメートルだろうか。食べかけのビスケットや缶詰の昼飯を車の中にほうりこんで、急いでエンジンをかける。いま通ってきたばかりの道を少し後戻りしてからオクワ川を横切り、

ブッシュと草を押し倒しながら一直線に煙に向かって突進する。野火が広がっていくその風上側の安全なところに車を停めておいて、焼け跡のなかに続く足跡を今度は徒歩で追跡する。

ほんの一キロメートルばかり行ったところに、二人の男と四人の少年がいた。探し求めていたブッシュマンであった。ついにカデ地域のブッシュマンに出会うことができたのである。はやる気持ちを抑えて、私はできるかぎり何気なく彼らに近づいていった。そしてメノアーツェにいたあいだに覚えてきたグイ語で片言の挨拶をする。

「ドゥオム（こんにちは）」
「ツァム　ネ　カイ（どうですか）」
「ケレ　ネ　カイ（まあまあだね）、マー　ツァー（あんたの方はどうだね）」
「キディ　ハー（私の方もまあまあだよ）」

彼らは昨日からこの辺りに来て狩りをしていたのである。昨夕、一人の男が犬の助けを借りて、槍で一頭のゲムスボックを仕留めた。今日は朝早くから六人で出かけてきてその獲物をキャンプまで運んで帰ろうとしていたのである。仲間たちのいるキャンプは、さきほど私たちが昼食を食べていたところよりさらに南東へ数キロ行ったところでカルーと呼ばれるところだという。

ようやくのことで、目当ての人びとに出会うことができた。彼らこそは、バントゥの村からも遠く離れた、カラハリの奥深くにひっそりと生を営む砂漠の狩人であった。本格的な調査がこれから始まることになるだろう。長くつらかった探索の日々を顧みて、私はただただ感無量であった。

私がブッシュマンたちをいま目の前にしてどのような気持ちでいるのかを、この人びとはもちろん知る由もないことだが、そんな私の昂ぶった感情とは対照的に、彼らの態度はきわめて平静であった。

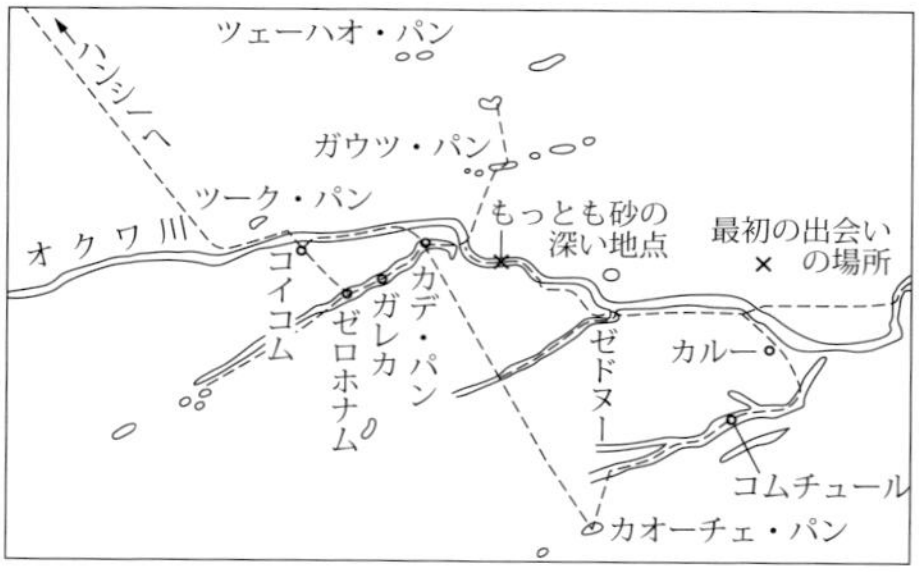

図2―2　カデ地域周辺

写真●２—22　ブッシュマンの放つ野火は、時に村を襲い小屋も次々に延焼する。しかし失うものはあまりに少なく、小屋も弓矢も、作り直す手間はそれほどかからない。

不意の侵入者を迎え、日本人などという見たこともない顔つきのアジア人を前にして、おそらくは彼ら自身もおおいに不審の念を抱いていたことだろうと思われるが、彼らの態度は非常につつましやかで、むしろ謙虚でさえあった。何ヵ月間も洗ったことのない彼らの顔も手足も、汗と埃にまみれてどす黒く、痩せて筋肉質の、そして決して優雅とは表現しがたい彼ら狩人たちの顔や体からにじみだす表情は、まことに慎み深いものであった。それはいうならば、努めて無表情を装っていたといってよいだろう。視線を合わせたとたん、彼らの目は、まるでいたずらをしていた子どもが母親にみとがめられたとでもいうように、むしろ恥ずかしげな感じにためらいがちでさえあった。

私たちは六人の狩人と獲物のゲムスボックを荷台に乗せて、もと来た踏み跡をたどって戻り、さらにオクワ川の岸辺に沿って南東に七キロほど進んでついにブッシュマンたちのキャンプ地に到達した。思いもかけぬたくさんの人びとがここカルーには住んでいた。乾季もたけなわのこの時期、野生のスイカはもうシーズンを終えようとしていたのであるが、ここカルーでは稀に見る豊作だったらしく、カデ地域に住む大半の人びとがこの地に集まってきて暮らしていたのである。およそ二〇〇人のブッシュマンが五〇〇メートル四方ほどの範囲に三つのグループに分かれてキャンプ生活を送っていた。

しかし、カルーのスイカもそろそろなくなろうとしている。私が彼らのキャンプに一緒に住みたがっており、コイコムでは飲料水が得られることも分かったので、彼らもいつものように分散して移動を開始し、井戸の方向へ住みに戻りたいと話し合っているようであった。ここからようやく本格的な観察調査が始まることになったのである。

写真●２―23　犬をけしかけて獲物をとどめておき槍で刺し殺したゲムスボック。六人の狩人はこれを解体し、持って帰ろうと現場に戻ってきたところだった。

8　一九六〇年代のブッシュマンたち

ここで、以下本書でいわば「主要登場人物」となる、ブッシュマンの暮らしと社会について概観しておこう。その生業や社会、物質文化といった話題のそれぞれについては、「アフリカ人類学百科」と題した各コラムで詳しく述べるが、まずは、一九八〇年代以降の近代化で大きく変容する以前、私がアフリカに足を踏み入れた当時の姿を概観する。

(1) 厳しい自然

ブッシュマンは、壁画などに見られる遺跡から、以前には東アフリカから南アフリカにかけて広範囲にわたって分布していたことが推測されるが、一六世紀から一七世紀にかけてのヨーロッパ人(いわゆるボーア人)のケープ・タウンからの北上と、バントゥ諸族の東アフリカからの南下に圧迫されて、大半は滅亡してしまい、現在では、乾燥地であり、もっとも生活環境の苛酷なカラハリ半砂漠の一部に生存しているに過ぎない。

一九五六年のトバイアス(P. V. Tobias)の報告[*文献72]によれば、ブッシュマンの人口はボツワナ共和国を中心に約五万五〇〇〇人ということであったが、その後の人口調査によれば、一九六〇年代の末頃には、約一〇万人が暮らしていたと考えられている。そのうちの大部分は、白人の農場で働いたり、近隣のバントゥ諸族の農業・牧畜を手伝ったりして、他民族の文化をとりいれており、みずからの伝統的な文化を保持しながら狩猟採集生活を続けているものは、二〇世紀中葉の時点でバントゥ居住地から遠く隔離されて住んでいる数千人にすぎないであろうと推定された。

一九世紀から二〇世紀初頭にかけて、さまざまな旅行者、宣教師、探検家が、この地域を通過し、したがって、ブッシュマンに関する見聞記は、かなりの数を見ることができるが、本格的な人類学的調査がおこなわれだしたのは、前章で書いたように、ようやく一九五〇年代になってからのことであ

文献72　Tobias 1956

る。しかしながら、地球上から純粋にワイルドな未開民族が急速に消滅しつつあるなか、数千人という大きなポピュレーションを持つ人びとが、ほとんど一万年前の人類の姿をそのままに生活しているという事実は、一種の驚異でもあり、また、カラハリ半砂漠というアプローチの悪さを示すものでもあったろう。

カラハリは、平均年間雨量約四〇〇ミリメートルで、雨季の期間中（一一月〜三月）に降る烈しい雨の後の数日ないし数週間を除き、表面水はまったく見られないので、普通カラハリ砂漠の名で呼ばれる。

非常に凹凸の少ない平坦な高原（海抜約一〇〇〇メートル）で、全土は一メートルに及ぶイネ科の植物で覆われ、その大部分はグレヴィア（*Grewia flava, G. retinervis*）、バウヒニア（*Bauhinia petersiana*）、ターミナリア（*Terminalia sericea*）、アカシア（*Acacia mellifera, A. nebrownii*）などの灌木が混入し、また部分的に、アカシアの喬木（*Acacia luederitzii, A. erioloba*）がドミナント（優占種）となって、パッチ状の疎林（ウッドランド）を形成している。したがって、景観から受ける印象は砂漠というよりむしろサバンナ的であり、アフリカ南部で慣用されるブッシュフェルトという言葉が適切である。前述のとおりカラハリの雨季は一一月から三月までの五ヵ月間くらいで、最盛期は一月、二月とされているが、雨は連続して降るわけではなく、しかも非常に局所的な降り方なので、雨季の間といえども、ある場所には一ヵ月間くらい降雨がないということも稀ではない。

一〇月から二月ころまでは、太陽が真上を通るもっとも暑い季節であり、晴れた日の最高気温は、日陰で四二℃まであがる。灼熱した表面砂の温度は七〇℃を越える。雨季が終る四月ころより温度は徐々に下降をはじめ、六月、七月のいわゆる冬には、夜ごとに霜をみるようになる。最低気温は零下八℃にまで下り、加えて冬期間中、寒気をはらんだ偏西風が吹き荒ぶので、体感温度はさらに低くなる。九月になると冷気は去り、乾燥はひどくなって、見渡すかぎり、枯れ草と葉の落ちた灌木、木々

写真●2―24　カラハリ半砂漠の植生。全土はこうしたイネ科の植物と灌木で覆われ、ところどころにアカシアの疎林が見られる。

写真●２—25　1960年代のブッシュマンのキャンプ。普通キャンプはアカシアの疎林の中に作られ、数戸から多くても二十数個の小屋からなる。

だけの赤茶けた大地となる。

雨の始まる前の、もっとも暑く、もっとも乾ききった時期、九月から一〇月は、ブッシュマンをも含めたカラハリのすべての生命にとって、もっとも厳しい試練の時期である。すべての植物は乾燥に耐えるため、葉を落とし、根・茎・種子などの貯蔵器官に水、養分を貯えて枯れ尽す。草食動物もまた、そういった植物の貯蔵器官に貯えられた水、養分のみで生命を維持していかねばならない。打ち続く強烈な太陽エネルギーを受けて、発芽準備を整えたすべての植物は、そのかわり水分に対する反応は驚くばかり鋭敏で、最初の有効な降雨ののち、わずか数日のうちに、いっせいに芽を吹きだし、一夜にして景観を一変させ、全土を緑で埋め尽してしまう。そして徐々に次の雨季へと移行していく。

当時の私が調査対象としたブッシュマンは、ボツワナ共和国の中央部に位置する、中央カラハリ動物保護区内に生息する中部ブッシュマンで、グイ、ガナと呼ばれる二部族であったが、すでに述べたように、彼らの行動域からもっとも近いバントゥの定住村落まで約一五〇キロメートル、またヨーロッパ人の経営する農場の町ハンシーまでも約一五〇キロという完全に隔離されたブッシュフェルトのなかに暮らし、わずかな鉄器やタバコをとり入れているほかは、まったく外来文化の影響はなく、依然として、狩猟採集の移動生活をおこなっていた。

写真●２―26　降雨の直後にできた水溜まりから、ダチョウの卵の水筒に飲料水を汲む。

（２）一〇〇種を越える食用植物

このように、生活条件の厳しいカラハリに住むブッシュマンにとって、もっとも重要な問題は、飲料水と食物である。年間雨量四〇〇ミリメートルという数字からは考えられないぐらい豊かな植生は、驚くほど豊富な食物源を供給している。一九六〇年代の最初の調査だけでも、ブッシュマンによって食用になると考えられる植物を私は一〇〇種以上確認している。一年のうち七ヵ月から一〇ヵ月の間

図●２―３（左）　おもな食用植物の季節変化。線の太さはそれぞれの植物の利用度をあらわしている。

は完全に表面水とは縁が切れるわけで、その間はもっぱら野生の動植物に含まれる水分を利用するのだが、なかでも、スイカ、メロン、根、漿果といった水分に富んだ植物からは、必要量の九〇パーセント以上の水を得ている。

　狩猟および採集の対象とされる動物は、哺乳類二一種、鳥類数種、爬虫類三種、昆虫数種、合計三〇数種を数えるが、実際の食生活に占める重要性は、植物性食物に比べてはるかに低い。植物性食物を一〇〇とした場合、重量比で二〇と算出された。分布が小さく、しかも移動する狩猟動物に対する、幼稚な技術と想像を絶する重労働による狩猟の困難さ、不確実さを考えた場合、一日に数時間の採集旅行によって必ず必要量を手に入れることのできる植物性食物の採集は、その安定度においても、まさにブッシュマンの食生活の基盤であり、それが実際に食生活の八〇パーセント近くを占めるということは容易に理解されるであろう。

　注目すべきは、一〇〇種の食べられる植物のうちで、実際に利用されるものは約半分で、他のものはほとんど顧みられないことである。しかも、そのなかには主食群とみなすことのできる一一種の植物があって、これらが食生活の中心を占め、一年中を通じての水および食物源となっている（図2―3）。つまり、アメリカ・インディアンやオーストラリア・アボリジニのように、ただ一種の植物が年間を通じて主食となりうるような、いわゆるキー・フードはここにはない。より乾燥し、より植物相の貧弱なカラハリでは、季節ごとに、数種ずつの組合せで移り変る主食群があり、ブッシュマンの一年中の食生活を保証しているということができる。

　リー[*文献30]が指摘しているように、そうした主食となりうる植物は、非常に豊富に存

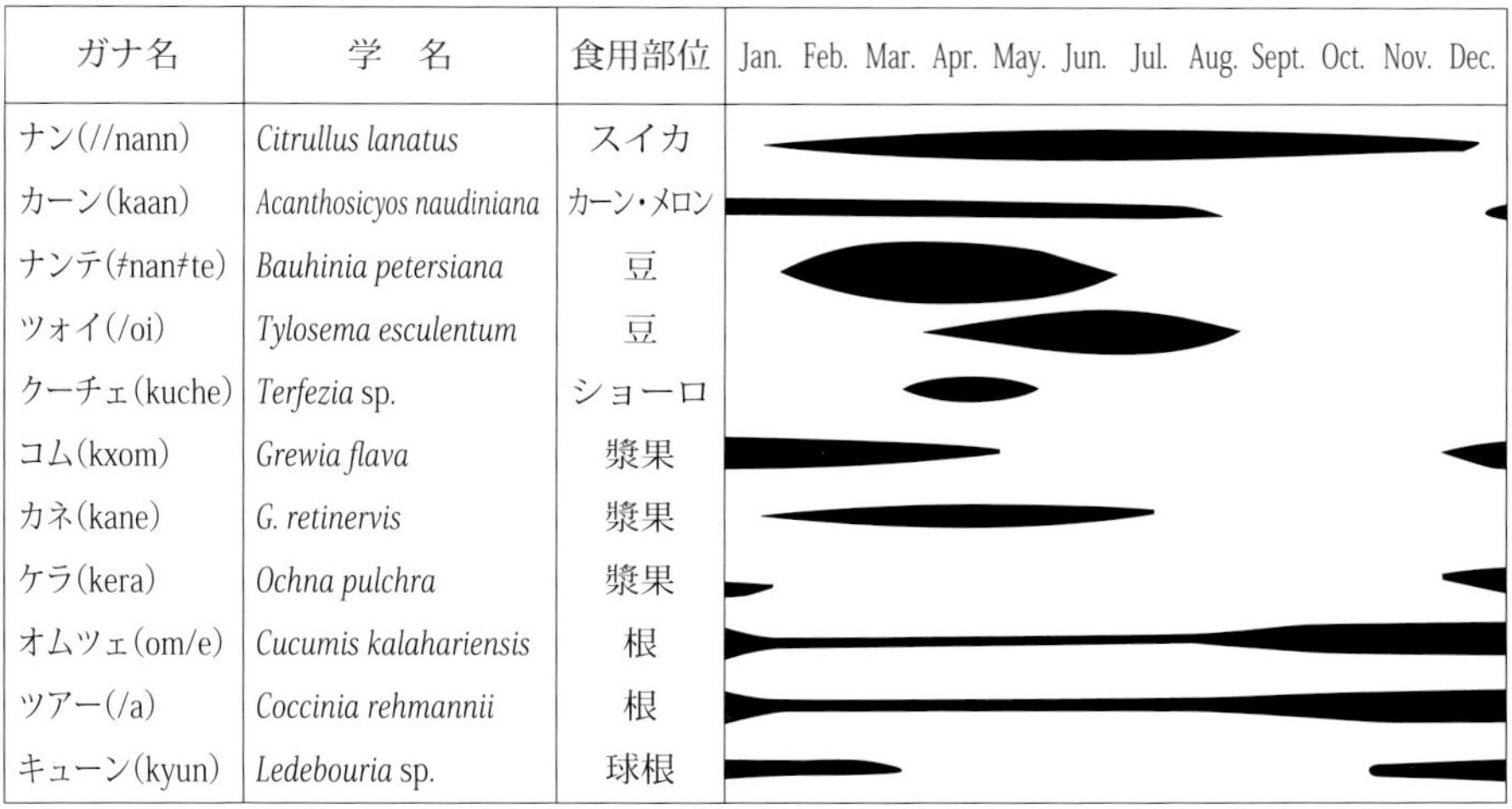

ガナ名	学名	食用部位	Jan. Feb. Mar. Apr. May. Jun. Jul. Aug. Sept. Oct. Nov. Dec.
ナン(//nann)	*Citrullus lanatus*	スイカ	
カーン(kaan)	*Acanthosicyos naudiniana*	カーン・メロン	
ナンテ(≠nan≠te)	*Bauhinia petersiana*	豆	
ツォイ(/oi)	*Tylosema esculentum*	豆	
クーチェ(kuche)	*Terfezia sp.*	ショーロ	
コム(kxom)	*Grewia flava*	漿果	
カネ(kane)	*G. retinervis*	漿果	
ケラ(kera)	*Ochna pulchra*	漿果	
オムツェ(om/e)	*Cucumis kalahariensis*	根	
ツアー(/a)	*Coccinia rehmannii*	根	
キューン(kyun)	*Ledebouria sp.*	球根	

在し、逆にいえば、十分に豊富な主食植物の存在しない場所では、狩猟採集生活は成り立たない。したがって、狩猟採集民が、決して、食物資源の乏しい環境のなかで極限の生活をしているのではないということが、ブッシュマンの食生活を考えるうえで、もっとも重要な問題である。食べられる植物のうちでも、その一部しか利用しない、また利用するもののなかでもわずか一一種のみを集中的に利用するという、彼らのぜいたくな〈選択性〉は、豊富にあること、入手・運搬が容易であること、食物価があって美味しいこと、という条件によって決定されるのであるが、これが中央カラハリの生態系におけるブッシュマンの位置（生態学的地位）をもっともよく表わしているであろう。

文献30　Lee 1965

（3）採集と狩猟の生活

ブッシュマン社会には、女の植物採集と、男の狩猟という、もっとも基本的なレベルにおける男女の分業のみがみられるのであるが、生計維持のための技術を採集と狩猟とに分けて考えてみよう。採集は〝摘むこと〟と〝掘ること〟、さらに次の段階として〝運ぶこと〟という三つの要素より成り立っている。人間が他の霊長類と異なる点で注目すべき問題は、掘棒を使って〝掘ること〟と、運搬具を使って〝運ぶこと〟である。そして、さらに狩猟までを考えると、ただ単に、掘棒や弓矢のような道具を使ったり火を用いたりして食物を開拓しただけにとどまらず、採集物や狩猟の獲物を持ち帰って、家族や他のキャンプの成員を養ったり、狩猟隊を編成したり、共同作業をしたりというふうな、社会的なレベルでの適応の仕方ということが、さらに重要な課題となってくる。この問題については、次項で社会生活を述べるときに考えよう。

狩猟採集生活には、食物の季節的変動という時間的な経緯だけでなく、移動という空間的なひろがりも見落されてはならない。すでに述べたように、植物の密度が低いうえに、局所的な雨がもたらす

写真●２—27　コムと呼ばれるグレヴィア属の灌木になる果実を採取するブッシュマンの女。直径８mm ほどの漿果で、種の部分は大きいが、果糖を多く含み甘いので好まれる。

極度の植物分布の偏在、局在は、農耕や牧畜のような生産手段をもたないブッシュマンを、一ヵ所のキャンプ地に安住させてはおかない。新しく実った食物を求めて、あるいは、キャンプの周辺の食物を食べ尽して、新しい場所へと、絶えず移動を繰り返さなければならない。

狩猟をおこなうために、動物に関する詳しい知識を持たねばならないのと同様に、いつ、どこに、どんな植物があるかということに習熟して、移動の目的地を選ばねばならない。中央カラハリには一年の大半表面水はなく、北部のクン・ブッシュマンのように水場に規定された移動[*文献30]をおこなうこともないし、植物の分布はより稀薄であるから、彼らの行動域は広大である。移動は水源、食物源としての植物の分布によって決定され、狩猟の獲物の分布は、ほとんどその決定要因とはならない。カデ地域では、比較的植生の豊かな涸沢（オクワ川）およびモラポ沢を中心に、半径五〇キロくらいの行動域を持っていて、一年間の移動距離は平均三〇〇キロになるものと推定される。図2—4はカデ地域のブッシュマンのうち、もっとも頻繁に移動をおこなった、ある拡大家族の六ヵ月間の動きを捉えた軌跡である。

こうした、頻繁で広範囲な移動をおこなっても、移動のコースには一定の型があり、また利用される土地は非常に限られた部分に過ぎない。図2—5のように、よく利用される地域の中でも、実際に生活のため使われるのは、キャンプの周辺、半径一〇キロ程度の採集範囲であり、稀に大型動物の狩猟がその範囲を越えてなされる程度である。

ブッシュマンが、生計を維持するために費やす労働量は、カデ地域の全人口約三〇〇人のうちの約六〇パーセントを占める労働力が、平均一日四時間の労働（食物獲得行動）をおこなう、と算出された。この数字は、日本あるいはヨーロッパの標準労働時間と比較しても決して多すぎるものではなく、むしろ、意外に感じるほど少ない。子どもはもちろんのこと、おとなもキャンプにいる時間の大部分を休息、睡眠、遊戯、ダンス、お喋りなどに費やす。

文献30　Lee 1965

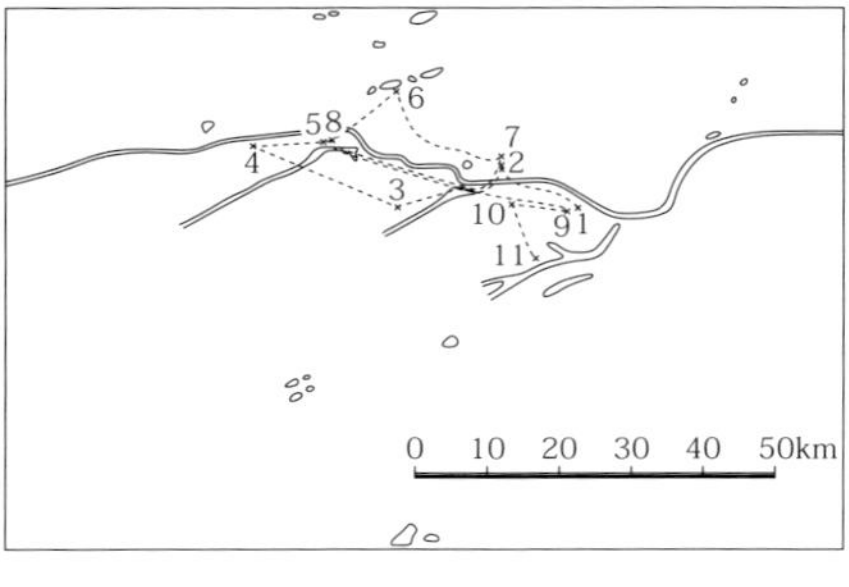

図●2—4　移動コース、もっとも頻繁に移動したある拡大家族（七名）の六ヵ月間（一九六七年九月〜一九六八年二月）の軌跡、一一のキャンプを作り、延べの移動距離は約二五〇km。

以上にあげた食生活についての問題点を整理してみると、

（1）食物の種類、量は豊富である。

（2）水は九〇パーセント以上植物に依存している。

（3）植物性食物が、動物性食物に対し、量的にも、また安定度においてもまさっていて、ブッシュマンの食生活の基盤となっている。

（4）食物の選択性が高く、食べられる植物でもほとんど顧みられないものが多い。

（5）特に主食となる一一種の植物は豊富で、一年中の食生活を保証している。

（6）季節による植物の移り変り、分布の変化にしたがって、移動生活をおこなう。

（7）労働力、労働時間は比較的小さく、休養、レジャーに多くの時間を費やす。

（8）人口密度はきわめて低く、一平方キロあたり〇・〇三人である。

（9）行動域は最長距離一一〇キロメートル、約一万平方キロという広大なものであるが、実際に利用されているのは三分の一以下と考えられる。その中でもごく限られた部分を集中的に利用する。

つまり、それまで考えられていたような、狩猟採集経済が極限にたった不安定なものであるといった概念は誤りで、実は安定した経済的基盤にたったものであることが認識されるべきであるというのが、私の結論であった。

（4）社会生活

ブッシュマン社会を通じてみられるもっとも普遍的な原則は平等主義（egalitarianism）である。共同と分配の原理がこの社会を一貫して支配する。社会的地位、身分、階級、職業の分化もみられない。

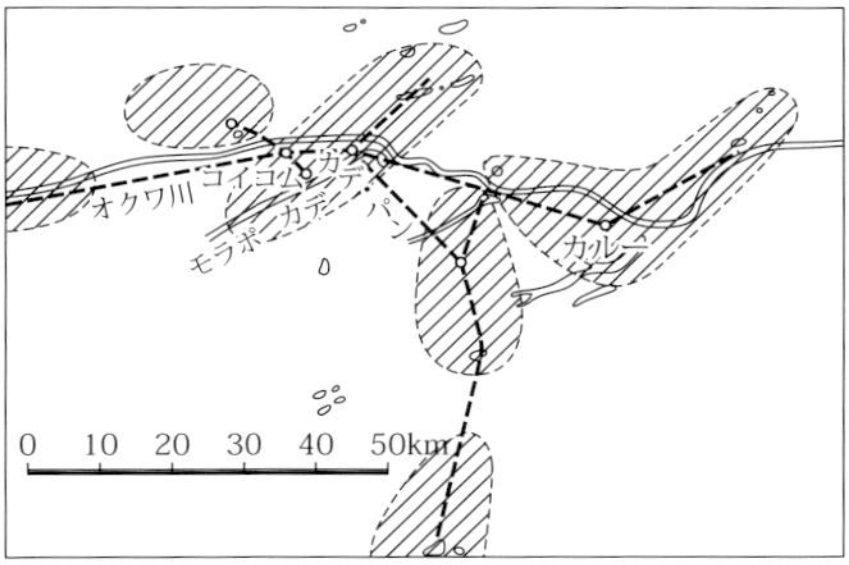

図●2—5　土地の利用法と移動のパターン、テリトリー制はなく、どこでもキャンプすることができるが、よく使われる土地（斜線）があり、移動コースはだいたいきまっている。

一方、個人としてのブッシュマンは、時間の観念に乏しい、現在のみに生きる楽天主義者であり、慎み深い。一般に朗らかで友好的で、絶えず冗談に興じ、柔和で、いっさいの争いごとをよくないものとみなす。個人の所有欲は強く、盗みはよくないことと考える。内面的思考様式はきわめて自己中心主義的であり、利己的である。

ここで考察すべきは、上に述べた平等主義と自己中心主義・利己主義という、社会と個人との間に横たわる相克から生じる社会的緊張をいかにして緩和し、社会秩序を維持していくかという問題である。家族やバンドのような集団を作り、あるいは、さらに高次の集団を作る場合、そこでおこなわれる社会秩序維持のためのメカニズム、すなわち社会組織を、人間の適応の一つの現れとして捉えるならば、なぜ、そういった集団が作られねばならないのか、また、いかにしてそれが作られるのかといった、社会進化のための手掛りが生まれてくるのではなかろうか。

【1】分配と共同――交換の原理

ブッシュマンの社会には発達した社会組織はなく、この社会を一貫して支配するのは、親族組織に深く結びついた分配と共同の原理である。

もっとも明瞭にあらわれ重要なものは、食物の分配である。女によって採集される植物、小動物は原則として家族内で消費され、男によって得られる動物はキャンプの成員間で分配される。ウサギ、ホロホロチョウのような小さな獲物（一～三キログラム）は家族内で消費される場合が多いが、家族を越えて非常に近い親類の者や親しい友人に分配されることもある。ダイカーやスティーンボック程度の小動物（一〇～一五キログラム）は数家族の血縁集団で分配されるのが普通である。そして、ゲムスボック、エランド、ワイルデビースト（ウシカモシカ）、キリンなどのような大型動物になると、むしろ強制的とも思えるばかりに徹底して分配がおこなわれる。まず数人の狩猟隊のメンバー間で第

写真●2―28（左上）甲虫の幼虫から取った毒を矢に塗って、狩りの用意をするカワマクエ。この矢毒は強力だが、大型の動物の場合、効き目がでるにはまる一日はかかるし、キリンの場合には二～三日かかる。

写真●2―29（左下）矢毒で弱ったゲムズボックに向けて、さらに矢を射る。

一次の分配がおこなわれる。その場合、狩猟に参加しなくとも何らかの理由（例えば射手が預けてあった自分の矢で射た場合など）で第一次分配に参与することもありうる。

次いで第一次分配で得た肉のなかから、さらに近い親類の者へと、第二次の分配がおこなわれ、以下同様に、第三次、第四次…と何度も細分されながら、キャンプの成員に隈なく行きわたる。ここには〝持つもの〟と〝持たざるもの〟とのはっきりした差はない。[*文献39] 大型動物を射とめた場合、それをキャンプまで持って帰るには、どうしても数人の人手を必要とする。そこで数人の狩人の共同作業が必要となる。また移動のさきざきで小屋を作る場合、手のあいている女たちは、親類の、あるいは友人の小屋作りを手伝ってやる。衣類に使う毛皮、装飾品、矢、その他さまざまな日用品も、それらの所有権ははっきりしているにもかかわらず、頻繁に他人に貸したり与えたりすることが観察される。

分け与える、貸す、贈る、手助けするといった言葉は狩猟採集社会では適当でなく、それらの行為は〝寛大さ〟を意味しているのでなくて、ただ単に、当然のこととしてなされ、結局、将来において報いられ、バランスの平衡を保ち得る交換の一形式とみなされる（generalized reciprocity）。[*文献51] 彼らがたくさんの肉を手に入れたとき、それは、他人に分配するのが当然のことだからそうするのである。[*文献55]

文献39　Marshall 1961
文献51　Sahlins 1965
文献55　Service 1966

【2】生活単位としてのグループの構造

前節で述べたように、ブッシュマンの生活は、季節的移動を伴う狩猟採集生活であるが、さらに、その移動生活は、頻繁な離合集散性を特徴とする。つまり、あるグループが一つのキャンプ地にとどまる期間が、数日から数週間というように、はなはだ変異に富んでいるうえ、キャンプ地におけるキャンプの成員も、時間の推移とともに、一家族から二十数家族（数人〜数十人）と大きく変動する。最小の恒久的な生活単位である核家族より高次のグループ構造は、一定のメンバーシップを持たない、非常に不安定なものであるといえる。また逆に、それは大変融通のきくものであるともいえるのであ

写真●２―30　ゲムスボックの生皮を天日で乾かす。鉄片を用いて毛をそぎ取り、脂肪も取り去る。衣服、寝具、運搬具となるもので、作るには共同作業が必要だ。

る。

では、なぜにかくも頻繁な離合集散が繰り返されねばならないのであろうか？　それにはいくつかの要因があげられる。

（1）　食物の分布域、密度にともなうグループ・サイズの調節。雨季の間および雨季後、食物が豊富で密度が高く、分布域も大きいときは、グループはかなり大きくなることもできるし、また家族単位などに分散して生活することも可能である。この時期には、かなり任意なグループ構成をとりうる。乾季の盛りから終りにかけて、食物が絶対的に少なくなってくるとき、人びとはキャンプ地周辺の食物密度に従って、グループ・サイズを制限せねばならないし、また逆に、ある食物の限られた分布に従って、特定のキャンプ地に集中せねばならないこともありうる。もっとも直接的に、自然環境の支配に従わねばならない時期である。私の観察では、一九六七年八月から九月末までの間、カデ周辺の約二〇〇人のブッシュマンは、残り少なくなったスイカを求めて、カルーのキャンプ地に集中し、半径五〇〇メートルの地域内に、隣接した三つのキャンプに分かれて生活した。キャンプ地周辺のスイカを消費し尽した後、再びより小さなグループに分裂して移動をおこなった。

（2）　集団狩猟等、共同のための集合。鳥類、ウサギ、小型羚羊（アンテロープ）などのワナ猟は単独の狩人でも可能であるが、それでは、一時に十分彼らの食欲を満たすだけの大量の肉は得られない。少人数の小さなグループでは、狩人の人数も大型動物の狩猟をおこなうに十分でないので、数週間もそうした生活を過ごしたのちには、大型動物の集団狩猟をおこなうために、他のグループとの融合をおこなうことになる。

（3）　（1）に述べたカルーにおける三つのキャンプのそれぞれが、一般に狩猟採集民のバンドと呼ばれるものに対応すると思われるが、このバンドを越えての〝訪問〟と〝通婚〟が第三の要

写真●2―31　野生サイザル麻グイ（*Sansevieria scabrifolia*）。これをしごいて繊維をとり、各種の紐をなう。紐もこの植物体と同じくグイと呼ばれる。

因となりうる。他キャンプの訪問は、主に一人または数人の男によって頻繁におこなわれ、深く通婚に結びついたものである。もちろん、よそのキャンプの親類や友人を訪ねる意味もあるが、より大きな可能性として、嫁探しの目的があるのではなかろうか。既婚の男の場合は妻を伴って行くこともあり、その場合には明らかに、自分のあるいは妻方の親類を訪ねて行く。夫婦や家族の単位で訪問をおこなう場合、これはすでに単なる訪問ではなく、離合集散の一例であるとみなすことができる。

（4）食物と性に関して離合集散性の要因を考えてみたが、このような分散や集合の必要性のゆえに各バンドの行動域の境界はきわめて不明確であり、そういったテリトリー制のあいまいさが、さらに離合集散を助長している。

（5）キャンプ成員間の不和や社会的緊張の解消のための分裂。分配は当然のこととしておこなわれるもっとも有効な社会制度であるが、時として、それが十分円滑に実施されない場合がありうる。前にも述べたように、個人の所有欲が強く、自己中心主義であるがゆえに、獲ってきた獲物を隠して出さなかったり、なされるべき分配がなされなかったりする。分配における実際のトラブルは、むしろ、第一次、第二次、……という分配の次元に関するなす者となされる者との解釈の食い違いから頻繁に起る。非常に稀ではあるが、盗みもはたらく。その他さまざまな人間関係のもつれによる不和やいさかいは、グループの分解という、地理的な隔離によって解決し、全体としての社会秩序の崩壊を未然に防止している。

（6）一つの家族やあるいは数個の家族のみで生活している時、人は淋しさを感じ、友人や親類の人びととお喋りし、歌い、踊りたいと思うに違いない。こうした人恋しさを原因に集合することがあると思われる。

以上、離合集散性の主な要因として6項目を指摘したが、要するにそこには、グループ・サイズを

写真●2―32　右のグイを用いて罠猟などに使うロープを作る。

小さくしようとする要因と、逆に大きくしよう、あるいは大きくならねばならぬ要因とがあって、互いに複雑に絡み合い、ある時は一家族かせいぜい数家族のグループに、またある時は一〇〇人近い大グループに膨れあがる、といった頻繁な離合集散の現象が現われる。

かくも複雑なグループの離合集散は、実は完全にでたらめにおこなわれるのではなく、親族組織と深く結びついたところの規則性が、そこには見出されるのである。少なくとも、筆者の調査期間中には、決して分裂しようとしない、永続的な家族のまとまりが認められた。このまとまりは一個の核家族から数個の核家族群より成り立っている。

さきに述べた諸要因からもわかるように、離合集散は、バンドと一応呼んだところの集団を越えてもおこなわれる。したがって、バンドなるものもまた永続的なメンバーシップを欠く不安定な集団である。互いに交流のおこなわれるいくつかのバンドのまとまりは、全体として、血縁・地縁集団としてのコミュニティである。コミュニティは、中部ブッシュマンの最大の社会的単位であるということができる。

【3】親族組織

ブッシュマンの社会は緊密に親族組織と結びついている。親族名称体系は類別的（classificatory）であり、出自を父方にも母方にも等しくたどるが、親族の組織化は未発達で出自集団を形成することはなく、流動的な居住集団以上の社会単位を作ることはない。

本人（ego）を中心としてみた場合、彼の親族すべての者は親密関係（joking relationship）と忌避関係（avoidance relationship）とに分かれ（図2—6）、親密関係にある者同士は大変自由に話を交すことができる。道具などをお互いに許可なく使用することもできる。一方、忌避関係にある者同士では、非常に慎み深い態度をとり、セックスに関する話をすることも許されないし、他人の所有物を借

図●2—6（左）　親族名称の一例

りる時には前もって許可を得なければならない。[*文献36・57]

こうした一種の二重構造は、婚姻規制に大きく機能しており、配偶者は必ず親密関係にある者の中からみいだされねばならない。さらに、親密関係にある者同士でも、同性の兄弟姉妹間（類別的親族名称を用いるから当然平行イトコを含む）[註1、*文献125]、異性の交叉イトコ間、オジ・オバとオイ・メイの間、等ではことに親しく話を交すことができ、他人の悪口、冗談を言ったり、さらにはいたずらをしあったり、猥談をしたりすることも許される。食物を含めた所有物の共有もおこなわれ、これらの人びとの間での許容度は著しく高い。まさに家族的な次元（familistic order）[*文献55]における関係であり、社会における個人の欲求不満を解消するために大きな役割を果している。

【4】リーダーシップ

明確な身分や階級の分化はまだみられないが、人間社会における社会的あるいは文化的な分化の芽生えが認められる。もっとも顕著なものは性と年齢による分化である。生業における男女の分業を基点として、その他社会生活における、男女および老幼の地位の差は見落すことができない。子どもは非常に寛大に扱われ、一個の人間としてみなされるが、年長者にはきわめて敬意が払われる。何ごとにおいても変化（文明社会における時代的変化の意味）の乏しいいわゆる「未開社会」においては、人生経験こそが知識の集積であり、権威となりうる。

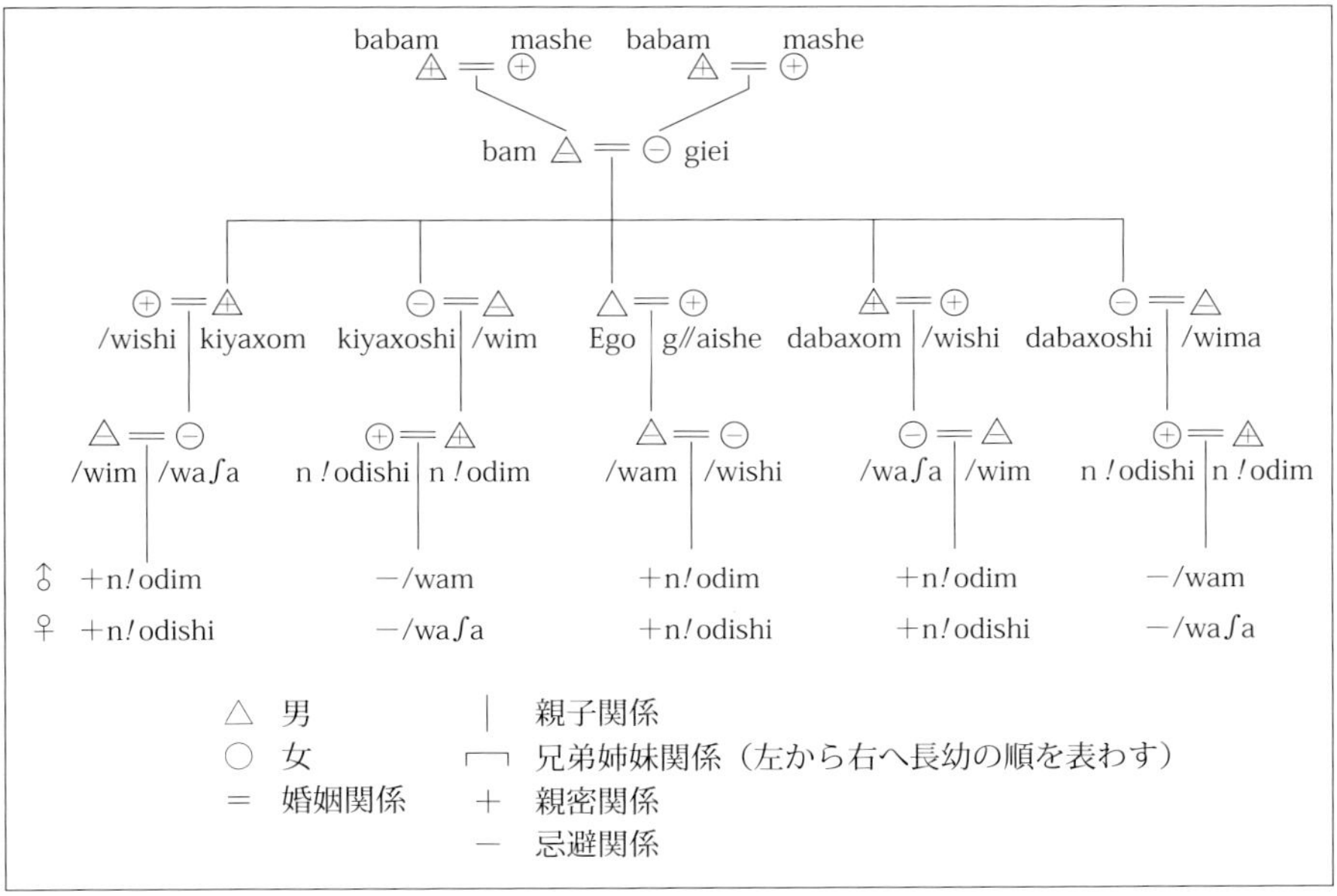

年長者、特に年寄りは尊敬され、彼らの言動は通常社会生活の主導権をとりうる。ところが、狩猟などの際には、当然若くたくましい名ハンターが皆の尊敬をかちとることになり、彼の意思が重くみられる。病気をなおすまじないや、道具製作に関する熟練者が存在し、それらはまだ専門化してはいないけれども、社会生活のそれぞれの局面において、主導的な立場をとると同時に、名声を付与される。このように、ブッシュマン社会には、社会全体を統率するようなリーダー、つまり首長はいないけれども、情況に応じて、グループをとりまとめ、物事の決定や解決を図ったりする、情況的リーダーのそれぞれの機能分化がみとめられる。

【5】話し合い

情況に応じた名声保持者の発言は、たしかに重要視されるのであるが、それはあくまでも参考意見であって、決定的意見ではない。ブッシュマンが社会生活を維持していく上で、もっとも大きな決定権を持つものは、誰でもが参加することのできる〝話し合い〟である。話し合いのための特別な場所や時間はなく、通常、小屋の前で燃やされる小さな焚火をかこんでとり交される、ごく日常の会話やお喋りと一連のものとしてなされる。ありふれたうわさ話や冗談とともに、最近の獲物の動きについて情報が交されて、狩りの計画をたてたり、移動の日時や方角を決めたり、社会的規範を逸脱した不埒者に非難を浴びせて詫びを入れさせたりする。なにしろ、とりたてていうほどにしっかりとした制度や権威のない社会にあって〝みなの意見〟こそが社会制度であり、権威そのものであるということができる。

【6】レジャー、休息、ダンス

すでに、ブッシュマンがレジャーや休息に少なからぬ時間を費やすことを挙げておいた。烈しい労

文献36　Marshall 1957
文献57　Silberbauer 1981
註1　後年大野仁美は言語学の観点からグイの親族名称体系を精査し、詳細かつ正確な資料を提示した。
文献125　大野　一九九五
文献55　Service 1966

写真● 2 ―33　棒を使って火をおこすブッシュマンの男。錐もみは手の痛くなる作業であるが、50〜60秒で火がつく。

働のあとで、のんびりとくつろぎ、むだ話をし、また愉快に遊んだり、踊ったりすることは、人間生活にとって不可欠のことである。特にゲムスボックの踊りは、彼らの宗教的態度とも結びついていて、社会的救済としての意義が深い。概していえば、ブッシュマンは現実的で合理的な精神の持主であり、超自然としての神に関する体系的な思想は持ち合わせていないが、万物の創造や自然現象を説明し、けが、病気、死など不可解な厄災を説明するものとしての神（ガマ//gwama）を信じている。そのために祈りを捧げたり、犠牲を供したりということはいっさいしないが、ここにみられる彼らの宗教的行為は、主に、病気に対するまじないとダンスである。特にダンスは病気だけでなく、ガマのもたらすいっさいの悪いものを取り除くという意味で、社会の平安と救済に役立つ。

ダンスは数十人以上の人びとがいる時におこなわれ、大きな獲物を捕ったり、豊富な食物のあるときによくおこなわれ、食物の乏しい時期にはあまりおこなわれない。ダンス自体が、長時間にわたる烈しい、疲労を伴う運動であるという理由にもよるであろう。女は焚火のまわりに輪になって坐り、手を叩きながら歌を歌い、歌に合わせて男の踊り手たちが、そのまわりを踊ってまわる。歌は裏声を頻繁に交えて、かん高いしかも哀調を帯びた単調なメロディーの繰り返しであり、踊りも力強いステップで砂を叩きつけて前進するだけの単調なものであるが、ブッシュマンたちは大変ダンス好きで、宗教的意義をはなれても、ダンスそのものを楽しんでいるかにみえる。やがて踊りがはずんでたけなわになると、踊り手たちの幾人かは恍惚状態に陥って失神する。彼らはこのいわゆるトランス状態を、神のもたらす悪霊が病人やかよわき女たちの身体から踊り手の身体にのりうつったものと信じており、やがて、悪霊が追い払われて男が回復すると、キャンプから悪いものがすべてとり祓われて浄化されると信じている。こうしてキャンプには安全と平安とが再び訪れてくるのである。

【7】社会的緊張緩和と秩序維持のためのメカニズム

写真● 2 —34（上）　ゲムスボックの踊り。

写真● 2 —35（左）　エランドの踊り。193頁「アフリカ人類学百科　7」参照。

平等主義のブッシュマン社会にあって、社会生活を円滑に維持していくための工夫は、

（1）まず〝分配〟と〝共同〟という一種の交換の原理であり、

（2）〝離合集散性〟という柔軟で融通のきくグループ構造であった。

（3）そして親密関係にある間柄での自由な振舞いと、〝家族的な結合〟ということ、

（4）萌芽的な身分、職業、地位等の分化がみとめられ、情況に応じた〝その場限りのリーダー〟の存在がみられ、

（5）しかしながら、すべての決定は最終的には〝話し合い〟によることを述べた。

（6）最後に、彼らの宗教的態度と結びついたダンスの機能を指摘した。

（7）重複することになるが、ブッシュマンの社会は社会的統合の低い段階にあり、深く親族組織に基づいた社会で、すべての成員は顔みしりの人間であり、身近な親密関係の間柄を越えて、社会全体がなお十分〝家族的〟結合から成っているということができる。

（8）そして、一番最初に述べたように、個人としてのブッシュマンは慎み深く、柔和で、友好的であり、社会の秩序を維持しているのは、結局のところ、こうした一人一人の個人の自覚によるところが大変大きいのではあるまいか。

（5）社会秩序への問い

もう一度、はじめにたちかえって、個人の自己中心主義、利己主義という問題を考えてみよう。明確な発達した社会組織のない、しかも、いかなる生産手段の持ちあわせもなく、自然の支配に直接さらされ、絶えず空腹に腹を抱えている人びとが、いかに謙虚で控えめであるとはいえ、けんかもせずに共同生活を営んでゆけるものであろうか。わずか数十人といった小さな社会で、居合わせる人

びとはすべて顔見知りばかりだったらなおさらである。分配することは、すべて当然の努めであり、こうした狩猟採集経済の自然社会における一種の社会保険として生みだされたものであるが、それにもかかわらず、個人の独占欲は強く、〝家族的〟結合を越えての分配はともすれば円滑を欠きがちになる。分配の強制力はしたがって〝家族的〟結合の度合が薄れていくほど弱くなる。

〝許容度〟もまた同様にこの原理にしたがっている。トラブルや人間関係の対立は、もっとも大きく食物の分配に起因し、それはつまるところグループの分裂という結果に終る。こうして、非常に柔軟性に富んで、出入りの自由なグループ構造は、実は生態学的な条件やバンドを越えての通婚、親族組織などと密接に関連しながらも、もっとも大きくは、人間関係に基づいたものであり、社会組織を発達させる前の人間社会の原初形態における、社会的適応のもっとも顕著な例であるということができる。

サルの社会に文化の芽生えがあることは、もはや周知の事実であるが、この時期、一九六〇年代には、すでに伊谷純一郎[＊文献99・176・210]らは、チンパンジーの社会には、狩猟採集民社会と非常に似かよった離合集散の現象がみられることを報告している。そのほかにも、チンパンジーの社会には、外婚制に結びつきうる若いオスの群れ落ち、肉食、分配、道具使用等、人間文化の萌芽をうかがい知ることができる。伊谷[＊文献99]はチンパンジーの大型集団をプレ・バンドと呼ぶことを提唱し、森林からオープン・ランドへの適応としてとらえ、人間社会への進化の前段階と考えた。また、プレ・バンドの離合集散性は、第一に食物量に基づくものと考えていた。その後の霊長類学と生態人類学の発展は、こうした進化史的な比較検討を可能にしつつある。[＊文献139・136・137など] 今後の研究がますます楽しみである。

文献99　伊谷　一九六六
文献176　杉山　一九六七
文献210　西田　一九六七

文献99　伊谷　一九六六

文献139　河合　二〇一六
文献136　河合編　二〇〇九
文献137　河合編　二〇一三

■アフリカ人類学百科　3

単独行の狩人――ブッシュマンの狩猟

ブッシュマンの生活は、全面的に自然資源に依存した狩猟採集経済によってなりたっている。採集は女性が中心となっておこなわれるが、男性もときどき参加する。それに比べると、女性が稀に小動物を捕獲するのを除けば狩猟はほぼ完全に男性の独占物である（写真1）。かれらの植物性食物の意味と採集については別途考察することにして、ここでは、ブッシュマンたちがおこなう狩猟の方法を、具体的に眺めてみることにしたい。

▼カラハリの狩人は三種の狩猟をおこなう

はてしなくひろがる荒涼たるカラハリ砂漠の一角に、突如、一条の煙がするすると立ち昇る。枯れつくした赤褐色の草原のなかを、煙の輪は急速に成長しつつ、風下のほうへとゆっくり流れていく。ブッシュマンの狩人たちが、獲物を仕とめてひと休みし、野火を放ったのであろう。乾季も終わりに近いカラハリ砂漠によくみられる光景である。人びとは、きたるべき雨季の到来をまちわびて、行く先ざきで枯草に火をつける。最初の一雨とともに、焼け跡からはいち早く若芽が萌えだし、ブッシュマンたちが狩りの対象とする動物を引きつける。同時に、人びとの食べものとなる植物も成長が促され、新芽や果実が

写真●1　チームを組んで狩りに出かける男たち。肩に担いだ皮袋に、弓矢や槍を入れている。先頭から2番目は少年だが、彼が持っているのが、トビウサギ用の鉤竿。

まっさきに食べられるようになるのである。

対象とする動物の大きさや種類にしたがって、ブッシュマンたちがおこなう狩猟法は何種類にも分類することができるが、系統だっておこなう代表的なものは、次の三種にまとめることができる。

（1）大型・中型動物を対象とした弓矢猟
（2）中型・小型動物を対象とした罠猟
（3）トビウサギ（げっ歯目の一種）を対象とした鉤竿猟

このほかにも、イヌの助けを借りて獲物の動きを封じておき、槍で仕留める方法、幼獣や傷ついた動物を追いかけて素手で捕まえたり、棍棒で撲り倒す方法などがある。さらに、小鳥やチリスのような小動物に棒切れを投げつけて捕らえることもあるし、まれにはライオン、ヒョウ、チーターのような肉食獣が倒した獲物の一部を横どりして、肉を手に入れる例もある。これらの猟法は、きわめて偶然的な条件に支配されるものであり、当初から対象を限定しえないもので、前三者のように類型化できず、しかも、こうして得られる肉の量も、わずかなものであてにはできないから、これらはいわば、その他の猟法といった、副次的なものだといってよい。したがってここでは、ブッシュマンたちがおこなう代表的な狩猟である、さきの三つの類型について述べる。

▼毒矢をつかっての弓矢猟は運に左右される

この狩猟の対象となる動物は、ゲムスボック、エランド、クドゥ、ハーテビースト、ワイルデビースト（ウシカモシカ）などの大型羚羊が中心となることから、弓矢猟はまた、「ゲムスボック狩り」ともよばれる。チャンスに恵まれさえすれば、キリンも弓矢猟の対象となるし（写真2）、スプリングボックやブッシュダイカーなど中型・小型羚羊、ダチョウもこの方法で捕らえられる。この猟法は、のちに述べるように、決して成功率の高いものではないが、大量の肉を一度にもたらすことができるため、ブッシュマンの狩猟のうちもっとも代表的なものである。かれらの最大の娯楽でもある狩りの踊りが、「ゲムスボックの踊り」の名でよばれる所以である。

カラハリ砂漠は平坦で立木も少なく、草と灌木だけの見とおしのよい場所なので、動物は遠くから発見することができるが、それは同時に動物の方でも狩人の接近に気づきやすいということをも意味する。だから、この猟法の最大のむずかしさは、獲物に至近距離まで接近することである。狩人は、獲物を発見するとブッシュの中に身を隠して、まず風下のほうへまわりこむ。

匂いで悟られないためである。肩に担いでいた狩猟具袋の中の矢筒から、毒矢を三本ばかりとりだし、弓といっしょに左手に握りしめて、他の荷物は地面に置いていく。

できるだけ身を低くしてブッシュの陰から陰へと忍び寄っていき、ブッシュの背丈の低いところを進むときには腹ばいにならねばならない。枯れ枝を踏みつけて、ポキッと音をたてても獲物に気づかれるから細心の注意が必要だ。ブッシュマンの用いる弓矢は小さく、矢には矢羽根もなく、たいへん幼稚なものなので、命中率がはなはだ悪い。だからどうしても一〇メートル内外の射程距離まで忍んでいかねばならず、この猟の成功は高度な熟練と忍耐に加えて、多分に運に左右されるのだということができる。広大なブッシュの中を一日に二〇キロメートルもうろつきまわったあげく、獲物に出会わなかったり、遠くから獲物に気づかれて接近にまでいたらないことの方が多く、そして、たいていの場合、狩人たちはなんの収穫もなく手ぶらで家路をたどらねばならない。

幸運にして、目指す獲物に近寄ることができ、毒矢を射かけて命中させることができたならばしめたものである。狩人は、獲物が身をひるがえして逃げていった方向を少したどってみる。彼らが用いる矢毒は、甲虫の幼虫からとったもので強力なものだが、即効性はない。毒がまわって倒れるまでには、小さな動物でも数時間、大型羚羊だと約二〇時間、キリンだったら三日もかかるのである。狩人は、獲物が逃げた方向と足跡をしっかり確かめておいて、その日は一旦キャンプに引きあげる。

仲間たちに狩りの経過を淡々と語ってきかせ、簡単に明日の計画をうちあわせる。優秀な狩人は決して大袈裟に狩りの成果を自慢したりはしない。いったいにブッシュマンは陽気ではあるが、控えめで慎しみ深い人たちである。彼は一日の疲れを癒すために水を飲むことは許されるが、食物を口にすることはできない。狩人が食物を口にすれば、傷ついた獲物もまた元気を回復し、逃げ去ってしまうと信じられているからである。

翌朝は、キャンプの男たち五、六人の加勢を得て、まだ薄暗いうちに追跡に向かう。前日獲物を射かけた地点まで到着すると、全員で足跡の追跡にとりかかる。たいていのところは、柔らかい砂の上に足跡が残るので、追跡はそれほど困難ではない。傷ついた獲物は、だんだんと毒がまわってくるので速度を落とし、休む間隔も短くなる。それでもゲムスボックのような大型羚羊だと五、六キロメートルは移動しているのがふつうである。うまくゆくと昼ごろには獲物に追いつく。まだ息があれば、毒矢を追加して弱らせ、最後には槍でとどめをさす（写真3）。

狩人たちは、一息いれると早速解体にとりかかる。手際よく毛皮をはぐと、腹部を切り開き、内臓をとりだす。四肢をはず

写真●2　弓矢の毒で弱ったキリンに、とどめの槍を投げる。キリンのような大型の獲物が捕れるのは1年に1度あるかないかである。

し、頭部を切り、そして背骨も切断して人数分の荷物に仕分ける。あるものは、手近の枯れ枝を集めてきて焚き火をつくり、肉片や内臓などを焙る。狩人たちがひさびさにありつく大ごちそうである（写真4、5）。

時間が早ければ、その日のうちに帰路につくが、すでに夕暮れが迫っていればその夜は獲物を仕留めた場所に泊まる。焼けつくような大地を二〇〜三〇キログラムの荷を背負って一〇キロメートルかそれ以上の道のりを運搬する作業は重労働である。実際、労働量からみれば、ブッシュマンがおこなう仕事のなかでは、弓矢猟における獲物の運搬がもっともたいへんなものであろう（写真6）。

幸運に支えられるところの大きい弓矢猟は、滅多に成功するものではなく、一〇人ほどの狩人がいる五〇人ぐらいのキャンプでも月に一度あるかなしかといったところである。それだけに、この大きな獲物をもたらすことのできる弓矢猟が成功すれば、キャンプ中の人びとの喜びは格別である。

▼獲物の通り道に罠をかけて毎日みまわる

罠猟が対象とする動物は、主としてスティーンボック、ブッシュダイカーの小型羚羊である。狩人は、日ごろブッシュをうろつきまわって獲物を求める過程で、スティーンボックなどの足跡が集中している場所をみかけると、そこに罠を仕かける（写真7）。罠は野生の植物の繊維をよりあわせたロープと弾力性のある枝を組み合わせた簡単なものである。

狩人は、まあたらしい足跡が縦横に交錯する場所の一角を、ブッシュや枯れ枝を用いて柵で囲い、数ヵ所に通り道を開けてそこに罠をセットする。これらの羚羊は、単独かつがいで行動し、一定の行動圏の中で採食活動するので、同じところを通過する確率が高いのである。この猟法は、こうした小型羚羊の習性を巧みに利用しておこなわれる。罠場を二、三ヵ所、罠数にして五個から一〇個ぐらいを設置したあと、狩人は毎日のように見回りをする。だから罠場が遠方に作られることはなく、キャンプから五キロメートル以内に設けられる。

弓矢猟と違って罠猟は、仕かけをすませたあとは、獲物がやってきて罠にかかるのを待つばかりであり、受け身の猟法であるといえる。かれらはこの猟によって、大きさは一〇キログラムから一五キログラムと小さいが、週に一頭ぐらいの割合で獲物を手に入れることができる（写真8）。この罠にはときたまオオミミギツネやホロホロチョウ、ヒメノガンなどがかかることがあるが、それはまったく偶然のことである。オオミミギツネがかかった場合には、その直後に見回りがなされたのでな

写真●3　ゲムスボックに槍でとどめをさす。

写真●4　大型の獲物はその場で解体し、骨や内臓は捨て去って、干し肉にする。空気が乾燥しているので、1日で軽くなり、キリンのような大型動物でも、手分けして運べるようになる。

写真●5　狩り場で2、3日キャンプして、肉を細くリボン状に切って天日で乾燥させることもある。肉片や内蔵で飢えをしのぎ、スイカや根茎の水分で乾きを癒す。

写真●６　解体した動物の肉を担いで家路を辿る。キャンプの人たちは肉を持ち帰るのを心待ちにしているだろう。

いかぎり、キツネは罠を咬み切って台なしにしてしまい、逃げ去ってしまう。

ダチョウやアフリカオオノガンを捕らえるためには、類似のものではあるが、それぞれに専用の罠が仕かけられる。この鳥用の罠は、それほど頻繁にみられるものではない。

罠は雨に濡れるとふやけてすべりが悪くなり、使用できなくなるので、回収しておかなければならない。

罠猟は、仕かける場所がキャンプ地から近い上に、猟そのものが見回るだけの簡単な労働ですむので、地味な活動ながら、ブッシュマンの狩猟の中でももっとも効率よく、また安定した猟の成果を期待できるものである。

▼鉤竿でトビウサギを穴からひきずりだす

ウサギというよりはカンガルーに似た風変わりなトビウサギは、完全な夜行性で明るいうちは、かならず地下の巣穴に休んでいる。ブッシュマンたちは

写真● 7　弓矢猟に比べると、獣道に紐と若木を用いて仕掛ける罠猟では、より安定して獲物が得られる。

写真● 8　ただ、細紐を利用するこうした罠では、最大でも体重30kg ほどのスプリングボックを捕らえるのがせいぜいで、多くの場合、罠にかかるのは体重10kg 程度のスティーンボックであり、キャンプの全員が腹を満たすことは出来ない。

長さ四メートルぐらいの竿の先端に尖らせた鉤をとりつけたものをもちいて、穴のなかで休眠中の動物を捕らえる。

狩人はトビウサギの巣穴に近づくと、忍び足で出入口にあたらしい足跡があるかどうかを調べる。足跡をみつけると、鉤竿をそっと穴にさしこんで、勢いよく竿をだし入れする（写真9）。巣穴は地下で迷路になっており、直径一〇メートル内外の範囲にいくつもの開口がある。トビウサギの潜んでいる徴候を認めると、これらの出入口に順番に竿をさしこんでみるが、どの穴からも届かない深みに潜んでいれば捕まえる手だてはない。

「ここはだめ」とさっさとつぎの巣穴を目指して歩きはじめる。動物を相手にするブッシュマンの態度は、じつに淡々としている。あきらめのよさは、幸運の要素に支えられるどの猟についても、指摘できることである。この次にはうまく獲物がとれるに違いない——かれらの将来に対する見通しはつねに楽観的であり、その日暮らしの狩猟採集の生活様式を支える基本的な生活態度となっているのである。

何回目かの巣穴にさしこんだ竿にぐぐっと手応えがあった。しかし、がっちりと鉤がくいこんだからといって、そのまま引っ張りだすわけにはいかない。トビウサギは穴の中で踏んばるだろうし、無理に引いたのでは柔らかい皮と肉が裂けて鉤がはずれてしまう。棒切れを竿に直角にあてがい、穴の縁いっぱいのところで結えつけ竿を固定する。そうしておき、竿の先端を目分量で推し量り、真上から掘り棒で大きな穴を掘り進む。一メートルから一メートル半ぐらいの深さの穴を掘っていくとそこに獲物がうずくまっているというわけである（写真10・11）。せいぜい二、三キログラムの獲物を手に入れるにしては、結構、労働力が要求されるが、この猟は、対象とする獲物の居場所が限定される上、動かないでいてくれるので、肉の供給はかなり確実である。獲物は小さいが、安定して供給しうるという点で、重要な肉の入手方法である。

▼毎日の食糧は女たちが集めてきたもの

ブッシュマンがおこなう狩猟をひととおりみわたしてみた結果、狩猟というものが、いかに効率の悪い食糧獲得手段であるかということが明らかになった。その最大の理由は、いうまでもなく、対象が動物であり、人間側の意図に反して逃げまわるからである。単純で幼稚な狩猟具しか持たないにもかかわらず、獲物の動物の生態や行動を熟知し、それぞれの動物に対してもっとも有効な方法で、最大限の努力を試みているのは事実である。

写真●9　トビウサギは完全な夜行性で、昼は地下の巣穴に潜んでいる。その穴に鉤竿を突っ込んでうまく引っかけることができると、真上から穴を掘って引きずり出し、叩いて仕留める。

写真●11　捕まえたトビウサギを掘棒などで叩いて仕留める。

写真●10　穴を掘って捕える

しかし、苦労してトビウサギを一、二匹捕らえ、たまには小さな羚羊を仕とめたとしても、それで毎日の食糧はとてもまかないきれるものではない。大きな獲物にいたっては、それが手にはいりさえすればキャンプ中の人びとが大盤振舞にあずかれるかもしれないが、いったい、いつ捕れることやら分かりもしない狩りの獲物を、日々の食糧源としてあてにすることなど、できるものではないだろう。後に詳述するように、ブッシュマンたちが、毎日の食生活の基盤としているのは、女たちが集めてくる植物性食料なのである。

ブッシュマンにかぎらず、地球上の狩猟採集民の大半が主食としているのは、植物性食料である。動物性食料と植物性食料の供給の安定性を比較してみるならば、ブッシュマンについて得られた結論が、より普遍化して考えられてもいっこうに差し支えない。

狩猟や漁撈や採集に立脚する社会のなかで、獣類や魚類など、動物性食品に主力をおいているのは、高緯度地帯の氷原やツンドラに住む少数の民族にかぎられている。しかも、かれらが動物の肉に頼って生活しているのは、こうした地域には食用植物がまったく、あるいはほとんど育たないからという単純な理由によっているに過ぎない。これらの人びとが猟の少ない季節をも生き抜いてゆけるのは、氷原という天然の冷蔵庫を利用することによって、猟季にはできるだけの獲物を捕っておいて保存し、それによって厳しい冬の季節を食いつないでゆくことができたからにほかならない。

▼狩猟の個人プレー型と連携プレー型

ブッシュマンがおこなう狩猟は、弓矢猟であれ、罠猟であれ、またトビウサギ猟であれ、いずれも個人プレーによるものである（写真12）。狩りに出かける男たちは、まれに二人以上の組をつくることがあるが、ふつうは一人一人が別べつの方向へ、獲物を求めて出発する。狩人たちはいつでも、必要な狩猟具を入れた皮袋を持ち歩いており、罠の見回りをすませたあとで、あるいはトビウサギ猟をおこなう道すがら、大きな獲物を発見すれば直ちに弓矢猟に移行することができる。

平坦で、立木が少ない見とおしのよいカラハリ砂漠の立地条件の中で、貧弱な狩猟具を用いる彼らの方法によれば、獲物にうまく接近するためには、一人でこっそり忍んでいった方が成功率は高い。また、動物の生息密度自体がそれほど高くないので、いずれの狩猟法を用いるにしても、多人数で一カ所に的をしぼるよりも、個々に分散し、できるだけひろい範囲をカバーした方が、獲物に出会う確率も、それを仕留める確率も高いの

写真●12　罠猟で捕らえたスティーンボックを運ぶ。運んでいるのはダオグー。

である。平原における狩猟は、個人プレーによった方が有利なのだといってよい。

　こうした平原での狩猟の特徴をよりきわだたせるために、ここでまったく対照的な立地条件を持つ森林の狩猟民に目を向けてみよう。コンゴ盆地の奥深く、鬱蒼と昼なお暗いイトゥリの森には、ピグミー族が狩猟生活を送っている。ピグミーたちが主として用いる猟法は、ブッシュマンの場合とはまったく異なった集団プレーによるものである。森の中では、平原と違って、木の葉や枝にさえぎられて視界が悪く、おまけに足跡も残りにくいので、獲物の発見や追跡は大変困難である。ピグミーが猟の対象とするのは主に中型、小型の羚羊類であるが、これら森林性の羚羊はほとんどが夜行性で、昼間はブッシュの中に潜んでおり、人の気配を感じると下生えの中をこっそり逃げていくという習性をもつ。

　猟はこうした自然の条件と、動物の習性をうまく利用しておこなわれる。狩猟に使われる道具は網か弓矢であるが、このいずれかによって二〇〇~三〇〇メートルの猟場を円形にとり囲む。円陣の内部にいる動物を勢子が追いたて、逃げだしてきた獲物を、はりめぐらした網にかけるか、待ちかまえていた射手が仕留めるかという方法である。この猟をおこなうためには、多くの人たちの協力による緊密な連携プレーが必要である。一人だけの抜け駆けは許されず、キャンプの狩人は、全員が力を合わせなければならないのである。とくに長大な網を用いるグループでは、勢子の役割りを女性が分担しなければならないので、狩猟採集民が一般にもっている男性による狩猟、女性による採集という分業パターンは大幅に変形をきたしている。

　アフリカ大陸に現存している代表的なふたつの狩猟採集民は、それぞれの対照的な生活環境の中で、両極端の狩猟法を発達させるにいたったが、それはまた、両者の生活を支えるための社会の編成にも少なからぬ影響をおよぼしているようである。すなわち、ブッシュマンの社会が、父方にも母方にも自由に居を構えることができ、しかも頻繁に離合集散する大変流動的な集団構造をもつのに対して、一方のピグミーでは、父方居住による安定した集団編成をおこない、集団狩猟を前提とした、男性間の結束を特に強固にした社会構造を発達させているからである。

▼一日の労働時間は四、五時間にすぎない

ブッシュマンの食物のほとんどのものが保存のきかないもので、そのために人びとは日々の食べものを毎日の狩猟採集によってまかなっているという点で、彼らの生活は確かに「その日暮らし」の「手から口へ」の生活であるといえる。しかし、実際の彼らの生活は、私たちがはたで想像するほどみじめで厳しいものではない。狩猟採集民族は、決して食物を求めて日がな一日働きまわっているのではない。労働時間はむしろ農耕民や都会のサラリーマンなどより少ないし、一日の大半の時間をのんびりと寝ころんだり、おしゃべりをしたり、歌や踊りに費しているのである。

食物を入手するための仕事の仕方は、狩猟と採集では大変異なっている。男たちは狩りに出かけると、朝から夕方まで荒野をぶらつき、「ゲムスボック狩り」が幸運に恵まれて成功するようなことでもあれば、まる二日か三日は重労働に没入しなければならない。仕事にかかるときには、かなりの重労働を強いられるかわりに、その次の二日間ばかりはキャンプでごろごろし、道具の修繕にわずかばかりの時間を費やすことがあっても、ほとんどの時間は友人を訪ねたり、木陰でおしゃべりをしたりして過ごす。それに比べると女たちのおこなう植物採集は規則的である。採集の時間や方法は、季節により、植物の種類によってことなり、近くに木の実がふんだんにみられるときには短時間ですむが、まばらにしかない草の根を掘り起こさなければならない季節には、当然のことながら、もっと時間もかかるし、仕事量も増える。

それでも毎日の労働時間を集計してみると、男女とも総量にはあまり違いがなく、一人あたりの一日平均労働時間は四、五時間に過ぎないのである。旱魃が続いた飢饉の年などには、食料の入手は困難で、そのための仕事はうんときついものになるに違いないが、普通の年ならまことに満ち足りた、のんびりとしたものなのである。

人工的な改変をまったく加えず、自然資源のみに全面的に依存する狩猟採集民の生活が、ぎりぎりの条件のもとで成りたっているようなものだったならば、とても現在まで生きのびてこられはしなかったであろう。充分量の食料資源に支えられ、これをかもしだす自然の中にどっぷりと浸りきって、人類史の九九パーセント以上を生きつづけてきたこの生活様式は、私たち全人類の偉大な遺産でもある。

■アフリカ人類学百科　4

ブッシュマンの動物観

狩猟採集民ブッシュマンが動物を見る目は、まず第一に「食べ物」、すなわち獲物としての動物である（写真1）。熱帯地方に住む狩猟採集民の例にもれず、ブッシュマンも食生活の基盤を根、葉、茎、果実などといった植物の採集に置いているにもかかわらず、である。普段は植物採集によって生活を維持しつつも、人びとは、常に「肉こそが私たちの食べ物なのだ」と主張する。実際、イモ類や葉っぱ類ばかりの食事が続いたりすると、飢餓感を覚え、肉に対する渇望をあらわにする。前述したように、肉は食物全体のわずか二〇パーセントを占めるに過ぎないが、稀少かつもっとも美味な食料だからこそ価値あるものとされ、この仕事に携わる男性の狩人たちは、生活の基盤を担う女性に伍して、誇らしい地位を得ることができるのである。

今なお深く自然と関わりあって人びとの生活が成り立ってい

写真●1　ブッシュマンの弓矢猟の主要な対象となるゲムスボック。

写真●2　ライオンはブッシュマンにとって、時に狩られる存在でもあるが、農耕民が動物に対する時のような、敵対的存在ではない。

るアフリカでは、農耕民や牧畜民といえども動物の狩猟は野生植物の採集同様、重要な生業の一環としておこなわれている。ただ、農耕を営む人たちがタンパク源として野生の動物を捕らえるのに何十種類という罠や仕掛けを用いて、ある意味では洗練された猟をおこなうのに対し、専門の狩猟民たちの狩猟はより素朴で、猟法も数種類に限られている。農耕民では特に畑作物の防御を目的とした罠猟が発達しており、動物は食料であると同時に、彼らの主生業である農耕の最大の敵とみなされている（写真2）。

▼真の自然主義者

狩猟採集民の動物に接する態度には、動物もまた自分たち同様に生き物であり、自然界を構成する仲間だという親近感がある。宗教的儀礼としてのダンスがエランドやゲムスボックをモチーフとして演じられ、昔話や神話の中には彼らの生活をとりまくあらゆる動物たちが登場する。

かつてブッシュマン世界の創造の神ガマ、神話ではピーシツォワゴと呼ばれる、は万物を創り賜うたが、そうした物語の中で語られる動物はそれぞれの動物としての特徴をもちながら、つねに人間の姿として登場する。その昔、動物と人間は不可分の存在であり、動物が人間と同じ振る舞いをするかと思えば、人間もまた知らぬうちに動物になり変わっている。ピーシツォワゴですら、多くの場合、人間の姿で登場し、ときに動物や植物の姿に変身する（写真3）。

写真●3　ドラッケンスベルグ山塊のジャイアンツ・キャッスルに刻まれたブッシュマンの壁画。頭部が動物の半人半獣像。

人びとは動物をごく身近なものとして接しているので、これを人間側の世界と截然と切り離す態度を示すことはない。それは、自然とは切っても切れない関係をもち、自ら自然の一員にとどまり続ける、真の意味での自然主義者たちがとりうる当然の態度といってよいであろう。だから、ブッシュマンはこうした仲間うちの動物をむやみに殺戮のためだけに殺しはしない。当座必要なだけの分量が得られれば十分で、余分のものは求めようともせず、また貯えることもない。乱獲が自らの生活を破壊に導くことになるのを、悠久の歴史の中で知らずして学びとってきたのである。

■アフリカ人類学百科　5

狩猟採集生活における人間と植物

　ここまで何度も紹介したようにカラハリ盆地はたいへんな乾燥地で、水を湛える場所がほとんど見られないため、普通砂漠とよばれている。しかし、外見の不毛さにもかかわらず、植物相は意外に豊かである。カラハリにはブッシュマンが食用とみなす一〇〇種を超える植物が生えており、彼らの食物全体の八〇パーセント以上がこれらの植物の採集によってまかなわれている。

　ブッシュマンの一日の活動は、日の出前後の起床とともに始まる。目を覚ました者からめいめい勝手に起きだし、家族ごとにたき火のまわりで残りものを焙って腹ごしらえをしたあと、やがて男は狩猟に、女は植物採集に出かける。残りものがなければ、もちろん朝食は抜きである。原則として、男は狩猟や道具の製作、女は採集、料理、育児などというふうに分業がおこなわれるが、植物採集は男もよくおこなう。狩りの道すがら、木の実を摘み食いしたり、目についた草の根を掘り起こして持ち帰ったりすることも多い。前述の通り、見通しのよいカラハリでの猟は、基本的に単独でおこなわれる。一人のほうが獲物に悟られずに忍び寄りやすいし、分散して広範囲を探索したほうが動物に出合う確率も高いからである。

　それに対して、女たちは一人だけで採集に出かけることはむしろまれで、たいていの場合、グループをつくって採集に行く。植物の場合には、求めるべき食物が、季節ごとにどこへ行けばどれだけ手に入るのか、容易に予測がつく。植物採集は、木の実や草の葉、茎などを摘み取るか、根っこを掘り起こすだけの比較的簡単な仕事であり、このような単調な作業をこなすには、大勢でおしゃべりをしたり、歌をうたったりしながらやった方がはかどるようである。

ブッシュマンが食料とする植物は、スイカ、カーン・メロン、キュウリ属の一種の根、コッキニア・レマンニイの根などといったウリ科の植物、マメ科、ジャケツイバラ亜科の植物の種子、オクナの果実、レデボウリア属の球根、グレヴィア属の果実などといった主食になるものから、アロエ属、クシメニア・カッフラの果実、ハゼラン属の茎葉、アカシア属の樹脂、イモタケ属のキノコなど補助的な食物にまで及んでいる。それらは草本から低木、中高木、キノコ類に及んでおり、利用される部位も、種子、果実、葉、花、茎、地下部分と多種多様である。

一年が雨季と乾季にはっきりと分かれているカラハリでは、もっとも多くの食物が手に入るのは、一二月から三月ごろの短い雨季とその直後であるが、植物とその利用部位によって、食用に適する時期はまちまちである。年によって雨の降り方がずいぶんと違う上、熱帯の植物には何年かに一度しか果実をつけないものもある。そのため年によって採集品目は異なるが、先に主食としてあげた植物は、どの年にも収穫が期待でき、事実、人びとはこのような特定の植物に依存することによって、厳しい自然を生きぬいてきたのである。

雨季には、さまざまな緑が茂り、グレヴィア属やオクナの果実がいち早く実を結ぶ。徐々に乾季に移行していくころから、ジャケツイバラ亜科の植物が実をつけ、スイカが熟す。とくにスイカは人間も含めてカラハリの動物にとって貴重な食料源であり、かつ水源である。乾季が進み、氷点下を記録する六月から八月の冬を通じても、この野生のスイカは皮が厚くて丈夫なため保存がきき、豊作の年には次の雨季が始まる一二月ごろになってもまだ収穫が可能である。

しかし、普段の年には、九月ごろにはスイカもほぼ食べつくされ、暑く、乾いた不毛の大地が一一月末まで続くことになる。カラハリの一年でもっとも過酷な季節である。この時期に人びとが頼りとするのは、キュウリ属やコッキニア・レマンニイ、ラフィオナクメ・ブルケイなどの根茎である。地下五〇センチメートルから一メートルの深さに埋もれている根を、先を斜めにとがらせただけの掘り棒で掘り起こし、主食とする。

▼世界の狩猟採集民

熱帯地方の狩猟採集民が食生活の基盤としているのは、じつは動物の狩猟ではなく、ブッシュマンについて見てきたように、植物の採集である。棍棒、槍、弓矢、吹き矢などといった単純な技術で、逃げ足の速い動物を捕らえるのは決して容易なことではない。地面に根を生やした植物を集めてくる方が楽なこと

写真●1　野生スイカは、棒で突き崩して生のまま食べる。糖度は低いが90％以上が水分で、ブッシュマンにとっての重要な食料源・飲料源である。

写真●2　野生スイカ *Citrullus lanatus*（514頁参照）の大豊作。干ばつの年には不作に見舞われ、根茎を掘り起こしてかろうじて飢えをしのぐほどの過酷な生活を強いられる年もあるが、総じて、ブッシュマンの暮らしは、安定した植物性食物の上に成り立っている。最盛期には、スイカはもっぱら種子を取るだけに採取される。

写真●3　豊作の年にはスイカ畑かと思われるほどに実っている。これを見れば苦労して畑を作る気にならないのもうなずける。

は、考えてみれば当然のことである。しかも、めざす植物は、季節ごとに、どこへ行けばどれほど手に入るのか予知できるものである。地球上で動物を主食として生活しているのは、イヌイット（エスキモー）など植物の乏しい寒冷地帯に住む者に限られており、天然の冷蔵庫によって、獲物の長期保存ができるからなのである。ブッシュマンをはじめとして、赤道を中心に分布する狩猟採集民は、いずれも食料の六〇～八〇パーセントを植物採集によって手に入れている。

ザイール北東部のイトゥリの森のピグミーは、長年にわたって農耕民と密接な関係を保ちながら暮らしてきたので、現在では主食を米、キャッサバ、バナナなどの農産物に依存するようになっているが、それでもヤマノイモ類やディオスコレオフィルム属の根茎を頻繁に利用する。ギルベルティオデンドロン属、アフリカマンゴノキ、リキノデンドロン属のナッツ類や、アノニディウム属、カンラン属、ランドルフィア・オウァリエンシスの果実も重要な食料源となり、キノコ類も好んで食用とされる。農耕民と接触する以前には、こうした森の産物がピグミーの食生活の中心をなしていたことは間違いない。

東南アジアのネグリト諸族でも、ヤマノイモ類は圧倒的に重要な食料源となっており、サトイモ類、ヤシ類、バナナ類、その他のさまざまな植物の果実や花、葉、茎が組み合わされて、生計が維持されている。東南アジアからメラネシアにかけて広く分布するサゴヤシは、茎の髄に多量のデンプンを蓄えるので、人びとの多くはこれを食料として利用する（＊文献124）。マレー半島のセマン族は、彼らが特別な価値をおいているドリアンの木を、遊動的居住集団であるバンドのテリトリー内にもち、成人男性がこれを所有して、父から息子へと相続する。狩猟採集社会において野生の植物が所有され、相続される稀有の例だといってよい。

南アメリカのアマゾン川流域のインディオでも、ヤシやヤマノイモ類は重要な食料となっており、この地域の特産物であるマニオク（野生のキャッサバ）の根や葉、ブラジルナッツノキ、パラナマツ、パラダイスナッツノキ属などのナッツ類、グアバ（バンジロー）の果実などとあわせて利用される。

狩猟採集民の生活にとって、移動は不可欠の要素である。狩猟の対象となる動物は、それ自体が動きまわるため、猟場はおのずから広大なものとなるが、移動の場所やタイミングは、やはり主食となるべき植物の分布状態によって決定される。狩猟採集を生業としながらも定住生活を実現できたのは、中緯度地域で潤沢な食料資源に恵まれた土地に住みついた人びとだけである。

日本の縄文時代人やアイヌ民族、北アメリカ北西海岸のイン

写真●4　野生キュウリ *Cucumis kalahariensis*（513頁参照）の根茎を採取する。掘り出すのは重労働だ。

ディアンがその例で、シカやイノシシなどの狩猟をおこないながら、沿岸や河川で漁撈によって魚介類を安定的に手に入れ、カシやドングリなど貯蔵可能な堅果類を採集して生計を立てていた。

ドングリやトチノキの種子などは、加熱や水にさらしてあく抜きをしないと食用にならないので、土器や樹皮製容器のような調理具が発明される以前には、クリ、クルミ、シイ、ヒシなどの堅果類、チョウセンゴヨウ、キイチゴ、ヤマブドウなどの果実、カタクリやウバユリの根茎などが食料として利用されていたと思われる。

▼薬としての利用

医食同源の言葉どおり、植物は古くから食用と薬用の両方に広く用いられてきた。実際、狩猟採集民が病気治療に際して薬として用いるのは、じつは植物性の材料からなるものがほとんどである。病気は、何か悪いもの、悪霊や毒素のようなものが体内に入りこんでひき起こされると考えているので、治療には、下剤や催吐剤の服用、瀉血など、体外へ排出させる方法が一般に用いられる。苦い樹皮や草の根など何十種類もの植物が薬草として用いられ、植物相の豊かな森では三〇〇種にも及ぶ植物が薬として用いられている（＊文献160）。

東アフリカ、タンザニア西部のマハレ山塊国立公園では、最近、村人が薬として利用しているキク科のウェルノニア属の葉を、下痢をして衰弱したチンパンジーが噛んで吐き出し、まもなく快癒した例が報告されている。このときの摂取の仕方は、普通に草の葉を食物として食べるときとは明らかに違っていた。チンパンジーが自らの体調とこの植物の薬効との因果関係を知りながら服用したものだとすれば、大変興味深い（＊文献19・20）。

▼道具の素材としての植物

食料や医薬としてだけでなく、植物は人間の生活のためにさまざまに使われている。化学製品が発明される以前には、都市生活においても多くの用具が植物を素材として作られていたが、一〇〇パーセント自然に依存する狩猟採集生活では、素材としての植物が不可欠であった。

乾燥地帯のブッシュマンの暮らしでは、八〇種類にも満たない物質文化の品目のうち、毛皮など動物性の素材がかなり用いられているが、それでも植物性素材をまったく使っていない道具は少なく、半数以上は植物だけからなっている。高温多湿のため毛皮などの保存がきかない森に住むピグミーでは、九〇パーセント以上の道具が植物性の材料からなっている。

ピグミーの半球形の簡単な小屋は、木の骨組みの上からクズウコン科のタウマトコックス属の大きな葉を葺いて作られる。掘り棒や棍棒はいうに及ばず、弓矢や槍、ナイフなども、鉄の刃の部分を交易によって手に入れる以外は、手近の樹木を利用する。森の住民たちの樹皮や葉の利用はじつに巧みである。屋根葺き用に用いるタウマトコックス属や、同じくクズウコン科アタエニディア属の長径が三〇～四〇センチメートルもある楕円形の葉は特に用途が広く、採集した木の実や小さな球根、芋虫などを包む風呂敷にもなれば、幾重にも包みこんで焚き火の上にかざし、蒸し焼きにする調理具ともなる。

かさばる収穫物や獲物は、近くで調達したヤシ科エレモスパタ属の木性つるや、クズウコン科のマラントクロア属の草本を二〇分ほどで手早く編みあげて即製のバスケットを作り、樹皮の紐で縛りつけて背負って運ぶ。狩猟採集民の生活は、頻繁な移動を前提として成り立っているので、物質文化は最小限度に抑えられており、しかも、多くのものは必要に応じてその場で作られ、そして使い捨てにされるのである。

矢軸にはヤシ科ラフィア属の葉軸が用いられるが、この植物の分布は限られているので、男たちはときに一日がかりで採集

写真●5　スイカの種子やバウヒニア属の豆は、ブッシュマンにとっての数少ない保存食である。焚き火で熱した砂の中で炒った後、木製の臼と杵でついて食べる。蛋白質と脂肪に富み栄養価が高い。なめし革の肩掛けで臼を覆い、粉が飛び散らない工夫をしている。

写真●6　採取されたナンテ *Bauhinia petersiana* の実。蛋白質と脂肪に富み、類人猿が森からオープンランドに進出した頃から、重要な食料になっていたと考えられる。

写真●7　採集から帰ってきた女性が、小屋の前で採ってきたばかりの葉などを生で食べる。

写真●8　大きな焚き火をつくり砂を熱して調理に使う。焚き火をした後に肉塊や草の根、メロンなどを入れ、熱した砂をかけて1時間ほど放置すれば、適度に蒸し上がる。

に出かけ、何十本もの矢を一度にこしらえる。矢毒には一〇種類以上の植物のしぼり汁を混ぜ合わせたものが用いられるが、毒の主体はガガイモ科のパルクエティナ属の樹液である。

弓矢を持たなかったオーストラリアのアボリジニは、ブーメランを狩猟具として用い、マレー半島のセマン族や南アメリカのインディオは吹き矢によって樹上の獲物を狩る。かつてアンダマン島民はハイビスカスの樹皮の繊維を、弓の弦やさまざまな紐として多用していた。

料理、暖房、照明、野獣に対する防御など、人間の生活になくてはならない焚き火の燃料には、燃えにくい特殊な種類のものを除き、ほとんどすべての植物が用いられることはいうまでもない。

▼採集生活の〝豊かさ〟

霊長類の進化の過程を通じて、植物はもっとも重要なカロリー源としての役割を果たしてきた。性的分業の芽生え、道具の製作・使用による前肢の発達と直立二足歩行の促進、家族の誕生などが複合して進んできたヒト化の道程においては、狩猟および肉食が果たしてきた役割は計り知れないほど大きい。

しかし、そうした歴史の中においてさえ、ヒトの生活を支えてきたエネルギーの基盤は、明らかに植物であった。ヒト化が進行した舞台は、高等猿類や大型類人猿が現在も生息し、猿人、原人の化石が多数発見されるアフリカの熱帯地域だったからである。繰り返すように、狩猟採集の生活は、ある種の豊かさと安定性をもって見事に自然に適応してきたものだったのである。

■アフリカ人類学百科　6

ブッシュマンの住居

▼動物における巣とヒトの住居

住まいとは何か。その問いを根源的に論じる上で、狩猟採集民の住まいを考えることは示唆に富む。だが、さらに進化史的に遡って、ヒトの住まいを他種の動物における巣と比較してみようとすると、住まいと巣と同一平面上でどのようにとり扱ったらよいのか、なかなか難しい問題となる。

動物の巣というのは、第一義的に、風雨、寒さ、日射、外敵などから身を避けるためのシェルターとして出現したのであろうが、多くの種では、産卵、出産、育児など再生産のプロセスを巣内でおこなうことによって、なかば定住的な住みかとなっている。そのような巣は、もはや、単にシェルターとしての機能にとどまらず、その種の社会性と密接な関係をもち、巣ないしは巣を中心とした行動範囲が、社会的な相互作用の場になっていることが多い。アリやミツバチのような、いわゆる、社会性昆虫といわれるものの巣は、まさに、その典型的な例であり、それぞれの種の生活や社会の構造を抜きにして巣を論ずることはできない。哺乳動物においては、巣を作るものは、食虫類、ウサギ類、げっ歯類、食肉類、霊長類などのうち、一部の種だ

写真●1　採集から帰り、小屋の前でダチョウの卵で作った水筒（211頁参照）で水を飲み一息つくブッシュマンの女。

けに限られている。哺乳動物の巣の有無は、生まれてきた仔が採食活動その他の移動に際して、オトナの個体についていくだけの運動能力をもつかどうかということと関連している。巣をもたない動物のうちでも、偶蹄類などは、生まれおちた仔はまもなくたちあがり、数時間後には母親に従って走ることができるし、有袋類や霊長類のように、みずから運動能力をもたなくとも、それぞれ独自のやり方でオトナの移動についていく方法を開発しているものがある。有袋類の仔は非常に未熟な状態で出生するが、母親の腹部の運搬具の中に納まって運ばれる。霊長類の仔は、うまく自分で歩くことこそかなわぬが、四肢の握る力が発達しており、母親の腹や背中の体毛にしっかりしがみついて運ばれることができる。

霊長類の中ではヒトだけが、大脳が特別に発達して頭部が大きくなったために、他のサルたちに比べて早産となり、非常に未熟な状態で生まれてくるようになった。ヒトのあかんぼうは、立ちあがることはおろか、手でものをつかむことすらできない大変頼りない代物である。霊長類の中でも、原猿類は巣をつくるものが多く、真猿類では大型類人猿でヒトにもっとも近縁なゴリラ、チンパンジー、オランウータンは巣を作るが、これは、泊り場となる地点の木の枝や竹や草を簡単に折り曲げただけの粗末なベッドに過ぎず、一夜限りのものである。他の動物の巣が一時的にもせよ、再生産のための社会単位によって作られるのに比べ、類人猿の巣が個体単位のものであり、機能的にも、シェルターというよりは、寝ごこちをよくするためのクッションであり、一夜のベッドに過ぎない点を考えると、本来の意味での巣とはだいぶ趣きを異にすることが分かる。高等霊長類の中で、本当の意味での巣をもつのは、ヒトだけであるということができる。

▼ヒトの住居の多様性

ヒト以外の動物については、それぞれの種に固有の巣の形態なり機能なりが対応するのであるが、ヒトの場合には、地域なり集団なりに応じて非常に多様な変異を認めることができる。ヒトの集団間にみられる多様性は、住まいについてだけでなく、生活様式や社会のありかたなど、生活の細部にわたってみられるのであるが、それは、ヒトが、「文化」をもった生物だからである。ヒトは、道具を用いて食物その他の入手を容易にし、火を使用することによって新しい食物の種類を拡大し、衣服を身に着けることによってさまざまな気候のところまで生息域を拡大していった。熱帯から寒帯にいたるまで、湿潤な森林の中から砂漠にいたるまで、地球上のほとんどあらゆる種類の自然環境の場所にまで分布を広げている種は、高等動物では家畜化されたイヌを除くとヒトだけである。農耕、牧畜といった生産手段の発達に伴う定住化と富の蓄積、社会の機能分化、都市化、工業化といったその後の文化発達は、地球的なレベルに広がった住居の地域変異にさらに拍車をかけて、いまや、数えきれないほどの住居形態のパターンを生じせしめている。

一般に、ヒトの住居が洞穴の利用に始まると安易に考えられやすいが、これは、たまたま、洞穴遺跡が発見されやすく、平地に建てた住居があったとしても、考古学的資料として残りにくいという単純な事情に左右されているだけのことである。かえって、初期人類のアウストラロピテクスなどの遺跡が洞穴以外の場所から多く発見されている事実もある。現存の狩猟採集民族が、すべて平地に住居を建てている点を考えると、むしろ、平地に建てた住居が先に出現して、たまたま洞穴のみつかった場所ではそれを使用するということであったのかもしれない。

最初のヒトの住居が洞穴であったか否かはおくとして、現存のヒトの住居のうちでは、狩猟採集民の作る半球状の草葺きの住居がもっとも原型的なものであろうと思われる。このような住居をもったヒトの集団が営む、野生動植物の狩猟と採集という生活様式が、文化による自然へのはたらきかけがもっとも少なく、自然に直接対決した生きかただという意味で、動物の生活と巣を議論する延長線上にとりあげるにもっともふさわしいものと考えられる。男性と女性の間の分業化や食物の分配は、ヒトのあかんぼうの育て方や両性の配偶の仕方などと相まって、根拠地としての寝ぐらや家族の起源に非常に重大にかかわりながら発達してきただろう。

▼移動と居住集団の離合集散

ブッシュマンの住居を具体的に述べる前に、彼らの生活の基本的な前提となっている移動性について触れておかなければならない。ブッシュマンの家屋の形態的構造と機能をもっとも大きく規定しているのは、じつはこの遊動的な生活様式にほかならないからである。

ブッシュマンの食物は、前述したように植物が重要な位置を占めるが、重量比でおよそ八〇パーセントに達する。食用植物は約一二〇種確認されているが、実際に利用の大きいのは一〇種をわずかに上まわるにすぎない。それらの植物は、種によって、また、可食部分に応じて、利用期間が異なり、ブッシュマンのときどきのメニューは、それらの組合わせによってなりたつ。野生植物は、一般に、収穫量が少なく、これに全面的に依存している以上、一ヵ所にとどまって生活を続けていくことは不可能である。食物となる植物が移り変れば、その分布に従って移動しなければならないし、同じ植物でも一つのキャンプ地の周辺で消費すれば、新たな採食地へと移動していかなければならない。移動は、彼らの生活にあっては、生計活動の一環であり、採集や狩猟に対比させると、それは集団全体としての採食行動ともいえる。

筆者が調査したセントラル・ブッシュマンのグループは、半径およそ五〇キロメートルの範囲を遊動し、一年間に移動する距離は平均三〇〇キロメートルぐらいに達する。

ブッシュマンの社会には、未開社会一般に多くみられるリネージ、クラン、部族といった組織化すら認められず、家族より大きな恒久的な集団は存在しない。日常生活は、居住集団であるキャンプの単位でおこなわれるが、これは、移動の過程において、分裂、融合を繰り返す大変流動的な集まりである。キャンプは一家族（四、五人）から二〇家族（一〇〇人程度）で構成され、一〇家族（五〇人ぐらい）程度の場合がもっとも多い。五〇人程度というもっともふつうのキャンプ・サイズは、おそらく、自然に完全に依存するという厳しい生活様式に深く関係した大きさであるに違いない。もしキャンプが大きな人口を擁していたならば、植物が少ない年には飢餓におそわれるであろうし、また、人数が少なすぎたら、大動物の狩猟での共同作業などができなくなるだろう。

居住集団の離合集散性が、このような生態学的な圧力のもとで現れるのは事実であるが、このような流動的な集団構造が、彼らの社会の中で果たす社会学的な役割も見逃がされてはならない重要な面である。リーダーもなく、これといって制度化した政治機構もない集団の中で、人間関係より生じる緊張関係の緩和のためには、地理的な隔離がおこなわれることがもっとも有効な手段となる。集団の離合集散は、また、キャンプ間の情報や物資の交換、メンバーシップの交流にも大きな役割を果たしている。

▼半球形の「鳥の巣のような」住まい

頻繁な移動は、物質文化の性格と量を規定する。ふつう、狩猟採集民にとっての輸送手段は人力によるだけであり、したがって彼らの所有しうる家財道具は一度に背負って運搬できる量にかぎられている。物質文化の総量が一定量を越えることはできないから、道具類は極力その場で調達され、次のキャンプ地へ移動するときには捨て去られる。単純を旨とし、使い捨ての文化によってなりたつといえる。ブッシュマンの用いる住居もまた例外ではない。

写真●2　乾季には雨への気遣いは無用なので、ほんの日よけ風よけ程度の簡単な小屋を作る。1、2週間もすれば、つぎのキャンプへ移動する。

写真●3　女たちが互いに手伝いながら小屋の枠組みを作る。あり合わせの材料で作った一時しのぎの小屋は、狩猟採集生活に最も相応しい。

写真●4　小屋の前の空間がブッシュマンの家族生活を象徴する。

彼らの住まいは、「鳥の巣のような」という表現がぴったりするような、ブッシュと草で作られた簡単な小屋である。キャンプ地は、食料の豊富な場所で、小屋の材料にする木が得られやすいアカシアの林が選ばれる。一つのキャンプは、先に述べたように、平均して一〇家族、五〇人内外の人数よりなる。家族ごとに小屋を作り、円形に配置してその中心部には二、三本の樹木が残るようにキャンプが作られる。こうした木蔭は、日中の昼寝やおしゃべり、あるいは手仕事の場所となり、夜間は独身の若者男性たちの寝所となる。

男が、枠組にする木を伐採し運んでくる以外には、小屋を作るのはおおむね女の仕事である。移動をしてきてキャンプ予定地に着いた女たちは、めいめいの気にいった場所をわが家の建設予定地と定め、作業を始める。平らな地面を直径三メートルぐらいの円形に草やかん木を抜きとって整地し、夫が集めてきた材木を、幹の方を地面に五〇センチばかり埋めこんで半球状の枠組を作る。出入口の部分を残して、近くに生えている背丈の高い草を抜きとってきて葺きあげると、それでできあがりである。材木を集めてきたり、草を抜きとってくるのがちょっとした仕事であるが、小屋作り自体は簡単な作業である。直径約三メートル、高さ約二メートルの小さなもので、全体に草をうすく葺いてあるだけなので、日射しをよくさえぎるうえに、風通しがよく、一年の大半が暑くて乾燥しているカラハリでは大変快適なしろものである。雨季の四ヵ月ほどの間には、ときどき烈しい雨の降ることがあり、そんなときには屋根の葺き方を注意深く厚めにするので、それほど雨漏りはしない。

　このような半球形の完全な形の小屋は、雨季の間の雨除けや冬季の寒さを防ぐために使われ、雨の降らないときや、冬の間でも日中の暖かい時間帯にはほとんど利用されない。一年の大半を占める暑い、乾いた季節の間、彼らはこのような完全な小屋は作らないし、頻繁に移動をおこなって短期間しか滞在しないような場合には小屋なしですませることも多い。手近のアカシアの木の枝にわずかばかりの家財道具一式をかけて、その根元を地ならししただけで何日も寝泊りするケースも結構多い。

　滞在が長びきそうになると、木の枝を集めてきてぼちぼちと小屋を作りはじめる。いっきに完全なドーム型のものを作ってしまおうなどということはなく、一部分だけの日除け、風除けを作ったのち、日が経つにつれて少しずつ継ぎ足し、何日もかかってようやく形を整えるというのが普通である。悠々と砂漠に生を営むブッシュマンの面目躍如たるところは、彼らの家作りにも現れている。

▼小屋の前の地面が居間兼ダイニング・キッチン

　ブッシュマンの小屋がもつ第一義的な役割りは、すでに述べたようにシェルターとしてのそれであるが、最後に、彼らの社会生活との関連において住居がもつ意味あいを考えておきたい。

　ブッシュマンの小屋の前面は、かならず直径三メートルぐらいの範囲にわたって草が抜かれ整地されていて、そこに料理用の焚火が置かれている。人びとはキャンプにいても、日常生活の大部分を小屋の外部でおこなう。小屋の内部が使用されるのは、気候の悪いときと夜間眠るときだけである。小屋そのものの機能としては、そのほかには、道具や衣類、食料の保管場所となることがあげられる程度にすぎない。どの家族も、ふつう、小屋の外側に作った焚火を使って料理をし、そこで食事もなされる。他のキャンプから訪ねてきた人はもちろんのこと、キャンプの仲間どうしの間でも、たえずよその家族を訪ねては食事やおしゃべりの仲間入りをするが、それもこの焚火のまわりが舞台となる。小屋の前の小さな空間は、この社会にとっては、居間兼台所・食堂であり、また客をもてなす接客場でもあるといえる。

　小屋は扉こそないが、はっきりと仕切られていて、おのおのの家族が専有する空間であり、その機能は、夜の睡眠と夫婦の性行為、それにわずかばかりの所有物の保管という、最小限のプライバシーの保持に限定されている。食事の空間までが非常に開放的なのは、食物の平等分配という、この社会のよってたつ根本的な原則と密接なかかわりがある。小屋の前のこの小さな空間は、物理的な仕切りこそないが、一応住居の延長と考えてさしつかえがないが、それ以外の場所は、すべてパブリックに開かれた空間である。便所は特別の場所はなく、キャンプの円形配置の外側のブッシュの中で排せつがなされる。キャンプの中の立木を利用して、その木蔭は共同の仕事場、雑談場、昼寝の場などに使われる。子どもたちは、キャンプ地内外の好きなところで自由に遊ぶことができる。

写真●５　キャンプの移動。男は弓矢や槍の入った狩猟道具を担ぐだけで、家財道具の運搬は女の役目である。

写真●６

　このように、ブッシュマンたちのキャンプでの生活は、圧倒的に戸外を利用することが多い。ひどい雨降りや冬の夜を過ごすときを除いて、小屋はなくてもさしつかえないとさえいえるほどである。小屋の中に保管しなければならない財産は、頻繁な移動にも制約されてわずかばかりだし、この小さな、全員が顔見知りで具体的につながっている社会では、他人のものを盗んでもたちまち明るみにでてしまう。また盗む気になれば小屋の中に置いてあっても容易に目的は遂げられるのである。

　ブッシュマンの小屋は、その場その場にありあわせの木や草を使って作られ、移動の際には放棄される。素材も構造も、その使い方も、もっとも単純で原始的なものである。しかし、一年の大半が暑く、乾燥したカラハリ砂漠にあっては、風通しはよく、日中の日ざしもよくさえぎる。住むに大変快適なものである。移動性という生活様式のうえからも、この原始的ではあるが手軽な住居が、ブッシュマンの生活にとって大変ふさわしいものであることがわかる。

第3章　ブッシュマンと暮らす

エランドの踊りの真似事をする女の子。子どもたちは、遊びの中で彼らの世界観、生活技術を体得していく。

1　ドーベ地域訪問

アフリカの地に足を踏み入れてちょうど一年、一九六七年も一一月になって、わたしのカデ滞在も軌道に乗り調査は順調に進むようになっていた。セベツォは九ヵ月近くわたしと寝食をともにしてくれて一三、四歳の少年とは思えないぐらい実によく働いてくれた。安い給金で見知らぬ人々のなかで心細い思いもずいぶんしたのだろうが、よく耐えてくれたものである。わたしの懐具合も心配だったけれど、彼自身も中学校へ通えるぐらいのお金を貯めえたのではないだろうか。メノアーツェとカデで五ヵ月も過ごしてきたから、わたしにも日常会話ていどのグイ語、ガナ語ができるようになってきたし、人々とお付き合いできるぐらいの振る舞いは可能になっていた。わたしはセベツォとハンシーから伴った二人のナロ青年、コーウェとコムツァイのすべての外部者を解雇して、現地カデで雇いいれたわたしと同年配のガナの青年テベチューを調査助手にして単独で調査を続けることにした。

その年も暮れようとする頃になって、京都からの伊谷純一郎さんの手紙で、北部カラハリのドーベ地域にはハーバード大学のアーブン・ドゥボーとリチャード・リーが舞いもどり、追跡調査を開始したという情報が入った。わたしは彼らの調査経過も聞きたく、また独りぼっちで自分の判断だけで調査研究を続けていっていいものかどうか、教えを請いたくも思って、ドーベを訪ねることにした。一九六八年一月一六日、テベチュー一人を伴っただけで、ハンシーを出発する。むかし北大隊として通った道であるが、今日もかなりの雨が降り、水溜まりを避けてところどころはブッシュの中へ迂回する。以前ぬかるみで立ち往生したところは相変わらず難儀するが、なんとか切り抜けてンガミ湖を右に見ながらセヒトゥワに至る。ここからマウンへ向かうメイン・ロードから逸れて北上し、ノカネ

写真●3—1　ガナの青年、右からダオグー、テベチュー、左端が筆者。一九六七年一二月カデ・パンの近くで。

ングへ、そこで左折してドーベへの道をたどる。途中の道端で二晩野営して一八日の昼にドゥボーたちのキャンプに着いた。

現在ドーベに入っているのは、ドゥボー夫妻と小学生の長男、長女、それにリチャード・リーの夫妻であるが、リーたちは採集した植物の同定などのためにヨハネスバーグへ行っていて不在であった。若い大学院生三名が隊に加わる予定であるが、彼らは二月にやってくるとのことである。予想どおりアメリカ人たちが設営しているキャンプは、草ぶき小屋一つのわたしのキャンプとは比較のしようもない立派なものであった。院生用（二人は結婚しているカップルである）の二つを含めて、四個の大きなテントが張られており、別棟には草をびっしりと葺いた平屋根の下に大きなキッチン用のテントまで張られており、頑丈な板戸でつくった食卓が据えられていた。

キャンプのまわりをぐるりと見せてもらう。新鮮野菜を補給するために小さな菜園が作られているのは頷けるが、彼らの動物好きには本当に仰天した。子どもたちの愛玩用としてでもあろうが、やはりケニアのアンボセリ国立公園で長年ヒヒの観察調査を続けてきたアーブン・ドゥボーその人が大の動物好きでないとここまではできないだろうと思われる。オオミミギツネの幼獣が三匹、マングース二匹、ブッシュダイカーの幼獣一匹、ジャコウネコの幼獣が四匹、ウサギの仔が一匹、キバシサイチョウの幼鳥が五羽、ホロホロチョウの雛が十数羽、それにカメレオン一匹まで飼っている。おそらくブッシュマンたちが、捕まえた小動物を買いとってくれと持ってくるのであろう。それはわたし自身の経験からもわかるけれども、これだけの幼獣、幼鳥たちの餌を調達し、面倒を見るだけでもたいへんな労力がかかるであろうと思われた。夫妻は学校を休ませて連れてきた子どもたちの勉強の世話までしてやらなければならないのである。

連日うっとうしい天気が続くが、晴れ間を見計らってドーベ地域での主食として有名なモンゴンゴ・ナッツ（*Schinziophyton rautanenii* 当時は、*Ricinodendron rautanenii* と記載されていた）の林を見

写真●3―2　ドーベのキャンプの一角に設けられた、アーブン・ドゥボー、リチャード・リーたちの調査拠点。金髪の娘はドゥボーの令嬢クレイル。

学に行く。ナミビアとの国境まで数キロメートルを車で行き、そこに駐車しておいて、あとは林までゆっくりと歩いていく。国境のナミビア側は頻繁に南アの警備車両が往復してパトロールをおこなっているのだが、ドゥボーたちブッシュマン調査隊にかぎって、徒歩で国境沿いに張りわたされた針金の柵をまたぎ、モンゴンゴ・フォーレストでブッシュマンが採集活動するのを観察することはナミビア政府から許可をうけているのだそうである。ツワナ人やヘレロ人には厳として禁じられているが、この地域の本来の住人であるブッシュマンが生活のために国境を越えてボツワナとナミビアを往復することは、当然のことながらまったく自由に放任されている。

前回のリーの調査によれば、モンゴンゴの実はこのカラハリ北西部のクン・ブッシュマンの食生活にとって特異な位置を占めている。クルミよりはやや小さな実は、皮をむくと固い殻に包まれていて、なかには脂肪と蛋白に富んだ果肉がたっぷりと蓄えられている。実は熟すと一〇メートルほどの大木の枝先から次々と落下し、人々はその時期をねらって地面に落ちたこの堅果を集中的に拾いあつめ、革袋につめこんでキャンプに持ちかえる。モンゴンゴは保存性がよいうえに落花生に劣らぬほど栄養価があり、しかもおいしいので、ブッシュマンたちは一年中これを保存しておいて一番の主食としているのである。

カデで唯一の保存食料はジャケツイバラ亜科（マメ科）の二種の豆だけであり、雨季の後半には集中的に食べられるが、こちらのモンゴンゴはまさしく一年中小出しにしながら、必要なときには熾火であぶり、直径十センチほどの石で殻を割って家族ごとに消費されていく。ドゥボーによれば、バウヒニア属の豆ナンテ（*Bauhinia petersiana*）はここにも分布しているが、人々はそんな豆には手もつけないという。モンゴンゴの存在はそれほどに重要な食料源となっているのである。いくつもの植物性食物を組みあわせて食生活がなりたっている点は、カデでもドーベでも共通しているのだが、食料が不足がちになる冬から乾季の末期にかけて、カデでは根っこを頼りにするひもじい日々を過ごさな

写真●３—３（上）　ドーベ地域のブッシュマンに安定的な食料を保証していた、モンゴンゴの木とその実。

写真●３—４（下）　モンゴンゴの実を炒って殻を割って食べる。

ければならないのに比べ、ドーベではモンゴンゴなるとっておきの保存食があり、それによって栄養補給が可能なのであった。この現実はやはり現地で実地に体験見聞してみなければ理解しがたいことであり、わたしが遠路雨の中を遠征してきた甲斐があったというものであろう。

もう一つ、食生活上、ドーベ地域がカデとは根本的に違っている点は、この地にはいくつもの恒久的な水溜まりがあり、また地下水脈の浅いところではヘレロたちによって深さ五メートルぐらいの井戸が掘られていて、人々はこうした水場を中心として移動先を決めていることである。スイカや根っこの分布にしたがって移動する地点を選んでいるカデ地域の人々の生活とは遊動ルートの選択方法がまったく異なっているのである。一年中どこへ行っても飲料水が得られる恵まれた土地柄は、おいしいモンゴンゴ・ナッツの存在とともに、まことに豊かな生息環境をつくりだしており、はじめてこの様を目にするテベチューにとっても、驚き、かつうらやましい土地柄に見えたことだろうと思われた。

ドーベのキャンプに五泊してわたしはアーブン・ドゥボーとナンシー夫人からじつに多くの情報を教えられ、有意義に過ごすことができた。テベチューを車の中で寝かせておいて、わたしは留守をしているリーたちのテントをあてがわれ、その中で石油ランプの灯かりのもと、リーが前回におこなった調査をまとめて博士論文にしたものを借りて懸命になって読むこともできた。

テベチューはツワナ語も話せず、わたしがドゥボー夫妻と話しこんだり、調査に夢中になっているときにはついつい彼をほったらかしにしてしまいがちになる。そんなとき彼は淋しそうにひとり車の荷台に座りこんで指ピアノを鳴らしていることが多かった。いつも私たちのキャンプに入り浸っている、二〇歳ぐらいのダオグーという青年がいるのだが、そのダオグーか誰か、もう一人ぐらい連れてきてあげるべきであった。可哀そうなことをした、と思ったものである。

それでもドーベのキャンプでは、ときに夕刻、焚火を前にテベチューも交えて大勢で楽しく談笑することがあった。アメリカ人の家族、日本人の青年、クン・ブッシュマンにガナ・ブッシュマン、それにヘレロ人とツワナ人の人たちが集まりの中にいた。まさしくカラハリの奥地で日、米、ボツワナ、ナミビアと四ヵ国にまたがる六つの民族からなる国際的な話し合いが繰り広げられる。英語、ガナ語、クン語、ツワナ語を介して片言ではあるが、和気あいあいとした楽しいひとときであった。

2　ハーバード大学隊のカデ訪問

三月五日、ドゥボー一家、リー夫妻、それに大学院博士課程のヘンリー・ハーペンディングとパトリシア・ドレイパーの若夫婦、独身のジャン・イエレンという九名のハーバード大学調査隊メンバーがハンシーを訪れた。彼らの予定はあらかじめ手紙で知らされていたので、わたしは前日にテベチューとダオグーを伴い、カデのフィールドから戻ってきて彼らの到着を待っていた。カラハリ・アームズ・ホテルの食堂で、ＤＣのサイモン・ギレットさんも招待してハーバード大学隊主催のにぎやかな晩餐会がおこなわれ、交互に情報交換をまじえながら歓談した。

リチャード・リーとは、博士論文などいくつかの論文で知っていただけで初対面だったので、いくつも質問したいことがあり、長時間にわたって話し合いをすることができたのは幸いだった。奥さんのナンシー・ハウエルは人口学が専門で、ボツワナでの調査は今回が初めてであった。院生たちももちろん初めてのフィールドワークで、ヘンリー・ハーペンディングは集団遺伝学、奥さんのパトリシア・ドレイパーは子どもたちの遊びや行動、養育行動といった心理人類学的な研究を志向していた。ジャン・イエレンは考古学専攻で、ブッシュマンの先史学的な発見をもくろんでいた。

彼らは大型のジープを二台もっていて、一台はハンシーに残るナンシー・ドゥボー夫人と子どもたち、リー夫妻のために残しておいて、もう一台にドゥボーと学生たち三人が乗りこんでカデの地を見

写真●３―５　パトリシア・ドレイパー。カデ・パンの水溜まりにて。

学に来ることになった。一年の大半飲み水が得られず、モンゴンゴのような主食がないCKGRの景観を見、そこでドーベよりはるかに広大な領域を遊動して生活するグイとガナの暮らしぶりを体験するためという、ドゥボー教授の教育的配慮からこの旅行は計画された。定住村はおろか、おそらくブッシュマン以外にはまるで人けもないCKGRの荒野の中で、たった一人の風変わりな日本人が、どのように調査をやっているのかということも見せたかったのかもしれない。

三月八日の朝、ハンシーを出発しデカールから農場地帯を通ってカデへの道をたどる。草がもっとも茂っていて花や実をつけている季節だったので、彼らの大型のジープでさえもラジエーターの前面にびっしりと覆いがかぶさり、冷却水が沸騰し、エンジンがオーバーヒートしはじめた。エンジンを止めて冷やしながら休憩をとり、のんびりと走っていくことにする。まる一日たっぷりとかかり、薄暗くなる寸前の八時過ぎにコイコムの井戸に到着する。わたしがキャンプしている調査地はカデ・パンのすぐ近くで、そこまでは道も大変よく二〇分ぐらいで行くことができるので、そこまで行ってから落ち着くことにする。

彼らはバーベキュー用に牛肉をたっぷりもってきていたので、さっそく焚火を起こし、たっぷりと熾火を作って料理にかかる。テベチューのほかにいつも私のキャンプにたむろする若者たち数人のために、私たちの方はトウモロコシ粉の練り粥と缶詰の肉とタマネギを粉末スープで味付けしたもの（わたしはこれをカラハリ定食と称していたが）を作るが、わたし自身はバーベキューのおこぼれをたっぷりと頂戴した。今夜は雨もなさそうな星空であるが、ドゥボーとイエレン、そしてヘンリーとパトリシアの夫婦のために、二張りの小型テントを張って夜露をしのいだ。翌日はキャンプの様子、どんなものを食べているか、また小屋の造りなどを熱心に見学する。ドーベのクン・ブッシュマンが作る小屋に比べるとカデの小屋の方がやや大きく平べったい形である。すぐ近くのカデ・パンの水場には、ちょうどいま水溜まりができているので、そこまで歩いて見に出かける。羚羊類のほか、さまざまな

写真●3―6　リチャード・リーとメガン・ビーゼリー。右端はリーの夫人（二〇一五年の国際狩猟採集民学会授賞式で）。

動物の足跡が水溜まりのまわりに乱れていて、ライオンの足跡もくっきりとついていた。動物たちにしても滅多に手に入らない飲み水はこのうえないご馳走だから、水の匂いに誘われて、いろんな動物たちがやってくるのである。手ですくってみるとそれほど目立たないが、窪みの部分にたまった水はやはり泥の混じった白濁した泥水である。ブッシュマンたちは手ですくったり腹ばいになったりして美味しそうにがぶ飲みをしているが、アメリカから来たばかりの学生たちはさすがにちょっと手で触ってみるだけで、生水で飲む勇気はでないようである。

翌日はキャンプの全員を集めて身長と体重の測定をおこなう。霊長類学、自然人類学を出身とするドゥボーらしい教育的配慮からでもあっただろうが、同時に彼自身クンとグイ、ガナの身体形質の比較がどうしても気になったからなのであろう。昨年の北大隊、倉知医師の身体検査によれば、両者にそれほどの差はなかったことをわたしは知っていたのであるけれども。

せっかくカデの地まで遠征してきたので、カデ・パンからさらに東のゼドヌーに住むグループのキャンプを訪ねてみる。ゼドヌーの小さな窪地にも濁った泥混じりの水が少しは溜まっており、少し離れたところに三〇人ばかりの人々が七つの小屋を作って暮らしていた。モンゴンゴ・フォーレストという特異な植生と恒久的な水場に恵まれているドーベ地域しか知らなかった学生たちも、ＣＫＧＲの貧弱な植生の荒野と無人の広漠としたたたずまいを目の当たりにし、グイやガナの人々の暮らしぶりを実体験できたことは、これからの彼らの調査にうまく生かされていくに違いないと思われた。

カデに三泊して三月一一日、荷物の整理や出発準備に午前中を費やして、午後になってからハーバード部隊はカデのキャンプを出発した。わたしも水の補給がてら、コイコムの井戸まで彼らにつきあう。二台の車はともにラジエーターの前面が草に覆われつくしていたので、いったんラジエーターを取り外し、水を張ったドラム缶の中に浸してじゃぶじゃぶと洗い流し、草をきれいに取り去ることにした。これでまた当分はオーバーヒートの心配からまぬがれる。夕方五時をまわってからドゥボーたちもようやく出発準備ができ、ここで別れを告げてわたしたちはカデに帰ることにした。ドゥボーたちはおそらく二、三時間走って暗くなる前に野営してから、翌日ハンシーへの道をたどることになるだろう。

三月いっぱいをカデの地で過ごし、最後の追い込みの調査に精をだして、三月三一日にカデを発ち、翌四月一日にハンシーへと帰着した。カデからの脱出の最後になって、途中のブッシュの中でたった一人で事故なんぞにあったらどうしようもない。そこで、是非にと頼んで、若者四人にハンシーまで同乗し見送ってもらえることになった。もっとも親しく付きあっており、かつ狩りの名手でもあるカワマクエ、ノアコ、ダオナン、そしてダオグーの四名であった。なにがしかの礼は渡しておいたが、彼ら四人は徒歩で四、五日かけてカデまで帰っていくことになる。

メノアーツェに二ヵ月、そしてカデ地域に七ヵ月と通算九ヵ月間のブッシュ生活は、冬の寒風に耐え、夏には日陰でも四二度になる中、熱風にあえぎつつ、まことに苦しい思いで過ごしてきた期間であった。気候的にいえば、気持ちよく過ごせる時間帯は、冬なら風のないおだやかな昼間の間、夏ならまだ涼しい起きたばかりの朝早くか、夕方五時ごろ日が西に傾いて気温も三〇度を切るころ以後、夜の間といった短い時間だけだったろう。でも苦しいとは言いながら、日々新しい出来事に出会い、キャンプ仲間たちと仲睦まじく生活しながら研究を続けられるというのは、まことに幸せな生活だったといってよい。むしろ、精神的にといってよかろうが、ボツワナでの一七ヵ月間全体の中で一番しんどくて耐え難かったのは、メノアーツェへ入る前のCKGRに入る許可をとりつけるための政府との交渉であり、さらにカデへ転進してからは、コイコムの井戸付近をベースに二ヵ月間以上グイ、ガナの人々を求めてブッシュをさまよい歩いた、あの頼りなく不安で情けない探索の日々であった。

カラハリでの九ヵ月は、しんどかったとはいいながらたちまちのうちに過ぎ去った。振り返ってみれば苦しいことは多々あったが、楽しいときの方がはるかに多く記憶に残っているものである。京都

写真●3―7　カワマクエ

写真●3―8　ダオグー

や東京での学生生活でなら、半年や一年はたいしたこともしないまま無為に経過してしまうことが多い。私はブッシュマンたちと暮らしたおかげで、彼らからずいぶん多くのものを学ぶことができたと思う。その意味でもわたしは彼らに感謝しなければならない。

人間関係の煩わしさをつくづく感じたことは多かった。しかし、淋しいと思ったことは一度もなかった。カデの地に別れを告げるに際して、わたしははじめて淋しいと思った。住んでいる間は苦しいと思い、都会の生活をなつかしむこともあったが、いざ去るとなれば、ひとしお淋しさがこみあげて去りがたかった。東京へ戻ったら、カラハリの自然とブッシュマンの世界が無性になつかしいものになるにちがいない。日本のめまぐるしい生活にはたして何年耐えられることだろうか。わたしはきっとブッシュマンのところに戻ってくるにちがいない。

3　子連れのカラハリ生活

(1) 二度目のブッシュマン調査

わたしが帰国してからしばらくして、ドゥボー一家がヨーロッパ経由でアメリカへ帰る途中、日本に立ち寄った。来日ははじめての彼らを羽田空港に迎えにいき、都内のホテルに連れていって東京を少しばかり案内したあと、彼らはサル学のメッカ京都大学と日本モンキーセンターに是非寄りたいというので、わたしはその旅行にずっと付き合った。霊長類学のパイオニアの一人で『高崎山のサル』の著で有名なわが恩師、伊谷純一郎さんにどうしても会いたいというのが、彼の来日の第一目的だったのである。出来てまもない新幹線で京都へ向かいながら、時速二〇〇キロで走る列車に、「ヒコーキ並みのスピードだね」、と驚きはしゃぎながら三時間ほどの旅を満喫した。京大理学部の伊谷研究室へお連れして会合をもったが、話題の一つは次の田中のカラハリ調査はハーバード大学隊に参加する形で進めたいがどうか、ということであった。わたしが伊谷隊長の率いる京大アフリカ調査隊の一員として、ずいぶんと清貧のカラハリ暮らしをしていたことをドゥボーはよく承知していたので、こうしたありがたい提案をしてくれたのである。伊谷さんも、そしてもちろんわたしも、そんなありがたい話に異存のあるわけはなく、感謝して提案を受けることになった。東京への帰路、名古屋から犬山まで名鉄に乗り継いで日本モンキーセンターを訪ね、二〇〇種以上のサル類を集めた世界一のサル学研究施設を堪能した。

それからまもなくした一九六九年、日本モンキーセンターに隣接して京都大学霊長類研究所が設立され、一九七〇年の八月、わたしは東大大学院文化人類学の博士課程を中退してこの犬山にできた霊長類研究所に就職することになる。ドゥボーからの誘いもこのころには具体化してきて、二度目のカラハリ再訪は翌一九七一年からと予定されることになった。この間、私個人にもいろいろ動きがあり、一九六九年に妻憲子と結婚、さらに七〇年七月には長男の広樹が誕生していた。カラハリへ子どもを連れていくにしても、生まれてすぐというわけにもいかず、できるだけ成長し

てからの方が安心できるということで、まず私一人が先行して渡米し、ハーバード大学で諸準備をおこなってからアフリカへ飛び、ヨハネスバーグやボツワナで受け入れ態勢を整えたうえで妻子を迎えるという段取りを考えた。ちょうど四月には伊谷さんと伊津子夫人がはじめてタンザニアの焼畑農耕民トングウェの調査に入る掛谷誠・英子夫妻をともなって東アフリカまで行く計画をたてており、憲子も広樹を負ぶってその一行に加えてもらえることになった。わたしはだから彼らの予定に合わせてケニアのナイロビへ四月一四日に到着する妻子を迎えにいけばよいことになったのである。

　ナイロビからタンザニアの観光拠点アルーシャまで飛行機で飛び、レンタカー屋でトヨタのランドクルーザーを借りて一路西へとひた走る。木登りライオンの群れがいることで有名なマニャーラ湖国立公園を訪ねて豪華なロッジで一泊したあと、翌日は富川盛道さんと富田浩造さんが二年間調査していたエヤシ湖畔のマンゴーラ地区[*文献74・75・200]に遊牧民ダトーガと狩猟採集民ハッザを訪れ、ハッザのキャンプの近くで私たちもテントを張って野営する。ハッザは舌打ちに似たクリック言語を話すので、コイサン人たちと近縁だと思われているが、身長はたしかにやや低めではあるが、肌色は思ったより黒っぽく、周囲のバントゥー遊牧民の血筋がかなり混じっていると思われた。夜は当然のように異国からの客を迎えての踊りとなったが、わたしが親しんできたブッシュマンの踊りとはだいぶんに異質なものであった。マンゴーラ地区から四〇—五〇キロ南方のヤイダ・バレーに住む狩猟採集民ハッザについては、一九五八年以来、ロンドン大学のジェイムズ・ウッドバーンが長期にわたって調査をおこなっていたのである。[*文献81]翌日は、さらに西進してンゴロンゴロ・クレーター国立公園に達する。クレーターまで下りていく時間のゆとりはなかったので、上から見下ろすだけにしてタンザニア最大の国立公園、セレンゲッティへと走らせる。公園の少し手前に二〇〇万年前の化石人骨アウストラロピテクスの発掘遺跡があり公開展示しているので立ち寄ってみる。セレンゲッティでは伊谷さんがあらかじめ研究所長のランプレイさんにアレンジしておいてくれたおかげで研究所の立派な宿舎に泊めてもらって、

写真●3—9（右）モンキーセンターを見学するドゥボー一家、私の右が夫人のナンシー・ドゥボー、長男のグレッグの向こうにいるのが伊沢紘生。

写真●3—10 エヤシ湖畔、ハッザの村の近くでキャンプをする、左より伊谷純一郎夫人の伊津子さん、掛谷誠夫人の英子さん、広樹、憲子。

翌日はレンジャーに公園のなかの見どころを選んで縦横に案内してもらい、有名な何万頭で移動するヌー（ウシカモシカ、カラハリではワイルデビーストと呼ばれている）の群れをはじめとして、数えきれないばかりの野生動物を目の当たりにしてアフリカの自然を満喫した。

二週間のサファリを終えてアルーシャまで舞いもどり、首都のダレスサラームからタンガニイカ湖畔へと西へ向かう伊谷、掛谷両夫妻と別れて、私たち三人はナイロビに取って返し、そこからザンビアのルサカ経由でフランシスタウンに向かう。四月三〇日、ついにボツワナへ戻ってきたのである。今回の調査では新品のランドローバーを与えられ、家族連れのための用心にと、ドゥボーは一九六八年のときに使っていたジープもたせてくれた。古くなってかなりのガタがきていたが、いざというときに脱出できる予備の車があるというのはなんとも心強く、ありがたい配慮だった。

フランシスタウン到着の三〇日は金曜日だったので、土、日をのんびりと駅前のホテルで休息し、三日の月曜日になってディーラーから注文しておいたランドローバーを受けとり、ハンシーまでの旅に必要な食料その他の雑多なものを買い込んで、昼食を食べたあと一路幹線道路をロバツェへと南下する。フランシスタウンから真西に向かい、マウンを経由してハンシーへの道をたどれば距離も短く道もよいのだが、ロバツェの専門店でコイコムの井戸にとりつけるエンジン・ベルトと始動用のクランク・ハンドルを買わねばならないので、どうしても大まわりしなければならなかった。その一ヵ月近く前には、ヨハネスバーグに預けてあった中古のジープに現地で調達した大型のテント、マットレス、寝袋、パイプ椅子などのキャンプ用品や醤油や味噌、麺類などの日本食料、その他ボツワナでは手に入らない必要な物資を積みこんでハンシーまで運んであった。そのとき新しく変わったDCに会ってベルトとクランク・ハンドルの借用を申し入れたのだが、それらはすでに古くなって使いものにならないことが判明し、水道局の技術者であるウエッブさんに調べてもらってコイコムのエンジンとポンプに使えるベルトやクランク・ハンドルの型番とロバツェでの入手場所を聞いておいたのであ

写真●3―11　エヤシ湖畔のキャンプ。左端が伊谷伊津子。妻憲子、長男広樹。

文献74　Tomikawa 1972
文献75　Tomita 1966
文献200　富川　二〇〇五
文献81　Woodburn 1968

写真●3―12（左）　憲子手作りのウインパー型テントとランドローバー。

る。

フランシスタウンとハボローネの中間あたり、マハラピを過ぎて一〇〇キロほど走ったところで日暮れが近づいたので野営する。手軽に張れる小さなテントをもっていなかったので、ランドローバーの荷台を片付けて、片すみに並んで寝ることにする。ハボローネでは、CKGRにはじめて案内してもらった、当時マウンのDCだったアレック・キャンベルさんが新しく作られた国立博物館の館長となっていたので挨拶に行く。役所まわりと以前に世話になった人たちにも挨拶し、ロバツェで肝心のベルトとクランク・ハンドルを入手して、西へそして北へとハンシーを目指してひた走る。ハボローネでは駅前のホテルに泊まったが、あとは野宿を三回繰り返して、七日午後二時、無事ハンシーへとたどり着いた。この小旅行で私たちは狭い車の荷台に重なり合うようにして寝ていた。わたし一人だったならいつもと同様グラウンドシート一枚にくるまって、星空を見上げながら寝ていたろうが、キャンプなどしたこともない憲子には、それはとてもじゃないができる相談ではなかったのである。ハンシーにはテントなど売っていないので、憲子はなんとか手製のものを作りあげると言って、丈夫なキャンバス地を買い込み、ウインパー型のテントを手で縫い込んで作りあげた。幅七〇センチのマットレスを三枚敷いてちょうど三人が横になれる手頃な大きさのものができあがった。この

手作りテントは、以後の旅行にはとても重宝したものである。キャンプ地に着いて車を停めるやいなや、まずテントを張り、グラウンドシートの上にマットレスを敷いて広樹を寝ころばす。すると彼は喜んでごろごろと転がって遊ぶのであった。狭い車の座席で揺られながら一日過ごすのはやはりよほど窮屈だったのであろう。

独立から五年目のボツワナ共和国ではイギリス人はどんどん引き上げていき、官僚は次々とボツワナ人に引き継がれ、ハンシーのDCもボツワナ人になっていた。以前に泊めてもらったゲストハウスは別の用途に使われていたので、私たちは刑務所に近い公務員宿舎の空き家に泊めてもらえることになった。ホーランディア・キャッシュ・ストアの親切なデフラーフおばさんに頼んで、前のとき働いてもらったコーウェを探しだし、さらにジープをカデまで運搬してもらうために、若いロイヤルというツワナ人の運転手を斡旋してもらった。修理工場に預けておいた荷物を満載したジープを引き取り、一ヵ月分の食料その他を買い出ししたあと、すべての荷物をみんなで仕分けして、二台の車に振り分けて準備を整える。五月一一日、午後になってようやくハンシーを出発する。途中で一泊して翌日午後三時四〇分にコイコムに到着した。

水の出なかったコイコムには人けがなく、埃をかぶったエンジンと空のドラム缶のみが散乱していた。三年前のキャンプ地には放置され壊れかけた小屋だけが昔の面影を多少残していた。今日はここへ泊って、まずはエンジンとポンプの整備をして、水がちゃんと汲みあがることを確かめないことにはカデ地域に暮らしていくことができない。翌朝、六時半に起きだしてコーヒーとビスケットで簡単な朝食、さっそくエンジンの掃除にとりかかる。燃料タンクが汚れていて、冷却水のホースに切れ目があったがテープで補修すればなんとかなりそうである。五時間かかってできるだけ分解し、きれいに組み立てなおす。各部に給油し、ディーゼル油を補給して、冷却水も注ぎ、エンジンは快調にスタートした。三年間使ってなかったからであろう、しばらくは泥水がわきでてきたが、やがて澄んだ

写真●3—13　ホーランディア・キャッシュ・ストアのデフラーフおばさん（中央）。

きれいな水になった。三つあったドラム缶を満タンにし、ジープに積んだドラム缶にも満たして、昼食を食べてからカデに向かって出発する。

カデ・パンへと続くモラポの干からびた地面をもうもうと砂煙をあげて走っていくと、右手の小高くなった林の陰から、バラバラと駆けおりてくる人影が目に映った。大声でなにやら叫んでいる。「タナカだ、ジローだ。ジローが帰ってきた。」小屋の中に休んでいた人たちも飛びだしてきた。子どもたちが真っ先に駆け寄ってきた。カデの一キロほど手前のグーシャと呼ばれる小さな水場の近くに人々は住んでいたのだ。一気にキャンプのすぐ近くまで車を乗り入れて、ランドローバーから降りる。以前コイコムによく住んでいた人たちが主なメンバーであった。キュエロとバイペロの兄弟一族に加え、コイコムの北東部ツーク・パンを中心に遊動していたゼローやコアたちのグループも混じっていた。カワマクエの親族たちはハンシーにいるということだった。弓矢の名手ツーガマも、オレクワもテベチューやダオグー、その他多くの人たちがハンシーの牧場に親戚を頼って移住しているということだった。

キュエロとベイペロの兄弟は父親をカラハリ族にもつ混血のガナ人なので、肌色はかなり浅黒く、ツワナ語もかなり話すことができた。父親から引き継いだ山羊を数十頭飼育しており、雨季には小規模ながらスイカ畑を作っていた。前回の調査では、わたしはカワマクエたち非常に頻繁に移動を繰り返すグループについてまわっていたのだが、今回は生後九ヵ月の広樹を伴っていたので、しっかりしたキャンプを設営し、できるだけ移動することの少ないキュエロのグループのところに腰を落ち着けることにした。ドーベのドゥボーのキャンプで経験した実績を生かして、家型の大きなテントを据え付け、中に二メートル四方の板張りのベッドを組み立て三人が並んで寝られるように工夫した。テントの入り口の前にはドゥボーのところに見習って、付近のアカシアを伐ってきて柱や屋根の骨組みにし、その上に草を葺いて台所をこしらえた。木製の戸を一枚運んできて、砂に埋めこんだ杭の上に乗

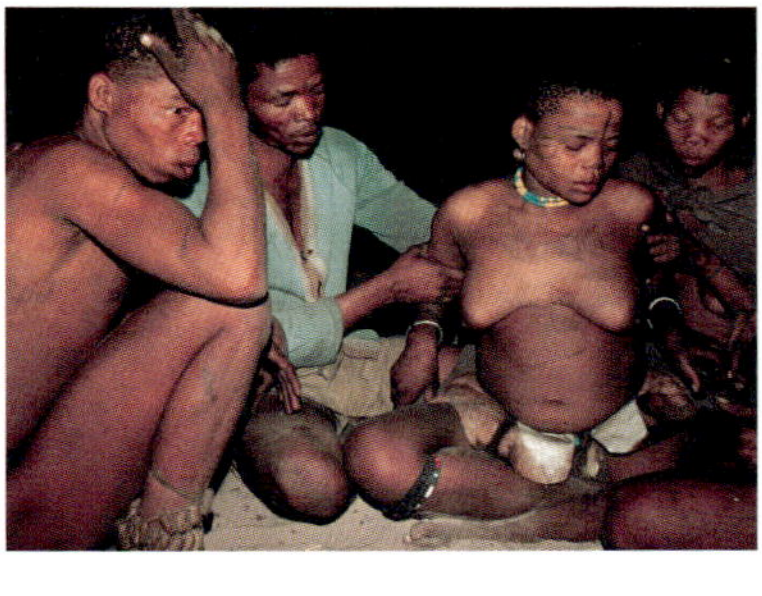

写真●3—14　中央の服を着ているのがキュエロ、その右は彼の第3夫人で、伝統医療の治療を受けている。

写真●3—15　バイペロ

せると食卓となり、カラハリのなかに快適なダイニング・キッチン付きの家ができあがることになった。

キュエロの山羊やキャンプに何匹か飼われている犬がテントを齧ったり、保管してある食料などを盗んでいかないようにという理由もあったが、今回は食事ぐらいは家族だけでゆっくりとくつろいで食べたいということもあり、テントと台所は全体をブッシュでぐるりと取り囲んで、最低限のプライバシーを確保することにした。キュエロは畑を作ってスイカを栽培しており、山羊のミルクを毎日しぼって紅茶に入れて飲んでいるが、栽培スイカは確かに野生のものよりも糖度は高く栄養はあるが、その収穫は野生スイカを採集してくるのとそれほど手間は変わらないし、山羊のミルクもたいした量ではなく、キャンプの人々もそれらにほとんど依存していないから、ブッシュマンの普段の生活を観察するのにそれほどの支障は感じなかった。テベチューがハンシーに行っていていないので、今回はパイペロを調査助手として雇うことにした。このキャンプの人々は畑のスイカがなくなるまでは移動はしないはずなので、当分は私たちもここを寝場所とすることにしたのである。

カデに着いてから五日たった一八日、コイコムの井戸へ水汲みに行ったところが、いくらエンジンを回してもポンプから水が汲みあがってこない。これればかりは素人にはどうしようもない。しばらく飲み水はあったので、カデに戻ってやり残した調査を終えてしまい、四日目の二二日、意を決してハンシーへ助けを求めに行く。久方ぶりにホテルに泊まることにするが、ハンシーのカラハリ・アームズ・ホテルに泊まるのははじめてのことであった。夕方に着いてくたびれていてDCにゲストハウスを頼みに行くのにも遅かったし、今回は妻子も同伴だったので空き地にテントを張る気力も失せていたのである。ホテルは小さく四部屋しかなく、うち一部屋はオーナーのドライ夫妻が住みこんでいるので、飛行機の来る隔週の火曜日はパイロット、銀行員、医者の常連だけで満室となってしまう。今日は土曜日だから問題はなく、客は私たちだけであった。

写真●3—16　コア（右端）

写真●3—17　皮なめしをしているゼロー。

写真●3―18　カラハリのブッシュの中に出現した、ダイニング・キッチン付きの我が家。テントの前面を囲ってプライバシー空間を確保し、テーブル、椅子を据えつけることにした。右後方の青シャツの青年が運転手のロイヤル。

写真●3―19　家型テントの上から前面にかけて大きな草葺きの屋根をかけた。前の張り出し部分にテーブルと椅子を据えつけ、全体をブッシュでとり囲んで犬、山羊による被害をさけ、ダイニング・キッチンが完成する。

翌朝水道局のウエッブさんに会いに行って事情を説明する。彼は町での仕事が忙しくて、週末にならないと出かけられないというので、我々もそれまで待っているしかない。ホテルに二泊した後、月曜日には引き上げてDCに頼みこんで空いている官舎の一つに泊まらせてもらう。ここで自炊しながらのんびりと持久戦ということになる。多少の買い物をする以外には特に用もないので、デカールの農場まで行ってカワマクエやその親族たちに会いに行く。テベチューもダオグーも近くに住みこんでいるという。私がカデに帰ってきたことを知って、昔なじみの連中もみなカデへ戻るつもりでいるということであった。

二七日木曜日、ウエッブさんが出かけられるというので、大急ぎで荷物を片付けて積みこみ、一〇時半にハンシーを出発する。コイコムまであと二七キロほど、オクワ川沿いのアカシアの林の中に入って日暮れてきたので野宿し、翌朝は九時半に着いて、直ちに井戸の修理にとりかかる。午後四時半までかかって、パイプをすべて引き上げる。一〇フィートのパイプが全部で二一本、全長六〇メートルより下に地下水が溜まっていることになる。翌二九日午前中にきれいにしたパイプをもう一度入れ直し、修理が完了した。三〇日にはちゃんとポンプが稼働するのを再確認したウエッブさんが昼前にハンシーへ戻るので、ジープを運んできてくれたロイヤルに日当を支払い、ウエッブさんの車でハンシーに送ってもらう。あとはコーウェだけが通訳兼助手として残ってくれるが、カデ生活がしっかり軌道に乗ったらハンシーまで帰ってもらうつもりで、もうしばらくだけ私たちの身のまわりの世話をしてもらうことにする。

人々は、男はときに狩猟に、女の方はほぼ毎日植物採集に出かけていて、のんびりと普段どおりの生活が続いていたが、私たちはといえば、日常の料理、洗濯（水の節約のため、広樹は日中オムツをさせず、夜眠るときだけは夜具を汚されるのを防ぐためにオムツをさせていたのだが、お尻が濡れないので快適らしく、かえってオムツ離れは早かったようである）のほか、キュエロの山羊の仔らと遊んでいるほか

写真●3―20　コイコムの井戸を修理する水道局のウエッブ氏（中央）。

には、毎日のようにバイペロたちと一緒に仕かけたロープ罠を見まわりに出かけ、帰りには薪を積みこんで運んできた。この簡単なロープを使った跳ね罠には、スティーンボック、ブッシュダイカーが週に一、二頭、そしてごくまれに中型レイヨウのスプリングボックがかかり、私たちの貴重でおいしい蛋白源となった。水汲みは一〇日に一度程度、わたしがジープを、憲子がランドローバーを運転してコイコムの井戸まで出かけ、ジープにはドラム缶四本、ランドローバーにはドラム缶二本を積みこんで運んでいた。井戸へ行ったときにはあるかぎりの汚れ物の洗濯をし、ドラム缶でお湯を沸かしてざぶんと湯に飛びこみ、一〇日間の垢をこすり落とした。

ブッシュマンは大のタバコ好きで、タバコの葉を乾かしてもみほぐしただけの強力な辛い代物を手製のパイプにつめて皆で回しのみするのが楽しみである。わたしは昔から彼らと友好関係を保つために、この葉タバコを定期的に配っていて、今回も週一回はその分配を仕事の一つにしていた。三〇キロ、五〇キロも離れた遠隔の地に住んでいるグループも、月に一回ぐらいは友人、親戚を訪ねがてらカデまでタバコを貰いにやってきたが、そんなときは、彼らの住んでいる方面でどんな出来事が起こっているか、食用植物の実り具合や獲物の獲れ具合はどうなのか、人々はみな健在にしているかどうかなどなど、有用な情報をえられる貴重な機会ともなるのであった。六月六日、カオーチュエ・パンの近くのキエマテベたちのキャンプから訪ねてきたピリというおじさんが言うには、彼らのキャンプからそう遠くないところに住んでいるホラリ

写真●3—21　罠猟（九四頁「アフリカ人類学百科　3」参照）による獲物は、私たち一家の貴重な蛋白源であった。

ジョ爺さんたちのキャンプでたいへんな惨事が起こった。男たちが狩りに出ていった日、女たちも短時間スイカを採集するためにキャンプを留守にした。小さな子どもたちだけが残っていて小屋の中で居眠りをしていたらしいのだが、急に突風が吹きだし、小屋のなかの小さな焚火に半ば埋めてあった熾火が風にあおられて、屋根に葺いてあった枯草に燃え移り、小屋はあっというまに火に包まれて子ども二人が焼け死んでしまったというのである。このときピリおじさんと一緒に訪ねてきたショーホートという若ものはまた別の情報をもたらしてくれた。それは遥か一〇〇キロ以上はなれたメノアーツェでの事件で、四年前の当時最年長だったモカツァーネ爺さんがついに亡くなったとのことであった。人口もきわめて疎らなこのＣＫＧＲのなかで人々は結構行き来しており、かくも遠隔の地にまで情報のネットワークはいきわたっているのであった。

南半球の六月は本格的な冬で、夜になると寒くなり、朝にはびっしりと霜が降りていることが多くなる。鼻づまり、咳こみ、頭痛と風邪が流行りだすと、狭い小屋でしょっちゅうくっつきあって過ごすブッシュマンたちは次々とうつされて蔓延してしまう。広樹は遊び仲間たちからいち早くうつされてぐずぐずいっている。六月二六日、ついにわたしも鼻水が出だし、喉が痛い。憲子も頭痛を訴える。七月七日には一五歳ぐらいのジューシャという女の子がやつれた顔をしてやってくる。しんどくて寝ていたが、胸が痛く、少量の血を吐いたという。体温を測ってみると三八度九分、おそらく肺炎を起こしてしまったようである。リンコシンという抗生物質の注射液をもってきていたので、これを注射し様子を見ることにするが、翌日にはずいぶんと症状が改善した。抗生物質など経験したこともない人たちだから、一回の処方でほぼ全快してくれるのを見るとこちらもうれしくなってしまう。

七月一一日朝、コイコムへ水汲みに行こうと思っているところへランドローバーが一台やってくる。ナミビアの首都ウインドフックのドイツ人小学校に先生として赴任してきているドイツ人夫妻で、バーナード・クラウスとレナーテ夫人だと自己紹介した。冬休みを利用して三週間ばかり、モレミ動

写真●３—22　キャンプごと移動するブッシュマン。家財道具は一度に背負って運ぶ量に限られている。先頭をあるいているのが私の最初の調査時に最年長だったモカツァーネ。

物保護区、チョーベ国立公園、そしてジンバブウェとザンビアの国境にかかるビクトリアの滝を見物してまわってきたのだが、帰りに立ち寄ったデカールでＣＫＧＲのブッシュの中に日本人がいてブッシュマンたちと暮らしていると聞いて、急遽ブッシュマンのガイドを雇ってカデを訪ねてきたのだという。二人とも非常に熱心な先生で、見知らぬアフリカの自然や人々のすることすべてに興味をもち、未知のものはなんでも面白がって知りたがる、人柄の良い人たちだった。わたしとしては久しぶりに文明世界の人たちに会い、英語であれこれとカラハリのこと、日本のこと、そして相手からはドイツやナミビアの事情を教えてもらい、話はつきなかった。この先クラウス夫妻とはヨハネスバーグで会合し、ウインドフックでは彼らの家に泊めてもらったり、数年後には養蜂技術指導者としてドイツからのボランティアとしてカラハリに戻ってきて旧交を温めたりと長年親交を続けることになるのであるが、それは後々の話である。

憲子に代わってバーナードにランドローバーを運転してもらい、わたしの運転するジープと二台で水汲みに行く。帰り道のゼロホナムにあるゼローのキャンプに立ち寄り、ダンスをしてくれないかと要請するが、あまり気が乗らないらしく、踊りは盛り上がらなかった。翌日は朝食のあと罠の見まわりに行く。わたしたちの罠には獲物がなかったが、も少し先のザークエの仕かけた罠にスティーンボックがかかっており、バイペロが走っていって棒で首根っこを叩きつけて持ちかえる。せっかくなので、さらに先にあるコアクエの仕かけた罠も見てみようと進んでみると、そこには珍しいことだが、空を飛ぶ鳥としては世界でもっとも大きなアフリカオオノガンがかかっていた。（もちろん地上最大の鳥は駝鳥であるが、これは空を飛べない走鳥である）。横道に逸れるかもしれないが、このオオノガンはグイ語、ガナ語で「ショモ」と呼ばれる年寄りだけしか食べられない肉である。ブッシュマンには人によってタブーとされる動物は種々みられるのだが、アフリカオオノガンは滅多に獲れるものではないので、年寄りだけに優先的に食べてもらおうという配慮から「ショモ」という食べもののカテゴ

写真●3—23　調査地を訪れたドイツ人の教師クラウス夫妻の夫人レナーテさんと、と妻憲子（右）。養蜂の指導にカッガエの集落にやってきた夫妻を訪ねたときに。

リーが生み出されたものではないだろうか。

バーナードとレナーテは、荒野に住むブッシュマンの暮らしぶりに接し、目の前で狩りの様子もじっくりと観察し、二日間という短すぎる日程ではあったが、カデ滞在を十分に満喫して一二日正午にカデを後にしてハンシー経由ウインドフックへと帰っていった。

(2) メガン・ビーゼリーのキャンプを訪ねる

一月にハーバード大学人間関係学部のドゥボー研究室で紹介してもらい、二月には先発してボツワナ入りしたあと、クン・ブッシュマンの生息域の南限に近いツァウの村で民話研究を開始していた大学院女子学生のメガン・ビーゼリーとは、四月にヨハネスバーグからジープを運んでいってハンシーに到着したときに再会していた。わたしがナイロビまで家族を迎えにいく際には、ハンシーからマウンまで彼女のランドローバーに便乗させてもらい、ナイロビ着の日程に合わせるために、二人でオカバンゴ・スワンプの中のモレミ動物保護区へと動物見物に出かけた。後輪の一つがパンクしたのを機に、道端で修理をしてみる。メガンは専用の運転手兼助手を雇っているから、無理しなくてもよいのだが、一度は経験してみたいと自分で修理したいという。タイヤを鉄製のリムから外すのが一番の大仕事で力もいり、女性の力ではなかなかしんどいことである。タイヤ・レバーと重いハンマーを使って力一杯叩きつけてタイヤを中へ落としこみ、それからタイヤ・レバーをこじ入れてタイヤをリムの外側に引き出さなければならない。もっと楽ちんにタイヤをリムの中に落としこむ方法は、じつは車体の真下にタイヤを置いて、ジャッキをリムの縁ぎりぎりに立てかけてジャッキ・アップしていくと、車の重みでストンとタイヤが落ちてくれるのである。あとはタイヤ・レバーを使ってタイヤをリムの外側にこじりだす手続きは同様である。アフリカの地道を何万キロも走り慣れているわたしの運転は、

写真●3—24　罠にかかったアフリカオオノガン（コリパスタード）。

初心者のメガンから見るととんでもないベテランの飛ばし屋ドライバーに見えるらしく、ヒヤー、怖いー、などと言っていたが、そのうち慣れてきて冗談も出るようになった。

そんなメガンが、ドーベにはハーバード隊が残している機材がずいぶんあるので、必要なものを調達に来てはどうか、と提案してくれていた。私たちのカデ生活もいちおう軌道に乗ってきた七月二九日、ハンシーを出発してツァウに向かう。以前にドーベへ行ったとき、テベチュー一人を連れていって淋しがらせた経験があったので、今回はバイペロに加えてダオグーとコイケネを伴っていた。途中セヒトゥワのンガミ湖のほとりで野営し、翌朝北へ向かって二時間でツァウに着く。ツァウからメガンの調査地のカウレは西へ十数キロのところにあった。彼女が借りているトタン葺きの小屋から三キロ行ったところにブッシュマンのキャンプがあり、彼女は毎日四、五人の老人に小屋まで来てもらって民話の採集をしている*文献2・3とのことであった。

私たちはメガンの小屋の横にテントを張って三人で寝ていたのだが、二泊して八月一日朝、憲子が起きだしてテントのなかを片付けていたとき、「わあ、痛い、なにかに咬まれた。」と大声をあげて騒ぎだした。あたりを調べてみると、光沢のないまっ黒で大きな蜘蛛が見つかった。左膝を咬まれたという。応急処置として抗ヒスタミン剤を飲ませ、傷口にも軟膏を塗りつける。アフリカの蜘蛛がどんな毒をもっているのかわからないし、憲子はとても不安がるので、安心のためにカンフル剤を注射する。注射は私のようなど素人がやるよりも、広樹が生まれるまで看護婦として働いていた憲子が自分で打つ方がよほどてきぱきと上手にできるので任せる。痛みが膝からだんだんと上に向かっていくという。しかし、それが胸までに達しても、呼吸に異常はないし、心臓も大丈夫そうだったので、これは痛いだけで死ぬようなことはないな、と思ったそうである。大急ぎで支度し、メガンに断ってマウンの病院へ向かってひた走る。途中ほとんど休憩をとることもなく、四時間かかって午後一時にマウンに着く。病院には若い白人の医者がいたが、蜘蛛の毒についての知識はほとんどなく、どうしてよ

写真●3—25　車のパンクを修理するメガン・ビーゼリー（一九七一年）。

文献2　Biesele 1976
文献3　Biesele 1993

いか分からないという。私たちが朝やってきた処置について報告すると、ここにはとくに蜘蛛毒のための薬はないから、その処置で十分だろう、カラハリでは蜘蛛に咬まれて死んだという症例は聞いたことがないから、二、三日で痛みは治まるであろうという楽観的な返答であった。結局、追加の抗ヒスタミン剤を処方してくれただけである。後日談になるが、ヨハネスバーグに立ち寄り、トゥレボー・ジェンキンスさんの家に呼ばれてその話をしたとき、そんなときにはアスピリンが鎮痛と鎮静に効果があるからおすすめだと教えてもらった。

やむをえず適当にサンドイッチなどの昼食をすませ、病院に近いライリーズ・ホテルにチェック・インする。バイペロとダオグーとコイケネの三人にはホテルの駐車場でトラックの幌付きの荷台で毛布にくるまって寝てもらう。彼らの夕食には近くのスーパーから適当な弁当を購ってきてそれで我慢してもらう。あくる朝になると憲子の容態はずいぶん良くなって、これなら大丈夫そうだと今度は駐車場へバイペロたちの様子を見にいってみる。三人は、ゆうべいろんな黒人が覗きにきたり、変な顔をされたりして、たいへん怖かった。お願いだから自分らだけでここで寝るのはもう勘弁してほしいと哀願された。マウン川を渡った対岸の草地に手頃なキャンプ地があったので、そこへテントを張り、みんな一緒にキャンプすることにする。マウンの町はずれに中国人たちが何人かいて農業指導をやっているのを見学していると、昼食を食べていけと誘われ、新鮮野菜のおいしいおかずにお米のご飯をご馳走になった。採れたての白菜とコールラビーの煮ものがなんとも久しぶりでおいしかった。

バイペロ、ダオグー、コイケネたちと二泊川岸で野営し、憲子の痛みもすっかり癒えたので、買い物をすませてから八月四日、カウレのメガンのところに引き返す。彼女もずいぶん心配してくれていたろうと思う。五日にはメガンもついてきてくれてドーベへと出発する。ノカネングから左折して五〇キロのところでキャンプ。メガンが美味しいチーズ・オムレツを作ってくれ、食パンとともに食事する。ドーベのベース・キャンプ、モホパの近くのヘレロ人に作ってもらったトタン葺きの物置小屋の中には、いろんな機材が保管されていたが、わたしたちは扉、机、椅子など最低限の欲しいものだけを選びだして持ちかえることにした。ヘレロの人たちと片言のツワナ語で話していると、一人の男が仔犬を抱いてやってきて、この犬を買ってくれとなかば押し売りにあったようであったが、あまりに可愛いので、まあいいか買っていこう、と連れて帰ることにした。

八月七日、ドーベでメガンと分かれ、帰路はナミビアとの国境沿いに一直線の道を南へと辿ることにする。一〇〇キロ以上国境の柵沿いの道を南下し、ＣＫＧＲの北の境界の延長線上に伸びるクキ・フェンスにぶつかる少し手前で日暮れを迎えるので、ここで野営する。このあたりはまったくの無人地帯であった。空気は冷え切り、晴れわたった月明りのもと、静寂の中にヤモリの一種ゲッコーがカッ、カッ、カッ、という甲高い声で鳴いているのが遠くまでひびきわたる。翌日はクキ・フェンスをくぐり抜け、農場地帯に入って東南方向へと最短距離をハンシーに向かってもどってくる。ハンシーで二泊して買い物をすませ、一〇日デカールから農場の中を通ってカデへの道をたどっていくと、白人の男女が歩いてくるのに出会ってびっくりして車を停める。二人はオーストラリアからきた旅行者だったが、じつはフランス人三人との混成パーティーで、一台のランドローバーに乗ってカデまで見物旅行にきたらしい。ところがブッシュの中をかき分けて走っていたときに木切れがラジエーターに突き刺さり、ファンで引っ掻きまわしたものだから、ラジエーターは大きく破損してどうにも使いものにならなくなってしまった。当てにしていた私たちが留守だったもので困り果てた彼らは、わたしが残しておいたジープを無断借用してハンシーまで代わりのラジエーターを手に入れに行こうとした。ところがハンシーまでの道中半ばのところでパンクしてしまい、ジープにはスペア・タイヤが積んでなかったもので、彼らは車を乗り捨てて歩き出さざるをえなかったのである。

穴のあいたチューブにラジエーターの水を注ぎ、それを首からぶら下げて非常用のビスケットでもかじりながら歩いてきたのであろう。まる一日以上は歩いてきたようで顔はまっ赤に日焼けし、ずい

写真●3—26　ドーベからの帰りはナミビアとの国境線に沿って一直線にクキ・フェンスまで突っ走る。

ぶんと憔悴していた。私たちと出会って心底うれしかったにちがいない。こちらにとってはたいへん迷惑な話ではあるが、フラフラのこの二人を目の前にし、カデに残っている三人のことも考えると助けてあげないわけにはいかなかった。カラハリでは通りがかりの車が故障したりして困っているときには、誰でもお互いさまと助け合うのが常識になっているのである。バイペロとダオグー、コイケネの乗っている荷台に相乗りさせてハンシーの町に舞いもどる。修理工場で尋ねるがラジエーターのスペアはないという返事。そのかわりに近くの農場主が同じタイプのランドローバーを予備にもっていると教えてくれ、早速行ってみる。本人らもボンネットを開けて、まったく同じタイプのラジエーターであることを確認し、農場主と交渉してある程度の値段で売ってもらえることになり、やれやれと一段落した。

　パンクしたジープの乗り捨ててあるところまで引き返し、パンク修理しながら今日はここで野営となる。トウモロコシ粉の練り粥に牛肉シチューの缶詰、ジャガイモにタマネギ、買ってきたばかりのキャベツもぶちこんで久しぶりのカラハリ定食をつくるが、オーストラリア人の夫婦も久しぶりにまともな食事にありついて、美味しいねと言いつつたらふく食べてくれた。次の日ようやく無事にカデに帰りついて一件は落着した。彼らのランドローバーも壊れたラジエーターを取り外して交換し、順調に走らせることが可能になったのは当然のことである。五人の白人たちはさらに二泊したのちカデをあとにして帰っていった。

4　子連れの調査が拓いた世界

　ラジエーター騒ぎが一段落して八月一二日、コイコムへ水汲みに行ったのだが、カデのキャンプに帰ってきてから、広樹がひどい下痢と嘔吐をはじめた。真っ白の水様便で、ほとんど垂れ流しの模様である。医者でないから正確な診断はできないが、看護婦経験のある憲子によれば、冬の寒いときに起こりがちな白色便性下痢症、通称仮性コレラと呼ばれるものかもしれないという。寒さに加えてドーベへの長旅やラジエーター騒ぎで行ったり来たりして、満一歳になったばかりの乳児にはそんなことも影響して無理がたたったのかもしれないと思われる。できることは、とにかくいくら吐いても出しても、水分を補給して脱水症状に陥らないようにすることだという。点滴の装置があれば水分と栄養をどんどん与えられるのだが、ブッシュの中ではそれも叶わず、水や砂糖水を飲ませ、母乳をできるだけ吸わせるしかここでできることはない。ハンシーへ脱出し、農場のセスナ機をチャーターしてハボローネの病院へ駆けつけなければならないかもしれないが、ともかく様子を見守ってみよう。翌日になると便は白くなくなり、普通の茶褐色にもどるが、相変わらず下痢は続いている。なかなかしつこい下痢で心配はつきず、ついに一週間後の一九日、ハンシーへ出ることにする。

カラハリ・アームズ・ホテルに三泊しながらオアシス・ストアのバイスおばさんがベテランの看護婦だったので相談してみる。とくに特効薬はないからしっかり母乳を飲ませて休ませるようにというのが、唯一のアドバイスで、病院に行った方がよいとは言われなかった。もっともここの病院には二週間に一度ロバツェから医者がやってくるだけだから、行っても仕方がないし、ハボローネへ飛ぶ前に少し様子を見てみましょうということであった。ホテルの部屋でゆっくりくつろいでいたら、二、三日で下痢も治まってきてすっかり元気を取り戻し、親としても本当にほっとしたものである。子どもの容態が落ち着いたので、ＤＣにお願いして空いている官舎で五泊したのちハンシーを引き上げ、カデのキャンプに帰着した。人々はすっかり元気を取り戻して帰ってきた広樹を見て大歓迎してくれた。

冬場の寒い時期には風邪引きがたくさん出て、私たち三人ともよく鼻水、咳、発熱に悩まされた。

写真● 3—27　憲子が毒グモに咬まれたり広樹が病気をしたり、大変なこともあったが、妻子連れの調査は、ブッシュマンとの付き合いの幅を大きく広げ、新しい視点も拓かれた。

カラハリの八月末から九月にかけては短い一瞬の春に相当し、強い東風が吹き荒れて砂塵がもうもうと吹きつける。この時期には砂が目に入ってよく結膜炎を起こし、目やにを一杯ためて赤く充血する人たちを見かける。子どもはちゃんと目を防御できないので特に流行り目にかかりやすい。しかも目やにをしっかり拭き取らず、痒いものだからすぐ手でこすりつけるので治りが遅い。目やにのついたところへ蝿がたかり、遊び友達らにどんどんと広がっていく。抗生物質入りの目薬をさしてやるのがせいぜいだが、広樹もよく結膜炎を起こし痒がって、見ていても可哀そうな姿になっていたことがしばしばであった。この強風の季節はしかしまたたく間に過ぎ去り、あっというまに四〇度を超える灼熱の夏の季節に移行する。広樹も生後九ヵ月から満二歳までカラハリでのキャンプ生活を過ごし、いろいろと病気もして心配することも多々あったが、やはり一番怖くて心配だったのは仮性コレラで脱水症状になりはしないかとひやひやとしたときのことだった。近代医療がまったく得られないブッシュの中での生活では、か弱い乳幼児の死亡率がきわめて高いのも事実であった。小児科に勤務していた憲子ができるだけの薬品や注射液を用意してもってきてくれはしたが、近代医療の足しになるのは、それだけのものであった。私たちはいざという段になれば、ハンシーへ駆けこみ、農場のセスナ機をチャーターして、ロバツェなりハボローネなり、あるいは場合によってはヨハネスバーグの大病院へ運びこまざるを得ないとつねづね考えていた。

一九六六年から六八年までの第一回目の調査に出かけたとき、わたしは満二五歳だったたし、ブッシュマンの基準からすれば、もう結婚して一人前になっていてもよい年だった。しかし私は独身であり、つねに若者たちと一緒に行動していた。人々も私のことを若造だとみなし、一人前に取りあつかってくれないところがあった。それになんといっても、私は彼らにとっては見知らぬ国からきた得体のしれない人間であった。しかし、今度の調査では状況は異なった。ブッシュマンたちは私を全面的に受け容れてくれたのである。約束どおりに戻ってきたことも大きな要因であったが、家族を連れ

写真●3—28　憲子と広樹も一緒になって採集旅行につきあったこともある。

て帰ってきたことが、その最大の理由だったろうと思う。とくに乳呑み児が加わっているので、人々はたいそう喜んでくれた。私たちは家族ぐるみでブッシュマンの人たちに溶けこんでいくことができたのである。以前のわたしと人々とのつき合いは若者の世代でのつき合いであり、また男の世界でのつながりにしか過ぎなかったが、いまやそれは、妻たちの世界をとおし、子どもたちの遊び仲間のつながりをとおして、無限に広がっていったのである。

5　ブッシュマンの家族と人付き合い

(1)　二人の妻

キュエロのグループと親しく付き合うようになったお陰で、憲子もまたキュエロの妻たちともっとも親しい間柄になったようだった。彼女らにもちょうど広樹と年格好の似た息子たちがいて、よい遊び友だちになれたせいかもしれない。第一夫人のツァムクエ*は三五歳ぐらいでカラハリ族の血が多分に混じっているらしく、色がやや黒い。しっかりもので、第一夫人としての貫録充分である。四人の子の母であったが、長男と次男を幼くして失くし、いまは一五歳の長女と二歳の三男の二児の母である。長女のグーキリは丈夫な娘に育ったが、三男のツェアマは少しひ弱なところがある。広樹とは本当によい遊び友だちになったが、離乳後もちゃんとカラハリの自然に打ち勝って成長しつづけることができるかどうか、いささか心配なところがあった。ツァムクエは、もう子どもは産みたくないという。子どものできない薬が欲しいといったが、限られた数の避妊薬や避妊具がたとえ手に入っても、それは一時的で効果がない。近代医学が入らぬ彼らの社会の存続のためには、女は産めるだけの子を

＊　iii頁　写真序―2

産み、その中から生き残れる健康と幸運に恵まれた子どもに望みを托すほか方法はないのだろう。

第二夫人のウエテベの方はまだ二四、五歳の愛くるしい顔立ちをした女だった。彼女もまた三児の母である。年が離れているせいもあり、ツァムクエととくに仲がよいというわけではなかったが、二人はキュエロの妻としてうまくやっていた。二人はそれぞれ別の小屋をもち、収穫物もおのおのが集めてきて小屋ごとに消費する。共通の夫であるキュエロが交互に小屋を訪れて食事し寝泊りするほかは、家族生活は一般の家族と変らない。二人の妻の子どもたちは平等に兄弟姉妹と見なされ、親たちは面倒をみてやるが、実の母親との結びつきがより深いのは当然のことである。

妻どうしの妬みや争いは予想以上に少なく、私たちの世界とは異なる論理で支配されているようだった。しかし、問題がないわけではない。お互いの間の確執が明らさまに出されることは少なく、それだけに非難の矛先は夫たるキュエロに向けられるから、その気苦労は想像をはるかに越えるものがあろうと思われる。キュエロは二人の妻に飽き足らず、最近三人目の妻を迎えた。* 一夫多妻制を、男女の数のアンバランスだけで説明するにはやはり無理があったし、食料がより多く得られるとか、所有欲で説明するだけでも不充分だろう。多くの妻を得ることが、一種の男の甲斐性とでもいった問題とかかわりがあるのだろう。

ツァムクエの末息子のツェアマは二歳になっていた。小柄で、ウエテベの末息子、一歳のカルーと大きさが変らなかった。広樹は日本人の赤ん坊のうちでも大きい方であったが、この二人より一まわり大柄だった。三人はたちまちにうちとけて、日がな一日、砂のうえを転げまわって遊んだ。カデへ来たばかりのころは、ようやくはいずりまわることを覚えたばかりだった広樹は、歩きだし、走りまわるようになって、わんぱくぶりを発揮していた。子どもの適応力はすばらしく、トゲだらけの砂の地面を裸足で走りまわるので、足の裏はすっかり厚くなり、トゲの刺跡やなにかでぶつぶつになって、土地の子どもたちと変りがなかった。靴をはきつけた私たちにはとても歩けない地面を平気で走りま

＊　一四一頁　写真3―14

写真● 3 —29　憲子の親友ウエテベ（キュエロの第２夫人）とその息子カルー。彼女を通して、ブッシュマンの女性の世界について、多くのことを知った。

わった。ちょうど言葉を覚えはじめる時期で、親からは日本語を、そして友だちからは、知らず知らずのうちにブッシュマン語を吸収していった。語順が同じだったことが幸いして、日本語とブッシュマン語の単語を半々に混ぜて話した。ひとりっ子だったが、あるものは仲間うちで分かち、貸し借りして用いる習慣を叩きこまれて、ものにはあまり執着しない子どもに育ったようだった。

憲子もすっかりブッシュマンとの生活になじみ、多くの人たちと親しくなったが、とくにウエテベとは年格好もそうちがわなかったので、うちとけて付き合っていた。

ある昼下りのひととき、日陰を求めてやってきた女連中がわが家の台所に陣どり、おしゃべりに夢中になっていたとき、お人好しで愛嬌のよいウエテベが突然スットンキョウな声をはりあげた。「ノリコエー、お前はパーホを飼っているのか。」「パーホ」とは咬みつくもの、害のあるもののことである。彼女の指さす方向には、なんと、大きな猛毒の蛇、パッフアダーが這ってきて、女たちのたむろする場所から二メートルほどの近くにとぐろを巻いて落ち着こうとしているところだった。

叫び声を聞きつけて、バイペロや私たちが駆けつけ、槍でパッフアダーを仕止めた。蛇の多い季節だった。ウエテベは何かにつけて、「タナカのところはパーホを飼っている」といっては大笑いした。

(2) 狩猟採集民の悲哀

一九世紀から二〇世紀初頭にかけて、カラハリ地方を旅行した人たちの記述の中に、「動けなくなった老人や病人を置き去りにして移動をする」有名な話がときどき見られる。私はこのような話については半信半疑のままブッシュマンの調査にとりかかったのであるが、最初の調査で数ヵ月間彼らと付き合ってきたところでは、彼らが温和で慈愛に満ちており、しかも朗らかな人々であり、生活様式からの要請とはいいながら、分配や助け合いなどを徹底する平等主義者であることを知った。こう

写真●3—30、31、32（左）長男の広樹はすぐにブッシュマンの子どもたちと馴染むようになり、彼らの姿を通じて、子育てや遊びへと調査の眼が拓かれた。広樹自身も、ブッシュマンの子どもたちと同様の姿で暮らすようになると、鬱陶しいオムツから解放され自由に戸外で遊んだせいか、成長目覚ましかった。31の写真でツェアマと広樹が仲良く食べているのは、トウモロコシの粥。

30

32

31

した旅行者たちの話は、この厳しいカラハリを短期間旅行し、ブッシュマンたちの狩猟採集の生活を皮相的に見て得た誤った印象にしかすぎないという疑いをますます強くし、現実の彼らの世界には起こりえないことなのではないかとさえ思うようになっていた。

ところが、再びブッシュマンの社会に戻って聞かされた話は、まさにそれが現実に起こりうる事実だということを明らかにした。それは、もちろん私自身が直接見聞きしたことではない。カデに帰ってきてからしばらく経ったある日、バイペロが私に語って聞かせたのである。その話というのは次のようなものであった。

私が二度目にカデを訪れるおよそ半年前の一九七〇年一一月ころのことであったらしい。カラハリは乾季の最後の時期を迎え、ただでさえ旱魃続きだった野には、食べ物が非常に乏しかった。カデの人々はいくつもの小さなグループに分かれて、随分遠くまで頻繁な移動を重ねなければならなかった。どのグループも少なくなった草の根を掘り起こし、スティーンボックを捕えるために罠をかけ、苦しい日々を過ごしていた。雨の到来が何よりも待たれた。そんなとき、不幸は単独で生活していた哀れな一家族を見舞った。ツーク・グループと名付けて付き合いも深かった人々のうちの一つである。オレクワの弟のナラージというのが一家の亭主であった。ナラージはおよそ四〇歳、妻三七歳、長男ナーカ一四歳、長女シエカホ九歳、次女ツェコーワ二歳という五名の家族だった。ツェコーワは、ブッシュマンの二歳児ならすべてそうであるように、もっぱら母乳に頼り、大部分の時間を母親に抱かれて過ごした。

カデ・パンの近くには、キュエロたちが三〇人ぐらいのグループで住んでいたが、ナラージの家族はそれからおよそ五〇キロメートル北の開けたところにいた。妻は、いつものように赤ん坊を抱えて、その日の食物を採集してキャンプに向かうところであった。帰り道にたき木を集め、それらを全部合わせると荷物はけっこう重くなった。その荷物を背負って歩いているとき、何かのはずみに背骨を痛

写真●3—33　普段は手もつけない草の根も食料の少ないこの時期には掘り起こしてくる。

めたのである。彼女はそれきり動くことができなくなってしまった。

翌日からは、夫のナラージがひとりで食料集めにかかり、一家を養ってゆかねばならなかった。彼はトビウサギ狩りに精をだし、帰り道には枯れ尽くした不毛の大地から草の根を探しだして掘り起こした。しかし、何しろうちつづく旱魃の頂点の一番苦しい時期である。たったひとりで重病の妻と乳児と育ち盛りの子ども二人を抱えた一家を支えていくことは不可能であった。妻を自らの背に負ぶって少しずつは移動もしたが、妻の病気は回復せず、食物の不足によってかえって衰弱していった。赤ん坊のための乳も満足に出なくなり、やがて一家は慢性的な食料不足のために飢えに苦しみだした。妻と赤ん坊は絶望寸前の状態であった。

父は、「このままの状態でいれば、お母さんと赤ん坊のみならず、われわれ父子までも飢え死にしてしまうから、われわれ三人だけでもカデの人たちのところへたどり着いて助けてもらおう」という提案をおこなった。長男のナーカはそれに対して猛烈に反対した。「お母さんと妹がもう絶望的なのはわかっている。しかし、せめて二人が息を引きとるのを見届けてから出発しよう」と。だが、事態はそれを許す状態ではなかったようである。父と子どもたちの三人は、身動きもならぬ母と子を、ブッシュの蔭に横たえたまま移動を開始した。五〇キロメートルの行進は、飢えた父子にとっては容易ならぬ道のりであった。最後には、まともに立って歩くこともできず、はうようにしてカデのキャンプにたどり着いた。

（３）砂漠の「クリスマス」

厳しい冬が去り、ようやくカラハリの本来の暑さを取り戻したと思ったら、たちまちにして、もっとつらい乾季の盛りがやってくる。どの年もどの年も、人々は彼らの祖先たちがいつもやってきたのと同じやり方で苦しみに耐えた。そして雨の季節に入り、人々はほっと一息ついて、活気づく。

一二月に入ると、人々はクリスマスのくるのを楽しみにした。ブッシュマンたちは、もちろんキリスト教とは縁はないし、クリスマスがどういうものであるか、一向に理解していないが、ヨーロッパ人の農場主や、なかばキリスト教化したバントゥの村人たちが、クリスマスには牛を殺し、大量のビールを作ってお祭り騒ぎするのを見て、それが悪いものではないことを知っていた。ブッシュマンたちが理解する「クリスマス」というのは、農場主や村人たち、もてる人たちによるご馳走の大盤振舞にほかならない。たまたまハンシーやツェツェングに出ていて、その恩恵をこうむった人たちにとって、その楽しい光景は忘れがたいものであった。カデにいて、クリスマスの贈り物を期待するのは、当然、私に対してであった。この前のときには私は本当に貧乏だったし、一緒に住んでいた何十人もの人たちに振舞うなどという余裕はとてもなく、きわめてけちな生活を送った。しかし、今度は少し余裕があった。だから、何ヵ月も前から楽しみにしていた彼らの期待にできるだけ応えてやりたいと思った。ハンシーへ買いだしに出るたびに、大きな雄ヤギを一頭、二頭と仕入れては運んで帰った。このヤギが五頭になった。クリスマスまでの間、キュエロのヤギの群れに入れて一緒に世話してもらった。

半年のカラハリ暮らしで、私も憲子もいささか疲れがではじめていた。とくに憲子は、人類学とは縁のない環境で育ってきて、いきなりカラハリ砂漠などという、日本から見れば、まさに地の果ての、想像することもなかったような砂漠の真ん中へ連れてこられた。顔や体つきはもちろんのこと、生活様式も考え方もまったく異なった人々の中に突如ほうり込まれて、随分と面くらったことと思うが、よく耐え抜いた。彼らの方も実によく私たちの面倒を見てくれ、いつなんどきでも頼りになったが、反面、彼らとのこの全人格的な付き合いは、煩わしいと思いだせば、心労ははなはだしいものであった。人と口をきくのも億劫になって、独りぼっちになりたいと思うことが何度もある。日本の普通の社会で育ってきた人間にとっては、暮らしていくだけでも精一杯のことだったろう。広樹の方は一歳半になっていたが、すっかりカラハリの生活になじんでいた。子どもの適応力はすばらしい。

ブッシュマンたちは、月の満ち欠けで月日の経つのを数えるが、もちろん、太陽暦による正確な日付は知らない。クリスマスがいつかということも当然知らないし、それはいつであっても、「クリスマス」が食べられさえすればよいのである。わたし自身もクリスマス自体に別段宗教的な意味を感じるわけではなし、妻と相談して、一二月二三日に早ばやと「クリスマス」を食べることにした。そしてその翌日にはキャンプを出発して、南ア共和国からナミビアへの旅をしてみようと計画した。久方振りの休暇でもあって、旅の途中、太古のブッシュマンが描いたという岩壁画を見たいと思ったのである。

ハンシーの町へでかけて、私たちはクリスマスのための買い物をした。ビールを作るための砂糖を四〇キログラム、葉タバコを二〇キログラム、子どもたちにはアメ玉を買った。砂漠の町もクリスマスを控えて何となくあわただしかった。子どもたちへのプレゼント用に、店屋にはオモチャや人形などが並べられていた。広樹のために、オモチャの自動車を一つ買ってやった。

クリスマスの準備は二二日の午後からはじめられた。酒を作るための砂糖も、容器にするバケツも充分にあったが、一度にそれを仕込むだけの酵母がなかったので、何度にも分けて作らなければならなかった。翌日、朝早いうちからできあがった酒を飲み、次の仕込みにかかった。五頭の大ヤギを屠ると、次々と皮をはがし、解体していった。酒の酔いも手伝ってか、饗宴の雰囲気に人々は酔った。ゲムスボックより、エランドより、あるいは彼らが日ごろ獲物としているどんな野生の動物の肉よりも、彼らはヤギの肉が一番うまいという。牛肉に比較してさえ、彼らはヤギの肉の方がよいという。理由は脂肪が多いことによる。飲料水用として使用していたドラム缶を鍋がわりに使って、ぶった切った肉をほうりこみ、下から火を焚いた。これだけの量の肉はちょっとやそっとでは料理できな

写真●3—34　クリスマス・プレゼント用に買ってやったプラスチックの車。子どもたちみんなで遊んですぐ破れてしまった。

かったので、肉が煮えあがるのを待つ間、私たちは他のプレゼントの配給にまわった。クリスマスの饗宴に与ろうと他のキャンプからもやってきた人たちを合わせて、コイコムには一〇〇人近い人々が集まっていた。大人たちにはタバコを分け、子どもたちにはアメ玉を配った。憲子が日本から持ってきて、この日のためにとってあったビーズ玉を、居あわせる女たちの数だけ並べて、一山ずつ配ってやった。普段の倍ほどの人数の人々に、いつもの何倍もの品物を順ぐりに渡していくのは大層骨の折れる仕事で、私も憲子も、手助けしてくれたバイペロもすっかりくたびれてしまった。「クエハナイッター　タウカホ（この人たちは我々を疲れさせる）。」何も持たないことほど、この社会において気楽なことはない。何時間もかかって、私たちはあまり高価でない食べ物や着古したものなどを適当にばらまいて始末し、身軽になった。日ごろけち呼ばわりされていた汚名を、この機会にできるだけばん回しておこうと考えた。

食べる「クリスマス」のお祭騒ぎには、思いもかけぬハプニングも付け加わった。夕方には、第二弾のビールもできあがり、人々の多くはすっかり酔払った。日ごろは口をつけさせてもらえない女たちも、今日ばかりはだいぶ飲んだし、慣れない酒で気分が悪くなって吐くものもいた。普段おとなしくひっそりと暮らしていたオレクワとナラージの兄弟が口論をはじめ、激昂してなぐり合いの大げんかとなった。原因はささいなことで、けんかのもととなるようなものではなかった。強いていえば飲みすぎたのが原因といえるだろう。

肉は夜になってから、ようやく煮えだした。人々は食事を待つ間に、ゲムスボックの踊り*を踊った。朝から飲み続けていたので、誰も彼も酔払い、疲れていて踊りはあまり盛りあがりを見せなかった。飲んで騒いで、一日早目に迎えたクリスマスの一日はこうして終った。

写真●3―35　煮えあがったヤギ肉の分け前に与るため、各自食器のボールをもちよってクリスマスを食べる。

＊　一九三頁「アフリカ人類学百科　7」参照

6　岩壁画探訪の旅

(1) アパルトヘイトを体感する

「クリスマス」を食べた日の翌日、一二月二四日、私たちはカデを後にして、岩壁画探訪の旅に出た。ハンシーのカラハリ・アームズ・ホテルで一泊し、ロバツェにいたる六〇〇キロメートルの深い砂の道をたどる。三時ごろ、タカツァーネを少し過ぎたところに大型トラックが一台止まっていて、ピーター・ブラッドリー氏がニヤニヤしながら手を振っていた。聞くと、クラッチ・ハウジングが割れたので、車が動かないという。朝から待っていたが、私たちの車が今日最初に通りかかったのだという。ロバツェで壊れた部品を取り寄せたいというピーターを荷台に乗せる。ピーターはイギリス人で、二年前までハンシーの警察署長をやっていたが、当時ハンシーの病院で働いていたツワナ人の看護婦と結婚し、ボツワナ国籍をとった。警察官の仕事がいやになって、ハンシーの一画に土地を買い、農場経営をはじめた。奥さんはロバツェの病院勤務になり、二人の娘さんとともに官舎に住んでいるが、ピーターは農場住まいの方が好きで、ロバツェとハンシーの農場の間をいったりきたりしている。

この道はかなりの部分、土砂が敷かれて固められているが、まだ三分の一ぐらいは砂のままである。一〇トン積のトラックが物資や牛を満載して通るので、轍の跡はレールのように三〇センチぐらい掘り込まれてたいへん深く、とくに重量車はギア・ボックスやクラッチ・ハウジングをやられることが多い。

私たちはカンを過ぎてまもないところで野宿し、次の日、ロバツェのピーターの家でお茶を呼ばれてからロバツェ・ホテルに投宿した。ロバツェから先はよく整備された道路で、もう問題はなかった。首都ハボローネから東へ一五キロで南ア共和国との国境トクェング（南ア側の名はコップフォンテインと呼ばれる）を越える。ヨハネスバーグまでの道はすでに何回か通ったことがあった。国境を越えてから五〇キロメートルほど走ると舗装道路に変る。ボツワナのすさまじい砂の道に比べて、南アの道路は見事に整備されている。舗装率はアメリカに次ぐ世界第二位だ。しばらく行くと、ゼーラストという町に着く。私たちはここで昼食にしようと思った。カフェと看板の出ている店に入って、サンドイッチと牛乳を求め、憲子と広樹はアイスクリームを食べたいといって、テーブルに着こうとした。店のオヤジが立ちはだかって、大袈裟に手を振り、だめだという。「どうしたのだ」と聞き返すと、もう両手で耳を覆って、声も聞きたくない、といった表情だ。私は気がついた。私たちは人種差別（アパルトヘイト）の国に入っていたのだ。商売をしているから、どんな肌の色をした人にも商品は売る。しかし、食卓は白人専用のものだったのだ。黒人や黄色人種とそれを共有することは、とてものこと我慢がならないらしかった。

有色人種の中で、日本人だけがここでは特別扱いされ、「名誉白人」という地位を与えられている。さまざまな制限はあるけれども、日常生活においては白人と同様に振る舞ってもよろしいというわけだった。経済的に日本を無視することができなくなったからとられた処置であった。ヨハネスバーグやケープタウンのような大都会では、日本の会社も日本人も多く、日本人は名誉白人として通用する。しかし、田舎町までは行き渡っていなかった。何世代にもわたって、有色人種の人権を剝奪して、白人の権利しか認めてこなかった人々に、にわかに日本人だけを自分たちと同じ人間並みに格あげすると言われても、理解はできなかったのであろう。第一、日本人を見る機会もなかっただろうし、これを同じアジア人の中国人などと比較することなどはどだい無理な話である。私たち自身ですら、なぜ日本人だけが他のアジア人とは違うのか判断に苦しむ。

私たちは買いかけたパンや牛乳やアイスクリームをカウンターの上にほうりだして店を出た。広樹はアイスクリームを欲しがって泣き叫んだ。

やはり南アへなどこない方がよかったのかもしれない。私たちはみじめな気持になり、どうしようもない憤りを感じた。店のオヤジの憎々しげな表情に嫌悪感を覚え、その貧しい精神を哀れに思った。できることなら行きたくはなかったが、私たちには南アへ行かねばならない仕事もあった。ヨハネスバーグの家電メーカーに壊れたテープ・レコーダーを送って直してもらっていたし、プレトリアの植物学者と栄養学者には、ブッシュマンの食物となる植物の同定と栄養分析を依頼しなければならなかった。地理的な利点もあって、ヨハネスバーグはブッシュマン研究の中心地であった。ブッシュマン研究者にとって、そこは避けては通れない研究のメッカでもあった。ヨハネスバーグには私たちの友人もいた。ここにいる間だけ、王侯貴族のような生活に浸りきり、疑うこともなく白人側に加担し、被差別民たちを「くろんぼ」呼ばわりして優越感に浸っている多くの日本人商社員たちとは、私たちは共通の話題ももたなかったし、ほとんどかかわりをもたなかった。しかし大学や研究所の白人たちの多くとは親交をもっていた。

ヨハネスバーグでは、私のフィールドへも何度か調査にきた集団遺伝学者のトゥレボー・ジェンキンスがクリスマス休暇に家族連れでドラッケンスベルグへ出かけ、家を留守にするというので、私たちは留守宅を提供され、数日間をのんびりとくつろぐことができた。私たちが見たいと思った岩壁画は主に西海岸のナミーブ砂漠にあったが、私たちはまず反対方向のインド洋岸に出てから南ア共和国を横断する遠大な計画を立てていた。インド洋に面した浜辺の林の中でキャンプし、久し振りに海水浴を楽しんだあと、マールバーグに近いオリビ渓谷国立公園を訪れた。その自然は素晴らしかった。何百メートルもの断崖を見おろす台地は深い緑の草原と森に覆われ、眼下には壮大なパノラマが展開していた。砂漠の国から旅してきた私たちは心ゆくまでその豊かな大地の息吹きを満喫したのだが、

写真●3―36　ダーバンの町はずれの海水浴場で久しぶりに水泳をする。砂漠で暮らしてきた広樹にとってはもちろん海に入るのは初めての経験である。

その直後に、またしても不愉快な人種差別の問題に遭遇しなければならなかった。

草原と林が入り混り、きれいな小川が流れているところにキャンプ・サイトの標識が立っていたので、私たちはここでひと晩泊まっていこうと思った。すぐ近くに立派なホテルがあり、そこのマネージャーに許可を得てキャンプ料を払う必要があったので、その旨申し入れた。マネージャーの言葉つきはていねいであったが、返事はすげなかった。「申しわけありませんが、キャンプ・サイトに泊っていただくわけにはまいりません。」私たちは、この時期にキャンプは許可されないのかと思って、それではホテルの方に泊めてくれるよう申し入れた。しかし、その答えも「申しわけありませんが」というにすぎなかった。私たちは、夕闇迫る中をひっそりと国立公園を後にした。心の中までが暗かった。付近に人家の見られないところまで走って、道路際の休憩所に車を停め、一夜を明かした。長い道のりで体もすっかりくたびれていたが、胸のうちはどうしようもない憤りで一杯だった。

ハーディングを過ぎ、コスタッドの町に入って、もう一度だけホテルに泊まることを試みた。夜に雨の降る日が多かったし、連日荷台で眠りながら長距離走行を繰り返していたので疲れていた。久し振りに柔らかいベッドでゆっくり眠りたかったのである。ホテルを二軒まわってみたが、いずれも満員だといって断わられた。出がけに黒人のボーイをつかまえて尋ねてみると、客はほとんどいないということだった。酒と食料を買い込んで、私たちは町を出た。もう二度とホテルの扉は叩くまいと思った。道端の休憩所は、水道と便所が設備されているところも多く、そこでのんびりとキャンプする方がどれほどか気が休まった。

アピントンを経てナミビアに抜け、真直ぐに北上してウィンドフックにいたる。カデにやってきて、私たちとすっかり仲よくなったドイツ人の小学校教師夫妻、バーナード・クラウスとレナーテの家を訪れた。二人の最大級の歓待を受けてすっかり元気を取り戻した私たちは、いよいよブッシュマンたちが大昔に描き遺した岩壁画を見るために、ナミーブ砂漠へと向かった。

写真●3—37　ナミーブ砂漠の辺縁部。荒涼たる岩石砂漠。

(2) ナミーブ砂漠の果てで

ウィンドフックから西へ車を走らせるにつれて、乾燥は烈しくなり、植生が貧弱になってくる。オマルルを過ぎ、鉱山町のウイスに近づくころには、カラハリの草原とは比べものにならない荒涼たる平原となる。もう、ナミーブ砂漠の辺縁部に入ってきているのだ。

ブランドベルグは、ウイスの西に拡がる赤茶けた山塊で、その中の二五八〇メートルの高度をもつケーニヒシュタイン峰は、ナミビアの最高峰である。山塊の各所に岩壁画が見られる。もっとも多く分布していて有名なのは、「ホワイト・レディ」が描かれているツィサブ谷である。山裾の踏跡の行き止まりの地点に車を停めて露営し、翌朝およそ一時間歩いて岩壁画のところに到着した。ごつごつした岩山の中で絵が描かれている岩壁を探し当てるのは容易ではなかった。やがていくつか見ているうちに慣れてきて、どういう感じの岩に描かれているか察しがつくようになる。それはきまって高さ一〇メートル以上もある大岩で、一つの面が切り落とされたように平らになっており、ややオーバーハング気味になっているところである。壁面の前は幅五メートルぐらいのテラスになっている。ここに住んでいたブッシュマンたちは、この天然の岩小屋を風雨をしのぐために用い、またさまざまな儀式をおこなったりする場所として使ったのだろうと想像される。

「ホワイト・レディ」もさることながら、もう少し上部に見られる「女の学校」は、ブッシュマンの女性像を生き生きと描いている。学校という名が付けられているものの、これは現在もおこなわれている、女性たちだけによる初潮の儀式、「エランドの踊り」であることはまちがいない。

ベルビチアからさらに西へ、トゥイフェルフォンテインへ向かう道のりはかなり厳しい。厳しいとはいっても、道路そのものが悪いのではない。日本のでこぼこの田舎道に比べればはるかに上等で、時速五〇キロメートルぐらいのスピードで駆けることができる。しかし目的地のトゥイフェルフォン

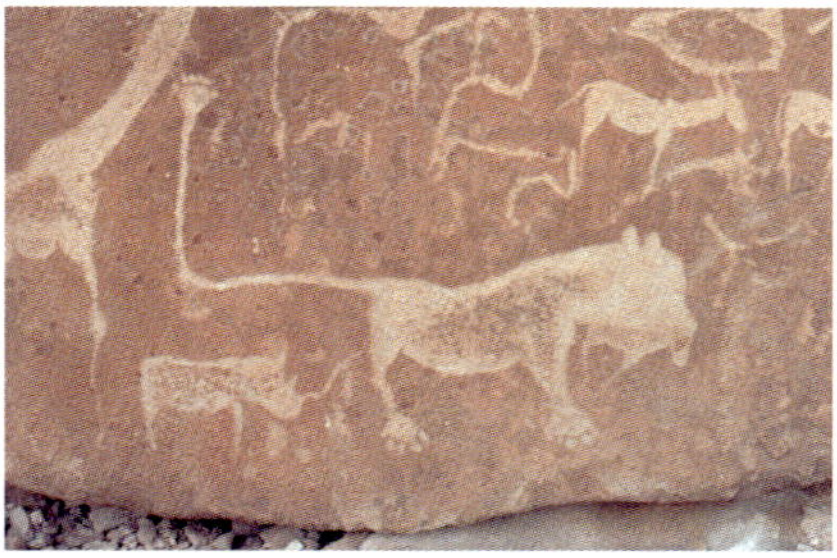

写真●3―38　ブッシュマンの岸壁壁画。トゥイフェルフォンテインに残るライオンの刻画。ライオンの尻尾にも足型が描いてある。

テインまでのおよそ一〇〇キロメートルは、人間の気配がまったく感じられず、不気味であった。もしもランドローバーが故障でもしたら、一体無事にこの無人地帯から脱出できるであろうか。カラハリ砂漠では、もっとひどいところを経験してきたはずである。二〇〇キロメートルも町から離れたところで、踏跡すらもないでこぼこの地面を、ブッシュを踏み倒し、ヒヤヒヤしながら走り回ったこともあった。車を壊す危険性は、カラハリでの方がよっぽど大きかった。それにもかかわらず、いまここで感じるような恐怖感は一向に起こらなかった。見知らぬ土地だということがあるかもしれない。そしておそらくそれがもっとも大きな原因だと思われるが、ここにはだれひとり人間がいないからであった。この荒涼たる砂漠や草原の中で生きていくのに、私たちは何と無力な存在であることか。砂漠のすべてにわたって知り尽くしたブッシュマンほど、この地で信頼するに足る人たちはいないだろうと思われた。私たちは、ブッシュマンたちから遠く隔たり、独りぼっちになって、改めてブッシュマンたちの偉大さを思い知った。

「珪化木の森（ペトリファイド・フォーレスト）」を通過し、トゥイフェルフォンテインの山々と山間に拡がる大地を見渡して、「こんなに荒涼とした砂漠に、かつてブッシュマンたちがどうして生きてゆくことができたのか」という感慨を、私たちはいだいた。何千年にもわたって、この地に生きつづけたブッシュマンたちは、これらの山々に魅せられ、かつ畏れをも抱きつづけてきたにちがいない。あるときには狩りの成功を祝い、またあるときは一人前に育った男女の、人生の門出を祝って、神とともにその喜びを分かちあうために、この険しい山肌をよじ登っていったことであろう。遙かなる過去の時間に生きつづけたあの古代の狩人たちが連綿と描き残していった見事な芸術を目の前にして、かの秘めやかなる精神の中に、私たち自身もしばしとどまっていた。

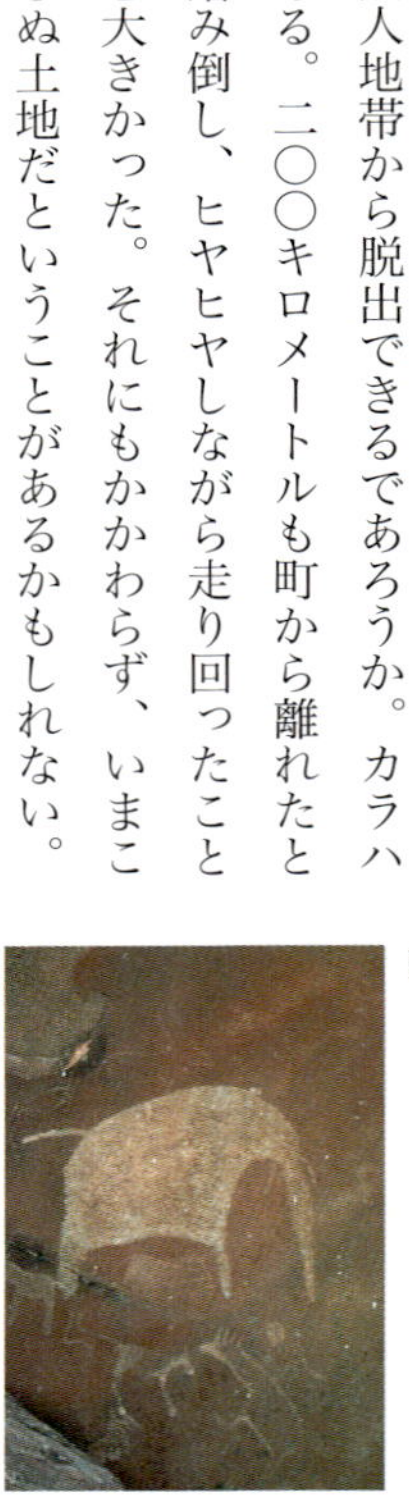

写真●3―39　ゾウを描いた岩壁壁画。

写真● 3 —40、41　ブッシュマンの踊りの画（40 ブランドベルグに残された壁画）は、かれらの初潮儀礼（41 エランドの踊り　193頁「アフリカ人類学百科　7」参照）そのものといって良い。

7　テベチューの死

カラハリ砂漠で過ごした三年間の歳月の中で、私にとって一番悲しい、忘れられぬできごとは、テベチューの突然の死であった。

カラハリの冬は私にとって三度目、憲子と広樹にとっては二度目の経験であった。毎晩のように氷点下を記録し、朝方は一面に霜の降りる日がつづいた。テベチューは二ヵ月間ぐらいハンシーを訪ねていて、数日前にカデに戻ってきていた。ハンシーで風邪を引き、小康を得たので、同年輩のナーカギューと一緒に長い道のりを戻ってきたのだが、無理をしたせいか、やつれて顔色も悪かった。薬をもらいにきたので、アスピリンを分けてやり、それから別段寝込むでもなし、キャンプにいてぶらぶらと暮らしていた。その日の前の晩もとりたてて何ということもなかったが、いつもよりは具合が悪く、引きこもりがちだったのだろう、あまり顔は合わさなかった。それにしても、こんなに早く事態が悪化しようとは思いも及ばぬことであった。その夜も空気までが凍りつくほどに寒かった。六月一九日のことであった。テベチューも若い独身の男連中に混じって、アカシアの木の下に焚火をとりまいて眠った。焚火の方に面した腹側はまだしも暖かいが、毛皮一枚覆っただけの背中は凍るほどに寒い。仲間たちがテベチューの様子が変なのに気づいたのは、明け方に近い四時ごろだった。そしてテントを叩いて私たちを起こした。「テベチューが死にそうだ」というので大急ぎで服に着がえ、出がけに温度計を見ると零下四℃を示していた。赤々と焚かれた焚火の側でテベチューは抱きかかえられて、全身をさすられていた。彼の顔には血の気はなく、意識もすでになかった。体はもはや冷たくなってしまって、脈搏もかすかだった。口の端から血が糸を引いていた。もはや手遅れで絶望的で

写真●3—42　珪化木の森。ゴンドワナ大陸にもっとも広く分布していた裸子植物のダドキシロン属（*Dadoxylon arberi*）の三〇mから四〇mの大木が二億八千万年前の洪水で流され地下一㎞の深さに埋まって化石となった。これが長年月をかけて侵食され、地表に露出したものである（＊文献237）。

文献237　水野・永原　二〇一六

写真●3—43（左）中央、後ろを振り返っているのがテベチュー、その左がダオグー。

あった。私たちは医者でもないし診断の下しようもなかったが、おそらく肺炎を起こしてしまったのだろうと思われた。もはやなすべきすべもなかった。

私たちは一時間ばかり見守ったのち、しかたなくテントに引きあげた。おそらく朝まではもたないだろうと思われた。私たちはまんじりともせず横たわっていた。六時より少し前だったろう、女のすすり泣きの声が聞こえた。二、三人の女がそれに続いた。テベチューが息を引き取ったのだった。若く人生の半ばにしてたおれたテベチューの死に対する哀しみと、仲間を奪い去った悪魔の所業に対するやり場のない怒りの声が、切々とひびいた。

午前中、人々はひっそりと喪に服し、テベチューの埋葬に費やした。あまりにも身近な親友の不幸に出会って、私たちは今度ばかりは写真を撮る気にもならず、墓穴に土くれを投げ入れてテベチューの冥福を祈った。

ブッシュマンは肉体的な苦痛に対して驚くほど我慢強い。テベチューもその例にもれなかった。その意味でも彼は、典型的なブッシュマンの男だった。がんぜない子どもは別として、男も女も一人前の大人になれば、痛いとか苦しいとかいってわめくことはめったにない。額に油汗を浮かべても、彼らは歯をくいしばって苦しみに耐え抜く。死の瞬間にいたるまでも彼らは

けっして泣きごとを言わず弱みを見せない。苦しみを柔らげるすべのないことを彼らははっきりと悟っており、泣きごとを言ってみても甲斐のないことを知り抜いているのだ。すべての恵みをもたらす自然は、同時にときとして猛威をもって人々に襲いかかり、不幸の因となる。これに対処するには、何が何でも耐え忍ぶしか方法はないのだ。

もう少し注意深くテベチューの容態を観察していたならば、あるいは彼を死なせずにすんだかもしれなかった。彼の衰弱ぶりをもうひとつ私たちはつかめていなかった。あるいは風邪薬をもっとちゃんと続けて飲ませておけば、あるいは肺炎を起こさずにすんだかもしれないし、肺炎の疑いが生じれば昨年ジューシャにしてやったように抗生物質の注射を打ってやれば治癒したかもしれないのに、と私たちはあとになって大いに悔んだ。テベチューは、ブッシュマンの男として立派に振る舞い、ブッシュマンの男として見事に果てたのだと、今となっては解釈し、自らをなぐさめるしかすべはなかった。

8　生きるとは何か

このたびのブッシュマンたちとの共同生活にも、そろそろ別れを告げなければならないときが迫っていた。冬も終りを告げ、季節は急速に乾いた夏へと近づきつつあった。私たちは身辺の整理をはじめ、最小限の持物と、収集した資料などを数個の金属のケースに詰めて荷作りをした。衣類も食料もできるかぎり人々の間に配ってしまって、身軽ないでたちで旅立とうと思っていた。一年半にわたる私たちのカラハリ生活は、長く苦しい忍耐の日々であったが、振り返ってみれば、楽しい思い出も多く、あっという間に過ぎ去った短い期間だったようにも思われる。

長期にわたるきわめて困難な条件の中での生活と、異邦人たちとのあまりにも密着した付き合いの

写真●1—44、45（左）　亡くなった仲間を埋葬するブッシュマン。

44

45

あとで、わたしと憲子は本当に疲れてもいたし、都会での便利で豊かな生活と不自由のない日本人どうしの交わりをなつかしく思うようになっていた。しかし、日本へ帰った途端に、おびただしい物質量と情報量にとりまかれたあわただしい都会生活が待ち構えているのはまちがいなく、大学の研究室におけるあの乱雑と喧騒の中での忙しい毎日を思い起こすと、いささかうんざりもした。

おそらく、わたしも妻も、カラハリ砂漠とブッシュマンたちと、そして彼らとの生活をけっして忘れ去ることはないだろう。それはあまりにも強烈な経験であったと思う。具体的な事実の積み重ねがどのようであったかは、時間の経過とともに薄らいでいくことがあっても、少なくともブッシュマンたちの自然世界への対処の仕方と彼らの精神が私たちに与えた影響は大きかった。私たちの経験は、人生の中でのほんの短い一コマに過ぎなかったかもしれない。しかし、それは私たちの心の奥底にしっかりと焼きついて消え去ることがないであろう。

一方ブッシュマンたちはといえば、これまで何万年にもわたって、彼らが築きあげ、そして営みつづけてきたあのやり方を守って、これからもずっと生きつづけてゆくことだろう。とどまるところを知らぬ巨大な文明の波が、いつかこの砂漠の最奥のところまで押し寄せてきて、ブッシュマンたちの生活が失われていってしまう日があるときまで、この人たちは、かたくなに彼らなりの生活を守って生きつづけてゆくにちがいない。

「俺は、父さんも兄貴も妹も、それからカデに住んでいる誰も彼も、ちっとも好きじゃない。俺は可愛い女房のケナマと、それからあのちっちゃな娘のダオグイだけが好きなのさ。他人はみんな自分や自分の家族のことだけしか考えないので、あんな奴らのことを考えるといや気がさすよ。」

これはある日、親友のカワマクエがわたしにそっとつぶやいた言葉である。彼もまた、自分と自分の家族のことしか本当には考えていないのではないか。カワマクエの述懐は、おそらくはすべてのブッシュマンたちの真意を代弁しているのではないだろうか。

写真●3—46　カワマクエの妻ケナマと長女のダオグイ。

それでもブッシュマンたちは共同生活を営んでゆかねばならない。それは人間が生きてゆくための必然の姿でもあった。人類の祖先が、サルとともに霊長類への進化の道を歩みはじめたときからの、それは宿命ですらあった。あの厳しい自然の中で、すばらしい適応を示して生きるブッシュマンの社会に入っていって、その単純な、おそらく人間社会の始源の姿をとどめていると思われる彼らの社会から、得るものは一体何だったのだろうか。

このまったく異なった生活様式と社会をもつ人々が、生身の人間として示す態度と、もろもろの行動において、本質的に私たちと異なるところがどこにあっただろうか。愛し合い、憎しみ合い、食わんがために営々と働きつづける人間の姿の中に、もはやそれ以上に何を探し求める必要があっただろうか。一体、何のために生きているのかといった問いかけは、もはや何の意味をももちはしなかった。そこにもまた一個の人間が生きている、という事実を知るだけで充分だとわたしは思った。

9　ブッシュマンの子ども・遊び・労働

ところで、子どもとは我々にとってどういうものなのだろう。ブッシュマンの社会の中で、自ら子育てをした体験を振り返ると、今更ながらに、家族の要と言える子どもについて、考えてみたくなる。

普通我々は、大人というものを一方の極に置いて、それに対置する形で子どもというものがある、というふうに考えているように思う。しかし、ブッシュマンの社会に身を置いて、いったい子どもらしさとか、あるいは子ども特有といえるものにはどういうものがあるのだろうかと考えてみると、「子どもしかできないこと」、あるいはこれこそが子どもの行動であるといったものが本当にあるのかどうか非常に疑問に思われてくる。つまり大人とどう違うのだろうと考えてみても、その区別が大変つけにくくなるのである。むしろ、どこかで区切を設けて、一方の側を子どもの世界、もう一方を大人の世界というふうに分けて考える、そういう操作をおこなっているのはつねに大人の側であることに気づく。大人が勝手に、これは大人の領域だから子どもは関与してはならないとか、これは子どもの領域なんだと決めつけているような気がするのだ。そういう傾向は我々に限ったことでなく多くの社会で見られると思うが、そうでない社会もある。例えば川田順造は、西アフリカのモシ族に関して、子どもは小さな大人であり、両者は一体化したもの、あるいは両者は非常に未分化な状態にあって、子どもから大人への過程は連続的なものであると報告している。[*文献142] ブッシュマンでも同じようなことが指摘できる。一方は王国を形成した農耕社会であり、一方は狩猟採集のバンド社会というふうに、生活様式が異なり、社会形態も全く異なるにもかかわらず、一面では似たところもある点に興味がわく。

文献142　川田　一九八七

こうした問題は、様々な角度から論じることが可能だろうが、「子どもとは何か」という問いにより根源的に迫ろうとすれば、人にとって生きるとは何か、その生存の要である労働という問題は避けて通れないだろう。

(1) 狩猟採集生活における労働

ブッシュマンの社会はなにかにつけ非常に未分化な状態で、分業ということはほとんどない。一人ひとりが生活に必要なすべてのことをやらなければならない社会で、職業の分化といったこともももちろんないのだが、前述したように、狩猟は男の活動であり、採集は主として女の活動であるという、性による分業だけははっきりとできあがっている。

狩猟や採集によって手に入れた食料をキャンプにもって帰ってくると、次には料理をしなければならない。生のままでたべられるものもあるけれども、多くのものは火を用いて調理をする。人間は火を使って加熱料理をするようになったために、それまでは毒性がつよくて食べられなかったものも食べられるようになって、食物のレパートリーを大幅に広げた。いまでは交易などで手に入れた金属製の鍋を使って料理することが多くなったが、それ以前は、天然の砂を巧みに利用して蒸し焼きにした。火の使用とならんで重要な料理技術は臼と杵である。*これらを用いて固いものを搗きくずすことで、ずいぶん食物の範囲を広げることができた。そしてこのような料理をするのもだいたいにおいて女性の仕事となっている。前述したように、毎日の食料が女の集めてくる植物からなっており、料理や水汲み、薪拾いなどこまごました仕事が女性によってなされる。それに対し、男性は週に二、三回狩りに出かけるのみで、それ以外のときはほとんどキャンプでごろごろしている。狩りはかなりの重労働で、暑い日盛りの中を一日中歩きまわって獲物を追うのだから、普段は休んで英気を養っているといってもよいだろう。もっとも、キャンプでごろごろしている間には、ときどき毛皮の加工をしたり、道具を作ったり修繕したりもする。槍をといだり、弓矢を作ったり、矢に毒を塗ったりして次の狩りに備えることも重要な仕事だ（第8章参照）。

住居を作ることも大きな仕事である。先述したように、野性の動植物だけに依存した生活では一ヵ所にそう長く滞在していることはできず、キャンプのまわりに食べ物が少なくなってくると、移動しなければならないからだ。食物を求めて移動を繰り返し、その先々で、雨露をしのぐための住居をこしらえていくわけだが、移動するときには、毛皮の風呂敷に一切合財の荷物を包んで背負って行く。こんなふうに運搬の手段は人力による他はないので、おのずから家財道具の量は制限され、近代的な物質文化が発達する余地もない（第4章参照）。子どもは一人では歩いて行けないから、どうしても母親のお荷物にならざるをえない。毎日の採集旅行にしても、乳幼児を一人で家に置いておくわけにはいかないから、母親は必ず抱いたりおぶったりして連れて行く。帰りには採集物の包みを背負い、薪をそ

＊　一〇九頁「アフリカ人類学百科　5」参照

写真●3―47　獲物の肉を、熱した砂の中で蒸し焼きにする。

の上に乗せて、さらにその上に子どもを乗せて家路をたどることになるので、かなりの荷物量である。

そんなふうに、乳幼児は母親とつねに密着して過ごす。食事の内容とも深い関係があるが、授乳は丸々二年間は続く。野性の植物を主体とした食事はけっして常に栄養バランスがとれているとはいいがたく、離乳食としても優秀なものではない。できるだけ長く母乳で哺育するのは一番安全な育児法だといってもよいだろう。しかもアフリカの熱帯地方には、毒蛇、毒虫、肉食動物などといった危険も多く、小さな子どもを放ったらかしにしておくわけにはゆかない。大人がちょっと目を放している間に乳幼児が焚火で火傷したり、稀に焼死したりする事故も起こる。できる限り長い間母乳で育て、そして常に母親の手元に置いておく。二、三歳ぐらいまでの子どもはまさしく母親の付属品といった印象を受ける。こういった育児方法は、子どものその後の発達の仕方にも大きく影響を及ぼしていくものと思われる。

ところがこの母子間の密着した関係は三年ぐらいするとすっかり様変わりする。それには次の子どもの育児ということも関係している。ブッシュマンでは出産間隔は三年以上開いている。下の子どもが生まれ、二人の子どもを同時に哺育していくということはこのような厳しい生活様式のもとでは不可能なことなので、どうしても上の子どもの方は手放さなければならない。母親から離れた子どもは、子ども同士の遊び仲間の中へ入って、その中で成長していく。もちろん母親は放ったらかしにして冷たくしてしまうというわけではないが、もっぱら下の方の子どもの世話に精力を注がなければならない。上の子はやや年長の子どもも含んだ遊び集団の中で、かなり自立的に行動するようになっていく。

(2) スキンシップと遊び

少し話が脇道にそれるが、母と子どもの接触が緊密であるだけでなく、大人同士の間でも体を接触

48

50

49

写真● 3 —48、49、50　採集にも乳幼児を伴う。2、3歳くらいまでの子どもは、まさしく母親の付属品と言った印象だ。

しあうことが非常に頻繁であることも指摘しておかねばならない。広大な大地の中で開放的なキャンプを作っているにもかかわらず、人々は休息したりおしゃべりをしたりするときに体をくっつけ合って座り、あるいはしばしば折り重なるように足を交差させ、肩に手をかけて寝そべったりする。写真3—51は虱取りをしているところで、菅原和孝が、行動学の視点からこの虱取り行動について詳細な分析をしているが[*文献172]このことについては後に触れる。ともかく、濃密なスキンシップは、この虱取り行動も含めて、一緒に住んでいる人々の人間関係の維持に貢献する親和的な表現形の一つといえよう。

もう一つ写真3—52はあや取りをしているところで、左手の手前の男性は二〇歳過ぎだが、すでに結婚していて子どももいる。そんな一人前の男が妻に同伴して植物採集の手伝いに行ったのだが、帰ってきてそのまま座りこんであや取りをして遊びだしているところだ。仕事をしながら、その合間にごく自然に遊びに移行する様子に注目する必要がある。またこれもしばしば見られる光景だが、木陰などで野生のスイカを食べているときなどに、スイカをボールがわりに使ってメロン・ダンスをすることがある（写真3—53）。スイカを放り投げて次の人に渡しながら女の間で踊りをするわけだが、これなども特別に決まった時間があるわけでもなく、いつでも気が向いたらすぐに自然発生的に踊りになっていく。仕事の合間であれ、あるいは休んでいる時であれ、また、大人も子どもも一緒になって遊びに興じる。

典型的な子どもの遊びも紹介しよう。写真3—54はまだ七歳ぐらいの少年だが、おもちゃの弓矢を作って狩りの真似事をしている。何人かで組を作って、トカゲやネズミや小鳥を的にして遊ぶ。これは遊びでありながら、しかし一方では将来の狩人としてのトレーニングともなっている。女の子であれば、おもちゃの小屋を作ったり、ままごと遊びをしたりして、女の子らしい遊びが見られる（写真3—55）。

文献172　菅原　一九九三

写真● 3 —51　虱取りは、女だけがするものとされており、社会親和関係を表す重要な意味を持つ。

(3) 労働と遊びの概念

このように具体的に見ていくと、狩猟採集民における労働というのは、生活のリズムの中での一定の位置づけはもちろんあるのだが、我々が考えるように朝何時から夕方何時まで働いて、あとは映画を見に行くとか、あるいは一杯飲んで遊ぶとかいうふうに区切りをもっているものではない。好きなときに、好きなだけちょっと働いて、それであるていど必要なものが手に入れば、それで仕事は終わってもよい。そして仕事の間であろうと、終わってからであろうと、いつでも遊びに移行しうる。一つには自然環境は厳しいが自然界には一応食べていくだけの食料は十分にあって、それほどあくせく頑張って余分に取ってきて蓄えなくてもよいという事情もあるし、もう一つには、そもそもたくさん取りすぎても保存がきかないということもある。いずれにしろ余分に取ってくる必要は全くなく、いつでも必要なときに必要なものが必要なだけ取れるのだという、自然と一体となり、自然を信頼しきったところから滲みだしてくる一種の楽観主義に支えられて、このような労働観が成立していると言えるだろう。

労働というのは普通、遊びとか休息、娯楽とかレジャーといったものとの対概念として考えられているが、それは我々の勝手な解釈であって、もともとはこのように大変未分化な、区切りのないものであったと思われる。だから、仕事をしている間にいくらでも遊びが入り、休息が入りうるのだろう。あるいは遊びの合間に仕事をすることができるといってもよい。そもそも狩猟や採集という行為自体が多分に遊びの要素を含んだものだという点にも注意を払っておく必要がある。スポーツとしての狩猟やレジャーとしての山菜採り、潮干狩りが現代に生きているのはその証拠である。

北村光二は、遊びというものは仮りのもの、あるいは借りものであるということを指摘している。つまり社会行動の一つを借りてきてやるもので、「遊び」独自の行動があるわけではない。スポーツ

写真●3―52　オクナ（*Ochna pulchra*）の実の採集から戻ってきた若い男（左端）が、あやとりで遊び始めた。

写真●3―53（左上）　女のメロンダンス。スイカをボールがわりに使って放り投げ、次の人に渡しながら踊る。

写真●3―54（左下）　おもちゃの弓矢でネズミやトカゲを狙うブッシュマンの男の子。

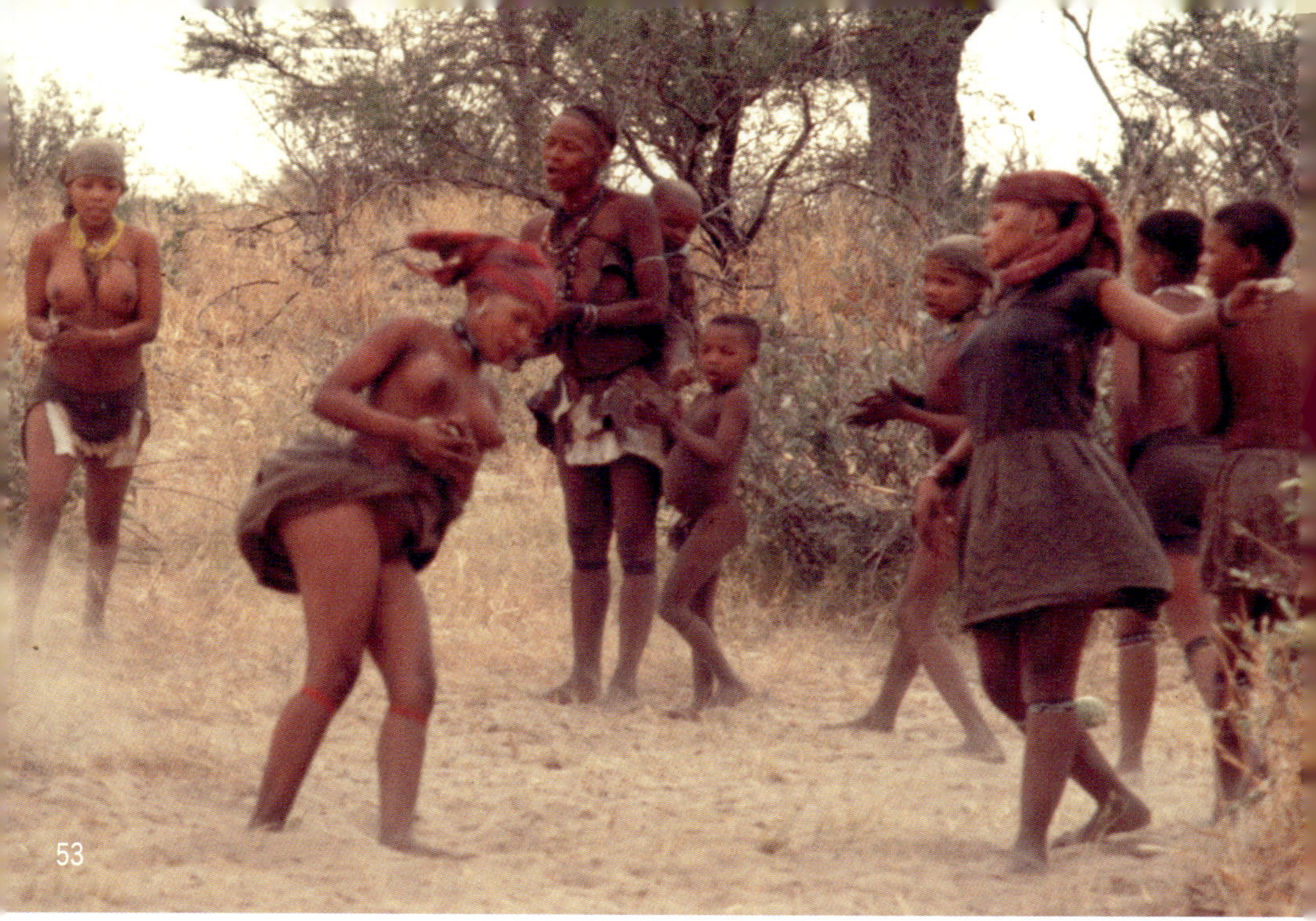
53

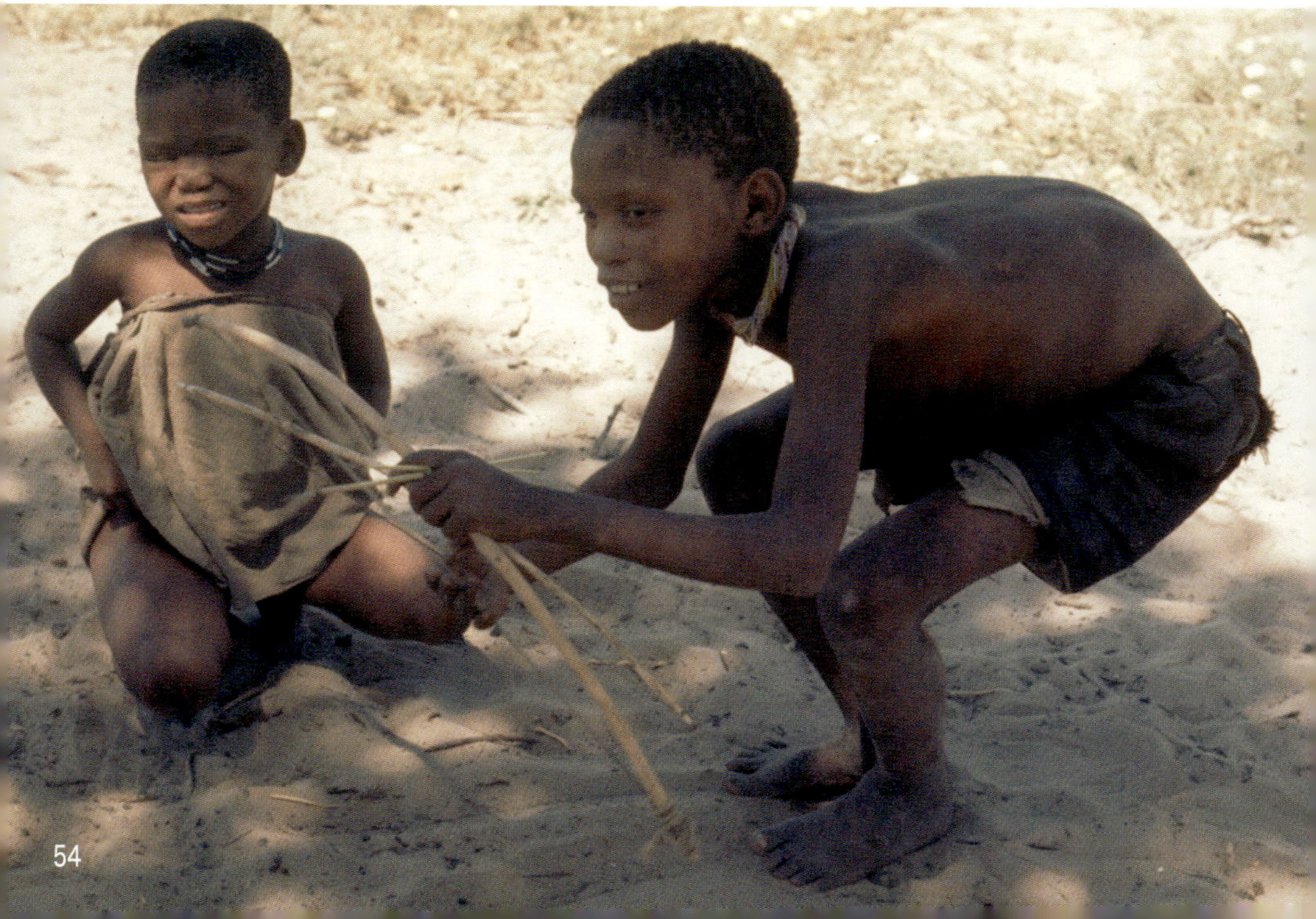
54

あるいは遊びとしてのレスリングをとってみれば、これは戦うという行動を模したもので、借りてきた、仮りの姿と言って良い。[*文献146] どうかするとすぐに真面目な喧嘩に移行し得るもので、狩猟採集民社会における労働と遊びの関係はまさにそのようなもののように思われる。

ところで遊牧民の場合、牛の世話、あるいは羊の世話をめぐって一日のスケジュールというものがきちっと決められている。また農耕民だと春に種を蒔いて、あるいは雨季に種を蒔いて、そして草取りをして、それから収穫をしてといったふうに、一年間の農耕スケジュールというものがきっちりと決まっている。その間には年中行事のようなものが入って、きっちりと区切りをつけながら生活している。進化史的にはより前の時代と位置付けられる狩猟採集生活から考えることにより、労働や遊びの本質的な関係を考えることができるであろう。

(4) 子どもの社会参加

さて本題に戻ろう。子どもと大人はどういうふうに分化、区別されているのだろうか。例えば成人儀礼というのはブッシュマンの社会にも確かにある。女性の場合は初潮を迎えるというはっきりしたしるしがあるから、これを契機として成人式がおこなわれる。また男性の場合には、初めて狩りに成功したときに、これで一人前の狩人になったという証として、入れ墨を施し、簡単な儀式をおこなう。しかし、こうした成人儀礼を迎えたからといって、彼らの行動や思考様式、生活態度などに目立った変化が現われるわけではない。むしろ外から観察していてより明確に区切りが感じられるのは、結婚して子どもができたときだと思われる。形ばかりの簡単な結婚式がとりおこなわれて男女が一緒に住むようになるわけだが、労働という観点からみた場合には、とくに独立の世帯を持ったから一生懸命働かなければならないということでもない。結婚してしばらくはまだ両親のところで食事の分け前を

文献146　北村　一九八七

写真●3—55　採取した植物の実を粉にする女の子。このほかにも、女の子は小さな小屋を作ってままごと遊びをしたりする。子どもたちは成長するに従い、遊びの中で生活技術を体得していく。

貰ったり、若者仲間で遊んだりしていて若者時代の気分が抜けきれないといった状態が続く。ところが、やがて子どもが生まれて母親となり父親となる。すると子どもの面倒を見、また独立の家族として食料その他の補給を自分たちの責任でやらねばならないという意識が芽生えてくるようである。親になったことを契機として、かなり熱心に狩りに出かけ、採集に行くようになることが外から見ていてもわかる。

もう一点、この時期に見られる明らかな変化が、呼び名の問題である。子どもができ、その子に例えばコアギュという名前を付けたとすると、両親は以後その子どもの名前によって呼ばれることが多くなる。すなわち、コアギュのお母さん、コアギュのお父さんというふうだ。用いられる子どもの名前は第一子に限られており、性別は問われない。こういったところに、気楽で責任の少ない若者時代と、次世代の子どもたちの養育と社会的責任をもった一人前の大人の時代を分離しようとする意図が表われているように思われる。

こんなふうに、大人と子どもの間に区切りはないとは言わないが、彼らの行動全般について言えば、これが子どもの領分だ、こっちが大人の領分だという区別は非常につけにくい。例えば子どももよく煙草を吸うし（写真3—57）、開放的なキャンプの中で、子どもはどのような社会的場面にも参画できる。深刻な紛争解決を論じあう場であろうと、猥雑なおしゃべりの場面であろうと、子どもだからといって閉めだされることはない。およそ子どものくせにとか、子どもだからとかいった理由で禁止される領域はないようだ。大人もまたさきほど述べたように、実によく遊ぶ（写真3—58、59）。それは狩猟採集民族だけに限ったことではなく、我々の場合には仕事の中で遊んでいるといろいろ問題が生じる場合があるので、区切りをつけて遊ぶ（もっとも遊びと仕事を同化して遊びながら仕事をするということもあろう）。夕方5時になったら遊んでよろしいとか、休日はゴルフに行ったりスキーに行ったり、あるいは何かの足しになるのかどうか分からないけれども一生懸命マージャンで徹夜をしてみたり、

写真●3—56　糸を巻きつけてビー玉ほどの球にし、約一〇センチの紐をつけて先に羽根一枚をとりつける。棒で紐を引っかけて放り投げ、羽根がくるくると回りながら落ちてくる様を楽しむ。

写真●3—57　子どももパイプタバコを吸う。

実によく遊ぶ。もっとも、狩猟採集民の場合には、大人であっても労働と遊びというものの区別をそれほどする必要がないから、子どもの遊び方とあんまり変わりがない。興味深い観察例をいくつか紹介しておこう。

ブッシュマンが毒矢に用いる毒は地中に住む一種の甲虫の幼虫で、これをつぶして体液を矢に塗るわけだが、その残ったものを五〇歳を過ぎたおじさんが、近くで捕まえてきたフンコロガシの頭と背中のつけ根のところに棒きれで傷をつけ、塗り込んでいる。どんなふうに弱っていくか、死んでいくのかとでも思っているのか、一生懸命毒を塗りこんでは歩かせ、そうして遊んでいる姿が印象的だった。また別の例だが、羽根つきのような遊具があって、七、八歳から二〇歳前ぐらいまでの男の子がよく遊ぶものがある。この遊具を、やはりもう五〇歳にもなった大の大人の男が、三〇分ほどもかかって夢中になって作っている。当然子どものために作ってやっているんだと思っていたところ、出来上ってみると子どもにあげるのでも何でもない。自分でそれを使って遊びだした。あるいは年配の女性が、食器として使っているホーロー引きのボウルを、突然頭に被って歌をうたい踊りだすというような場面もたびたび見かけた。

ともかく、労働と遊びがきわめて連続的であるということは、すなわちそれぞれの担い手となる子どもと大人の境界も連続的であるということと裏腹の現象だと言って良い。子どもと大人の連続性という点に関して言えば、人々の抱く子ども観というものも大きく影響している。子どもの人格というものを、一人前とまではいかないけれども、一人の人間としてその立場を非常によく認めてあげているると思われるのだ。北村光二が観察した例に、次のようなものがある。母親が一キロメートルぐらい離れた水場へ水汲みに出かけようとする場面なのだが、三歳ぐらいの子がついて行こうとして駄々をこねる。バケツを頭の上に乗せてバランスよく歩かなければならないので、ヨチヨチヨチ歩きの子どもがいては歩調を合わせて歩くのはむずかしいし、抱いて歩くには大きすぎる。それで母親は、「駄目、

写真●3―58（左上）　ゲムスボックの踊り（一九三頁「アフリカ人類学百科　7」参照）は夜になっておこなわれることが多いが、時に、真昼から踊って遊ぶこともある。そんなときは、自然に子どもたちも参加する。

写真●3―59（左下）　一〇歳にもなれば、罠猟に付いていく。

58

59

帰りなさい」と言って追っ払うわけだが、それでも子どもは言うことをきかないでついて行こうとする。我々の世界なら頭ごなしに叱りつけて、子どもは泣いてべそをかきかき帰るということになるかもしれないところだが、ここでお母さんはその辺に落ちている骨のかけらを拾って子どもに投げつける。冗談半分の動作で、ついてくるなという一つのジェスチュアなのだが、そうすると子どもの方も一人前に同じように骨のかけらを拾って母親に投げつけて抵抗しようとする。何回もそういったキャッチボールがなされるのだが、その様子は大人と子どもが全く対等にやりあっているという感じだという。そのうちに子どもはついにあきらめて家に留まった（北村光二私信）。

ブッシュマンの社会は、性別や年齢に応じた若干の分業や役割分担などがありながらも、全体として大変平等で区別の少ない社会である。しかし、逆説的に聞こえるが、実は表現形式としては小さな差異をもことさらに強調しようとする傾向が一方にはある。現実の世界とは裏腹に、男と女の差を強調し、子どもか大人かの区別を表現上ははっきりと示そうとする。何かにつけ、「お前は子どもだ」。そして「自分は大人で、一人前だ」。それを事あるごとに言う。これは大人同士、そして年齢的に近いもの同士の間で言われることが多い。男女間の問題にしても、狩猟と採集の分業を除いて、地位上の差異はあまりないにもかかわらず、現実の生活場面では男同士、女同士がそれぞれ一緒にいて、分離する傾向がある。虱取りの話でいうと、虱取りをしてあげる方は圧倒的に女性であって、男性はほとんどおこなわない。そして虱取りは女がするものであるということをはっきりと言う。そういうふうに現実に大変区別の少ないところでこそむしろ差異を表現しようとしているようだ。そこには平等主義の無秩序さを整理して、少しでも差異をきわだてようとする、社会秩序の維持のための配慮が働いているのだと思われる。不平等性の原点といったものは、こんなところにあるのかも知れない。

■アフリカ人類学百科　7

ブッシュマンの文化を記録する

▼1　岩面壁画

タンザニア以南の南部アフリカには、紀元前四〇〇〇年以前から一九世紀の最近まで描き続けられてきた一〇万点以上に及ぶ岩面壁画が残っている。バントゥ系の農耕民や欧州からの入植者たちに迫害されカラハリ砂漠に追い込まれる以前に、南部アフリカ地方に広く住んでいたブッシュマンによって制作されたものである。

これらの壁画は動物と狩りをモチーフとしたものが圧倒的に多いが、踊りや音楽、戦闘、雨ごい、埋葬、成人儀礼といった社会生活の断面を表すさまざまな描写も、生き生きとした筆致で描かれている（一〇七頁「アフリカ人類学百科　4」参照）。

壁画が見られる場所は多くの場合、険しい岩山の中腹で、巨大な岩塊が覆いかぶさるようになった天然の岩小屋などである。山すその平原に住んでいた人々が、成人を祝う儀式などのためにわざわざ急峻な岩山をよじ登っていったのだろう。年代によっては、写実的な描写と並行してデフォルメされた動物の姿が刻まれ、渦巻き模様や直線による線画、点画など抽象画の技法も施された。

▼2　歌と踊り

しかし、現在ブッシュマンが住んでいるカラハリ砂漠は、草と低木に覆われるばかりの赤茶けた砂の大地である。そこには岩というカンバスがなく、絵画芸術の伝統は完全に失われたま

写真●1　ブッシュマンの初潮儀礼、エランドの踊り。少女が初潮を迎えると、女たちは彼女の成人を祝って踊る。エランドは大型の肉付きの良い脂ののったレイヨウで、多産と安産のシンボルである。

写真●2　ブッシュマンの男たちのダンス遊び。

まだ。現在の彼らの姿からはうかがい知れない芸術の息吹が、太古から横たわる岩の表面に刻みつけられている。

アフリカの狩猟採集民の世界に今なお輝かしく生き続けている芸術は、歌と踊りである。エジプト古王朝の記録に「ナイルの源の樹木の国」に住む「神の踊り子」として既にその存在が記されているのが、コンゴ盆地の森の中に住むピグミーのことだ。一六ビートのリズムに乗せて演じる見事なポリフォニーは、ルネサンスの大作曲家パレストリーナの合唱曲と相通じるものがある。現代音楽を先取りするものとして、今大きな注目を浴びている。

ブッシュマンも音楽をこよなく愛し、この人たちのいる所には、常に歌と踊りがある。歌と踊りは病気の治療や儀礼のためにもなくてはならないものであり（次項「アフリカ人類学百科8」も参照）、現在では近隣に住む農耕民たちのお祭りのイベントとしても不可欠のものとなっている。

▼3　クリック言語

ピグミーは、何百年にもわたる農耕民との共生の過程を経て固有の言語を喪失してしまったが、ブッシュマンは幾つもの方言グループに分かれながら、独特のクリック言語を用いている。彼らのおとぎ話や昔話、創世神話は、世代を超えて口づてに語り継がれてきた。

いずれの物語にも共通する特徴は、登場者たちのほとんどが動物であり、それぞれの動物としての特徴を持ちながら常に人間として振る舞っている点である。その昔動物と人間は不可分な存在であり、動物が人間と同じ振る舞いをするかと思えば、人間もまた知らぬうちに動物に成り代わっている。神もまた多くの場合人間の姿で現れた。

お話は身ぶり手ぶりを交えて進行し、それぞれのジェスチャーは登場する動物たちの行動を実によくとらえている。しかも、クリック言語の独特な音は、動物たちの所作や鳴き声の模倣に極めて効果的な働きをしている。

文字を持たない社会では、人々は口頭伝承によって歴史を記憶し、自然観、世界観を共有する。しかし、消滅の危機を迎えている狩猟採集文化を記録し引き継いでいくため、彼らの言語を文字化する運動が近年やっと動きだした。大きな文化振興運動になるまではまだ時間がかかるが、失われつつある彼らの文化を伝えていく運動は始まっている。

■アフリカ人類学百科　8

踊りの治療

先述したように、ブッシュマンは、はるか数千年来、見事な岩壁画を描きつづけてきた偉大な芸術家として、有名な人々である。

いまでこそ、彼らはカラハリ砂漠の奥地に追いつめられて、少数のもののみが生き残り、そこは砂ばかりの大地でキャンパスとなる岩壁もないために、絵画の伝統はまったく消滅してしまっている。彼らがかつて偉大な芸術家であったことの唯一の証は、いまもなお盛んにおこなわれる歌と踊りである。人々は日中の仕事の合い間に、あるいはキャンプでの休息のかたわらに、絶えず歌の断片を口ずさみ、指ピアノを奏でてリズムをとる。女たちは四、五人も集まれば、手近の野生スイカを拾ってきて、輪になって踊りながら器用にスイカを放り投げ、うしろに続く踊り手の一人に受けわたしてゆく。もちろんスイカの踊りにはそのための特別の歌がある。

ブッシュマンの歌のレパートリーは膨大なものであるが、歌詞のともなうものはきわめて少なく、ほとんどのものが「アーオーアーオーエー」といった意味をなさない音声によるものである。歌はそれぞれに異なったメロディとリズムによって構成されており、そのリズムは複雑な手拍子に支えられて補強されていく。

歌と踊りが人々の精神を高揚させ、あるときには鬱積した不満や怒りを沈静させる効果をもつであろうことは私たち自身の体験からも容易に察せられるが、事実、ブッシュマンたちのある種の歌と踊りには想像以上の効力が秘められている。それは「ワイルデビーストの踊り」、「ゲムスボックの踊り」、「キリンの踊り」と時代につれて変遷を重ねてきた治療の踊りであり、その名が示すとおり、狩りの成功を祝うための踊りでもある。

狩りの踊りは、移動をたび重ねる人々が、数十人ぐらい集

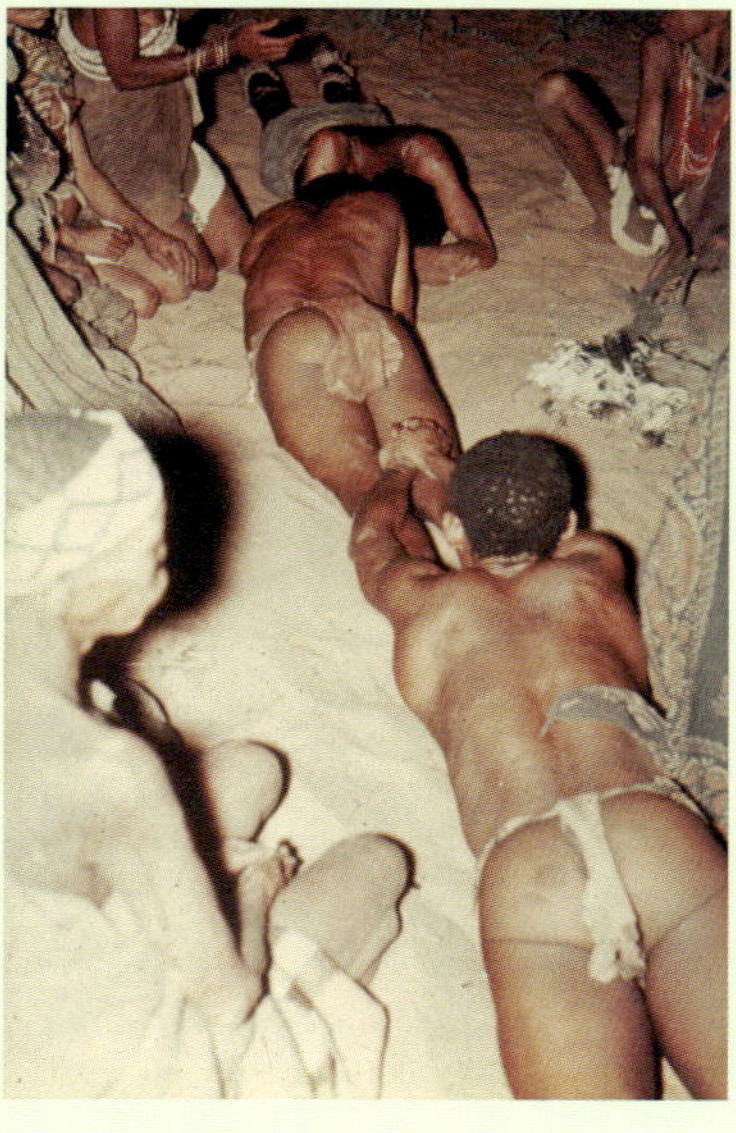

写真●1、2　ブッシュマンの治療ダンス。ゲムスボックの踊り。狩りの踊りはブッシュマンの最大の娯楽だが、同時に、病気や災厄を取り除く呪術的な役割も果たす。踊りの中でトランス状態になった男は、キャンプに満ちていた悪霊を取り込んだために仮死状態になったと説明され、火を近づけて悪霊を追い払うと、男は蘇り、キャンプには平安が訪れる。

まってキャンプが大きくなったとき、そして狩りが成功してたっぷりとごちそうが手に入ったときなどによくおこなわれる。この踊りは夜に入ってから始められることが多く、興が乗ればやがて夜を徹し、翌日陽が高く昇るころまで続くことも珍しいことではない。女たちは小さな焚火を囲んで輪になって座り、手拍子をとり、そして歌をうたう。男の踊り手たちが女の輪の外側をゆっくりと踊ってまわる。頻繁に裏声のまじったかん高い女の歌に、男たちは動物のうなり声を擬した低音の響きで呼応する。男たちの踊りは単調だが力強いステップを用いた全身の踊りである。強い男性の踊り手たちは、か弱き女性や病人のからだから悪霊を吸いとり、やがてトランス状態に陥って失神する。悪霊が男のからだに充満し、彼は一時的に気を失ってしまうのである。仲間に介抱されて意識を回復したときには、男のからだからは悪霊は退散する。すなわち、キャンプの中からはすべての悪がとりはらわれ、浄化されることになる。ブッシュマンはこのように信じているので、人々の世界に再び安全と平安が訪れてくるのである。

■アフリカ人類学百科　9

定住化以前の環境・衛生・人口動態

後述するように、ブッシュマンの暮らしは、この五〇年間で急速に変容した。したがって、一口にブッシュマンの暮らしと社会と言っても、それがいつの時代の報告なのかによって、大きく異なる。そこで本書では、ブッシュマンに限らず、私たちが調査した対象について、時代ごとに概観をおこなうようにする。私が調査を開始した一九六〇年代のブッシュマンに関する概観は第二章で述べたが、ここでは、主に七〇年代の調査に基づいたブッシュマンの基本的データを紹介する。

当時、ボツワナ中央部に位置するセントラル・カラハリ・ゲーム・リザーブのカデ地域は、CKGRの中でももっとも人口密度の高い地域であり、約五〇〇名がこの地を少なくとも遊動域の一部とし、うち約二〇〇名は常時カデ地域で生活していた。

リザーブ内に住むブッシュマンは、一〇〇パーセント狩猟と採集による自給自足生活を営んでいたが、人口学的資料自体については、ようやく調査地域全般にわたる総人口と居住集団（キャンプ）の配置の概略が明らかになったにすぎず、その年齢構成、婚姻関係、出自等、まだ詳細にはつかめていなかったことに留意する必要がある。基礎となった調査は一九六六年一二月より一九六八年三月までの一六ヵ月間、一九七一年五月より一九七二年八月までの一六ヵ月間であるが、実際にカデ地域で調査に従事したのは一回目に七ヵ月間、二回目に一五ヵ月間の計二二ヵ月間である。

▼1　環境

森林（tropical forest）→サバンナ・ウッドランド（savanna woodland）→砂漠（desert）というアフリカの植生の乾湿系列からいうと、カラハリはサバンナ・ウッドランドと砂漠の中間地帯、半砂漠（semi-desert）に位置づけられる（図1）。カデ地域は、およそ南緯二二度三〇分、東経二三度一五分に位置し、

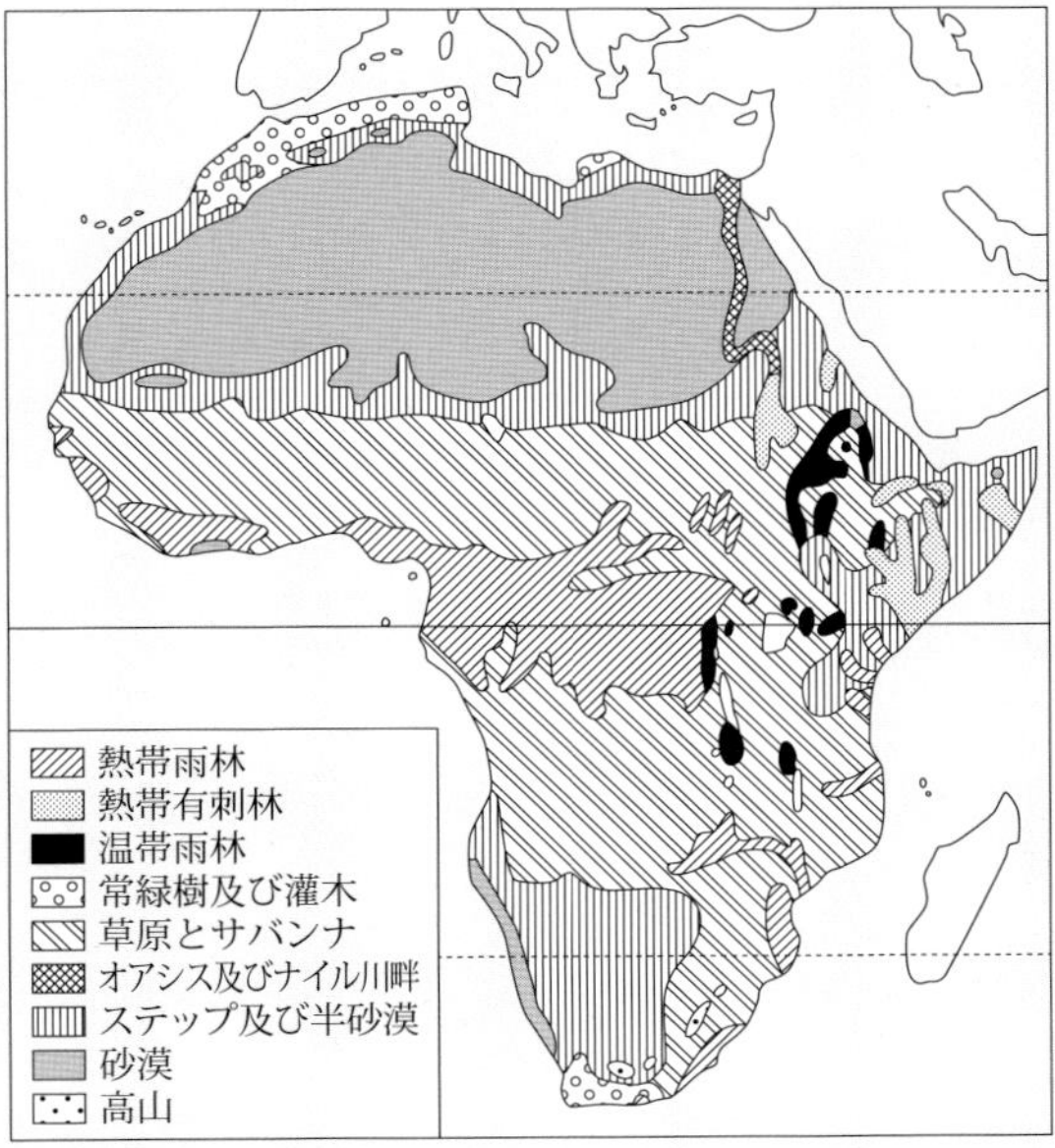

図●1　アフリカの植生

海抜約一一〇〇メートルの内陸高原にある。大陸性気候で、降雨量は少なく、寒暖の差が著しい。一年は大きく雨季と乾季に分けられ、雨季は一一月～三月、乾季は四月～一〇月であるが、雨量および雨の降る時期は年により差がある。乏しい年間総雨量の七〇～九〇パーセントは雨季に集中して見られ、乾季中、ことに六月～九月にはほとんど雨が降らない年が多い。一九六一年から一九七一年までの資料によると、年間降雨量の最低は一九六四年の一七一・一ミリメートル、最高は一九六三年の七八八・九ミリメートルであり、一一年間の平均は三九一・七ミリメートルである（表1）。一日の最高最低の気温差は一年を通じて二〇度前後ある（表2）。雨季中湿度の高いときは、気温差は当然小さくなる（一〇度ぐらいのときもある）が、九・一〇月など乾燥しきった時期には三〇度ぐらいの差が生じることがある（日中気温四〇℃、夜間最低一〇℃ぐらいの変化を示すことがある）。また通年では約五〇度の気温差がある。調査期間中の最高は一九七一年一〇月二九日に四三℃、最低は一九七二年八月四日に零下九℃を記録した。乾季だけにかぎらず、一年を通じて、概して、乾燥している。雨は何日にもわたって降り続くことは稀であり、普通、短時間の土砂降りのあとカラリと晴れあがり乾いてしまう。風は一年中を通じて強い。現在では地表は一面に草や灌木に覆われているので風が砂を吹きとばして

表１　11年間の年間降雨量（1961～71）、ハンシー測候所記録より。

	'61	'62	'63	'64	'65	'66	'67	'68	'69	'70	'71	平均
雨量	381.0	252.1	788.9	171.1	304.0	359.3	626.0	580.7	260.3	323.2	257.7	391.7

表２　月別平均最高気温、最低気温および１日の気温差の平均。（ ）内の数字は観測日数

	Jun.	Jul.	Aug.	Sep.	Oct.	Nov.	Dec.	Jan.	Feb.	Mar.	Ap.	May.	１日の平均気温差（通年）
最高気温の月平均	26.3 (10)	26.2 (17)	29.0 (1)	36.2 (17)	37.8 (25)	36.5 (23)	36.1 (21)		34.6 (24)	33.5 (6)		30.0 (1)	
最低気温の月平均	3.1 (10)	1.6 (20)	0.0 (1)	9.8 (16)	14.0 (25)	17.9 (23)	19.0 (19)		17.2 (22)	19.5 (6)		5.0 (1)	
１日の気温差の月平均	22.9 (9)	24.0 (17)	20.9 (1)	26.6 (16)	23.0 (24)	18.4 (22)	16.0 (18)		17.4 (22)	14.6 (5)		25.0 (1)	20.8 (135)

地形を変えることはないが、乾燥しきった軽い砂や埃が舞いあがって、空中の低いところに漂っていることが多い。

▼2　人口

狩猟と採集によって生活するブッシュマンは、小グループに分かれて、非常に広大な領域を遊動し、しかも、それぞれのグループはかならずしも一定のメンバーで構成されておらず、地方により差はあるが、多かれ少なかれ、離合集散をおこなっている（＊文献17・30・31・33・37・38・39・56・63・73・188・189・190）。したがって、カデ地域を主たる、あるいは部分的に遊動域としている人々五〇〇名余のポピュレーション・センサスを完璧におこなうためには、繰り返し、広域に分布するキャンプを訪問し、その都度異なった場所で、異なった組合わせからなる集団の一人ひとりを識別する必要がある。さらに、ブッシュマン語には四以上の数字がないことからもわかるように、彼らは数の観念に乏しく、乳幼児を除いて、全員、自分たちの年齢を知らない。子どもについては、まだしも、身長の比較や相対年齢からの推定により絶対年齢を割りだすことが容易であるが、二〇歳台の後半を過ぎると、一般に、しわが多くなりふけて見えるうえ、しわの出方に個人差もあるので、年齢を推定することはますます困難な仕事となる。人々の記憶に残っている過去のできごとのなかで、幸運にも年代の判明するもの（干ばつや大雨、天然痘などの流行、白人の旅行者や政府の調査員などが訪れたこと、町へ出た人がたとえばなにかの記念祭にでも出くわしたこと等）を時間の経緯をたどって配列し、カレンダーを作ったうえで、個々の人々について、どの事件の起こった頃に生まれたのか、あるいは、どの事件の頃には何歳ぐらいだったのかというふうに、相対年齢を絶対年齢に近づける膨大な努力が要求される。

カデ地域において一度でも出会ったブッシュマンの総数は五二八名であり、その内訳は表3のとおりである。このうちの二〇〇名余りが常時カデ地域に住んでおり、残りはこの地域内に移動してきて短期間だけキャンプしたり、一時的な訪問をおこなったりしたものである。カデ地域に常住している人々の人口は、二度にわたる調査期間のあいだにほとんど変動はなかった。カデ地域を主たる遊動域にしている人々の大部分については個体識別ができており、おおまかな年齢推定も可能なので、これを図2、

表3　調査期間中（1967.9〜68.3、1971.5〜72.8）に出会ったセントラル・ブッシュマンの総数

既　婚	男	143
	女	137
未　婚	男	116
	女	113
性・年齢等不明		19
計		528

3に示す。

　一九七一年一〇月現在のカデ地域住民の総数は二二一名で、図2は全員を一〇歳ごとに分けて示し、図3は二〇歳未満の人たちについて一歳ごとに示している。

　リザーブの中に住むブッシュマンは約一〇〇〇名と考えられるが、そのうちのおよそ半数がカデ地域とその周辺に分布している。図4はカデ地域住民の遊動域とおもなキャンプ地を示したものであるが、地図上の概算により、遊動域の面積はおよそ四〇〇〇平方キロメートル、そして、その範囲内に普段居住しているのは二二一名であるから、人口集中の大きいカデ地域においてさえ、人口密度は一平方キロメートル当たり〇・〇五人と稀薄であることがわかる。

　図2、3に示される年齢分布は、筆者が外見から判断した推定年齢をもとにしたものであり、とくに二〇歳以上の人々については、年齢を過大評価している可能性が大きい。シルバーバウアーによれば、「ブッシュマンは、ふけるのが早く、四五年以上生きるのは稀である」といわれるからである（＊文献56）。写真1に示す婦人は、撮影当時（一九七二年）四歳の曾孫をもち、明らかに六〇歳を越えていると思われる。実際の年齢は七〇歳ぐらいであろう。この例が示すように、健康で、致命的な病気その他に打ち勝って長生きする例はシルバーバウアーが考えた以上に多いと私は考える。

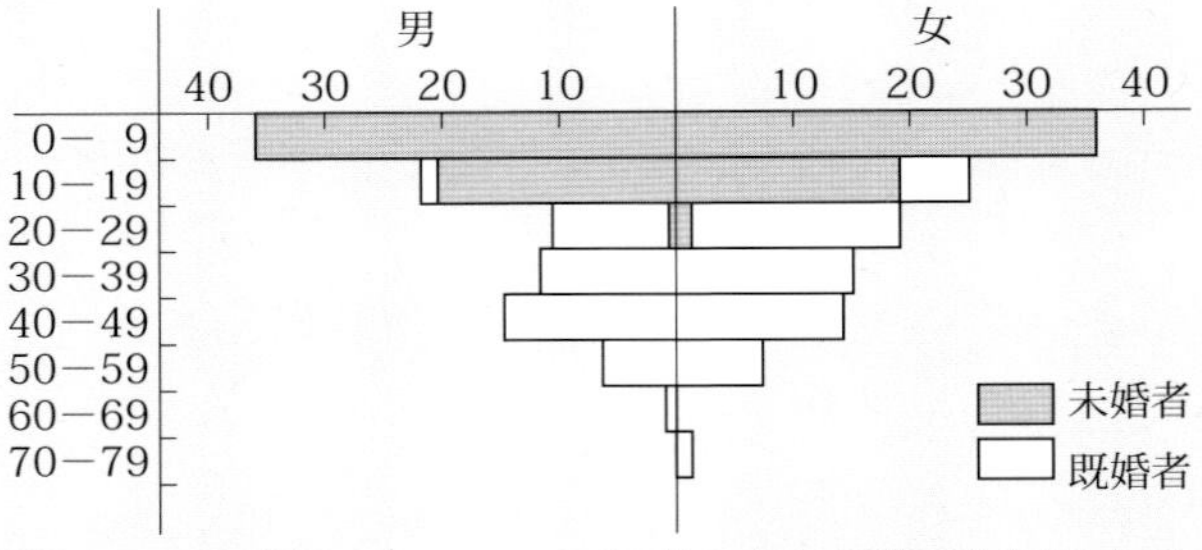

図● 2　≠Kade地域のブッシュマンの人口構成（1）（10歳ごとにあげたもの）

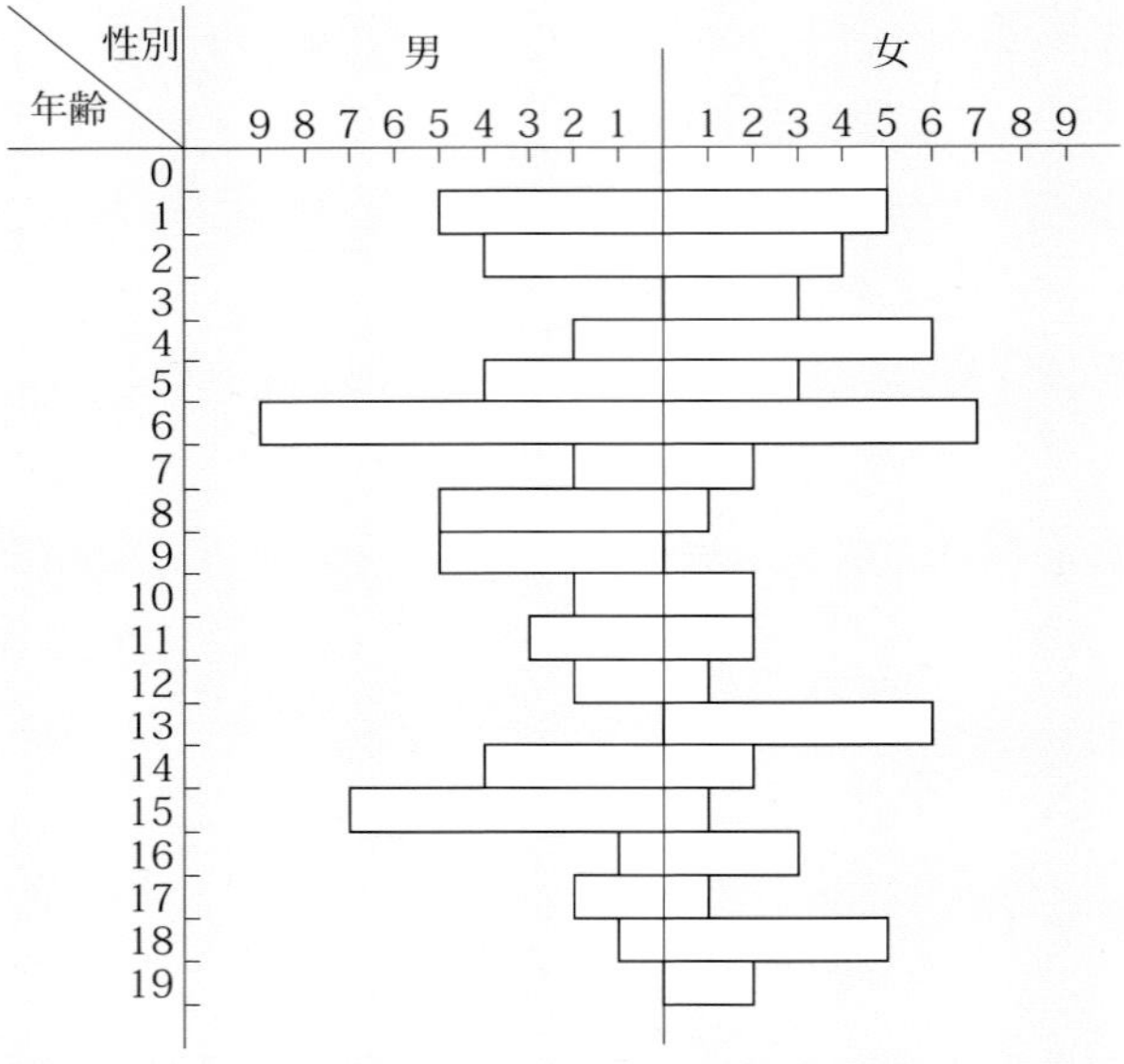

図● 3　≠Kade 地域のブッシュマンの人口構成（2）

写真● 1　中央の老婆は二人の曾孫があり、70歳を越えると思われるが、必要な食料や燃料は自分で集めてくる。

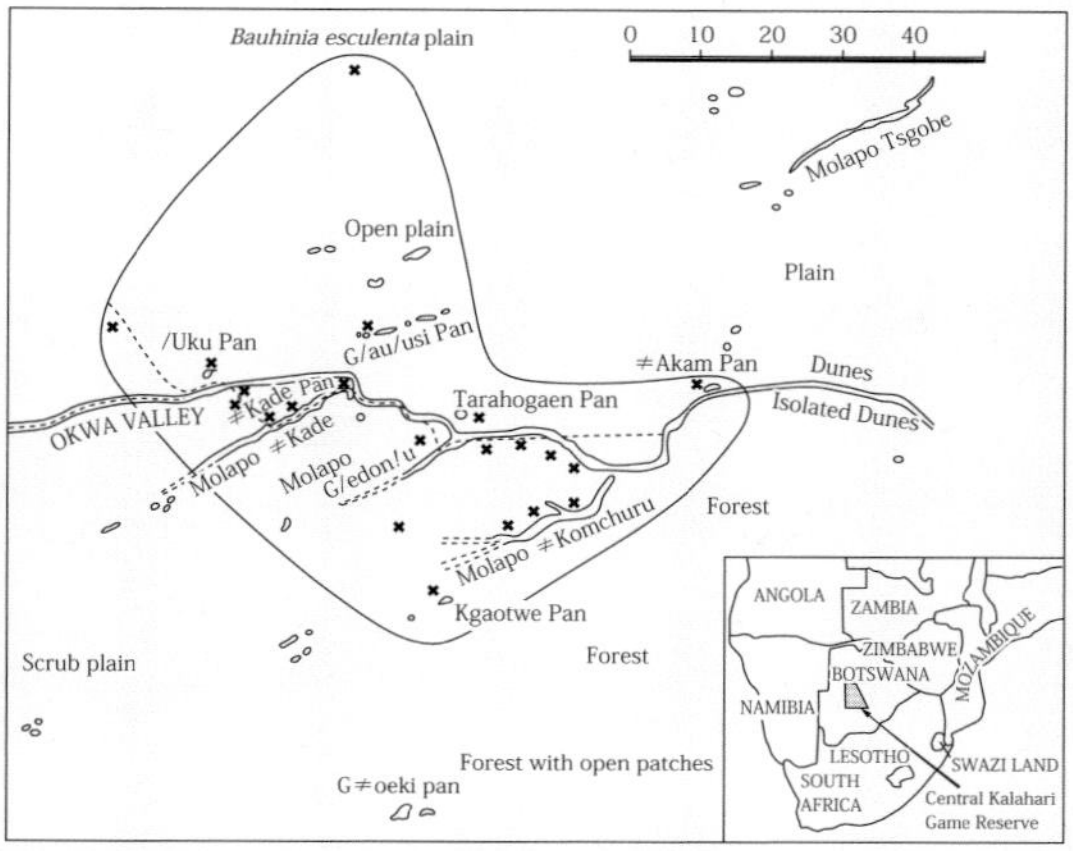

図● 4　≠Kade 地域のブッシュマンの遊動域、およびおもなキャンプ地の位置、×印はキャンプをを示す

調査期間中の出生と死亡については、第一回調査の七ヵ月間に三名の出生を記録し、第二回調査の一五ヵ月間には、七名の出生と六名の死亡を記録した。ただし、出生数は生産のものに限られている。

▼3　食物、水

食物は一〇〇%野生動植物に依存しており、動物性食物と植物性食物の摂取量は重量比で、動物一に対し植物四の割合である。熱量の点からいえば、性年齢の区別による住民構成を考慮した一人一日当たり平均必要熱量一九七五キロカロリー（＊文献32・68）をもとに算出された理論値）に対して、カデ地域住民の摂取量は一人一日当たり約二〇〇〇キロカロリー（一八〇〇～二三〇〇キロカロリー）という値がでている（＊文献190）。ところが実際の食生活においては、毎日二〇〇〇キロカロリーずつ一定して摂っているわけではなく、あるときには大量に食べるかわりに、つづく三日間なり一週間なりは、わずかしか食べないというケースが多く、摂取された食物の総カロリーが有効に使われているとはかぎらない。とくに動物の肉は一～二週間に一度ぐらいの割合でしか摂られない。また季節的にいっても、雨季の終りごろの食物の豊富な時期、とりわけ、バウヒニアの

写真●２、３　ブッシュマンを調査中のジョージ・シルバーバウアー。南アフリカのウィットウォーターズランド大学で文化人類学を修め、英国のベチュアナランド保護領（Bechuanaland Protectorate）の行政官としての任務にあたりながら、20世紀半ばの、すなわちボツワナやナミビアが独立し近代化が進行する以前のブッシュマン社会について、貴重なデータを残した。その後はオーストラリアのモナシュ大学で文化人類学を講じた（写真提供：Dr Letitia Xade Silberbauer）。

ような脂肪、たんぱく、でんぷんに富んだ食物が得られる季節には問題ないが、八月～一一月の乾季の後半にみられるように根茎ばかりを食べる季節には、明らかに慢性的な栄養不足が続く。シルバーバウアーによれば、とくに、乾季の終りから雨季の始まりにかけて食物が不足するとき、ビタミンA、B、C、D、E、K不足の徴候が見られるという（＊文献56）。

カデ地域には恒常的に水の得られる川、池、泉のようなものはなく、表1よりわかるように雨は少なく、しかも雨季に集中して降る。はげしい降雨ののち数日間はところどころの凹みに水が溜まるので、水の得られるのはその時期にかぎられる。それは一年間に三〇日から六〇日にすぎない。この水溜りは動物にとっても貴重な水源なので共用される。泥水になるところが多く、そこへ動物の糞などもまじってさまざまな有機物質が含まれている。ブッシュマンは、同じ水溜りの水で身体を洗う。両手以外の身体各部を洗わない人も多いが、水が豊富にあれば、全裸になって汗、垢を洗い落す人もいる。

溜り水の得られないとき、彼らは、メロン、多肉植物、根茎など水分の多い植物性食物を多量に摂って水分を補給するが、こうした植物は、また、水をしぼりとって手や顔を洗うのにも使用される。この用途にはスイカの果肉がもっともよく使われる。動物の胃の内容物も飲用、手洗い用に用いられる。ブッシュマンは身体の汗、垢による汚れを気にかけないが、手だけは頻繁に洗う。とくに、毒矢に用いる毒を処理したあとは、かならず手洗いをし、水や植物の汁などがないときには尿を用いる。

▼4　衣服、住居

ブッシュマンの衣服は、若干の交易品を除きすべて皮製である。男はふんどし、女は陰部を覆う二〇×二〇センチメートルぐらいのエプロンと臀部を覆うための腰巻をする。上半身は男女とも裸であることが多いが、寒いときには肩かけを用いる。子どもは二〜三歳までは素裸でいることが多く、一〇歳ぐらいまでは、男では三角形の、女では正方形の小さな皮を陰部の前に申し訳ていどに垂らしている。

住まいは丸太を組んだ上に草を葺いたドーム型の粗末な小屋であり、草葺きのすき間から風はよく通るが、雨漏りはあまりしない。日中の暑いときには、したがって、涼しい日覆いになるが、冬の寒い夜には風が吹き抜けて寒い。ブッシュマンたちは小屋をあまり使用せず、大部分の時間を戸外で過ごす。天候の悪いときや寒いときに小屋を使うに過ぎない。夜は夏でも二〇℃を下回る涼しさになるので、ゲムスボックなどの大きな毛皮をふとんがわりにかぶって眠る。冬には小屋の中に小さな焚火を作り、終夜燃やし続けて眠る。

▼5　衛生状態

カデ地域のブッシュマンの衛生状態は一般に良好であるといえる。その理由のおもなものとして、第一に、カデは外界から隔離されていて、最寄りの町ハンシーの農場へも、バントゥの定住村落ツェツェングへも、それぞれ一五〇キロの隔りがあること。第二に、人口密度の稀薄なこと、第三に、頻繁に移動してキャンプ地を変えること、第四に気候条件があげられる。

まず、他の人間との接触がほとんどないので感染の機会はきわめて少ないし、人口密度が低いので、流行の可能性も少ない。また、一ヵ所に長くとどまらないので廃物等も貯まらず、病原菌などがはびこりにくい。気候については、乾燥と強力な太陽光線がたいていのバクテリアやビールスの生存にとって好ましからぬ条件を作っている。また、冬の寒さはそれら微生物の生育や繁殖を抑制する役目を果たす。

こうした生活環境のなかでも、ブッシュマンの保健衛生上の問題点はなお若干残っている。それらは、(1)排せつ、(2)食物の汚染、および、(3)接触感染、空気感染等である。

排せつはキャンプから一五〇メートル以内の灌木の陰などで

おこなわれ、排せつ物が埋められることはないので、これが感染源となる可能性がある。ただし、普通は短時間のうちに乾燥するし、雨季中湿度の高いときには、数種のフンコロガシが短時間のうちに飛来し、これを地中に埋めてしまうので、たいして問題にはならないようである。

植物性食物は、豆類やメロンの種子を除いて、採集後二四時間以内に消費されるので問題はないが、肉はしばしば乾燥保存される。細切りの肉は二〜三日で乾燥し、太陽光線によって滅菌されるが、切り方の部厚いところ、または雨が続いて湿度の高いときなど腐敗することがある。私たちの常識では腐敗して悪臭を放ち、とうてい食べられないと考える肉でも、彼らは平気で食べる。腐敗がひどすぎた肉を食べてひどい下痢と腹痛を起こした例は一例だけ記録した。

肉はけっして生で食べられることはなく、かならず焼くか煮るかしてから食べられる。料理された肉は人数分に配分され、各人の場所まで運ばれるが、その過程では何人もの人手を経るうえ、実際に食べられるまでの間にはかなりの時間が経過する。その間に汚染される危険性は多分にある。

ブッシュマンは、普段、陰部付近を覆っただけの裸に近い状態で生活しており、皮膚病などの接触感染の可能性は高い。とくにキャンプでは、焚火のまわりを身体を接しながら坐っている時間が長い。他人の面前で咳やくしゃみをするのが悪いという観念はないし、向かい合ってつばきを飛ばしながら大声で話すことが多いので空気伝染の機会も多い。食器や装身具などはすべての人々の間で貸し借りされ、タバコのパイプは焚火を囲んだ人々の間でまわしのみされる。このような生活様式をもつ人々のなかでは、一旦伝染病が入ってくれば、キャンプ全体に広がる危険性は非常に大きい。

▼6　病気と医療

カデ地域のブッシュマンは概して健康である。倉知康によれば、ブッシュマンの血圧は低く（男女別の平均血圧は、ナロの成年男子で一一四／七五、成年女子で一〇五／六八、クンの成年男子では一一一／六七、成年女子では一一〇／六八）、虫歯等歯科疾患はないという（＊文献151）。また、C・H・ウィンダムとJ・F・モリソンまたJ・S・ワードらによれば、ブッシュマンの高温や寒冷に対する適応はヨーロッパ人に比べてすぐれているという報告がなされている（＊文献79・82・83）。

カデ地域に見られる病気や障害のうちで多いのは、風邪、結膜炎、しらくも、病名不明の皮膚病（身体の各部に慢性的な発しんが生じ疼痛がある）、栄養障害、外傷などである。

風邪は一旦もちこまれるとたちまち蔓延する。空気が乾燥していて埃っぽい上に日中と夜間との温度差が大きいので、呼吸器を冒され易く、咳のひどいことが多い。同様の理由で、風邪をひいていないときも咳のひどい呼吸器疾患をわずらっている人が多い。洗顔等によって目を清潔にしておくことがなく、空気が埃っぽいので、結膜炎が多い。トラホームも存在する。皮膚病は、身体の洗浄をおこなわないのと接触感染により蔓延している。しらくもは子どもに多く、重症患者は白いかさぶたが二ミリメートルくらいの層になって頭皮全体を覆い、頭髪はなくなる。

裸体にひとしい姿で野外活動をおこなうので、外傷はきわめて頻繁に起こる。トゲや小枝による刺傷、擦傷、打撲傷、ナイフなどによる切り傷が多く、それらがもとで化膿することが多い。骨折、ねんざ、脱臼も稀に見られる。獲物を追って灌木林などを疾走するので眼球の傷も見られる。

結核も存在すると思われ、咳きこんで血痰を吐いたり胸部の痛みを訴える人が多いが、気管支炎等他の疾病との区別はつかなかった。腹痛を訴える者もときどき見られるが原因は不明である。ボツワナには淋病が蔓延しているが、カデには入っていない。性病の梅毒は見られなかった（ジェンキンスとボウタ私信）が、非性病性（性接触に拠らない）梅毒が多数見いだされた。この梅毒は、他の各種の風土的なあるいは流行的な梅毒と非常に近縁なスピロヘーターによってひき起こされる病気であり、ことにペニシリン耐性が弱い（ジェンキンスとボーサ私信）。主として子どもが発病し、はじめは身体の各部に発しんが生じ、次第に化膿して広がる（＊文献43・44）。重症の例は写真4、5、6に示すごとくである。

産褥熱かもしれないと思われる症状を一例のみ観察した。乾燥して風が強いので、焚火の不始末、子どもの火遊びなどから火事になり、乳幼児が焼死することがある。調査期間中の死亡六名中三名は住居の火災による焼死（乳幼児）である。また、終夜焚火をしながら睡眠をとるので火傷は頻繁に見られる。乳幼児の場合は母親などによる発見が遅れて重度の火傷となる場合がある。サソリ、クモその他毒虫に刺されたり、毒蛇に咬まれたりする事故も起こるが致命的な毒性をもつ大型のパッフアダー、コブラ、マンバなどに咬まれることはほとんどなく、死亡することは稀である。

他に、シルバーバウアーによれば、天然痘、水痘、小児マヒ、炭疽病、ペストが彼の調査当時存在したことが記録されている（＊文献56）。なお、アフリカに広く見られるマラリヤ、眠り病はカデ地域には見られない。

以上に述べた病気やけがに対する有効な治療法を彼らはほと

写真●４（上）　非性病性（性接触に拠らない）梅毒の症例Ⅰ。幼児の肛門周囲から陰部にかけての潰瘍がみられる。この子どもの母親の乳房には、傷の回復した白い跡が見られた。

写真●５（下左）　非性病性梅毒の症例Ⅱ。先天的な口唇裂であった部分から上に症状が見られる。

写真●６（下右）　非性病性梅毒の症例Ⅲ。大腿部および鼻根部に潰瘍が見られる。

んどもたないといってよい。薬物として、数種の植物、動物の脂肪、炭、ヒトの血液、唾液などの混ぜあわせたものを用い、さまざまな組合わせで、内服したり、塗布したりする。病気やけがは悪霊により引き起こされると考えているので、カミソリで皮膚の各部を切り、血とともに悪霊を吸いだしたあと、薬を塗ったり、手のひらを火にかざして暖め患部をさする（写真７）。儀式的な踊りによってこの悪霊を退散させたりもする。発熱したときには裸にして少量の水をなでつけ、全身を冷やすことがある。

　これらの治療法はたいてい科学的な根拠に乏しく、むしろ、重症患者をむりに抱きかかえてさするなど、逆効果を生むとさえ考えられるものもあり、精神療法としての効果が考えられる程度である。

　地理的な隔離が外界からの病気その他の侵入を防止しているが、同時に一方では、近代医学の恩恵をも受けていないことを意味している。一九五〇年代以来、数回にわたって医師も含めた調査隊がリザーブの中へ入り、若干の医療活動をおこなった。ボツワナ国内で結核や天然痘が流行することがあるので、一九六四年一二月から一九六五年初めにかけて、BCGと種痘がカデ地域の住民の大半に対しておこなわれた。一九七二年には六月と八月の二度にわたり、私との集団遺伝学的な共同研究をおこなうために、南ア医学研究所、人類血清遺伝学研究グループのスタッフ数名がカデを訪れ、短期間の医療をおこなった。その際、梅毒の予防、治療のため、カデ地域に当時在住した人々のほとんど全員に、ペニシリン注射を施した。

写真●7　血を出しての治療。

　私は、調査期間を通じて、住民の病気その他に対する投薬治療をおこなった。もちろん、医学的な知識、経験に乏しく、薬品、装備も貧弱で、処置できるものには限度があった。重症の外科疾患、肺結核の疑いのあるもの、その他診断不能の重症患者は町の病院へ運ぶ以外、手の施しようがなかった。

▼7　人口動態に及ぼす影響について

　ここで、ここまで二二ヵ月間にわたるブッシュマンたちとの共同生活を通じて観察し、また、印象づけられた問題について若干の考察をおこないたい。

　肺炎や化膿性疾患等、細菌による疾患は抗生物質の投与により、驚くほど早く確実に治癒するが、その処置がない場合には致命的である場合が多いと考えられる。

　肺炎によると思われる死亡例が二例あったが、いずれも遠隔地にいたりして治療がなされておらず、そして、いずれも冬の夜明けのもっと

写真●8　カデを訪れた南ア医学研究所のトゥレボー・ジェンキンスから治療を受けるブッシュマン。看護婦だった憲子が手伝っている。左端はジェンキンスの長女グイネス、その右が夫人のエイダ。

も寒い時刻に死亡した。トラホームもクロロマイセチンなどの点眼により速やかに軽快したが、未処置下では失明する例が多い。

失明や外科疾患による不具、小児マヒ後遺症による歩行困難、梅毒による先天性奇型などにより、狩猟・採集および移動の生活についてゆけない人は必然的にこの社会から脱落せざるをえない。

乳幼児の死亡率は高いと思われるが、その理由は、母体免疫の切れた直後の罹病率の高いことのほかに、栄養障害、水分不足、空気の乾燥などの悪条件のもとでの発熱、下痢、嘔吐による脱水症状による死亡が多いと思われる。とくに離乳直後の幼児に多いであろう。火傷もまた乳幼児に多く、死亡率も高い(前節参照)。

その他、一般的に、自然環境が苛酷であり、労働時間そのものは短い(一日一人当たり平均四時間半(＊文献189))けれども、炎天下の狩猟、採集、運搬など重労働をおこなう。栄養はかたよっている。そうした彼らの生活様式が、彼らの社会に長命な人が少ないということと関係をもっているように思われる。

■アフリカ人類学百科　10

狩猟採集民の物質文化と社会——ブッシュマンとピグミー

▼1　必要最少限の道具

狩猟採集民の社会は、一般に少人数の遊動的集団からなっており、全体を統合する組織を欠いているのが普通である。前述したように、野生の動植物に依存する狩猟と採集の生活では、移動は欠くことのできない生活様式である。獲物の動物は動きまわるし、植物は種類ごとに分布も生育時期も異なるから、一ヵ所で定住生活をおこなうことは不可能である。

この社会はまた物質文化においてきわめて単純である。自然に完全に依存した「手から口へ」の経済においては、当然のことながら、さほど多くのものを必要とはしない。

人為的な自然への働きかけは最少限度にとどめ、自然資源に全面的な信頼をよせるかれらの生活態度からも、それは明らかなことである。さらに頻繁な移動は、物質文化の総量を抑える要因としてはたらく。イヌイット（エスキモー）がボートやイヌぞりのような輸送手段をもち、精巧な道具類を発達させているような例外的なケースを除いて、普通狩猟採集民の移動と運搬の手段は人力によるだけであり、したがってかれらの所有しうる家財道具は一度に背負って運べる量にかぎられているのである。

衣服や道具は、それがどんなに立派なものであっても、重すぎたりかさばったりするのでは価値はない。だからかれらのもち物といえばまったくみすぼらしいかぎりといってよい。

下半身をわずかばかり覆っている衣類はおおむね着のみ着のままであり、寒さや雨露をしのぐには、運搬用の風呂敷をかね

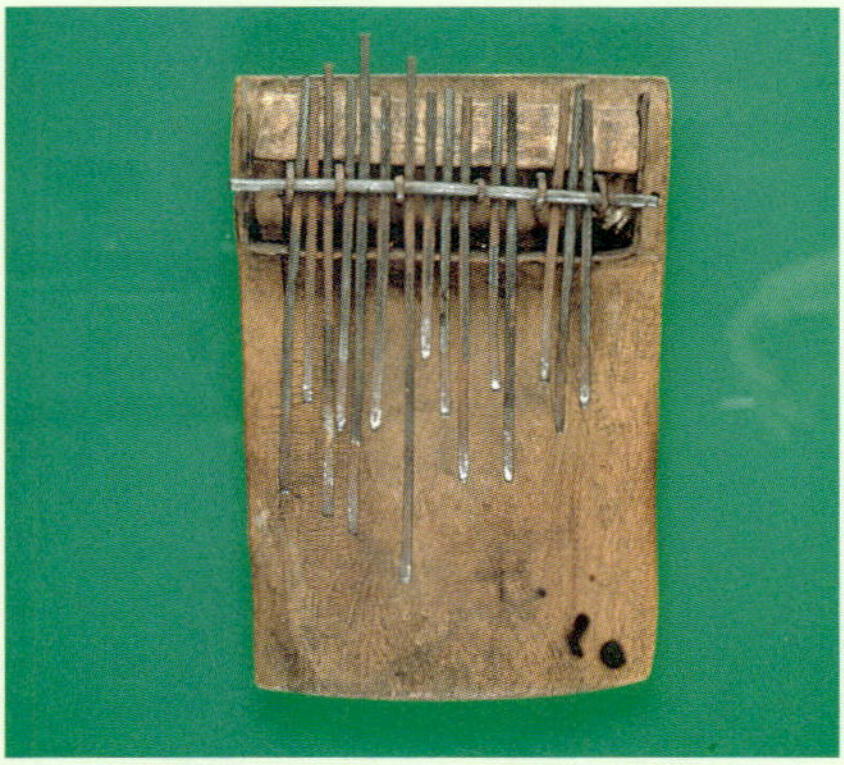

写真●1　針金を叩いて作った指ピアノ。ブッシュマンは一人でいるときなど、しばしばこれをつま弾く。

写真●2　指ピアノを弾きながら一人たたずむブッシュマンの男、ナラージ。

写真●3　ダチョウの卵の水筒。稀に簡単な彫刻が施される。

た羚羊の毛皮の寝具があるだけである。装飾品といっても、ダチョウの卵のかけらで作った首飾り、キリンの尻尾を編んだ足輪、針金を叩いて延ばした耳飾りがある程度である。

かれらの生活にとってもっとも重要な食物獲得のための道具でさえも、草の根を掘るための簡単な掘り棒と、弓矢、罠、槍などの狩猟具がわずかあるにすぎない。仕とめた獲物をキャンプまで担いでくるのを除くと、運搬は女性の仕事である。彼女らが運ぶ家財道具一切の中では鍋や臼がもっともかさばる代物である。

ブッシュマンたちは、必要最少限度の品物以外はけっして所有しようという気をおこさない。かれらのこの一種の無欲さは、じつは、この社会の存続の根本原理と密接なつながりがある。すなわち分配と共同に根ざした平等主義である。社会内部の平等の原則は、リネージ（系族）やクラン（氏族）のような組織をもち、より高い統合を示す部族レベルの社会でも広くみられはするが、個人ないしは家族が基本的な生計の単位となる狩猟採集民社会では、さらに徹底しているといえる。分配は食べものについてもっとも厳格に実行されるが、かれらのなにほどもない物資文化のすべてにわたって幅広くおこなわれる。このような分配や貸し借りや共同は、きびしい環境でその日暮らしをおくる人々にとっては、生存のための一種の社会保障だといってよい。

もつべきものは最少限度におさえられ、必要なものは絶えず仲間うちをめぐって貸し借りされる。食べものは居あわせる人々の間で均等に配分され、特定の人々だけが満ちたりて、他は飢えているということはない。常に全員が饗宴にあずかることができるか、あるいは全員が飢えるかのどちらかである。

ブッシュマンの物質文化は大別すると、狩猟用具、採集運搬具、住居、調理用具、衣料装身具、楽器や遊具、およびこれらを作り出すための製作用具などである。それらはすべてを数えあげてみてもわずか七八点にしかならず、しかも装飾品、楽器、遊具のような直接生活にかかわりのない、いわゆる不急の品はほんの一部の人がもっているにすぎない。槍やナイフのような基本的な道具でさえ、もっていない人も多く、仲間どうしで頻繁に、貸し借りされる。鳥の巣のような簡単な小屋はもちろんのこと、たいして加工の必要もない棒切れや草の茎などは、必要に応じてその場で調達される。太い木をくりぬいて作った臼や、鋳物の鍋は重いせいもあって、ひとつのキャンプで一家族か二家族がもっているにすぎない。料理に用いる道具は特に自由に共用される。

物質文化の全体枠が抑えられているのに加えて、かれらの平等主義の哲学は、一人あたりの物質量を最少限度にとどめようとしてはたらく。上等のナイフや美しいビーズの首飾りなどは、めまぐるしくつぎからつぎへと人手に渡っていくが、良いものを一人占めして他人から嫉妬を買うことは、かれらにとっては耐えがたいことであり、この小さな顔見知りばかりの社会における仲間関係を維持していくためにも、そうした配慮は避けがたいことであるのだ。

▼2　砂漠の狩人と森の猟人

コンゴ盆地の奥深く、鬱蒼と昼なお暗いイトゥリの森にはピグミーが狩猟生活を送っている。かれらの物質文化について、これをオープンなカラハリ砂漠のブッシュマンの場合と対照してみることによって、乾燥地帯と湿潤地帯における狩猟採集生活の特徴をそれぞれ描きだしておきたい。

狩猟と採集の生活を送るブッシュマンとピグミーは、生息環

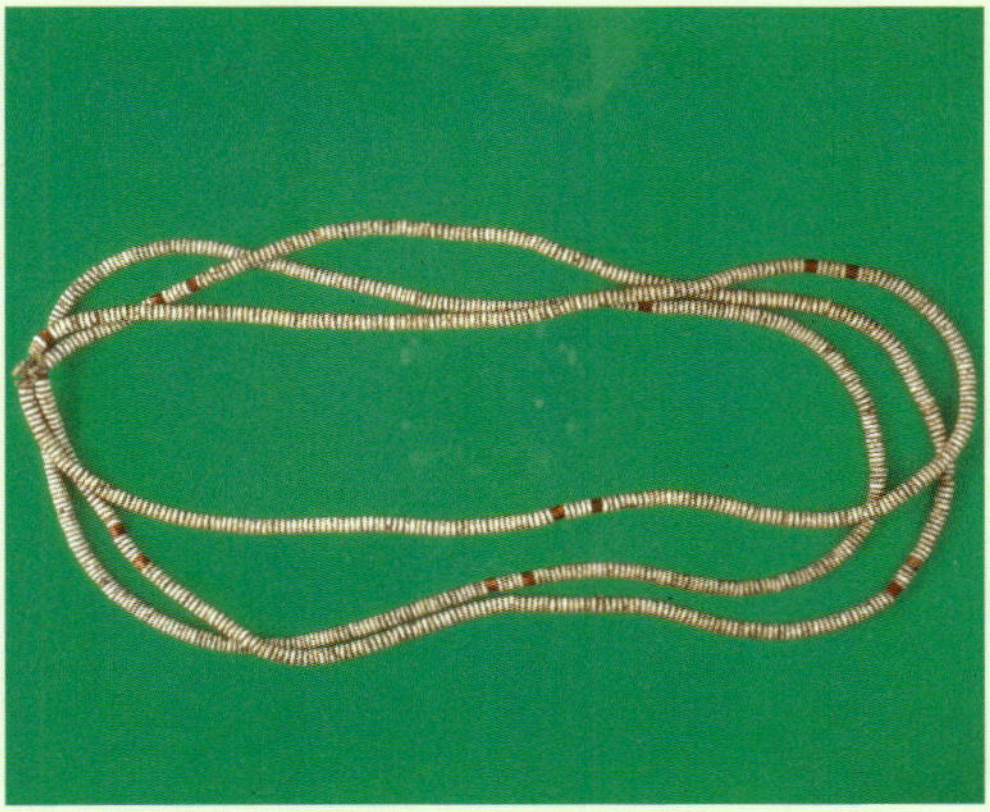

写真●4　ダチョウの卵のかけらから作った首飾り。

写真●5　ダチョウの卵のかけらから作った頭飾り。

写真●6　リクガメの甲羅で作った容器。薬や化粧用の粉などを入れる。

境の著しいちがいにもかかわらず、その生活や文化には基本的なちがいがなく、それはこれらの生活を支える物質文化の上にもよく反映している。それは、狩猟採集の生活様式が本質的に自然そのものの枠内で成立し、自然の素材に多くの加工を施さない性格のものだからである。農耕や牧畜などにともなう複雑な技術の発達をも要求しなかったし、農耕社会にことに顕著にみられるような呪術的な要素も少なく、物質文化はいたって単純で、数も乏しい。

長くピグミーの研究に従事した丹野正によれば、イトゥリのピグミーがもつ物質文化は、内容においてブッシュマンのものと似かよっており、その総点数は、これも近似の八三点にすぎないとのことである。さらに、調理用具や楽器、装飾品などはほんの一部の人たちのみがもっていれば、キャンプじゅうの人々がこれを共同で使用するなど、その所有の体系までがまったく酷似しているのである。

ブッシュマンとピグミーの物質文化における重要な相違点は、それらがつくられる材料の中に見いだされる。これらふたつの旧石器時代と変わらない文化の中に共通して石器がほとんど見られないのは、ここ数百年来の金属器の導入と置換によるものと理解してよい。

数少ない金属製品を除いたかれらの物質文化は、二、三の、道具としての石ころの利用を除くと、すべてが野生の動植物に由来する。その中でブッシュマンは動物を原料としたものを五〇パーセント以上用い、いっぽうのピグミーはほんのアクセサリー的な毛皮の利用を除いて大部分のものを植物から作り出している。ブッシュマンにおける動物の利用が著しいのは、主として衣類や寝具、運搬具などへのなめし皮の利用、およびダチョウの卵をはじめとする骨歯角の利用が頻繁なことによる。

動物性の材料を用いたもののうちでも、とくに毛皮は乾燥地帯において有用であり、湿度の高い森林のなかでは保存がむずかしいために利用されにくい。ブッシュマンとピグミーにおけるこの著しい素材の違いは、極端な乾燥と湿潤という自然環境の差をくっきりと浮きぼりにしている。植物相の貧弱なカラハリでは動物利用への偏りがみられ、逆に植物の種類が多く、動物が利用しにくい森林では、圧倒的に植物への依存が強まっている。

素材のちがいはまたかれらの物質文化の使用態度にも微妙に反映しており、ブッシュマンでは貴重な道具類を持続的に使用する傾向があるのに対して、森のピグミーの文化は即製の使い捨て文化である。ピグミーたちは大型の葉っぱを利用してものを包むのに使い、運搬用の籠は蔓植物を編みあげていとも簡単に作り上げる。基本的な道具である弓矢ですら、弦は蔓草を用いることができるので必要となればたちまち調達できる。森林の豊かな素材はどこにでもいくらでも手に入るからである。

ブッシュマンとピグミーの伝統的な料理法について最後にひとこと触れておきたい。植物性の食物の中には生のまま食べるものも結構あるが、おおくは料理して食べられるし、動物性食物にいたっては必ず熱をとおしてから食べられる。現在では両民族とも鉄製の鍋が導入され、これで煮たきすることが多くなったが、金属器が入ってくる以前にはそれぞれ独自の方法で調理をしていたのである。またその方法は現在でも結構頻繁に用いられている。

ブッシュマンにおける伝統的な料理法は、カラハリ砂漠が無尽蔵に提供することのできる均一なこまかい砂を利用することである。大きな焚火を作って砂を熱しておいてから、この砂のなかに肉塊やメロンや豆や根を埋めこんでおくことにより、材料を均一に加熱するやり方である。いっぽうのピグミーもまた環境のもてる素材を最大限に利用する。植物の大きな葉で食物

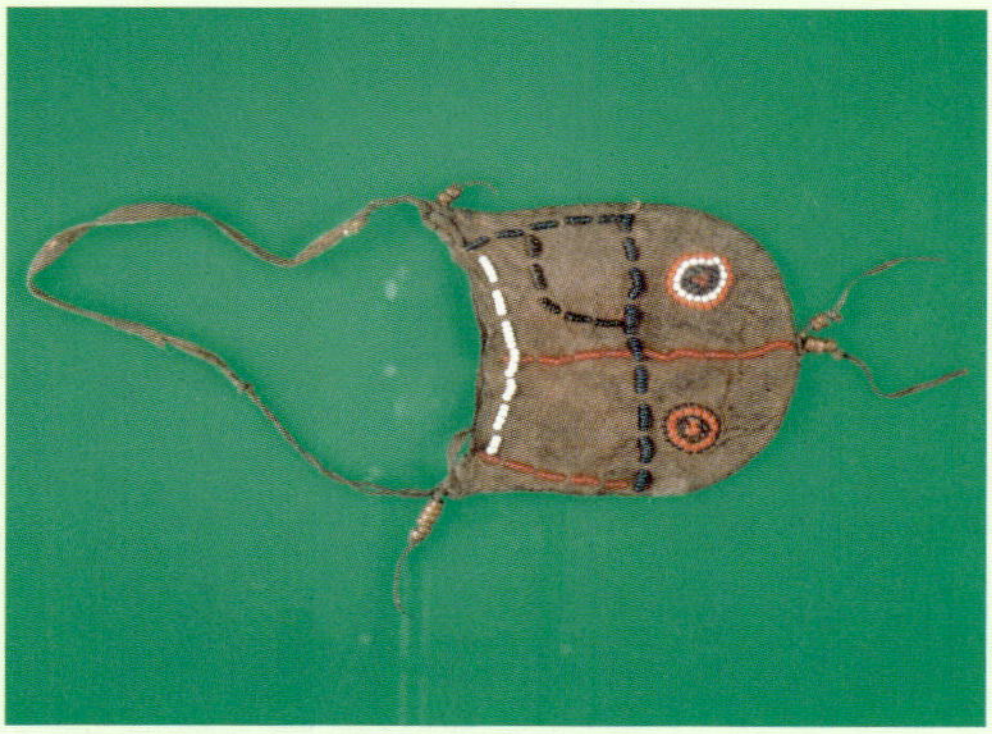
写真●7　ビーズで刺繍した毛皮製の小袋。

写真●8　毛皮に小さなトビウサギの指の骨をぶら下げた儀礼（エランドの踊り）用のエプロン。

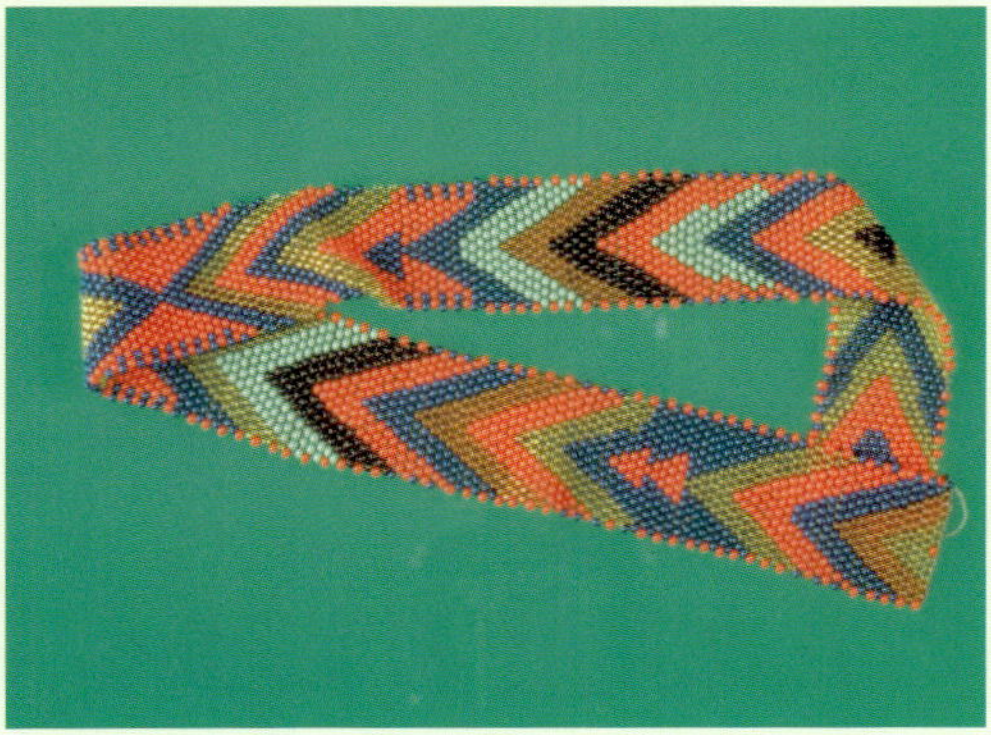
写真●9　ビーズ製のバンド。

を幾重にも包みこんで、葉柄の軸で縛ってこれを焚き火のなかに放りこむ。包みの表層が焼け焦げるころに、中味の食べものは適当な蒸し焼き加減となるのである。

アフリカ大陸に現存する代表的な狩猟採集民ブッシュマンとピグミーは、一方がひらけた草原に、また他方が見通しのきかない森林の中に生活している。このまったく対照的な自然環境に対応して両者の狩猟方法は、草原では弓矢や罠による単独猟、森林では網または弓矢を用いた集団猟というふうに分化し、この生活を支えるための社会の編成にもおおきな差異を生じている。すなわち、ブッシュマンの社会が、父方にも母方にも、自由に居を構え、しかも頻繁に離合集散する大変流動的な集団をつくっているのに対して、一方のピグミーでは、父方居住による安定した集団編成をおこない、集団狩猟のための、特に男性間の結束を強固にした社会をつくっているのである。

自然の資源に全面的に依存するこれら二つの民族は、しかしながら、その生活様式や文化に基本的な違いはない。物質文化にみられた素材や使用法の差異、狩猟法や社会組織に見られる違いの多くは、それぞれの対照的な生活環境の相異に根ざしたものといってよいだろう。

写真●10　火起こし棒。柔らかい灌木 *Grewia retinervis*（カネ）を受け木にし、ナイフで抉ったところに、硬い灌木 *Catophractes alexandri*（ガーガバ）の幹を立てて錐もみすると、50秒ほどで火が起きる。

写真●11　弓と矢。弓は *Grewia flava*（コム）の幹を削り、ゲムスボックなどの腱をより合わせて弦とする。矢筒は *Acacia luederitzii*（ゴー）の根の皮を用いる。弓は小さく、矢には矢羽もつけないので、10メートル程度にまで近づかなければ命中しない。

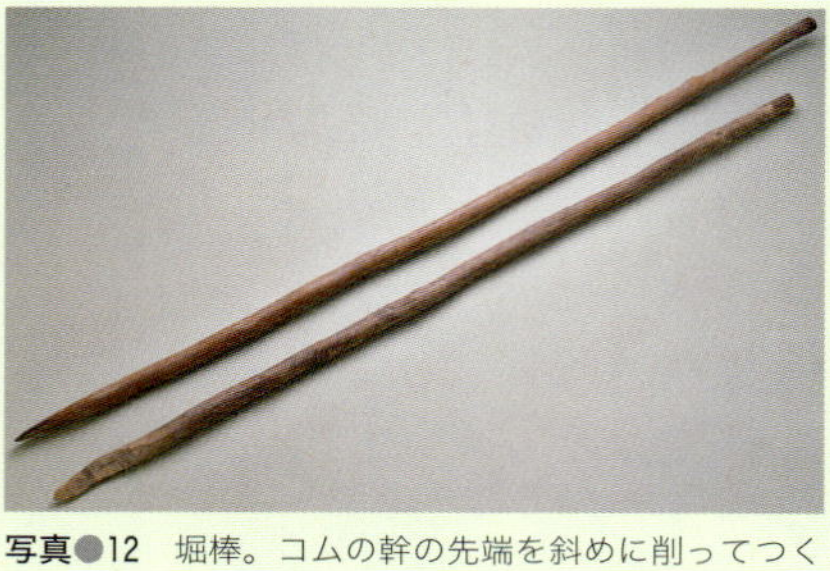

写真●12　堀棒。コムの幹の先端を斜めに削ってつくり、外出には必ず携える。乾燥地帯の植物は根が深いので、手で掘るのは至難である。トビウサギを穴から掘り出すためにも必携の道具である。

第2部　アフリカ研究の発展

第4章　三度目のアフリカ

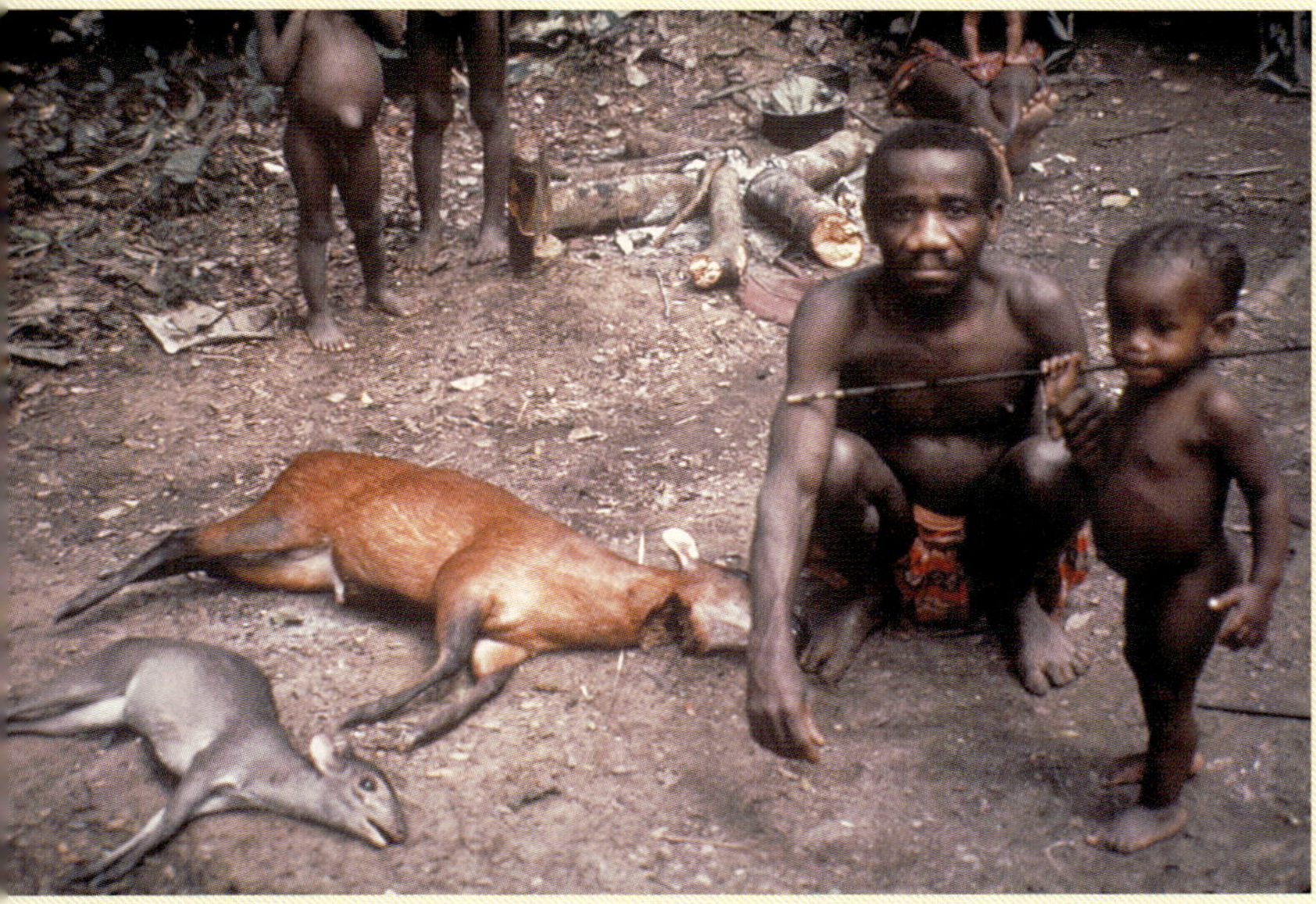

湿潤な森の狩猟採集民ピグミーの研究は、ブッシュマンとの比較において貴重な知見をもたらし、アフリカ研究の発展に道を拓いた。

1　東アフリカ、コンゴ森林の探訪

一九七四年七月一八日から七五年七月一七日までの一年間、霊長類研究所が文部省から得ていた特別事業費をもらって、海外のどこへでも自由に行って調査できる機会を与えられた。広樹はすでに幼稚園に行っていたし、三歳下の長女敦子はまだ生まれたばかりだったので、当分は家族連れでアフリカへ出かけることもままならなかった。この際わたしは単独で広くアフリカの各地を探検してみようと考えた。

当然ブッシュマンたちがどうしているか気になるから、南ア、ボツワナへは短期間行ってみるつもりであったが、前二回の調査でひととおりブッシュマンの生態人類学研究は区切りがついているので、今回の主たる目的は、ケニア北部乾燥地帯でラクダを飼育して遊牧生活を送る牧畜民の生態、社会の探査に集中することであった。自然のなかに埋没して焼畑農耕を営む人びとについては、すでに掛谷君夫妻がタンガニイカ湖畔のトングウェの調査をおこない素晴らしい成果をあげたのを皮切りに、コンゴ（当時のザイール）の森の中の農耕民社会の研究が着々と進んでいる。しかし牧畜民については、富川さんがタンザニアのマンゴーラ地区で牧畜民ダトーガ、福井勝義君がエチオピア南西部オモ川流域の牧畜民ボディの調査[＊文献10]、また谷泰さんが地中海地方の羊放牧の調査をおこなっただけ[＊文献194]で、半砂漠地帯のラクダ遊牧民レンディーレやガブラの研究についてはまだまったく手の付けられていない未知の領域であった。

狩猟採集民についても、コンゴ森林のピグミーについては、伊谷さん、原子令三さん、丹野正君が一九七〇年代になってから調査をすすめ、この頃は市川光雄君がイトゥリの森のなかでムブティ・ピ

文献10　Fukui 1979
文献194　谷　一九七六

グミーの狩猟生活を追っていた。わたしは乾燥地のブッシュマンとの比較のためにも湿潤森林に住むピグミーの狩猟採集生活を実地に見にいく計画をたてた。さらにこの素晴らしい機会をとらえて、タンガニイカ湖畔のカソゲで西田利貞君がチンパンジーの餌付けに成功し、長期観察調査がつづけられているところを一見してみることも、霊長類研究所に所属し、サル、類人猿からヒトへの進化過程の研究を目指すわたしとしてはぜひとも実現したいことであった。じつはカソゲのチンパンジー観察基地にはいま日本人研究者が入っておらず、現地のトングウェの調査助手たちによって観察がおこなわれていて、西田君はこの助手たちに何ヵ月分かの給料を支払ってやらねばならないので、その支払いをわたしに依頼していたのである。現地の助手たちにチンパンジー調査の進み具合を教えてもらうかたわら、わたしは掛谷たちが住みこんだ山のなかのトングウェの散村を訪れ、焼畑農耕民の生活実態をこの目で見てみることを目論んだ。

七月一八日午前一〇時発の英国航空で羽田を発ち、東アフリカの玄関口にあたるケニアのナイロビへは翌一九日の真夜中一時に到着した。この年、日本学術振興会アフリカ研究センターの派遣駐在員をしておられた倉知康さんと、たまたま車の修理のためにタンザニアからナイロビへ出てきていた東郷昭彦君の出迎えを受け、サバンナのなかに作られた空港から、近代都市を装うナイロビ市街へと向かう。町の中心をやや外れたところに位置し、東郷も泊まっているサファリランド・ホテルに落ち着く。

このホテルは、植民地時代に建てられたもので、芝の濃い中庭をとり囲んで、平屋建ての客室が二〇個ばかり並んでいる。こぢんまりとした、古風な作りの建物は昔に建てられただけに、最近都心に次々と建てられた近代的ホテルに比べるとぜいたくに空間を使っている。わたしが以後に常宿としていたすぐ近くのアインスワース・ホテルとともに、町の中心部からさほど遠くないうえに、ケニア国立博物館に隣接しているため、各国の調査研究者の常宿ともなっている。設備はそれほど良いとはい

写真●4―1　サル学から人類学、そして農学までほぼ同世代のアフリカ研究の同志が集った。後列右から福井勝義、谷泰、米山俊直（＊文献249）。前列右から、西田利貞、田中、阪本寧男（＊文献154）。米山、福井、西田はもうこの世にいない。

文献249　米山　一九七七
文献154　阪本　一九八八

えないが、手頃な値段と閑静で落着いた雰囲気のゆえに、資金の潤沢でない研究者仲間に、ずっと愛用されてきたのである。

コリンドン博物館と称せられてきたこの博物館は、独立以後その名称を変えてケニア国立博物館となったが、一貫して東アフリカにおける人類学、博物学の一大センターとして機能してきた。

（1）高原の首都ナイロビ

赤道直下にあるとはいえ、一七〇〇メートルの高原に位置するこの町は、気温は高すぎもせず低すぎもせず、雨季の短い期間にどしゃぶりの雨を見る以外には、気候はよく、さわやかで活力にあふれ、旅の疲れを癒やすにはふさわしい快適な町であった。狭く、忙しい日本の都会を抜けだしてきた人は例外なくナイロビに辿りついてアフリカ大陸の息吹を感じこのうえない解放感を味わうだろうし、野外調査に身心ともにくたびれきった体であれば、とりわけ、その快適な気候と半ば都会化して、そのくせ十分にアフリカ的なものの巧みに入り混じった町に安堵の胸をなでおろし、人心地をつけることができる。

涼しい、ときには肌寒いばかりの短い雨季と、乾いて埃っぽい乾季が交代する土地には、どんな季節にも花が咲き乱れる。ブーゲンビリアの赤や黄色の花は四季を通じて咲き誇り、大輪のハイビスカスやバウヒニアの花が季節を変えて覇を競う。一〇月にはジャカランダが美しい藤色の花を満開させる。日本の桜並木を思わせるが、こちらは古くなって落下する花吹雪のあとからあとからつぎつぎと新しい花を開かせ、二ヵ月ぐらいは咲きつづける。砂漠に近い原野から戻ったばかりの人間でなくとも、文字どおりナイロビは花の都だ。北大探検隊としてカラハリへ行って以来、私は計三ヵ年をブッシュマンの地に過ごすこととなったが、当時の探検隊のメンバーも何らかの形でアフリカへ舞い戻った。倉知さんはすでに述べたように学振の派遣駐在員として赴任しておられたし、東郷君は海外技術協力事業団（ＯＴＣＡ、のちに青年海外協力隊（ＪＯＣＶ）と合併して、日本国際協力事業団（ＪＩＣＡ）、現在は国際協力機構と改名）派遣の専門家としてタンザニアの水利開発事業に従事しておられる。一度アフリカの毒に染まったものは、たいていが、アフリカの地に舞い戻ってくるのだ。なにかが人をアフリカに魅きつけるのである。

そんなふうに、倉知さんと東郷君とは一九六六年以来八年のつき合いであった。今回もナイロビ滞在中ひどくお世話になった。タンザニアへ、ボツワナへ、ザイールへ、そして北部ケニアへと、私は絶えず旅してまわったが、その旅はいずれもナイロビを起点とし、そしてナイロビを終結点とした。ナイロビに舞戻ってくるたびに私は小さなアパートに置かれていた住居兼学振のオフィスに倉知さんを訪ね、奥さんの手料理をいただきながら毎夜のように談笑した。

写真●4―2　赤道直下にあるとはいえ、一七〇〇メートルの高原に位置するナイロビは、気候はよくさわやかで活力にあふれ、旅の疲れを癒やすにはふさわしい街だ（撮影：太田至）。

(2) サファリの足、自動車を手に入れる

ナイロビに到着したわたしは、まず自動車を必要とした。ナイロビの市内を用足しにでかけるのにもそれは便利だったし、なによりも北ケニアの半砂漠地帯を予察のために駆けめぐるには、強力な四輪駆動のトラックが不可欠であった。車好きの倉知さんを誘って、私たちは毎日のように車探しに奔走した。いずれ買わねばならないなら早いうちに購入しておいた方がなにかと便利だし、もう一つの理由は、手元に多額の現金を所持していたくなかったからである。アフリカの部族社会は泥棒や強盗も少ないいたってのんびりしたものであるが、反面都会地はきわめて治安が悪い。どこの世界でも、田舎から都市にあこがれて人口の流出がおこり、都市は人口過密となる。アフリカの都市化は点状に起こり、そ

の田舎との生活格差は著しいものがある。自ら作りあげていった都市生活でなく、植民地支配とともに他所から授かったもので、西洋的近代化が一挙になされたものであるだけに、拡大は急激であり、他地域との落差もひどいのである。集中した人口は溢れ、俄かづくりの都市はとてもそれを収容しきれない。多くの人びとが失業者となり、浮浪者となり、はては強盗やこそ泥となるものも多い。ヨハネスバーグ同様ナイロビやタンザニアの首都ダレスサラームではとくに強盗が多いという。白昼銀行強盗が横行し、住宅地には深夜押込強盗が出没する。町なかのスリやかっぱらいも跡をたたなかった。文部省から交付を受けて私がもっていた金は、それほどの莫大な金額というわけでもなかったが、めったにもったこともない、年収をはるかに越す金額は常時持ち歩くには多すぎた。私は、いずれケニア、タンザニアで使わねばならない車をまず買っておき、これに盗難保険をかけておくことにした。

私たちは何軒もの中古自動車屋へ足を運んだ末に、ようやく満足できるランドローバーを見つけだした。短いシャーシーのタイプであったが、もともとピック・アップ・タイプだったものをステーション・ワゴンに改造し、屋根には頑丈なキャリアが取り付けてあった。イギリス人の大学教師が映画の撮影用に三年間使用したもので、外見はひどくボロに見え、車体の各所には溶接の跡がたくさんめだって、いかにもポンコツの体をなしていたが、走行距離は少なくエンジンは快調な音をたてていて、問題はなさそうであった。整備ののち塗装をやり直して三万八〇〇〇シリングという言い値のものを、現状で三万五〇〇〇シリング（約一二五万円）に値切って、翌日名義変更して登録済のものを引きとった。これで私は東アフリカにおける旅行の手段を確保することができた。

旅立ちまでの日々は準備に明け暮れた。ステーション・ワゴンに改造された後部荷台から四個の椅子をとり去り、荷台にすっぽり納まる丁度よい大きさの金属箱を見つけだしてきて据えつけた。旅行

写真●4―3　ナイロビ市街　中央の円型の建物が国際会議場

に必要な食糧や装備類を箱の中に納めて鍵がかかるようにした。自動車旅行では、どんな故障が生じるかもしれないし、ぬかるみに立往生して、道中に野宿を余儀なくされるかもしれない。水、食糧、ガソリンはつねに多目に携帯していなければ、次の補給地まで何百キロの道のりがあるかわからないのがアフリカである。

車を調達し、得心のゆくまで点検・試乗し、装備一式を揃え終わるのに一〇日間を要した。倉知さん一家に別れを告げ、最初の目的地タンザニアに向かって、長く世話になったサファリランド・ホテルを出発したのは、七月三〇日であった。

(3) タンザニアへの旅

雨季を抜け切っていないケニアの中央部には雲がちぎれちぎれに浮かんでいた。丘の中腹に位置し、海抜一七〇〇メートルの高度をもつナイロビの町からモンバサ街道を一気に下り降りると、すでに広大な草原サバンナのマサイ・ランドがひろがる。この広々とした草原はケニアの南半からタンザニアの北半分を覆い、牛による牧畜を生業とする二〇万人のマサイ族の生活の源となっている。彼方にキリンの群れが見え、トムソンガゼルやグランツガゼルが跳ねる中を道は一直線に延び、やがてアーブン・ドゥボーが長年ヒヒの社会生態調査をおこなったアンボセリ国立公園の入口であり、タンザニアとの国境に位置するナマンガに至る道との分岐点でモンバサ街道をそれ、南への道をとる。マサイ・ランドに降りた途端、雲は姿を消し、気温はいやがうえにも上昇した。凹凸の多い舗装であるが、道は広く交通量は少ない。わたしは時速一〇〇キロに近いスピードで孤独のドライブを楽しんだ。ナマンガの国境の町のレストランで簡単な昼食を終えたのち、国境の検問を通過して、いよいよタンザニアに入った。

タンザニアの道路事情はケニアと大分異なる。舗装率は低く、その舗装も手入れがよくない。未舗装の道路は大半が洗濯板道路になっていて走りにくく、雨のあとは泥んこのぬかるみとなる。ナマンガからアルーシャ、モシを通って首都ダレスサラームへ通じる道は、植民地時代以来ケニアとタンザニアを結ぶ幹線道路なので、独領時代の部厚い舗装がされている。管理が行き届いていないので、ところどころに大きな穴が口を開けているが、それでも行程ははかどり、運転も楽である。セレンゲッティ国立公園の玄関口でもあり、同時にタンザニアの観光サファリの玄関口でもあるアルーシャは、メルー山の中麓にあるイギリス人の作った町である。かつて文豪ヘミングウェイが愛して住んだこの地は、マサイ草原と山地林の境目にある景色のよいところだ。ナイロビといい、あるいはアルーシャといい、植民地政府は見事にその国のもっとも気候のよい過ごしやすいところに町を作っている。メルー山の山腹には日本から導入された除虫菊の白い花畑がひろがり、マサイ草原との接点付近にはトウモロコシ畑が延々と連なっていた。

アルーシャから東に進路を変え、キリマンジャロの麓に作られたモシの町までおよそ二〇〇キロ、約二時間の行程である。道は高原の中腹に連なるチャガ族の村々を縫って走る。

モシにはかつてカラハリ砂漠に同行した東郷昭彦君とその家族が住んでいた。彼は長らく、新首都計画の立地ドドマで水利開発事業にとりくんでいたが[註2]、海外技術協力事業団のキリマンジャロ山麓開発計画の実施にともなって、水利開発の専門家としてこちらへ転任してきた。政府の支給になる豪荘な邸宅に夕方辿りついて、しばし旅の疲れを癒やす。

註2　一九七二年のカラハリからの帰路、東郷が奥さんと息子さんと共に住んでいたドドマには家族連れで訪ねていき、旧交をあたためたことがある。

（４）調査許可の取得

東郷の家でしばしの休養をとった私はさらに南へと、首都ダレスサラームへの道を辿った。途中ラ

写真●４—４　眼から鼻にかけてのびる白く縁取られた黒褐色の顔側線が印象的なトムソンガゼルの群。トムソンガゼルはカラハリ地方にのみ分布するスプリングボックにきわめて類縁関係が近い。

ジエーターに亀裂が入り、水漏れがはじまって水温計が急上昇した。道路の傍らに車を寄せて、ひび割れのところへ石鹸をつめこみ応急修理をする。ダレスサラームの町にさしかかったところで今度は急にブレーキが効かなくなった。ハイウェイの途中でなくてよかったと思う。止まって点検してみるが、ブレーキ・オイルの漏れはない。町まで数キロの地点まできていたので、とりあえずノロノロ運転で市街地のシービュー・ホテルまで辿りつく。

　ダレスサラームでは、とりあえずラジエーターとブレーキを修理し、マハレ山塊におけるチンパンジー調査の許可をとりつけなければならなかった。ランドローバーをインド人の経営する修理工場にもっていって、ラジエーターの方は簡単にハンダ付けが終るが、振動ではずれてくちゃくちゃにひん曲ったブレーキ・シューの支えとなるピンの部品が見つからない。ランドローバーのディーラーであるクーパー・モータースへ足を運んだがそこにもなかった。ぺっちゃんこのリング状のピンをガスで熱してハンマーで叩きだし、なんとか使用に耐える形に戻してもらうが、原型とはほど遠い形のものになった。ものの少ない国なので、修理屋は古いものでもとことんまで直して使う。私はカラハリ砂漠でたいていの故障は自分で修理しながら車を使っていたので、このようなやり方にはなれていた。むしろ、日本のようにちょっとガタがきても、あるいは何ともなくとも所定の年限がきさえすれば使い捨てにするやりかたの方が異様に思える。

　調査許可の方は、チンパンジー調査の総括責任者である伊谷さんの推薦状をつけて、大統領府宛申請書を提出してあったが、予想どおりその返答はまだきていなかった。日本大使館に勤務する鈴木由梨子さんが交渉の任にあたってくださっていた[註3]が、現在担当の係官が出張中でらちがあかないのだという。私の滞在日数は限られているのでなんとか一日でも早い機会に許可をとりつけようと、放っておいたら役所間の往復に何日もかかってしまう書類を自分でもちまわって、あちこちから署名を集めた。それでもダレスサラームでの滞在はあっという間に一週間に及んだ。

註3　鈴木さんは現地採用の大使館専門員をされており、タンザニアを訪れる日本人研究者は調査許可取得その他のために皆彼女に世話になっていた。

八月一一日、蒸し暑い熱帯夜のダレスサラームを抜けだし、私は一路西へ、キゴマへの道を辿る。政府との交渉のために、ダレスサラームの町のあちこちを連れまわって下さった鈴木さんは、車から降りるたびに、身につけていたミニ・スカートの上から、タンザニア人が腰巻に使っているカラフルな布地を腰に巻きつける。私がいぶかしく思っていたら、タンザニアには最近妙な法律ができて、女のミニ・スカート、男の半ズボンと長髪が風紀を乱すかどで罰せられるのだと教えられる。そういえば、この暑い国で半ズボン姿を見かけることはまずなかった。軍隊調のカーキ色のダブダブズボン姿のおまわりは軽快な半ズボン姿のケニアのおまわりとは対照的だった。国民は物資の乏しい中で耐乏生活をしのびつつ、綱紀を正した生活を送るべしといった、ある種のナショナリズム高揚の一環としての措置であった。

ナショナリズムといえば、一九六一年にイギリスから独立したタンガニイカは、一九六四年にザンジバルと合併してタンザニア連合共和国となり、以後一〇年にしてますます建国の意気に燃えている。ニエレレ大統領の率いるタヌー（タンザニア国民党）の一党独裁のもと、すべての企業、大商店は国営化され、ほうぼうに散らばっていた散村は強制的に集村化され、機械化の導入によって集団農場とされつつあった。いわゆるウジャマー村の建設であった。ニエレレ大統領の指揮するこの一国社会主義は、旧来の部族社会の伝統との間に多くの矛盾をはらみながらも着々と進行していた。

(5) タンガニイカ湖をめざして

モロゴロまでの二〇〇キロは見事なハイウェイである。タンザニア―ザンビアを結ぶ道路がアメリカの援助によって建設中であるが、これはその一部にあたる。道路はモロゴロから南へ折れてムベアに至る。このハイウェイに平行して、いまひとつの工事が進行中である。中華人民共和国の援助になるタンザン鉄道がそれである。これらの交通網はタンザニアとザンビアの友好関係を促進するためのものであるが、とくにザンビアの産する銅を搬出する目的で作られている。かつてザンビアが独立する以前ローデシアの一部であったときには、銅鉱石は南ローデシア（現在のジンバブウェ）経由でモザンビークのローレンソ・マルケス（現在のマプト）の港へ運ばれていたのであるが、独立ザンビアの社会主義政策の結果、このルートは閉鎖され、同盟国タンザニアを経由せざるをえなくなったのである。それにしてもアメリカと中国の工事の進め方は対照的である。アメリカは大型トラクターと少数の技術者を送りこみ、機械力で道路建設を進めているのに対し、中国の方の主力は人力である。一〇億の民を誇る中国得意の人海戦術が、この援助合戦にも導入されていた。定期的に交替させる人材を補充するため、三ヵ月に一度ずつ三〇〇〇人の民兵が輸送されてくるのだという話だった。これらの民兵はまた鉄道工事のかたわら、ブッシュの中でタンザニア兵のゲリラ戦訓練を指導しているという噂もあった。この噂はおそらく本当のことであろうと思われた。

モロゴロにも私の旧来の友人が住んでいた。杉山隆彦君といって、大学時代の山登り仲間の一人である。杉山（あだ名はスリコ）は京大農学部農芸化学科を卒業後、修士課程を経てコカコーラボトリング株式会社に入社し、エリート・コースを歩んで早く主任の地位についたが、あるとき、さっさと退社して青年海外協力隊員に志願してタンザニアへ飛びだしてしまった。彼の勤めた会社はコカコーラの瓶を製造しており、その品質管理が彼の業務であったが、これはおよそ彼の勉強してきた食品化学とは縁がなかった。管理職になるに及んでは、自らのタッチする仕事はますます専門から離れ、面白くなくなった。彼のいう表向きの理由は少なくともそういうことであった。しかし、彼が会社を辞して単身アフリカに飛びだした裏にはまた別のきわめてプライベートな理由があったようである。ともあれ、杉山は海に面したタンガの町で二年間中学校の化学の教師を経験したあと、モロゴロにあるダレスサラーム大学農学部（のちに独立してソコイネ農科大学となる）の講師となった。大学のスタッ

写真●４―５　杉山隆彦。この後、ＪＩＣＡの専門家として長年アフリカの教育に貢献した。

フではあるが、給料は海外技術協力事業団から出ている。日本の海外協力の一環である。

杉山の家に宿を借り、しばし懐旧の談に時を過ごした。ウガンダとの戦争で物資が極度に不足したときに杉山が手に入れてガソリンの買いだめをしたというトラックのガソリン・タンクを譲り受け、その風呂樋のようなタンクをランドローバーの天井に縛りつけた。モロゴロは農学部が設置されていることからも分かるように、タンザニア屈指の農業地帯である。アフリカでは珍しく水稲栽培がなされ、野菜も豊富である。杉山自慢のモロゴロ米を一〇キロばかりお土産にもらい、カソゲからの帰路ムワンザからセレンゲッティ国立公園来訪のため再会しようと約して私は再び西への道をとった。

(6) サバンナを行く

町並をはずれるとまもなく舗装は切れ、名だたるタンザニアの悪路がはじまった。それでも首都移転計画が進むドドマまでの道はまだしもである。ドドマ・ホテルで一泊したのち、道路はいよいよもって最悪の状態となる。巨大な波をもった洗濯板がつづき、しかもとてつもなく大きな穴がいたるところにあいていた。ふつう洗濯板道路を走行するときのこつは、ある程度のスピードをだして（時速六〇キロ以上）波の頂点を飛んでゆくのがよいのだが、こう波が大きく、しかも不規則に大穴があいていたのではとてもスピードが出せない。時速四〇キロぐらいで走らせるとちょうど波長があってもろに波をひろうかたちとなり路面の振動は直接車体にぶつけられる。これでは車が壊れない方が不思議というものである。

ついにその徴候があらわれた。最初にやられたのはハンドルのつけ根を固定する軸受けである。厚さ二ミリの鉄板が三つの破片となって分離し、ハンドルはステアリング・ボックスからいきなり突きだした形となってぐらぐらになった。これではいかにもハンドル操作がやりにくいので、古チューブを裂いたゴムひもでぐるぐる巻きにダッシュ・ボードにしばりつける。

振動がつぎに与えたダメージはまたしてもブレーキであった。今度は右後輪の近くでブレーキ・パイプに亀裂が入り、オイル漏れを起こしてしまっていた。パイプの割れた部分を切断してプライヤーで折り曲げて油もれを防ぎ応急修理をするが、これではブレーキは片効きの状態となり、早い機会に根本的な修理をする必要があった。しかしこのサバンナの真ん中に修理工場はなく、ともかくもこれ以上悪化しないように願いつつ、慎重にかつ安全第一でキゴマまで辿りつく以外に途はない。

ブレーキの故障を待っていたように、行く手にリフト・バレー（大地溝帯）の大断層崖が迫ってきた。一気に五〇〇メートルぐらい落ちこんだ崖っぷちである。道は崖の真っ只中をジグザグに這い降りていく。この傾斜で片効きのブレーキをあてにするわけにはゆかない。ギアーを低速レンジのロー・ギアに入れて、ゆっくりと下りにかかる。幸いこんな田舎を通る車は一日に一台あるかないかだ。道路の中央をスピードを殺せるだけ殺してそろそろおりる。加速度がついてはならない。いざというとき停止する方法はただひとつ。ギアーを最低速に入れたまま、エンジンを停止させることである。緊張の一〇分間、ようやくリフト・バレーの谷底に到着。こんな並はずれた急斜面さえなければ、アフリカのサバンナの道路ではブレーキはさほど必要でない。ブレーキもクラッチも壊れた車の運転は、すでにカラハリでだいぶ経験していたので、今回もなんとか乗り切り、八月一五日の午前中に無事キゴマに到着した。

(7) タンガニイカ湖畔にて

キゴマで私は、調査のための諸準備を整えた。インド人の経営する自動車修理工場へランドローバーを持ちこみ、ブレーキ系統の完全な補修と各部の点検整備を依頼した。一ヵ月のカソゲ滞在中、そのまま車を保管しておいてくれるよう頼む。町中の商店（ドゥカ）と市場（ソコ）を駆けめぐり、最少限度必要な物資と食糧を買いこむ。最大の仕事はカソゲ方面へ南下する舟を探しだすことだった。浜辺へ出かけて碇泊中の小舟を片っ端からあたってみる。そのうちの一艘は二日後に出港してカソゲのさらに南カレミエまで行くという。小さいながらもこれらの舟はタンガニイカ湖岸の村や町を結ぶ商船であり、人びとを運ぶ唯一の輸送機関である。とりあえず、私はカソゲまでこの舟に乗せていってくれるように申し込んでおいて、ウジジの町を訪れた。ウジジは、キゴマのように植民地時代にコンゴやブルンジとの貿易港として発展した町とちがい、バンツー系諸民族が作りあげたスワヒリ文化の横溢する町である。古くに入植したアラブの影響も濃い。ウジジはまた、スタンレーが、消息を絶ったリビングストンを探索し、長い探検旅行ののちに邂逅した記念すべき場所でもある。二人が出会ってその下で久しく歓談しながらお茶を飲んだという巨大なマンゴーの木は、当時は浜辺に面していたということだが、湖の水位が下がって、いまは湖水から一〇〇メートル以上離れて立っている。私はここでも目的の地へ向かう舟を物色してみたが、何艘かつながれている舟はどれも近日中に南へ行くものはなかった。土壁で作られた家々の建ち並ぶ典型的なアフリカの町をしばらく散策し、再びキゴマ行のマイクロバスで宿へ戻った。

　キゴマには日本人が一人だけ住んでいた。青年海外協力隊の隊員で小川君という青年だった。彼はツェツェバエの撲滅作戦に協力するためこの地に派遣された。ツェツェバエはサシバエの一種で多くの種類がみられるが、ボツワナのオカバンゴ・スワンプを南限とし、サハラ砂漠以南のアフリカに広く分布する。家畜のトリパノゾーマ症を媒介し、人間もこれに感染すると眠り病にかかって命を落とす。広大な分布をもつこのハエの効果的な撲滅法は目下のところ見当たらず、アフリカの叢林地帯の多くがこのために牧畜不可能となっているのである。小川君たちのチームは、キゴマ、ウジジを中心とする一画を選定して、周囲の林を幅一キロにわたって伐採し尽くす。ツェツェバエの飛翔距離は一

写真●4－6　リフト・バレーの大断層崖（写真提供：アフロ）

キロを越えないので、この区画内の林地は完全に隔離されることになる。そのうえで殺虫剤の空中散布により、区画内のツェツェバエを駆除するという計画なのである。遠く故郷を離れ、僻地の開発や発展に精力をそそぐ協力隊員の若者たちの姿には心打たれるものがある。キゴマの裏街の安酒場で小川君と夜遅くまで酒を飲みかわしたが、熱っぽく仕事を語る青年の目は意気に燃え、輝いて見えた。

約束の日の朝八時半に私はキゴマの浜に出た。身回り品と一ヵ月分の食糧はゆうに五〇キロを越えたので、私は人夫を一人雇い、五〇〇メートルばかりはあるホテルと浜までの道を担がせた。舟には乗組員が三人ばかり寝泊りしていたが、出航予定の一〇時までにはまだたっぷり時間があるので、荷物も乗客もなく、ガランとしていた。船頭が荷物を積んでおくようにと手で合図をするので、それに従ってへさきの方に陣どる。私は浜辺を散策し、ザイールとの往復に使われる汽船を眺めたり、ボートが魚獲りのために出入りするのやらを眺めたりして時間を潰していたが、約束の一〇時近くになっても、舟は一向に出発する気配がない。

私はとんでもない基本的な誤解をしていたのである。というのは、スワヒリ語の時間の表わし方はわれわれのとはちがうのである。スワヒリ語の時間は六時間早く、グリニッジ標準時に一致する。だから彼らが一〇時（サー・クミ）と言ったのは実は六時間後の午後四時のことだったのである。そのことがわかったのは、一〇時をだいぶまわり、いかにアフリカ時間に慣れていたとはいえ、私がかなりいらいらしはじめて船頭たちに「いったいいつになったら出発するのか」とこうるさく詰問した揚句のことだった。彼らは平然と「サー・クミ」を繰り返すばかりであった。近くを通りかかった、たまたま英語を話せる男にスワヒリ語の一〇時とはヨーロッパ時間の午後四時のことだと教えられ、ようやくのことに合点がいくと同時に愕然とした。ことばの壁とはいかにおそるべきことか。私のスワヒリ語とのつき合いは、この舟旅から始まったといえる。ともかくも英語で用を足せる世界をいままでは旅してきたのだ。ブッシュマン語を覚えなければどうしようもないブッシュマンの調査地を除け

写真●4—7　タンガニイカ湖畔

ばであるが。この舟に乗った途端、そしてキゴマを一歩出た瞬間から、世界は全く私の知らないことばで満たされてしまうのだ。わたしの分かる言葉といったら、日本語の他には、まあまあの英語と、それからこれもまあまあの程度のブッシュマン語だけなのだから。

仕方なくわたしは舟に荷物をおっぽりだしたまま、キゴマの町に舞い戻る。暑くなった日中の日差しの中を町並を一巡し、ソコに立ち寄る。アフリカのマーケットは見ていて非常に興味深く、飽きることがない。日本では飛騨高山の朝市や青森駅前市場などになごりがみられ、沖縄の市場にかなりよく保存されているが、小さな個人規模の露店がずらりと並ぶのである。野菜を売る一角があれば、穀物を売る一角がある。日用雑貨を商う一角では、地面に敷いたゴザの上に食器類、マッチ、懐中電燈、カミソリ、木工品など雑然と商品が並べられる。衣類商の一角は、組みたてられた棒に吊るされた、色とりどりの、それもけばけばしい原色であしらわれた服、スカート、腰巻布などで、見るもはでやかである。一画には茶店と簡易食堂があって、買物客は買物の途中で簡単な飲食をしていく。

昼どきを過ぎたので、私も客の仲間入りをし、カレー粉とヤシ油をふんだんに使ったピラフと称するものを注文して昼食とする。大きな皿に盛れるかぎり山盛りにされたピラフは空腹の身には大変おいしかったが、三分の一食べるのが精一杯だった。隣に坐ったいかつい面相の中年男は、私の四倍の早さで私の三倍量をペロリと平らげた。残すのももったいないし、今夜は夜どおし舟の旅となるから、近くの店で小さなスフリヤ（金だらい状のアルミの鍋）を買い、それに残り御飯を移して、夕食のための弁当とする。

舟に帰ってみると、ようやく積荷がはじまり、乗客たちもだいぶ集まっていた。一時間近く遅れて、舟はゆっくりとキゴマの浜を離れた。

2　マハレのチンパンジーと人びと

（1）カソゲ基地をめざして

一時間足らずでウジジに着く。ここでまたかなりの荷を積み、乗客が増える。乗客は全部で三〇人ぐらいだろうか。ウジジの浜を出たときにはすでに陽はタンガニイカ湖の水面に没し、たそがれが訪れはじめていた。

舟はその後もいくつかの港に寄港する。キゴマからカソゲまではおよそ一〇〇キロの道のりがあり、直行すると約八時間で航行することができるが、途中の浜に寄るたびに人びとの乗り降りがあり、積荷の移動があって一、二時間は停泊する。およそ五トン程度と思われる舟は、モーターボート用の小型の船外機で推進されるので、速度は推して知るべしである。

夜半から小雨が降りだした。リュックの中から雨合羽をとりだし、頭からすっぽりかぶって横たわるが、肌はじっとりと湿りを帯び夜風が身に沁みわたる。うつらうつらと浅い眠りに落ちいりながら、人びとのざわめきをおぼろげに聞きいる。暗い湖面がうねり、雨風が大きな波をもたらして、舟はいやがうえにも揺れだした。波頭の上に頭をだしたスクリューがから回りするので、行程は遅々としてはかどらない。南北に細長いこの巨大な湖は、とても内陸湖とは思われない。それは淡水でこそあれ、まさに大陸に閉じ込められた海であった。面積の大きさだけでなく、この湖は構造的にもきわめて大洋に類似している。大地溝帯に沿ってできたこの深い亀裂の谷の湖は、世界第二位という一四七〇メートルの水深をもち、かつては海に続いていたという説がある。多くの海水魚に近似した魚類相の存在が、その説を強く裏づけている。東アフリカの湖間地方に無数に分布する湖の中でも、タンガニイカ湖は特異な存在である。

薄明とともに風雨はおさまり、暖かい陽光を浴びるようになって人心地がついた。ムガンボの浜に寄ったとき、荷物の積み変えの時間を利用して浜辺の茶店にしばしの憩いをとる。砂糖とミルクをたっぷり使った甘ったるい紅茶が何ともうまい。メリケン粉を練って唐揚げにしたマンダジと、ティラピアの小魚の唐揚げを求めて朝食とする。ムガンボを出るとカソゲはもう目と鼻の先だ。途中もう二ヵ所の村に寄り、そして目的地のカソゲに到着した。八月一八日の昼であった。

(2) チンパンジー調査基地

前夜の嵐の余波でうねりがまだかなり大きい。カソゲの浜は遠浅なので舟は岸から一〇〇メートルぐらい離れて碇泊する。私は靴を脱ぎズボンの裾をまくりあげ、そして身回り品を舟べりのところまで運んで上陸の準備をした。岸に集った人びとの間から、「日本人がどうの、タナカがどうの」という声が聞こえる。カソゲ基地の事実上の責任者である西田利貞君が、あらかじめ私の行く旨を手紙で知らせてくれていたのだ。三、四人の男たちがパンツ一枚の姿になって、うねりの中を腰まで浸かりながら近寄ってきた。「ブワナ・タナカ」と呼びかける。「ジャンボ、ジャンボ」わたしは孤独の中に旧来の友を発見したような心持ちで、夢中で応えた。先頭の二人が私の荷物をふんだくるように受けとり、頭上に載せて運んでくれる。三人目の大男が手真似で肩に乗れと合図する。裸の男に背負われるのは初めての経験であったが、私は素直に彼の肩にまたがった。靴を舟に置き忘れたのに気がつき、四人目の男にそれをとってもらう。

カソゲの人たちの歓迎ぶりは心暖まるものがあった。一九六六年に西田君がここでチンパンジーの

写真●4—8　遊動するチンパンジーの群とともに移動して観察する西田利貞（撮影：茵田光二）。

餌付けに成功して以来八年、この村の人びとは京都大学の霊長類研究グループの忠実な使用人となり、最良の友人たりつづけた。タンザニア政府によるウジャマー（集村化共同農場）方式の政策により、タヌーは組織をあげて、散村の強制移住を徹底している。カソゲ地区の住民もムガンボに強制疎開を強いられているが、伝統的社会と生活様式に固執する住民の抵抗は根強く、山奥の部落ではまだまだ政府の指針は徹底していない。ある村では抵抗する住民を強制収容するために、古い家々に火をつけて焼き払ったという話もある。カソゲの住民も、ここは湖岸でアプローチがた易いのでタヌーの党員に強要され、大半がムガンボへ移住した。残っているのはチンパンジー基地の使用人である八名とその家族だけだった。わたしは彼らの社会に最初から好意をもって迎えられた。

(3) チンパンジーの森

チンパンジーの観察基地は、浜辺の村から二キロばかり山手に入りこんだところにあった。荷物を担いだ使用人たちは先にたってどんどんと歩き、私はから身で一番うしろからついていった。泥壁と草ぶき屋根の一五坪ほどの平屋の建物が、カソゲ野外観察基地であり、宿舎でもあった。マハレ山塊の山並みのちょうど麓に位置し、基地の裏手からすぐに山の斜面がはじまっていた。カソゲ村の畑と、畑のために焼き払って、放棄された跡の二次林が尽き、原生林がはじまるちょうど接点のところにそれは位置していた。

母屋に隣接して小さな掘立小屋があり、それが炊事場であった。五〇メートルばかり下手にトタンで囲った小さな倉庫があり、少し離れて半ば崩れかけた泥壁と草葺きの小屋が建っていたが、現在はどちらも使われていない。廃屋は昔ムゼー・イタニ（ムゼーは老人を意味するが、長老、主人などへの敬称ともなる）が愛用して住んでいた家だという。基地の前庭には数本の野生のアカシアがあって、

写真●4—9　カサカティ基地で。前列左、ライフルを持つのが伊沢紘生。後列左から西田利貞、加納隆至、鈴木晃（一九六五年九月）（写真提供：西邨顕達）。

写真● 4 —10（上）　世界の霊長類学を牽引した京都大学学術調査隊のカソゲ野外観察基地。

写真● 4 —11（下）　カソゲ観察基地の京大隊の船カンシアナ号。

一〇〇メートル四方は伐採され、バナナが植えられていた。一角にはパイナップルも植えられていた。バナナは人間も利用するが、チンパンジーの餌付けのためのものだ。すぐ側には山肌を伝い落ちてくる水を集めたせせらぎが流れており、飲料水となる。木陰の多い基地の周辺は暑すぎもせず、寒すぎもせず、適度に湿りけを帯びて、快適そのものであった。

私をとりまく人びとの人情がまたすばらしかった。長年の日本人研究者と村人のつきあいを通して、両者の関係は主人と使用人という関係を越えて、おたがいの信頼関係を基盤とした全人格的なものとなっていた。中には、カソゲを最終的な調査基地とする以前に、数十キロ北のカボゴ岬の基地時代以来の使用人で、伊谷さんや東滋さん、西邨顕達さん、鈴木晃さん、西田君、加納隆至君、伊沢紘生君などとずっと苦楽をともにしてきた人もいた。彼らはいまやチンパンジー調査の研究補佐員という地位を超えて、真の友人であり、なくてはならぬ仲間となっていた。

初めのうち、私にはわからなかったが、日本人研究者の身の回りの世話をする係りであるサディはいまカソゲを離れており、かわりにハルナが私の世話をやいてくれた。ハルナはカボコ基地以来の長い経験をもち、加納君とフィラバンガの荒野を二人でさ迷った男である。木訥で誠実な加納の人柄にすっかりとほれこんでいた。加納が西部タンザニアのサバンナをくまなくチンパンジーの分布調査するのにつきあい、あげくに加納が急性盲腸炎になったときには、付き添ってタボラから汽車に乗り、ダレスサラームまで送り届けた。場末のホテルに泊りこんで毎日加納の病状を見舞い、ついに全快した加納とキゴマに戻った。ダレスサラームの二階建のコンクリート作りのホテルに滞在し、レストランで毎夜ビールを飲みながら夕食をともにした経験は、ハルナの村人たちに語る自慢話の一つだった。フィラバンガの荒野でライオンの群れに出くわして、加納が腰を抜かして一歩も歩けなかったこと、暑い草原をチンパンジーを追って旅を続けるときも、彼が商売道具のカメラや双眼鏡を忘れることはあっても、愛用のギターを片ときも手離さなかったことなどを語るとき、話はきまってダレスサラー

写真●4―12　チンパンジーの姿を求めてタンガニイカ湖岸沿いを行く加納隆至。（写真提供：加納隆至）

写真●4―13（左上）カソゲのチンパンジーたち。

写真●4―14（左下）バナナを与えるラマザニ。

ムの無数の人の数、川のようにとぎれることのない車の列、建ち並ぶ巨大なビルディングの群れにおよんだ。

ハルナは町の生活にもなじみ、その人柄には要領よく小ずるいところがあって、カソゲ村には新しく加わったところから、村人との関係には少しくわだかまりがあったようだが、わたしのような新米の者にはよく尽くしてくれた。機転がきいたので、スワヒリ話のほとんどわからない私の片ことと身振りによることばをよく理解してくれ、かゆいところにも手の届く行き届いた世話をしてくれた。

モロゴロの杉山に貰った米をハルナが飯盒で炊きあげ、私が適当におかずを作って、二人で食事をした。夕方には小川で汲んだ清水を沸かし、バケツ一杯のお湯を家の裏手に運んでくれて一日の汗を流した。昼のうち裏山へチンパンジーの観察に出かけてほどよく疲れたからだに、夕方の湯あみはこの上ないぜいたくであった。カソゲ基地での生活はまさに快適の一語に尽きた。

一年は五月から一〇月の乾季、一一月から四月までの雨季に分かれているので、いまはほとんど雨の降ることのない乾季の後半であった。

カソゲ周辺にはチンパンジーの二つの集団が隣接して生息している。両群の主要なオスの名前をとって、二つの群れはカジャバラ・グループとミミキレ・グループという。私の滞在の初期、基地の近くにはカジャバラ・グループがたむろし、より大きくより強力なミミキレ・グループはずっと南の方に移動していた。ミミキレ・グループが近づいてくると弱いカジャバラ・グループは餌場に近づけず、北方のミヤコ谷へ移動する。

(4) カソゲ基地の人びと

チンパンジー観察はもっぱらラマザニとモハメディの役割である。ラマザニは餌付け当初からのメンバーで、チンパンジーの行動、個体間関係、群れの動きなどに一番くわしい。彼は西田にもっとも信頼された調査助手である。モハメディの方はまだ二〇歳台の若い男で、非常に素直な青年である。私自身は年下のこのモハメディにチンパンジーの個体名を教えてもらい、彼とともに群れの移動にしたがって山歩きをした。アリマシは私がカソゲの浜に着いたとき、肩車をして私を岸まで運んでくれた大男である。あごの張ったいかつい顔立ちと巨大な体つきに似あわず誠実な男で、彼は基地周辺にバナナを求めてやってくるヒヒの群れの動きを観察していた。西田君以下、チンパンジー研究グループ不在中のいま、彼らは与えられた大学ノートに、スワヒリ語で克明に観察記録を書きとめ、定期的に西田に郵送する。八年にわたる観察の記録はこうして日本人研究者が不在にすることがあっても継続されているのである。

カソゲの生活を始めて一〇日ばかり経ったある夕、本来の炊事係であるサディがムガンボから戻ってきてハルナと交代した。サディは極度の難聴だったが、無類のお人好しである。アリマシもトングウェ族の中では身分の高い方に属するが、このサディはさらに偉い村長格の家柄に属する。社会学的な分類によればトングウェの社会にはたしかに身分格差が存するのだが、日常生活においてそれが明らさまに見られることはない。アフリカの伝統的部族社会は、さまざまな表層的変異をもちはするが、根本においてはいずれも平等主義を原則としている。諸部族の社会構造と生活については、いずれ触れるとして、いまはもう少しカソゲの人びとについて描写しておくことにしよう。

生まれ育ちのよいサディは、誠実であると同時にきわめて温和な人柄をもつ。耳が遠いせいで彼の喋る言葉は大変声高であるけれども、彼が激昂して怒鳴ったりすることはまずありえない。しかし、彼のこの難聴は私にとっては大変な困りものだった。人は良いのだが、ハルナのような小賢しい頭の回転はなく、素朴ではあったがむしろ鈍重といってもよかった。片言の私のスワヒリ語はサディにはほとんど通じず、私が何を言おうと彼は「ディオ（そのとおり）、ブワナ」とニコニコしながら返答を

写真●4―15　同志とも言うべき、カソゲ基地の協力者たち。ハルナとその妻。

してくれた。そしてやることは私の意図とはまったく見当はずれなのだった。

スワヒリ語の辞書と文法書を片手に、そしてハルナを相手に少しずつ進めてきた私のスワヒリ語学習は、サディがくるようになってからすっかり停滞してしまった。私は仕方なく、チンパンジー観察のかたわら助手のモハメディを相手にことばの習得に努めた。

サディについで苦手だったのは、使用人の代表者格となっているカハソだった。

カハソは年齢を経ていて、人びとをまとめるのにいちばん適役だったから西田君に使用人頭の地位を与えられたのだろう。カハソは私が言葉の障害をもっていることなど斟酌してくれずに流暢なスワヒリ語でべらべら喋りまくる。相手構わずまくしたてる傾向は、どこの世界にもえてして年寄りと女性に多い。

カソゲの使用人はあとはアスマニとモシの二人である。彼らはもっぱらムガンボやキゴマへ物資の調達、エサのサトウキビを買い出しなどに行くための舟の船頭を受けもつ。両人とも温和しい人柄で口数は少ない。わけても人柄のよいモシは、カソゲに長く滞在した掛谷君の奥さん、英子さんのお気に入りだった。カソゲ村の奥にあたる基地のある場所はカンシアナ谷といった。調査隊が所有する専用の舟は、その名をとってカンシアナ号という。アスマニとモシはたえずこのカンシアナ号と船外エンジンの手入れをし、航海のときには黙々と働いた。

私はチンパンジーの観察に飽きると午後のひとときよくタンガニイカ湖の浜辺まで散歩に出た。村中を訪ね歩いて使用人の家に立ち寄り、キャッサバのウガリ（干して粉にしたものをお湯で練った粥）や塩焼の魚をごちそうになった。浜へ出て釣竿を垂らし、それにも飽きるとパンツ一つになって湖で汗を流した。私が帰ったあと、カソゲに入った若い研究者は、ハルナやラマザニなど口さがないカソゲ雀たちに、タナカは毎日魚釣りばかりしていた、と噂したそうである。たしかに私は釣りは好きだが、そういわれるほど釣りにこっていたわけではない。せいぜい週に一、二度浜へ遊びに

写真●4―16　右からアスマニ、サディ、ラマザニ。

行く程度だった。

あるとき、ハルナがウイスキーの瓶に手製のトウモロコシから作った焼酎を二本もってカンシアナのキャンプを訪れた。ムゼー伊谷は毎晩これを愛用していたものだという。ときにはムゼーは大きな土ガメに一杯のどぶろくを求めて皆で大酒盛をしたものだという。自分たちで酒作りをして、彼らは村で酒盛をおこなうが、ときどき研究者に売りつけては小遣いかせぎもやっているのだ。私はこの酒の強さがわからず、少しつんとした焼酎独特の臭みはあるが、飲みつけると口あたりがよいものでついつい度をすごし、買ったその夜に一瓶を平らげてすっかり泥酔してしまった。夜半に気分が悪くなり、すっかりもどしてしまったが、翌日の二日酔いはひどく、一日気分の悪い思いをして過ごさねばならなかった。

カソゲでの食事は米のご飯に湖で獲れた魚の料理が主体となった。湖がしけると漁はなかったが、豊漁のときにはうまい魚がふんだんに手に入った。魚の種類は豊富だったが、なんといっても一番美味なのはナイルパーチの一種でクーへと呼ばれるものだ。身がしまっていて、焼魚にしても煮魚にしてもよいが、刺身がなんともおいしい。二番目はおそらくアジに似たクングーラであろう。これは脂がこってりのっていて、塩焼にすると日本でも最近はなかなか手に入らない上等の焼き物になる。タンガニイカ湖特産の小魚でイワシの仲間にダガーというのがある。夜間集魚燈を使って集まってきたところを網でばっさり捕獲するが、これを砂浜で干したら日本のダシジャコと全く同じである。東アフリカ中に輸出され、湖岸漁民の大きな収入源となっている。

(5) トングウェの里

心地よい二週間をカンシアナ・キャンプで過ごした私は、マハレ山塊の東側に拡がるサバンナの中

写真●4―17　モハメディ。

のトングウェの村々を訪れる計画を立てた。伊谷さんがいたならば、山の好きな人のこと、きっとマハレ山塊の峰の一つをきわめようと提案したにちがいない。二四六二メートルの最高峰ンクングウェをはじめ、おもだった峰々は何回もの訪問のたびに、氏によって登り尽くされている。私も大学時代に山岳部に在籍していたので誘われればきっと誘いにのったことであろう。しかし、私は一人きりだったし、短い一ヵ月間の滞在をもっと有効に、トングウェ族の生活ぶりと村々の探訪に費やしたかった。

木陰の多い快適なカソゲを離れて、暑い起伏の多いサバンナの小道を徒歩でサファリに出たがる人がなく、使用人たちは誰も皆尻込みした。掛谷夫妻が入っていた湖岸からおよそ五〇キロの村まで最低限度の三泊四日の旅程に縮めて、なんとか使用人たちを説得した。ようやくのこと、ハルナとアリマシが同行しましょうと申し出てくれた。

九月二日、小型のテントに寝袋、四日分の食糧をリュックにつめて、私たち三人はアスマニとモシの繰るカンシアナ号でカソゲの浜をあとにした。ムガンボには昼すぎに着いたが、郵便の受け取りや食糧物資の購入などでいつも世話になっていたアラブ商人のサイド・セーフの家に寄り、紅茶をよばれて休憩した。大きな泥壁のアラブ風の建物は窓がなく、室内は外見以上に蒸し暑かった。浜辺の風通しのよい茶店の方がよほど涼しく過ごしやすい。私たちは、ムガンボに建設中のウジャマー村を見物してから夕刻のひとときを浜辺で過ごした。持参の米を炊き、獲りたての魚の塩焼きで夕食を済ませて、その夜はカンシアナ号の舟べりに横になって朝を迎えた。

九月三日、朝の涼しいうちに出発したが、浜辺から三〇分も歩くと道はかなり急峻な坂道となる。午前中一杯はだらだらした登り道だった。強い熱帯の日差しは二〇キロ近くの荷物を背負った私たちの身にはずいぶんとこたえた。とある小さな沢筋に泉が湧きでていて、私たちは持参の飯盒の残り飯を食べて昼食とした。午後の行程は暑さだけを除いたらそれほどきついものではなかった。ゆるやかな起伏がはるかに続き、見通しのよい草原地帯の谷筋の部分にアカシアやサイメトラの黒々とした川辺林がうねうねと蛇行するのを見晴らしながら、わたしたちは黙々と歩いた。玉の汗だけが全身を流れて落ちる。トングウェ村の社会生態調査を長年続けた掛谷君夫妻が何度も通った道である。

枯れたように赤茶けた竹林がパッチ状に現われ、そこを抜けたとき、遠くの方に数頭のシマウマの群れが駆けていた。突如薮かげからイボイノシシが飛びだしてきたが、突然あらわれた人間の姿に驚いて、尻尾をピンと立ててユーモラスな恰好でそそくさと走り去った。ハルナが「ンギーリ、ンギーリ」とおどけて怒鳴る。掛谷の奥さんの英子さんは、はじめてイボイノシシを見たときにスワヒリ語のンギリを「ンギーリ、ンギーリ」と言ったのだといまだに村人たちの語り種になっているのだという。

昼過ぎにカタンバに着くが、この散村は湖岸へ移住させられていて既に廃村になっていた。およそ一時間半でシテテの本村に着く。六世帯あったここでも一世帯は湖岸に降りてしまい、残っていたのは五世帯であった。この村には掛谷たちの家もあり、そのせいもあって村人たちは湖岸への移住命令に従がわず、頑張って居残りをつづけているのかもしれない。

翌日、傾斜の緩やかな丘を登り下りしながら、掛谷たちが調査していた最奥の地イルンビの小さな村へ午後一時半に到達する。この村はルカンダミラと呼ばれている。ムワミ村長の家を訪ねるが、彼はおらず、奥さんがちょうどキャッサバを煮ていてご馳走になる。この村にも掛谷たちの家があるが、彼らが去ったのち、いまは他の村人が住まいしていた。

九月五日、朝早くから写真を撮ってもらいたいという人たちがテントの前にたむろしている。カメラを構えるとみな表情を固くしてポーズをとってくれる。ムワミはアラブ服を着こんで軍靴を穿き、アラブ帽をかぶった上から、ライオンのたてがみから背中の部分の皮を細長く切り裂いたものを、背の方へ垂らして現れる。威厳をともなった最高の正装なのであろう。

写真●4－18、19　起伏の多いサバンナの小道を行く。写真18の左がハルナ、右がアリマシ。

九時半に出発して一時間と少しでイガブリロに着く。男はみな働きに出ていて、女子供しか残っていない。ここから眺める山は聖なる山であるから、このあたりから写真を撮ることはまかりならぬとご託宣をうける。

一党独裁のタヌーから、どの散村も離村を強いられ、浜辺のウジャマー村に集合するよう強要されているのであるが、多くの村人はその命令を拒否し、シテテ、ルカンダミラ、イガブリロなどに散在して伝統的な生活を守ろうとしているのである。

イガブリロにはモハメディの妹が住んでいて、バッファローのあばら骨を乾燥させたものをいただく。つぎに立ち寄ったカトゥンバでキャッサバの芋を焼いたのをもらい、ムト・ロガッサの村に四時前に到着。空家になっていた家に泊めてもらう。

トングウェ・ランド旅行の最終日の九月六日、イルンビ地域をぐるりと一周めぐり、ミオンボ林におおわれたなだらかな丘陵の景色と、人なつっこく礼儀正しい村人たちとの邂逅を堪能し、タンガニイカ湖畔のムガンボに向かって下山を開始した。夕方の五時にムガンボの浜に到着し、三泊四日のマハレ山地の村々訪問の旅は終わった。

写真●4―20　左からアリマシ、ハルナ、村長のムワミ。

(6) 農耕民が食べないマメ

予定どおり迎えにきていたカンシアナ号に乗り込んでカソゲに帰ったのはすでにたそがれどきであった。舟旅をふくめ五日間のサファリに適度に疲労を覚え、久し振りのカンシアナ・キャンプのベッドで私はぐっすりと眠った。

滞在期間はあと一週間を残すのみであった。私たちの留守中、ミミキレ・グループが南から移動してきて、カジャバラたちは北へと移動しつつあった。姿は見えなくても、チンパンジーたちはそれぞれの個体の音声を識別することができる。他群の先頭部隊が近づくとカジャバラ・グループはにわかに動揺の色を濃くした。遠くの方でミミキレ・グループのオスたちの鳴き交す声が聞こえる。カジャバラをはじめ、カメマンフ、ソボンゴなど群れのオスたちはアカシアの木に登り、声の彼方を眺めつつ枝揺すりをする。やがて地上に降りたつとメスやコドモを従えて、うしろを振り返りつつ北の斜面へと引き上げていく。

午後からは完全に餌場はミミキレ・グループに占領された。毎日たむろしていたカジャバラたちの姿も見えない。翌日ミミキレやサンカクなど、ミミキレ・グループに混じって、見覚えのある若いメス、ワブネングワが入りこんでいた。一つの群れに固定されず、メスたちは餌のある方のグループをわたり歩いているのだ。西田たちの調査によって明らかになったが、チンパンジーでは、メスたちの方が群れ間を移籍し、その点でもオスが群れ間をわたり歩くニホンザルなどの社会とは対照的である。

最後の数日間で私は二つのグループの行動域内をできるだけ歩いてみたいと思った。はじめにミミキレ・グループの行動域の南限といわれるルグバラ川まで行ってみることにした。湖岸沿いの畑の中の小径をブラブラと辿る。小高い崖の上からみるタンガニイカ湖は素晴しく青く美しかった。澄みきった空の彼方に水平線が見え、その向うには森と水の国ザイールが拡がっているはずだった。帰り道で私はバウヒニア属の灌木の豆を採集した。同行のハルナがいぶかしげな顔をする。「それはソコムツ（チンパンジー）の餌になる」といったが、私は「自分で食べてみるのだ」と答えた。ほとんど同じ種類の豆をカラハリのブッシュマンはナンテと呼んで、雨季後半の主食とする。私はキャンプに帰ってこれをブッシュマン方式に火の中につっこんで焼いて食べてみたが、ナンテと同じくソラマメに似た大変おいしいものだった。類人猿と狩猟採集民の示す同属の豆科植物への集中的季節的依存性は人類の進化過程における食性を暗示するものとして大変興味深い。農耕民ではあるが、漁撈、狩猟採集にも大きく依存するトングウェ族がなぜこの野生の豆を利用しないのか、私は不思議に思った。

ハルナにも食べてみろといったが、「そんなものはソコムツの食べもので、人間の食べるものではない」とにべもない返答だった。人間社会の示す驚くべき適応と多様性とはうらはらな異質なものへの排他性こそ、人類を築きあげてきた文化の所産である。この点については、４節で改めて論じる。

若くて元気なモハメディを連れて、私は北の裏山へできるかぎりの遠出をしてみた。板根を張りだしたフィッグス（イチヂク属）の大木は幹から直接小さな果実をたわわにならせている。チンパンジーが好んで食べる食物の一つである。小さな谷まで進むと、突然バサバサと音がしてソボンゴが人なつっこそうに姿を現わした。カジャバラ・グループはすでにここまで移動してきていたのだ。このままさらに北上して、ミヤコ谷の向うまで行くだろうとモハメディはいう。しばらくカジャバラの動きを見たのち帰路は別の道を辿ってキャンプに戻った。

翌日は丸木舟をかってミヤコ谷の岬までこぎだすことにした。長身のアリマシが櫂を握って案内してくれた。小一時間でミヤコの浜に降りたつ。ミヤコ谷の河口には草葺きの掘立小屋が二つ建っていた。川中健二君がここに頑張って二つの群れの群間関係を追っていた跡である。＊文献143 岬に突きだした丘の上にナンテに似た灌木が群落をなしていた。

文献143　川中　一九八八

カソゲを去る前日の九月一五日、私は村に下りて人びとに別れのあいさつをした。女の人たちも名残りを惜しんでくれた。どの人たちも皆いい人たちだった。わずか一ヵ月間の滞在であったがだれひとりとして気を悪くせず、誠実につきあってくれた。トングウェは非常に日本人の心情に通じる礼儀正しい誠実な人びとであった。

3　「最小生計努力」――焼畑農耕民トングウェの生活構造と精神世界

ここで、大地溝帯の湖畔で出会った人びとについて、掛谷さんの仕事に依拠しながら概観しておこう。

タンガニイカ湖の東側に延々と連なる丘陵地帯は、ブラキステギア、イソベルリーニア、ジュルベルナルディアの三属のジャケツイバラ亜科（マメ科）の落葉樹で構成される乾燥疎開林である。ジャケツイバラ亜科のこれらの樹種は総称してミオンボと呼ばれているので、コンゴ盆地の熱帯雨林からサバンナに移行するこの地域の疎開林帯はミオンボ・ウッドランドと通称されている。この広大なウッドランドの領域は、トングウェの居住域を含むタンザニア西部からザンビア、マラウイ、モザンビーク、それにコンゴ南部からアンゴラ東北部にかけて広がり、サハラ以南アフリカの四分の一がじつにこの疎開林帯であり、アフリカを代表する植生帯の一つとして位置づけることができるのである。

掛谷によれば、トングウェの生息地はタンガニイカ湖岸から東の山地部にわたって二万平方キロメートルに及び、そこに二万人弱の人びとが住んでいるから、たいへん人口希薄で人口密度は一平方キロメートル当たり一人弱ということになる。人びとは二家族から一〇家族、人数にして五人から三〇人が住む小規模な集落を作って住んでおり、それらの集落も互いに距離を隔てて散在している。彼らは焼畑農耕によって、キャッサバやトウモロコシを主食として栽培するが、マスキット銃や多種類の罠による狩猟、タンガニイカ湖や河川での漁労、それに蜂蜜採集などの生業活動をおこなっている。トングウェの食生活は、標高八〇〇～九〇〇メートルの湖岸部ではキャッサバ、九〇〇～一三〇〇メートルの中高度地帯ではキャッサバとトウモロコシ、一三〇〇～二〇〇〇メートルの山地帯ではトウモロコシの栽培によっており、副食として、湖岸では湖の魚、中高度地帯では川魚、山地帯では中型・小型の羚羊類を中心とした獣の肉に強く依存していた。掛谷は、「畑での主食作物の生産は、集落単位でみると、住民の推定年間消費量ギリギリ程度の収量を保持していた。それらは『身近な環境において、できるだけ少ない努力で、安定した食物を確保しようとする傾向性』、つまり『最小生計

写真●4―21　ミオンボ・ウッドランドの中に作られた焼畑。トウモロコシの収穫を終えたところ。

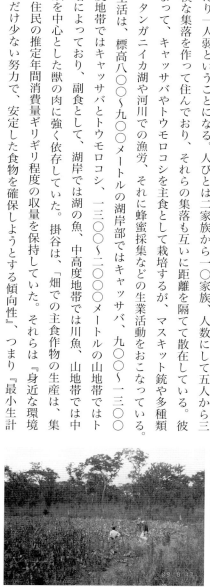

努力』の傾向性を示していた。」と報告している。＊文献126

広大な原野のなかに埋没して孤立しているかのようなトングウェの散村だが、この遠く隔離された人びとは、じつは頻繁に往来して村々を訪ね歩いているのである。掛谷によれば、「集落を訪れた客人は、食事の饗応を受け、宿舎を提供される。」このようにして、「トングウェは、洗練されたホスピタリティの文化を保持してきたのである。ある山村で調査した結果、客人に提供される食物は、全食物消費量の四〇パーセント近くに達するが、ほぼそれに見合う量の食物を、村人は他の村で食べていたのである。（中略）こうして、いわば、食物は常に各集落間を流動して平均化する傾向をもつことが明らかになった。」

人よりも抜きんでて大きな畑をつくって、豊かな生活を送るものは妬みの対象となり、食料の蓄えがあるのに他人に分け与えないものは人から恨みをかうことになる。妬みや恨みこそ呪いの源であり、邪術師が跋扈する温床である。このような呪いへの恐れが、彼らの生計経済にみられる特質を裏面から支えているのである。

「最小生計努力の傾向」と「食物の平均化」はたがいに密接に関係をもっている。そしてこの生活原理を背後から支えていたのは、妬みや恨みに起因する呪いへの恐れであり、その原因をもたらす祖霊や精霊の存在であった。ここに至って掛谷は、「彼らの精神世界を理解することの重要性を認識し、この世界の要の位置を占める呪医に入門し、その修行や、仲間の呪医から病などの治療について学ぶ過程で、改めて精霊や祖霊、人を呪う邪術者の存在が、人びとの生計経済の原理に深くかかわっていることを実感した」＊文献127のである。

写真●4―22　トングウェの呪医として昇位儀礼（クィンブラ）を受ける掛谷誠（一九八〇年　撮影：掛谷英子）。

文献126　掛谷　一九七四

文献127　掛谷　一九七七

写真●4―23（左上）　トングウェの生業であるキャッサバの収穫。左の白色のものは川の水に晒してアク抜きをしてある。

写真●4―24（左下）　キャッサバの粉から作った練り粥。

23

24

4　未知の民の地、レンディーレ・ランドへ

(1) ビクトリア湖を経由してナイロビへ

キゴマからの帰途は今度はセレンゲッティ国立公園を経由してアルーシャへ出る予定だった。長い一人旅も気楽なものだが、道連れがあれば一層心強い。セレンゲッティの入口近いムワンザまではハルナに同行を頼んだ。ビクトリア湖畔の町ムワンザは一大漁業の中心地なので、そこでナイロン漁網を買い駄賃に差しあげるという条件をだしたら、ハルナは喜んで同道を承諾してくれた。カンシアナ号をキゴマで乗り捨てたあと、二人で小川君の家に泊めてもらう。ランドローバーはすっかり修理点検を終えて私たちのサファリを待ちかまえていた。キゴマ・ホテルからモロゴロまでの長距離電話を申し込み、杉山に電話をかける。私たちはムワンザで落ちあい、セレンゲッティを一緒に旅行しようと約束してあった。しかし彼は大学の都合でどうしても休暇がとれなくなってしまい、残念ながら今回のサファリはあきらめざるをえないということだった。

ハルナとわたしは翌朝小川君のところを辞し、キボンドの先のマラガラシ川の橋のたもとに住む稲見廣政君を訪ねた。マラガラシ国立公園の車輌整備のために派遣されている青年海外協力隊員の一人である。少し時間は早かったが、今日は彼の家に泊めてもらう。久し振りに日本人に会って喜ぶ稲見君は大切に飼っていたニワトリをしめて歓待してくれた。

往路に通ったなだらかな丘陵地帯の快適なドライブを楽しんだあとンゼガにてシンギダ、ドドマへ東に折れる道と別れて、真すぐムワンザへの道を北上する。分岐点をすぎるや否や洗濯板道路がはじ

写真●4—25　青年海外協力隊員として、マラガラシ国立公園の車輌整備を担っていた稲見廣政。ンゴロンゴロのクレータ入り口で（一九九六年）。

まる。スピードは一挙に落ち、乗り心地は悪いので疲れることおびただしい。ゲイタの町の警察署にゲストハウスでもないかときいてみるが、そうした設備はなく、宿屋もないので、ビールを買い込んで町はずれまで走る。人家から少し離れた木立ちの中にテントを張ろうと提案するが、ハルナはライオンがでるのではないかと肯んじない。見知らぬ土地へくると彼らは極度に用心深くなる。ハルナは少しく離れた人家までわざわざ出かけていって、ライオンなどはいないか、夜中に盗みに来るような性悪の人間はいないかどうか尋ねに行って、そのような心配はないことを聞いてからようやく、キャンプすることに同意した。

ムワンザの少し手前に、ビクトリア湖に注ぐ大きな川が流れていて、この川には橋がない。人や車が集まるたびに屋根のない大きなフェリーが両岸を行き来する。この岸壁にも青年海外協力隊の若者が一人働いていた。日本人も全く世界中に進出するようになったものである。しばらく行くと日本人の乗ったランドクルーザーがボンネットを開けて止まっていた。立往生している車を見れば止まって様子を聞いてやるのが、アフリカの荒野を旅行するもののエチケットである。海外協力事業団の派遣する地図作りの測量隊の一行だった。エンジンのオーバーヒートがひどくて休ませているのだという。砂の重い、暑い気候の中でのドライブではどうしても冷却水が沸騰しがちになる。一旦オーバーヒートさせた車は、シリンダーヘッドがひずんで、どうしても加熱ぎみになってしまう。それにしてもトヨタの車はエンジンの大きさに比してラジエーターが小さすぎると思う。私がランドローバーを選んだ理由の一つはここにある。あせらずボチボチ旅して下さいよ、と言いおいて、ムワンザを目指す。

ハルナは都会を知っているので、それほどおじけづくことはなかったが、あまり上等のホテルではやはり身すぼらしい田舎者に見えるので、二流どころのホテルの二人部屋に泊まることにした。シャワーを浴びたのち、持てるもののうち、一等新しいシャツとズボンを持参してきて、それを着用したが、トングウェ・ランドから抜けだしてきたばかりの男の動作振舞いはどうしても都会にはそぐわず、一見して田舎者との印象を受ける。レストランの定食を手で食べないように注意して、テーブルに向かい合わせに座る。スープから始まるフルコースの料理は食べたことがないらしく、そんなに幾皿も要らないと辞退するが、食べ残しても料金は同じなのだと説明すると、ようやく安心して、出てきた料理をすっかり平らげた。ムワンザの夜の街を少し散歩し、場末のバーでビールを引っかけて、私たちは旅の疲れからぐっすりと眠りこんだ。

翌朝は、早いうちから町へ出かけ、魚網を求め、それをハルナにプレゼントしてから、汽車の駅にでかける。キゴマ行の汽車は一二時の発車だった。二等切符を買い求めて、帰路の食費や舟賃などを一緒に渡して汽車に乗せる。昼食用にと買っておいたパンとコーンビーフの缶詰を渡す。列車は黒い煙を吐いて、ゆっくりとホームを離れた。

ムワンザから湖岸沿いに北東に進むとンダバカにて真北へケニアに向かう道と、東へセレンゲッティ国立公園のゲートに向かう道路が別れる。久し振りに一人旅を楽しみながら、セレンゲッティの入口に門限直前に到着する。国立公園内は危険なので日没後走行することは許されていない。このゲートはセレンゲッティの中心地セロネラまで約一時間のところにあるので、ゲートは六時で閉鎖される。五時四五分にセレンゲッティに入った。アカシアの疎林の多い西部セレンゲッティは雨季に入りつつあるのだろう。道路の各所に水溜りが見られる。乾季の間、ビクトリア湖岸まで移動していたヌー（ウシカモシカ）の百万頭にも及ぶ巨大な群れが、徐々に東の平原へ戻りつつあった。群れがふさぐ道路を動物をかきわけるようにゆっくりと車を走らせる。ヌーの大群に従って、これを餌じきとするライオンの家族が移動しているはずであるが、残念ながらライオンの姿は見えなかった。その三年前には、伊谷夫妻、掛谷夫妻、そして私たちの家族の一行七名でセロネラを訪れ、セレンゲッティ研究所（野生動物研究所）の事務長さんにライオンがヌーを襲っているところを案内してもらい、珍らしいセサビーなどのレイヨウを見せてもらったことがある。そのとき私たちはアウストラロピテク

写真●4―26　ムワンザの街なかのソコ（市場）の一画では道路いっぱいに古着が並べられて商われている。

スの発見で有名なオルドバイ峡谷を見学し、ンゴロンゴロ、マニャーラ湖、エヤシ湖と、タンザニアの著名な観光ルートを旅したので、今回は一路メイン道路を経由してナイロビへと急いだ。

（2）未知の遊牧諸民族

一〇月のナイロビは乾季もたけなわとなって暑くなっていた。町中にジャカランダが咲き乱れ、高原の夏の真盛りだった。学振のオフィスのあるデラメア・フラットの向かいに、アインスワース・ホテルに劣らず古い、しかしずっと大きな植民地時代風のフェアビュー・ホテルがある。倉知さんのところへでかけるにも便利だし、町からもほど近いので、今回はそちらの安い離れの部屋に投宿する。今回の旅行の最大のボツワナへの旅に出かける前に一度、私はケニアの北部を旅しておきたかった。今回の旅行の最大の眼目が、冒頭にも述べたとおり、北ケニア遊牧民の予備調査だったからである。

北部ケニアは、その環境が苛酷であることと遊牧諸民族自体が排他的で攻撃的でとっつきにくいために、いまだほとんど調査がなされていなかった。いわば未知の世界であった。この一帯に本格的に足を踏み入れた人類学者は五指に満たない。ガリバー夫妻がウガンダのジエ族を調査し、ひきつづいてケニア側に隣接するトゥルカナ族の地に入ったのは一九五〇年代である。[*文献14] 東部では、マンチェスター大学のポール・バクスターがガラ系の牛牧民ボラナ族の調査をおこなっている。そしてこの頃になって、ウガンダ側のカラモジョン族をダイソン・ハドソン夫妻が[*文献7]、そしてマサイ系サンブル族をポール・スペンサーが調査した。[*文献58] 私の目標としたのは、それらの部族にとりまかれて半砂漠に孤立するラクダ遊牧民レンディーレ族とガブラ族であった。ガブラ族についてはコロンビア大学のウイリアム・トーリーが二年間の調査を終え[*文献76]、少し前に米国へ引き上げたばかりとのことだった。できることなら先人の足跡のない未知の部族を調査の対象としたい。対象はおのずからレンディーレ族にしぼら

写真●4―27　ライオンは見えなかったが、ブチハイエナの母子が屍肉をあさっているのに出くわした。

文献14　Gulliver 1955
文献7　Dyson-Hudson 1966
文献58　Spencer 1973
文献76　Torry 1973

れた。レンディーレの調査も全くないことはない。大学院の博士課程に在学中のエリオット・フラトキンがサンブルとレンディーレの境界域をフィールドとし、レンディーレ化したサンブルの社会人類学的調査をおこなっていた。[*文献9] 彼はスペンサーの研究との比較に重きをおいていた。レンディーレ自体についてはナイロビ在住のデンマーク人、アンダース・グルムが短期間住みこんで調査をおこなっていた。[*文献12] グルムは建築家であり、主としてレンディーレの移動式住居の構造と居住形態をテーマとした建築人類学の立場からの調査に従事しているのだった。だから、レンディーレは研究者にとって、全く未知の部族ではなかったが、その文化人類学、生態人類学の立場からの研究は皆無であった。

文献9　Fratkin 1980

文献12　Grumm 1976

（3）レンディーレ・ランドの予察

レンディーレの地は、中北ケニアの丘陵サバンナを住みかとするサンブル族のテリトリーの尽きる半砂漠平原に位置する。ナイロビから北へ三〇〇キロの町イシオロを過ぎると、すでに人の気配はうすく、アカシア・サバンナのサンブル・テリトリーに入る。疎開林帯を抜けると、ラバ（火山岩）が地表を覆う草木のほとんど見られない荒涼たる砂漠地帯がひらける。ライサミスと呼ばれる小さな町を起点にレンディーレ・ランドのはじまりである。砂漠の中にムックリとそびえる火山性の山塊があり、モンテン・フォーレスト（山地林）におおわれた山脈の下限のところに、オアシスともいえるマルサビッツの町があり、これがテリトリーの北東隅を形づくる。レンディーレ・テリトリーはライサミス―マルサビッツを結ぶ線を東縁に、西はトゥルカナ湖岸にまで拡がる。面積約一万平方キロ、雨季の一時期に濁流を作る大地の凹みに沿ってアカシアの緑がちらほら見られる他は、矮少化したコミフォラ属、ボスウェリア属などしなびたような砂漠性の草木類が疎らに生えるだけの焼けつくような平原である。牛の飼育はこの地では全く想像もつかない不可能事である。広いテリトリーの中に何ヵ

写真●4―28、29（左）ラクダ遊牧民レンディーレ。

28

29

所かある水場と水気の少ない耐乾植物に依存して生命を維持することのできるラクダならでこそ地の果てのような砂漠の地に生存が可能であり、人間もまた、このラクダのミルクと肉に依存することにより、生存を可能とする。

ナイロビで私は極力北ケニアに関する情報を収集した。しかし、サンブル国立保護区までが限度で、それより以北を旅行した人はほとんどいなかった。ランドローバーの調子はよく、おそらく支障なく踏破はできるだろうという自信はあったが、やはりこれだけ厳しい条件のしかも見知らぬ土地を単独で旅行するのにはためらいがあった。倉知さんの紹介で、東アフリカにすでに四年間滞在中という獣医志願の青年、神戸俊平君と知り合った。彼は二年前の皆既日食のとき、日本のテレビ・チームに従ってトゥルカナ湖まで旅行したことがあるという。スワヒリ語も私の片言に比べればはるかにすぐれているし、二〇歳台の彼なら、車が動かなくなっても一〇〇キロぐらいの道のりを一緒に歩いて脱出できるだろうと思われた。私の資金ではとても多額のお礼をすることはできないが、旅行費用一切は当方がもつから同行をお願いできないかと申し入れると、神戸君自身も荒野のサファリは好きだから喜んでお伴しましょうという返事だった。私は心強い同行者を得ることができた。

ナイロビを発ってケニア山麓の肥沃な農業地帯を車は快調に突走る。ケニア最大の部族であるキクユ族のテリトリーである。ニエリを左にかすめ、赤道を北に横切ってナニュキの町を通過する。ケニア山麓の最高地点はゆうに二〇〇〇メートルを越える。右手に白い氷河をいだく鋭いバチアンの岩峰が見晴らせる。ケニア山は、正確にはキクユ語でキリニャガと発音する。植民地時代のイギリス人がこれをなまってケーニャと呼んだのがケニアの国名のはじまりとなった。二〇〇〇メートルの山麓地帯は芝草様の牧草がびっしりと埋め尽くす一大酪農地帯である。聞くところによると、あるオーストラリアの富豪が土地を買い占めて、大々的な羊の牧場を営んでいるのだということだ。牧歌的ななだらかな斜面を登りつめると、その向うは急転直下、イシオロに向かって道は一直線に落ちていく。ア

写真●4—30　獣医として象の密猟取締にも従事する神戸俊平。

クセルを踏みこまなくても車は重力のなせるままに時速一一〇キロのスピードで飛ぶように走る。一気に一〇〇〇メートル近い落差を降り切り、イシオロの町で最後の給油をする。ソマリ人の経営する小さなホテリ（食堂）でピラフと肉汁の昼食を済ませ、高度が低くなってにわかに暑くなった北ケニアの旅へと出発した。

ケニアとエチオピアの国境にはモヤーレという町があって、国境の検問があるのだが、実はそのあたりまで行くと道はいくつも枝別れしていて、国境線も定かではない。越境をしようと思えばどこからでも越えられるのである。だからイシオロは、事実上の北ケニアの国境検問所の役割を果たしている。町を二〇〇メートルばかりはずれたところに、道路の真ん中に障害物が置いてある。手前で停車して、車の登録番号、型式、運転者名、乗客数などを記入する。

（４）サンブル・ゲーム・リザーブとマルサビッツ

検問のところに日本人のヒッチハイカーが一人座っていた。神戸の顔見知りの青年だったので拾ってやる。検問所をすぎると舗装は途絶え、ついに洗濯板道路となった。イシオロからおよそ一〇〇キロばかり走って、サンブル・ゲーム・リザーブに私たちは立ち寄った。ゲートを少し行ったところのキャンプ・サイトにテントを張り、久し振りの露営をした。夕方、アカシアの下のテントの近くを巨大な象が三頭訪れた。

翌朝、早いうちに私たちはゲーム・リザーブの中を車を走らせて、動物たちを見物した。小川を渡るときに、小さな一メートルぐらいのワニを岸辺に見たが、私たちが近づくとノソノソと這って水溜りに跳び込んだ。サンブル・リザーブには他の国立公園には見られないめずらしいレイヨウであるゲレヌークが住んでいる。きゃしゃで茶色をしたこのガゼルは小柄だが首が細長く、かなり高いアカシ

写真●4―31　ケニア山（五一九九メートル）

アの木の枝に伸び上がって後肢で立ちあがり葉を食べることで有名である。

アーチャーズ・ポストのゲートからリザーブを出た私たちは、いよいよレンディーレの地へと車を走らせる。高度はいよいよ低くなり、海抜六〇〇メートルぐらいになったろうか。照りつける太陽は灼けつくようで、漆黒のラバの岩肌がギラギラと光る。立木はなくなり、まばらに生えたしょぼくれた枯草の平原に陽炎がもえて、大地は機械工場の油ぎった床面のようにてかてか光っている。私たちはライサミスの小さな茶店に休んで甘ったるいミルク紅茶を飲み、持参のビスケットで昼食とする。サウナ風呂に入っているような午後の強い陽射しの中を一路マルサビッツへの道を辿る。巨大な波をもつ洗濯板道路のドライブは、二〇〇キロの道のりに四時間を要し、マルサビッツにはたそがれの六時に到着した。

モンテン・フォーレスト（山地林）の中にあるマルサビッツ国立公園のゲートをくぐってすぐのところのキャンプ・サイトにテントを張る。翌朝私たちはクレーター（火口湖）のパラダイス・レイクというところまで行ってみた。急なラテライトの地肌が見える斜面を四輪駆動の最低速のギアでよじ登り、見通しのきかない森の中の曲りくねった道を行く。キイロヒヒの群れが木立を揺るがし、ブッシュバックが好奇心に満ちたまなざしを向ける。パラダイス・レイクのほとりには、三〇頭ばかりのバッファローの群れと、子象を連れた象の親子連れが草を食んでいた。最近までこの公園にはアームッドと名付けられた、世界最大の牙をもつ牡象が住んでいた。密猟者の犠牲にならぬよう、常時何人かのレンジャーがアームッドの動きを監視し、厳重に保護していたが、数年前についに老衰のため死亡した。アームッドは剥製にされて、国立博物館の中庭に永久に陳列されている。

（５）トゥルカナ湖へ

モヤーレからエチオピアへ旅したいというヒッチハイクの青年を昼頃マルサビッツの町に残し、神戸君と私は西へトゥルカナ湖に向かう道を下りはじめた。レンディーレ・テリトリーの中心部にも道は通じており、トゥルカナ湖へ抜けることは可能であったが、はじめての旅だったので私はもっともよく使われる幹線道路をとることにした。これはレンディーレとその北に隣接して住むガブラとの境界域を貫通している。ラバの露出した石ころだらけの道をそろそろと下っていくと二時間ばかりでガブラの町マイコナに着く。トーリーはこの町を基地としてガブラの調査をやっていたのである。荷物を積んだラクダの群れを追って旅するレンディーレの若者たちとも出会った。ガブラはレンディーレとは宿敵同士で、ときおり、ラクダの略奪をやったり、戦闘を交えたりするが、普段は表面上友好的につきあっている。マイコナの茶店で小憩をとる。暑い日中のドライブに疲れ果てたからだには熱い、甘ったるいミルク紅茶はとてもうまい。一ぺんに疲れが吹きとぶようである。

マイコナから道は二とおりに分かれるが、乾季の最中だったので私たちは南側のチャルビ砂漠の真中を通る道を選ぶ。チャルビ砂漠は、文字どおり一木一草生えぬ完全に砂だけの砂漠で、面積三千平方キロに及ぶ大地は全く凹凸のない砂原である。何年に一度か大雨が降るときに、この砂漠は完全に水浸しとなり、浅い巨大な湖と変貌する。そうしたときには通行は不可能となり、人びとは北のラバ地帯の道を通らざるをえない。チャルビは全く乾ききって、遠くに蜃気楼の逃げ水が走る。どこでも好きなところを突走ることができるが、土地不案内の私たちは前の車が通った轍の跡からあまり離れないよう注意して西に走った。時速八〇キロぐらいのスピードで延々二時間走りに走っても景色は砂と蜃気楼だけがつづいて変化がない。夕闇が迫ってきたので、私たちはチャルビの北縁のニッパヤシの木陰に車を寄せてキャンプを設営した。遠く見えがくれにラクダを放牧するガブラの人影があった。

ノース・ホールを越えるとようやくチャルビ砂漠は尽きて、ラバに覆われたなだらかな丘陵地帯となる。植生もうんと豊かになり、アカシアやナツメヤシの木立ちさえもが現われはじめる。丘の麓に

写真●4―32　ケニアとエチオピアに跨がる世界最大のアルカリ湖、トゥルカナ湖。この湖の近辺では人類進化研究上の大発見につながった人類化石が多く発掘された。かつてこの湖はもっと広く土地は肥沃で、化石人類の生活の中心だったと考えられている。今でも大きさは琵琶湖の一〇倍ほどで、現在砂漠にある湖としても世界最大である（撮影：太田至）。

はところどころ泉がわきでているのであろう。この辺りまでくると牛を放牧するガブラの姿も見られた。木陰に車を停めてひと休みしていると牧童が一人近寄ってきた。小さな木製のつぼを示して、水をくれないかと片言のスワヒリ語で要求する。ポリ容器から水を汲んで二リットルぐらいのつぼを満たしてやる。村はどこにあるのか、と尋ねるがなかなか通じない。地面に牛囲いや丸屋根の小屋の絵を描いて、乳しぼりの様子を身振りで説明すると、南の方を指さす。そっちの方角を眺めやったが、丘の波が続くばかりで村らしいものは何も見えなかった。

トゥルカナ湖に近づくにつれて景観は一変した。いままでの丘陵サバンナは再び砂漠に変わる。こちらの砂漠は岩石砂漠である。ひと抱えもあろうかと思われる漬物石のような火山岩が地表を埋めつくし、道路は（それはとても道路とはいえるような代物ではないのだが）その大石を敷きつめた石の原だ。灼熱の太陽に照らされて、黒々とした火山岩がぎらぎらとどす黒く光り輝く。あたりには再び一木一草とてなく、巨大な岩石だけが骸骨のようにそそりたつ。ここは地獄の一丁目であった。赛の川原はさもありなんと思われるほど荒涼と荒れ果てた石ころと青い空だけが行く手にあった。さしものランドローバーもこんなところを走るようには作られていない。四輪駆動のローレンジのロー・ギアを使って、スピードを最小限に抑えて大石の上を転がりわたる。バウンドをさせて車の腹を岩にたたきつけたら、オイル・パンをやられるかギア・ボックスを割られるかわかったものではない。まだまだこの車は私の調査にとって必要だったし、ここで車を壊して歩いてトゥルカナ湖畔の村まで歩くのも嫌だった。歩くよりも遅いスピードで私はゆっくりゆっくりと赛の河原を進んでいった。トゥルカナ湖岸にでる最後の下りは、悪路に加えて断崖絶壁であった。最低速度のギアでエンジン・ブレーキを効かせながらもなおかつ私はフット・ブレーキに足を置きながら慎重に下った。夕陽がトゥルカナ湖の対岸に没する頃、私たちはようやく湖岸に辿りついた。湖岸沿いの道はまあまあだった。入江の河口のところどころにはニッパヤシの木立があり、右手に美しい湖面をにらみながら、泉のわくロイヤンガ

写真●４—33　トゥルカナ湖に至る大石を敷き詰めたような急な坂道を、車の腹をぶつけないように超低速で慎重に走らせる。

ラーニの町に到着した。

トゥルカナ湖もまたアフリカ大陸の大地溝帯に沿ってできた大きな割れ目である。水深はタンガニイカ湖ほどはないが、他の湖にくらべると深く、魚相も豊かであった。魚を食べない牧畜民の中で、サンブルの一支族である少数民族のエル・モロ族は漁業を生業としている。人口一〇〇人を数えるにすぎない絶滅寸前のこの部族は、岸辺に近く生息するティラピアを鋭利に尖らせた槍の石突きでこれを仕止める。ロイヤンガラーニには大きなサファリ・ロッジがあり、軽飛行機でゲーム・フィッシングを楽しみに来るヨーロッパ人たちの基地となっている。特別仕立てのモーターボートを借り切り、一〇〇ポンド級のナイル・パーチをトローリングによって捕えるのだ。この荒々しい砂漠の中の大湖でやるスポーツは陽光の乏しいヨーロッパ人観光客にとってはこたえられない魅力であるにちがいない。トゥルカナ湖の水位はまわりの土地のどの部分よりも低く、したがってこの湖は出口のない湖である。エチオピア高原から流れ込むオモ川を最大の水源とするが、乾燥地帯の湖のいずれにも劣らぬ塩分の濃い湖である。素裸になって飛び込めば石鹸を使わなくとも泡がたって長いサファリの垢もきれいに落ちる。私たちは湖岸に近いヤシの木陰にキャンプした。

トゥルカナ湖の夕景は美しかった。夕焼けの湖の彼方にサウス・アイランドがぽっかりと浮かぶ。泉のわきあがるヤシの葉陰は微風に揺らめき、ロマンチックな風情があった。ロマンチックなキャンプの夢は、夜半から吹きだしたすさまじい風のために中断された。一二時頃からだったろうか。テントのはためく音に目を覚ました私たちは、突如吹きだした強風にすっかり度肝を抜かれた。ロイヤンガラーニの真東に二〇〇〇メートルに達する急峻なクラール山がそびえる。ジュニペラス（ビャクシンの一種）やポドカルプス（マキの一種）の生え茂るモンテン・フォーレスト・ゾーンから一気に海抜四〇〇メートルのトゥルカナ湖まで落差があり、気流の関係で夜半から朝方にかけて、定期便のようにきまって強風が吹きおろしてくるのだった。

写真●4―34　アフリカの夕焼は美しい。ヤシの木陰のキャンプ地でのロマンチックな夜は突如襲いかかってきた強風で夢を破られた。

携帯用のちゃちなテントはペグが吹っとび、いまにも人間ごと吹きとばされそうな勢いである。もっとおそろしいことには砂の地吹雪がともなうのである。細かい砂漠の砂が風にまきあげられて移動するのだが、地上一メートルは砂の嵐だ。テントのすきまから容赦なく吹きこんできて、テントの中はすさまじい砂埃である。目を開けていられないし、息をするのもひと苦労である。ここはやはり地獄の一丁目か賽の川原だ。私たちは明け方までまんじりともしないで息をつめて横たわっていた。

（６）サンブルの地を通って

地吹雪は一〇時頃まで続いた。とても朝食をとっているどころの騒ぎではなく、私たちは早々にテントをたたんでロイヤンガラーニをあとにした。湖岸沿いにさらに一〇キロばかり南下して道が湖を離れていくあたりでようやく風はおさまった。木陰に車を停めて紅茶をわかし、朝食とする。湖岸から内陸に登る道はあい変らず大石を敷きつめた賽の川原である。登りつめてようやく火山灰台地の平原にでた。

サウス・ホールまでの一〇〇キロばかりはまずまずの道路である。陽が高くなってくるとゆうべの寝不足がたたって、猛烈に眠くなる。川辺林のアカシアの大木の木陰に休んで簡単な昼食をとり、二時間ばかり昼寝をする。このあたりの無人地帯にはよくライオンが出没すると驚かされていたが、まさか昼日中からうろつきまわっていることもあるまい。

サウス・ホールではローマン・カトリックの教会の神父に頼んで中庭にテントを張らせてもらった。中年の神父はもう七年もサウス・ホールで宣教活動をやっている古強者である。さばさばした気さくな人だった。久し振りに水道の水をふんだんに使って行水をする。教会の庭にはレモンの木が何本も植えられていて実をたわわにつけていた。教会の雇い人に頼んで二つ、三つもいでもらう。町の肉屋にでかけていってヤギ肉を買い込み、炭火で焼肉を作ってレモン汁をしぼって食べた。こんなにうまい食事は今回のサファリでもはじめてのことだった。水割りのジンにレモンの汁がよくあう。ほろ酔い気分で裏のレモン畑から大きそうなのをもう二つばかり失敬する。私たちは心持ちよくジン・レモンの美酒に酔いしれた。

サウス・ホールは、レンディーレ、ガブラ、サンブルのテリトリーの境界域に位置する。最近は西の方からトゥルカナ族もずいぶん入りこんでくるようになった。四つの部族の入り混じった町である。部族間の関係をテーマに研究するのなら、ここは恰好のフィールドとなるであろう。ときおり生じる部族間抗争を抑止するためにケニア警察の機動部隊（G・S・U）が町はずれに駐屯していた。

サンブル・テリトリーを南下してバラゴイを経、サンブル地区の中心マラルに向かう。バラゴイもマラルもサンブル族の町であるが、最近はトゥルカナ族が続々と東進し、その先端はイシオロにまで達している。マラルのソコ（市場）は見ごたえがあった。サンブルとトゥルカナの使うミルク容器であるヒョウタンや木製壺、ビーズ細工、木工品などをリトルワールドの野外博物館用に買い込んだ。ついでに野菜屋や日用雑貨商のコーナーを見物して、茶店に立ち寄り旅の疲れを癒やす。

マラルでガソリンを補給する予定にしていたのが誤算であった。ここ三日間ばかり、ガソリンが切れていて、皆タンクローリーの到着を待ちかねているのであった。私たちはいつ着くかあてにできないトラックを待つ訳には行かず、次のルムルティの町までの中間にある警察署で援助を乞おうと、乏しい燃料のままマラルを出発した。うまい具合に、警察のランドローバーがルムルティまで出かけるところだったので二〇リットルのガソリンを貸してもらい、一緒に走っていってルムルティの町のガソリンを買って返した。ルムルティからおよそ三五キロ、トムソン・フォール（現在のニャフル）に着いてようやく未舗装の道路は終った。ガソリン・スタンドで埃にまみれた手足と顔を洗い、あとはナイロビまで二五〇キロ、約三時間の行程であった。

5　三たびカラハリへ

(1) 人口動態の把握

一〇月二四日、ヨハネスバーグのヤン・スマッツ空港（現在はO・R・タンボ国際空港と改名）から以前に知りあったジェンキンス教授に電話し、市内のエア・ターミナルまで迎えにきてもらう。ジェンキンスは、南アフリカ医学研究所およびウィットウォーターズランド大学医学部の教授で人類遺伝学を専攻しておられる。彼は南部アフリカ諸民族に関する血清遺伝の比較研究をしており、自然人類学者トバイアス教授とともに、南アではブッシュマン研究にもっとも詳しい人の一人である。

なごやかなジェンキンスの家族のところに寄宿して、私はカラハリへの旅の準備をした。前回の調査に使用したランドローバーを私はジェンキンスに売却して帰ったのだが、今度はそれを賃借りすることになっていた。必要な工具類、食糧などを買い込む。南アフリカの大都会ヨハネスバーグはサファリのためにも重要な拠点である。

ジェンキンスの一六才の長男ピーターが私に同行することになった。ピーターは現在高校に通っているが、学業は好きでなく、機械いじりをしたり、野外に出たりする方を好み、カラハリの旅に是非連れていってくれという。クリスマス休暇も間近なところから両親も同意し、息子は私が一ヵ月半預かることになった。まだ運転免許証を取得できる年令ではないが、運転はなかなかうまいし、整備や修理の手伝いをするのも好きで、無人地帯のドライブには心強い同伴者であった。

南アには新しい法律が制定されて、郊外の道も時速八〇キロにスピード制限がされるようになり、

写真●4―35　トゥレボー・ジェンキンスの長男ピーター。

速度違反のとり締まりが随所になされているというので、あまりスピードを出さないように走る。ゼーラストの少し手前の町で昼食後、国境のコップフォンテインに三時ちょっと過ぎに着く。通関をすませて、ボツワナの首都ハボローネまではほんの一五キロばかりの道のりである。町に入ったとたん、セレツェ・カーマ大統領のお通りとのことで交通止めにぶつかる。待つほどもなく、数台の白バイとパトカーに護衛された、大型ベンツの大統領専用車が通過して交通止めは解除される。

翌三〇日、申請してあった調査許可証を大統領府の役人から受けとり、私たちはカラハリの重い砂の道を一路西へとたどる。町を通り過ぎ、田舎道に入ってからピーターとわたしは二時間ごとに運転を交代した。カラハリの道は相変らず深く重く、凹凸がはげしく、そして暑くて長い行程だったが、いままではいつもわたし一人で運転していたところを、半分ずつ交代して行けるのはとても楽であった。

途中の道端のブッシュの中で二晩を野宿し、一一月二日朝一〇時半にハンシーに到着する。ハンシーの雑貨店で最後の買物をし、郵便局留の手紙などを受けとったあと、ＤＣにあいさつしてから、いよいよブッシュマンの地カデへと向かった。

井戸のあるコイコムには三日午後三時半に到着する。前回、エンジンのクランク・ハンドルとベルトをバイペロに預けていき、その後の二年間に野生生物局が多少はディーゼル燃料やエンジン・オイルを補給してくれていたらしく、人びとは井戸水を利用しながらコイコム―カデ周辺で生活していたという。

およそ六〇人ぐらいがいまコイコムには住んでいるようである。バイペロは今日は狩りに行っていて留守であったが、ダオグーがいち早く駆けつけてくる。あとからキュエロやノアアヤがゆっくりと歩いてやってくる。

数百メートルずつの間隔をとって、人びとは三つのキャンプに分かれて住んでいた。わたしとピーターは、キュエロたちのキャンプの側のアカシアの木陰にテントを張ることにした。

七年前の一九六七年当時、二〇歳前後だった若者たちは、ダオグーとポリシを除いてみな結婚し、一人前の男になっていた。

私がつきあっていた二〇〇名あまりのうちで留守をしていた二年間の間に死んだのは、もう六〇歳に近いと思われたションボ老人と二〇歳前の若い娘ハンタの二人だけだったようである。ナエヌとナエバの二人の老女がまだ矍鑠として採集にもいっているのはうれしいことだった。ナエヌはひ孫がもう八歳になるから七〇歳に近い年の筈である。顔といわず、手足といわず、腹から背中から、全身これしわで覆われた、見るからにしなびきった身体をしているが、五人の子供を産んで、三人は幼いうちになくし、生き残った息子と娘にはたくさん子供がおり、そしてひ孫もだんだんと増えて、そして長生きをして、平均寿命三五歳と推定されるブッシュマンの世界においては、まことに幸福な人生を歩んでいると思う。

キュエロの第二夫人ウエテベは、若いケネヌーと浮気し、彼の第二夫人となって男の子を生んだが、その子はまもなく死に、彼女はまたキュエロのところに戻ってきた。キュエロは彼女のことをゴンハー（ろくでもない奴、役立たず）だと言いながらも冷静に彼女とつき合っていた。

今回の約一ヵ月の調査では、人口の動態を把握するのが精一杯だと思っていた。一一月一〇日の日曜日にタバコを配るよ、と予告していたので、一〇時ごろから人びとがテントの周りに集まってくる。一人ずつ名前を控え、家族構成を聞きながら、タバコの葉を一握りずつ配分する。現在コイコムにいる人びとは合計一三一名になっていることが判明した。ここへ来てから一週間しか経たないが、私が戻って来ているというニュースは半径五〇キロの範囲に拡がっており、多くの人たちが移動してきたり、タバコを貰うために訪問してきたりしているのである。夕方六時半、ピーターと二人で夕食を食べているところへ、四〇キロばかり南のキャンプより、カオーチュエ・グループの男六名が訪ねてくる。夕食を終えてからタバコをやる。

写真●4—36　七〇歳近いと思われるナエヌ婆さんがまだ元気に自分で食料を集めにいっているのを見るのは、うれしいかぎりである。

(2) 闇夜のトビウサギ狩り

夜になってトビウサギ狩りにでかける。コイコムからツーク・パンにかけては芝生に似た草が多くてトビウサギの穴がたくさんあって、よい猟場である。昔はカデ・パンに続くモラポ沿いでよく狩りをしたものである。ブッシュマンたちは、日中トビウサギが穴の中で寝ているところを鉤竿で引っかけてとるのだが、いま私たちがやっている、夜中に車の明かりや懐中電燈で目を眩ませてつかまえるやり方はごく最近にやりだしたもので邪道である。月明かりの夜はトビウサギも夜目が効くので簡単に逃げおおせてしまう。今夜のように月のない暗い夜がよい。ヘッドライトに照らされて目玉が赤くギラッと光る。光に眩惑されて立ちどまるが、すぐに盲滅法に逃げだす。小さな前足を胸のところで抱えるようにして、後足二本でピョンピョンと跳んで駆ける。赤く反射した目玉だけが放物線を描いて飛んでいく。ヘッドライトの光線から逃げださないようにハンドルを操作して照らしつづけるようにトラックを進める。若者たちが五、六人、車の前を疾走して獲物を押さえこむ。尻尾をつかんで地面に叩きつけて息の根をとめる。今夜の獲物は九匹だった。一匹は穴の中に入りこんだ奴を鉤竿でとらえる。帰ったら一〇時で、人びとはゲムスボック・ダンスをしている。水を一杯飲んで見物に行く。元気で優秀な狩人のカエカクアがげっそりとやつれ果てて、横になっている。老いた父親がカミソリで胸を一〇ヵ所ほど傷つけ、放血して、薬を塗りつけて治療している。男たちが踊りながら病人にさわり、さすって治療を続ける。一二時前になってもまだ新しい踊り手がやってきて加わる。遅くまで続きそうである。もうずい分細くなっているはずの月はまだ出てこない。

一一日、久し振りに晴れ、雲はうんと少なくなった。照ってもそれほど暑くない。涼しい空気が雨とともに流れこんできたからだろう。砂がまだ湿りを帯びているので、気化熱で暑さをおさえていることも原因しているだろう。昨夜獲ってきたトビウサギをみんなで分けて、私たちも一匹貰う。昼食に骨付のところをぶった切ってカレーライスにし、肉だけのところはしょう油漬けにしておいて夕食のとき唐揚げにする。トウモロコシの粉の団子と肉汁のようなもののおかずの、いわゆるカラハリ定食のときには、バイペロとダオグーにほとんどまかせて作らせたが、少し料理らしいものを作るときにはもっぱら私が料理した。妻がいないので、毎日そのようにするのだが、自分で料理するのももうしんどいなと思う。フィールド・ワークをフルにやれるのは三五才ぐらいが限度だとは、だいたいみんながそういう。本当は二〇歳台の元気の良いときが勝負で、年を経るにしたがって、だんだん安穏なだらだらした生活を送りたくなるようだ。ピーターはどんなものを作ってやっても旨い旨いと喜んで食べてくれた。

(3) 重病の人たち

一一月一七日、食料やガソリンの補給のためハンシーに出る。七時出発。キュエロ、バイペロ、ノアアヤ、ダオグー、マーホの五人がトラックの荷台に乗りこんでついてくる。農場に入ってまもなくカワマクエやダオナンたちのキャンプの側をとおるので一休みする。ダオナンがこの農場の下働きをしているので、数家族の親戚たちが住みついていた。ダオナンの母親カエンクエが重病なので病院に連れていってくれという。見ると左の乳房がくずれ、ぐちゃぐちゃの傷口になっており、痛がってうめいている。荷台に運び入れ、病院につれていく。ハンシーの病院は昔は看護婦しかおらず、医者が二週間に一度定期便でロバツェから出張してきていたものだが、いまは常駐するようになっている。ポーランドからボランティアでやってきた若い医者である。裸にして胸や腹を押さえつけて触診するが、癌が全身にまわって手のほどこしようがないという。コデイン六〇錠の他に、痛みの耐えられないときにはモルヒネか何からしい劇薬を飲ませてやってくれという。本当は病院外に持ちだしてはいけないのだが、私を信用して二五錠くれる。いつも一緒にいる訳ではないので、麻薬を渡すのも恐ろしく、コデインだけ与えて少し様子をみることにする。アフリカ人には癌は大変珍らしい。ことにブッシュマンにはほとんど見られない。平均寿命三五歳で、癌年齢まで生きる人が少ないのもその理由であろう。

一二月三日、ちょうど一ヵ月経ったが、残りの滞在期間のうちにカオーチュエ・グループを主体とする残りの人びとのセンサスを終えてしまう必要がある。ゆっくりと準備をして一〇時四〇分出発。一一時一〇分にカデ・パンの古いキャンプ跡を通過。途中で一回休憩をとり、午後二時にカオーチュエのキャンプに到着。コイコムからカオーチュエまで約五〇キロの距離であった。人びとは一〇〇メートルほど離れた二つのキャンプに分かれて住んでおり、ピリ、ノエコキュエの兄弟一族はアーカムのツォマコのキャンプに合流していったので意外と少ない人数である。

キャンプから三〇メートルほど離れたアカシアの林に野宿しようと、整地して夕食の準備をしていると、ライオンの鳴き声が聞こえる。こう近くで鳴かれては恐ろしくなって、ツォーテベの小屋の前に作られた柵の中へ引越す。三人の若者たちがゲムスボックの肉をロバでもって帰ってくる。同行したノアアヤが腿肉と首のところを貰うので、腿の方を煮て、夜になってから食べる。

グラウンド・シートをかぶって寝たが、夜露が降りて肌がじっとり濡れて気持悪い。六時半、日の出と共に起きだす。雲がうすくかかっていて薄日がさしても暑くはならない。首の肉を煮て朝食にする。タバコを配りながら人口調査をはじめる。人数が少ないのでたいした手間はかからない。ツォーテベのキャンプは三四名。あちらのキエマテベのキャンプが二四名。合計五八名。二年間で六名の出生があり、死亡は一名だけとのことであった。一日ゆっくり休んで明朝コイコムに帰ることにする。カオーチュエ・パンまできたのははじめてだったので、少し遠まわりになるがパンの中まで行ってみる。一昨日通った踏跡まで戻り、轍の跡を辿って帰る。草が茂りだしたので、ラジエーターには草が

写真●4—37　日中、木陰でくつろいでいる女性や子どもたち。

つまり、沸騰しだす。途中二回車を止めてラジエーターの掃除をし、吹きこぼれた分だけ水を注ぎ足してやる。カデのコムの実が熟しはじめているので、ひとしきり摘まみ食いしてからコイコムに向かう。一二時半に到着した。

昼食を終えてから、連れてきたチュートマの息子の治療をする。肛門の周囲が膿んでひどい傷である。これはピーターの父ジェンキンス教授から聞いた話であるが、おそらく梅毒性の膿瘍である。前述したようにこの地方は性病でない梅毒が慢延しているという。二年前にジェンキンスに来てもらって、彼の血清遺伝学研究のための血清採集とともに、健康診断をしてもらったことがある。二〇〇人近い人たちの血液を検査した結果半分強のものが梅毒に対する陽性反応を示したという。もう一度三〇〇人分のペニシリン注射をもって治療にきてくれた。カデの住民のほぼ全員に注射をしてまわったので、かなり効果があったはずである。この梅毒は、性病梅毒と近縁のスピロヘータにより発症するが、たんに接触するだけで容易に感染する。とくに柔らかい粘膜部分から入り易いので、口唇や陰部、肛門などにでやすい。もちろん性交によってもっとも容易に感染する。裸に近い格好で生活し、しかも狭い小屋の中でくっつきあって起居するので親から子へと感染しやすいのである。開放的な性の習慣がその拡散に拍車をかけている。ペニシリン耐性がきわめて弱く、ふつうの梅毒に比べてもうんと弱いので、一回のペニシリン注射で退治できるそうである。もちろん大きな傷口は跡が残る。

チュートマの息子のカレガエンは一〇才ぐらいのなかなかの美少年である。両親ともに整った顔立ちであり、とくに母親はカデでも一、二の美人で、ミスカラハリといってもよい。その血をひいているので彼も美少年である。ふつうなら錠剤で済ませるのだが、あまり傷がひどいのでペニシリン注射をお尻に打つ。

クリスマスまでにヨハネスバーグへ帰らなければならないので、早目にハンシーへ出て買い出しをし、この年も早々とクリスマス・パーティをやることにする。一二月九日、午前一〇時出発。農場のダオナンのところで、彼の母親が四、五日前に死んだことを知らされる。モルヒネをとうとう使わずじまいに終ってしまった。死ぬ前に一度飲ませてよい夢でも見させてあげればよかったかなとも思う。おそろしい薬はもっていても処置に困るので、病院へ返しておく。ダオナンのところでヨーグルトとヤギの煮たのをよばれてハンシーに向かう。

(4) 再びクリスマスを食べる

ハンシーまではほんの三〇分ばかり。

郵便物を受けとり、クリスマス用の食料やらガソリンやらを買って、翌日昼すぎにハンシーをあとにする。ダオナンのところで烈しい雨に会い、コイコムには九時に着く。男が一人トビウサギを売りにきて五〇セントで買う。

このところ、そちこちのコムの実が熟しだしたので、人びとは遠出をして採集してくる。ときには女たちは泊りがけで採りに行くし、家族ぐるみで一週間ほど移住していって採ってきたりしている。毎日のように雨が降って涼しいし、水も手に入る。私たちも遊びがてらカデ・パンまででかけてコムの実を食べに行く。トビウサギも獲ってこようと、バイペロ、ダオグー、ザークエ、ダオヌア、ピリシの五人が鉤竿二本もって乗りこんでくる。パンの中で二頭のゲムスボックを見つけて、しばらく追っかけっこをしてから、車を捨て、コムの実を食べながらトビウサギ狩りをする。三時間ほど歩きまわって六匹の獲物を得る。

一八日に出発したいので、一六日にクリスマス・パーティをやってしまうことにする。一九七一年のクリスマスはたしか二三日にやったが、あのときもヨハネスバーグに出て、ナミビアへの旅をするため、早目にやってしまったのだ。ブッシュマンにとってクリスマスは金持ちの白人やツワナ人から

写真●4—38　根を削り、絞りだした汁で皮なめしをしている若い男ハンクア。

食べものや酒を貰って大騒ぎすることである。日本のクリスマスのバカ騒ぎと似たようなものだ。どうせ正確な日付もわからないので、なにも二四日のイブの日にやる必然性もない。ブッシュマンはクリスマス（クリシュマシと発音する）を食べるという。三年前のように資金に余裕はなかったので、あれほど豪勢な振舞いはできない。ヤギ二頭とトウモロコシの粉一袋と砂糖二〇キロを提供した。

前の晩から仕こんであった砂糖水から作る酒を昼ごろから飲みだす。夕暮れからヤギとトウモロコシを煮はじめ、大宴会となる。九時頃からゲムスボック・ダンスがはじまる。一〇時ごろには男も大勢踊りに加わり、賑やかな大ダンス・パーティとなる。肉はなかなか煮えない。大きなオスヤギの肉は固く、三時間ぐらい煮つづけて、一二時近くになって食べる。小さな子供たちはトウモロコシの団子を食べてとっくに寝てしまっている。踊りを中断して肉を食べ、食べ終ったらまた踊りだした。三年前のような喧嘩も起こらず、みんな愉快に過ごした楽しいクリスマスだった。踊りは朝七時まで続いた。

わたしは途中でくたびれて寝てしまった。何時だったのだろうか。九時半に起きだすがまだ寝足りない。ゆっくりと朝昼兼用のラーメンを食べてから水汲みに行く。要らない古着やら食器やら余った食料などをあげて明日の引上げのための準備をする。

（5）文明へのあこがれ

夕食後、キュエロ、バイペロ、ノアアヤの三人がやってきて、まじめな話をする。四、五人の老人や少年たちがまわりで聞いている。まじめな話というのは、次のようなことで、ハボローネに行ったらセレツェ・カーマ大統領に伝えて欲しいということである。話の内容は彼らがつねづね言っていることであった。カーマ大統領においそれとお目見えすることはできないし、直々に話するようなことがらではないが、自治省の担当官ぐらいには人びとの要望ということで伝えて帰ろうと思う。

要望の要旨

1　コイコムに水番を置くこと。定期的にディーゼルを補給し、井戸のポンプの管理をして常に飲料水が切れないようにして欲しい。水番にはジョン・マーシャル（アメリカ人のジャーナリスト、カメラマンで一九五五年以来父母、姉とともに何回か訪れている男。大酒飲みで気のよい男である。）と私の二人が適任だという。有難い申し入れであるが、ジョンも私も、ここに永住する気はいまのところない。ポンプ番を常駐させることは可能性があるだろう。

2　井戸をカデ・パン、カオーチュエ、そのほかに二ヵ所掘って欲しい。コイコムの井戸は水の出が悪いから、新しいのを掘り直すこと。

3　学校を作って、子供たちに教育を受けさせ、まわりのツワナ人たちにもバカにされないようになりたい。

4　店を作って欲しい。トウモロコシや砂糖や茶、タバコ、石鹸など必要なものが手近で買えるようにして欲しい。

5　警察や病院はそのあとでもよいが、とりあえずはときどき見まわりにきて、治安の維持と病気の治療をして欲しい。

6　政府の担当の人間が現地に来て、じっくりと我々の話を聞いて欲しい。

政府は、自治省の役人をはじめ、ハンシー・ディストリクトのDCなどを中心として、ブッシュマンの定住化、生活向上について関心をもっている。関心をもってはいるが、じつはなんら具体的な施策をこうじていない。独立後八年、ボツワナはようやく植民地統治のなごりも薄れ、高級官僚も、たくさんいた英国人のスタッフからツワナ人にと、とって代られていた。人口が五七万人から七〇万人へと急激に増えたとはいえ、もともとの人口が少ないから、ダイヤモンド鉱業が発展してきて[註4]、牛牧畜を主体とした貧しい農業国から急速に様変りしてきた。ブラック・アフリカの中ではボツワナはたいへん安定した国である。未開地のブッシュマンに何らかの手を加えようという空気は近年とみに高まっている。狩猟採集民や遊牧民の少数民族を抱える国々はいずれも同じ悩みをもっている。ツワナ人はブッシュマンを同じ人間とは見なしておらず、ブッシュの中をうろつきまわってその日暮しをする連中は動物と同じで人間ではないという。そういうときの彼らの口調には憐れみの情をともないつつも、明らさまな侮蔑の表情がともなっている。その裏がえしには、はっきりと自分たちの優越感がみなぎっている。ヨーロッパ人にしいたげられ、搾取され、嘲弄されてきた恨みつらみの排け口を彼らは少数民族にぶつける。人間世界のどこへ行っても変わらぬ差別と偏見の構造がここにもあった。新生独立国家は、その近代国家としての体裁をととのえるためにも、国の中に原始時代人が住まっていてくれては困るのである。共和国の名折れにもなる。放浪の民族はその実態さえ捉えきれず、税金を徴収することなど、考えることもできない。国家の論理は、訳も分からず物質文明の華美な面のみをうわっつらで眺めてあこがれる素朴な人びとの心性を根底から否定し去る。ブッシュマンたちも文明の姿を見知ったかぎりは、太古の姿そのままに生き長らえることは不可能でもある。故意の変革を意図しなくとも、彼らがこののち変わっていくことはまちがいない。ツワナ人の農耕文化が入り、ヨーロッパ文明の断片が入ってくれば、変化の方向は一方的で目に見えている。水が高きから低きへ流れるように、ブッシュマンの古い生活様式は着実に滅ぼされてゆき、逆の流れはありえないことのように思われる。ルソーが願ったあの自然への回帰はありえないであろう。政府の政策に拍車をかけるのが、各種の宗教団体や奉仕団体であり、また先進国が競ってせりあう援助合戦である。ヒューマニズムの押し売りが本当にヒューマンなものなのかどうか。物量だけを押しつけて、性急に生活向上

註4　一九六〇年代末にフランシスタウンとマウンの中間に位置するオラパでダイヤモンド鉱脈が発見され、一九七一年より採掘が始まった。さらに一九八二年からは南東部のジュワネングから富鉱が採掘され、牛肉の輸出のみに頼っていた貧しい国に富がもたらされた。輸入超過だったボツワナは、その後一九八五年には輸出が上まわるようになり、輸出額の七五パーセントはダイヤモンドが占めるに至っている。

だの経済援助だのと呼ぶだけでは、本当の人道的援助にはならないだろう。もてるものからは施しをうけるという伝統的な考えが、近代文明の表層的な一面を受容することによって助長され、乞食根性ばかりがはびこってしまうというのでは、彼らの人間性をかえって損なってしまうおそれが十分に考えられる。

若者たちのボランティアのなかには、現地人に混じって生活し、汗水たらして人びとと苦悩を共にし、少しでもよい方向へと頑張っている人たちもいる。ブッシュマンたちも、どうせ変ってゆかざるをえないのなら、ちょっとでもよい方向に向かっていってもらいたいものである。

ハボローネの自治省で、ニュージーランドから派遣されてブッシュマン計画の推進を担当しているワイリー嬢に、カデの人びとの要望を伝え、私のコメントをつけ加えた。その後、ハーバード大学のブッシュマン調査関係者は、私たちが共同出版した「カラハリ・ハンター・ギャザラーズ」*文献35の印税を元金に「カラハリ・ピープルズ・ファンド」を設立し、前に一緒に調査したこともあるメガン・ビーゼリーをボツワナに派遣した。メガンとワイリーがどういう仕事をしたのか、私は詳しくは知らない。しかし彼女たちの献身的な努力が奏効して、遠隔地住民開発計画が正式に発足することになった。一九七八年のことである。

文献35　Lee & DeVore 1976

6　ピグミーの森へ

(1) 中央アフリカ研究所イルサック

一九七五年一月一八日、私は次の目的地ムブティ・ピグミーの住む、イトゥリの森を目指してナイロビ空港を出発した。キンシャサ行のザイール航空を利用して、ブルンディのブジュンブラで途中下車する。ここからブカブ行の小さな飛行機に乗り換えるのである。あてにならないザイール航空にしては異例のことだが、無事予定どおりにブカブ空港に降りたった。しかし、そのあとが大変だった。私がナイロビで預けたリュックはブジュンブラで乗り継がれずに、そのままキンシャサまで運ばれてしまったらしく、降りてこない。ブジュンブラの乗り継ぎの際に気になって係員に私の荷物をブカブ行に乗せかえるよう念を押したのだが、口先だけのＯＫで、その実まんまとだまされてしまったのだ。もはや荷物はいつ戻ってくるかわからない。空港では埒があかないので、とりあえずブカブの町まで行くことにする。私はフランス語圏に旅するのは初めてであった。英語は全く通じない。東部ザイールはスワヒリ語圏でもあるので、なんとか片言のスワヒリ語で少し意は通じる。私たちのついた日は土曜日で、空港の銀行は閉っており、ザイール通貨をもたない私は空港を出るに必要な小銭もなく、途方にくれた。タクシーの運転手に金を借りて支払いをし、タクシー代も含めて、明日運ちゃんに金を返すようにということだった。プロテスタントのミッションへ行くアメリカ人が困っている私を見かねて助け舟をだしてくれた。彼は多少のフランス語を話すことができたが彼とてもザイール貨の手持ちはなく、私たち二人は運ちゃんから小銭を借りて空港で必要な支払いを済ませ、ミッションまで直行した。教会の人に経費をたてかえてもらって、私も教会に泊めてもらう。

翌日は日曜日だったので、することもなく、ブカブの町をぶらぶらと見物した。月曜になって、銀行まで出かけ、トラベラーズ・チェックを換金する。ザイールの銀行の時間のかかることには定評がある。タンザニアもひどかったが、それに輪をかけたスローモーションぶりだ。長い行列で小一時間待たされた揚句、チェックとパスポートを持った係員はついたての奥へと姿を消す。どこをどう回るのか、書類はいくつものセクションでチェックを受け、その各セクションで雑談し茶を飲みしながら超スロースピードで転々していくので、更に二時間ほど待たされてから、ようやく出納係のところでパスポートと現金を受けとる。ゆうに半日仕事である。

昨日借りたタクシー代他をミッションの人に返済し、市内のホテルに移る。タクシーを雇って二〇キロばかり郊外にあるイルサック（現在のイルスー中央アフリカ研究所）へ田中和夫さんに会いにでかける。田中さんは東北大学地震観測チームの一員としてＪＩＣＡによって派遣された専門家である。ベルギー領時代に設立されたこの研究所は、広大な敷地の中に立派な建物と多くのスタッフ用住宅を擁する、静かな森の中の研究所である。独立後ベルギー人の多くが引きあげて以来のザイールは経済的にも混乱し、イルサックの研究所も同様に財政難で、設備の維持も思わしくない。私たち、人類学や霊長類学の研究者もここで調査許可証を貰っていかないことには、遠隔地の森の中での調査をおこなうことができない。田中和夫さんは東北大学大学院を出て以来、弘前大学に職を得ておられ、六年後には私が同じ大学に赴くことになろうとは、当時想像も及ばなかった。奥さんとまだ満一歳の息子さんの三人で住んでおられたが、歴代の地震観測隊のメンバーに、京大の研究者はずい分お世話になってきた。田中さんの勧めで私はホテルを引き払い、田中さんの住む豪壮な邸宅に居候させてもらうことになった。ザイールのペースでは、イルサック研究所といえども調査許可証が交付してもらえるのはいつのことになるかわからない。田中さんの大邸宅の庭と、イルサックの森の中の散策をしながら、私はザイール東部の豊かな自然を心ゆくまで満喫した。

ようやくのことでイルサックの研究所長ンティカ氏に会見することができ、その場で許可証にサインを貰った。これで大手を振ってザイールを旅行することができる。ブカブの町にでかけて、キンシャサまで運ばれてしまった荷物の追跡を依頼し、同時にキサンガニ行の飛行機の予約をする。荷物はいつ戻ってくるかあてにできないので、イトゥリの森の生活に必要な最低限度の品物、毛布、雨合羽、下着、中古のズボンとシャツなどを買い込む。普通の航空会社なら、こういう場合、当座に必要な衣類などの調達費を保証してくれるものだが、ザイール航空にそれを期待するのはどだい無理な話だ。一、二ヵ月先に荷物が無事に戻ってきたら、幸運というものである。

（2）コンゴ森林のヒッチハイク

ンティカ氏が二日ほどで出張から戻ってきて、許可証を気軽に出してくれたので、イルサック滞在は意外と短かくてすみ、二四日には私は田中さんに見送られてブカブ空港をあとにした。ゴマ、ブジュンブラとまわり道をしたのち、キサンガニへと飛ぶ。キサンガニはザイール川の中流域にある東部ザイールの中心都市である。ベルギー人が引き上げ、経済の混乱と生命の危機までをも感じるインド人の大量脱出のため、流通は全く悪くなって、キサンガニといえども物資は非常に乏しくなっている。ここから先は、日に何本か通る大型トラックの荷台に便乗しなければならないヒッチハイクとなるので、道中の食糧のために、私はビスケットや缶詰などを少量買い込む。ホテルに一泊したのち、翌朝は買物に費やし、一一時、タクシーを雇って、イトゥリへ通じる道路の出発点まで行き、そこでトラックを待った。三時間ほど待って一台の大きなトレーラーに拾ってもらう。ただしこの車は中間のニア・ニアから北上してワンバの方へ向かうので東に向かう別のトラックを探して乗り換えなければならない。ニア・ニアは午前二時だったが、前の運転手が親切に私の乗れるトラックを探してくれる。ちょうど中継地点なので運ちゃんたちの休み場にもなっており、露店で夜食を食って一寝入りする。一月のザイール盆地は一年でもっとも乾いた季節である。乾季だとはいうものの、それは雨が全く降らないというわけではない。雨季には猛烈な雨が続き、乾季には晴れ間が多いということであって、雨は降ることは降る。ところどころ道路はぬかるんで車は四輪駆動を作動させながら湿地帯を通過する。夜になってしのつく雨があたってきた。風を切って走るので、荷台にしがみついている身にはとても寒い。雨合羽をかぶり身を低くして雨風をさける。熱帯雨林のど真ん中をトラック道路が

写真●4―39　ザイール川の支流を渡し船で渡る。

延々と伸びている。ところどころに畑や、畑を放棄したあとの二次林が開けるとそこは村が近い証拠である。数百年前に森林に入りこんできたバントゥー諸族かあるいはスーダン系諸族が、道路に沿って点々と森林を開拓していった跡である。二、三時間に一度ずつ、運転手は車を止めて休憩する。砂漠やサバンナの開けた草原ばかりを旅してきた私にとって、熱帯の密林は初めての経験だ。森の中は薄暗く、ひんやりと涼しい。思ったよりも下生えがなく、道路をはずれて森の中をぶらぶらしてみる。サバンナにはないなじみのない木ばかりである。コンゴ森林はマレーやボルネオなどとちがってそれほど樹高は高くない。高くないと言っても、もちろん相当に高く、三〇メートルはゆうにある。ボルネオの五〇メートルには及ばないというだけのことである。

夜明けとともに出発し、イトゥリの中心地マンバサには昼過ぎに着いた。小さな居酒屋兼木賃宿に落ち着いて、カトリック・ミッションにあいさつに行く。ここの生臭坊主は大きなカメに地酒のドブロクを買い込んで昼間から酒臭い息をしていた。市川宛の手紙を二、三通受けとり、今後ともよろしくとお願いして辞す。ここの木賃宿も夕暮れとともに人が大勢集まり、がなりたてる音楽と酔払いの叫びでけたたましい。やがて意気投合した酔客とセミ・プロの若い女がつれだって宿の部屋に消えて行く。外の喧噪が部屋の中までガンガンひびくが、長旅の疲れで私は知らぬうちに眠りについた。

(3) マワンボ村へ

翌朝は朝から人夫探しだ。探すほどのこともない。宿屋の女主人にマワンボまで荷物を運んでくれる男二人を探しているといったら、たちまち若者を二人連れてきてくれる。オノレイとカウェキと名乗った。二日行程を一人一ザイールの契約で交渉は即決である。きのうのうちに一個五〇マクタ（一ザイールは一〇〇マクタ）で買っておいたバスケット二つに荷物を放りこんで担がせる。私も一〇キ

写真●4—40　森の中には、バントゥ系農耕民の村が点在する。

写真●4—41（左）　イトゥリの森の中のビラ族の集落マワンボ村。

ログらいの荷物を入れたサブザックを担いで八時半に出発。市川が調査の基地としているマワンボまでは五〇キロあまりの行程である。荷物がなければ一日で歩けぬ距離でもないが、荷物はあるし、はじめての道でもあるしで、途中中間のムベレの村に泊まるよう、市川から手紙で教えられていた。農園の前でバナナのつぶしたのを葉っぱにくるんで蒸した、まるでチマキのようなものを買って三人で食べる。一六キロのところにある村で地酒のあるのを見つけて一休みしようという。ヒョウタンに一杯二〇マクタで買って三人で飲む。朝から飲むとあとがだるくなって歩くのが嫌になるから、私はほんの少しだけにしておく。ヒッチハイクの疲れがまだ残っていて、横になるとすぐ眠ってしまう。一時間したら、すっきりと目が覚めた。しばらく行くと川魚の焼いたものをカゴ一杯に背負って運んで行く女二人に出会い、五〇マクタで一包み買って昼食がわりにする。焼魚はイトゥリ川の支流で網で獲ったものをマンバサの市へ売りに行くのだという。まだジープならなんとか通れそうな痛んだ道は、両側から林がはみだしてきている。もう一年ぐらいは車は通っていないという。午後は陽が照りだして蒸し暑く、だんだん歩くのがいやになる。変り映えのしない両側の森を眺めるのも億劫になり、もう何も考えないで、黙々と歩く。ゆっくりとでも歩いていさえすれば目的地には着くものだ。目的地は無限の彼方にあるのではない。学生時代もこう

して山登りをしたもんだなと、ふと思う。

三時すぎにムベレに着く。原子さんも丹野も市川もみんなよく泊った村で、いつも泊めてもらっている家に案内される。地酒のポンベをヒョウタンの容器に一杯買う。米を炊き、缶詰の肉をぶちまけて得体の知れない汁ものを作っておかずにする。

一月二八日、六時半に起きて昨夜の残りご飯を食べるが、雨が降りだしたのでもう一眠りする。一しきり降った雨は九時半にあがったので、一〇時に出発。森はまだしっとりと濡れて黒くつやつやした葉が露で光っている。道の中に生えだして長くなった草も濡れていて、運動靴もズボンの裾もすぐぐしょぐしょになったが、一時間も歩くうち、それは乾いて今度は暑くなってくる。

正午、およそ一〇キロ歩いたところの道端で村人がヤシの木から酒をおろしているところに出くわした。ヤシの木の先端部を切っておくと、すでにアルコール発酵している樹液がじわりじわりと滲み出てくるのだそうだ。それがこぼれないように、ヒョウタンの容器をあてがって貯めこむ。一杯になりそうになるとおろして、別の容器をまたとりつける。オノレイとカウェキはヤシの木の下にぺたんと坐りこんだ。酒を飲ましてくれないとてこでも動くまいといった様子である。一〇マクタ払ってヒョウタン一個分を求め、分けあって飲む。穀物から醸造したどぶろくとちがって、酸味があり、清涼感に満ちていて口あたりがよい。ちょっと甘味がある。イトゥリ川まで行けば魚が手に入るだろうと思って歩くが、あいにく見当らない。鉄橋を渡ったところで人夫の二人は坐りこんでメシを炊こうとストライキを起こす。あと五キロだから我慢して歩こうと説得し、村人からパパイヤを貰ってかぶりつく。朝からろくに食べずに歩きどおしだからたしかに腹がへった。川幅が一〇〇メートルもあるイトゥリ川は赤く濁って流れも速い。大小の魚も種類が多いが、ワニもいるので、うっかり泳ぐこともできない。両岸は水際のところからすぐに断崖のように森の木立がそそり立っている。ここにかかっている橋は頑丈な鉄橋だが鉄骨がガツガツと組みあわさっていて、その上に車の轍の分だけ幅五

写真●4—42　原子令三。ガブラの男たちと（撮影：今井一郎）。

写真●4—43　丹野正

〇センチぐらいの厚板が二列に敷きわたしてある。板は腐りかけたところもある。人間も自転車もこの板の上を歩くが、鉄骨のガラあきの隙間から下の濁流がもろに見える。流れまでの高さも結構あって吊り橋を渡っていくような感じがする。高所恐怖症の人だったら通れないだろうなと思う。

空腹と暑さと疲れで、三人ともフラフラになりながら、夕方五時にマワンボに着く。

マワンボは小さな小丘の陰にあるこじんまりしたビラ族の村である。少し手前には小さな店があり、レンガ作りの小さな病院がある。そこはテトリと呼ぶのだそうである。

市川はいなかったが、村人たちが歓迎してくれる。ビラの村より一〇〇メートルほど手前のところにムブティ・ピグミーたちの村があった。方形のビラの家を真似て作ったものだが、一年の大半は森の中に狩猟キャンプを作って住むので、村で作る家はごく粗末な造りのものである。しかも村へ出てくるたびに住むところを変えるという。ブッシュマンと同じで、この狩猟採集民も移動することが習い性になっているのだ。ムブティたちは天気の回復するのを待ちかねて、昨日森へ帰ったということである。市川も一緒についていった。私が来たら案内していくために村に残っていた一家族が、明朝森のキャンプへ連れていってくれることになった。

ビラの村の中の、市川が借りている家に落ち着いて、くつろぐ。見ず知らずの人たちばかりだったが、村人は歓待してくれてほがらかだった。市川もきっとうまく彼らととけあってやっているのだろう。

（4）回り灯籠の想い

はじめてのイトゥリへ着いた興奮から、疲れきっていたのに、まるで眠れない。いろんなことを頭に浮かべながら、夜が更けていく。アフリカに来て半年以上が過ぎた。カソゲのたいへん日本人の感性にぴったりするトングウェの人びと。ここの連中もみんなにぎやかだし、明るく、親切にしてくれたが、やはりどことなくちがう。同じバントゥ系の民族だといっても、トングウェの方がより洗練されたスマートな品性を感じる。伊谷さんや西田や掛谷にさんざっぱら、聞かされていたから、はじめからそうした思いこみがあったのかもしれない。来たばかりでよく分からないし、何と表現してよいのかわからないが、このビラ族はいかにもバントゥ農耕民にふさわしい印象を受ける。カラハリ砂漠に住むバントゥ農耕民のカラハリ族ともずい分ちがう。カラハリ族の方がもっと開放的で開けっぴろげである。これも開けた砂漠と閉ざされた森という環境からくるちがいなのだろうか。つき合ってきた年月のちがいが、そんなふうに感じさせるのかもしれない。案外、基本的なところで共通なところがあるのかもしれなかった。

カラハリで過ごした長い年月。過ぎてみれば、束の間の夢であったような気もする。はじめてブッシュマンに出会ったのは、北大探検隊としてハンシーに着いた一九六六年の一二月だった。セントラル・リザーブ（CKGR）の中を二ヵ月の余もたずねまわって、ようやく調査地点のブッシュマンたちに出会ったこと。一人でテントももたず、アカシアの木の根元にシートを広げて、星空をあおいで眠った日々。二回目のカラハリには乳呑子を伴っていったので、大がかりな装備を携えた。満一歳にもならない赤ん坊を砂漠の奥まで連れていくことについては、反対する人もいた。いまから考えると多少恐さ知らずだったともいえるが、まちがったことをしたとは思っていない。冬の寒い中を一〇日間ほどの旅行をして、あの、妻が毒ぐもに咬まれたときの旅行のあと、広樹は疲れがたまったのであろう、仮性コレラと思われる猛烈な下痢と嘔吐をして、ぐったりして心配したことがある。点滴の設備もないので、吐いても吐いてもミルクを飲ませ、水を飲ませ、ジュースを飲ませ、一週間経っても止まらないので、ハンシーまで連れていき、それでも治らないときには農場で飛行機をチャーターしてロバツェかハボローネか、あるいはヨハネスバーグの病院まで運ぼうと思ったのだが、幸いなことに、ハンシーに出てまもなく回復した。一度は、夜中に私と妻がゲムスボックの踊りを見に行っている間に、広樹は目を覚まして誰もいないのでテントから這いずりだし、ダンスの音のする方へ泣きながら草の中を這っているところをナラージの息子のナーカが見つけてくれて連れてきてくれた。毒蛇でもいたらえらいことになるところであった。ヒヤリとしたのはそのくらいだったろう。医者も薬もないところで、ブッシュマンは病気になって死ぬものは死んでいく。そして、生きのびたものだけが、命を全うして生を営なむ。日本にいても死ぬときは死ぬ。病気でも死ぬし、交通事故死は高率にのぼる。運が悪ければ強奪殺人に会って死ぬことさえある世の中である。どこにいても人はいつかは死ぬ。生きつづけていけば、だんだんとあきらめがよくなっていくのだろうか。そういえば、日本ではいまどんなことが起こっているのだろうか。プロ野球の季節ではないから、テレビではどんなことが話題になっているのだろうか。ラジオも新聞もない生活は気が楽だ。どうせ一年や二年日本を留守にしても、国際情勢のニュースを知らなくても、たいしたことではない。流行の歌手の人気番付が様変りしているていどのことである。電話がない生活はいいなとつくづく思う。回り灯籠のように、いろんなことが頭の中をぐるぐるまわる。

（5）ピグミーの森

明け方になってうとうととする。六時半に起きだし、今日中にマンバサに帰ってしまうというオノレイとカウェキを見送る。夕べの冷ご飯を朝食にし、コーヒーを飲んで身仕度を整えるが今日も雨が降りだして、止むのを待つ。小降りになったので出かけようと誘いにくる。案内してくれるのは夫婦と三歳ぐらいの男の子が一人。男はムビーダといった。妻はバスケットに一杯に詰めこんだバナナを額にヒモをかけて背負い、その上に子供を乗せる。ムビーダが私の荷物を半分とゴザをもつ。不急の

写真●4―44　悪魔の爪(Devil's claw)、和名はライオンゴロシという。カラハリの薮の中には毒蛇やサソリなどの他、植物にも踏みつけたら食らいついてはずしがたい一〇センチほどの鋭いトゲを持つものが転がっている。ゴマ科の植物だが、こんなのに捕まったら男でも悲鳴を上げる。たしかに悪魔の顔のようだ。

品は市川の家に置いて、最少限度の荷物をもってでかける。雨に濡れた草が小径の両側からかぶさってくるので、下半身はすぐずぶ濡れになる。一時間と少しでイトゥリ川にさしかかる。少し前に雨はあがり、日が射してきている。ムビーダは川の向こう岸に向かって大きな声をかける。数人の人たちが岸までやってきて、そのうちの二人が丸木舟を漕ぎだしてくる。すぐ近くにキャンプがあって、渡し守をしているのだという。丸木舟は大木をくりぬいて作ってあって、一〇人ぐらいは乗れる大きさである。棹をさして岸近くの逆流しているところを少し上流にこぎだし、流れのゆるいところをえらんで斜めに横切ってくる。一〇時に川を渡ってからが、まだなかなかに遠い。一時前に坐りこんで休憩し、ムビーダたちは持参の米のご飯をだして食べる。大きなショウガ属の葉で包んだお弁当だ。木の葉も草の葉もすごく役にたつ。私はビスケットをかじり、水筒に入れてもってきたコーヒーを飲み干す。

すぐに道は二つに分かれていて、どちらを行ったのか分からない。ムビーダが荷物を置いて偵察に行き、五分もしないうちに戻ってくる。ムブティたちが森を歩くときには、頻繁に目印をつけながら行く。五〇メートルおきに、道が分かりにくそうなところでは一〇メートル、五メートルの間隔で印をつける。灌木の枝をしごいては手にした葉をバラバラと縦に並べてまく。灌木を進行方向に向かってポキリと折り曲げる。スタスタと普通の速度で歩きながら、しょっちゅうこれをやっている。次に通る人のための道しるべでもあり、小径もないようなところを行くときには、自分自身が帰るときの目印でもある。森は均質で、どこもかしこも似たような木ばかり立ちならび、視界は全くきかないので、森の子供たちといわれるピグミーといえども迷ってしまうことがあるのだ。左の方の小径をたどる。こちらの道はあまり使われて

写真●4—45　象狩り(後述)用の槍を持つ、ムブティの男ムビーダ。

写真● 4 —46、47　ムブティの食事。ピグミーは食用昆虫やキノコなどを適量の水と合わせ、クズウコン科の植物の大きな葉で幾重にも包み、焚き火の上にのせて蒸し上げて食べる。

写真● 4 —48　クズウコン科の植物の大きな葉でキャッサバの粉を練ったものを何重にも包みこみ、焚き火で蒸したチマキのような食べ物。

いないようで、ところどころが消えかけている。二時に森のキャンプに到着する。

木を伐り払って、五〇メートル四方ぐらいがポッカリと空地となっているところに、草葺きの小屋が一一個、円形に配置されて並んでいる。丸いお椀をふせたような半球形の小屋で、きゃしゃだが構造はブッシュマンのによく似ている。三つだけは長方形に作って、屋根も切妻型であるが、これは村の農耕民たちの真似をしたもので、ハイカラなのだということなのだろう。人びとの円形配置からややはずれたところに市川の紺色のナイロン・テントが張ってある。そのテントは張り方でもよいのだ。地がたるみ、しわがよっている。森の中は風があまり吹かないので、こんな張り方でもよいのだ。豊富なヒマラヤ登山の経験をもつ京都大学山岳部はテントの張り方がずさんなことでも有名である。一夜だけの泊りのために苦労してビンビンに、格好よく張る手間はバカバカしいので主柱の綱を張って、四隅をとどめただけでたいていは寝てしまう。雲行きが怪しくなりだしたら、あわてて、あるだけの張綱を張りめぐらし、雨風に耐えるようにビンビンにする。ワンダーフォーゲルかボーイスカウトのテントかと見紛うばかりにきれいに張る。市川は山岳部でも私の六年ばかり後輩であった。大きなキスリングをずらせて背負い、尻を突きだして歩く姿がホッテントットに似ているというので、ホッテンというあだ名がついている。名前はずっと聞いていたのだが、私が彼を知るようになったのは、理学部の自然人類学研究室に入って、彼が人類学を始めるようになってからである。

ほとんどのおとなたちはネット・ハンティングに出かけており、市川もそれについていっている。キャンプに残っているのは、老人と子供たちのほかはごく少しだけである。

三時ごろからまた雲行きが怪しくなって、キャンプに残っている人たちは急いで草の葉をとってきて屋根を補修している。屋根を葺く直径三〇センチもある大きな丸いショウガ属の葉はンゴンゴと呼ぶ。がらんとしたキャンプの中をぶらぶらと見てまわる。小屋の大きさは直径二メートルぐらいで、ブッシュマンが作るものよりやや小さい感じ。直径二、三センチの若木を何一〇本も折り曲げててっ

写真●4―49　イトゥリの森で、象狩りの槍を持つムビーダと市川光雄。

ぺんで結え、ドーム型にフレームを作ってから、同じような若木を二〇センチ間隔ぐらいに横にさしわたしていって、この横木に下から順に、丹念にンゴンゴの葉を一枚ずつ掛けていく。毎日毎日降り続く雨もこれでうまい具合いに防ぐことができるのである。小屋の中をのぞくと小さな可愛らしい弓矢がかけてある。弓矢は小さいのに、側の大木にたてかけてある槍は大きい。三〇センチぐらいの刃わたりの穂先は幅が一〇センチ近くもある。象やバッファローを一突きで倒すには、このぐらいのものが要るだろうと納得する。キャンプの空地のすぐ下手の方に小川があり、冷たい清水が流れている。子供たちがキャンプと小川の間をちょろちょろ走りまわって遊んでいる。

五時になって、狩りに行った人びとが帰ってくる。市川も帰ってくる。赤茶色のつやのあるクーハ（ベイダイカー）一頭、小型の青味を帯びた灰色をしたボロコ（ブルーダイカー）九頭、もっと小さなアンビーロ（ピグミーアンテロープ）一頭が獲物である。道中で果実を摘まむぐらいで、植物採集はほとんどしないという。草の根っこを少量だけもっている女がいる。獲物を運ぶのも女の仕事。男は各自、自分の網を首にまわして背中に担いでいる。ビラの村人が数人訪ねてきていて、彼らは米と引きかえに肉を買って帰る。ブルーダイカーを一頭買いとって夕食のおかずにする。小型の羚羊は淡白な味である。明日は私も猟についていくつもりで早目に寝る。夜半から雨が降りだす。

一月三〇日、六時起床。夜半から降りだした雨がまたポツリポツリとテントを叩いている。おとといの晩はほとんど寝ていなかったので、やけに眠い。三日間荷物を背負って歩き続けたせいか、からだの節々が痛い。朝ごはんを食べてから、もう一眠りして一一時半に起きる。良い天気になっている。九時ごろから猟に出かけたようである。一日のんびりとすごして、キャンプの様子を眺め、市川にいろいろな話をきく。私がカソゲやカラハリの話をする。五時すぎに狩りに行った人たちが帰ってくる。全員一緒でなく、一人、二人と間隔をおいてキャンプに戻る。昨日より獲物は少なく、ブルーダイカー三頭、ンゲーレ（ピーターズダイカー）一頭、体長三〇センチの陸亀一匹。

写真●4―50　網猟（後述）で獲ってきたレイヨウ類。ミズマメジカ（上）とブルーダイカー（下）。

ダイカーは、腹部を裂いて内臓をとりだし、首をナイフで切り落とす。頭、首、内臓を鍋で煮て消費するが、胴体と四肢の部分は農耕民に売ったり、米やバナナ、キャッサバと交換する。ブルーダイカーやピグミーアンテロープのような小型のダイカーは、胴体に四肢もつけたまま、ピーターズダイカーなどやや大き目のダイカーは胴と前肢後肢を切り離して、いずれも三、四キロの大きさの塊にして、干肉にする。丸太を組み合わせて高さ一メートルぐらいの棚をこしらえ、その上に肉を並べて、下で火を焚く。焚火は小さ目のものにし、弱火でじっくり時間をかけて焼きあげる。生木からはもくもくと煙がたちのぼり、干肉というよりは焼肉に近く、あるいは、焼肉よりも燻製といった方がもっと適切だろう。毛皮が別の用途に使われることは稀で、ほとんどの場合、毛皮もつけたままでいぶし焼きにする。湿度一〇〇パーセントの森の中では肉のいたみは早く、商品として保存するためには、その間中、肉を干燥棚の上に乗せておかなければならない。一日経てば煙でいぶされて、黒光りしてくるが、二日も三日も経つうちには、黒さをとおりこして、くすんだ灰褐色となって、触ってみると、ガンガンに固くなっている。農耕民の買手がキャンプにやってきているときは生肉のままで売り払って、燻製作りは買った者がおこなうが、買手がいないときには自分たちで干し上げて村まで売りに行く。

ピーターズダイカーの後足を一本もらって夕食のときに料理する。

(6) ネット・ハンティング

一月三一日。八時すぎに出発して狩りに行く。ゆうべも小雨がしわしわと降って、まだ空は曇っている。臼を逆さまにふせて灰をかける。それは雨除けの呪いなのだそうである。一人の男が先発していて、キャンプから五〇〇メートルほどのところで火を焚いて待っている。焚火の上に草をかぶせて

写真●4—51（左） ムブティの獲物の処理。頭、首、内臓を鍋で煮て消費するが、胴体と四肢の部分は農耕民に売ったり、米やバナナ、キャッサバと交換する。小型のダイカーは胴体に四肢もつけたまま、大き目のダイカーは胴と前肢後肢を切り離して、いずれも三、四キロの大きさの塊にして干肉にする。干肉というよりは焼肉、焼肉よりも燻製といった方が適切だろう。

煙を作るのも、市川によれば雨が降らないように、その日の狩りが成功するようにという呪いの所作だということである。この焚火のことをクンギャアという。写真を撮っておこうとカメラをだすが、ＡＳＡ一〇〇のフィルムでは、一・二の開放にしても一／四秒でしかシャッターがおりず、これでは使いものにならない。高感度のフィルムも、ストロボも、荷物と一緒にキンシャサへ飛んでいったままである。男たち一〇人がめいめい一枚ずつ網を担いでいる。しばらく待っていても女たちが三人しか来ていない。一時間も待って残りの女たちが揃ったところで一列になって先に進む。三〇〇メートルも行かないうちに第一回目の猟をはじめる。網の高さは約一・五メートル。一枚の長さは五〇メートル内外であるが、人によってまちまちである。猟場に近づいたときから、人びとは声をたてないように静かにしている。緊張しているというほどでもないが慎重である。猟場に着くと、男たちは二手に分かれ、左右に散っていって、てんでに網を拡げ、灌木の枝に引っかけながら張っていく。地面のところに少したるみをつけてゆったりと張るので高さは丁度一メートルぐらいになる。一〇人の男は黙々と自分の網を張りめぐらし、これは同時に進行する。網の終端がほぼぴったりと隣りの男の網に重なる。張りあがった網は、ほぼ正確に円形をなし、女たちのいるところにだけ輪が開いている。男たちの呼吸があい、見事なチーム・ワークである。張り

終った気配を察した女たちは突如として喚声をあげ、手にした枝を打ちならしながら、横一列になって円の中に入っていく。二〇分ぐらいで円周の網に達し、一回の猟が終る。ピーターズダイカーが一頭かかったのだが、男が待ち構えていた場所から遠かったので逃がしてしまう。一回目は収穫なし。男たちは手ばやく網をたぐっていっては肩に巻きとり、末端をくるっと結えつけるとそのまゝ、肩に担いで、歩きはじめる。三〇〇メートルから五〇〇メートルごとに網を張りめぐらし、ほとんど言葉も交さず、休みもしない。猟の合い間にときどき根っこを掘ったり、果実を摘まんで食べたりするがたいした量ではない。一回の猟は約四〇分。一二回の猟をおこなって、ブルーダイカー四頭、ピグミーアンテロープ一頭、ピーターズダイカー幼獣一頭。途中、小休止して葉っぱに包んだバナナやキャッサバの弁当を食べる。私たちも葉に包んだご飯を食べる。最後の猟場から一キロも歩かず、キャンプに六時に帰る。キャンプを起点に、ぐるりと一周して猟をしてきたことになる。

二月一日。七時二〇分に出発して猟にでる。七時五〇分にクンギャアの焚火に到着し、網の手入れをする。ゆうべは久し振りに雨は降らなかったらしい。空は一面の曇り空。全員が終結して八時半をちょっと過ぎ、揃って歩きだす。二〇〇メートルも行かないところから猟をはじめる。一回目、ブルーダイカー一頭をとり逃がし、アヘーレ（ミズマメジカ）一頭を仕とめる。網を片づけている間に、女たちが、エタバ、アドゥワク、トンバといった蔓草の根っこを掘ってバスケットに入れる。二回目の猟、ブルーダイカー一頭、ミズマメジカ一頭。終ったときに陸亀一匹見つけて捕える。亀を捕まえるとその日の猟は良いとされている。三回目、ブレ（収穫なし）、四回目もブレ。四回目の猟を終えて一休みしているとき、「大きな獲物だ」という声がかかってみんな駆けだす。パンパンと鋭い音がする。二の腕を脇腹に叩きつけて音をだす。「獲物はやっつけた」という勝利の合図である。三〇キロぐらいのオカピの幼獣がすでに虫の息になって横たわっている。私を森のキャンプに案内してくれたムビーダが槍を投げて倒した。からだは黒光りのした黒褐色で、首より前は赤っぽく、しかし喉の

52

53

写真● 4 —52、53　ムブティのネット・ハンティング。高さ約1.5m、長さは50m 内外の網を、10人ほどの男が灌木の枝に引っかけながら張っていく。てんでに拡げ張っていくようであるが、網の終端はほぼぴったりと隣りの網に重なり、張りあがった網は、ほぼ正確に円形をなし女たちのいるところにだけ輪が開いている。張り終った気配を察した女たちは突如として喚声をあげ、手にした枝を打ちならしながら、横一列になって円の中に入っていく。20分ぐらいで円周の網に達し一回の猟が終る。

あたりは白い。目より下の額の部分は灰色である。四肢はシマウマのように、黒と白のだんだらできれいな動物だ。似ても似つかない外観であるが、キリンに近い仲間で、ザイールの森林にのみ住む珍らしい動物である。数が減って絶滅の危機にあるので、厳重に禁猟になっているのであるが、森の奥のムブティたちにはザイール国家の法律は通用しない。ＷＷＦの威光もここまでは及ばない。イトゥリの森はムブティの住みかであり、森の中の動物も植物も、そのほかのすべてのものがムブティの生活になくてはならないものだった。腹を裂き、内臓をだして、四肢をばらす。胴体も三つにぶった切って、頭部を含めて八個の荷物を作る。肉片れを焼いて昼食とし、葉っぱを何枚も重ねて包みこみ、背中のバスケットに入れて次の猟場に向かう。

一二時に猟を再開。五回目、ブルーダイカー、ベイダイカー各一頭。六回目、ブレ。七回目、ベイダイカー二頭、ブルーダイカー四頭。八回目、ピーターズダイカー一頭。九回目、ピーターズダイカー一頭。大猟となったので、今日はこれで終わりとし、四時にキャンプに引きあげる。

帰り道の小川を渡るところは蔓草が茂って絡みあっている。森の大部分の林床とちがって歩きにくく、ブッシュをかき分け蔓の下をかいくぐって進まなければならない。刺だらけの蔓がひっかかって髪の毛にまつわる。額のところが薄くなっているのを気にしている市川は、蔓草の刺に髪をとられるたびに悲しそうな顔をする。木の根っこにつまずいて倒れそうになったら、二年前に調査にやってきた原子さんが不器用にしょっちゅうつまずいては人一倍大きな体で不様に倒れこんでいたのを引きあいにだして、人びとは大笑いした。

小川へ行って水浴びして帰ってくると小雨が降りだす。今日は合計で一九頭もとれたうえ、オカピは売りものにしないので、みんなが食べる肉が多い。

二月二日。夜中にポツリポツリと降っていたが、たいしたことはない。五時、まだ暗いうちから起きだしている人がいる。六時半に起きだす。今日は猟にはついて行かないつもりで、ゆっくりと朝ご

写真●4―54　ラフィアヤシの繊維をより合わせて腰ミノを作るムブティの女性。

はんを食べる。今日はどの辺に出かけるのかと尋ねると、きのうたくさん獲ったので、きょうは休みだという。

(7) 象狩り

猟に出なくても、人びとはいろいろとすることがある。干燥棚で肉を燻製にする。クーサの樹皮から繊維をとって、細引きをない、網を補修する。新しい網を作っているものもいる。樹皮を編んで女性用の腰ミノを作っている女がいる。寝ころがっている男たちもいる。子供たちはキャンプのはずれの大木に蔓を垂らしてブランコをして遊んでいる。いろんな風景を――仕事をしているところ、寝ころがっているところなどを――パチパチと写真に撮り、小川に行ってシャツを洗濯する。

市川に、いままでの狩猟の総計を教えてもらう。二二日間で一一六頭、一日平均五・八頭となる。多い人は一八頭、一番少ない人で、(この人はよく村に出ていくので、)五頭だということだった。一年前に丹野が調査したときには人数も多く、網の数も倍近くあったので、週五〇頭平均の収穫があったのだという。キャンプには五〇人ばかりの人びとが住んでいるが、主だった人たちの名前を教えてもらう。このキャンプ地はマカンバというのだそうである。

昼食のあと、近くのエラキ川へ魚釣りに行くが一〇センチほどの小さな魚が二、三匹釣れただけであった。

二月三日、二泊三日の予定で象狩りについていく。男はサランボンゴ、ヘメディ、ムビーダの三人。女二人と子供三人がついてくる。女たちはゴザを編むヤシの葉を採集に行く。それに市川と私と市川が村から連れてきている通訳のビラ族の青年、マタラが加わる。

七時半に出発してから二時間あまり歩いたところで、オカピが病気で倒れているのを見つけ、サラ

写真●4—55　ピグミー・キャンプでブランコをする子どもたち。

ンボンゴが槍をくれてとどめを刺す。やせ細って、肉はあまりない。肝臓が白く病変している。骨の髄もおかしいという。四本の足だけもって、あとは捨てていこうといっていたが、切りとっているうちに欲がでて、胴体からもかなりの肉を切りとって荷作りする。持参の燃えさしの木が消えてしまう。濡れた森の中では火がつきにくいので、移動のときには火を絶やさないようにもち運ぶ。私たちがライターをもっているのを知っているので平気で前進を続ける。小一時間でアメンダナ川に達し、これを渡渉したところにキャンプ地がある。キャンプ地を伐り開くのはたいへんな仕事なので、新しく作ることは滅多になく、人びとのテリトリーの中には適当な間隔をおいて、いくつものキャンプ地が散らばっている。サランボンゴが、少し手前のところから象の足跡を追ってどこかへ行ってしまったので、今日は予定を変えてここで泊ることになる。本当は、もひとつ先のヤシ林に近いキャンプ地まで今日のうちに行っておく筈であったのだ。ヘメディは進行方向に向かって象を探しに出かけ、ムビーダも右手の方へ入って行く。私たち三人と女子供は古いキャンプ跡に残って寝ころんで過ごす。ムビーダが入っていった森の奥で、ドスン、ドスンと象が歩く音。一瞬の緊張がみなぎり、女は子供を抱きかかえて黙らせる。ムビーダが戻ってくる。「見つかってしまって、頭を鼻でつかまれそうになった」とつぶやく。吐く息があらい。サランボンゴが帰ってきて、今度はヘメディが去った方へわけ入っていく。彼は一度も象を見かけないで四時半に戻る。

五時半にヘメディが帰ってくる。大群に出会って一発突きを入れたが、このぐらい（と槍の穂先を手で指し示す。二〇センチぐらい）しか入らず、追っかけられて逃げてきた、という。ブーニアの方から他のバンドの男たちが象狩りにきていて、群れを追ってきたのに出会ったらしく、ヘメディに出会ったので、群れはまた逆戻りしてあちらへ行った、と彼は話す。

象狩りはムブティにとって一大イベントである。獲物が大きいから食料としての価値は大きく、一頭仕とめれば、その肉の量は莫大なものである。とても運んで帰ることはできないので、直ちに伝令

写真●4—56　外見は似ても似つかぬが、キリンに近縁のオカピ *Okapia johnstoni*。病気で弱っていたのをサランボンゴが槍でとどめをさす。

写真●４―57　ムブティの象狩り（撮影：澤田昌人）。男は一人で象にたち向かう。風下にまわりこみ音をたてないよう真近まで接近する。小柄なからだと暗い黒褐色の肌の色は、薄暗い森の忍びにぴったりと適応している。首尾良く象の体の下にもぐりこむと、真上に向かって柔らかい腹に槍を突き刺し、力をふりしぼって腹をかき裂く。傷が浅いと、怒り狂った動物は狩人をめがけてやみくもに襲いかかる。ムブティの男は走って逃げては大木の裏側にひらりと身を隠す。

写真●４―58　獲物が大きいので、とても運んで帰ることはできない。直ちに伝令が走り、キャンプ中の人たちが現場まで駆けつけそこでキャンプをし、お腹が一杯になるまでたらふく食べては歌をうたい、踊りをおどって三日も四日もごちそうは続く。

が走り、キャンプ中の人たちが現場まで駆けつけてきて、そこにキャンプをする。お腹が一杯になるまでたらふく食べては、歌をうたい、踊りをおどって、くたびれ果てて居眠りをする。目を覚ましては、また肉を食べる。三日も四日もごちそうは続く。腐らないように煙でいぶしたものを干燥棚から運んできては料理をする。大猟をききつけた近在の人びとがおこぼれに与ろうと集まってくるだろう。

男は一人で象にたち向かう。あの幅広の大きな槍を構えて、巨象に向かってこっそりと忍び寄る。目は悪いかわりに、あの大きな鼻と耳をもっているから、匂いと音にはとても敏感である。風下の方にまわりこんで、音をたてないように、細心の注意を払って真近まで接近する。大きな木を楯にしながら、木から木へと、飛ぶように移動し、木の陰からこっそりと相手を伺う。小柄なからだと、暗い黒褐色の肌の色は、薄暗い森の忍びにぴったりと適応している。森の木立の中にひっそりと佇むムブティの姿は、まわりの森の世界に完全に溶けこみ、彼ら自身が、森の一部となりきる。真近まで近づいた男は、こっそりと素早く、象の体の下にもぐりこむ。男は腹の下をかいくぐって抜けだすと、一目散に脇へ逃げだす。うまい具合に腹が裂ければ、はらわたがはみだしてきて、象は走れなくなり、もがき苦しんだあげく弱って死んでしまう。しかし傷が浅いと、怒り狂った動物は、狩人をめがけて、やみくもに襲いかかる。これが一番恐ろしい。ムブティの男は走って逃げては大木の裏側にひらりと身を隠す。突然目標を見失った動物は、ただむやみに走りまわるが、やがて男は安全なところまで逃がれるであろう。

象狩りは危険な仕事であるだけに、男たちの冒険心をもかきたてる。男たちの数多い狩りの中でも、生死をかけた象狩りがもつ意味はまた一種特別なものである。人びとは、肉がたくさん食べられるからという以上に、象狩りの成果を喜び、狩人の勇気を称える。象狩りは男なら誰でもができるというものではなく、ある特定の、勇気ある男たちだけに与えられた特権的な仕事である。他のことではなんの差別もなく、富も栄誉も、喜びも悲しみも、等しく分かちあう人びとの中でも、象狩りのできる人は、だからそれだけの理由によって尊敬の的になる。

（8）森の使い捨て文化

二月四日。人びとは相変らず早起きで五時頃からごそごそしていたが、私たちも六時には起きあがる。お茶を飲んでからゆっくりと朝食を食べ八時半に出発する。今夜もここで泊ることになるので、毛布や食料は置いてゆき、サブザック一つの軽装で従う。朝のうちは毎日霧がかかる。二〇分ほどで以前に象を殺したときのキャンプがあり、大きな頭蓋骨が転がっている。これでも若い象だという。さらに二〇分ほど、細々と続く小径を辿る。沼地になったところを通りすぎるとヤシの林である。二種類の椰子があり、ゴザの材料にするのは幹の細い方ので、まだ葉が開いていないような若枝のものを使う。だから採集はこの季節を選んでおこなう必要がある。幅二センチ、長さ五〇センチぐらいの葉をはがしていっては、少しずつ束にし、その場で器用にこしらえた即製のバスケットにどんどん詰める。

大きい方のヤシの葉は矢を作るのに使われる。登っていって大きな枝を切り落とす。葉軸を五〇センチぐらいの長さに整えて、これも束ねる。先端を尖らせ、毒を塗りつけたものは猿射ち用に、毒をつけないままのものを小鳥用に用いるということである。ブッシュマンの矢とちがって、彼らは矢の後端に木の葉をさし込み、矢羽根をつける。

午後一時までかかって荷作りをし、帰路につく。ヘメディ一人で奥の方へオカピを探しに行く。あわよくば象を仕とめてやろうとでもいうのであろう。

二時にキャンプ跡に帰って昼食にしたのち、サランボンゴとムビーダが昨日のオカピの残り肉をと

写真●4―59　ヤシの葉軸から毒矢作り。植物を混ぜ合わせた毒を塗り焚火で乾かしている。

りに行く。大食らいで意地の汚ないマタラがついていく。サランボンゴとムビーダは、戻ってきてから肉を運んで帰るためのバスケットを作る。若木をくるりとだ円形に折りまげて中に十文字に別の木をさしわたす。蔓草で結えつけたあと、縦横に蔓を張りめぐらせて、平らな網とする。これを四枚こしらえて四角の筒になるように結びあわせる。底の部分に合うように、もう一枚小さ目の網かごを作ってあてがい、しばりつけるとできあがる。材料は森のどこでも簡単に手に入り、三〇分かそこらでいともた易くできあがるのである。六時二〇分になってヘメディが戻ってくる。ブレ。何の収穫もなかったという。

七時頃から早々と寝てしまうが、寝つけない。今日は良い天気だったのに、夜中になって、かなりの降りとなる。古い小屋跡の屋根は雨漏りがひどく、毛布も濡れてくる。

暗いうちから騒ぎだすが、薄明るくなって六時に起きだす。みんな濡れそぼって肌寒い。六時四〇分。そそくさと身仕度を整えてキャンプをあとにする。雨はようやく降り止んだけれども草の滴で肌まで濡れる。オカピの死がいの側を通りすぎたが、まだハイエナがたかった様子もない。少し腐りかけて悪臭がする。エラキ川のキャンプで小休止して九時半にマカンバのキャンプに帰りつく。すっかり天気は回復し、暑い日射しが差しこんでくる。

サランボンゴたちは、着いたら早速ゴザの材料を縛り直したり、ヤシの葉軸をけずって矢を作ったりしている。留守の間の網猟の成果をたずねる。おとなが五人欠けると猟はやりにくく、子供たちにも加勢させたが、成果は少なく、二月三日、五頭。四日は四頭であったという。

五時四五分に人びとが猟から帰る。ブルーダイカー三頭、ミズマメジカ一頭、ピグミーアンテロープ一頭、計五頭の猟果である。

ミズマメジカを買って半分を料理する。白身の肉がシコシコして淡白だがとてもおいしい。残りの半分は明日村へ帰るので、もって帰って食べることにする。

写真●4—60　組み上げた小屋の骨格に、屋根用の葉を付ける。

写真●4—61　使えるものは何でもその場で調達し、使ったものは、そのまま放置され自然に帰る。見事なリサイクル型使い捨て文化。

写真● 4 —62、63、64　キャンプ地に着くと、主に女たちが小屋をつくる。

ムブティたちは、獲物をもって帰るとまず内臓をだし、頭を首のところで切りとって、売りものにする肉を別にする。女子供が内臓を食べ、頭や幼獣を男たちがバラザ（男たちの集会所）で煮てみんなで分けあって食べる。網猟で獲った獲物の心臓も女は食べてはならず、バラザにもってくる。男と女は狩りのときの役割もはっきり異なっているが、獲物の消費のやり方も、厳然と区別される。

（9）イトゥリの森からの帰路

わずか一週間ばかりの森の生活だったが、とても充実した楽しい日々だった。ムブティたちはみんな人なつっこく、陽気で朗らかで、親切だった。原子さん、丹野君、市川君と二年間にわたって親しいつきあいを続けていたので、ちょっと立ち寄っただけの私でも、すぐにうちとけてつきあってくれた。ブッシュマンでもピグミーでも、狩猟民は人なつっこく、心底人を疑うことを知らない。目付が本当に穏やかである。アフリカへ行って、私はつくづく思うのだが、農耕民の目付はいやらしい。呪術や邪術に満ち溢れた世界に住む人びとの目は猜疑に満ち溢れている。もっといやらしい目は、文明人と呼ばれる人びとのそれである。彼らの表情は巧智にたけて、けっして心の奥底の本心をのぞかそうとはしない。ときには狡猾さが錯綜する目付であり、取引をするずる賢い商人の目である。何よりもその鋭い眼光が険悪である。無垢の子供の表情にはそれはないし、日本でも山奥の片田舎のお百姓さんに、よくそんな和やかな笑顔を見かけることがあった。

わずか一週間の滞在で、わたしはムブティの世界の多くを知ることができたと思った。市川君がいて手引きをしてくれ、いろいろなことを教えてくれなかったならば、私は盲人同然でこの万分の一のことも分からなかったにちがいない。

森を去る日の朝、二月六日、私たちはゆっくりと起きだして、九時にキャンプをあとにした。ゆうべは雨が降らなかったので、森は乾いて気持がよかった。三〇分も歩かないうちに雨が襲い、ひどい降り方になって全身びしょ濡れになる。パティネトゥンガの古い小屋の中にもぐり込んで雨宿りをする。早朝のうちにヘメディの妻たちが通ったときの残り火があり、衣服を乾かす。二時には雨もあがり、昼頃イトゥリ川を渡し舟で越えると、二時半にマワンボに着いた。ヘメディが私たちに同行した。ヘメディと彼の妻たちは、村人から畑の産物を貰ったり、店で少量の買物をしたりするために、ときどきこうして村に出てくるのである。

わたしがキサンガニで仕入れて、村の荷物の中に残しておいたウイスキーをとりだし、市川と二人で改めて乾杯する。

途中で一晩泊りでイトゥリ川まで魚獲りに出かけたほかは、マワンボの村でぶらぶら過ごしたのち、二月一二日の早朝に村をあとにして帰路に着く。

市川は明日から一週間ほど、北西へ三〇キロほど離れたムブティのバンドを訪れる。マカンバのバンドが住んでいる東側の森とは構成樹種がちがっているので、そうした植生の異なった地域で狩猟法がどのようにちがっているか比較をするのが目的である。

市川が飼っていた二羽のニワトリのうち、卵をちっとも生まない方の一羽をしめて、わずかばかり残ったウイスキーを分けあって、別れの乾杯をする。

二月一二日、五時半に起きて出発の用意をする。一五キロばかり残った荷物の大半をマタラに担いでもらって、六時四〇分に市川に別れを告げる。快調に飛ばして三時間、九時五〇分に朝食のために休止する。正午を少し過ぎて、ラリアの村のマタラの知人の家に着き、昼食にウガリ[註5]（トウモロコシ粉の練粥）をよばれる。一時間余り昼寝をして二時四〇分にラリアを出る。一時間歩いて村の畑からパパイヤを二個もらい一個ずつ食べる。少し行ったところで雨になる。だんだんとひどい降りとなり、道路を水が流れる。全身濡れねずみとなり、パンツの中までぐしょぐしょで気色が悪い。立ち止まる

註5　練粥はスワヒリ語でウガリと呼ばれるが、地方によって様々な名で呼ばれながら、広くアフリカに見られる主食である。材料は種々の雑穀やキャッサバなどの粉である。カラハリ地方では英語のポリッジ（お粥）をなまってパリッジと呼ばれている。

と寒けがするので、休む気にもなれず、しゃにむに先を急ぐ。五時になって予定していたンガカの村に辿り着く。幸い着換えはビニール袋に入れてあって濡れてはいなかったので、からだを拭いてすっかり着換えをして、ほっと人心地がつく。雨の中を椰子酒を買いにやらせる。

二月一三日。六時半起床。ご飯を炊いて朝食を食べ、出発は八時一五分。うってかわった青空となる。ベラの村の手前三キロのところで弁当を食べる。一二時五〇分。よく晴れて、やけに暑くなる。降れば寒く、照ったら暑いで、熱帯雨林の気候はなんとも御しがたい。午後の日照りはとくに暑さが厳しく、疲れがどっと出る。きのうから歩きづめに歩いているので、足が痛くなり、喉はカラカラに渇く。ベラからマケケに至るだらだら登りを必死の思いであえぎ登る。マンギーラの村の中を流れる小川に口をつけて、水をガブ飲みしたいと思う。マタラが汚ないからよせ、といって、村人から飲み水をもらってくれる。四時にシャンブル（木賃宿）に転がりこむ。一八時になったら、バーが開いてビールが飲める。もう少しの辛棒だ。それまでの間に、市川に頼まれた買物を済ませてマタラに托する。バーの開店を待ちかねてマタラと二人でビールを飲む。ビールを二本ずつ飲んだら、疲れが一挙にでてきてまぶたがくっつきそうになる。マタラにもう一本ビールを追加してやって、部屋に戻り、ベッドに倒れこんだきり泥のように眠ってしまう。

(10) コンゴ森林に別れを告げる

二月一四日。五時前に目を覚ますと、クラクションを鳴らしながら車が通っていく。二台通過した。乗り合いタクシーである。あわててトイレに行き、荷物をまとめて、部屋を出る。宿賃はきのうのうちに払ってある。マタラが寝ぼけまなこで隣の部屋から顔を出す。あとから女が、しどけない格好のまま顔を見せる。ゆうべの首尾は上々だったようである。

まもなくやってきた車をとめると、ミッションのマイクロバスだった。マタラに別れを告げて、尼さん二人が乗っているバスに便乗させてもらう。ベニの町で用足しをする尼さんたちにお礼を言って、ここからブッテンボーまで、乗り合いタクシーに乗り継ぐ。タクシーと言ってはいるが、要するに小型トラックの荷台を改造して屋根と座席を備えつけたものである。両側に一〇人分ぐらいの腰かけが向かいあって作ってあるところへ、二〇人以上の人間をギューギューに詰めこんで走る。旅をする人たちは、大きな荷物ももっているので、載せられるかぎり、荷物は屋根の上に結えつける。重量オーバーで、荷台の後端が地面につきそうにかしぎながら、ヨタヨタと走る。下りになるとぐんぐんスピードが出て、ちゃんとブレーキは効くのだろうかと心配になる。谷底をすぎて、登りにかかると見る見る速度が遅くなる。最後の登りの手前でついに車はとまってしまった。女子供を除いて、全員降ろされて坂の頂上まで歩いて登る。あんたはムズング（白人の意）だから降りなくてもよいと、私は特別待遇にしてくれたので、甘えて女子供の仲間入りさせてもらって乗ったまま行く。

ブッテンボーの町はずれの、レストランと看板のでているところで、朝食をとる。久し振りのパンとオムレツ。それにミルクのたっぷり入った紅茶。これより先はタクシーはなく、トラックをつかまえてのヒッチハイクになる。食堂の前の街道に出てトラックを待つ。昼になっても車は来ない。もう一度食堂に入って食事をする。待つこと六時間。今日はもう駄目かなとあきらめはじめたころに、ようやくゴマまで荷物を運ぶ輸送トラックが通りかかった。運転手と車の持主が乗っていて、助手の三人が荷物の上にいる。もの珍らしさも手伝って、日本人の私を助手席に入れてくれる。早起きをしたので、暗くなってくると猛烈に眠い。車の所有者はアヤコという。これだけの四輪駆動付の大型トラックをもって運送業をやっているのだから、かなりの金持ちだろうと思うが、彼はゴマに農園をもっており、バーの経営もやっているのだという。

ルベロの町でディーゼル燃料を補給する。トラックをスタンドに置いたまま、近くの食堂で夕食に

写真●4—65　乗り合いタクシー。タクシーとはいうものの、アフリカの田舎では小型トラックやマイクロバスを改造してギューギュー詰めに乗客を押し込め、屋根の上に荷物をわんさと縛りつけている。

する。パンとオムレツと紅茶。他には料理はない。午後一一時、ルツトゥの町に着く。道路の分岐点にあるこの町は、ちょっとした宿場町である。アヤコと運ちゃんは宿泊所に部屋をとって寝るという。誘われたが、私は眠くて動くのもいやなので、運転台のうしろにある仮眠場所に毛布を敷いて寝る。助手や他の乗客たちも荷物の上で寝ているらしい。夜は冷えこみ、朝方になると足がしびれるほどになった。リフトバレーの西の端っこでもっとも高度の高いところにあたる。コンゴ盆地の源頭部に相当する。こんなに寒いのなら、私も部屋をとったらよかったと思う。

二月一五日。これからエスカープメント（リフト・バレーの断層崖）にかかって見晴しがよいというので、カメラをもって荷物の上に坐りこむ。道路はうねうねと曲りながら、エスカープメントを下りていく。ヒヒのヒトリザルを二回見る。エドワード湖の湖面が朝日にキラキラ輝いている。この湖がウガンダとの国境をなす。久し振りの広々とした草原を眺め、胸がスカッとする。うっとうしい森の中より、やはり平原の方が気分がよい。長年、平原の中でばかり暮してきたせいだろうか。明るくて、大きくて、胸のつかえがいっぺんに吹き飛ぶようだ。インパラが群がり、ハーテビーストに近縁のトピが草を食む。イボイノシシの母と仔が尻尾をピンとふりたてて、一列になって走っていく。水溜りの側を通るとカバが何十頭も水の中にもぐっていたり、水辺の草の上に腹這っていたりする。水の中にいるものはたいてい鼻先だけを水面から出していて、ときどき大きなあくびをする。小川のほとりに出るとバッファローが何頭も草を食べていた。象も数頭いる。

順調に走って、昼すぎにルチュルに着く。この一帯は高原野菜の栽培がさかんで、大変安い。道端に積みあげて売ってもいるが、大半はゴマの町へ、そしてそこから首都キンシャサへ飛行機で運ばれる。ネギの大きな束一〇マクタ、キャベツ二〇個で五〇マクタ、ニンジンはも少し高い。トマトは中ぐらいのが五個で一〇マクタ。ネギ、キャベツ、レタス、カリフラワー、ニンジンなどを詰めあわせた大きな籠が一つ五〇マクタ。ただみたいに安い。ちなみにニワトリ一羽が五〇マクタである。

写真●4—66　広々とした平原に出てくると気分も爽快である。キリン、シマウマ、ヌー（ウシカモシカ）などの草食動物が群れている。

アヤコ氏と運ちゃんは野菜を大量に買い込む。私も田中和夫さんへのおみやげに一籠ぐらい買っていきたいと思ったが、ゴマからブカブまでまだ飛行機の旅が控えているのであきらめる。サトウキビやトウモロコシを大量に買いつけ、ゴマへもっていって小売りにする小商人が沿道沿いにたくさん待っていて、彼らをいちいち拾っていくので時間がかかる。アヤコは荷物の量を見ては厳しく運賃をとりたてる。正当な金を支払わない客は絶対に乗せてやらない。きっちりしたものである。

五時にゴマの町に差しかかるが、アヤコの経営するバーに立ち寄って、ビールを飲もうという。小さな丘の中腹の静かな一軒屋でなかなかしゃれた洋館である。ビールをごちそうになる。町に入って乗客を次々と降ろし、六時ちょっと過ぎて、ホテルまで送ってもらう。一番上等のホテル・グラン・ラックは満員で、一〇〇メートルほど離れたモント・ゴマ・ホテルに投宿する。ビールを部屋まで運ばせて、熱い風呂に入りながら、ビールを飲む。夕食は少し歩いて、ホテル・リフというところまで食べに行く。帰ってからウイスキーでも一杯飲んでから寝ようとバーに行くが、ちょうど閉店になるところ。一〇時である。意外と健康的なホテルだ。よそへ飲みに行くのも億劫で、部屋に帰って寝てしまう。

二月一六日。荷物をたたんで町に出かける。日曜日なので、ザイール航空のオフィスは今日は開かない。ホテル・リフでパンとオムレツと紅茶の朝ごはん。飛行機の時刻表が貼ってあるので見ると、今日のブカブ行は八時三〇分発が一本だけある。時計をみると七時四五分。大急ぎでホテルに帰り、空港までタクシーをとばす。九時半まで待たされた揚句、今日の便はとりやめになったという話が伝わってくる。予定の飛行機はキサンガニからくる筈だったが、何かの都合でキンシャサに飛んでしまったという話。この手の話は、アフリカではよくあることなので、もう別段驚くこともない。キンシャサから戻ってくるかもしれないので、待っていろという。ザイール人の乗客が数人と、ドイツ人の旅行者数人がいて、一緒に掘立小屋のようなレストランで待つ。一二時になってDC―3の小さな

写真●4―67　カラハリ地方に多く見られるハーテビーストと近縁のトピは赤道帯に分布している。濃い褐色の模様がきれいだ。

姿が目の前に降りたつ。ブカブまではほんのひと飛びだ。一時にはブカブに着く。タクシーを駆ってイルサックの和夫さんの家に戻る。

ナイロビ行の予約のためにブカブの町のエア・ザイールのオフィスに行く。日曜日なので、カウンターは閉まっているが、荷物係の人がいて、奇跡的に戻っていた荷物を発見する。キスリングのサイドポケットに入れておいた少量の薬入れがなくなっていたが、ほとんど被害はなかった。ほんの少量であったが、森の旅行に準備した日本食などをお世話になった和夫さんの奥さんにあげる。

翌日の午後、タンガニイカ湖西岸の疎開林地帯で、狩猟民トゥンブウェの調査をやってきた、京大自然人類学研究室の松井健君が帰ってくる。人びとによる自然の認識体系を把握しようというのが彼のテーマである。とくに動物の民俗分類に焦点をあてて仕事を進めている。[*文献228] 森林というほどではないにしても、アカシア類の樹木の多いウッドランド・サバンナで何ヵ月も過ごしてきた松井は、一度グラスランド・サバンナや砂漠を旅してみたいといった。帰国前の一〇日間ほど、北ケニアの私の調査に是非ついて行きたいと申し出る。ナイロビで落ち合う約束で、私は一足先に出発し、和夫さんの一家に別れを告げた。二月二一日金曜日の朝ブカブを発って、昼すぎにはナイロビに帰りついた。

文献228　松井　一九七七

7　遊牧の民を求めて

(1)　再びレンディーレ・ランドへ

三月三日。マルサビッツ国立公園を訪ねたいという倉知さん一家と別れて、砂漠への道を西にとる。同行はザイールから一足遅れて帰ってきた松井健君。マルサビッツの町から一気に急坂を駆け下って、およそ三〇キロでマイコナとカルギの分岐点にでる。一〇月にはマイコナからチャルビ砂漠への道を通ったので、今度は南のカルギからカイスート砂漠へ出る道を行く。カルギの手前五キロほどのところに浅い川があり、少し深みのところに水溜りができている。レンディーレの男たちが三人、ラクダの群れを連れてきて水を飲ませている。ラクダに水を飲ませているあいだ、男たちは坐りこんで休んでいる。私たちも、アカシアの木陰に坐って見物しながら休む。スワヒリ語はまったく通じず、お腹を押さえて腹が減ったとしぐさで表わす。三〇分ぐらいで男たちもラクダも去り、静寂が戻る。ちょうど昼どきになったので、米を炊いて昼ごはんにする。

カルギは、カイスート砂漠の北縁に位置するレンディーレ・テリトリーの交易センターである。アカシアの木が何本かあるほかにはほとんど草もない。熔岩の瓦礫を敷きつめた赤茶けた地面に午後の日差しがカンカンと照りつける。乾季のカラハリ砂漠に勝るとも劣らぬ暑さである。まっ黒な石垣のような段差が、丘の中腹に見える。大きな熔岩の塊りが積み重なって、そこの層だけが風化しないで残り、ちょうど石垣を積んだように見えるのである。

町の東寄りの小高い丘の上にある建物が小学校と先生たちの寄宿舎である。だらだら坂を下りていくと、次の小高いところには工事中の簡易水道の給水塔があり、下の方にはチーフの家と店が並んでいる。もっと低い方に降りていってみると五メートルぐらいの深さの井戸が二つある。レンディーレの村々は、南方から西方にかけて、町の中心をとり囲むような格好で、あちらに二〇戸、こちらに三〇戸と一塊ずつになって散在している。カルギの町をひとわたり見まわったのち、少しはずれの方にあるアカシアの木陰に腰をおろし、夕方までのんびりくつろぐ。

夕食を食べて、そのままここにキャンプしようとテントを張ったら、ライオンが来るから町の中へ行った方がよいと忠告にくる人がいる。大丈夫だとは思ったが、暗くなるにつれて気味が悪くなってきたので、暗い中を引越しする。チーフの家のすぐ側にテントを張り直す。翌朝、明るくなって、

写真●4—68　松井健。レンディーレ・ランドにて。

チーフの家にあいさつに行く。チーフはカルギ出身のまだ若い三〇才ぐらいの男で、一〇年間ほどマルサビッツの小学校で先生をしていたのだが、最近チーフに任命されて呼び戻された。先生をやっている方が好きだという。多くの政府任命のチーフとちがって、威張ったところがなく、大変感じのよい人だと思えた。

チーフは、要するに中央政府の行政機構の末端に位置し、政府の施策の伝達機関である。部族の各領域に一人ずつのチーフがいて、各地区に設けられたアシスタント・チーフが数人でこれを補佐する。部族内のもめごとや傷害事件などを裁く役目も受けもつが、税金の徴収もチーフに課せられた大きな仕事のひとつである。部族の自治は、原則として、各部族の長老会議に任されており、実際にチーフがもちうる権限は大きくはない。中央政府にほとんど敬意を払わず、とくにレンディーレなどのような遊牧民にとっては、政府とは名ばかりで、勝手気ままな自分たちの論理で移動し、生活する人びとに対処して、行政サイドの意思を伝え、実施するのは至難のことである。徴税は、わけても苦労の多い仕事である。自給自足によって生活し、政府から何の保護も利益をもこうむっていないと考えている人びとが税金をとられる理由を納得しないのは、当然のことでもあるし、この遊牧の民は居所さえはっきりしないのであるから、人数を正確に把握することすら至難の業なのである。権勢欲にとりつかれた鼻もちならない人間でもないかぎり、こんなチーフの仕事がお気に入りになることはあるまいと思う。小学生を相手に教育にいそしんでいる方が、何ほどか張りあいがあろうという先生の気持は、私にはよく分かる。でもそうした良心的な人間が、こうした役目を担当するのも必要なことかもしれない。嫌だとはいっても、彼にはその能力があるように私には思われた。彼はいまからマルサビッツまででかけて会合に出なければならないと言った。

きのう見た井戸のところまでいって、水タンクを満たし、西に向かって三キロほどの谷筋のアカシアの木陰で私たちは朝食にした。カルギから西はクラール山まで、およそ五〇キロにわたってカイ

スート砂漠が拡がる。盃状のアカシア・メリフェラ（*Acacia mellifera*）の中木が疎らに生えた林の中を道はほぼ一直線に、クラール山に向かって西へと続く。水場がないらしく、人びとが住んでいる気配はない。山麓の谷筋にあるバレサ・クラールの水場もいまは干上がって人は住んでいない。カイスート砂漠は、大部分が、このアカシアの中低木からなる疎林であって、砂漠らしい景観はあまりない。午後三時半、まだ早い時間だが、バレサ・クラールの谷を渡って川岸のアカシアの大木の下でキャンプする。午後の後半をゆっくりとくつろいで過ごす。ここだってライオンが出没して不思議のないところだが、私たちは啼き声を聞くこともなかった。

三月五日、七時半に起きだしてから、ゆっくりと朝食をとり、一〇時に出発して標高二〇八三メートルのクラール山へ登ってみる。一八〇〇メートル以上がモンテン・フォーレスト（山地林）になるが、その少し下部のあたりに村が点在している。サンブルが多いが、レンディーレの村もあるらしい。アメリカのプロテスタントの教会があるので訪ねていって遊牧民についての情報を聞く。電気、水道、風呂まで完備のゲストハウスに泊めてもらえることになり、快適な夜を過ごした。

写真●4—69（右）　レンディーレ・ランドの大半は、ほとんど草も木も生えない礫砂漠である。

(2) トゥルカナ湖畔

翌日は山地林に登ってみるが、道は悪いうえに霧が深くなって視界は利かず、肌寒くなったのでトゥルカナ湖岸まで降りてくる。湖岸にテントを張って久し振りに釣竿を振ってみる。形のよいティラピアが一匹、タイガーフィッシュ二匹の釣果で満足する。

ロイヤンガラーニを過ぎ、北へ二〇キロほど走ってみるが、牛を放牧しているボラナの村が点々とあるが、レンディーレの姿はない。彼らは湖畔より、やはり水の乏しい砂漠の方が好きなのであろう。このドライブのとき、悪路でひどく車がバウンドしたせいであったろう、左側後輪を支えているスプリングが折れてしまった。メイン・スプリングと二枚目のが折れて跳ねあがり、車体のフレームに食いこんでいる。このままでは長距離の走行は無理なので、ロイヤンガラーニの教会やホテル、漁業局作業所などを訪ねて部品を探すが、わたしの車に合うスプリングは見つからなかった。

一日がかりでスプリングを取りはずし、折れた部分にあり合わせのスプリングの断片を溶接してもらって、もう一度スプリングを組合わせ直し、鉄板で束ねてから車体にとりつける。とりあえずの応急修理だが、なんとか旅行に耐えると思われる。

ロイヤンガラーニでは、さらにもう一件のトラブルが発生した。ホテルのすぐ側の空地にテントを張り、松井はそのテントで寝て、わたしは車の荷台に横になったのだが、その晩こそ泥の被害にあったのである。暑くて寝苦しいもので、わたしは車の後部ドアを開けっぱなしにして、枕元に腕時計と鍵束を置いて寝たのであるが、この二つをそっと持って行かれてしまった。さらにこそ泥君はテントに挑戦し、テントの下部を横にナイフで切り裂いて、中の荷物を盗みだそうとした。テントを切り裂く音に松井が目覚め、「うわあ、何かいるぞ」と大声をあげたので、泥棒もあわてて手にしたものだけをもって逃げ去った。

翌朝、明るくなってから周辺を探索してまわる。松井のサブザック、ナイフ、胡椒の瓶など、あわててあちこちに捨てながら逃げていったようである。結局、わたしの時計と鍵束に加えて、コップ二個、塩一袋、米少量などを失くした。車の鍵はスペアをもっていたので大事なかったが、スペア・タイヤや天井に並べて積んでいる予備ガソリンのジュリ缶などにも盗難除けのために鎖をとおし南京錠をかけてあったので、それらをはずす必要が生じるたびに、金鋸で南京錠を切って壊さなければならなかった。こんなところで泥棒にやられるとは思ってもいなかったが、これ以上被害にあうのはこりごりなので、翌晩からは漁業局作業所の片隅に寝かせてもらうことにした。

マララルから東へ、サンブル・ランドを横断してマルサビッツ街道まで戻り、サンブルとレンディーレの境界の町ライサミスから北西へ、再びレンディーレ・ランドのカイスート砂漠へと舞い戻る。

井戸が掘られているコルと呼ばれるところに、いまはレンディーレが多く集落を作っているので、ここにはローマ・カトリックの教会が建っている。中年すぎのレデントさんという神父がいて布教活動をおこなっているが、彼は長年レンディーレと親しく接しているだけあって、のんびりとした親切で人の好いおじさんであった。彼によると、この五〇キロ四方の半砂漠にはレンディーレが約一万人住んでいるという。レンディーレは大きく二つの半族に分けられるなど、彼らの社会の仕組についても多少の知識を授かり、とりあえずの予備調査を終えることにして、帰国の迫っている松井君を送りだすためにも一旦ナイロビへ引き返す。

（3）ケニヤ山麓の鱒釣り場

アフリカなどの発展途上国では、いかなる学術調査であっても、長期間住みこんで研究をおこなうためには、大統領府なりしかるべき役所や研究機関から調査許可証を交付してもらい、移民局からそれに見合った期間の在留許可を得なければならない。わたしはいまからなお七月一七日の帰国日まで四ヵ月間ケニアに滞在していたいので、正式な許可書類がもらえるよう調査許可申請書をナイロビ大学アフリカ研究所を通じて大統領府へ提出した。許可がおりるまでに最低三週間はかかるという。

それまでの時間待ちもあり、砂漠へのサファリで疲れたからだを休めるために、ケニア山の麓の渓流へ鱒釣りに出かける。この鱒釣り場を教えてくれたのは、青年海外協力隊の在ケニア調査員（協力隊員の取りまとめ役）をしておられた平川潔さんである。アフリカの各地で活躍している青年海外協力隊の方々には、じつに方々でお世話になっている。サファリの度ごとになにかとトラブルの発生す

写真●4—70　平川潔。（写真提供：平川潔）

る車の修理には、ナイロビ在住の車両整備隊員の碓井正人君、ニエリの四〇キロ南のカラチナで車両整備隊員として働いている松井昭君にはとくにお世話になった。鱒釣り場からほど近いキガンジョの警察学校で柔道の指導をおこなっている三野正二郎君とカラチナの松井君は釣り好きなので、仕事を終えたあとの夕方二時間ほどとか、日曜日などには、バイクで釣り場まで上がってきて、よく一緒に釣りを楽しんだものである。ナイロビから北へ一二〇キロほど舗装道路を飛ばして一時間半ほど、赤道直下のキガンジョの町から、山道へと右折してさらに二〇分、近くに大統領の別荘があるので道は良い。ツェゴ・リバー・キャンプと呼ばれるところに鱒の養殖場があり、入漁料を支払う窓口がある。渓流のほとりに小さな山小屋が二軒建てられていて、無料で泊まれるので、レンディーレ・ランドへ行く途中にもときどき立ち寄って休息してゆくことになる。

釣りは養魚場ではなく、小屋の前を流れる渓流で好きなようにできる。日本から持参のフェルト付きの地下足袋を穿いて、川の中をじゃぶじゃぶと登りながらポイントをねらって釣糸を飛ばす。岩魚釣りと同じ要領である。英国流のフライ・フィッシングが規則なので、毛針をつけて流す。そして一人一日六匹まで釣ることが許されている。

ときに四〇センチを越える大物が釣れることがあり、これは刺身にしたり、塩焼で食べてもおいしいが、食べきれないときには塩漬けにしてもっていくと、塩鮭と同じことで、日持ちがするし、砂漠の中で日本の香りを味わうこともできるのである。

三月二八日、一年間の任期を終えて帰国された倉知さんと入れ替わりに、後任の矢入憲二さんが学振オフィスに赴任してこられた。矢入さんは名古屋大学理学部の地質学者で、リフトバレーなどアフリカ大陸の裂目を調査し、これらの裂目が紅海北端やナイル川河口部周辺を基点として南東方向に広がっている、いわゆる雁行構造をなしていることを明らかにされた。*文献84・241

調査許可をとりつけるための交渉も一区切りがついたので、四月五日にアインスワース・ホテルを

写真●4―71　碓井正人。（写真提供：碓井正人）

文献84　Yairi 1975
文献241　矢入憲二　一九七四

引きあげてレンディーレ・ランドへ出発しようと、荷物を車に積みこんでいるとき、二〇リッター入りの水タンクを持ちあげたとたんにガクッと腰に痛みが走った。しばらくホテルでごろごろしていたところで急に力仕事をしたものでギックリ腰になってしまったのである。部屋に戻って一時間ほど寝ころがって休んだのちに、ゆっくりと運転していってツェゴ・リバー・キャンプの無料小屋で休養することにする。五泊してのんびりくつろいだり、釣りをしたりして過ごし、ようやく四月一〇日、レンディーレ・ランドに向かって北上する。コルの少し手前の村で、中学校を終えて英語も堪能なジョセフ・ジテワ・オルトイアという青年と出会う。彼はさらに勉強を続け、学校の先生になりたいという向学心に燃えた頭の良さそうな男である。学資を嫁ぐためにも、しばらくわたしの通訳兼調査助手をやってくれないかと、話をもちかけ、快く引き受けてくれる。

コル周辺の村の一つにテントを張り、レンディーレのラクダ遊牧と社会の概要についてジョセフに教えてもらう。ずっと雨が降らないで草木が乏しいので、ラクダはいまサンブルのテリトリーに接した山地の方へ行っているらしい。

ラクダの遊牧に従っているのは独身の男性たちであるが、彼らは一二年から一四年の間隔をあけて一斉に割礼の儀式を受ける。牛を飼っているボラナは毎年割礼をおこなうが、レンディーレの割礼間隔が長いのは、多分にラクダの長い成長過程の周期に同調している節がある。男は割礼を受けることによって一人前の戦士となることができ、その後次の世代が割礼儀式をすませてはじめて、結婚する資格を得、長老の仲間入りをすることができるのだという。

四月一三日、この日新しい月が出てきたので角笛が鳴り、女たちの歌と踊りが夜遅くまで続く。赤道直下の極乾燥帯では乾季とごく短い雨季の区別以外には季節の変化がなく、月の満ち欠けのみが季節の移り変わりを表わすものだから、人びとは新月があらわれるとお祝いに歌って踊り明かすのである。

翌日の午後から雲があらわれ、夜になってから雨が降りだす。雷が鳴って雨もかなり烈しく降った

写真●4―72　カラチナの町の中にあるソコ（市場）。アフリカの市場の典型的な風景である。

ようである。何ヵ月ぶりかの雨で大地が蘇り、若葉が出てくるであろう。山手に餌を求めて登っていたラクダたちも砂漠へと戻ってくるのであろう。

往き来する人びとの話を総合すると、砂漠のあちこちが水浸しになっていて、普段は涸沢であったところにも流れがあり、干上がるまでしばらくの間はどこへも出られないのではないかと思われる。

四月一七日になってようやく東へ脱出できる渡河点を教えてもらい、ぬかるみにブッシュを敷きつめて、なんとか向こう岸へと渡りきり、マルサビッツに到着した。涼しい公園内のマルサビッツ・マウンテン・ロッジにチェックインして久し振りの文明生活に身心を休める。

リラックスして少し食べ過ぎたか、夜中に猛烈な下痢に襲われる。もう一日のんびりとして体調を整えてから、四月二〇日、ナイロビまで戻ってくる。

（４）佐藤俊のケニア入り

四月二四日深夜、英国航空の直行便で佐藤俊君がナイロビ空港に到着する。佐藤君は霊長類研究所が大学院生を受け入れるようになってからの第一期生で、博士課程の研究としてレンディーレの生態人類学的調査をやるように、わたしが指導していたのである。

学振の矢入君のところへあいさつに行き、常宿にしているアインスワース・ホテルの隣の博物館をひととおり見学、ナイロビ市内を案内がてら、大統領府やナイロビ大学で佐藤の調査許可を申請、市内からそれほど遠くないナイロビ国立公園へ連れていってアフリカ入門の最初の手解きをする。ナイロビ国立公園は町から三〇分ほどのドライブで行ける近間にありながら、象、カバ、ライオン、豹、チーター、キリン、シマウマ、その他種々の羚羊類がひととおりいるサファリパークで、アフリカの原野を体験するにはまことに適当な場所である。

調査許可証と在留許可の取得も含め、あっという間に二週間を費やし、明日はフィールドへ向かって出発しようという前日五月五日の夕方、西田利貞君がナイロビに到着した。彼は久し振りにカソゲのチンパンジー調査基地へ出かける途次であった。海老料理店で三人で懐旧談にふけり、もちろんわたしのカソゲ訪問の報告もする。

六日はゆっくり旅支度してアインスワース・ホテルを一一時に出発、キガンジョで青年海外協力隊員として柔道を教えている三野君の家に泊めてもらう。夕方二時間ほどツェゴ・リバー・キャンプまで行って二人で虹鱒九匹を釣って今宵の酒の肴とする。

翌日は九時に出発し、マルサビッツに午後六時着、マウンテン・ロッジに宿泊する。待ち合わせていたジョセフと落ちあって佐藤を引き合わせ、国立公園内をドライブする。ブッシュバックや森棲みのサルを見るが、雨のあとなので動物たちは水場にも集まってこない。

五月九日、マルサビッツをあとにして、いよいよレンディーレ・ランドへと入っていく。正午になるので、ゆっくりとコーヒーを沸かして昼食とし、バイオ山と呼ばれる小さな丘の麓の村にはジョセフの弟マロ君がいるので、今夜はここで泊ることにする。マロ君は山羊を殺して私たちを歓待してくれた。

コルの集村群の一画に落着いて、佐藤君にわたしがいままで見聞きしてきたレンディーレについての情報を伝えながら、人びとの生活ぶりを観察する。

五月一三日、ちょっとした事件がもちあがる。人びとが騒ぎだし、怪しい人影が現われて山羊を盗んでいったという。車で様子を見に行ったうえで、警察に報告してほしいと要請される。朝食を準備しているところだったが中断して出かけてみる。ブッシュの中を北上して道路に出、カルギに向かって走っていくと五キロほどのところで戦士たちに出会う。停まって尋ねると、トゥルカナではなく、サンブルの泥棒三人が山羊二頭を盗んでいった。足跡を追ってきたが、石だらけのところに逃げこま

写真●4―73　青年海外協力隊員の柔道家三野正二郎。（写真提供：三野正二郎）

れてしまい、行方はわからないという。夕方、戦士たちが意気揚々と踊りながら帰ってくる。泥棒は捕えることができなかったが、宿敵トゥルカナの侵入ではなかったから、安心して今日はお祝いの踊りをするという。娘たちも大勢が出ていって戦士の相手をして踊りに興じる。夜半まで踊りは続いた。

五月一八日、コルでの滞在を切りあげ、五日間かけてゆっくりとレンディーレ・ランドを一周する。北上してカルギを経由しマイコナ、そこから西へと進路を変えてノース・ホールへ、そしてあの漬物石を並べたような悪路の断崖を超スローペースで降りてロイヤンガラーニに達する。ホテルで冷たいビールを一杯飲み、湖岸に出てキャンプ。タイガーフィッシュ一匹とティラピア三匹を釣りあげて夕食のおかずに煮つける。

湖を離れ、サウス・ホールを通過してサンブルの中心地、マララルに向かう。マララルの少し南からメイン・ロードを逸れ、東へワンバへと向かう。ワンバの北東部に連なる山塊には、サンブル系の一部の人びとが住みついて狩猟採集生活をおこなっている。初めて通る道なので、少し山手に入ってドロボ[註6]と呼ばれるこの狩猟採集民の村を見学して、近くにキャンプする。短時間では彼らの狩猟採集活動を見ることはできなかったが、村の様子はサンブルのものを小型化したようなものであった。

佐藤君へのレンディーレ・ランド紹介はこのくらいで切りあげ、二五日にナイロビへ戻った。後輪のスプリング二本をはじめ、酷使してあちこちガタがきている車を全面的に修理、点検整備するためにランドローバーを三日間修理工場に預けると週末から祭日をはさんで三日間の休日となる。

(5) ケニア北西部の広域調査

当分の間、ケニア北部乾燥地帯の遊牧民調査を続けるつもりになっているので、今度はトゥルカナ湖の西側地域にトゥルカナ、ポコットの居住域とそこに住む人びとを概観するため予察をおこなう計

註6　ドロボの狩猟採集生活については後年市川が住みこんで調査をおこなった。第5章参照。

画を立てていた。佐藤君には私が帰国したのちに、単独でじっくりレンディーレ調査に取り組んでもらうこととし、ひととおりケニア各地を広域に見てもらっておけば、のちのち比較の観点からも自身の研究に役立つであろう。

サファリの準備を万全に整え、六月五日にナイロビを出発、北西へウガンダへと向かう道をひた走る。

標高一七〇〇メートルのナイロビから西へ少しはずれると大リフトバレーの底にあるナイバシャ湖やナクル湖まで一〇〇〇メートル以上の高度差を一気に駆けおりる。ナクルで昼食を食べてしばらく走ると猛烈な雨となり、エルドレッドの少し先で西へと曲るウガンダ行きの道と別れ、北へ二〇キロほどのソイの町にあるカントリー・クラブと称する宿泊施設に飛びこんで一段落、雨も小止みとなった。

六月六日、昨日とはうって変った良い天気のもと、八時に出発して、目的地ロドワーに向かって北上する。ポコットの中心の町カペングリアから道路が一番よいといわれる左手の道を行くが、この道は一〇キロほどの区間ウガンダ側に入りこんで行かなければならないので、両側のケニア―ウガンダ国境には検問所がある。ウガンダのビザは必要ないが、車のナンバーと運転手の署名を求められる。ウガンダに入って間もなく、アムダッドという小さな町を通り抜けたところで、トラックが何台も止まっており、大勢の人びとがたむろしていた。

きのうの大雨でこの先の川が増水していて渡河できないので、皆水の引くのを待っているのだった。エンジンや電気系統に水がかぶらないようファン・ベルトをはずし、荷台から濡れては困る荷物をとりだして天井に乗せかえて時間待ちをする。

午後六時になって、辛棒しきれなくなったレンジローバーが一台渡河を敢行する。案の定川の真中の一番深いところで、この車は動かなくなって立往生してしまった。対岸にいたランドクルーザーが

写真●4―74　ナイロビ大学アフリカ研究所を前に佐藤俊。ケニアでの人類学調査のためには、この研究所を通して大統領府から調査許可を得る必要がある。

ロープを出して引っぱりあげてくれた。このあとは、両岸で待機していたトラック一〇台ほどが一台ずつ交代交代に渡っていく。一台渡り終えるたびに岸辺で見ている人びとから一斉に拍手が起こる。ランドクルーザーが一台と四輪駆動を備えていないトラック三台が川の真中で立往生し、それぞれ対岸にいた車にロープで助けられる。何台もいたランドローバーは、私たちのも含めてすべて無事渡河に成功した。

流れは緩やかなように見えても、車を押し流そうとするので、流れに向かって斜めにハンドルを切りロー・ギアでエンジンをふかしながら、なんとか川を横切っていく。渡りきって対岸に着いたら、運転台の足元、後部荷台に入りこんでいた水がザアーとこぼれ落ちた。アフリカへ来るために運転免許をとってきたばかりの佐藤は「ヒヤー、こんなところ渡るんですか」と足元を水に浸けながら悲鳴にも近い声をあげていた。

荷物を積み直し、ファン・ベルトを元どおりにつけ直してロドワーに向かうが、到着は夜の一一時になってしまった。渡河待ちの岸辺で知りあった青年海外協力隊員として測量事業に従事している山縣俊雄君の家に泊めてもらって非常に助かった。

ロドワーはトゥルカナ・ランドの南部に位置する行政の中心地であるが、トゥルカナの人びとが牛、山羊の放牧を展開しているのはロドワーの北西部一帯、西はウガンダ国境、北はスーダン国境にまで至る広大な地域である。

翌日はロドワー周辺を散策したのち、トゥルカナ湖岸のファーガソン湾まで行ってロッジに宿泊する。湖の対岸がかすかに見えるが、ロイヤンガラーニは南へはるかに一〇〇キロほどいったところである。牧畜だけに頼って暮らすトゥルカナも、湖岸の住民だけは例外で、彼らは網を使って魚獲りをしている漁民であった。浜辺には彼らが獲ってきた魚がむしろの上に干されていて、これを内陸部の商店へ卸し売りして現金を得ている。

写真●4―75　測量している山縣俊雄。（写真提供：山縣俊雄）

帰りはロドワーより真南に走ってポコットの地を通り、バリンゴ湖を経由してナクルに出るコースを見ていく。ロドワーから一〇〇キロも南下すると、ポコット平原にさしかかる数十キロは無人地帯となっている。トゥルカナとポコットも敵どうしであるため、略奪戦争を防止するために緩衝地帯が設けられているのである。のちのことになるが、トゥルカナを伊谷さんと太田至君が、ポコットを丹野正君と私、それに栗田和明君が調査することになるのだが、それはまだ三年ほど先のことである。

（6）ビクトリア湖畔のキスムへ

六月一〇日、バリンゴ湖畔のカンピ・ヤ・サマキ（魚のキャンプの意）と称するロッジで英気を養い、翌日はナクルから西へ突っ走ってビクトリア湖畔のキスムまで行く。途中のケリチョーの丘陵地帯は広大な茶畑となっていて、紅茶の産地として有名である。

ビクトリア湖畔は湿度が高くマラリヤの流行地でもあるので、私たちは蚊に刺されないよう用心して吊られた蚊帳に覆われたベッドで一晩だけ過ごし、翌一二日には真っすぐナイロビまで戻ってサファリを終えた。

ナイロビに出てくると、じつにいろいろなことが待ちかまえている。大使館気付で届いた郵便物を受けとりアインスワース・ホテルに帰ってくると、ひょっこり富川盛道さんが現われる。タンザニアのダトーガに短期間調査に行かれた帰り道、飛行機の乗り継ぎのために寄られたという。しばし情報交換に忙しい。週明けの一六日月曜日大統領府に顔を出して、翌々日の一八日にようやく佐藤の調査許可証を手に入れる。これで彼も大手を振ってレンディーレの中で住みこみ調査ができる。

(7) ソマリの地からラム島へ

六月一九日より最後のサファリに出発する。今回は通いなれたケニア山の麓の道を通ってイシオロまで北上し、そこから東へ逸れてソマリア国境に向かって走ってみる。ケニア側ではワジーアがソマリ族の中心地の町であるが、延々と続く無人の砂漠地帯のなかに稀に集落があり人の気配がする。ソマリもラクダを主として遊牧しているが、彼らのテリトリーは広漠としているうえに、国境をまたがっており、治安もはなはだ悪いと聞く。彼らもラクダに移動性の住居を積んで移動するが、その積み方はレンディーレとは全く異っているので写真に収めておく。

途中で二泊キャンプしたが、道が悪くはかどらないため、ワジーアまで行くことはあきらめてガリッサに向け南下、そのままタナ川に沿って下っていき、インド洋に出ることにする。

河口より数十キロ手前のガルセンで左折して東に向かい、アラブ人が古くから住みついていて観光地としても有名なラム島を見学に行く。海岸のモコウエのロッジに投宿し、翌朝小舟でラム島に渡してもらって古都を見学する。

昼ごろの舟で陸地へ送ってもらい、モンバサまであと一時間ほどの、保養地として有名なマリンディの浜辺でゆっくりと静養して海の幸を堪能する。

一年間に及ぶ東・南・中央アフリカの旅はじつに多彩で実り多く、将来への予備的調査としても充実したものであったと考えている。

新婚早々で単身アフリカへ飛びこんできた佐藤俊君は、いよいよポンコツのランドローバーと共に一人残されるとなって淋しそうではあったが、もうしばらくレンディーレ・ランドの土地と人びとに馴染んだところで新妻の美枝子さんを呼び寄せ、二人仲むつまじく本格的調査をしてくれるものと期待しながら、七月一六日私は帰国の途についた。

写真●4—76、77　ソマリ(上)もレンディーレ(下)と同様、ラクダに移動性の住居を積む(第6章参照)が、その積み方は全く違う。

76

77

8　環境への適応と進化——チンパンジーとヒト

本章第三節で、チンパンジーの食するマメを、狩猟採集民ブッシュマンは食べるが農耕民は口にしないと書いた。ここには、人類進化における食性の問題に限らない、環境適応を考える糸口があるように思われた。そこで、ここでは節を設けて、生態人類学の立場から、ホミニゼーションの問題について考えてみたい。また第四章を終えるに当たって、生態人類学研究の到達点を概観することにもなろう。

西洋で発達してきた人類学においては、人間を他の動物ときり離して、つまり動物とは一線を画したものとして人間を取り扱おうとする傾向が強かった。動物の行動は本能に支配されており、それに対して人間の場合には文化をもち、そして文化をますます発達させることによって生得的本能が果たす役割を極小化し、本能にとらわれずに行動することが可能になったと考える。こうしたヒト中心の自然観はだいぶ変わってきたとは思うが、今でもそうした傾向があることは否めないだろう。とくに文化人類学、社会人類学の分野では、その傾向が明瞭だと思われる。

人間の行動が文化に規定されていて、本能に作用される部分がきわめて少ないことは事実だが、だからといって人間は生物学的な呪縛から完全に解放されており、また逆に、動物は一〇〇パーセント本能に支配されていて、文化の問題を考慮する必要がないのかというと、けっしてそういうわけではない。かつては人間に特有なものであると思われていた文化ないしは文化の萌芽を示唆する事実が、人間以外の動物にも見られることを、動物行動学や霊長類学は次々と明らかにしてきた。

他方、生態人類学は、狩猟採集民、農耕民、あるいは牧畜民と、文明に至る以前の人類の三つの生

写真●4—78　バウヒニア属の豆は、乾季のカラハリでの重要な食料となる。豆の鞘は炊事のための燃料にもなる。

活様式をもつさまざまな集団を扱いながら、それぞれの集団の多様な生活環境とのかかわり合いを追求し、人間の存在を、生活環境全体のなかに見据えてとらえ直そうとしてきた。とくに従来の人類学研究において欠落していた、全生活過程の記載と分析という、人間存在の基礎的な部分の洗い直しの作業を、まずはおこなってきたといってよい。

狩猟民、採集民、漁撈民については、彼らが単純な生計技術をもって、食物その他の必要物資を獲得している点をのぞけば、自然に対する働きかけは、ほとんどゼロに等しい。いうならば一〇〇パーセント自然に依存して生活しているといえ、そのような社会においては、人間と自然環境との相互関係は、最も明瞭な形でとらえることができる。農耕民や牧畜民の社会になると、人と自然との関係は、必ずしも一対一の対決あるいは自然への直接の対決ということではなくなり、そこには農作物なり、家畜動物なりといった生産物が介在する。そして多かれ少なかれ、その生産物を人工的にコントロールするということがおこなわれている。したがって、農耕や牧畜のような生産手段をもった人びとを研究する際にも、自然への依存度ができるだけ強い集団、すなわち技術が幼稚であるために、生産の人工的コントロールが弱かったり、生産性が低くて、狩猟、採集、漁撈といった、自然への依存度の強い補助手段に大きく依存しているような集団を研究対象としていくことが有効であったわけだ。そしていずれの場合においても、自給自足的であり、すなわち集団が閉鎖的とまではいえないにせよ、かなり自己完結的で、生活のサイクルが一つの系となっているようなものが、生態人類学の好適な対象となりえた。さまざまな民族集団が、多様な自然環境に適応しつつ生活する人びとの生きざまを通して、ヒトの生活様式の諸類型をとらえ、そうしたものの比較のなかから、ヒトの生物としての特性、さらには人間らしさの本質といったものを探ろうとしてきたといえる。

（1）狩猟採集社会が提起する問題

こうした共時的な側面と同時に、生態人類学は、その出発の時点から、この幅広い適応力をもった人間の、過去をも含めたすべての生活様式と社会のあり方を比較的にとらえ直そうという通時的な側面、すなわち進化史的な側面をも合わせもっていた。後者の視点は、狩猟採集民社会を扱う場合と、農耕や牧畜の生産手段をもった社会を扱う場合とで、人類進化史上の位置づけに大きな違いがある。すなわち人類進化史のより初期の段階を推測するときには、狩猟採集社会の資料が大きな重要性をもってくる。そして長足の進歩を示している霊長類学の成果が、この際に比較検討のための大きな足がかりとなることはいうまでもない。

植物食か動物食かといった食性の問題、狩猟と肉食、食物分配、男女間の分業、道具の製作と使用、家族の起源、バンドの構造、あるいはコミュニケーション・システムといった、人類の起源と直接かかわる多くの問題が、狩猟採集民の民族誌資料の検討のなかから論じることができるだろうと思う。

一方で、農耕や牧畜の歴史は、六〇〇万年ないし七〇〇万年にもおよぶといわれる人類の歴史から考えれば、その最後の部分のたかだか一万年かそこらのものである。人類はその歴史のじつに九九・八パーセント以上を狩猟採集民として生き続けてきたことになるわけだが、歴史の最後のわずか〇・二パーセントのところで発生した、食糧生産と消費における一大変革――つまり農耕の起源――が人類の社会的な発展に大きな役割を果たし、そして文明への序曲を奏でる契機となったわけだ。食糧の獲得と消費をめぐる社会関係、分業、職業分化、富の蓄積とその再分配、階層化、より複雑な、そして大規模な社会の編成といった問題が、こうした社会の研究から提起される。

本書で概観するように、京都大学を中心とした生態人類学の研究者は、主としてアフリカを舞台として、過去五〇年にわたって調査を続けてきた。活動の範囲は、南アフリカのボツワナ、ナミビア、

写真●4―79　チンパンジーの狩り。アカコロブスを狙うチンパンジーたち（撮影：座馬耕一郎）。

ザンビアから東アフリカのケニア、タンザニア、ウガンダ、エチオピア、スーダン。西のほうではザイール、コンゴ、トーゴ、カメルーンなどと、広範囲にわたっている。熱帯降雨林からサバンナ・ウッドランド、半砂漠、山地林までに住む、狩猟採集民、農耕民、牧畜民、漁撈民と、アフリカ大陸の主要な生活様式をほとんど網羅するにいたっている。

これらの研究のなかからは、「人間」概念の再検討のための多くの問題が種々提起されているが、ここでは主に狩猟採集社会が提起する人類進化史上の初期の問題について話を限定して、人類進化についての私なりの見通しを述べようと思う。

(2) チンパンジー社会の概観

■文化的・社会的行動の萌芽

すでによく知られているように、分子生物学的にヒト上科の系統関係を洗い直す研究は、現生人類とゴリラ、チンパンジー、チンパンジーとのDNAの差が一―二パーセントである、すなわち、同属の兄弟種間程度の差しかないことを明らかにしてきた。そして大型類人猿の野外研究は、それまでにヒトに特有のものだとみなされていた多くの行動型や能力が、萌芽的な形ではあるが、これら類人猿にもすでに認められるという事実を明らかにした。すなわち道具製作とその使用、協同狩猟と肉食、食物分配、性行動の社会行動化、発情期間の長期化、集団間のメスの移籍、身ぶり語などの人工言語、社会的操作能力、対等の原理に立った交渉能力、その他もろもろの文化的行動があげられると報告されている。

チンパンジー研究者は、多くの調査地において、チンパンジーが小型のレイヨウ類、サル類を捕獲してこれを食べる例を報告している[*文献86]（写真4―79、80）。チンパンジーにとっても、動物の肉はおいしいものとみえ、誰かが狩りに成功すると、他のものが寄ってきてベッギング（もの乞い）し、そして

写真●4―80　狩ったアカコロブスを食する（撮影：中村美知夫）。

文献86　Zamma 2002　西田　一九九四
文献212　西田　一九九四
文献207　中村　一九九七
文献132　加納　一九八六
文献225　古市　一九八八

乞われたほうもそれに応えて分配をする（写真4—81）。ベッギングと分配の行動は肉に限らず、たとえばサトウキビやある種の果実とかいった、おそらく彼らの味覚にとっておいしいと思われるもの、しかも量が限られている稀少価値のある食物に対して頻繁に観察されている。

　動物の狩猟に際しては、複数の個体が連携しあい、チームプレーによって獲物を捕える例が西田利貞によって報告されている。[*文献212] 協同狩猟に見られる複数個体間での連携プレーには、将来を見通す洞察力が必要だし、分配行動においては、価値あるものだから相手も欲しがっているのだということを知る、相手への思いやり、すなわち高度な情緒的能力が備わっていることがうかがわれる。

　チンパンジーは、棒をふりまわして威嚇したり、木の枝を使って背中をかいたりといった、さまざまな道具使用行動を示すが、最も有名になったのはシロアリ釣りであろう。特定の樹種の小枝を折りとると、葉をしごきとり、先端部をよく噛んで釣り竿を作ってから、これをシロアリの巣穴に突っこみ、シロアリが枝の先端に食いついたところを引きあげて食べる。この釣り竿を時にはかなりの期間、何キロメートルにもわたって持ち運ぶ例も観察されている（写真4—82）。また、石を使って硬いナッツを割る行動もしばしば観察される（写真4—83）。

　チンパンジーの社会行動上の顕著な特徴についても二、三紹介しておこう。写真4—84は、いままで互いに遠くにいた二頭が接近したときに、メスの方が優位なオスにパントグラントを発し挨拶しながら近づいてくるところである。普通パントグラントはオス同士が接近したときに劣位のオスが発することが多く、それから二頭は抱きあって挨拶を交わしあうのが通常である。しばらく会わなかった二頭が初めて出会ったときの戸惑い、あるいはそうした社会的緊張を、接触行動によって緩和しているのだが、こうした挨拶行動がチンパンジーでは非常に発達している。[*文献207] ピグミーチンパンジー（ボノボ）では、この種の行動はさらに発達している。この種では、本来性的な行動であった交尾やマウンティングが転用されて、さまざまな社会的場面に登場する。写真4—85は、メスどうしが生殖器をこ

写真●4—81　チンパンジーの肉の分配。狩ったアカコロブスの肉を持ったオトナオスのピム（画面左下）がオトナのメスのヴェラ（画面右上）に肉を分配している（撮影：座馬耕一郎）。

写真●4—82　チンパンジーのアリ釣り（撮影：座馬耕一郎）。

すり合わせる「性器こすり」と呼ばれるが、これはエサ場のような緊張関係の高い場面で調和をとり戻し、メスどうしが共存をはかっていくための工夫であると解釈されている。オスどうしでは、二頭が近づいていって、尻と尻を接触させる「尻つけ」という行動をとる[*文献132・225]（写真4―86）。

チンパンジーやピグミーチンパンジーの社会は、ニホンザルなどのように厳格な順位制によってまとまりのよい集団をつくっているのではなく、ややルーズで離合集散のはなはだしい構造をもつが、そうした社会では個体間の結びつきを維持していくため、多様な社会行動が生みだされているものと考えられているのだ。とくにニホンザルのような、いわゆる母系的な社会と異なり、メスが成長すると群れを離脱して、よその群れに移っていくチンパンジーやピグミーチンパンジーの社会では、血縁関係のない見知らぬメスどうしが集まってきて群れをつくるから、メスはとりわけこうした挨拶行動や宥和行動を頻繁におこなうことによって平和共存を図っていく必要がある。

■コミュニケーション能力の発達

高度な精神的能力を表わしているものとしては、弱いオスたちが連合して優位のオスに対抗する駆け引きなどが見られる。たとえば、一位と二位のオスが、それぞれ三位のオスを味方につけて地位を守ろうとするような行動である。また老齢のオスは、おそらく経験や知識を買われてのことだろうが、体力が衰えているにもかかわらず大事にされ、敬われているように見える。こうした老齢のオスを熱心にグルーミングして、自分の味方に引きこもうとする例があるのだ。こういった社会的操作という精神的能力の基盤は、相手の立場にたって考えたり、共感したりできる能力をもっているということにほかならない。

人間のみがもっているものとしては有節言語がある。類人猿やサルにはそれはないが、音声による伝達と身ぶりや態度などによるコミュニケーション手段は、チンパンジーはもちろんのこと、ニホン

写真●4―83　チンパンジーの道具使用のもう一つの例。チンパンジーは石を使ってナッツを割る（ギニアのボッソウで　撮影：松沢哲郎）。

写真●4―84　パントグラント（挨拶）をするメスのチンパンジー（撮影：中村美知夫）。

ザルにもすでに見られる。チンパンジーでは、こうしたサイン・ランゲージは相当発達していて、身ぶりや態度で嘘をつくことさえ観察される。自分はそんな食べ物になどに興味はありません、というようなふりをしておいて、他のものがいなくなってから、こっそりと独り占めをする、というようなことである。これはかなり将来を洞察した能力であるということができる。

西田は、大音響の雷鳴をともなう雨が降ったとき、チンパンジーのオスたちが威嚇音を発しながら走りまわったり、板根を叩いたりして騒ぐ「レイン・ダンス」について、これを一種のカミへの畏怖にも似たものと解釈している。カミかどうかということについては議論が必要だが、天地が荒れ狂い、自分の手の届かないところで何かが起こっていることについて、ある種の畏怖のようなものをもっていたとすると、まさにそれは宗教現象への第一歩かもしれない。

いずれにしてもチンパンジーの行動からわかることは、彼らは注意力、観察力、好奇心、個性といったものはもとより、かなり高度な記憶力、情緒、理性、さらには審美眼といったものまで持ち合わせているといってよいことになる。

しかし一方では、松沢哲郎たちの言語学習の実験などを見ても、チンパンジーの能力は人間の三歳児までが限度であるというような、きわめて明確な限界も認められる。有節言語をもつことにより、はじめて記憶力、シンボル化の能力、抽象能力、洞察力といったものを飛躍させることができたわけで、とくに洞察力により自己の死を自覚し、死の概念が形成され、さらには祖先崇拝や宗教といった問題にまで高まっていったのだろう。

(2) 狩猟採集民の生活様式

さて、大雑把にチンパンジーの研究からホミニゼーションの課題を見渡した上で、狩猟採集民の生

写真●4—85　エサ場など緊張の高い場面では、メス同士の性器こすりが頻繁に見られる（撮影：古市剛史）。

写真●4—86　オス同士では尻つけと呼ばれる行動が見られ、緊張緩和をはかる（撮影：古市剛史）。

態人類学的研究からどのような問題が提起できるか、次に考えてみよう。まず霊長類が熱帯地方の、しかも森林または森林に近いところに分布を限定していたのに比べると、ヒトは地球上のほとんどのところにまで分布を拡大させることができた。それでも一万年前に農業社会が成立する以前には、地球上の人口は一〇〇〇万人にすぎなかったといわれている。この時代は言うまでもなく全員が狩猟採集によって生活しており、高山や、非常に乾燥した砂漠地帯を除くすべての地域に住みつくようになった。農業革命と呼ばれる自然資源の人工的コントロールによって人類社会は急速に膨張し、一万年間に人口はじつに五〇〇倍にも増加していった。

表４—１　狩猟採集民の生計様式の緯度による分布

緯　度	G	H	F	合計
60°以上	—	6	2	8
50—59	—	1	9	10
40—49	4	3	5	12
30—39	9	—	—	9
20—29	7	—	1	8
10—19	5	—	1	6
0—9	4	1	—	5
合　計	29	11	18	58

G. H. F はそれぞれ、生計の基盤を、採集（貝類を含む）、狩猟、漁撈においている民族を表わす。

（Lee 1968 ＊文献31による）

現在では、狩猟採集民の数は激減し、多少ともまとまった民族集団として狩猟採集の生活を残しているものは三〇程度の民族にすぎない。しかもこれらはいずれも、多かれ少なかれ他の世界と接触を保ち、また現地政府の近代化政策のなかで、変容を余儀なくされている。いまではすっかり数も少なくなってしまったわけだが、それでも彼らの分布する環境は多岐にわたっている。そのこと自体が、言語を操り、大きな社会集団の編成を可能とし、さまざまな道具や火の使用といった文化装置を用いることによって、あらゆる環境に適応していった証拠といってもよい。

リチャード・リーは、世界各地に住む五八の狩猟採集民の民族誌の資料に基づいて、彼らがどんな食物に生活の基盤を置いているか、すなわち狩猟なのか、植物採集なのか、あるいは漁撈なのかを調べた。その結果、食物利用の形の分布は、緯度と高い相関をもっていることを発見した（表4―1）[*文献31]。北緯六〇度以上の寒冷地では、狩猟（H）に依存している民族が六に対して、漁撈（F）に依存している民族が二。採集（G）はまったくない。かろうじて海面での漁撈活動をおこなっているのが二民族ある。極北では植物がほとんど生えず、食糧となる植物がまったくないので、全面的に狩猟に依存せざるをえないわけだ。ここまで紹介したように、動物の狩猟は一般に効率が大変悪いが、氷原では不猟の際に備えて冷凍保存が可能になるという利点もある。

　五〇度から六〇度ぐらいの中高緯度地域においては、狩猟は一民族に減って、漁撈活動によって生活している人びとが九民族となる。さらに中緯度の地域、四〇度から五〇度というところでは、採集が四、狩猟が三、漁撈が五となり、つまりここでは、どんな方法でも食べられないことはない。アイヌの人びとなどもここに入る。そして四〇度以下、日本でいえば青森県より南では圧倒的に採集（二五）となり、狩猟はわずか一、漁撈が二ということになる。

　本書でも繰り返し示したように、熱帯域では、植物性食物への依存度が高い。とくにブッシュマンでは、全食事量の八〇パーセントが、植物性食物で成り立っている。ピグミーも七〇パーセントは植物だし、オーストラリアでも、またタンザニアのハッザの場合にも、やはり六〇パーセントから八〇パーセントが植物採集によってまかなわれているということが分かっている。

（3）ヒト化を促進させた原動力

ひとところヒト化の過程における狩猟仮説というものが非常にもてはやされた。つまり狩猟行動が発達した結果、肉食が常態となり、それとの対になって分配が発生し、そして男女間の分業が起こり、家族ができあがり、そして人間が人間らしくなっていったという議論である。また狩猟のための殺戮

文献31　Lee 1968

の道具が文化の発達を促進し、人間を人間たらしめていったという説だ。それに対する採集仮説においても、狩猟行動の重要性を否定するわけではない。

たしかに、肉はチンパンジーにとってもおいしいものだから、みんなでベッギングをする。多くの狩猟民、たとえばブッシュマンでも、肉こそがほんとうの食べ物だというふうに言う。実際には八〇パーセント近くが植物の食べ物でまかなわれながらも、食糧としての動物の肉にたいへん大きな価値をおいている。しかし実際に肉食をベースとしてヒト化が進行したのかという点になると、きわめて疑問だ。霊長類の、植物食に基盤をおきながら、たまには昆虫食をしたり肉食をしたりするという、基本的に雑食的な食性の延長上にヒト化が進んでいったとすれば、ヒトもその過程においては植物食を基本として進化していったはずである。そしてそのことはさまざまな熱帯地方の狩猟採集民のデータから裏づけられる。

西田は、サルやヒヒなどが植物の根を掘って食べることを報告しているが、地下の三〇センチも五〇センチも深いところにあるものは、とても手で掘ることはかれらには不可能であるという。これは掘り棒を用いることによってはじめて可能となるわけで、この掘り棒こそが道具の進歩のきっかけになったのであろう。そして食糧の少ないオープンランドへ出ていったときに、地中深くにある根茎を掘り棒によって入手し、安定食糧を確保することによってヒト化を完成させることができたのであろうと、西田は指摘している。*文献211

石や棒きれを投げたりするような行動はチンパンジーにも見られるが、掘り棒となると加工が必要であり、これが道具の製作にはじまる、より高度な文化の発達につながっていったのだと思われる。

実際には、木の棒から掘り棒を作ることを考えだしたのは、それほどむずかしいことではなかったろう。初めはごく偶然のきっかけから、折れた棒の先がとがっていたのが、うまく刺すのにも便利だということを発見したのだろう。やがてこの先端を鋭く尖らせれば槍のような武器になることを発見

文献
211　西田　一九七三

し、動物の狩りにも用いるようになったことだろう。

（4）集団の共存と統合の原理

伊谷純一郎は、霊長類の行動パターンを系統的に分析し、平等性と不平等性の起源について論じた。[*文献104] 伊谷は、単位集団を構成する霊長類の種社会が、集団を支える共存の原理として、平等性の原則に立っているものと、不平等性の原則に立っているものに分けられることに注目し、その生成発展の過程を系統進化史的に論じうることを発見したのである。単独生活を営む夜行性原猿類の社会は、平等・不平等発生以前の、伊谷の表現を借りれば要素的な種社会ということになる。この要素的な種社会を脱したばかりの単婚の種社会は対等の原則によって成り立っており、あえていえば原初的平等の原則による社会だ。単婚から脱却してより大きなサイズの集団を形成していった種社会は、この集団の共存と統合を図るために、不平等原則を確立していった。ニホンザルなど順位制社会に見られるこの不平等原則は自然的であり、かつ社会的な不平等であるがゆえに、伊谷はこれを先験的不平等と呼び、その堅牢な構造は母系的社会に根ざしているのだと主張している。

一方、狩猟採集社会では、職業その他の社会的分業が発達しておらず、社会は同質的な個人から成っていて、そのうえに貧富の差がなく、経済的にも平等だ。また必ずしもすべての社会に当てはまるわけではないが、狩猟採集社会には権威の集中する首長が存在せず、政治的にも平等な社会であるといえる。こうした狩猟採集民社会の平等性原則は霊長類における自然の不平等性の否定の上に成立したものであり、伊谷はこれを条件的平等と表現した。

条件的平等原則の達成のために、狩猟採集民は大きな努力をはらっている。獲物の所有権は射とめた者でなく、猟具の提供者に帰属するといったルールをつくることにより、肉の所有者を分散させる。

文献104　伊谷　一九八六

狩りに成功した人は表向きはけっしてその事実を誇示しない。食糧を分け与え、品物を貸し与え、持つものと持たざるものの差を最小限に抑えようとするなど、それはさまざまな場面にみられる。ものや権利や力の偏在を極力防いで、不平等の芽をつみとろうとする絶ゆまざる努力によって、まさに不平等原則の否定の上に狩猟採集民の平等主義社会は成立しているということができる。

食糧生産による余剰食糧の蓄積、土地の専有的使用や所有などにともなう貧富差の拡大や権力機構の発生は、それまでの平等主義社会が成立の基盤としていた「不平等原則の否定」というたがを否応なく取りはずすこととなった。すなわち社会的不平等原則に立つ階層社会へと自然発生的に導いていったものと考えられる。

ところで、霊長類の多くの種社会は先験的不平等原則に立つ社会を完成し、それにには母系的な原理が深くかかわっていたとのべたが、伊谷は、霊長類のなかでただ一つ、ショウジョウ科のみは母系的な系列にのらず、先験的不平等性を完成させる方向に進まなかったと指摘している。なかでもチンパンジーやピグミーチンパンジーのように数十頭もの大集団をつくる種社会においては、集団の共存と統合のシステムとして、条件的平等の原理を前面に掲げる必要があった。ベッギングと食物分配行動、挨拶行動や宥和行動にはじまる個体間の複雑な社会的交渉、対等原理に立った個体間の駆け引きなどはその顕著な例である。

このように、道具使用をはじめとする多くの文化的特徴に加えて、社会集団の統合と維持のメカニズムについても、パン属の社会のなかには、人間社会の形成機序を暗示するさらに多くの事実が含まれているように思う。何ゆえに条件的平等性の原則が、狩猟採集民社会において、これほどまでに厳密に貫徹される必要があったのかを再検討することによって、ヒト化の過程の復元と同時に、人間らしさの本質が明らかになってくるのではないか、と私は考えている。

写真●4―87　煮あがった肉を皆で分けあって食べ、鍋に残ったスープを順番にすする。

■アフリカ人類学百科　11

アフリカ狩猟採集民の比較生態学的研究

アフリカの熱帯付近で起源したことはほぼ間違いのない事実であると思われるが、その後のヒトの分布拡大にともなって、南北四〇度以上の高緯度地域に分布していったものは、貧弱な植生という絶対的な環境条件の制約に基づいて、従来、大きな比重を占めていた植物採集の生業活動を大幅に縮少し、狩猟もしくは漁撈の比率を増加させざるをえなかったのである。

このように、生計の基盤を狩猟や漁撈においている集団を、人類進化史上比較的後代になって現れた、寒冷地の植物性食物の乏しい環境に対する一種の特殊化として捉えると、狩猟採集段階の人類の生活を進化史的な観点から論じる際、われわれが取り上げなければならない対象は、おのずから世界の狩猟採集社会のほぼ半数を占める低緯度地域の諸民族ということになる。これらの諸民族は、生計の基盤を植物採集においているという

狩猟採集民に関する研究は、かつて、「狩猟民」と呼ばれてきた地球上のさまざまな環境に住む人間集団のうち、およそ半数が生計の基盤を植物採集においている事実を明らかにした。しかも、採集以外の生計様式、つまり狩猟や漁撈に生活の基盤をおく民族は、イヌイット（エスキモー）や極北インディアン、東北アジアのユカギール、ギリヤーク、南米のオナ、ヤーガンなど、高緯度地域に分布しているものに限られている（＊文献31・65・189）。

熱帯や暖温帯から遠ざかり寒冷気候の南北両極に近づくにつれて、植物は減少するので、極地に近づくほど、狩猟や漁撈の生計様式が強調されるのは当然のことである。古霊長類や初期人類の化石の出土状況、現生霊長類の分布など、人類学や考古学が明らかにしえた現在までの知識からいって、ヒトの祖先が

点からいって、狩猟採集民というよりはむしろ「採集狩猟民」と呼ぶのが妥当かもしれない。

アフリカには、現在もなお、あるいはごく最近まで、固有の伝統的な採集狩猟生活をよく保持し続けてきた民族がいくつか見られる。これら狩猟採集民の生計様式についての、私やウッドバーン、リー、原子令三、丹野正、市川光雄、寺嶋秀明らの指摘によれば、アフリカに現存する狩猟採集民たち、イトゥリ森林のピグミー、タンザニアのハッザ、ケニアのドロボ、そしてカラハリ砂漠の北・中・南部ブッシュマンたちは、いずれも六〇~八〇%という高率で採集に生計の基盤をおいている（＊文献15・31・34・65・67・106・108・189・196・197）。こうした事実から考えると、更新生の時代と現在の自然環境のちがいを考慮にいれても、古代アフリカの住人たちが狩猟を生計様式としていたとは想像することができないのである（＊文献65・189）。このように、低緯度地域の狩猟採集民が基本的に植物採集に依存する「採集民」であることが明らかとなり、ヒト化の過程が採集を基盤として進行していったことがわかる。しかし、リーも指摘するとおり（＊文献31）、「採集民」といえども、彼らが食物のうち少なくとも二〇%を哺乳類の狩猟によって得ていることもまた事実であり、狩猟採集経済における狩猟の重要性を無視することはできない。ヒト化の過程において、狩猟が果たした役割は、哺乳動物の狩猟が量的に初期人類の生計の中で重要性をもっていたというよりも、むしろ、「おいしい肉」の魅力が、たまさかの偶然的な狩猟から、その習慣化をうながしていったという意味において、つまり、生計様式における質的転換をもたらしたという点でより重要な意味あいをもっていたと思われる。

ここでは、乾燥地のブッシュマンに対比するかたちで、湿潤森林の住民ムブティ・ピグミーを取り上げ、両者の比較生態学的考察をおこないアフリカの狩猟採集民の生活構造を明らかにしたうえで、人類進化史上における生計様式、とくに狩猟の意味を考察する。

▼1　生息環境

アフリカの植生図を概観すると（一九九頁　図1参照）、赤道付近は、西海岸部から大陸のなかばにいたるまで、広大な熱帯降雨林がひろがっている。コンゴ川とその支流の全流域からなる、いわゆるコンゴ・ベーズンである。一方、南北両回帰線付近では、やはり西海岸部より乾燥地域がひろがっており、北ではサハラ砂漠、南ではナミーブ、カラハリの両砂漠を形成している。熱帯降雨林と砂漠の中間部には広く乾燥サバンナ地域が横たわっている。

アフリカ大陸全体を大雑把に平面的な三つの類型、すなわち、熱帯降雨林、乾燥サバンナ、砂漠に分類したが、乾湿の度合からいうと、コンゴ・ベーズンの下流域がもっとも湿潤で林相も豊富であり、東、北、南の方向に遠ざかるにしたがって徐々に乾燥の度を増し、疎開林、サバンナ、半砂漠へと植物景観の推移が見られる。さらに詳しく見れば、高度や水系、海岸線など地形的な条件により、山地林その他の局部的な常緑樹林が構成されるなど、モザイク状の植生分布が見られるし、大陸の南北両端はともに緯度三五度ぐらいで、温暖な地中海性叢林帯となっている。まずはこのようなアフリカの植生分布のなかに、ガナ・ブッシュマンとムブティ・ピグミーの生息地を位置づけてみよう。

ガナの生息地については、本書で繰り返し述べたように、ちょうど南回帰線上の砂漠からサバンナへの推移帯に位置する高度約一一〇〇メートルの内陸高原となっており、植物景観からいって次の三つの地域によってなりたっている。重複を怖れず再確認すれば、

（1）イネ科の草木が主体となり、灌木性の *Grewia*、*Terminalia*、*Lonchocarpus*、*Boscia*、*Commiphora* などが混在した Open scrub plain。

（2）*Acacia*、*Albizia* などミモザ亜科を主体とした喬木がまばらにまじる Acacia woodland。

（3）*Bauhinia* および *Tylosema* に属する二種の植物が、それぞれの群落をつくる、いわゆる、Caesalpiniaceae plain。

これらの、ジャケツイバラ亜科（Caesalpiniaceae）に属する二種は、それぞれ *Bauhinia petersiana*（灌木性）と *Tylosema esculentum*（蔓性）であり、ジャケツイバラ亜科の植物のなかではもっとも乾燥型のものである。

上記三つの植生帯が、交互に連続してカラハリの景観を形づくっているが、面積的にもっとも大きな部分を占めるのは open scrub plain である。つまり、降雨量は年間平均四〇〇ミリメートルときわめて少なく、アフリカの植生の三類型からいえば、乾燥サバンナの辺縁部、砂漠への移行帯に位置するということができる。

一方、ムブティの生息地は、赤道直下で、コンゴ・ベーズンの東縁、源頭部に位置し、イトゥリ川流域のイトゥリ森林と呼ばれる地域である。高度は六〇〇メートル～一〇〇〇メートルでおよそ一万平方キロメートルの面積をカバーする。伊谷純一郎らによれば、イトゥリ森林はジャケツイバラ亜科に属する三つの常緑性の樹種がそれぞれ優占種となる三つのタイプの極相林からなる。すなわち、東北の上流部は *Cynometra alexan-*

表1　アフリカにおける植生帯と類人猿および狩猟採集民のすみ場所

		Caesalpiniaceae 帯		非 Caesalpiniaceae 帯		
		常緑性	落葉性	山地林	湿性林	ミモザ・サバンナ
類人猿	マウンテンゴリラ			+		
	ローランドゴリラ				+	
	チンパンジー	+	+			
	ピグミーチンパンジー	+				
ヒト	ブッシュマン(G//ana, !Kung)		+			+
	ムブティ	+				
	トゥワ			+		
	ハッザ					+
	ドロボ					+
	イク					+

dri の森、南西の下流部は *Gilbertiodendron dewevri* の森、そして両者の中間域では *Brachystegia laurentii* の森となっている（＊文献15・67・101・106）。

伊谷は、コンゴ森林中のジャケツイバラ亜科の極相林がいずれも熱帯降雨林と呼ぶには乾燥した森林で、林床は下生えが少なく歩きやすい事実、アフリカの類人猿の中で、山地林と湿性林に生息地を限定して特殊化の道をたどったゴリラは別として、チンパンジーがジャケツイバラ亜科のゾーンに広く分布している事実、そしてこの亜科に属する植物はすべてタンパク質と脂肪に富んだ高カロリーの堅果を多量につけ、それらの堅果がヒトをも含んだ霊長類、齧歯類、偶蹄類などにとって重要な食物になっており、したがって、この植生帯は豊富な哺乳動物相を包みこんでいる事実等に注目し、熱帯降雨林、疎開林、サバンナ、砂漠といった、従来のアフリカの植物景観による区分に疑問を抱いて、むしろ、Anthropoidea の生息環境という点を考慮にいれた Caesalpiniaceae 帯と非 Caesalpiniaceae 帯という分類をおこなうほうが、人類進化史的な考察にとっては有効であるという指摘をおこなった（＊文献101　表1参照）。

その考え方の上にたつと、イトゥリ森林は、コンゴ・ベーズンの熱帯降雨林の東端にあたり、それより東の落葉性乾燥疎開林、サバンナへと続く推移帯として位置づけることができる

（＊文献106）。ガナの生活圏も、このような観点から見れば、落葉性Caesalpiniaceaeのなかでもとくに乾燥型に属する*Bauhinia*、*Tylosema*の群落が、アカシア・サバンナに混在していると捉えることができ、一方のムブティがCaesalpiniaceae帯における湿潤の極に生活するのに対して、ガナはCaesalpiniaceae帯の乾燥の極に生活していると対置させることが可能である。

▼2　物質文化

狩猟採集民の社会は、一般に小規模で部族的統合を欠いており、遊動的な居住集団を単位として生活するものが多い。このような居住集団は柔軟な構造をもっていて、一定の範囲内において居住集団間のメンバーシップの交流がひんぱんにおこなわれるのが普通である。そうした小規模社会においては、内部構造としての社会諸組織も未発達である場合が多いし、また、文化的な諸面についても概して未発達だといってよい。もちろん、イデオロギー、宗教、芸術といったように、さまざまな社会において、それぞれに特徴的な発達を示し、相互の比較が困難な要素も数多い。しかし、反面、たとえば物質文化などのように、明らかに技術が幼稚でかつ貧弱であると指摘しうるものもある。ここでは、物質文化を、とくに採集と狩猟の生計活動との関連において取り上げ比較したい。

狩猟採集民の社会は生息地の自然環境に直接対峙し、言いかえれば自然に一〇〇％支配されると同時に、また依存しているということができる。彼らの生存に対する基本的な態度は、自然資源への絶対的な信頼によって成り立っているといえる。人為的な自然への働きかけは最小限度にとどめ、自然そのもののなかで「手から口へ」の経済生活を送っている事実から考えて、総体に彼らの物質文化が貧弱なのは容易に理解することができる。さらに、狩猟採集民の物質文化の発達を妨げる要因として、これらの社会のほとんどのものが、その狩猟採集経済の基盤をひんぱんな居住地の移動を前提として成り立たせている事実をあげることができる（＊文献65・189）。ボートや犬ぞりのような輸送手段をもち、精巧な道具類を発達させているイヌイットなどは例外的な存在で、ふつう、遊動的狩猟採集民にとっての輸送手段は人力によるだけであり、したがって、彼らの所有しうる家財道具は一度に背負って運搬できる量にかぎられている（＊文献55）。

表2は、ガナ・ブッシュマンがもつ物質文化の一覧表であるが、その総点数はわずか78点である。しかも、装飾品、楽器、遊具といった、直接には生計維持にかかわらない、いわゆる不

表2　ガナ・ブッシュマンの物質文化

品目	原料	カテゴリー				備考
		animal	plant	stone	metal	
I　生計用具						
a　狩猟						
1　弓	*Grewia flava* の幹＋大型カモシカの腱	＋	＋			
2　矢	草＋鉄		＋		＋	
3　槍	*Grewia flava* 等の幹＋鉄		＋		＋	
4　毒	*Diamphidia simplex* の幼虫	＋				
5　罠I	*Sansevieria scabrifolia* の繊維		＋			
6　罠II	鉄				＋	
7　スプリングヘアー用釣竿	*Grewia flava* の幹＋スティーンボックの角	＋	＋			
8　棍棒	灌木の幹・根部		＋			
b　採集						
9　掘り棒	*Rhigozum brevispinosum* の幹		＋			
10　水飲み用ストロー	イネ科植物の茎		＋			
c　運搬具						
11　矢筒	*Acacia luederitzi* の根		＋			
12　小物入れ筒	*Acacia luederitzi* の根		＋			
13　狩猟具入れ	スティーンボックの皮	＋				
14　皮フロシキ	ゲムスボック等の皮	＋				
15　肉運搬用ネット	大型レイヨウの腱	＋				
16　小物入れ袋	スティーンボックの皮	＋				
17　採集用袋	スティーンボックの皮	＋				
18　貯蔵用袋	スティーンボックの皮	＋				
19　水筒	ダチョウの卵	＋				
d　料理						
20　火起こし棒	*Catophractes alexandri* の幹		＋			
21　火打石	石＋鉄			＋	＋	
22　火くち	キノコ		＋			
23　鍋	鉄				＋	
24　ボール	鉄				＋	
25　コップ	鉄				＋	
26　スプーンI	鉄				＋	
27　スプーンII	木製		＋			
28　スプーンIII	亀甲	＋				
29　火かき棒	*Boscia albitrunca* の幹		＋			
30　羽根扇	アフリカオオノガンの羽根	＋				
31　砂ふるい	イネ科植物の茎		＋			
32　臼	*Ochna pulchra* の幹		＋			
33　杵	幹		＋			
34　メロン割りI	ゲムスボックの角	＋				
35　メロン割りII	ダチョウの脛骨	＋				
36　肉つき棒	ゲムスボックの角＋鉄	＋			＋	
37　かくはん棒	灌木の枝		＋			
38　豆割りI	小枝		＋	＋		
39　豆割りII	石				＋	
40　パイプ	缶詰空缶					
e　製作用具その他						
41　ナイフ	鉄				＋	
42　斧	鉄				＋	
43　ナイフの鞘	皮	＋				
44　ロープI	*Sansevieria scabrifolia* の繊維		＋			
45　ロープII	エランドの皮革	＋				
46　毛皮干し用木釘	小枝		＋			
47　皮なめし用スクレーパーI	ダイカー、スティーンボックの頭骨	＋				
48　皮なめし用スクレーパーII	ダチョウの大腿骨	＋			＋	
49　皮なめし用スクレーパーIII	鉄					
50　パイプ製作用型	ゲムスボックの角	＋				
51　矢毒調合用皿	キリンの肩甲骨	＋				
52　砥石	石			＋		
II　住居						
53　家屋	アカシアの幹等＋イネ科の草		＋			

Ⅲ　衣料、装飾品							
54	ふんどし	スティーンボックの皮	+				
55	肩かけ	ゲムスボック等の皮	+				
56	女性用エプロン	スティーンボックの皮	+				
57	女性用スカート	スティーンボックの皮	+				
58	帽子	キツネ、ジャッカル、ネコ等の毛皮	+				
59	草履	エランドの皮	+				
60	ヘッド・バンド	ダチョウの卵殻	+				ビーズでも代用
61	腰バンド	ダチョウの卵殻	+				ビーズでも代用
62	首飾り	ダチョウの卵殻	+				ビーズでも代用
63	髪飾り	ダチョウの卵殻	+				ビーズでも代用
64	薬、化粧品入れⅠ	リクガメの甲羅	+				ビーズでも代用
65	薬、化粧品入れⅡ	*Strychnos cocculoides* の果実の殻		+			
66	足輪	キリンの尾	+				
67	腕輪	ダチョウの卵殻	+				ビーズでも代用
68	耳飾り	鉄				+	
Ⅳ　楽器、遊具							
69	弓Ⅰ	*Grewia flava* の幹＋針金		+		+	
70	弓Ⅱ	*Grewia flava* の幹＋腱	+	+			
71	指ピアノ	木版＋鉄		+		+	
72	ヴァイオリン	木の幹＋針金、キリンの尾	+	+		+	
73	ギター	木の幹＋針＋空缶		+		+	
74	羽根	小枝＋ホロホロチョウの羽根	+	+			振りまわして音をだす
75	羽根つき	小枝＋ホロホロチョウの羽根	+	+			
76	投げ棒	*Grewia flava* の幹	+	+			
77	ダンス用ラットル	蛾のまゆ＋ダチョウ卵殻の破片	+				
78	玩具の弓	*Grewia flava* の幹＋腱	+	+			

急の品は、ほんの一部の人が作って所有しているにすぎず、居住集団内で共用されるものが多い。採集狩猟用具としてもっとも重要な品物でさえ、これを所持しない者も多く、たとえば槍やナイフのような基本的な道具でさえひんぱんに貸し借りされる。家屋はもちろんのこと、たいして加工の必要のない棒切れや草の茎などは、必要に応じてその場で調達されることが多い。太い木の幹をくり抜いた臼などは重いので、ひとつの居住集団で一家族か二家族がもっているにすぎない。臼、杵、肉つき棒、火かき棒、かくはん棒といった料理用具は、とくに自由に居住集団内で共用される。

表3は、丹野によって作製されたムブティ・ピグミーの物質文化一覧表である（＊文献196）が、ここでも、その総点数は八三点とガナに比べて大差なく、しかも多くのものが共用され、さらに必要に応じて即席に作られ、移動の際にはうち捨てられていく、簡単な道具の現地調達方式によるものが多い点など、非常に似かよった特徴をもっていることがわかる。

狩猟採集民の物質文化は、このように最少限度の量に抑えられるべく工夫がこらされているが、これは前にも述べたように、狩猟採集の生計様式が本質的に、自然そのものの枠内で成立し、自然の素材に多くの加工を施さない性格のものだからである。

たとえば農耕、牧畜に伴う諸技術の発達をも要求しなかったし、

表3　ムブティの物質文化

No.	品目	材料 数字は植物の分類番号 植物名は表の末尾に示す	材料のカテゴリー 動物	植物	粘土、石	鉄	備考
A	製作用具						
1	ナイフ	鉄＋122、120の枝		＋		＋	
2	山刀Ｉ	鉄＋122、120、8の枝＋199の樹脂		＋		＋	刃は村人の使い古しを得る
3	山刀II	鋼鉄＋木の柄（作り付け）				＋	刃は村人の使い古しを得る
4	斧（および手斧）	鉄＋97、117、118、238の枝＋158、82製の紐		＋		＋	刃は村人の使い古しを得る
5	砥石	単なる石			＋		その場で拾って使い、用が済めば捨てる
6	接着剤	199の樹脂		＋			山刀の刃ややじりを柄や矢軸に固定するため
7	紐Ｉ（撚り紐）	82（*Manniophyton fulvum*）の靭皮繊維		＋			
8	紐II	181、185の茎；158、159などの木性蔓		＋			必要に応じてその場で調達
9	ロープ	156～159その他の木性蔓		＋			同上；kumo（Ficus の木性蔓）も用いる
10	矢毒作り用の臼	倒木の幹		＋			その場で作り、使い捨て
11	矢毒用の汁しぼり籠	181の茎の表皮		＋			その場で作り、使い捨て
12	樹皮布用槌Ｉ	象牙	＋				
13	樹皮布用槌II	144の幹		＋			
B	狩猟用具						
14	弓　弧	72、142、119、209の枝		＋			
	弓　弦	156、157の蔓性ヤシの表層		＋			
	弓　飾り	サル（*Cercopithecus* spp.）の尾の毛皮	＋				必ずしも用いられない
15	矢Ｉ（sua）	161、A-23の小葉の中肋；122、77の枝		＋			
16	矢II（mutali）	161、A-23の小葉の中肋＋矢毒		＋			
17	矢III（appi）	161、A-23、122、77＋鉄の鏃		＋		＋	
	（矢羽）	35、102、113の葉		＋			
18	矢筒	ダイカー（*Cephalophus* spp.）の毛皮＋紐Ｉ、II	＋	＋			飾装品的で稀にしか用いられない
19	手首当て	サルの皮＋紐Ｉ、II	＋	＋			飾装品的で稀にしか用いられない
20	槍	鉄＋91、72、142、119、97の木＋紐Ｉ		＋		＋	
21	槍鞘	158の蔓を裂いた平紐		＋			飾装品的で稀にしか用いられない
22	網	82の靭皮繊雄（紐Ｉ）、（＋194の種子）		＋			アーチャーはこれを持たない
23	犬用木鈴	99、124の幹＋111の枝＋紐Ｉ		＋			
24	矢毒	134および49、54、etc.の樹皮液		＋			
25	魚とり用毒	55の果実または62、81、etc.の樹皮		＋			
26	狩猟用呪薬	ダイカーの角＋種々の動植物	＋	＋			特殊な知識を有する者が調製する
27	目印（ekombi）	180（*Ataenidia conferta*）の葉		＋			その場で即製する
C	採集および運搬用具						
28	掘り棒	低木の幹		＋			即製し、使い捨て
29	背負い籠	158の蔓または181の茎の表皮		＋			
30	運搬用ヘッドバンド	47、48、50、94、109の樹皮；181、185の茎		＋			その場で即製する
31	手籠	158の蔓＋紐Ｉ		＋			必須ではない
32	蜂蜜容器Ｉ	紐II＋185、180の葉		＋			その場で即製する
33	蜂蜜容器II	50の樹皮＋99、124の木片		＋			Ｉのように一般的ではない
34	赤ん坊運搬用帯	ダイカーの毛皮	＋				今日では布で代用
35	丸木船	27、124、84、99の幹		＋			
36	棹	97、117、118、etc.の幹		＋			
D	居住設備						
37	小屋	低木の幹＋185または162の葉		＋			
38	マットＩ	180の葉		＋			数日しか使用に耐えない
39	マットII	181の茎の表皮		＋			
40	ベッド	紐木＋紐II		＋			必須ではない
41	いす	紐木＋紐II		＋			必要に応じて即製する
42	ベンチ	いくつもに枝分かれした木		＋			ベース・キャンプでしばしば見られる
43	ほうき	灌木の枝		＋			即製し、使い捨て
44	たいまつＩ	40の幹を裂いたもの、181の枯れた茎		＋			
45	たいまつII	73、（199）の樹脂＋180、185の葉		＋			
E	料理用具						
46	鍋Ｉ	粘土			＋		村人が製作
47	鍋II	鉄				＋	交易品、村人の使い古し
48	へら	105の枝または幹		＋			
49	皿Ｉ	リクガメの甲羅	＋				ときおり利用する
50	皿II	鉄（ほうろう引き）				＋	交易品
51	スプーンＩ	淡水棲貝の貝殻	＋				ときおり利用する

52	スプーンII	鉄（ステンレス）				＋	交易品
53	コップI	ヒョウタン（A-14）、カボチャ（A-15）		＋			村人から入手する
54	コップII	鉄（ほうろう引き）				＋	交易品
55	臼	90の幹		＋			
56	杵	91、144の幹		＋			
57	食物包み	180、185の葉		＋			食物を包み、運び、蒸し焼きするのに多用
				＋			
58	燻製棚	細い木の幹＋紐II		＋	＋		肉塊を180、185の葉で覆う
59	パイプ	粘土製の頭＋152、A-20の茎					パイプの頭は村人が焼製
F	衣類と装身具						
60	ふんどし	8、12～26、221～223の樹皮		＋			
61	樹皮布用染料	10、38、45、60、61、89、129、etc.の汁		＋			その場で採取して用いる
62	腰紐	82、(109、208）の靭皮繊維		＋			
63	腰帯	A-23の葉の繊維＋181の茎の表皮		＋			
64	ネックレスI	A-16の種子＋紐I		＋			
65	ネックレスII	切り裂いた毛皮	＋				
66	櫛	144の木片		＋			
67	化粧用油	70、106、203、204、A-22の種子		＋			その場で採取して用いる
68	顔料	147の種子、89の葉汁、61の木片		＋			その場で採取して用いる
69	錢（破片）	ガラス			＋		交易品、村人から入手
G	楽器とダンス用装身具						
70	太鼓	ダイカーの毛皮＋99、124の幹	＋	＋			村人が製作
71	拍子木（banja）	75の枝		＋			
72	竹笛（luma）	A-20の枝、152、153の茎		＋			
73	指ピアノ	鉄片＋99、124の木片		＋		＋	
74	角笛	象牙、ボンゴの角	＋				Molimo儀礼で用いる
75	打楽器（makata）	75の幹		＋			割礼の際に作り、用いる
76	ダンス用鈴	鉄＋ダイカーの毛皮	＋			＋	村人から入手
77	籠状帽子	158の蔓、181の茎の表皮＋鳥の羽根	＋	＋			
78	毛皮帽子	ジャコウネコの毛皮	＋				
79	腰みの	A-23の葉の繊維＋紐I		＋			少女が入社式の際に用いる
H	その他						
80	サンドペーパー	11の葉		＋			
81	たわし	94の枯れた果実		＋			
82	ストロー	152の茎		＋			
83	ハエ叩き	パピルス（155）の穂		＋			

No.	学名
8	*Antiaris welwitschii* Engl.
10	*Chorophora exceisa* (Welw.) Benth.
12	*Ficus leprieuri* Miq.
13	*F. lukanda* Welw. ex Ficalho
14	*F. lukanda* Welw. ex Ficalho
15	*F. mukuso* Weiw. ex Ficalho
16	*F. ottoniifolia* Miq.
17	*F. preussii* Warb.
18	*F. rubropunctata* De Wild.
19	*F. rupicola* Lebrun & Toussaint
20	*F. rupicola* Lebrun & Toussaint
21	*F. sub-acuminata* (De Wild.) Lebrun
22	*F. vallis-choudae* Del.
23	*F.* sp.
24	*F.* sp.
25	*F.* sp.
26	*F.* sp.
27	*Musanga cecropioides* R. Br.
35	*Penianthus longifolius* Miers
38	*Isolona congolona* (D. Wildie Th. Dur.) Engl.
40	*Polyalthia suaveolens* Engi. & Diels
45	*Agelaea leserauwaetii* De Wild.
47	*Brachystegia laurentill* (De Wild.) J. Louis
48	*Cynometra alexandri* C. H, Wright
49	*Erythrophleum guineense* G. Don
50	*Gilbertiodendron dewevrei* (De Wild.) J. Leonard
54	*Piptadeniastrum africanum* (Hook. f.) Brenan
55	*Tetrapleura tetraptera* (Schum. & Thonn.) Taub.
60	*Mucuna flagellipes* T. Vogel ex Hook. f.
61	*Pterocarpus soyauxii* Taub.
62	*Tephrosia vogelii* Hook, f
70	*Fagara dinklagei* Engl.

No.	学名
94	*Desplatzia dewevrei* (De Wild. & Th. Dur.) Burret
97	*C. sciaphila* Louis ex R. Germ.
99	*Pterygota bequaertil* De Wild.
102	*Garcinia ovalifolia* Oliv.
105	*R. oblongifolia* (C. H. Wright) Marquand ex Chipp
106	*Caloncoba glauca* (P. Beuav.) Gilg
109	*Dicranolepis disticha* Planch.
111	*Memecylon membranifolium* Hook. f.
113	*Bequaertiodendron longipedicellata* De Wild.
117	*D. boala* De Wild.
118	*D. deltoidea* F. White
119	*D.* sp.
120	*Jasminum pauciflorum* Benth.
122	*Strychnos longicaudata* Gilg
124	*Alslonia boonei* De Wild.
129	*Landolphia jumellei* (Pierre ex Jum.) M.Pichon
134	*Parquetina nigrescens* (Afzel.) Bullock
142	*Aidia micrantha* (K. Sch.) F. White
144	*lxora odorata* Hook. f.
147	*Rothmannia whitfieldii* (Lindl.) Dandy
152	*Otyra latifolia* L.
153	*Pennisetum purpureum* Schumach.
155	*Cyperus papyrus* L.
156	*Ancistrophyllum secundiflorum* (P Beauv.) Wendl.
157	*A.* sp.
158	*Eremospatha haulleviileana* De Wild.
159	*E. yangambiensis* Louis & Mill.
160	*Phoenix reclinata* Tacq.
161	*Raphia* sp.
162	*Sclerosperma mannii*・Wendl.
180	*Ataenidia confetta* (Benth.) Milne-Redh.
181	*Marantochloa congensis* (K. Schum.) J.Leon. & Mull.

72　*Vepris louisii* G. Gilbert
73　*Canarium schweinfurthii* Engl.
75　*Trichilia rubescens* Oliv.
77　*Acalypha nepunica* Mull. Arg.
81　*Elacophorbia drupifera* (Thonn.) Stapf.
82　*Manniophyton fulvum* Mull. Arg.
84　*Ricinodenndron heudelotii* (Baill.) Pierre ex Pax
89　*Simirestis welwitschii Halle*
90　*Deinbollia laurentii* De Wild.
91　*Pancovia harmsiana* Gilg
185　*Thaumatococcus daniellii* (Benn.) Benth.
199　(high tree)
203　(high tree)
204　(tree)
208　(shrub)
209　(tree)
221　(high tree)
222　(high tree)
223　(high tree)
238　dukebukakulu（方名）

そもそも多くの複雑な物質文化を必要としないからにほかならない。しかも移動という生活条件に制約され、物質文化の総量にはおのずと制限が加えられている。このような諸要因の総和として彼らの物質文化の大枠が規定されているが、これはブッシュマンやピグミーにかぎらず、ほとんどの狩猟採集民社会に共通して見られる特徴である。

ガナの生活様式が、おおむね、旧石器時代と変わらない野生動植物の狩猟と採集によっているにもかかわらず、表2からわかるように彼らの使用する石器は火打ち石、豆割り、砥石の三点だけである。これは、現在のガナの生息域内に岩石がないという絶対的な条件によるものであって、これら三種の石製道具も遠隔地から導入されたものを長期間にわたって使用しているにすぎない。かつては精力的に描かれた岩壁画や刻画が、カラハリの周辺部の丘陵地に遺されているが、岩石のまったく見られないカラハリに住みついた者たちは、その伝統を完全に失ってしまっており、現在のブッシュマン文化からは、岩石を素材としたものはほとんど姿を消している。矢尻や鉤やスクレーパーは骨、歯、角で作られるし、先にあげた三種の石器でさえ、火は火起こし棒で苦労なく作られ、豆を割るには手近の棒切れを使用することができ、砥石がわりには、棒切れに砂をふりかけて、その上でナイフや槍の穂先を尖らせることができる。彼らも以前には石製のナイフや槍の穂先や斧を遠方から運んできて使用していたのであろうが、外来文化である金属器が導入されるようになって以来、石の利用はほとんどなくなったと考えられる。

さて、ガナの物質文化を、森林の住民ムブティと比較した場合、そのもっとも顕著な差異は、ムブティの物質文化が、圧倒的に植物性の原料によって作られる（約八三パーセント）のに対して、ガナでは動物性のものを原料としているものが約五〇パーセントにも達することである。ガナの場合には、スティーンボックの毛皮をなめして衣類や袋にし、ゲムスボックなど大型羚羊の毛皮を寝具、運搬具にするなど、なめし皮の利用が顕著である。骨、歯、角を利用した道具が多く使われるが、これは石器がほとんど利用できない事実と決して無関係ではない。とくに、ダチョウの卵やリクガメの甲羅は容器として重宝される。

動物性の材料を用いたもののうちでも、とくに毛皮の利用は乾燥地帯において有用であり、湿潤な森林中では保存が困難であるため利用されにくい。原子令三や丹野正によれば、ムブティでは、毛皮は太鼓の皮、矢筒、弓の飾り、手首当て、ネックレス、帽子等に利用されるにすぎない（原子　私信、＊文献196）。ムブティにおいて、その他動物に由来する物質文化は、樹皮をうすくのばして布にするための叩き棒として象牙が用いられること、象牙やボンゴの角が笛に使われること、リクガメの甲羅や淡水棲貝が容器に用いられること、ダイカーの角が呪薬として用いられることなど、少数例があるくらいで、しかもそれらは、装飾品、楽器等、生存にとって基本的に重要なものでない場合が多く、そうでなければ容易に植物製品で代替できるものである（＊文献196）。

ムブティの物質文化の大部分が、分布がより均一で多量にあり、入手が容易な植物を原料としていることと関連し、彼らの物質文化はガナに比べると、なお一段と即製で使い捨ての度合が高いものだと結論することができる。そこで、丹野は、「極論すれば、森林の住民であるムブティは、ナイフ、山刀、斧といった製作用具さえあれば、必要な物質文化のすべてを容易に調達することができるといえよう」とさえ指摘している（＊文献196、p. 107）。

ガナとムブティの物質文化を、こうして比較的に眺めると、移動を伴う狩猟採集という共通の生計様式に基づいた類似性（一概に単純で数量ともに少ない点、家屋の形態や弓矢、槍、掘り棒など基本的な生計用具の類似性）がまず指摘できると同時に、乾燥と湿潤という両極端な生息環境によってもたらされる差異も多く認められる。それは第一に、食物として狩猟採集の対象とされる動植物相のちがいに起因するところが大きいであろう。植物採集というのは、高度の技術を必要とせず、摘みとるか掘り起こすだけの作業があれば十分なので、種類や場所のちがいによってもそれほどのバラエティーはない。ところが、狩猟の場合には、それぞれの獲物の大きさや習性、まわりの植物景観のちがいに応じて、多様な変異が生じるうえ、その遂行には高度の熟練が要求される。このように、立地条件や狩猟動物のちがいによって狩猟方法や技術が異なり、それが物質文化の内容を規定することが多い。さらに、物質文化はそれを成り立たせる材料の有無に左右されるのはいうまでもないし、その材質が、保存性がよく長期の使用に耐えうるかどうかなどによっても異なってくる。このような諸条件の総和として、乾燥したカラハリでは動物性のものが多くなり、湿潤なイトゥリ森林では植物性のものが圧倒的な部分を占めているのだといえる。

▼3　生計様式

　前節で、ガナやムブティの物質文化が狩猟採集の対象とその方法にも規定されることを述べたが、こうした生計様式の差異は、物質文化のみならず、社会構造やその他の文化的側面にも大きく影響をおよぼしている。この節においては、とくに両集団の間に大きな違いが見られる狩猟を中心に、両者の生計様式を環境要因などとの関連において、比較的に考察しておきたい。

　ガナとムブティの両者の社会に共通していえることは、社会的な分業化が未熟で、原則として、個々人は誰もが、生活に必要なすべてのことがらを自分自身でやりとげることを原則として成り立っていることであり、そこに見られる社会的分業の唯一のものは、狩猟と採集における男女間の分業である。この点に関して、ガナでは狩猟が男によって独占的になされるのに対し、採集の方は主として女がおこなう仕事ということになっているのだが、男が狩猟の途中で果実や根など植物性食物を採集、消費することは普通に見られるし、*Bauhinia* の豆など彼らの大変好みとする食物が実る季節には、男も採集に専念する場合がある（＊文献189、pp. 78–79）。

　ところが、ムブティの場合には、生計における採集活動の占める比重はきわめて低く、とくに、ネットによる狩猟をおこなうグループでは生計活動の大半がこのネット・ハンティングに費される。ムブティが野生植物の採集をあまりおこなわない事実は、おそらく、四〇〇〇～五〇〇〇年前に遡る農耕バントゥとの接触によるものと思われる。今日のムブティは、金属器とともに、農作物（バナナ、キャッサバ、米など）を狩猟の獲物との交換で得ているので、野生植物の採集をあまり必要としない。肉は商品としての性質を強く帯びたので、その入手のために、いっそうの狩猟の強調が見られるようになっている。

　市川光雄によると、ムブティのネット・ハンターにおいては、捕獲した獲物の総量の約五〇パーセントが消費され、残りはバントゥとの交易に用いられる。雨季に相当する約四ヵ月間は休猟期で、バントゥの村に出、農作物を主として用いるので、この点を考慮して、肉の消費量の一年を通じての平均値は、一人一日三四〇グラムとなり（＊文献106、pp. 32–33）、ガナの場合の約三三〇グラム（＊文献190、p. 81）と大差ないことになる。植物性食物についても、ムブティの場合農作物が主体となるにもかかわらず、一人一日平均の摂取量は七〇〇～八〇〇グラムになり、これもガナの場合と近似している。

　現在のムブティによる野生植物の食物としての利用度はそれほど大きくないが、利用植物の種類については七八種を数える

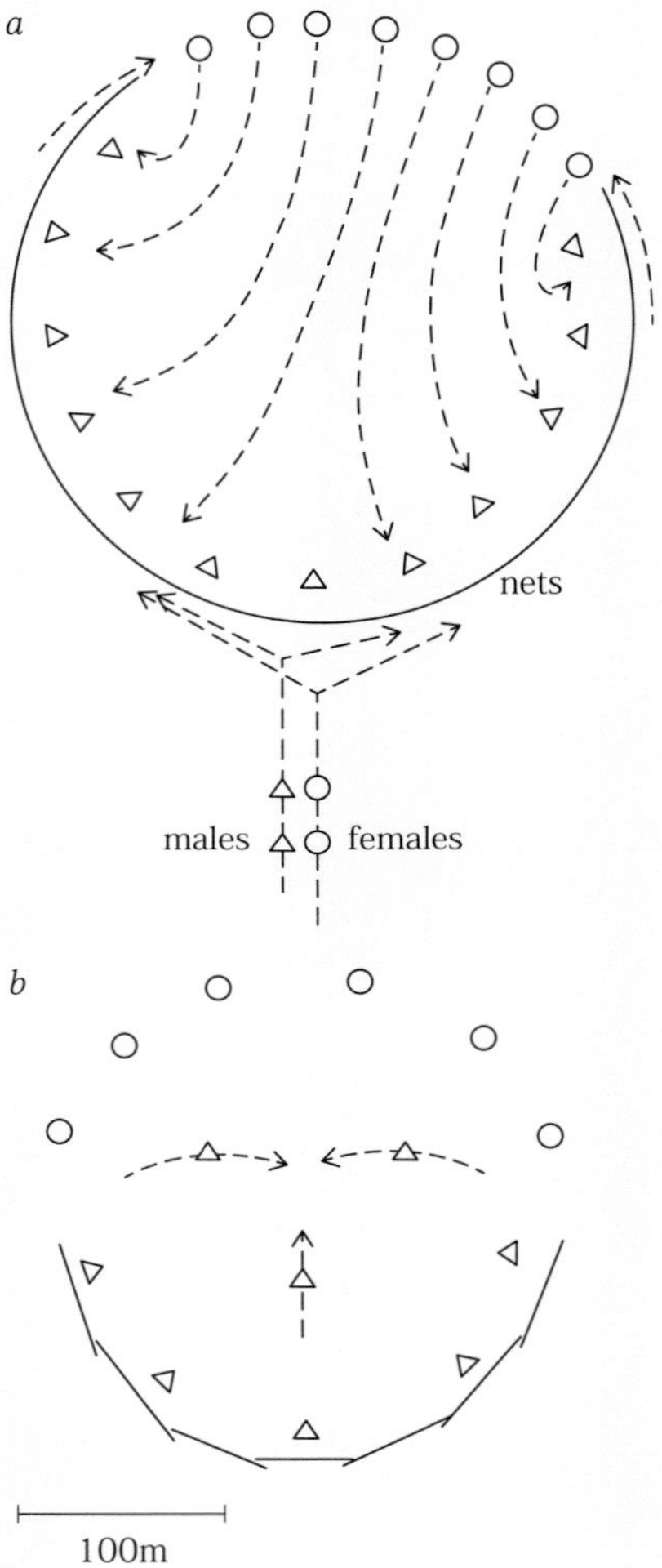

図●1　網猟の模式図

ことができ（*文献196、p. 100）、バントゥとの接触以前の利用はそれよりもはるかに大きかったであろうと考えることができる。農作物を導入する以前において、食物総量の中で占める植物性食物の比率もまた、現在見られる程度を下まわることはなかったろうと想像される。

ムブティは弓矢猟と槍猟を基本的な狩猟法とするグループと網猟を基本的な狩猟法とするグループとの二つに大別することができる。弓矢猟、槍猟が比較的個人猟的な色彩が強いのに比べ、網猟は多人数による緊密な共同作業が不可欠である。ここで、とくに森林という立地条件とその動物相に深く結びついて、イトゥリの森に特異的に発達した狩猟法であるネット・ハンティングを取り上げて、これを、オープンなところでの狩猟法である弓矢、槍、罠等による狩猟と比較してみたい（表4）。

まず、ガナがおこなう狩猟は、弓矢による大動物の狩猟、罠による小型羚羊の狩猟、鉤竿によるトビウサギ猟が代表的なものであるが、これらはいずれも個人プレーによるものである。狩りにでかける男たちはまれに二人以上の組をつくることがあるが、ふつうは一人一人が別々の方角へ、その日の獲物を求めて出発する。男は外出に際しては必ず弓矢や槍を入れた皮袋を持ち歩いており、いつ獲物を発見しても狩りをする用意ができている。罠の見回りをすませたあとで、あるいはトビウサギ猟などを試みながら、大きな獲物を求めて探索をおこなう。彼らのもっている弓矢は、小さくて幼稚なものなので、射程距離は短いし、命中率もはなはだ悪い。カラハリ砂漠はたいていの場所は木が少なく、せいぜい一メートルぐらいの灌木や草がまばらに茂っているだけの見通しのよ

表4　ガナ・ブッシュマンとムブティ・ピグミーの狩猟対象と方法の比較

学名	英名	分布型*	狩猟対象**		狩猟方法***	
			ブッシュマン	ピグミー	ブッシュマン	ピグミー
Pan troglodytes	chimpanzee	C		+		S, (B)
Colobus abyssinicus	Abyssinian colobus	B		+		B
C. angolensis	Angolan colovus	B		+		B
C. badius	red colobus	C		++		B
Papio anubis	doguera baboon	D		+		N, S, (B)
P. ursinus	chacma baboon	F	−			
Cercocebus albigena	grey-cheeked mangabey	C		+		B
C. galeritus	crested mangabey	B		+		B
Cercopithecus hamlyni	Hamlyn's monkey	C		+		B, N
C. ascanius	red-tailed monkey	B		+		B
C. mitis	blue monkey	E		+		B
C. mona denti	Dent's monkey	C		+		B
Galago demidovi	Demidov's galago	C		−		
G. inustus	needle-clawed galago	C		−		
G. senegalensis	lesser galago	D	−			
Perodicticus potto	potto	C		+		(B)
Atherurus sp.	brush-tailed porcupine	C		+		B, (N)
Hystrix africae-australis	crested porcupine	A	+	+	S	B, (N)
Pedetes capensis	springhare	G	+++		H	
Lepus capensis	Cape hare	D	+		b', S	
Manis tricuspis	tree pangolin	C		+		b', S
M. gigantea	giant pangolin	C		+		b', S
M. temminckii	Cape pangolin	D	+		(b', S)	
Orycteropus afer	aardvark	A	+	+	(b', S)	b', S
Dendrohyrax arboreus	tree hyrax	B		+		(B)
Loxodonta africana cyclotis	African forest elephant	C		+		S
Canis mesomelas	black-backed jackal	G	+		S, R	
Vulpes chama	Cape fox	F	+		(S)	
Otocyon megalotis	bat-eared fox	G	+		S, R	
Lycaon pictus	wild dog	D	−			
Mellivora capensis	ratel	A	+		(S)	
Genetta genetta	common genet	D	+		T	
G. spp.				+		(B)
Atilax paludinosus	marsh mongoose	A		+		B, N
Crossarchus obscurus	dark mongoose	B		+		B, N
Mungos mungo	banded mongoose	D	+		R	
Hyaena brunnea	brown hyena	F	+		(S)	
Crocuta crocuta	spotted hyena	D	−			
Proteles cristatus	aardwolf	G	+		(S)	
Felis libyca	African wild cat	D	+		(T)	
F. serval	serval	D	+		(T)	
F. caracal	caracal	D	+		T	
Panthera leo	lion	D	−			
P. pardus	leopard	A	+	−	R, T	
Acinonyx jubatus	cheetah	D	+		b', R, T	
Hippopotamus amphibius	hippopotamus	A		+		S
Phacochoerus aethiopicus	warthog	D	+		S	
Hylochoerus meinertzhangeni	giant forest hog	B		+		S
Potamochoerus porcus	bush pig	A	+	+	(S)	S, (B)
Hyemoschus aquaticus	chevrotain	C		++		N, (B)
Giraffa camelopardalis	giraffe	D	+		B, (S)	
Okapia johnstoni	okapi	C		+		S
Taurotragus oryx	Cape eland	G	++		B, (S)	
Tragelaphus strepsiceros	greater kudu	D	++		B, (S)	
Boocercus euryceros	bongo	B		+		S, (B, N)
Oryx gazella	gemsbok	F	++		B, (S)	
Alcelaphus caama	red hartebeest	F	++		B, (S)	
Connochaetes taurinus	wildebeest	G	++		B, (S)	
Antidorcas marsupialis	springbok	F	++		B, R, T	
Neotragus batesi	Bate's pygmy antelope	C		++		N, B
Cephalophus nigrifrons	black-fronted duiker	C		++		N, B
C. dorsalis	Bay duiker	C		++		N, B
C. leucagaster	Gabon duiker	C		++		N, B
C. callipygus	Peter's duiker	C		++		N, B
C. sylvicultor	yellow-backed duiker	C		++		N, B
C. monticola	blue duiker	B		+++		N, B
Sylvicapra grimmia	bush duiker	D	++		R, (B)	
Raphicerus campestris	steenbok	G	+++		R, (B)	
Syncerus caffer nanus	dwarf forest buffalo	C		+		S

	分布型	例
A	Pan Africa excluding Sahara	aardvark. bush pig, leopard
B	Across the equatorial Africa	blue duiker, giant forest hog. Abyssinia colobus
C	Tropical rain forest	Demidov's galago, tree pangalin black fronted duiker
D	Throughout openland	lesser galago, giraffe, bush duiker
E	East Africa	blue monkey
F	South Africa	chacma baboon. Cape fox, gemsbok
G	East & South Africa	springhare, wildebeest, steenbok

＊　分布型については上表参照
＊＊　狩猟対象　＋　狩猟対象となる種
＋＋＋　特に集中的に捕獲対象となる種
無印　生息地内に分布しない種
－　生息地内に分布するが狩猟対象としない種
＊＊＊　狩猟方法　S：spearing　R：rope snare
B：bow and arrow　T：iron trap. recently introduced
N：netting　(　)：rare case
b：stick-beat　ブッシュマンの槍猟は、犬の助けを借りて行われる場合が多い。

い土地なので、獲物に気づかれないように忍び寄ることも非常に困難である。弓矢猟は、ことに高度な熟練を要するむずかしい仕事である。見通しのよくきく大地で、獲物に二〇メートル以内にまで忍び寄りこれに矢を射かける作業は、人数が少ないほど成功率が高いし、動物の生息密度自体がそれほど高くないという理由から、いずれの狩猟法を用いるにしても、多人数で一ヵ所に的をしぼるよりも、個々に分散し、できるだけ広い範囲をカバーした方が、獲物に出会う確率も高い。オープンな場所での狩猟は、個人プレーによった方が有利なのだといえるであろう。

それに対して、ムブティの網猟はどうであろうか。網猟については、丹野正による詳しい報告（＊文献67）があるが、市川がその原理を簡単に要約しているので引用してみると、「ネットの材料には、トウダイグサ科のクーサ（*Manniophyton fulvum*）のつるの内皮を使う。ネットの一ユニットは、高さ一・二〜一・五メートル、長さ四〇〜一〇〇メートル。これは、それを編んだ人の所有だが、短い場合や、人数の少ない場合には、二〜三人分を結び合わせて一ユニットにして用いる。ふつう六〜一二ユニットのネットを円形に張りめぐらし、その一端から中にいる動物を追いたててネットにからませる。女性は勢子の役をつとめ、また、獲物を運搬する。男性はネットを操作し、これにかかった獲物を殺し、ネットの近くまで来た獲物を自分の網のほうに追いたてる。一回のネット・ハンティングの所要時間は、ネットの長さや数にもよるが、約一時間、それが終わると五〜一〇分ほど移動して次の猟場に向かい、雨が降らなければ、一日に一〇回内外の猟をおこなう」（＊文献106、p. 28）。

このような網猟（図1*a*）が成立しうるのは、森林という立地条件と、猟の対象となる動物の大きさや習性によるところがもっとも大きい。森林の中では、オープン・ランドとちがって、木の葉や枝に遮られてきわめて視界が悪く、一般に弓矢や槍を使った猟法は不向きである。足跡も残りにくいので、獲物の発見、追跡といったことも困難である。網猟の対象となる動物は、中型、小型の森林性羚羊類が中心であり、なかでも*Cephalophus*属のダイカーが圧倒的な数となる（表4参照）。これら森林性の羚羊はほとんど夜行性で、昼間はブッシュの中に潜んでおり、人の気配を感じると下生えの中を逃げるという習性をもつ。見通しが悪いということは、追われる側の動物にとっても、網やその近くに待ち伏せている人間を見分けにくいということでもあり、勢子に追いたてられ逃げてきた動物が勢いよく網にとびこんだところを容易にとりおさえることができる。網目の大きさは、小型のダイカーの頭がちょうどはいるように作られ

図● 2　集団弓矢猟の模式図、ムブティの mota（*a*）およびムボテの lukokolo（*b*）

ており、また、それぐらいの獲物がかかっても網が破れるということもない。

網猟では多くの人たちの協力による緊密な連携プレーを必要とし、たいていの場合、キャンプの成員のほとんど全員が共同してこれにあたる。全生計活動のなかに占める網猟の位置はもっとも重要であり、活動の大半はこれに費されるので、勢子と獲物の運搬を担当する女性も、この活動からはずされることはない。狩猟採集民一般の形である、男性の狩猟、女性の採集という分業パターンは、ムブティのネット・ハンターにおいては、きわめて不明瞭なものになっている。原子令三は弓矢猟をおこなうムブティのグループについて調査し、彼らの代表的な狩猟法である集団弓矢猟 (mota) において、協同がきわめて重要である点を指摘している。すなわち、

「これ (mota) は、通常、一〇人以上の男たちによっておこなわれる集団猟である。図のように（図2*a*参照）、森の一角をとり囲むように要所要所に射手が待ち伏せる。その中を首に鈴をつけた犬が走り回って獲物を藪から追い出す。獲物が驚いてとび出すところを射手が射る。これを網猟と対照すると、網と

捕り手は弓矢と射手に対応し、勢子は犬に対応している」。

「この方式（mota）には、参加員数の多少によって種々の変化型が生ずる。まず、大規模な方法としてはベックベ（Begbe）という方式がある。これは勢子として女性や子供が参加するもので、網猟とまったく同じ体勢をとる。ここでは網の代わりに弓矢が待ち受けているという差にすぎない。ベックベは日常的におこなわれる猟法ではなく、一年のうち乾季の初め頃によくおこなわれ、ときにはバンド間の協同猟としてもおこなわれ、ある種の祝祭的意味をもつことがある」。

以上、乾燥したカラハリ半砂漠と湿潤なイトゥリ森林という、アフリカの植生図上の両極に位置する環境に住む二つの狩猟採集民族の狩猟行動を比較してきた。これら二つの狩猟のタイプの特徴をより明確に浮かび上がらせるために、両者の中間的なゾーンに住むムボテにおける狩猟について触れておきたい。ムボテはザイールのタンガニイカ湖西岸に住む狩猟採集民で、ムブティの子孫でありながら、近隣バントゥと広く混血をおこなってきた人々であると想像される。寺嶋秀明によれば、ムボテの生息地域は Caesalpiniaceae 亜科の三つの属、*Brachystegia*、*Isoberlinia*、*Julbernadia* に属する樹種が優占種となって構成される疎開林帯で、低地森林域から乾燥サバンナへの推移帯となっている（＊文献63）。

ムボテは、オープンランド・タイプの弓矢による個人猟から、森林タイプのグループ・ハンティングまで多彩な狩猟法を用いる。彼らがもっともひんぱんにおこなう狩猟行動は、弓矢を携えてブッシュの中をうろつきまわることであるが、この行動の重要性は狩猟自体にあるのではなく、将来の狩猟や採集のための情報収集のほうにある。単独行の弓矢猟は、ガナの狩猟のところですでに述べたように、獲物の発見、追跡、正確な射的を要求するものであり、繁みがあり視界のききにくい疎開林地域でははなはだ困難なものである。ムボテが最大量の肉を入手する方法は、実は網猟にほかならない（写真1・2）。ムボテによる網猟は、基本的にムブティがおこなうものと同じであるが、以下の三点のみが異なっている。（1）環境が不均一なので、ムボテは繁みにおおわれた山腹や川辺林といった、日中にダイカーが通る限られた場所でのみ狩猟することができ、その結果、彼らの遊動域はより大きくならざるをえないこと。（2）樹林が少ないため、網を張りめぐらすためのポールを持ち運ばねばならない。しかもこの余分な荷物に加え、網自体もムブティのものより重い素材で作られているため、彼らの約半分の長さの網しか運搬し、使用することができない。この欠点を補なうために、ムボテは網を半円のみ張り、勢子の追い込みにより比重を置いた方法を用いる。（3）この方法では、女だけでなく、

写真●1（上）　ムボテの網猟。網が重いうえに網を張るためにポールも持ち運ばなければならない。子どもも15才にもなれば1人前の働きをする。（撮影：寺嶋秀明）

写真●2（下）　ムボテの網は太くて重い。弓矢はブッシュマンやピグミーよりだいぶ大きい。（撮影：寺嶋秀明）

男も勢子の役割を担当せねばならないので、労働の性的分業はムブティ以上に希薄となる。ムボテの網猟では集団全体が一つの単位となってこれに当たるのである（図1*b*参照）。

　ムボテにおける第三の重要な狩猟法はlukokoloと呼ばれる集団的弓矢猟である（図2*b*参照）。これはムブティのmotaに類似しているが、最大の相異点は、この方法が川辺林においてのみ可能であるという環境条件に左右される点である。lukokolo は男のみによっておこなわれ、その概略は寺嶋（＊文献197、pp. 198–199）によれば、「狩場となる沢に着くと、勢子一人をその入口に残し、他のメンバーは二手に分かれ、沢の両斜面に分散し、沢を包囲する。普通は年長者の一人が勢子になる。子供や犬がいるときには彼らも勢子として加勢する」。

「射手たちが沢を包囲し終わると、勢子は狩り出しを開始する。大声で叫んだり、木を叩いたり、石をブッシュの中に投げ込んだりしながら沢を登っていく。枯草があればそれに火を放つ。一方、射手は、木陰に隠れ、沢の中から獲物が出てくるのを待つ。このとき、射手も勢子の動きに合わせ、斜面上をゆっくりと移動していく。射手同士の間隔は普通五〇メートル以上あいている。獲物が出てくると射手は弓矢を構え、獲物が十分に接近するのを待って矢を放つ。沢の終点に達すると一ラウンド終了である」。

以上、アフリカの狩猟採集民を代表する三つの代表的な民族の狩猟生活を検討してきた。単独の弓矢猟に重点を置くガナと集団猟が強調されるムブティの狩猟活動の間にみられる本質的な差異は、明らかに環境に対する直接的な反映であると考えられる。すなわち、乾燥しオープンなカラハリとそこに住む草原性哺乳類が一方にあり、それに対して湿潤で深い森とそこに住む森林性哺乳類が他方に対置される。ムボテの生息環境はそれら両者の中間に位置し、その生計様式もガナとムブティ両者の折衷的な様相を示しつつ、自然環境の最大限の開発利用を図っているとと結論づけることが可能であろうと考えられる。

▼4　狩猟と社会集団単位

狩猟採集民の社会単位は、一般に、一〇家族から二〇家族ぐらいの人びとによる遊動的な居住集団からなっているのが普通である。獲得すべき食物の種類や水の供給などによって、社会の人口学的特徴は民族により大きな違いがあるが、特殊な場合を除き、採集と狩猟の生活様式においては、移動という要素が不可欠である。移動生活が簡素で貧弱な物質文化を規定している点は前にも述べたが、ひんぱんな移動は、また、限られた自然資源に全面的に依存するという生活様式ともあいまって、社会の規模を制限する大きな要因となっている。それゆえ、狩猟採集社会に共通している特徴は小規模性と人口密度の低いことである。このことはまた、これらの社会が単純な社会であることを、また農耕や牧畜の社会がもつような統合的機構を欠いていることをも意味している。

こういう社会において、もっとも小さな社会単位は家族である。男と女が夫婦という形で、また、年齢的に見れば生計維持者と被扶養者という形の分業体制が確立している家族は、生存のための最小でありながら、かつ必要不可欠な単位となっている。家族はそれ自体ある程度の範囲内において自給自足の可能な単位であるが、一般に、日常生活の単位となるのは、複数の家族が一カ所に集まって共同生活をする居住集団である。

居住集団の形態や構造は、民族によってかなりの変異があるが、一般に、集団の構成は固定しておらず、流動的なものである場合が多い。移動をくり返しながら、その過程において分裂や融合をおこない、メンバーシップがきっちり固定せず、多くの場合、輪郭の明瞭でない狩猟採集民の居住集団をさして、ふつう「バンド」という言葉が使われる。

オーストラリア原住民のバンドの構造については詳しい資料が集められており（＊文献16・41・50・80）、そこでは非常に複雑な親族組織と政治機構が見られ、その居住集団に対して父方居住バンド、テリトリー制バンドといった名称が与えられた。スチュワードは入手可能な民族誌資料に基づいて狩猟採集民のバンドを父系バンドと複合バンドの二つの類型化を試みた（＊文献59）。サービスは、スチュワードの提唱する父系バンドは単に夫方居住を伴うバンド外婚の結果みられる現象にすぎないことを指摘して、これを父方居住バンドと呼び、すべての狩猟採集民のバンドを、父方居住バンドと複合バンドの両極を結ぶ中間線上に配列した。その当時用いられたバンドの概念は、長期間にわたって固定したメンバーシップとテリトリーをもち、それ自体が全体として自律性をもつ集団であることを前提としていた。しかし、筆者が調査したガナでは最大の居住集団であるキャンプはきわめて流動的なもので、さきに述べたバンドの概念に含まれる長期的な安定性や自律性はほとんど認めることができなかった。同様の報告はクン・ブッシュマンについてテリトリーが、ハッザについてウッドバーンがおこなっている（＊文献30・81）。さらに、ターンブルとダマスは、ピグミーおよびイヌイットの集団をバンドと呼びながらも、それらが大変流動的なものである点を強調している（＊文献5・78）。ブッシュマンやハッザなどのような、テリトリー制もなく、あまりにも流動性に富んだ不安定な集団の存在が指摘されるにいたって、バンドの概念はもう一度根本的に考えなおす必要に迫られている。

ガナ・ブッシュマンとムブティ・ピグミーの例についていえば、バンド社会がよって立つ基本的な前提、移動性と小規模性、社会の単純さは両者に共通している。ところがガナの場合には遊動域が四〇〇〇平方キロメートルと広大であり、居住集団間の離合集散がいちじるしく、ほとんどバンドの実体を認めえないような構造をもっているのに対して、ムブティの場合には、父系的な紐帯によって結ばれるほぼ固定した数十人のメンバーが、はっきりした境界をもつ一五〇〜三〇〇平方キロメートルのハンティング・テリトリーの中で狩猟生活を送ることが報告されている（＊文献106）。ムブティの場合には、父系的テリトリー制バンドと呼びうるかなり実体の定まった機能集団として捉えることができるのである。行動域の大きさやテリトリー制の有無は、おそらく、狩猟動物の種類や数、分布の仕方、それに伴なう狩猟法の違いが大きな原因となっていると考えられる。ガナの弓矢猟では、大型獲物の発見、追跡などのために広域をカバーする必要があり、はっきりとしたテリトリーを区画することもできないのに、ムブティのネット・ハンティングでは、動植物分布の比較的均一で豊富な森林中の一定区画だけを専有し、しかもその範囲内で安定した収穫をあげることが可能だからである。ガナの居住集団が非常に開放的でルーズなものであり、ひんぱんに離合集散を繰り返す輪郭のきわめてあいまいな集団であるのに対し、ムブティの居住集団が、ほぼメンバーシップの一定した強固な父系集団によって形成されている点についてては、両者の狩猟のやり方の違いのうちでも、とくに、その狩猟活動が単独でなされるものか、それとも緊密な共同作業が必要であるかといった違いともっとも深く関係しているように思われる。

弓矢猟はあくまでも個人単位で遂行される作業であり、多くの人数による共同作業が必要になるのは、大きな獲物の解体と運搬の過程にいたってからにすぎない。それに対してネット・ハンティングの遂行には、一貫してバンドの成員全体による緊密な連携プレーが要求される。全体としての連帯を強く保持しつつ、機能的なハンティング・グループを長期的に維持していくためには、狩猟活動において中心的な存在となる男の親族が核となって、共同生活の単位となる社会集団を形成していくのがもっともふさわしく無理のない形態であろう。父系バンドの成立は、狩猟の問題だけでは片づけられない複雑な要素の絡みあいの中で考えるべきであろうが、ここでは男性のハンターたちの狩猟活動にのぞんでの強力な紐帯が、その成立の大きな要因になっているだろうと指摘するにとどめておきたい。

第5章　牧畜民から比較生態人類学へ

――現地拠点の形成と研究の拡大

ポコットの女たち

1　日本学術振興会アフリカ研究センター

一九七六年度より学振ナイロビ駐在員はシニア一名、ジュニア一名の二人体制となり、ジュニアには市川光雄君が一年間、シニアには伊谷純一郎さんと私が半年ずつ交代して赴任することになった。伊谷さんが四月から九月、そして私が一〇月以降、この任務を担当することになった。この度は広樹が六歳、敦子はまだ三歳と幼かったので、広樹は九月以降幼稚園を休ませて、家族四人でアフリカ生活をすることにした。敦子にとっては初めてのアフリカ体験となる。

九月二二日大阪伊丹空港を出発、香港で英国航空に乗り継いで、ナイロビ到着は二三日深夜であった。アインスワース・ホテルにタクシーで直行し、時差六時間の関係で子供らは途中機内でぐっすり寝ていたから、にわかには寝そうにもないので遊ばせておいて、わたしと妻はとりあえず一眠りしておこうとしていた二時ごろ、伊谷さんがやってきた。伊谷さんも、「空港へ迎えにいこうと、その前に二、三時間のつもりで横になったら五時間も寝てしまったんや。すまん。すまん。」とおっしゃる。市川はトゥルカナ湖西岸へナイロビ大学に留学中の名古屋大学地質学専攻の若い大学院生である井上君とサファリに行っているとのことであった。子供たちはとうとう朝まで寝ずじまいで五時ごろから腹が減ったとわめきたてる。日本時間だともう昼めし時だからお腹が空いて当然である。七時の朝食時間を待ちかねて食堂へ行く。八時半ごろ道路を渡ってすぐの学振オフィスへいく。初出勤である。一〇時に約束をしてあるからと、大使館へ宇野正雄氏に会いに行く。京大米山俊直教授率いる調査隊のジープの輸入手続きについての打ち合わせであり、これがナイロビでの初仕事となった。宇野さんは協和銀行から出向してきて文化部を担当しておられるので、外交官らしい堅苦しさのない好人物で、

写真●5—1　日本学術振興会アフリカ研究センター

滞在中よくお世話になり、学振オフィスにも気軽に訪ねてこられた。

伊谷、市川、私の駐在員メンバーは、この機会を利用して、さらに手広く東アフリカの遊牧民、狩猟採集民に関する予備調査をおこなうつもりであった。ナイロビは日本からアフリカにやってくる人たちの玄関口に相当するので、東アフリカはもちろんのこと、コンゴ盆地やスーダン、エチオピア、ザンビアなどへ調査に出入りする人たちはかならずここを通過し、何日か滞在してゆく。学振駐在員はしたがって、これらの人たちのために様々なお世話をしてあげることも重要な業務の一環である。ケニアを調査地とするものはこの国の調査許可を取得しなければならないし、それには煩瑣な手続きと日数がかかるので、日本から連絡をもらってこちらでできるだけの手助けをしてあげる必要もある。また長らくフィールドで不便で困難な調査をやってきたあと、花の都ナイロビへ帰り着いた人たちに、学振オフィスの食堂で冷たいビールとささやかな日本食を提供してあげるのは最大の慰労となる。

この頃には日本のアフリカ研究が盛んになり、そうした雑用は間をおかず紛れこんでくるようになったので、駐在員を複数にして、うち一人はどこへでも自分の研究のためにナイロビを離れることが可能になるように、二人体制を整えることになったのである。オフィス自体も、以前はデラメア・フラットの狭いアパートを住まい兼オフィスにしていたのだが、それではいかにも手狭になって、倉知さんのあとの矢入憲二さんの任期中の一九七五年度末に富川さんが加勢に来て、現在のナイロビ大学や博物館に近い場所に一軒家を借り、立派な居住空間とオフィスを兼ね備えた施設を設けることになったのである。

アインスワース・ホテルに二泊しただけで、朝食のあと、私たちはオフィスからほんの五〇〇メートルほどのところに別途借りてもらった狭いアパートへ引き移った。オフィスの方には伊谷さんと市川が住んでいる。家族連れで初めてのナイロビ長期滞在なので、身の回りの品と、ウエストランドのガラクタ市で広樹には子供自転車を、敦子には三輪車を、などと買いととのえたあと、手近な博物館

写真●5—2　学振アフリカ研究センターの居間で。左から長女の敦子、市川、長男広樹、福士尹。

からはじめて、ナイロビ市内の各所を見物してまわる。ビルの立ち並ぶナイロビ市街地はアフリカのなかでも抜きんでて華やかで、ヨハネスバーグに次ぐ賑やかな近代都市である。田舎から都会へと人びとが流れてきてスラムを形成し、治安が悪くて立ち寄りがたい場所がどんどんと増えてきているが、まだこのころは街の中心部は歩いて行ける安全なのんびりとしたところであった。年を経るにしたがって、ナイロビの治安は悪くなり、二〇〇〇年ごろ以降には昼間でも街なかは歩いて散策などできず、用事のあるところへは車で乗りつけなければならなくなり、今ではニューヨークやヨハネスバーグに匹敵する犯罪率を誇るようになってしまった。

ともあれ当時はまだ暮らしやすかったナイロビに家族連れでやってきた私たちは、まずキリンやシマウマに象、種々の羚羊、バッファロー、ライオン、豹、チーター、ジャッカルなどを見にナイロビ国立公園へ出かける。ラッキーなことに、ライオンがヌー（ワイルデビースト）を殺して、数頭の群れでそれに齧りついているところに出くわした。一画に川が流れており、カバが群れて、鼻づらを出し、ときどき大きな口を開けてあくびをしていた。

二八日に市川たちがサファリから帰ってきて、わたしと市川は中古車屋を巡り歩き、出物のランドローバーを物色する。学振には当時、倉知さんが駐在していたときに買った小型のルノーの乗用車があるだけで、これでは北ケニアの砂漠地帯へ調査に出かけることは不可能である。一九七四年に私が買ったランドローバーは、佐藤俊が奥さんとともにレンディーレ・ランドでの調査に使っているので、新たに買い直さなければならない。ようやく使い物になりそうな幌付きのランドローバーを手に入れる。前のと同じ一九七一年製のもので、荷台が小さいショート・ホイール・ベースのタイプではあったが、二度目のカラハリ調査のとき新品で購入したのと同じ年式のものであった。

一〇月三日、ナイロビ空港へ米山隊のメンバーとしてザイールへ行く原子さん、丹野君を迎えにいく。飛行機はめずらしく定刻に到着した。五日にはトングウェの調査にはいる途中の掛谷夫妻がナイ

写真●5―3　後ろが一九七四年に買って佐藤が使っている車。今回は前の幌付きのランドローバーを購入した。佐藤夫妻と私たち家族の二台でレンディーレ・ランドを行く。

ロビに到着した。当時ナイロビにはほかにも、ナイロビ大学のすぐ横にある国際昆虫生理生態学センター（International Centre of Insect Physiology and Ecology　略してＩＣＩＰＥと通称されている）に蚊の生理生態学を専門とする福士尹君（宮城教育大学）がいて、大学の理学部には井上君が留学中、そのほかにレンディーレ・ランドでまっ黒に日焼けした佐藤夫妻やタンザニアのハッザのクリック言語を研究している加賀谷良平君（東京外大ＡＡ研）が立ち寄っている。こういう研究者の多いときをねらって、随時セミナーを開こうということになり、ピグミー研究とレンディーレの最新の話題を披露してもらって賑やかに学振オフィスでの初ゼミをおこなった。サンブルでありながら、半ばレンディーレ化している人びとを研究し、佐藤とは非常に親しくなったイギリス人のエリオット・フラトキンもゼミに参加してくれて、国際化も進みだした。伊谷さんが明日帰国の途につくので、夕食はゼミのコンパに加えて伊谷さんの送別会ともなり、町の市場で肉、鮮魚、野菜などを求め、妻憲子と家事手伝いとして働いてくれているアジベタが中心になって用意をしてくれた豪勢な宴会となった。

一六日、伊谷さんが帰国され、オフィスの方ががら空きになったので、市川にアパートの方へ移ってもらい、私たち家族の方がオフィスの広い家に引っ越してくる。お客の接待もしなければならないが、こちらの方が一家四人で過ごすのになにかと便利だし、子供たちも広い庭で遊びやすい。市川は起きだしたらこちらに出勤してきて、晩飯を終えてからふらふらとアパートまで寝に帰っていく。来年の三月までこの体制でやっていくことにする。

2　レンディーレ・ランド再訪

日常業務はいろいろと雑多なことも多かったが、日本の大学生活よりは変化があって面白味もある。

日本にいてはめったに会わないような人びとの来訪もあったし、自分の時間を確保することもできた。寸暇を見つけては、用意していった論文の原稿もぼちぼちと進めていくこともできた。ナイロビ生活にもだいぶ慣れたところで、佐藤夫妻が本格的に進めているレンディーレのところを訪れ、その後の調査の進み具合をこの目で確かめてみようと一週間のサファリを計画した。一〇月二〇日、ナイロビを発ってナロモル・リバー・ロッジに宿泊する。ナロモルはツェゴ・リバー・キャンプへと右折するキガンジョからもう少し先に行った渓流にある宿泊施設で、ロッジの前の川でも鱒釣りが楽しめるレストランもあるが、自炊のできるバンガローに泊まれるので、十分な鱒が釣れれば塩焼きで楽しめる。しかし今回は釣りの時間もなかったので、レストランの美味しくない晩ご飯を食べて夜を過ごした。翌日イシオロへの急坂を一気にくだりきり、ライサミスで左折してコルへと向かう。

コルへ着いてみると、一足先にフィールドへ戻った佐藤の言うとおり、昨年住んでいたところから西へ数キロ行ったところの井戸の近くに教会も集落も引っ越していて、トプチャ氏族の集落に密着して暮らしている佐藤夫妻のテントが見えた。一年を越す佐藤のフィールド調査は順調に進行しているようでレンディーレの人びととともすっかり打ち解けて仲良くやっており、奥さんの美枝子さんも炎暑の砂漠の生活に適応してエンジョイしておられるようで安心した。

佐藤夫妻を誘ってレンディーレ・ランドを一めぐりし、トゥルカナ湖へと向かってサファリを続ける。わたし自身は何度も通ったルートであるが、憲子をはじめとして子供たちにもこの広漠たる地の果てかとも思える一帯を見せてあげたかったのである。コルで一泊したあと、カルギの町を経由して数十平方キロメートルにわたって広がるチャルビ砂漠を、砂煙をあげながら横断し、ノース・ホールからさらに西へ、例の漬物石を転がした賽の河原のような火山岩台地をノロノロ運転で通過し、最後は例の急な断崖を歩くより遅いスピードで下りきってトゥルカナ湖岸に到達する。ロイヤンガラーニのホテルで冷たいジュースを飲んで一息つき、湖岸を南下してキャンプ・サイトに着いたのは午後五

写真●5—4（左）外国人研究者を招いたゼミも催され、学振ナイロビオフィスは、文字通りアフリカ研究の国際拠点となっていった。写真は一九八一年。後に京都大学総長となる山極壽一（右から二人目）が、当時のナイロビ・オフィス駐在担当者だった（写真提供：山極壽一）。

時であった。夕食用にティラピアを三匹釣っておかずに添える。

夜半からいつものように強風が吹き荒れ、六時に明るくなると同時に起きだしてテントをたたみ、一時間ほど南下して風のない木陰で朝食とする。サウス・ホールの町で佐藤のインフォーマントの姪に出会い、彼女に案内してもらってラクダ・キャンプを見にいく。マラルへの道をサウス・ホールから少し南下し、東へ逸れてしばらく行ったところにラクダ・キャンプはあった。ここはサンブル・テリトリーの北限で、サンブル丘陵の裾野にあたり、牧草が豊富にある。何百頭ものラクダが二つの群れに分けられて囲いの中に入れられていた。餌のたっぷりあるこうしたキャンプへ若者の戦士たちがラクダを連れてきて放牧し、コルの集落には長老や女子供たちが生活しているが、そこには村の人びとに必要な量のミルクが搾れるだけの牝ラクダが残されている。明るくなり出した六時ごろに起きだし、ミルク搾りをすると戦士たちはラクダを放牧に出す。私たちのところにもミルクをもってきてくれるので、朝ごはんのとき紅茶に入れてゆっくりしてから、ラクダの群れを追ってみる。ラクダは群れをなして草を食べながらゆっくり移動するが、中に群れから離れていく個体があり、歩きだすと足が速いので、これを群れに連れ戻さなければならない牧童たちの仕事は、あっちに走って行ったりこっちへ行ったりとなかなかに大変である。

ラクダ・キャンプに二泊して、そこで佐藤夫妻と別れ、私たちはメイン・ロードに戻ってマララルに向かう。マララルのホテルで昼ご飯を食べ、町の大きな市場を見物してまわる。ここはサンブルの中心地なので、サンブルが好んで身につける首飾りほか、華美なビーズ細工がずらりとぶら下げて売られている光景は壮観である。二時半に出発してこの日はンゴビット・フィッシング・ロッジに宿泊。翌日はニエリへとのんびりとドライブ、アウトスパン・ホテルで昼食後、多少の食料を買い出しして、久しぶりにツェゴ・リバー・キャンプの無料の小屋に行って鱒釣りを楽しむ。翌二八日、予定どおりナイロビに帰着した。

3　タンザニアへのサファリ

東京の日本学術振興会の担当者から電話があって、天城勲理事長がユネスコの総会に出席するために一〇日間ほどナイロビを訪れるから、しかるべき対応をしてほしいという。ユネスコの総会は一一月八日からだが、彼はその前に学振オフィスを視察し、セレンゲッティ国立公園などのサファリをしたいと要望されているので、案内してあげてほしいということであった。天城さんは文部事務次官を務めたあと学振の理事長になられたが、文部省でも彼を手放したくない重要人物だったので、顧問の名目で依然として文部省にも籍を置いておられる。

天城さんは一一月二日早朝にナイロビに着かれ、一休みしてから学振のオフィスに訪ねてこられた。ＩＣＩＰＥへの派遣研究者を決めて送り出す業務も学振がおこなっているので、福士君にも来てもらって、お茶を飲みながら明日からの予定を相談する。天城さんはお年にかかわらず元気で、日数が少ないから明朝から出発して総会前日の七日まで目一杯サファリをして東アフリカの自然と人、サバンナと

写真●5―5　左端が佐藤俊の夫人美枝子さん。敦子、憲子、広樹と。

野生動物を見ていきたいとおっしゃる。私たちが買いこんだランドローバーに大人三人が乗って行くのはちょっと窮屈なので、福士君が使っているランドクルーザーを使うこととした。明日の朝ナイロビを出てナロック経由マサイマラ動物保護区内のキーコロック・ロッジ泊、四日はタンザニアへの国境を越えて隣接するセレンゲッティ国立公園のセロネラ・ロッジ、五日はンゴロンゴロ・クレーターの外輪を通ってレーク・マニャーラ・ロッジ、六日はアルーシャ市内のホテル、七日にナマンガで国境を越えケニアに戻って一路ナイロビへ、という計画を立て、電話ですべての宿泊施設に予約を入れた。

マサイマラは植民地分割のなごりの一直線の国境で区切られてはいるのだが、セレンゲッティ平原の北辺にあたり、百万頭のヌーの大群がビクトリア湖との間を季節的に大移動することで有名なところである。道路もヌーの群れにふさがれ、車はゆっくりとこの巨大な羚羊の大群のなかを押しのけるように進んでいかざるをえない。ケニアのなかでもこのマサイマラは動物の種類がもっとも多いことで有名な公園である。キーコロック・ロッジには周りに柵も何もないので、夜間バッファローが部屋の近くをうろついたりするし、肉片を置いて豹を誘い出し、照明してある場所もあって、これらを安全なところから眺めるのが観光の目玉の一つにもなっている。

セレンゲッティ平原で、多種多様な羚羊類、キリン、シマウマ、それにライオンやチーターをはじめとする肉食動物、ライオンが食べ残した獲物の残骸に群がるハイエナやハゲワシなどなど、広大な平原のなかに営まれる豊かな野生の自然を満喫することができた。天城さんも日本からの長旅の直後に目を見張る光景のなか二日間を過ごし、さすがにお疲れになって、夕食後はセロネラ・ロッジの芝生の庭に寝転がって、三人で他愛もない雑談をしながら、しばしくつろいでおられた。

翌五日はセレンゲッティを出て、ンゴロンゴロ・クレーターへの坂道を上り、クレーターの大きな火口湖を見下ろしてからマニャーラ湖国立公園に向かう。ここにもいろいろな動物が生息しているが、この公園で有名なのは木登りライオンである。一〇頭ばかりのライオンの群れがアカシアの木に登っ

写真●5―6　ライオンが食べ残した獲物の肉の匂いを嗅ぎつけて近くへ舞いおりてきて、ライオンの立ち去るのを待つハゲワシ。

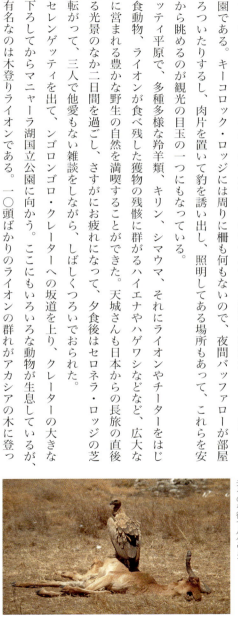

てあちこちの枝に横たわり、そこから尻尾がだらりと垂れていて、とてもあの精悍な百獣の王とは思われない姿態をさらしている。もちろん車から外へ出るのは危険なので、車ごと間近まで寄ってしばしこの珍妙な木登り癖をもつ動物たちのリラックスした光景を見物する。夕方になれば、彼、彼女たちも木から降りてきて食べものを得るために、普通の群れ同様に獲物を狙い、狩りをおこなう。因みに、ライオンの家族集団にかぎって、動物学的にはこれを群れとかグループ、トゥループなどと呼ばないで、「プライド」と呼ぶことになっているのだが、本書では煩雑になるので群れで統一しておく。

最後の宿泊はアルーシャの町のホテルであるが、マニャーラ湖からアルーシャまでの行程は短く、昼過ぎには着いてのんびりと気候のよい高原の町を散策し、北方にそびえるメルー山を見上げる。メルー山のかなたにはアフリカ最高峰のキリマンジャロが白い雪をいただいて遠くに見えている。ヨーロッパ人が作ったアルーシャの街並みは美しく、そのなかで人びとの行き来を見物する。この町でも翌日のナイロビまでの長距離走行のためにガソリンを補給しなければならないが、ガソリン・スタンドへ行ってみると、いまガソリンは切れていてタンクローリーの来るのを待っているところだという。それは困ったなと思っていると、こっそりと寄ってくる男がいる。二〇リッター入りのガソリンを二つでも三つでも買わないか、という闇取引の誘いであった。世知にたけた天城さんも、「闇屋は世界中どこにでもいますが、必要悪ですかね」と平然としておられる。ケニアまで帰りつけるよう、余裕をもって四〇リッターを買っておく。

最終日はドイツ植民地時代に作られた立派な舗装道路を一直線に北上し、ナマンガで国境を越える。ここから右手には広いアンボセリ国立公園が広がっているが、それは横目で見ながらマサイ平原をナイロビ目指して北へとひた走る。ときどきマサイの戦士が槍一本を携えて草原のなかを歩いている。この果てしなく広い草原のなかを、いったいどこへ向かって歩いているのであろうか。ときに牛の群れを連れた牧童を見かけるから、あちこちにマサイの集落や家畜キャンプがあるのであろう。ナイロ

写真●５―７　マニャーラ湖国立公園の名物、木登りライオン

ビへは午後早い時間に到着し、天城さんを町の中心部にあるシックス・エイティー・ホテルにお届けして、われわれは学振へと引き返した。天城さんは「助手席で何もしないで座っていただけだから」といわれるが、やはりずいぶんお疲れになったことと思われる。それでも翌日からのユネスコの総会はちゃんとこなされたと伺っている。

私は帰国して大学に戻ったのち、さまざまな大学の機構や組織、運営について問題を抱えたときに、文部省の顧問室に天城さんを訪ねてなにかと相談に乗ってもらい、ときに天城さんの英断で問題を解決してもらったりもしたのだが、それはのちのちの話である。

4　ウガンダ周遊の旅

一九七七年一月一九日、市川に留守居を託してわたしたちはウガンダ旅行に出かける計画をたてた。当時はイディ・アミン大統領が暴政をふるってウガンダ国内は政治も経済もかなり不安定だったが、その時点では旅行が可能だとの情報を得ていた。ケリチョーの茶畑の広がるなだらかな丘を越えて、ビクトリア湖畔のキスムに着く。去年は一人でランドローバーに乗って通ったところであるが、今回はルノーの乗用車で来たので、早いし楽に走ってこられた。道路さえよければ乗用車の方がやはり走りやすい。ニュー・キスム・ホテルにチェック・インして夜を過ごすが、蚊の多いのには閉口した。マラリアの洗礼を受けるのはごめんなので蚊取り線香をいくつも焚いて刺されないように用心する。翌日はかなり高度をあげてバナナが茂って豊かそうなカカメガの森を通ってウガンダ国境のマラバに至る。この付近の農耕民族イスハの社会人類学的調査をおこなったのが[*文献204]、その昔初めてアフリカを目指したとき横須賀港まで出航を見送りにきてくれた中林伸浩君である。越境のための手続きをすませ

文献204　中林　一九九一

写真●5—8　槍一本を携えて草原のなかを歩くマサイの戦士。こんな光景は、今でも見られる。変わらないアフリカの暮らしだ。（写真提供：アフロ）

てゲートをくぐるとすぐトロロの町である。バス・ターミナルの前の安食堂で簡単な昼ご飯を食べて西へと向かうとまもなくジンジャである。ここは砂糖の生産、繊維産業をはじめとしてウガンダの工業をになうこの国第二の都市である。じつはビクトリア湖は白ナイル川の源流であり、ここジンジャから流れ出した水がナイルになっていくのだが、この地がナイルの源頭になっていることを発見したのはイギリスの探検家ジョン・ハニング・スピークで一八六二年七月二八日のことであった。

首都カンパラに向かって西進するが、道路の両側には緑の木々が茂り、バナナがたわわになっていたりサトウキビ畑が広がっていたりして、東アフリカのサバンナ、ウッドランド、半砂漠など乾燥地帯ばかり見慣れた目には、ウガンダは緑豊かな楽園のように見えた。途中の道端でトマトやバナナ、ムシカキと呼ばれる日本の焼き鳥のように串焼きにした肉片を売っているので、おやつに買っていく。カンパラには五時ごろに着き、旅行代理店と看板のかかっている店で尋ねて、カンパラで最高級だといわれるカンパラ・インターナショナル・ホテルを教えてもらい投宿する。ウガンダでの初めての宿で夕食をしたが、そこでウガンダの疲弊した経済の現状を実感することになった。肉、お米、野菜など食材は豊富で豊かな農業国を誇っているのだが、パンに塗るバターがない、最後に出てきた紅茶に入れる砂糖もないという。あれだけのサトウキビ畑を見てきたし、国の北部地方は乾燥していて牧畜が盛んなのであるが、それらを加工するシステムがまったく機能していないのである。アミン大統領の圧政のもと、商工業や経済の流通機構を動かしてきていたインド人たちが排斥され、命の危険さえ覚えて、どんどんとこの国を逃げ出し、工業と流通機構は壊滅状態に陥っているのであった。

カンパラから二〇〇キロあまりのマシンディまで、北へとそして途中から西へ進む。植民地時代に作られた道は見事な舗装道路で一〇〇キロから一二〇キロのスピードでお昼には到着する。昼食後、郊外のブドンゴの森を見にいく。京大自然人類学研究室の大学院を出て、霊長類研究所の教官になっておられる杉山幸丸さんや鈴木晃さんがチンパンジーの調査をされたところなので、どんなところな

写真●5―9　一九六三年インド・マイソール州、ダールワールのサル調査地にて。右より杉山幸丸、パーササラシー・M・D、川村俊蔵、スザンヌ・リプレイ、吉場健二、田中二郎

一九六二年から一九六三年にかけて、インド、パンジャブ・ヒマラヤの処女峰インドラサン（六二二一メートル）に登頂したのち、南インドのマイソールで展開されていたサル類調査隊に参加したときの写真。

のか見てみたかったし、運がよければチンパンジーを見られるかもしれないと思った。森はタンガニイカ湖のカソゲに似た感じであったが、カソゲのような斜面はなく、平坦なところで、残念ながら道端からちらちら覗いてみてもチンパンジーのいる気配はしなかった。

二二日、マシンディから真北に五〇キロほどでカバレガの滝国立公園に達する。アルバート湖の北端にパラー・サファリ・ロッジがあり、その付近でカバの大群を見たりしながら、お昼ご飯を食べる。この湖の向こう岸はすぐザイールで、一昨年ピグミーの森から出てきて苦労して歩いたり、ヒッチハイクしたりしたコンゴ森林につながっている。午後ものんびりと公園内をドライブしながら、園内の東の端にあるチョーベ・サファリ・ロッジに宿泊する。翌二三日、チョーベを出発し、東に向かってリラへ、そして南東へソロティを経由してムバレへと走りつづける。この道から北方には、ドドス、カラモジョン、テソと遊牧民族が分布しており、北はスーダン、東はケニアの遊牧諸部族と接しており、おたがいに家畜の争奪をめぐって略奪の機会をうかがっている。テソはわたしの東大文化人類学研究室時代の先輩の長島信弘さん（一橋大学名誉教授）が詳細な社会人類学のフィールド調査をされた[*文献208]ところだし、カラモジョン、ドドスについても後年京大の人類学徒が調査に入ることになる。ムバレは東にケニアとの国境にそびえる四三二二メートルのエルゴン山の麓の町で、この山の向こう側は、わたしが今後調査に入ることになるポコットのテリトリーである。

私たちは行く先々の町で一番上等のホテルやロッジに泊まってきたのだが、どのホテルでもバターはあってもほんの一切れ、砂糖や塩、コショウもあるかなきかという状態であった。それでも私たちは身に危険を感じることもなくきわめて安全にのんびりと旅することができたのであるが、まもなくアミン大統領はアラブへ亡命し、国内は無政府状態になって、アミン時代の旧兵士からカラシニコフなどの銃器が流出し、治安状態は非常に悪くなっていった。私たちはアミン全盛の暴政の盛りを過ぎ、そのあと彼が逃げ出して亡命するまでの間隙をぬって、比較的平和な時期にウガンダの旅を楽しんだ

写真●5—10　チンパンジーの生息するブドンゴの森は鬱蒼として薄暗く、カソゲとはちがって斜面はない。道路から見ているだけではチンパンジーの姿は見えなかった。

文献208　長島　一九七二

ことになる。最後の宿泊地ムバレを出て国境の町トロロを経由して一路ナイロビまで無事帰ってくることができた。

二月から三月にかけて、今度は私たちが学振で留守番をし、そのあいだに、市川はランドローバーを駆ってサンブル国立保護区のやや西北の町ワンバから山の中に分け入り、山地林で狩猟採集生活を送っているサンブル出自のスイエイ・ドロボを調査したいと、その予察を何回か試みている。彼のピグミーと比較しながらのドロボについての本格的な研究は次年度七七年五月以降九ヵ月間にわたっておこなわれることになる。[*文献107]ドロボは、ケニアおよびタンザニアの山岳地帯に散在する狩猟採集民集団の総称で、マサイ語系統の言語を話す集団が多いが、場所によってはナンディ語系統の言語を話すオキエクと自称する集団もいる。主な生業は毒矢を用いた弓矢猟のほか、養蜂、土器や木器の製作などで、山羊を飼っているものも多い。平原部に住むマサイ、サンブル、ナンディなどの牧畜民と密接な関係をもっており、蜂蜜や木工製品、土器などを牧畜民の小家畜と交換している。市川の調査しているスイエイ・ドロボは隣人のサンブルに対して割礼の執刀者、植物薬の専門家として伝統医的な役割をも果たしているという。

来客の接待、大統領府や大学との折衝、不定期におこなう学振セミナー、日常の買い物や子供の遊び相手、そして雑用の合間をぬって論文の執筆と、けっこう忙しなく残りの二ヵ月間もあっという間もなく過ぎてしまい、六ヵ月間の任期は終了した。半年のあいだではあったが、じつにいろいろな多くの人たちに会うことができたし、東アフリカ三ヵ国を旅してまわり、土地や自然、当時の人びとの暮らしぶりを身近に見せてもらい、十分にアフリカを満喫することができた。四月からは長男広樹が小学校に入学するので、その手続きもしなければならない。四月からの後任駐在員には佐藤俊、石田英実さん[*文献95]（京大、六ヵ月）、上田将さん（九州大、六ヵ月）が決まっていたので、先着した佐藤に事務引継ぎをして、私たち家族四人と市川は三月末をもってナイロビをあとにすることになった。

文献107　市川　一九八〇

文献95　石田　二〇〇九

写真●5―11　石田英実。サンブルの調査助手と。

5　トゥルカナとポコットを調査対象にする

(1) ケニア西北部の予察

一九七八年度の文部省科学研究費補助金（科研費）に、「ケニア北部乾燥地域における遊牧民、農牧民の生態人類学的研究」を申請し、採択されて、はじめて科研費の調査費を受けることになった（図5—1）。メンバーは伊谷さん、東大理学部助手となっている丹野君、佐藤君、大学院博士課程の太田至君、そして私の五名であった。私たち四名は六月から出かけるが、佐藤のみは三月末に駐在員生活を終えてナイロビから帰国したばかりであり、博士論文を書き上げてしまうためにも研究室に缶詰めになって、一一月末から追っかけてくることになっている。六月一八日夕方ナイロビ空港にて学振に今年駐在している霊長類研究所の同僚である大沢秀行君と奥さんの久美子さんの出迎えをうける。しばらく学振で休んでから、予約してもらっていたサファリランド・ホテルに投宿する。夕食を終えたあとで大統領府の担当官ルチアミさんが訪ねてくる。ルチアミさんとはここ二、三年の調査許可申請などで私や佐藤ほか学振駐在員ともすっかり仲良くなり、夕食を誘いあったりする間柄になっていた。またこの頃には、ナイロビ大学に留学していた社会学専攻の松田素二君が、ナイロビに流入した都市労働者たちが集住するカンゲミ地区の調査を始めていて、日本のアフリカ研究も、都市を対象とした社会科学領域に広がっていた。*文献230 学振オフィスの住人たちの顔ぶれも、より多彩になっていった。

翌日からはまたフィールドで使うための四輪駆動車の調達に奔走する。七四年以来ランドローバーをすでに二台買ったが、一台は太田がトゥルカナ調査をするのに必要だし、そしてもう一台はサンプ

写真●5—12　大沢秀行

写真●5—13　大沢久美子

ル国立保護区でグレービーシマウマの観察調査をはじめた大沢君がときどき使っている[*文献45]ので、ポコットの方を調査するためにどうしてももう一台が必要になったのである。あちこちを物色したあげく、今回はトヨタのランドクルーザー・ステーション・ワゴン六人乗りの中古を買うことにした。アフリカの原野といえばランドローバーの世界だったものだが、最近ではトヨタのランドクルーザーやハイラックスの四駆仕立てのものがどんどんとポピュラーになってきている。ナイロビ大学アフリカ研究所のキプコリール所長の推薦で大学院生二人をポコットの調査に参加させることになっており、これだと四、五人の旅でもゆったりと乗ることができるというのもこの車種を選んだ理由である。当面はわれわれ日本人四名だけで、ポコット平原からトゥルカナ・ランドへと広域の予備調査をおこない、ケニア人学生も含めた六人の調査地を決めてから、学生をフィールドへ送りこむこととする。

広域調査のために必要な物資や食料を買い込み、二八日、ナクルから北へニャフルル経由、サンブル・テリトリーの南西端をかすめてタングルベイの町へと着く。ここから西北部にポコットの領域が広がっている。ポコットの村々を通るが素朴で観光ずれしたりしておらずなかなか良い印象をもった。バリンゴ湖へ着いたときはすでに七時を過ぎうす暗くなっていて、テントを張るのに苦労する。

翌日はンギニャンからさらに北への道をたどってカペドまで行く。ここはすでにトゥルカナの地に入っているのだが、ここからおよそ一〇〇キロばかり北のロコリまではたがいに敵対するトゥ

文献230　松田　一九九六
文献45　Ohsawa 1982

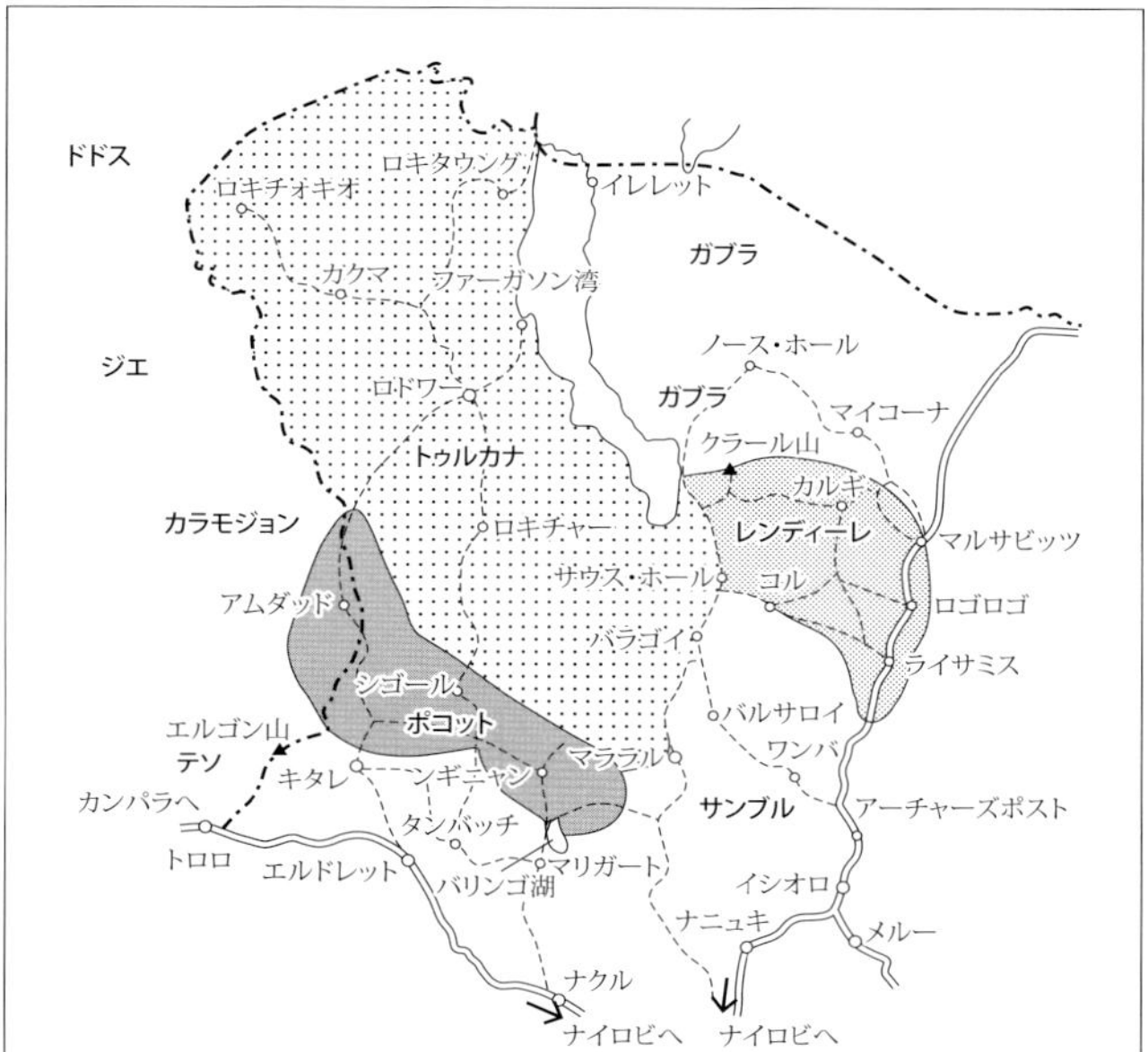

図●５—１　ケニア西北部概略図

ルカナとポコットとの接触を妨げるように無人の緩衝地帯にしてあるとのことである。カペドには温泉が湧き出ていて滝になって流れている。風光明媚な地で立派な学校や病院があり、一九六四年から住みついているドイツなまりの女性がいて情報を得ることができた。カペドから北へ二〇キロほど走ってみたが、行き止まりの道に入りこんでしまい、戻ってきて温泉の近くにキャンプした。

六月三〇日、ンギニャンまで引き返し北西に向かい、キト・パスというちょっとした峠を越えてコロワに至る。このあたりがポコット平原の中心であり、いくつかの集落が散在しているが、今日はケリオ川を渡って十数キロのチェランガニ山塊の裾野にあるトットの町で市（ソコ）が開かれており、大人たちは皆そちらへ行っているとのことである。牛、山羊、ロバなどの家畜と少数の女性、それと子供ばかりしか残っていなかった。トットまで行ってみると、この町には毎週火曜と金曜に市が立つのだという。その日は金曜日であった。川向こうのトットは農耕民マラクェットの地で、腰巻に布の肩掛けをまとっただけのポコットとは対照的に色とりどりの衣服を身につけている。チェランガニ山塊の中腹からも農作物を売りに多くの人びとが降りてきている。ポコットたちは瓢箪に入れたサワーミルクや山羊肉の塊、山羊の皮、小さな容器に入れた蜂蜜をもってきて売っており、そのお金でバナナ、キャッサバ、シコクビエ、トウモロコシ、レモン、雑穀から醸造した酒を買って帰る。トットからチェランガニの山裾に沿って二〇キロばかり北上するとチェセゴン、さらに三〇キロ北にはロムットという町があり、チェセゴンでは水曜、日曜に、そしてロムットでは土曜日に市が立つらしい。

わたしは平原ポコットの遊牧生活を調査したかったので、コロワ周辺を調査地とし、女性のナイロビ大学院生ジョイス・カイェレを一ヵ月ほど近くの村に住みこませようと考えた。ロムットおよびそこからチェランガニ山塊を二時間ほど登っていった中腹の斜面には農耕をおこなうポコットが住んでいるので、もう一人の学生デイビッド・ニャムワヤをロムットの町の調査にあたらせ、丹野は山住みの人びとの生活を調査するという計画を考えた。ポコットの方は帰路にゆっくり見ていくことにして、

写真●5―14　松田素二。カンゲミでの調査初期に出会った少年と再開して、その立派に成人した姿とともに。（写真提供：松田素二）

トゥルカナの地をまず探索しようとロドワーに向かう道を北へとたどる。七月二日にロドワーに着くが、日曜日だったためガソリンが買えず、トゥルカナ湖畔のファーガソン湾まで行って浜辺の椰子の林にキャンプ、トゥルカナの漁師から魚を何匹か買ってその晩のおかずにする。

翌日ロドワーへ引き返して給油し、いよいよトゥルカナの調査地候補に考えていたカクマ方面へと北に向かって走りだす。ロドワーより北方はかつて行ったことのない初めての土地である。ロキタウングへ続く幹線道路はよい道だったが、七〇キロほどで左折しカクマへ向かう道は雨が降ったばかりのせいもあって、にわかにできた川の流れを横切ったりしなければならず、最後の小さな峠越えはかなりの悪路であった。カクマの横を流れるタラッチ川は普段は涸れ川なのであるが、昨夜の雨のために真っ赤な濁流がごうごうと流れていてとても渡れる状態ではない。岸辺の高みに教会があり、いろいろと周りの集落などの情報を聞いていたら、よかったら泊まって行きなさいと言われ、ありがたく一室に泊めていただく。

一晩のうちに水はすっかり引いていたので、タラッチ川に沿って北へぶらぶらと偵察に行く。太田はゆうべから腹痛でうなっているので休ませて、伊谷、丹野、わたしの三人で歩いていく。タラッチ川の向こう遥か彼方にウガンダ国境のエスカープメント（断層崖）が見えている。荒涼とした景観のなかに、教会を取り囲むようにトゥルカナの村がならんでいる。川沿いに一〇分も歩くと大小の村々がポツリポツリとあらわれてくる。小柄な女性に出会って手まねで問いかけるが彼女は家に帰るところらしいのでついて行ってみる。小一時間ところどころぬかるんだ川床を歩いていって、彼女の拡大家族が住んでいる村に到着した。彼女と夫、夫の父母、子供たち、そして親戚の人たち、合計一四人がいまここに住んでいるようである。何人かは家畜に付き添って放牧に行っていることだろう。しばらく村の様子を見学したあと、帰りは川のなかに入らず、岸辺に沿って戻ってくる。

翌日は太田も元気になって、四人で一晩のうちに干上がったタラッチ川を渡り西へ五〇キロ、二時間かけて進んでみる。道の途中に村があり、人、ラクダ、羊を見かける。スワヒリ語はまったく通じず、あまり無理せずに引き返してくると、途中のソマリ人が営んでいる茶店でスワヒリ語を話せる男に会い、しばし話を聞かせてもらう。いまカクマの牛はウガンダ国境を越えた崖の上に連れていかれて放牧しているのだという。ウガンダ側のカラモジョンやドドスとは仲良くやっているが、「ジエだけは悪い連中で、敵対関係にある」ということらしい。カクマの牛が放牧されているのはおそらくドドスのテリトリーであろう。このところよく雨が降っているので、やがて草が茂ったら牛もエスカープメントから下ろしてカクマの方へ戻ってくるであろう。ドドスも牧草のよい方を目指し、トゥルカナ・ランドへ降りてくることもあるらしい。カクマは素通りしてロドワーに急ぐ。

翌朝、ＤＣに会って挨拶してから南へと下り、途中のロキチャー近くのトゥルカナの村にテントを張ってキャンプする。男二人、それぞれの妻、そして子供数人のこじんまりした村である。牛は一八頭、そしてロバ、山羊、羊がいるが、ラクダはいないようである。日没寸前に牛、山羊、羊を追って戻ってくる。近くまでくると男二人も手伝い、柵の前で二手に分けてそれぞれの囲いのなかへ追い込む。ロキチャーから南はしばらくトゥルカナの村が散在するが、やがてポコットと接触しないよう設けられた無人地帯を通ってポコットの住む地域に戻ってくる。

(2) ポコットの調査地

ロムットに午後一時に着いたので、若い男に道案内を頼んでチェランガニの山道を登る。二時間半かけて高度一七〇〇メートル登ったことになるがかなり急峻なところもある悪路である。ここに住む人びとはポコットでありながら、牛も少しは飼っているが、おもにトウモロコシを栽培する農耕の民である。ロムットで開かれる市の日には収穫物を背負ってこの道を駆け下り、トウモロコシなどを売った金で買い物をして登り返して帰ってくる。山の斜面が非常にゆるくなって開けているところに集落があり、学校もある。オチオットと呼ばれている集落である。たいへん眺めがよく、涼しいし、気持ちがいい。登りは歩くのが精いっぱいであまりよそ見していなかったのだが、下りはゆっくりのんびり二時間で戻ることができ、麓の斜面にはシコクビエが植えられているのに気がついた。ロムットの町はずれにキャンプし、山登りでほどよく疲れたからだには、牛肉のシチューに傍の小川で冷やしたビールがとてもおいしかった。

コロワ周辺をさらに探索し、チェランガニ山塊の南面の山道を通ってキタレに至り、カペングリア周辺も探索してみるが、あまり良さそうなポコット調査地は見当たらない。せっかく近くまで来たので、エルゴン山中腹の国立保護区へ行って見学する。バッファローや羚羊の足跡はたくさん見るが、アヌビスヒヒ、ブッシュバック、クリップスプリンガー、ウォーターバック、ツリーハイラックスと哺乳類で目視できたのはそれだけであった。車道から三三〇〇メートルだらだら登っていくと、とてつもなく大きい洞窟があり、中にブッシュバックが四頭潜んでいた。小雨が降ってきて道はたちまち泥んこになったので引き返して山を下り、ソイ・カントリー・クラブに投宿する。

第一回目の広域調査はまずまずの成果で、コロワ、ロムット、カクマがこれからの調査の中心になるかと思われる。伊谷さんは山が好きだからロムットから登っていったポコットの山村オチオットがお勧めかと思ったが、ご本人は「いや、わたしはトゥルカナをやりたい」とおっしゃる。タンザニアを中心にずいぶんとサバンナやウッドランド、熱帯雨林を旅してこられたが、半砂漠に近いトゥルカナ・ランドはかつてサファリされたどこよりもある意味では過酷な厳しい環境の調査地になると思われる。そうなるとチェランガニの山村ポコットの調査は丹野が担当することになる。こうして七月一二日、無事にナイロビに帰り着き、アインスワース・ホテルもサファリランド・ホテルも満室で、アインスワース・ホテルの隣のデボン・ホテルが空いていたのでそこに落ち着くことになった。

写真●5―15　オチオット農耕集落では害獣駆除のためにさまざまな罠を仕かけている。写真はその1つである箱罠。

　一週間あまりナイロビに滞在して車を修理に出したり、さまざまな所用をこなしたりして、二一日の午後フィールドへ向かって出発する。伊谷と太田がランドローバーでトゥルカナへ、丹野とわたし、それに学生のデイビッドがランドクルーザーでポコットへ向かうが、途中のロムットまでは二台一緒に走っていく。もう一人の学生ジョイスは実家のナクルからバスで数日遅れて現地までやってくることになっている。まずコロワで私とジョイスのキャンプ地を整備しておいてからロムットまで行って、そこで伊谷さんと太田に別れを告げ、二人はロドワー経由カクマに向かっていった。山の上の村、オチオットへあがる丹野とロムットの町で調査するデイビッド[註7]を残し、通訳としてピーターという英語の達者な若者をこの町で見つけて彼とともにコロワに引き返したのは二四日となった。ジョイスの一ヵ月の調査はコロワの町はずれでおこない、私もそれに付きあって初めてのフィールドワークをするジョイスの面倒を見てやったりしたが、このコロワのキャンプで隣人のマルコという中年男性がスワヒリ語を話し、また薬用植物などの名や効用をよく知っていて有能なインフォーマントになれることを発見し、彼にもピーターと一緒に調査助手として働いてもらうことにした。八月二四日にジョイスが去ったのちは、キト・パスの方へ一〇キロほど離れたチェプトゥール川の岸辺にある手頃なサイズの集落に住みこんで、ポコットの遊牧生活の実態と彼らの動植物利用や社会の仕組みについて、一二月九日に引き上げて帰国するまで調査を続けることになった。

　一〇月一九日の伊谷さんの帰国便に間に合うように、丹野、太田を含め四人全員でナイロビへ戻り所用をこなす。また、今回の調査日程の最後にあたる一一月末には、ロムットで丹野と合流してチェランガニ山塊の北西部のポコット分布域を再度探ってみるが、やはりあまり適当な村は見当たらなかった。ロドワーへまわって太田と出会い、三人でそろってロムットを経由、私の調査地のコロワ周辺で四日間過ごしたのち、一二月九日夕方五時にナイロビに帰着。一一月末にナイロビに到着した佐藤にわたしの乗っていたランドクルーザーを引き渡し、彼は三ヵ月間レンディーレの追跡調査をした

写真●5―16　調査助手のマルコと。

註7　デイビッド・ニャムワヤはその後、医療人類学の修行を積んで、業績を積みあげ、現在はジョモ・ケニヤッタ農工大学の理事会議長の任に着いている。

のち、三月初旬に帰国し、四月一日より東大へ赴任する。太田はカクマのフィールドへ戻って三月末の帰国までさらに調査を続けることになる。[*文献120・122]

この時期、京大探検部の若い三名が「上ナイル踏査隊」を企画し、スーダン南部へ出かけたのだが、中古のランドクルーザーをナイロビで仕入れていったのが縁で、私たちも彼らと出会いをもつことになった。栗本英世君のみはジュバに留まって調査をおこない、重田眞義君、吉田憲司君の二人がナイロビまで車の調達にやってきて、この年の一〇月から学振のシニア駐在員として赴任してきていた探検部ＯＢでこの隊の助言者となっていた福井勝義君（当時国立民族学博物館助教授）と三名でジュバに向けて出発したのが一一月二二日だった。しかし一週間も経たないうちに重田一人が現地ドライバーを伴ってひょっこりと舞い戻ってきた。ロドワー寸前の悪路でギアボックスが脱落し、その重い部品を交換するためにトラックを乗り継いで引き返してきたとのことであった。

栗本はナイル川東岸のラフォンと呼ばれる山の周囲に集住して半農半牧の生活をしているパリの人びと、重田はやはりナイル東岸のマグウェ周辺の農耕民アチョリの人びとのところに住みこんで調査をおこなった。吉田は美術や彫刻に興味をもっていたのでナイル西岸のマリディ周辺に住み木彫の伝統をもつボンゴの集落に入りたかったのだが、諸般の事情によって果たせず、栗本が住むラフォンに留まってパリの身体装飾をはじめとするモノの評価からパリの人びととの美意識について研究した。

以来、栗本は引き続いて南スーダンの農牧民、[*文献29] 重田はエチオピア南西部のアリ人が営む在来農業、[*文献163・164] 吉田はザンビア東部州に住むチェワ人の仮面芸術、儀礼

文献120　太田　一九八七
文献122　太田　二〇〇四

写真●5—17　ポコットのホームステッド。右の黄色いのは筆者のテント。

の研究[*文献246]と、それぞれにアフリカ研究に没入していくこととなった。

6 伊谷隊として六回目のアフリカ行

一九八〇年度は伊谷さん自ら代表者になって科研費を申請され、東アフリカからコンゴ盆地までを含む「熱帯アフリカにおける比較生態人類学的研究」をおこなうことになった。ザイールへは掛谷、市川、末原達郎が狩猟採集民ピグミー、焼畑農耕民ナンディおよびテンボの調査に赴くことになり、ケニアの遊牧民については、伊谷、太田がトゥルカナ、原子、今井一郎がガブラ、そして田中、栗田和明がポコットに入ることになった。掛谷は五ヵ月の期間の内、後半の二ヵ月は古巣タンザニアのカソゲへ移動してトングウェの追跡調査に従事することにしている。末原君は過去の米山隊ですでにテンボの研究を進めてきていた[*文献170]。市川はドロボとの比較調査を一段落して、彼も古巣のイトゥリの森のピグミーのところへ追跡調査に出かけることになる。

原子さんはピグミー調査のあと、今回は対照的に極乾燥の地でラクダを遊牧するガブラの生活、社会を調査する[*文献221]ことになり、アフリカをはじめて経験する今井君とともにノース・ホールに拠点を構えて、原子さんが三ヵ月、今井は七ヵ月間、ガブラの集落に住みこむことにしている[*文献111]。伊谷さんと太田は二年前と同じカクマの集落を調査拠点とし、さらに深くトゥルカナの生活、社会、そして人間性を究めようとしている。伊谷さんは夏休みをはさんで三ヵ月間出るのが限度だったが、院生の太田は二月まで七ヵ月間トゥルカナに留まり、人と家畜との関係を克明に観察、分析していった。わたしは前回と同じくコロワ周辺の馴染みの人びとを対象にして四ヵ月間、追跡調査をおこなうことにしていたが、初めての栗田はポコットとマラクェットの境界になっていて市（ソコ）がもっとも盛んなチェセ

写真●5―18　ジュバ大学構内でおどける「ナイル調査隊」の面々。右から栗本英世、重田眞義、吉田憲司（写真提供：吉田憲司）。

写真●5―19　パリ人の村ラフォンの住居（写真提供：吉田憲司）。

ゴンに七ヵ月間腰を据え、農耕民マラクエットと、同じポコットでありながら、農耕をおこなう人びとと遊牧をおこなう人びと、これら三者の相互関係に的をしぼって調査を進めることになった。[*文献152] この年、学振の駐在員はゴリラ研究の山極壽一[*文献244]君と短期の東京外大の言語学者、湯川恭敏さんで、次節で述べるように山際君にはことのほか世話になることになる。

栗田を太田の運転するランドローバーに伊谷さんとともに乗せ、チェセゴンの町まで案内して寄宿先を決めてから、伊谷、太田の二人はカクマへと調査に向かう。わたしはケニア北部をはじめて訪れる原子、今井の二人を伴ってイシオロ経由マルサビッツへと北上する。原子さんと今井が幌付きのランドローバーを使い、わたしはランドクルーザーでコロワへ戻らなければならないので二台そろっての旅行となった。マルサビッツから北西へマイコーナからチャルビ砂漠を横断してノース・ホールまでひた走る。ノース・ホールより北方は、わたしも初めての地なので、一緒にエチオピア国境まで北上し、国境に沿って西へとトゥルカナ湖北東岸まで行って、ガブラのテリトリーを一周してよい調査地を見つけようと考えた。

エチオピア国境沿いは、ドゥカナから西は無人地帯がずっと続き、途中のサベレイに警察の検問があるが、小さな集落があるぐらいであまり人も家畜も見当たらない。トゥルカナ湖岸のイレレットまでイネ科の草原がつづき、アカシアの木がポツリポツリと見かけられる。イレレットにはみすぼらしい集落があるが、これはダサニッチでスーダンに本拠をもつ遊牧民である。トゥルカナ湖東岸を南下してアリア湾から南東へノース・ホールへと帰ってくる。ノース・ホールの四〇キロほど手前のフルフルというところでなかなか良さそうな二〇戸ぐらいの集落をみる。牛が群がっており、深井戸から男たちが六人がかりでバケツリレーして水を、丸太をくりぬいた舟形の容器に運び入れ、家畜に飲ませている。四組のバケツリレーの列が一斉に声を合わせて歌をうたいながらバケツを上げていき、家畜に飲ませている光景は見事なものであった。ここならノース・ホールの町からも適当な距離だし、

文献29 Kurimoto 1984
文献163 重田　一九八八
文献164 重田　二〇〇二
文献246 吉田　一九九二
文献170 末原　一九九〇
文献221 原子　一九七七
文献111 今井　二〇〇四
文献152 栗田　一九八二
文献244 山極　一九八四

写真●5—20 末原達郎、テンボの子どもたちと。(写真提供：末原達郎)

調査のフィールドとするには格好の場所ではないかと思われた。

7　交通事故

全員がそれぞれの期間、順調に調査を進め、翌年二月中旬になって太田、栗田、今井が帰国を間近に控えてナイロビに戻ってきた。調査資料や手荷物の整理をし、帰国準備を進めて、その日の夜、三人は街なかのレストランで夕食を済ませたあと、アインスワース・ホテルへ引き上げようと街路を横切っていたときのことである。スピードを出して暴走してきた乗用車があり、一番うしろを歩いていた今井がこの車に撥ねとばされ、重傷を負ったのである。撥ねた車は止まろうともせず、そのまま逃げていってしまった。日本では考えられないことだが、ナイロビでは轢き逃げをした犯人が捕まることはとても期待できない。今井は頭をひどく路面にぶつけたせいで意識不明の重体となり、直ちに救急車で病院へ運ばれた。病院では応急処置をし、点滴で薬品と栄養を補給しつづけるが、今後の見通しはたてようがない。左足も複雑骨折していることがわかったが、とりあえずは頭の方が心配である。大使館の大利昌久医務官も駆けつけてくれ、相談に乗ってくださった。

日本へも学振から京都へ電話で知らせが入り、京都では市川が、そして犬山ではわたしが対策本部となって、以後連絡を密にしながら対策を練った。京大医学部脳外科の先生にも伺って、できれば日本へ送り返し京大病院に入れたいところだが、それでは飛行時間があまりに長いので、最短のロンドンかパリに輸送し、信頼のおける病院へ入れることに意見が一致した。ナイロビからだとロンドンに飛ぶのが一番便もよいので、ロンドンの日本大使館にも応援を求める。一方では、まずお金の算段をしなければならない。妻の憲子に頼んで定期預金をあるだけ解約して現金にしてもらってくる。海外

写真●5―21　左から伊谷純一郎、栗田和明、太田至。

写真●5―22　今井一郎。ヤギを放牧するガブラの牧童と（撮影：原子令三）。

旅行傷害保険や公務災害補償法などでお金が入ってくるのはいつのことになるか分からない。ともかくいま動くための資金が現金で必要であった。今井のご両親も現地へ行って一人息子の顔を見たいし、それに付き添って今井の指導教官をやっている私もナイロビへ飛んでいく必要があった。飛行機の手配をし、わたしは名古屋から、今井の両親は大阪から、それぞれ出発して香港で合流し、ナイロビ行に乗り換える。留守本部は京都の市川と、犬山側ではやはり山岳部出身で遭難救助などの対策や処理に慣れている松沢哲郎君にお願いすることになった。今回の隊は伊谷隊長をはじめ、田中、市川、今井と山岳部出身者が多かったうえに、すぐ側には松沢という有能な人材がおり、おおいに助けられた。

ナイロビ側では、学振の山極がさまざまな連絡や雑務を処理する本部を引き受けてくれた。医務官の大利さんがロンドンの大使館付き医務官と連絡を取ってくださり、大英博物館に近い脳外科の専門医をかかえる病院に入れるよう手配がなされており、わたしたちがナイロビに着いてまもなく、ロンドンに向かって出発することになっていた。座席を六席分とりはらってベッドをしつらえ、大利医務官も点滴の装置をつけたままの患者に付き添ってくださった。今井の両親、太田、そしてわたしが一緒に乗りこみ、ロンドンへ直行した。頭部をひどく打ち付けて脳挫傷を起こしており、脳の損傷が大きいので、傷の回復に時間がかかるのに加え、正常に脳の機能を全体的に統合し修復しなおす必要がある。挫滅した部分は取り返しがつかないが、損傷を受けていない部分で欠けた分まで機能を分担させ正常な形に修復する力は、若ければ若いほど可能性が高く、今井はまだ若いから治る見込みは十分にあるという話である。病状は落ち着いたが長期戦が予想されたので、わたしは数日で帰国、今井のお父さんも仕事があるので一週間ほどでとにかく一旦日本へ帰ることになった。結局一ヵ月ほどロンドンの病院に入院し、その間、太田と今井のお母さんがホテル住まいをしながら毎日病院に通って、今井の病状の推移を見守り、日本との連絡を果たしてくれた。いつになったら意識が回復するかは分からなかったが、脳挫傷の傷は落ち着いて状態は安定していて、日本までの輸送も可能ということに

写真●５―23　カリシンビ山の苔の森でゴリラを追う山極壽一。（写真提供：山極壽一）

写真●５―24　ボッソウのチンパンジーの行動を調査する松沢哲郎。（＊文献229）（写真提供：松沢哲郎）

なったので、看護師を一人つけてもらって日本向けの飛行機に乗せる。伊丹空港から京大病院へ直行して入院させる。

帰国してから何日目であったろうか、ある日、彼は意識をとりもどした。まだ二五歳という若さだったから、生き返ることができたと医者は言う。若ければ若いほど、脳の修復には期待がもてるのだということであった。今井本人は、気がついたら京大病院の屋上にいたと話す。ナイロビで事故にあう寸前までの記憶はあるが、車に撥ねられた記憶はまったくないらしい。空白の一ヵ月半ののち、京大病院の屋上で意識をとりもどし、まず気になったのは足の骨折のせいで歩くのが不自由だったことだそうだ。まわりの皆は生死の境をさまよっている彼の脳の具合を心配していたのにもかかわらず、本人にはその感覚はまったく分からないらしい。しかしじつに幸運にも彼は蘇り、すっかり元気になって着実に研究生活を進め、いまは関西学院大学の教授を務めている。

フィールドワークで事故にあったり、病気したりして、命を落とすこともままあるのであるが、わたしの関係した調査隊で、これほどの事故を起こしたのは初めてのことであった。砂利道で車がスリップして転倒する事故はこのあと何回も経験することになるが、車はひどいダメージを受けながらも、乗っている人間は幸いほとんど怪我もしないで済んできたのである。

8　遊牧ポコットの移動のパターンと家畜管理

(1)　ポコット平原の居住集団ホームステッド

遊牧ポコットは標高約一〇〇〇メートルのポコット平原と呼ばれている樹高五メートルほどで杯型

文献229　松沢　二〇〇二

写真●5—25　重傷を負った今井一郎が入院したロンドンの脳外科病院Ospedale Italianoの前で。左から今井の母君孝子さん、太田至、在ケニア大使館の大利昌久医務官、今井の父君嘉夫さん。

をしたアカシア（*Acacia mellifera*）を優占種とするアカシア・ウッドランドで牛、ラクダ、山羊、羊、ロバを飼育して生活している。平原には降雨の直後にだけ水の流れる涸れ川が東から西へとケリオ川に注ぐ格好で走っており、川岸には喬木となるアカシア（*Acacia tortilis*）が生育して川辺林を形成している。人びとはこの川辺林のなかに好んで村（拡大家族集団で構成される家屋敷で、人類学ではホームステッドと呼んでいる）を作り、涸れ川の屈曲点などに浅い井戸を掘って人間と家畜のための飲料水を得ている。年間降雨量は一〇〇〇ミリメートルぐらいあって、北部ケニアの乾燥地帯のなかではやや乾燥度の低いところである。気温は年中ほぼ一定しており、最低一八度、最高はよく晴れた日の日中に三八度に達する。

彼らの主たる食物はとうぜん家畜産物のミルク、肉、血によっているが、若干の野生植物を採集したり、稀に動物の肉を狩りで得たりもしている。チェランガニ山麓の農耕民マラクェットが住むトットの町へ交易に出かけ、畜産物と引き換えにトウモロコシ、シコクビエ、キャッサバ、バナナなどの農産物を得て、これも補助的な食料としている。

ポコットは父系拡大家族で構成される小さな居住集団の単位でホームステッドを作って生活しており、これが家畜管理および日常生活の単位となっている。ホームステッドの大きさは七、八人ぐらいから四、五〇人までとさまざまで、診療所や学校のあるコロワを中心に各所に散らばっている。図５―２にわたしが確認したホームステッドの分布を示すが、聞くところによれば、まだたくさんのホームステッドが周りには存在するということである。

一九七八年時点で、わたしはトットの町からキト・パスへ向かう道路に近い、コロワから東へおよそ一〇キロのチェプトゥールと呼ばれる涸れ川の川辺林に住むグループのところに住みこんで調査をおこなった（図のＰ地点）。このホームステッドには、ペテルカマールという六〇歳ぐらいの男を頂点に、彼の四人の妻と彼女たちの子供、孫、さらに彼のすでに亡くなった兄の息子家族が住んでいて、合計三三人が暮らしていた。この家族にはほかに三人の息子（一〇歳、一六歳、二〇歳）がいるが、彼らは一五キロほど離れたところに作られた牛キャンプで暮らしていた。

このホームステッドの南一〇〇メートルほどのところに、ペテルカマールの妹と彼女の息子の家族が小さなホームステッドを作って住んでいる。この人びとは毎日ペテルカマールのグループの人びとと一緒に日常生活や家畜管理を共同しておこなっているのであるが、それにもかかわらず、ポコットの社会は父系で成り立っていて、家畜の所有は父―息子、兄―弟のラインで継承されてゆき、したがって家族の長の姉妹の息子は傍系ということになり、同じホームステッドに住むことは許されないのである。ただし、彼女らの家畜はペテルカマールのホームステッドに預けられており、放牧などの管理は共同でおこなわれている。

婚姻制度はクラン（氏族）外婚制をとっているので、女性は成人に達すると生まれたグループを離れてよそのクランへ婚出し、他のクランの女性が婚姻を通じてこのクランに入ってくる。平均的なポコッ

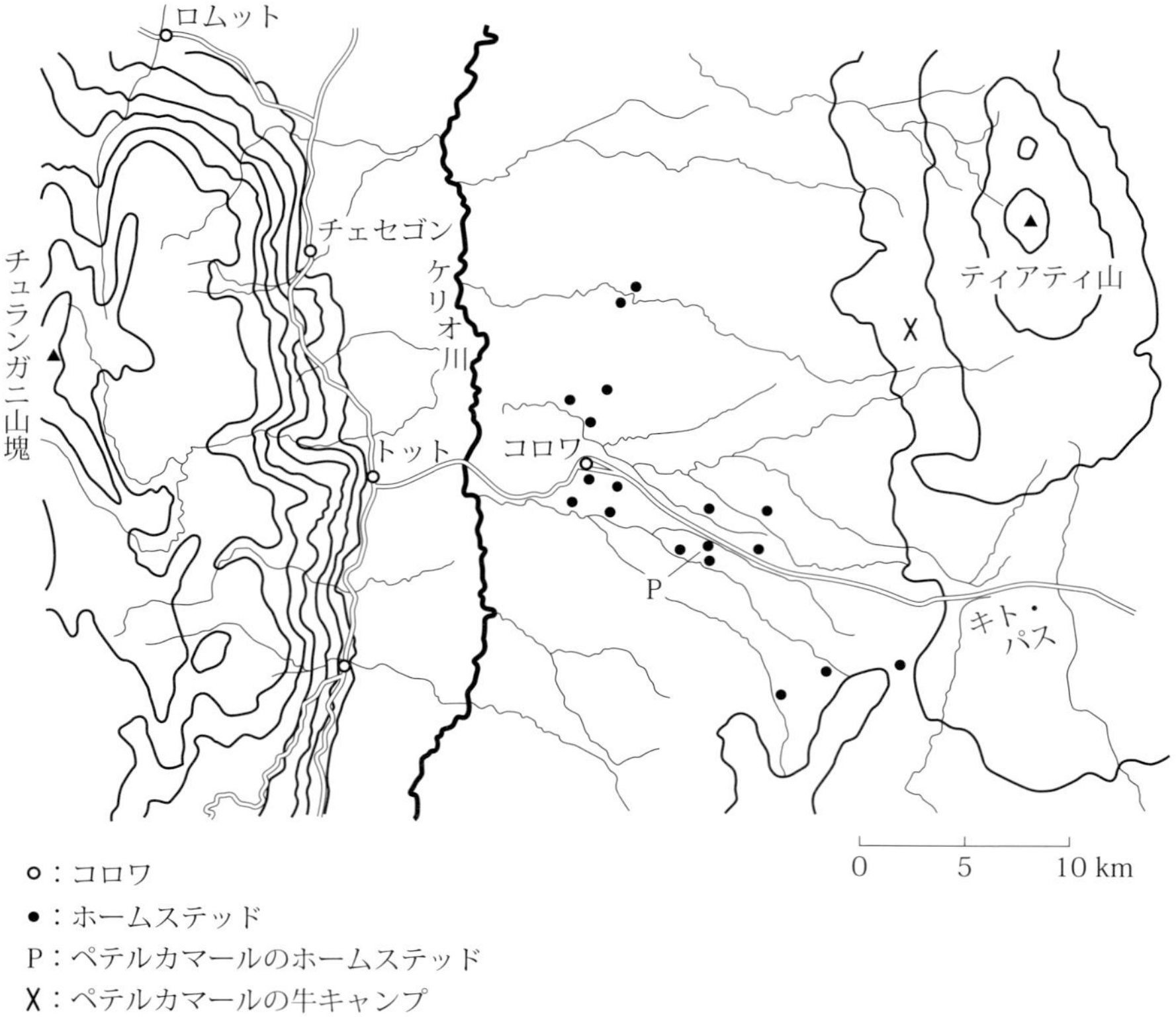

図●５－２　ポコット平原、コロワ周辺のホームステッドの分布

写真● 5 —26　槍を点検するポコットのホームステッドの長、ペテルカマール。一般に遊牧民の成人男性は、戦士として戦いの際には勇敢に振る舞うが、普段は日がな一日、お喋りをして過ごす。それが一種の「政治」なのである。

トのホームステッドは、既婚女性たちの小屋が直径五〇メートルぐらいの範囲で円形に配置されて建てられ、一画に家畜の囲いが作られて成り立っている。男たちは、夜は妻たちの小屋で寝るが、日中はホームステッドから少し離れたコクワと呼ばれる「男の場所」で過ごしていることが多い。コクワは近隣のいくつかのホームステッドの男たちが集まってくるところで、川辺林の適当な木陰に作られており、休息や昼寝、あるいはおしゃべりなどに使われている。遠方から来た男性の訪問者たちもこのコクワに合流し、おたがいの地の情報を交換する。コクワはときに問題が生じたときの議論の場ともなり、政治的にたいへん重要な役割を果たすこともある。

ホームステッドの囲いの内外にある大きなアカシアの木陰は女たちが休息したり、仕事をしたりする場所である。そこでは彼女たちは色とりどりのビーズの首飾りを編んだり、毛皮の衣類を裁縫したり、市で買ってきたトウモロコシを粉に挽いたり、あるいはおしゃべりをしたりして過ごす。皮袋に入れたミルクを揺すってかき混ぜバターを作ったりする作業は、それぞれの女性の小屋のなかでおこなわれている。

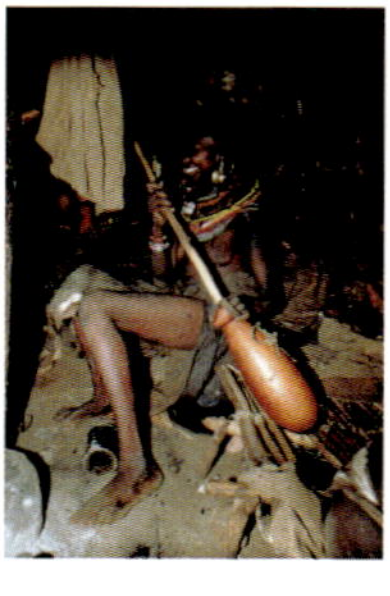

写真●5—27　女性小屋での作業。ヒョウタンに入れたミルクからバターを作る。

9　家畜の放牧と管理

家畜の飼養と繁殖は平原ポコットの生計の要である。家族のサイズがまだ小さいときは、とうぜん家畜の数が少なく、放牧につき従うべき子供たちもまだ幼すぎるので、仕事の分業は見られず、皆で家事から家畜の世話までこなしていかなければならない。しかし、いくつかの核家族を擁する平均的な大きさの拡大家族になれば、そこには種々の性年齢階梯が含まれており、それぞれの階梯によってはっきりした仕事の分担が決められている。ふつう既婚男性たちが、家畜の繁殖、群れの編成、放牧

写真●５―28　牛は食物のえり好みの高い動物で、汁気の多い草と灌木の若くて柔らかい葉しか食べず、広い放牧面積を必要とする。したがって、牛の管理はもっとも重要なものとみなされるのみならず、最大の重労働でもある。

地の選択、繁殖用に種雄として残すか去勢して肉用にするかなど、それぞれの用途に振り分けるなど、家畜管理についてのすべてを統括し、責任を負っている。放牧と搾乳などの日常用務は少年、少女、そして既婚女性に委ねられている。とくに放牧は少年と少女に任されているのであるが、手の足りないときにかぎって既婚女性、あるいは既婚男性が手助けする。搾乳は毎日二回、朝と夕方に一回ずつおこなわれる。

もっとも重要な家畜は牛であり、数も多くて、搾られるミルクの量は安定していて、ポコットの食物の半分以上を占めている。したがって、彼らは牛に財産としての高い社会的価値をおいており、故に牛の飼育管理はポコット社会においてもっとも重要な仕事だとみなされている。

(1) 牛

ペテルカマールのところの牛群と彼の妹の息子チャイコールの牛群はまとめて一緒に管理されている。合わせて二〇〇頭を超える牛の群れは一ヵ所で放牧するには多すぎるので、ペテルカマールの牛の半分以上は一〇歳から二〇歳の三人の少年によってホームステッドから一五キロ離れた牛キャンプに送られている。そしてホームステッドに残された一〇〇頭は四つの群れに分けて放牧されており、一つはまだミルクを飲んでいる仔牛二五頭の群れで、これはホームステッドのごく近くで放牧されており、五歳ぐらいの少年が面倒を見ている。ペテルカマールの拡大家族に属する五八頭は、ペテルカマール自身と彼の息子たちの三八頭とペテルカマールの兄の息子が所有する二〇頭に分けられ、それらは一五歳の少年と一三歳の少年によって放牧されている。傍系のチャイコールの牛一七頭は、彼自身にはまだ子供がないので、ペテルカマールの八歳の息子に放牧に連れていってもらっている。

牛はポコットの家畜のなかで最も食物のえり好みの高い動物で、汁気の多い草と灌木の若くて柔ら

写真●5—29　ラクダの乳搾り。こうした労働を担うのは、もっぱら女たちである。

かい葉しか食べず、広い放牧面積を必要とする。しかも一日の放牧時間も朝七時から夕方七時までともっとも長い時間を要する。したがって、牛の管理はもっとも重要なものとみなされるのみならず、最大の重労働でもあるのだ。この労働の主力が、八歳から二〇歳までの少年に託されているのである。

(2) 山羊と羊

山羊、羊は小型家畜として一緒にまとめて放牧され、七歳から一六歳までの少女たちによって交代しながら世話されている。牛に比べればずっと食物の選択性は低く、硬い草やアカシアなど棘だらけの小枝も食べることができ、したがってそれほど遠方まで放牧に連れていく必要はない。羊が山羊よりはどちらかといえば柔らかい草を好むが、それでも数が少なく必要な草の量もしれているので、山羊と一緒に近くで放牧されている。

(3) ラクダ

ラクダはどの家畜よりも粗末な硬い食物と乾燥に耐えうる動物である。レンディーレなどのように大群のラクダを飼育する人びとは、水もない植生の貧弱な荒野を広く遊牧しなければならないが、ポコットのようにごく少数のラクダしか飼ってないところでは、ホームステッドのごく近くで放牧しておくだけで飼育が可能である。ペテルカマールのところではラクダは一四頭が飼われていたにすぎず、したがって、ラクダの群れは山羊や羊と同じように扱われ、一〇歳ぐらいの少女によって世話されている。しかし、ラクダと小型家畜では移動の速さなど行動様式に違いがあるので、ラクダと山羊、羊を一緒の群れにして管理することはできない。実際には、彼らはラクダを独立した一つの群れとし、

写真●5—30　ミルクを入れるヒョウタン。

写真●5—31　家畜の世話をするのは、もっぱら若者や少年である。

山羊一六〇頭と羊三五頭を混ぜ合わせて二つの群れに分けて放牧に出しており、これら三つの群れにそれぞれ数人の少女が付き添っている。

(4) ロバ

ロバは滅多に食用にされることはなく、もっぱら物の運搬用に飼育されている。この動物は一頭だけでほっておいても人間の住処からそう遠くへ行こうとはしないので、ふつう日中はホームステッドの周辺で放し飼いされている。しかし、放牧に出すとすればロバは牛の群れの中に入れて放牧に連れていかれる。

(5) 牛キャンプ

家畜が食べる草や灌木は、ある場所にそう集中して分布しているわけではないので、すべての家畜を一ヵ所で育てるのは不可能である。それゆえに、何百頭もの大量の家畜を所有する人たちは、平原部より植生の豊かなティアティ山の麓に一つまたはそれ以上の牛キャンプを設けておかなければならない。ペテルカマールのグループは牛キャンプをホームステッドから一五キロほど離れたところ（図のX地点）に設け、そこで一〇四頭の牛の群れを管理している。キャンプには三人の少年がいて牛の世話をしているが、ペテルカマールの既婚の息子の一人が頻繁にここを訪れて少年たちに指図をし、牛の育ち具合や繁殖状況、牧草の状態などといったニュースをホームステッドにいる家長や兄弟たちに持ちかえる。

ホームステッドは半永久的な人びとの住まいなので、付近の植生はかなり破壊されており、した

写真●5—32　頸静脈に矢をさして採血する。

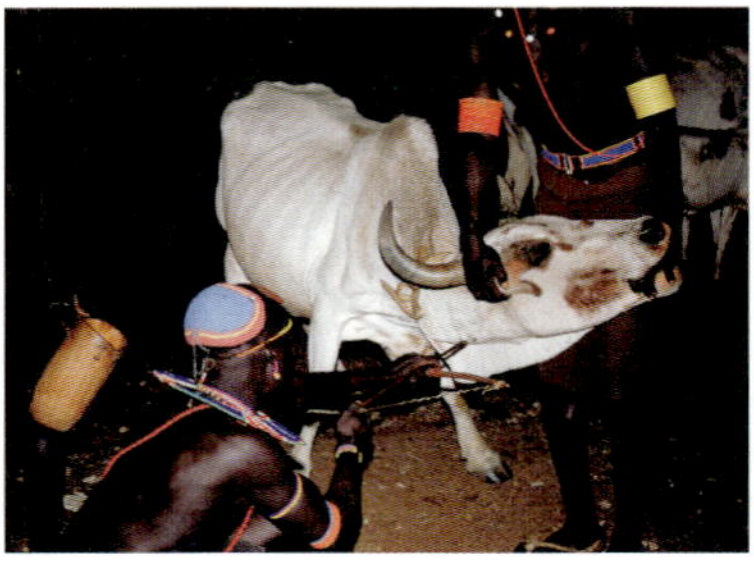

写真●5—33　搾乳は朝夕の決まった時間におこなわれる。

写真●5—34（左）　戦いを模した踊り

がって当面必要のない家畜はできるだけ遠方の牛キャンプへ送っておくのが望ましいのである。それにもかかわらず、主たる食物をもたらす泌乳牛や社会的価値のシンボルともいえる雄牛のある程度の頭数はホームステッドに残しておかなければならない。ミルクを出さなくなった雌牛とよくミルクを出す牛を、彼らはときどきキャンプとホームステッドの間で交換しなければならない。ホームステッドとキャンプとの牛の数のバランスは、結局のところ人間の数、ミルクを出す牛の数、そして牛の牧草の状態といった環境条件などの相関として決められてくるのである。

10　土地の利用について

山羊、羊、ラクダといったホームステッドで飼育される家畜の放牧は、居住地から二、三キロメートルのごく近いところでおこなわれる。乳離れした仔牛は牛群の中に入れて放牧されるが、授乳中の仔牛は少しだけしか草を食べないので、ホームステッドのごく近くで短時間放牧されるだけである。

ポコットのもっとも重要な生計活動は牛の放牧なので、わたしの調査もこのことに主力を投入した。日々の遊動距離はそこの植生がどのようであるか、また移動のスピードがどうだったかによって変わるが、ふつう五キロから一五キロの範囲におさまった。牛が好む牧草は川辺林のなかに多く見られるので、一日の放牧ルートは常に川辺林のなかを通っており、そこでかなりの時間が過ごされている。そこでは群れは分散し、草を食べながらゆっくりと過ごしている。次の川辺林にいたる間には、アカシアの灌木の林にあまり下草はないので、ほとんど草を食むことなく素通りしてしまうのである。

コロワ地域のポコットのホームステッドが半定住的であると以前に述べたが、これは彼らの住居が完全に定住にこだわっているわけではないということである。乾季がたけなわになって平原部に牧草がなくなったときには、植生が比較的豊かなティアティ山麓の牛キャンプへ彼らはホームステッドを移動させるのである。一年のほとんどの時期を平原に暮らし、当面不必要な牛だけを山の麓のキャンプに送っている人びとも、乾季の最後に平原では牛の餌もなくなるときだけは、山裾の草のあるところへ全員で移動するのである。

東アフリカの牧畜民には、地域的にもまた遊牧の仕方や範囲、遊牧リズムなど、じつに様々な変化が見られている。一方ではレンディーレのように数百キロメートルも家畜とともに移動する民族もいるかと思えば、他方ではポコットのように、一年に一、二回平原と山裾を一五～二〇キロばかり移動するだけの民族もいくつかはあるのである。後者の牧畜のやり方では、人びとの活動はそれほど家畜に影響されておらず、むしろ人間の定住化志向に家畜を従わせているといってよい。この遊牧形式はトランスヒューマンス（家畜と飼育者が低地と山地のあいだを季節的に移動すること）に近いとみなすことができる。こうした定住化傾向を示す生活様式は、ウガンダ側のより乾燥度が低く、農耕もおこなう牧畜民であるカラモジョン、ドドス、テソに顕著に認められるようである。このような変異は、乾燥の度合い、牧草地の生産量、水の供給、家畜の種類にもよっているし、それぞれの民族の伝統的社会構造や歴史的背景をもつ彼らの居住様式にも起因するところが大きいであろう。

フィールドのカーライフ

私が最初にアフリカに足を踏み入れて五〇年、人びとの生活は大きく変容し、ブッシュマンの地にも文明の波が押し寄せ、さまざまな物資が入りこんできた。しかしだからといって、カラハリ砂漠のクルマの旅が楽になった訳ではない。近代化されつつあるのはいわば点にすぎず、私たちがクルマで旅しようとする大部分の線と面は大昔からの原始の姿とほとんど変わりない。今もなお原始の姿をとどめる砂漠を舞台にしたカーライフでは、文明の地では想像すらしがたいほどの、ドライバーの知力、精神力が要求されるのだ。

過去五〇年の間に延べ八年間アフリカ大陸の各地を旅してきた経験をもとに、クルマに関するトラブルと、そんなときの脱出法をここで紹介しておこう。日本の都会のドライバーにとっては全く不必要な知識とテクニックばかりであろう。しかし、寒い冬の朝、バッテリーがあがって、しかも助けてくれる人がいないとき、山道に入りこんでぬかるみから脱出できないとき、それでもクルマを動かしたいときに、一度聞いたり読んだりした知識がひらめいて応用できる機会があるかもしれない。砂漠や密林の奥地へクルマを駆って出かけようと思う人なら、なおさらこうした知識とテクニックは不可欠である。

▼1　出発準備

奥地へのドライブにはできるだけ新しいクルマを運ぶことが大切である。機械は新しいものほど故障も少なく、トラブルは少なくてすむ。野営用具、食料、水、燃料などかなりの荷物が必要になるだろうから、十分な積載量の車種を選ぶこと、故障

写真●1　４章で紹介した道（写真４―33）に比べれば、このくらいの道はまだましと言えるが、岩の坂道を下るには、ことさら慎重さが必要だ。

時にスペア・パーツが入手しやすいよう現地でよく普及している車種を選ぶのがコツである。ラフ・ロードに備えてできるだけ車高が高く、頑丈なもので、できれば四輪駆動を備えたものが望ましい。工具に加えて、プラグやポイント、ファン・ベルトなど最低限の部品を携行する。とくにパンク修理用具、空気入れ、ロープ、針金、ガムテープ、予備燃料、水、食料は必携品である。

▼2　バッテリーあがり

うっかりミスによるバッテリーあがりは、ベテラン・ドライバーもたまに犯すものである。最近はバッテリーもスターターも性能がよくなったので、クランク・ハンドルで始動する装置をもったクルマはほとんどなくなった。人力があれば押しがけが可能であるが、問題は一人のときである。このときにロープが威力を発揮する。まず駆動輪の一方をジャッキ・アップする。駆動輪でない方の車輪の前後に石や丸太をかませて固定しておく必要があるのはジャッキ・アップするときの常識である。ジャッキ・アップした車輪のタイヤにロープを巻きつけ、このロープの一端を引っ張って車輪を回転させることによって、押しがけと同じ原理でエンジンを始動させようという訳である。

タイヤに巻きつけたロープははずれ易いので、太すぎないものをていねいに三回転分ぐらい巻いてやる。ロープは五〜一〇ミリ程度のものが一〇メートルは欲しいところである。

この方法は、バッテリーあがりのときだけでなく、スターターが作動しない場合にも使えることはお分かりであろう。

バッテリーが完全に放電しきっているときには、これでもエンジンは始動しない。その場合には乾電池八個を直列につないで、（ガムテープなどで固定するとよい）この操作を試みることである。なお、オートマチック車はその機構上、押しがけができないので念のため。

▼3　ぬかるみなどからの脱出

水溜り、ぬかるみ、深い砂地などを突破するときは、絶対に途中で止まらず、一気に走り抜ける必要がある。タイヤの空気圧を思いきり抜いて、目で分かるほど偏平にし、接地面積を大きくしておけば、とくに砂地では効果がある。タイヤ・チェーンはぬかるみに効果がある。しかし、運悪くぬかるみや砂地の中で立往生したときには、悪あがきせず、早目に次の手を施すことである。前後に揺さぶりをかけたりすれば、事態はますます悪化するばかりである。車輪を一つずつジャッキ・アップして、木の枝、草、石などをていねいに敷いて脱出を試みる。それでも出ないときには再びロープのお世話になろう。

この場合には、駆動輪の一つをウインチとして使用するのである。ジャッキ・アップした駆動輪の片方にロープを巻きつけ、もう一方のロープの端を近くの立木や岩に結びつけ、ピンとする。低速ギアで駆動輪をゆっくりと回転させ、車輪がロープを巻きとっていく力で車体をピンの方向に移動させようという訳である。

ロープがタイヤからはずれにくいよう、ロープの張力が進行方向と重なるような位置にピンを定める必要がある。適当な位置にピンが見つからない場合には、地面に穴を掘ってスペアタイヤを埋めこみ、これをピンとして使うとよい。

▼4　燃料系統の不良

埃っぽい土地では燃料にゴミが入りやすく、燃料詰まりを起こしやすい。たいていはフューエル・ストレーナーかキャブレターの詰まりであるが、これらは分解して掃除する以外に方法はない。キャブレターのノズルの掃除には自転車用の空気入れが意外に役立つことを覚えておくとよい。

フューエル・ポンプが故障しても、やはりエンジンは動かなくなる。修理不能の場合には直接キャブレターにガソリンを流しこんで応急処置をする。助手席なり、屋根の上なり、キャブレターより高い位置に携帯用の補助燃料タンクを固定し、細いビニール管を使いサイフォンの原理で燃料を送りこむ。

▼5　オーバーヒート

熱帯地方の重い砂の道などを走ると、どうしてもエンジンは加熱気味となる。本文でも書いたが、道路もない草原の中を行くような場合には、ラジエーター・グリルの隙間や前面に草の種子や花が張りついて冷却効果が激減する。こまめに停止してはラジエーターの掃除をしてやる必要がある。

ラジエーター・グリルの中へ入りこんだ綿帽子のような植物の花を吹き飛ばすのにも、自転車用の空気入れが威力を発揮する。ラジエーター自体の損傷はハンダ付で修理するしかないが、多少の漏れなら石鹸を詰めこんだり、ボロ切れを詰めこんで応急処置が可能である。

枯草などはラジエーターだけに限らずエンジンルームの内にまで入りこんでくるが、排気管付近にたまった草が燃えだして火災事故を起こすことがある。キャブレター付近に燃料漏れがある場合には一層危険なので、こまめにボンネットを開けて枯草を取り除いておくことである。

▼6　スプリングの損傷

リーフ・スプリングの場合、車軸はUボルトによってスプリングに固定されているので、メイン・スプリングが破損すると、車軸が前後にずれて走行不能に陥る場合がある。最悪の状態の場合には、スプリングを取り除き、丈夫な針金やガムテープを用いて車体のフレームと車軸を直接巻きつけて固定してしまうのがもっとも簡便な方法である。車体が傾いて、タイヤがフェンダーにぶつかる場合には、板や手頃な木片などをフレームと車軸の間に詰めこんで固定する。震動がじかに車体に伝わるので、もちろんできるかぎりゆっくり走行し脱出する。

スプリングが折れて分解するまでに至らずとも、悪路では束ねたスプリングのうちの一枚だけが損傷することは稀ではない。一部の損傷もその他の部分に負担をかけ、やがて大きなトラブルに発展しかねない。スプリングを補強するには、牛革のロープなどでぐるぐる巻きに縛りつけておくのがよい。

野生の大型レイヨウの毛皮なども手頃な材料である。奥地の村で毛皮を手に入れ、2〜3センチの幅に切り裂いてロープを作る。一晩水に浸して柔らかくしてからスプリングに巻きつけ

写真●２　最初の調査時の経験に懲りて、以後、ラジエーターの前面に植物よけの金網を張った。これだけでかなりの効果がある。金網の横にぶら下げているのは布製の水袋で、この状態で走っていると染み出た水が気化熱を奪うので水がよく冷え、暑く乾燥しているフィールドではとても美味しい。

るのである。２、３日後には乾燥して収縮し強力な補強となる。

▼7　エンジン・オイルの補充

エンジン・オイルの予備も必携品の一つだが、万一、オイル漏れが生じ、しかも予備もなくなった場合、ヤギやレイヨウなど動物の脂肪が一時凌ぎに使えることを知っておくとよい。バッテリー液の補充には、いざとなれば水溜りの水を使うのもやむをえない。もちろん、いずれも緊急時の一時凌ぎである。

自動車のエンジンは基本的に、燃料が供給されていて、電気が流れ、プラグに火花が飛んでいるかぎり動くものである。また、自動車自体もエンジンが動くかぎり走るものである。あせらずに冷静にトラブルの原因を発見し、臨機応変に処置を加えたい。悠々せまらず、広大な原野の中で、自らのもてる知力と体力を試してみるのも、奥地への旅の醍醐味のひとつであろう。

人跡稀な奥地への自動車の旅は、けっして安易なものではない。体力と同時に強靱な精神力がことさら要求される。いかにしても自動車が動かなくなった場合、最後には自分の足で一〇〇キロぐらいは歩いて脱出するだけの覚悟が必要なことはいうまでもない。

第6章　乾燥への適応のかたち

——カラハリ狩猟採集民とケニアのラクダ遊牧民

レンディーレのラクダ遊牧

1　狩猟採集民から遊牧民へ

　前章で述べたように、一九七〇年代の半ば以降、日本のアフリカ研究は急速に拡大し、その対象は、狩猟採集民と農耕民に加え、牧畜民へと広がった。元来その目的は、自然と密接なかかわりをもって生き続ける社会において、人びとが、どのように資源を利用し、それぞれの自然環境に適応しているかを明らかにすることによって、生物の一つの種としてのヒトがもつ本質を、進化史のうえに位置づけようとする試みだったが、私が始めたカラハリの乾燥地帯での調査を皮切りに、原子令三、丹野正、市川光雄による熱帯林のピグミー研究、また原始焼畑農耕民については、大塚柳太郎がパプアニューギニアを、[*文献124] また、掛谷誠、武田淳がタンザニア西部のトングウェについて、というかたちで、生態学的な方法による研究が広がっていった。また海外では、リーやドゥボーによるブッシュマン、ジェームズ・ウッドバーンによるハッザ、リチャード・アラン・ゴールドによるオーストラリア原住民の研究がみられた。[*文献11]

　しかし、それらの資料をつきあわせ、比較検討し、自給自足的小社会を営む人類の集団についての一般化をおこなおうとすれば、これらのかぎられた資料だけではまだまだ不十分であり、世界各地のさまざまな環境下における、異なった集団についてのより多くの資料が必要であることがわかる。文明社会に至る以前の、狩猟、牧畜、農耕という三つの経済形態のなかで、とくに、牧畜に関する資料が欠落している。牧畜民社会については、アフリカ各地での社会人類学的な研究資料（なかでも親族組織や政治組織についての）は豊富にみられるにもかかわらず、たとえば、それではいったい、ある集団が、何頭の家畜を飼育しており、それだけの家畜に対してはどれだけの遊牧地と牧草が必要で、ど

文献124　大塚　一九七四

文献11　Gould 1969

のような遊牧のパターンを展開しているのか、また、そのためにはどれだけの人力を投入しているのか、そして、そこからどれだけの生産を得ることができるのか、といった、ヒトや動物についての基本的な生存そのものにかかわる資料は一つも示されてはいなかった。

狩猟民・採集民・漁撈民については、彼らの単純な生計技術を別とすれば、自然に対する積極的な働きかけはほとんどゼロに等しく、いわば一〇〇パーセント自然に依存して生活しているといってもよい。そのような社会にあっては、ヒトと自然環境との相互関係はもっとも明瞭なかたちでとらえることができる。それに対して、農耕民や牧畜民の社会になると、それは、かならずしも自然との一対一の対決ということではなくなり、農作物なり、家畜なりといった生産物が介在し、多少なりとも、その生産を人工的にコントロールするようになる。農耕や牧畜といった生産手段をもった人々を研究するさいにも、できるかぎり、自然への依存度が強い、すなわち、技術が幼稚であるため、生産の人工的コントロールが弱い集団を対象に、考察をおこなうことが有効である。それゆえに、農耕では原始焼畑農耕が、また、牧畜の場合には、比較的苛酷な環境下にあって、移動性の高い遊牧形態が、生態人類学的研究の対象としてはふさわしいといえるが、一九七〇年代の半ばまでは、そうした資料に乏しかったのである。

2　ケニア北部の遊牧民

東アフリカは、その植生からいって、大部分がサバンナ・ウッドランドによって占められている。ただし、広大な降雨域をもつビクトリア湖をはじめとして、ウガンダからケニア中央部にかけては、地形も変化に富んでおり、エルゴン山、南・北ニアンザの山塊、ケニア山などでは山地林（montane forest）が発達している。ところが、それより東に行って、ケニア、タンザニアの東部にいたると（高温多雨の海岸部は除いて）、雨量は減少し、ウッドランドを形成するにはあまりに乾燥しすぎていて、大部分が草原となっている。とくに、ケニアの北半部では、高度は他の地域で一〇〇〇m以上あったのが、四〇〇〜六〇〇メートルと低くなり、雨量も年間二五五ミリメートル以下となる（図6—1）。景観（vegetation）は、灌木性のアカシア属（*Acacia*）、ボスウェリア属（*Boswellia*）、コミフォラ属（*Commiphora*）などよりなるソーン・ブッシュ（thorn bush）や草が疎らに生えるだけの半砂漠（semi-desert）となっている。この半砂漠は、エチオピア東部およびソマリアにかけて広がり、サハラ、アラビアの大砂漠へと連なっていく。

　ケニア北部のこの半砂漠を舞台に生活するのは、ここで扱うレンディーレ（Rendille）のほかに、ガブラ（Gabra）、ボラナ（Borana）、ソマリ（Somali）などの諸部族である（図6—2）。また、生活の本拠は、より南の丘陵地であるが、レンディーレとはもっとも友好的で、交渉を密にするサンブル（Samburu）、トゥルカナ湖の西岸を中心に分布するトゥルカナ（Turkana）、ガブラの西北方に分布するシャンキーラ（Shankilla）が、一部、この地域をも遊牧域の範囲とする。これら諸部族は、いずれも、ウシまたはラクダ、および、ヤギ、ヒツジを飼育し、遊動的な牧畜をおこなうが、トゥルカナ湖西岸に住むトゥルカナの一部のものは、漁撈によって生計をたてている。トゥルカナ湖東岸のロイヤンガラーニには、サンブルの一支族であるエル・モロ（El Molo）がいて、岸辺の魚を投げ槍で捕える原始的な漁法で生活しているが、人口が減少し、現在では一〇〇名を下まわっている。

　以上の諸部族は、言語的に二つの大きなグループに分類され、トゥルカナとサンブルはナイル語群（Nilotic）に、レンディーレ、ガブラ、ボラナ、ソマリ、シャンキーラはクシ語群（Cushitic）に属する。トゥルカナは、ウガンダ側でこれに隣接するカラモジョン（Karamojong）やテソ（Teso）、あるいは、スーダンにまたがるジエ（Jie）などと同じ中央パラ・ナイル（Central Para-Nile）と呼ばれる

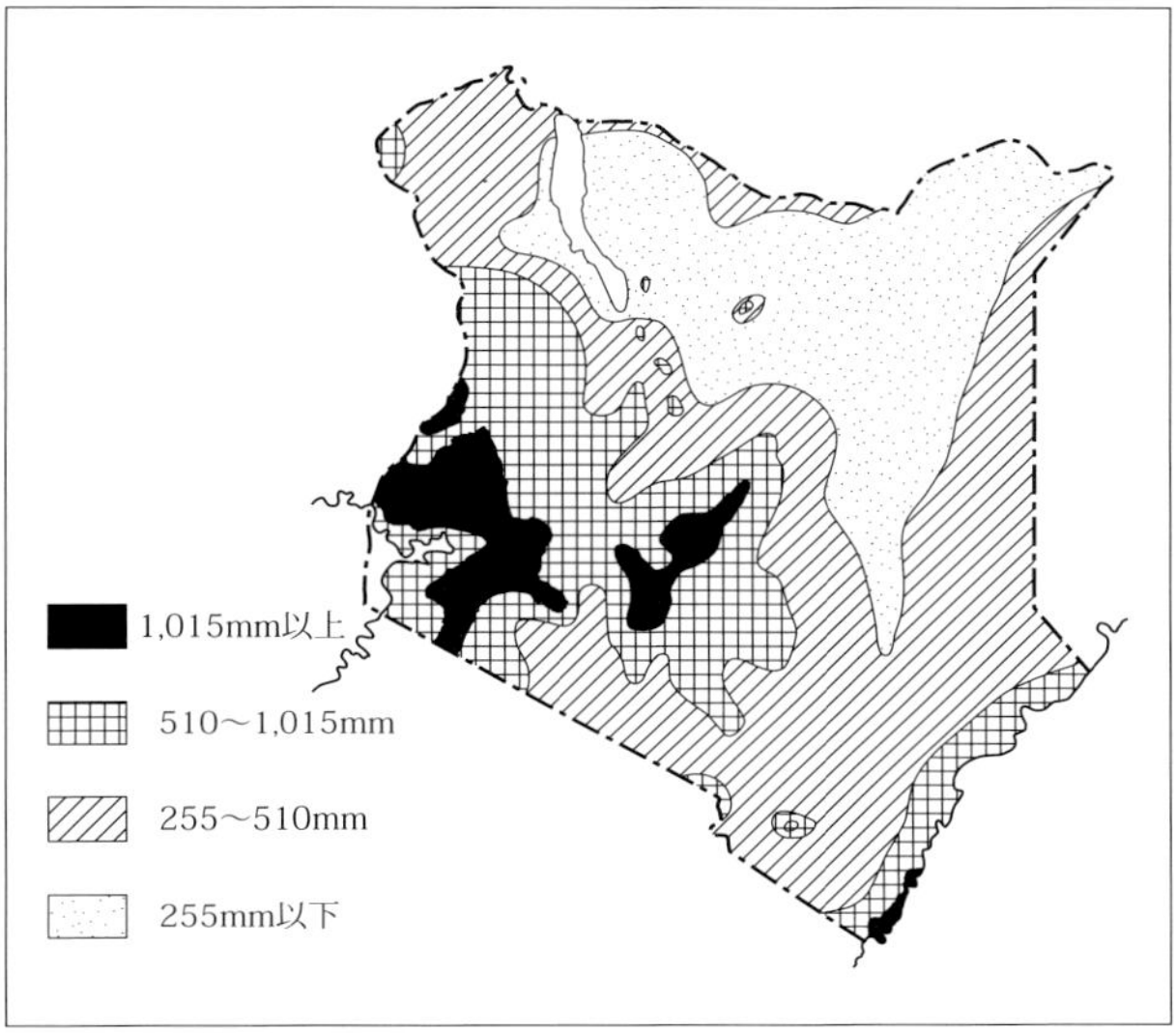

図●６—１　ケニアの降雨分布図

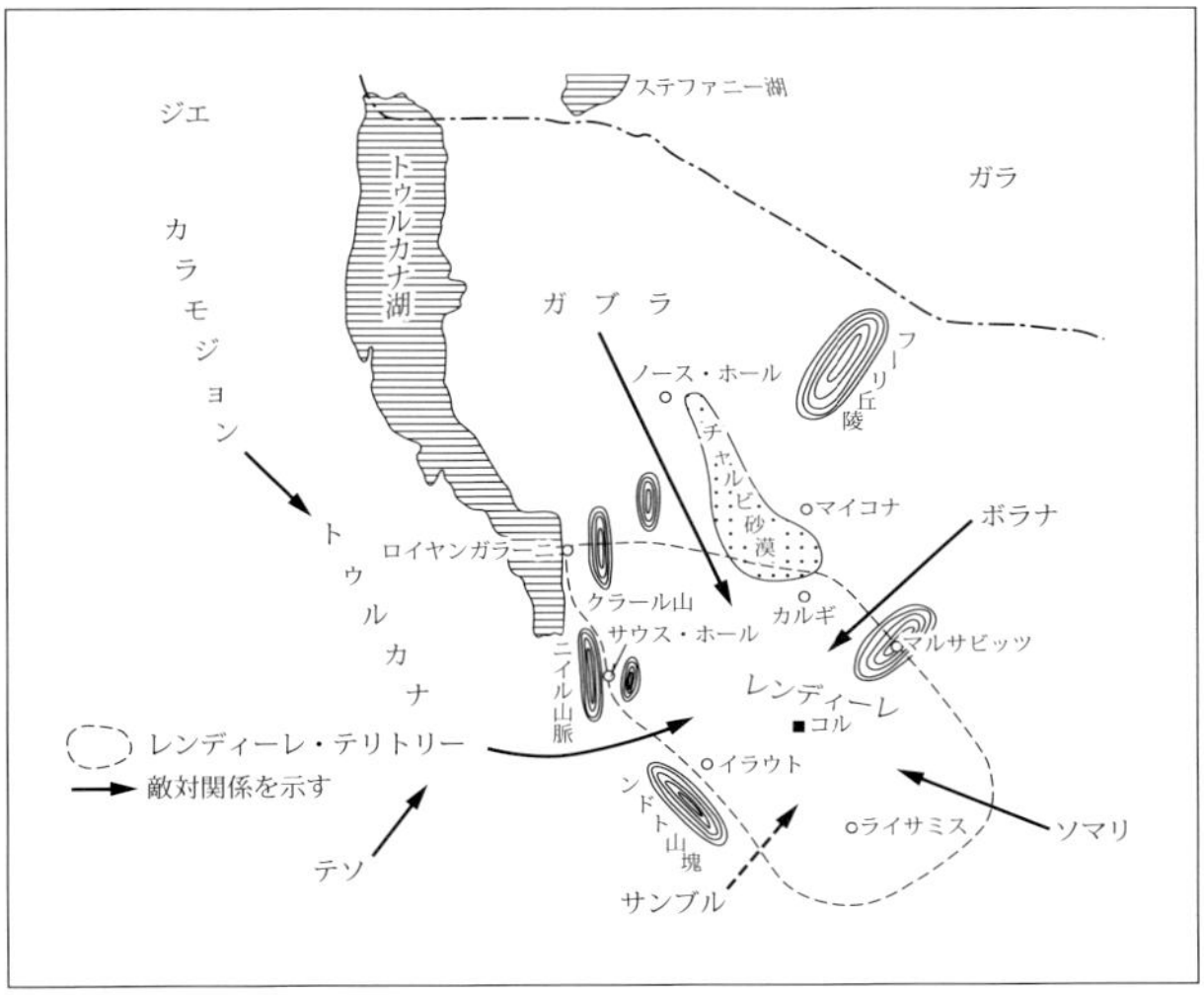

図●６—２　ケニア北部における部族の分布

が、サンブルのほうは、より南部、タンザニア北東部にまで分布するマサイ（Masai）の一支族であり、クシ的な要素がまじっている。一方、クシ語群に属するもののうち、ガブラやボラナは、エチオピア南部に広く分布するガラ（Galla）の系統であり、両部族は同一の言語を話す。ボラナがウシをおもに飼育しているのに対し、ガブラはラクダを飼育する点が、両部族の大きな相違点であるが、両者間には通婚関係が多くみられ、社会組織その他についてもよく似かよっていて、政治的な同盟を結んでいる。それに対し、レンディーレのほうは、生業形態などの点でもっとも似かよったガブラとは、じつは、起源的にあまり深いかかわりがなく、むしろ、ソマリの系統であるといわれ、使用する言語もソマリに近縁である。レンディーレがもっとも緊密につきあい、たがいに婚姻関係をもったり、近隣部族間の家畜争奪関係において政治同盟を結んでいるのは、起源のまったく異なる、南隣のサンブルである。レンディーレがラクダ遊牧民であり、サンブルはウシ遊牧民であるにもかかわらず、両者がきわめて友好的で、緊密な同盟を結んでいる事実は、ちょうど、さきほど述べたガブラとボラナの関係に似ている。この地域の牧畜民の間では、隣接する部族のあいだで、たえず家畜の奪いあいをめぐって戦争がおこなわれているが、そうしたさいに、人口わずか一万六〇〇〇人のガブラや、二万二〇〇〇人のレンディーレではとても勝ち目がなく、隣接の強大な部族のうちの一つを選んで、これと同盟を結ばざるをえないといった状況が生じている。同盟は対等ではなく、当然、弱小部族のほうが強大部族に追従せざるをえず、レンディーレの場合にも、多くの者がサンブル語を習得しており、また、年齢階梯制、儀式、行事等、社会生活の諸面において、ほぼ一方通行で、サンブル文化がレンディーレに浸透する傾向がみられる。一九七〇年代の日本の牧畜民研究は、こうした諸状況を背景に、東アフリカを主な対象として進んだのであった。

すでに何度か述べたように、当時、この地域へのアプローチには大変厳しいものがあった。ケニアの首都ナイロビから北へ、エチオピアのアジス・アベバに通じる幹線道路を、およそ五〇〇キロメートル行ったところに、ケニア北部の半砂漠地帯の中心部に位置するオアシスのような存在、マルサビッツがある。ケニア山の山腹を下りきって、草や灌木が疎らに生える平原一帯が、高度四〇〇～六〇〇メートルぐらいの低地で、暑く、乾ききっているのにくらべ、マルサビッツは、ここだけが火山の噴火でせりあがって、高度一七〇五メートルのピークをもつ山塊になっている。冷涼で、比較的雨量が多く（年間約八〇〇ミリメートル）、上部は山地林に覆われ、ゾウ、バッファロー、ダイカー等の野生動物の生息密度が高く、ゲーム・リザーブ（狩猟からの保護地域）に指定されている。

写真●6―1　マルサビッツの火口湖、パラダイス・レイクの水辺に、このときはバッファロー1頭だけが、ぽつねんとたたずんでいた。

図●6―3（左）　踏査ルート

この山を下ると、いずれの方角へ行っても熱砂の太平原が広がり、ところどころ、小さな火口を残した小丘が散在するばかりで、北はエチオピア国境付近まで、東はソマリア全土を覆い、西はトゥルカナ湖西岸のトゥルカナの領域の東半分を占めている。前章で紹介した私の予備踏査ルートをいまいちど図示しておこう（図6―3）。

生活環境としても厳しい土地であるだけに、長期住みこみ調査による人類学研究は空白のまま残されてきたケニア北部からエチオピア南西部の乾燥地帯のなかで、私が当初から候補として考えていたのは、トゥルカナ、サンブル、レンディーレ、ガブラであったが、結局、レンディーレを選ぶことになった。その理由は、他の部族が多かれ少なかれ、なんらかの形で調査がなされているのに（多くは社会人類学的な調査である）、レンディーレのみは、いまだかつて人類学者がはいったことのない処女地であったこと、もう一つは、スーダン、ウガンダ、ケニア、タンザニアの一帯で、ウシの牧畜をおこなう社会についてはいままでに数多くの調査記録があるにもかかわらず、ラクダ遊牧民についての資料はきわめて乏しいという事情があったからだ。

この地方で、ラクダの遊牧をおこなっているのは、レンディーレのほか、ガブラ、ソマリであるが、ソマリは予定地域よりずっと東に位置するし、ガブラについては、コロンビア大学のW・I・トリーが、一九六九年から一九七一年にかけて、生態学的な視点より調査をおこなったばかりであった。彼の研究は、牧畜民の生態学的研究としては最初のもの

であるといえる。＊文献76
そのような理由で調査対象をレンディーレと決め、マルサビッツからトゥルカナ湖にいたるまでの荒野をたんねんに走破したのち、コルという水場を中心に二〇個ぐらいの遊動的居住集団――レンディーレはゴープ（goup）と呼ぶ――が集まっているところを選び、そのうち世帯数四〇個ほどのゴープを、住みこみ調査の対象として選んだのだった。

文献76　Torry 1973

3　ラクダ遊牧民

(1) レンディーレ・テリトリー

レンディーレは、マルサビッツの西方および南方、およそ二万平方キロメートルの地域に住み、北はガブラに、そして南はサンブルに接している。ガブラとは伝統的に敵対関係をもつが、一方のサンブルとは強力な政治同盟を結んでおり、サンブルの丘陵地とレンディーレの低地を季節的に共同で利用しあい、通婚もひんぱんにおこなうなど、前者とは対照的な関係をもっている。言語的にも、経済的にも、また行政的にも、異なる二つの部族が、緊密な連繫を保っているのは、一つには、前にも述べたように、家畜の争奪をめぐる敵対部族の侵入に備えるためであろうが、もっと基本的な問題として、土地の有効な相互利用が必要なためである。とくに、低地部は年間の平均雨量が二〇〇ミリメートル以下と少ないうえに、雨季である四・五月あるいは一〇・一一月に毎年きまって降雨がみられるわけでもない。たとえば、最近の例では、一九五九年から一九六一年にかけて、および、一九六八年から一九七五年に至るまで、ほとんど降雨がみられなかった（一九七五年四月一四日、集中的な降雨を

写真●6—2　レンディーレのテリトリーとゴープの一般的配置。右後方はマルサビッツの山塊。

みたが、七年ぶりのことである）。このように、旱魃が続いたときには、低地部ではほとんど草がなくなり、ラクダやヤギ、ヒツジをサンブルの領域である丘陵地に追っていって放牧せざるをえない。

順調に雨が降って、低地部に良質の草が茂り、水溜りもたくさんできたときには、逆に、サンブルが低地に降りてくる。一般に丘陵地帯のほうが雨量が多いとはいうものの、年間降雨量は、高地でも、大部分のところはせいぜい五〇〇ミリメートル程度のものであり、ここでもまた、毎年一定の降雨量に恵まれるとはかぎっていない。さらに、これもアフリカの乾燥サバンナ——砂漠地帯に特徴的なことであるが、雨域は小さく、あるところで大雨があったとしても、一〇〇キロ離れると一滴の雨も降らないということがしばしばである。たとえば、サンブルの代表的な町の一つであるワンバからわずか一五キロほどのところでは、ここ二〇年（二四〇ヵ月）のあいだに、雨量一〇ミリメートル以下の月が一八〇ヵ月もあった。サンブルのほうでも自らのテリトリーをはみだして、レンディーレの土地に頼らざるをえない事態が生じうるのである。

レンディーレの居住と遊牧のパターンは、第一義的に雨量（牧草地と水場）との関係で規定される。幹線道路沿いのライサミス、ロゴロゴには政府の役所や学校、商店などがあり、数年前には人口の集中がみられたが、ここ数年来、牧草の茂りが悪く、現在ではカルギとコルに人口が集中している。イラウトを中心に丘陵のふもと部には、サンブル的色彩のより濃厚な人々が住んでおり、彼らはアリアール・レンディーレ（Ariaal Rendille）と呼ばれる。

トゥルカナ湖東岸の南部は、溶岩で覆われた不毛の地で、気温も他にくらべて高く、泉の湧きだすロイヤンガラーニを除いて人は住めない。レンディーレはこの地域を聖域とあがめて、彼らのもっとも重要な社会的行事である割礼の儀式のさいに、部族全員が集まってきて利用する。クラール山は主としてサンブルによって占められるが、少数のレンディーレが南部を、ガブラが北部山麓を利用する。ロゴロゴ——ライサミスを結ぶ線より東側も、降雨に恵まれ、牧草地としての条件がよいときには利

写真●6—3　ラクダ・キャンプでは夜の間、囲いの中に入れて迷子にならないように管理している。

用されるが、現在のところ、ほとんど利用されていない。

(2) レンディーレ社会素描

レンディーレの社会は、大きく二つの半族(moiety)に分かれており、それぞれは、いくつかのクラン(clan)に分かれている。各クランは父系的に系譜をたどりうる出自集団(descent group)である。二つの半族は、それぞれ、割礼など、重要な通過儀礼や政治的裁決などにさいして、おのおのの役割を分担するが、日常の生活においては、居住集団であるゴープが単位となっている。ゴープは、同一クランに属するいくつかのサブクランの人々が集まって形成され、その構成はかならずしも恒久的なものではなく、ゴープ間での離合集散は少なからずなされるもようである。

この地方の牧畜民の例にもれず、年齢階梯制(age-class system)が発達し、男は結婚してはじめて長老階級の仲間入りを許される。ラクダの世話をはじめとして、主たる生業活動はほとんど若者たちに任され、長老はゴープの維持、移動、行事、儀礼といった社会生活面で重要な役割を果たし、政治を担当するが、実際上これらの遂行は話しあいであることが多く、実働時間はきわめて少ない。一日のおおかたの時間は、木陰でゲームをやるか昼寝をしているというのが実情である。日常的な仕事である、料理、水汲み、小屋の材料作り等は、すべて女の仕事であり、長老たちの肉体的な労働といえば、ゴープの家畜囲いを、とげの木を運んできて作るか、人手不足のときに家畜の世話をするぐらいである。

レンディーレの社会が近隣部族ときわだって異なる点で最大のものは、割礼の儀式をおこなう間隔が、だいたい一四年に一度という長いものだという点である。男は割礼を受けることによって一人前の戦士となることができ、そして、次の世代が割礼の儀式をすませることによって、自分たちは結婚する資格を得、長老の仲間入りをすることができるのであるが、この間隔が一四年という長期間だということは、あまり幼いうちに割礼を受けて戦士になるということはありえないから、たとえ、割礼を受ける最少年齢が七歳としても、七歳から二〇歳の人が同時に若者クラスに組みいれられ、その後一四年経ってから、遅い人だと三四歳になってからはじめて結婚する資格を得るということを意味する。これは、いわゆる「未開社会」においては、ずいぶんと晩婚な例であろうと思われる。

女の場合にも、これに準じたシステムによっているので、現実には四〇歳ぐらいまで結婚できない例もみられる。婚前性交は皆無とはいえないが、それは社会的に厳しく抑制されている（未婚の女が妊娠することは非常に悪いことと考えられ、彼女の社会的地位はきわめて低くなる）ので、その例は僅少である。

このようなシステムがどのようにして生じたのか、その理由は明らかにすべくもないが、近代医学の恩恵をほとんど受けない彼らの平均寿命が低いものであることを考えあわせるならば、この制度が人口抑制に効果的にはたらいていることは容易にうなずける。苛酷な環境とそこでのラクダの遊牧という、非常に厳しい生活様式をもつ社会にとって、これは、おそらく、長いあいだに積みあげられた、一種のエコロジカルな適応だということができるであろう。

（３）家畜

レンディーレの遊動域内には、かなりの数にのぼる野生動物が生息する。トピ、グラントガゼル、トムソンガゼル、クドゥ、オリックス、ゲレヌーク、ディクディク、キリンなど草原性の偶蹄類をはじめ、多くの鳥類、魚類があげられるが、レンディーレが食糧としてこれらを狩ることはけっしてない。佐藤俊によれば、キリン、ゲレヌーク、オリックス、ディクディク（二種）、ガゼル（二種）の七種のみは食用とするが、積極的にこれらを狩ることはしないという。野生植物については、果実をつける植物が少ないせいもあり、食物としての利用はほとんど考慮にいれられない。交易によって、ポショ（トウモロコシの粉）をいくらか手にいれるのを除けば、彼らの食物には植物性のものはほとんどなく、もっぱら、家畜の生産物である肉、ミルク、血が彼らの生活を支えている。

なかでも、ラクダはレンディーレにとってもっとも重要なものであり、その経営管理は、レンディーレの経済生活・社会生活の中心部分を占めている。ラクダの肉とミルクは、レンディーレの食物の大半を占めており、また、その荷役用としての使用によって、重い水がめや小屋の材料を運搬し、水場から遠いところに住んだり、ひんぱんに移動する生活を可能ならしめている。この地方のラクダ遊牧民は、ラクダをもっぱら荷役用に用い、病人や子供を遠距離移動のさいに乗せることはあるが、一般には乗用に供さない。

ラクダは、オスで五〜六歳、メスでは四〜五歳ぐらいで性成熟に達し、一般に二〇歳台の後半まで生殖能力をもつが、個体差や発育条件によって大きな差異が生じる。

佐藤のその後の調査によれば、性成熟に達した四〜五歳の牝ラクダは、約一二ヵ月間の妊娠期間を経て出産し、以後二〇年間ほどにわたって二〜三年ごとに出産しつづける。仔ラクダの離乳は生後二ヵ月目に開始されて一〇ヵ月目に完了するという。

牡ラクダは種牡、駄用牡、肉用牡の三種類に区別して育成される。肉用の牡は約五歳の若年期に睾丸を切除して去勢され、肥育される。種牡のラクダは一四年から一六年間にわたって、二年に一回の割合で種付けに使用されるということである。

さらに佐藤によれば、レンディーレの基準では、牡ラクダが四頭いると、駄用牡と種牡を各一頭ずつ育成し、残りの二頭を肉用に育てるのがよく、五〇頭の牝ラクダに対して一〜二頭の種牡を割り当てるのがよいと考えられているそうである。

写真●6―4　レンディーレの小屋の組立を観察する佐藤俊。

レンディーレの飼育する家畜は、このほか、ヤギとヒツジである。乾燥に対する抵抗力の優れたヤギのほうが数は多いが、ラクダが主として若者の男によって世話されるのに対して、こちらのほうは、主としては未婚の女によって世話され、ヤギもヒツジも同様に扱われるし、体格、生活史とも似かよっているので、ここでは一括して扱う。ラクダが、一家族あたり二〇〜三〇頭の割合で飼育されているのに対し、ヤギ、ヒツジはあわせて一〇〇頭前後が飼育されている。

これらの家畜から、人々が食物として得ている肉、ミルク、血の量について、ガブラの場合を参考にしながらみてみると、同盟を結ぶ牛牧のボラナが兄弟部族であるため、ウシの比重が大きいと思われるが、重要かつ興味深く思われるのは、乳製品の食物全体に占める割合が、カロリー計算によって、五〇パーセント以下だという事実である。ミルクの最大の供給者はラクダで、六〇パーセントを占め、ヤギ、ヒツジが二〇パーセント、ウシが二〇パーセントとなっている。ミルクの供給は季節により差が大きく、当然、乾季には減少する。たとえば、雨季に優秀な牝ラクダは一日一〇リットルを住民の食用に供給するが、同じ個体が、乾季の末期には一リットル以下しかださないということがありうる。平均的にいって、乾季におけるミルクの供給量は雨季中の半分ぐらいに減り、食物量全体に占める割合は二五パーセントぐらいにまで減少すると考えられる（表6—1）。

家畜としてのラクダは、飼育管理のために投入する仕事の質と量（input）、および、そこから得られる肉やミルクの産出量（output）という収支を考えてみると、ウシにくらべ非常に効率の悪い動物であることがわかる。繁殖率という点からみると、ウシのほうは早く性成熟して繁殖を開始し、妊娠期間も短く、ラクダの二倍の速さで繁殖を続けることができるし、双生児がかなりの頻度であらわれる。しかも、ラクダのように、旱魃によって繁殖を停止することもない。加えてウシは概してラクダよりは病気にかかりにくく、飼育が容易であるといえる。

両者の家畜としての性質を比較してみると、ウシは、より人間との共生に慣らされた動物であり、

写真●6—5　野生の植物の繊維で編んだ水がめ。およそ二〇ℓくらいは入る大きさで、ラクダの背に乗せて運ぶ。

世話をしてくれる人間の居住地にいつきやすい。ラクダにくらべるとはるかに従順で、コンパクトな群れをなして採食、行動し、移動性も少ないから、キャンプ地周辺の牧草地からあまり遠くへ行こうとせず、ミルクを搾る時間には、追いたてられなくともかってに囲いの中に戻ってくる習慣を容易につけることができる。ラクダのように、牧野で仔を産みっぱなしにすることもないし、荒野をうろつきまわって行方不明になることもない。

このように考えてくると、ウシのほうが、どれほど家畜としては優秀なものであるか、容易に理解することができるが、それにもかかわらず、レンディーレがラクダの遊牧によって生計をたてているのは、この地の乾燥の度合いと水場が乏しいという事実によるものである。牧草の乏しいレンディーレの土地において、とくに、日照りの続いたときには、ウシの生存はほとんど不可能となるのに対して、ソーン・ブッシュの貧弱な葉や枝をも食物とすることのできるラクダは、生活していくことができる。ウシなら一日おきに水を飲ませなければならないので、牧地として利用できる土地は、かぎられた数の水場に近いごく一部にすぎないのであるが、ラクダの場合には、一〇日から一四日ぐらいの間隔で水を飲ませれば生きていくことができるので、水場から遠く離れたテリトリー内の大部分の土地を有効に利用することができる。

じつに、ラクダというとてつもなく巧みに乾燥に適応した動物にしてはじめて、このようなかば不毛の地に永住権をもつことができたのであり、人間もまた、この動物に全面的に依存することにより、はじめて、この地に生活を営むことができたのだということができる。

(4) 遊牧

この社会に厳格な年齢階梯制が存在することは前述のとおりであり、年齢階層によって、

表６―１　家畜の産出する肉とミルクの量

家　　畜	ミルク	肉
	（１人１日当り）	（１人１日当り）
ヤギ、ヒツジ	240mℓ	0.11Lb（ 50g）
ラクダ	800mℓ	0.66Lb（300g）
ウ　シ	270mℓ	0.02Lb（ 10g）
合　計	1,310mℓ (924Cal)	0.79Lb（360g） (1,264Cal)
カロリーの総計	2,188Cal（１人１日当り）	

＊文献76

社会生活における役割、分担が決められている。家畜の遊動につきそって世話をするのは、若者クラスの男女のもっとも重要な仕事である。男の場合には、ラクダの世話のほかに、近隣部族との戦争にさいしては、戦士としての任務にもあたらなければならない。

ゴープは、普通、水場からそう遠くないところにつくられ、日常の社会生活の中心の場となっていて、宗教的な行事や儀式などもここでおこなわれる。ここには既婚の男女と乳幼児のみが住み、青年男女は、夜間、このゴープで眠ることは許されない。

ふだんは、ゴープには家畜はほとんど置かれず、ミルクを搾るための（ゴープの住人用に）ラクダ、ヤギ、ヒツジが少数いるにすぎない。ゴープにすべての家畜が集まるのは、雨季の牧草が豊富なときと、大規模な儀式をおこなうときぐらいで、一年の大半、動物は、若者たちにひきいられて、遠く離れた牧草地を遊牧してまわる。

遊牧のさきざきで、きわめて一時的なキャンプがつくられ、ラクダのキャンプはガール・フォル (gaal forr)、ヤギ、ヒツジのキャンプはアディ・フォル (adi forr) と呼ばれる。ヤギ、ヒツジの遊牧は女たちによっておこなわれ、比較的ゴープに近いところでなされる。それにくらべ、ラクダのほうは大型であるだけに大量の牧草を必要とし、運動性も高いので広い遊牧域を必要とする。ガール・フォルも遠隔地につくられることが多い。この動物は長期間水を飲まなくとも生きていけるので、水場からも非常に遠いところを遊牧地にしているのが普通である。だいたい二週間に一度の割合で水場を往復し、水を飲ませる。ラクダの遊牧につきそっている男たちも、当然、その間は水なしの生活を余儀なくされ、必要水分は完全にラクダのミルクと血に依存している。血は一頭のラクダから一度に四〜五ℓぐらい抜いて、これを五倍量ほどのミルクとまぜて飲むが、同じラクダからは数ヵ月に一度しか採血しない。

前節でも述べたように、ラクダはウシにくらべはるかにとりあつかいのやっかいな動物で、ウシのようにまとまった群れになりにくく、各個体がかってな方向に行こうとするし、その動きも速いので、見張りの若者はたえず気を配っていなければならない。一人でとりあつかいのできる数はせいぜい三〇頭ぐらいで、それでも、ばらばらになって採食しているときには、かってな方向へ去って行かないように、つねに群れを目の届く範囲内にまとめておかねばならない。

採食は一日二〜三時間ずつおこなわせるようであるが、牧草の密度が低いので、採食地を転々と変えていく必要があり、遊牧は非常に広域にわたる。ゴープに近いところから牧草を消費していくにしたがい、遊牧地はゴープからどんどん遠ざかっていって、乾季の末期には、一〇〇キロも二〇〇キロも離れてしまうことがまれではない。

遊牧地におけるラクダの群れの構成は、ゴープ単位に集められたものでもなければ、クラン等の親族関係にもとづいて集められたものでもない。ほうぼうのゴープから少しずつもってこられた寄せ集めの個体群にすぎない。世話をする若者のほうも、当然、さまざまなクランの出身者であって、このような混成部隊であるガール・フォルは、汎社会的なコミュニケーションの場としての意味をももっている。*文献158

所有者の側としてこのシステムをみると、彼は、自分の所有するラクダを、Aの遊牧地に一〇頭、Bに五頭、Cに七頭、Dに一〇頭、……といった具合に送っていることを意味する。それは、この乾燥がひどく、牧草の乏しい土地と、他部族による家畜の略奪といった困難な状況に対応して、この社会が生みだした一つの解決策であり、最悪の事態においても、被害を最小限度にくいとめようとする、危険の分散策にほかならない。

文献158　佐藤　一九九二

（5）生態的適応の諸相

レンディーレは、人類の生存にとってきわめて困難な環境のなかで生活している。その第一点は、いうまでもなく、水の乏しいことである。地表にあらわれて、人や動物がそのまま利用しうる水場は、わずかな数の広く分散した地点にしかみられない。狩猟によって、このポピュレーションを支えるだけの野生動物の分布密度はみられないし、この気象条件と貧弱な土壌のもとでは、農耕はもちろん不可能である。植生もきわめて貧弱であるが、わずかの草とソーン・ブッシュを、家畜を介在させることによって、はじめて、ヒトの食物に転換し、必要なカロリーと水分を満たし、生存を可能にした。家畜の飼育に立脚した生計様式は、ヒトが、この自然環境に対して、生存権を主張しうる唯一の道であるにちがいない。

レンディーレは、乾燥に対してもっとも適応的なラクダを中心に、ヤギ、ヒツジをも含む複数種の家畜を組みあわせて飼育管理する。彼らが単一種の家畜だけを飼育していれば、その管理のための労力はもっと少なくてすむにちがいないのだが、水と牧草の分布、および量は、全人口に対して十分な数だけ単一種でまかなおうとすれば、とうてい十分ではなく、食物の質、採食方法、土地の利用方法、水の必要量等を異にする複数種の動物を適当な組みあわせで飼育することは、不可欠の条件となっている。ヤギやヒツジについては、家畜の項で、くわしく述べることができなかったが、これら小型の家畜は、ラクダの四倍の増殖率をもち、速く成長するので、肉用としての重要度は著しく高い。

レンディーレの生態的適応についてはその後多くの調査がおこなわれるが、予備調査の段階で、課題と予見していた事柄を、ここで紹介しておくことは意味あることとだろう。

一つは、先に述べた危険の分散ということにつながるものであり、この社会に広くいきわたった、ラクダの分与という制度についてである。*文献158 これは、ある人が、自己の所有するラクダを、他の何人も

文献158　佐藤　一九九二

の人に対して分け与える制度である。分与を受けた人は、それを自分のラクダとして管理するのであるが、その個体が死ぬまで「これはだれそれから分与されたもの」であるという認識を社会的なレベルで維持しなければならず、とくに大事に扱わなければならない。分与されたラクダを粗末に扱って死なせたりすることは非常に不名誉なことであり、逆に、子孫をたくさん生ませて増やせば、高く評価される。ほとんどの人が、少なからぬ数の分与されたラクダをもつと同時に、多くを他の人々に分与していて、部族全体に、複雑なラクダのやりとりのネットワークができあがっている。分与されたラクダを他人に与えることは禁じられていて、分与にだす個体は、かならず本来の自分の所有になるものにかぎられる。

もう一つの問題は、レンディーレにかぎらず、この地方では日常茶飯事のごとく繰りかえされる部族間での家畜の争奪についてである。

レンディーレが直接敵対関係をもっているのは、ガブラ、トゥルカナ、ソマリであり、これら敵対部族の侵入路に位置した遊牧地では、たえず、警戒と防御の配慮がなされている。略奪は、少人数の若者につきそわれた家畜の群れに対して、三〇人なり五〇人なりの徒党を組んだ戦士が攻めこんで、群れをそっくり連れ去るといったケースが一般的で、人間や家畜の殺傷ざたはめったに起こらない。盗まれた側の怒りと敵がい心は、当然のことながら、すさまじいものであり、時を経ずして、報復の戦いが挑みかけられる。盗まれた家畜の群れそのものをとり返す必要はなく、当該部族ならどの集団でもよいから、手近の襲撃しやすいところをねらって攻撃する。

こうした果てしのない略奪合戦は、それ自体、けっして好ましいといえるものではないが、普通は人も家畜も傷つかないという点では、むしろ、ほほえましい一面もうかがえる。しかも、この地方の遊牧民全体としてながめると、これは、部族間にまたがる、家畜の共同管理ともいえぬことはない。すなわち、家畜は、一つの部族のテリトリーを越えて、牧草の豊富な土地を遊牧してまわるのであり、

写真●6－6　河合香吏。小銃を持って放牧に出かけるドドスの牧童たちと。（写真提供：河合香吏）

部族の枠を越えたより多くの人が、この家畜の恩恵にあずかることができるのだという解釈もなりたつだろう。

こうした課題については、佐藤俊、河合香吏といった人びとがその後の調査によって新しい知見と解釈を次々と発表し、後者の略奪合戦については、河合が「牧畜価値共有集合」という概念を提示している。*文献137・139 その後四〇年の生態人類学の発展には目を見張るものがあるが、初期の雰囲気を紹介する本書の目的から言えば、このあたりで止めておくべきかもしれない。

文献137　河合　二〇一三
文献139　河合　二〇一六

4　乾燥への適応のかたちを比較する

このように、一九七〇年代半ばの予備調査は、その後の研究につながるいくつもの課題を提示することができたが、ラクダ遊牧民の研究は、カラハリ狩猟採集民との比較による極限的な乾燥環境への適応という問いへの答えを得たという点で、人類進化研究史の中でも、重要な成果を上げたものと評価してよい。以下では、一九八七年に私が発表した論文を改稿する形で、ヒトの乾燥への適応の形について概観しておこう。

はじめに比較を容易にするために、これまでの記述と重複することを敢えて怖れず、ブッシュマンとレンディーレの生活と社会の概略を述べたあと、狩猟採集と遊牧という二つの異なった生活様式の特徴を乾燥地への適応という観点から浮き彫りにしていく。ここで用いる民族誌的資料は、主として私自身の野外調査に基づくものだが、レンディーレに関する資料の一部は佐藤俊の報告*文献52・157から借用している。

文献52　Sato 1980
文献157　佐藤　一九七八

(1) ブッシュマンの生活環境・暮らし・社会

■生活環境

ブッシュマンの生活するカラハリ砂漠は南回帰線上にあり、アフリカ大陸の乾湿系列の中ではサバンナから砂漠への推移帯に位置づけられる。年間降雨量約四〇〇ミリメートルと乾燥しているうえ、高度約一一〇〇mの内陸高原となっているために寒暖の差が著しい。夏の日中は日陰で四〇℃を越す暑さとなる反面、冬の夜には氷点下となり、稀にマイナス一〇℃まで下がる。一日の気温差も大きく、一五度から三〇度のひらきをもつ。アフリカ大陸の多くの地域同様、一年は長い乾季と短い雨季に分かれる。なかでも中央部カラハリのカデ地域は、植物景観からいって次の三つの地域によってなりたっている。

(i) イネ科の草本が主体となり、灌木性のグレヴィア属、ターミナリア属、コミフォラ属などの植物が混在したオープンな叢林草原。

(ii) アカシア属、ネムノキ属などの喬木が疎らに混じったアカシア疎開林。

(iii) ジャケツイバラ亜科に属する二種の植物(一種は灌木性、他は蔓性)がそれぞれの群落をつくるジャケツイバラ叢林。

これら三つの植生帯が、交互に連続して中央部カラハリの景観を形成しているが、面積としてもっとも大きな部分を占めるのは叢林草原である。

カラハリには、ところによって石灰岩が露出していてその割れ目に水が溜ったり、また地下水脈が浅く天然の湧水や溜り水が得られる場所もあるが、調査地域には恒常的な水場は全くない。水溜りができるのは短い雨季間中、降雨の直後だけであり、年間三〇日から六〇日間にすぎない。それ以外の期間ブッシュマンは主として野生植物の果実や根より必要水分を得ている。一見不毛に見えるカラハりは、人々の食生活を支えるに十分量の植物と動物の分布を擁しているのである。

■暮らし

現在のブッシュマンの人口は一〇万人ぐらいと推定されているが、いまも一〇〇パーセント狩猟と採集に依存して生活するのはその一割にも満たない数千人にすぎない。狩猟と採集は、原則として、男性と女性によってそれぞれ分業されており、とくに狩猟は男性によって独占的におこなわれる。

狩猟の対象とされる動物は、哺乳類、鳥類を中心に五〇種を越える。狩猟は、弓矢による大型動物の狩猟、罠による小型動物の狩猟、鉤竿によるトビウサギ猟が代表的なものであるが、他に追跡による猟法や犬を用いての猟法もある。おもな狩猟動物とその狩猟法は表6―2に示すとおりである。

採集の対象となる植物は一〇〇種以上にのぼり、その可食部分も、メロン、漿果、堅果のような果実や種子を食べるもの、葉、花、茎を食べるもの、球根や根茎のように地下部分を食べるものなど、さまざまなものを含んでいる。おもな植物性食物とその入手時期は表6―3のとおりである。

ブッシュマンが食物とする動植物の種類はこのように多岐にわたっているが、彼らの食生活を具体的に詳しく観察してみると、彼らの多種類の食物品目のうち、ごく一部の種類のものだけが集中的に利用されている事実がわかる。まず、動物性食物と植物性食物を比べてみると、植物性食物の比重が圧倒的に大きく、全食物摂取量の八〇パーセ

表6―2　ブッシュマンの狩猟動物と狩猟法

狩猟方法	狩猟動物	推定年間捕獲頭数（50名あたり）
弓矢猟	ゲムスボック	10
	エランド	4
	クドゥ	3
	ワイルデビースト	1
罠猟	スプリングボック	3
	スティーンボック	36
	ブッシュダイカー	10
トビウサギ猟	トビウサギ	50
鳥罠猟	ダチョウ	3
	アフリカオオノガン	12
	ヒメノガン類	12
	ホロホロチョウ	2
その他（犬、槍、追跡等）	セグロジャッカル	6
	オオミミギツネ	14

ントを占めているのである。動物の生息密度自体がそれほど高くないうえに、これらの動きまわる獲物に対して彼らの狩猟技術が幼稚であること、またそのために重労働が必要であることといった、狩猟という生計手段が元来帯びている食料入手の不確実さを考えれば、一定時間の比較的容易な労働で確実に必要量を得ることのできる植物採集が、はるかに安定した生計手段であり、したがって、植物性食物が彼らの食生活の基盤となっていることも容易に理解できる。

さらに注目してよいのは、一〇〇種の食用植物のなかでも、実際にはわずか一〇種類そこそこの植物だけを集中的に利用することによって生計を維持していることである。おいしくない食物はよほど空腹なときでもなければ見向きもされないし、利用度の大きい主食植物でさえ、普通の年にはふんだんにあって、大部分は採集されないまま枯れてシーズンの終りを迎える。自然のままの食物資源を、直接採集や狩猟によって利用する生活様式は、このようにあり余るほど豊かな主食が存在することによってなりたっているのである。

採集狩猟生活にとって、もうひとつ必要不可欠の条件として移動がある。野生植物を主食として生活していくためには、季節による主食植物の変化とその生育や分布にしたがって、人々は移動を繰り返していかねばならない。約二〇〇人よりなるカデの地域集団は、半径およそ五〇キロの範囲内で遊動生活を送るが、移動は数日から数週間間隔でおこなわれ、一年間におよそ三〇〇キロの距離を移動する。

表6―3　ブッシュマンの主な植物性食物と入手時期

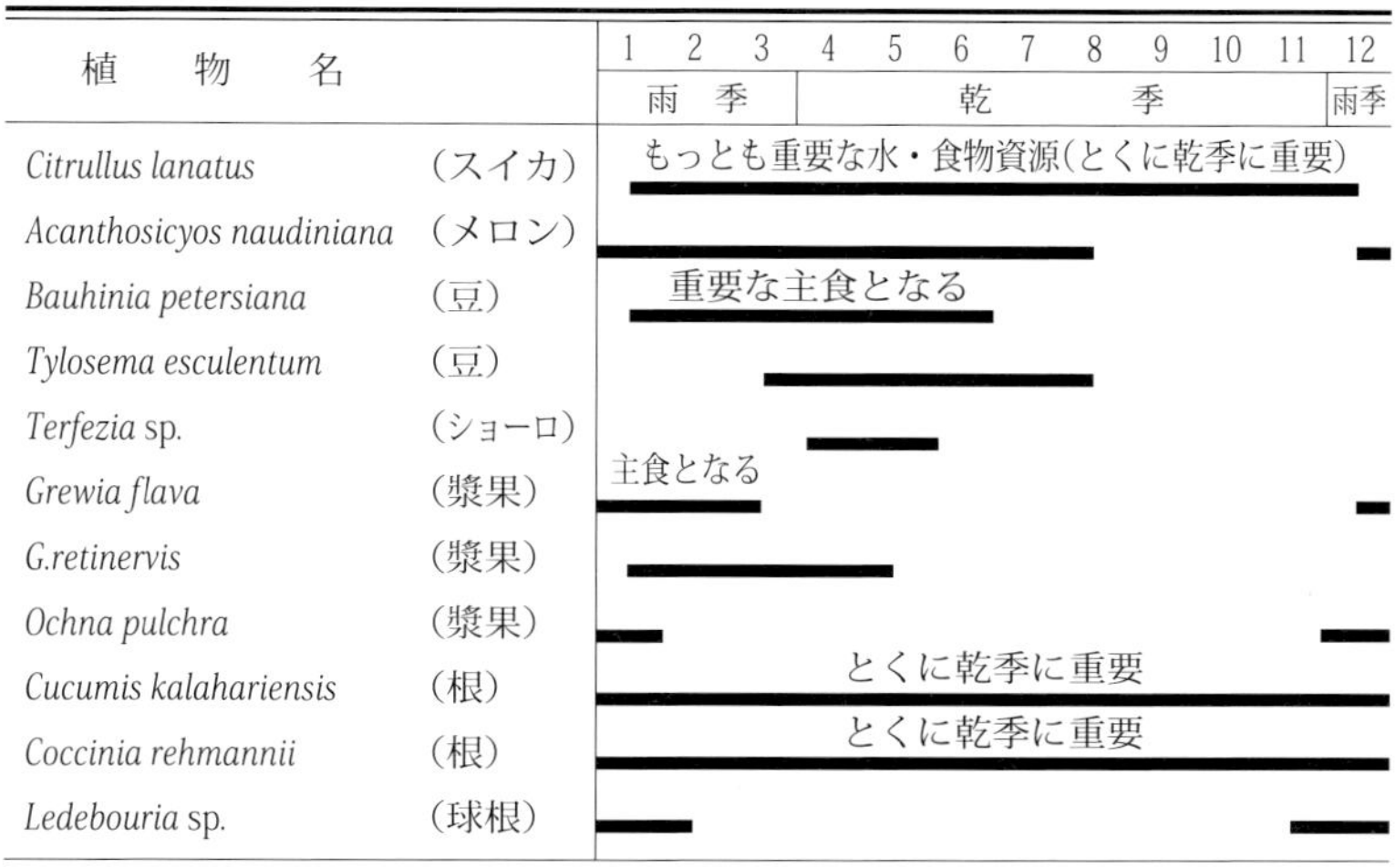

移動は食料の確保と結びついた狩猟採集民の基本的な生活様式のひとつであるが、のちに述べるように社会学的な意義もきわめて大きい。頻繁な移動はまた物理的に彼らの物質文化の枠組を決定する要因ともなっている。度重なる移動のために、彼らの作る住居はごく簡単な草葺き小屋にすぎないし、家財道具の量は一度に背負って運べるだけに限定されているのである。

■社会

狩猟採集民の社会は、一般に、一〇家族から二〇家族ぐらいの人々による遊動的な居住集団からなっているのが普通である。採集と狩猟の生活様式が移動を前提としてなりたつものであることはすでに述べたが、頻繁な移動はまた全面的に自然資源にのみ依存する生計様式とあいまって、社会の規模を制限する大きな要素となっている。ブッシュマンの居住集団は、平均五〇人程度の大きさを維持しながら、季節により、またその他諸条件のちがいに応じて家族ごとのような小人数に分かれたり、一〇〇人以上にまでふくれあがったりという流動的な集団編成をおこなうのである。

ブッシュマンの社会には、社会全体をまとめていくリネージ、クラン、部族といった組織化がなく、社会統合はきわめてルーズなつながりによっている。彼らのつくる集団は固定的なものではなく、移動の過程において分裂、融合を繰り返すたいへん流動的なものなので、もっとも小さな社会的単位である家族のみが唯一の恒久的集団であるといえる。

男性と女性が夫婦の形態において、生計活動、社会活動の機能的分業をおこない、年齢的に生計維持者と被扶養者という形の分化を確立している家族は、生存のための最小かつ必要不可欠な単位となっている。だから家族はかなりの程度において自給自足の可能な生活単位でもある。

ブッシュマン社会を通じてみられるもっとも普遍的な原則は平等主義である。リーダーは存在せず、職業的な分化も、身分や階級や地位の上下関係も見られない。生きていくために必要なことがらを、

写真●6－7　スティーンボック用のロープ罠に重さ30 kgもあるスプリングボックがかかることがある。力が強いので見回りが遅れると罠を壊して逃げてしまうこともある。

すべての個々人は基本的には自分自身でやりとげることを原則としてなりたっている社会である。

平等主義は社会生活の中で共同や分配という形をとって行動にあらわれる。ブッシュマンの狩猟は基本的に個人単位でおこなわれるものであるが、大型動物の狩りに際しては、追跡、解体、運搬などの過程で数人以上の男たちの協力が不可欠である。分配や貸し借りは彼らの乏しい所有物のすべてについて見られるが、なかでも食物の分配はもっとも頻繁に、そして顕著にあらわれる。食物の分配は、カラハリのような生活条件の厳しいところで「手から口へ」のその日暮しをおくる人々にとっては、生存のための相互保障をも意味する重要な社会制度のひとつといえる。移動という生活様式が物質文化の絶対量を制約するという条件のもとで、限られた量の物質文化をできるかぎり共有して有効に利用するためのシステムとして、分配や共同や貸借のルールが確立しており、こうした一連のレシプロカルな交換原理がこの社会存続の根本原理となっている。

(2) レンディーレの生活環境・家畜・生活と社会

■生活環境

赤道から北緯約四度に位置するケニアの北半部は、その大半が標高四〇〇メートルから六〇〇メートルの低地平原よりなり、年間降雨量二五〇ミリメートル以下の半砂漠となっている。レンディーレは、トゥルカナ湖の東南部に拡がる半砂漠平原にラクダ遊牧により生活する民族である。レンディーレの生活地域は、西・北・東方面はトゥルカナ、ガブラ、ボラナ、ソマリなどの住む半砂漠平原へと続くが、南部はサンブルの住む丘陵地帯へと移行する。丘陵地域では年間降雨量は約五〇〇ミリメートルぐらいにまで達するが、低地部ではわずか一〇〇ミリメートル以下にすぎない。彼らの主たる生活空間である低地部の気温は二二℃〜三九℃と高いうえに、湿度は極度に低い。

植物景観は、長期の乾燥に耐えるため太く長い棘の発達したアカシア属、コミフォラ属などの中・高木、セリコモプシス属、ドゥオスペルマ属、インディゴフェラ属等の灌木がわずかに見られるだけで、イネ科をはじめとする草本類はいたって少ない。

この厳しい環境条件のもとでは、狩猟によって生活を支えるだけの野生動物の分布は見られないし、この気象条件と貧弱な土壌のもとでは農耕はもちろん不可能である。植生もきわめて貧弱であるが、わずかな草とソーン・ブッシュを、家畜を介在させることによってはじめて、ヒトの食物に転換し、必要なカロリーと水分を満たし、生存を可能にしている。家畜の飼育に立脚した生活様式は、ヒトがこの自然環境に対して生存権を主張しうる唯一の方策であるといってよい。

■家畜

およそ二万人の人口を擁するレンディーレは、約五万平方キロメートルにおよぶ広大な半砂漠地帯にラクダ、ヤギ、ヒツジ、ウシの遊牧によって生活する。

彼らの飼育する家畜動物の中では、ラクダがもっとも重要なものであり、その経営管理はレンディーレの経済生活および社会生活の中心部分を占めている。ラクダの乳と肉は彼らの食物の大半を占めており、またその荷駄用としての使用によって、水場から遠く離れたところに住んだり、頻繁に移動したりする生活を可能ならしめている。この動物は、砂漠地帯の貧弱な植生を構成する棘の木や乏しい草の粗末な食物にもよく耐え、さらに特異な体内生理のメカニズムによって水分の欠乏や高温にもよく耐えることができる。したがってウシなら最低二〜三日に一度、比較的乾燥に強いヤギやヒツジでさえ四〜五日に一度は水を飲ませなければならないのに比べ、ラクダの場合には一〇日に一度ぐらいの給水でこと足りるのである。

レンディーレの飼育する家畜は、ラクダのほかにはヤギ、ヒツジ、ウシであるが、大量の水と良質

写真●6—8（左）レンディーレのラクダ放牧。

の牧草を必要とするウシはレンディーレ居住域の大半を占める低地部の乾燥平原では生存が困難なので辺縁の山岳部で放牧されており、またその数もわずかである。したがって、レンディーレの生活は、もっとも乾燥に適応したラクダを中心に、ヤギ、ヒツジをも含む遊牧によってなりたっている。ラクダは主として若者の男性によって世話されるのに対し、ヤギとヒツジは一括して未婚女性によって世話される。佐藤によればラクダが一家族あたり約一五頭の割合で飼育されているのに対し、ヤギ、ヒツジはあわせて約四六頭が飼育されている。[*文献52]

　家畜としてのラクダは、飼育管理のために投入する仕事の量とそこから得られる肉やミルクの産出量という収支を考えてみると、ウシに比べ非常に効率の悪い動物である。繁殖率から見れば、ウシの方は早く性成熟して繁殖を開始し、妊娠期間も短く、ラクダの二倍の速さで増殖を続けることができる。さらにウシは概してラクダよりは病気にかかりにくく、飼育が容易であるうえ、性質が従順で移動性が少ないから放牧管理も容易である。

　それにもかかわらず、レンディーレがラクダの遊牧によって生計をたてているのはこの地の乾燥の度合いがそれほどひどく、水場が乏しいという事実によるものである。ラクダという乾燥に実に見事に適応した動物にしてはじめて、このようななかば不毛の地に永住権をもつことが可能となったのであるが、人間もまた、この不思議な動物を利用し、これにほぼ全面的に依存することによって、はじめてこの地に生活を営むこ

とができたのである。

ラクダは水を飲ませる間隔が長くてすむうえに移動力が高いので、水場から数十㎞も離れたところを広範囲に遊牧させることが可能である。それに対してヤギやヒツジの小型家畜は比較的水場から近いところで遊牧させる必要がある。また、ラクダ、ヤギ、ヒツジではそれぞれの種類ごとに利用する植物も少しずつ異なっている。ラクダの食性はより木本食に、ヒツジはより草本食に、そしてヤギはその中間に位置づけられる。レンディーレは、この貧弱な植生におおわれた土地の乏しい資源を最大限に開発するために、移動様式、耐乾性、食性などを異にする複数の種類の動物を飼育しているのである。

レンディーレは彼らの食物の大部分を家畜産物である乳、肉、血に依存しているが、その中でも乳が圧倒的な比重を占める。乳の供給源はラクダが主体であるが、もちろん小型家畜の乳も利用される。それに対してラクダは日常の肉源として屠殺されることはなく、儀礼用として、あるいは致命傷のためにといった理由で屠殺されるだけである。肉の供給源には、もっぱら、ラクダの四倍の増殖率をもち、成長も早いヤギやヒツジが用いられる。

■生活と社会

ブッシュマンのように社会組織の未発達な社会とちがって、レンディーレの社会はリネージおよびクランによってまとめられ、部族としての統合をもつ。さらにこの社会には割礼の儀礼によって作られる年齢組集団があり、いわゆる年齢階梯制が発達している。年齢組集団をもとに階層の分化が進み、長老と未婚の若者、少年は明確に社会的地位を異にする。ラクダの世話をはじめとして、主たる生業活動はほとんど若者たちに委ねられ、長老は集落の維持、移動、社会的行事、儀礼といった社会生活面で重要な役割を果たし政治を担当するとともに、家畜管理の最終的な責任を負う。

文献52　Sato 1980

レンディーレの親族組織は、父系出自を辿る父系クランによってなりたち、居住集団である集落もこの父系クランに基づいて構成される。家畜を含む財産の相続も父—息子、兄—弟といった男系を中心になりたっており、日常生活の多くの局面で男性優位が目立つ。

レンディーレの居住様式は、人間の住み場所と家畜の住み場所を分ける、一種の二重構造に基づいている。普通、集落は水場からさほど遠くない場所に設けられ、既婚の男女と子供から構成されており、二〜三カ月に一度ぐらいの間隔で移動するが、これは比較的安定した居住集団で、社会生活の中心となる。多少のメンバーシップの変動はあるが、主としてクランごとに編成がおこなわれる。集落には雨季間中の食草の多い一時期をのぞき、家畜はほとんど置かれず、搾乳用のラクダ、ヤギ、ヒツジおよび荷駄用ラクダが少数いるにすぎない。

レンディーレの家畜を構成するラクダ、ヤギ、ヒツジ、ウシ、ロバの大半は集落から遠く隔たったところで広域にわたって放牧される。すなわち、人と動物の双方による利用率の高い水場周辺の限られた土地では膨大な数にのぼる彼らの家畜の全体をまかなうことはできないのである。各家畜は、生理的条件や移動様式のちがいにしたがって、また人間の使用目的に応じて、種類、年齢、成長段階ごとにグループ分けされ、未婚の男女によって管理される。ラクダは数十頭単位で男性によって管理されるが、前項で述べたこの動物の特性を生かしてもっとも集落から隔たったところで放牧管理がおこなわれる。佐藤によれば、ラクダは集落から平均七〇キロメートルぐらい離れ、ときには一〇〇キロから二〇〇キロぐらい離れることもある。[*文献52] ヤギやヒツジは、三〜四日に一度は水を飲ませる必要があり、移動力も低いので、比較的水場に近いところで、主として女性によって管理される。こうした家畜の放牧は、ラクダの場合にせよヤギ、ヒツジの場合にせよ、三〜四日ごとに頻繁に移動する一時的なキャンプからの日帰り放牧によってなりたつ。

集落が長老を中心とした政治・社会活動の中心としての機能を果たすのに対し、家畜キャンプはレ

文献52　Sato 1980

ンディーレ社会の経済的基盤を支える生業活動の場であるということができる。集落の人間の生活を支えるためには、一定量の搾乳用動物を集落に確保しておく必要があり、そのためには泌乳を休止した動物をキャンプに送りだすと同時に泌乳中のものをかわりにキャンプから連れてくるなどの交流がなされねばならない。こうした居住地間の動物の移動や連絡のためにも人々の往来は頻繁におこなわれる。また、家畜キャンプは広範かつ頻繁な移動の過程を通じ、とくに動物と人間の集中が見られる水場での飲水時に際して、キャンプ・メンバー間の分裂と融合がおこなわれる。佐藤によれば、こうしたキャンプの離合集散は、家畜の食物分布など生態学的な要因に規定されると同時に、キャンプ内外における人間関係に基づく社会学的要因にも大きく規定される。*文献52

レンディーレの社会は、彼らが経済の基盤を置くラクダとその遊牧に、基本的に規定されているといってよい。ラクダの特異な生理・生態的特徴が、二分居住制を伴なう大規模な遊牧的生活様式を生みだしており、またこの動物の増加率の低さは、この社会特有の晩婚制度による人口抑制や厳格な家畜の長男相続などレンディーレ社会組織のさまざまな局面に色濃く反映しているのである。

文献52　Sato 1980

5　狩猟採集、農耕、牧畜

アフリカのもっとも乾燥した地域における狩猟採集民、遊牧民の例を概観した上で、ここからはアフリカの他の諸民族、とくにブッシュマンやレンディーレより湿潤な地域に住む狩猟採集民、遊牧民の場合との比較検討をおこなうことによって、彼らの乾燥への適応の実態をより鮮明に描きだしていこう。また一方では、狩猟採集および牧畜における生態的・社会的適応の差異を明らかにしていく過程において、食料生産手段獲得とその後の社会組織発展の意義を進化史的に考察する。

アフリカ大陸において地域的に最大の面積を占めているのは降雨量の少ないサバンナ・ウッドランド帯であり、したがってアフリカでもっとも普遍的な生活様式はこの広大なサバンナ・ウッドランドの自然を資本とした、家畜飼育を伴なう農耕である。サバンナ・ウッドランド帯は連続的に多雨林帯に、あるいは砂漠帯へと移行するが、そうした植生帯の推移に伴なって生活様式も徐々に変化する。すなわち、湿潤に向かうにつれて農耕が強調され、逆に乾燥度が進むにつれて牧畜の強調が見られるのである。

牧畜は、ツェツェバエによって媒介されるトリパノゾーマ症など家畜の病気が多い森林帯においてはあまり適合しないうえ、耐乾性の強い野生植物を資本とした遊牧的牧畜は極乾の砂漠地帯においてさえ可能であることから、牧畜はきわめて乾燥に適応した生活様式であるということができる。

一方農耕は、栽培植物の育成のための水の存在がその存立のためには不可欠な条件となるため、一定量以上の降雨のない乾燥地においてはその実施は不可能である。

現在アフリカに住んでいる狩猟採集民は、ブッシュマンとともにコンゴ森林中のピグミーがかなりのポピュレーションを維持しているのを除くと、タンザニアのサバンナに住むハッザ、ケニアの山地林中のドロボ、コンゴ東部のサバンナに住むムボテが少数残っている程度である。これら狩猟採集民族は、数においてきわめて限定されたものにすぎないとはいえ、彼らの生息環境を詳しく検討してみると、一方では湿潤な熱帯多雨林から山地林、ウッドランド、サバンナ、そして極度に乾燥した半砂漠にいたるまで実に多岐にわたる植生帯の中に分布していることが明らかである。一万年前までの人類の生活を支えてきた、この狩猟採集の生活様式が、アフリカの乾燥から湿潤にいたる多くの場所で見られることは、とりもなおさずこの生活様式の適応幅の広さを物語っている。それはまた、きわめて適応力に富んだものであったが故に、いままでに全地球上に生を受けた推定八〇〇億人の人類の九〇パーセントの生活を支えてくることができたのである。[*文献105]

写真●6—9　疎開林帯に住むムボテの狩人たちが網猟から帰ってくる。(撮影：寺嶋秀明)

文献105　伊谷・原子　一九七七

乾季が長く、年によって降雨量に著しいちがいがあり、ときとして大凶作もまま見られるアフリカのサバンナ・ウッドランド地帯の農耕民、牧畜民の間でも、狩猟と採集はきわめて重要な副次的生計活動として位置づけられている例が多い。栗本英世によれば、スーダン南部に住むパリは半農半牧の民といわれながら、じつは、狩猟採集、漁撈をも積極的にとりいれ、可能なかぎりの手段によって環境利用をはかっていることが報告されている。[*文献29] カラハリ砂漠にブッシュマンと接して農牧生活を送るツワナ人の一支族であるカラハリ族や、あるいは南西バントゥのヘレロ族は、早ばつの年にはブッシュマンに混じって採集に精力を注ぐし、タンザニアの農耕民トングウェやザイール森林中のモンゴ系農耕民は、貴重なたんぱく源として日常的に野生動物の狩猟や川、湖における漁撈に力を注いでいる。[*文献25・186・加納 私信]

以上のように、一概に言って農耕はより湿潤に、牧畜はより乾燥に適合した生活様式であり、狩猟採集はそのいずれもの自然環境に広く適応した生活様式だといってよいだろう。

文献29　Kurimoto 1984

文献25　Kakeya 1976
文献186　武田　一九七九

6　移動と物質文化

ブッシュマンとレンディーレが共通してもつ生活様式上の特徴は、移動による頻繁な居住地の変更である。狩猟採集民ブッシュマンにおける移動は、野生動植物の食物資源の季節的推移に伴なうものであるが、遊牧民レンディーレの場合には、彼らが経済的基盤をおく家畜動物の食物量の分布にしたがった移動である。両者はいずれも生計活動上の要請に、第一義的に規定され実行されるのであるが、同時に居住集団内部の複雑な人間関係と、そこから生ずる種々の社会的緊張、不和、誤解を解消するための、集団維持機構としても機能しており、そういった点からいっても両者には共通点がみられる。

写真●6—10　武田淳。スーダン・サバンナの農耕民ランパの調査地で。

すなわち、居住集団は頻繁な移動の過程を通じて、たえず分裂と融合を繰り返しメンバーシップの交換をおこなうのである。全体として数百人程度にしかすぎない、きわめて小規模のブッシュマン地域集団においては、グループの離合集散は社会の全体枠の中でおこなわれ、一方のレンディーレでは、それはより分節化した単位、すなわちクランを中心とした居住集団間で成員の組みかえがおこなわれる。家畜管理に伴なって複雑に発達したレンディーレの社会組織の中では、父系血縁原理によってまとまる人間の居住地、いわゆる集落はどちらかというと半定住的であり、メンバーシップも比較的安定したものであるが、このリジッドな社会組織の束縛から一歩を隔てて、単一で平等でしかも小規模な集団となる家畜キャンプにおいては、その集団の構造と機能はブッシュマンときわめて類似したものとなる。キャンプ間の成員は、数十㎞といった広域の遊動生活を通じて、とくに水場における周期的な集合に際して、メンバーシップを自在に交換するのである。

頻繁な移動はまた、民族のもつ物質文化の総量を最小限度に抑える要因としてはたらく。狩猟採集民の社会は、生息地の自然環境に直接対決し、文字どおり自然に一〇〇パーセント支配されていると同時にまた依存しているということができる。彼らの生存は、自然資源への絶対的な信頼によってなりたっており、人為的な自然への働きかけは最小限度におさえられている。遊動的狩猟採集民にとっての輸送手段は普通には人力によるだけであり、したがって彼らの所有しうる物質文化は一度に背負って運搬できる量に限られている[*文献55]。

ブッシュマンの作る粗末なにわか作りの草葺き小屋はカラハリ砂漠の移動生活にとってきわめて適応的なものである。手近の材料を使ってその場で簡単にしかも短時間に建てられるにもかかわらず、暑い日射をよく遮り、風通しもよい。衣類や狩猟採集用具などについても、彼らのもっているものは品数も少なく、単純なものである。ブッシュマンの物質文化については本書第3章でもすでに詳しい報告をおこなったが[*文献64・65]、その品目は全部を数えあげてみても七八点にすぎず、しかも多くのものが、必

文献55　Service 1966

文献64　Tanaka 1979
文献65　Tanaka 1980

要なときにはありあわせの材料で即席に作られる。

牧畜民の物質文化は、狩猟採集民に比較すれば複雑であるとはいうものの、やはりそれほど発達したものとはいえない。家畜動物の人工的飼育と管理がこれらの人々の生活における最大特徴であるが、レンディーレをはじめとする遊牧民族もまた、きわめて自然と密接に関係をもって生きる人びとだからである。遊牧民のおこなう広範な放牧活動と度重なる移動が彼らのもつ物質文化の量を制限する要因となることもまた、狩猟採集民一般の場合と同様である。彼らは運搬手段として駄用家畜をもっているのが普通であり、レンディーレの場合には、そのための用途に選別され育てられる駄用ラクダを用い、したがって移動の際に運ぶことのできる荷物の量は飛躍的に増大している。レンディーレが住む北ケニアの半砂漠地帯には、小屋の材料とするための材木も草も乏しいという自然条件もあって、彼らはきわめてユニークなタイプの組立式住居を考案し、この貴重な住居を移動の度ごとに分解してラクダで運搬し、幾世代にもわたって使用する。この住居は、骨組として、レンディーレ・ランドのきわめて局限された分布をもつ川辺林性のある種の灌木の細長い幹を数十本組み合わせて半球形の枠組を作りあげ、野生のサイザルの繊維で編んだ一メートル四方ぐらいのむしろを三〇枚程度かぶせて屋根とする。軽量であるうえに建築学的にも非常に優れた構造をもち、*文献12 ブッシュマンの小屋の場合同様、日射をよく遮り、通風性もよい。乾燥して暑い半砂漠地帯にきわめて適応的な住居なのである。

文献12　Grumm 1976

7　狩猟採集および牧畜における乾燥適応

アフリカの狩猟採集民についての比較、とくに乾燥草原のブッシュマンと湿潤森林のピグミーについての比較検討は、すでに概観した通りである。森林とオープンランドの草原では、狩猟の対象とす

写真●６―11　住居を組み立てるレンディーレの女たち。この地方には材料が乏しいので、部材は長年にわたって大切に使われる。住居は折りたたみ式のもので、移動の際はラクダの背に乗せて運ぶ（第４章写真４―76、77（327頁）参照）。

写真●６―12　サンブルの住居。レンディーレの場合とは違い、材料はふんだんに得られるので、移動の先々で新しいものを作る。

る動物の種類も異なるし、見通しが利くかどうか、足跡の追跡が可能かどうかなどといった立地条件も全く異なるので、狩猟方法は非常に異なっている。すなわち、森林では見通しの悪い草むらにひそむダイカー類の捕獲のために、網または弓矢を用いた集団による共同作業が必要であるのに対し、オープンランドでは草原性の大型レイヨウの捕獲のため、弓矢を用いた忍び寄りと追跡による単独猟が主力となる。

狩猟用具は、こうした狩猟法のちがいに応じて当然異なっているうえ、生息環境の特性を生かして、森ではいたって豊富で入手容易な植物性材料が、乾燥草原では保存と耐久性に優れた動物性材料が、物質文化の中心となっている。

狩猟をはじめとする、生計活動の細部にわたるちがいは、遊動域の大きさ、移動頻度、集団の編成、ひいては社会組織にいたる彼らの生活のすべてにわたって大きな差異をもたらしている。遊動的で離合集散をおこなう小規模な集団をもち、社会的分化や社会組織も未発達であるといった、狩猟採集社会に一般に見られる特徴は、ブッシュマンとピグミー両者の社会にもそのままあてはまり、両者はきわめて相同なパターンを示す。しかしながら、動物相・植物相のちがい、生計様式のちがいは、彼らの社会構造に微妙に反映し、総じて乾燥地帯の狩猟採集民は湿潤森林帯のものに比べて大きな行動域と頻繁な移動性を示す。ピグミーの比較的安定した居住集団が明確なハンティング・テリトリーをもつのに対して、オープンな場所に住むブッシュマンは頻繁に離合集散をおこなって、そのためにもテリトリー制はきわめてあいまいなものとなっている。

このような乾燥と湿潤による生活構造の変差は、森林からサバンナに移行するエコトーンである疎開林帯の狩猟採集民の例を考えてみればさらに明確となる。寺嶋秀明によれば、ザイール東部の疎開林帯に住むムボテは、生計様式、遊動域、社会構造のいずれの要素においても、ピグミーとブッシュマンの中間タイプを示すことを指摘している[*文献69]。

文献69　Terashima 1980

ブッシュマンの社会の中でも、カラハリ砂漠がもつ微妙な地域的乾湿の変異に応じて、その生活構造は微妙に変化する。リーが詳細に調査した北部カラハリのドーベ地域のブッシュマンでは、筆者の調査した中央カラハリのカデ地域よりやや湿潤な生活環境に支えられて、恒久的な水場と圧倒的に信頼度の高い優秀な単一種の主食の存在をもち、人々はこうした食物や水の集中する地点を中心に遊動生活を送ることができる。[*文献30・34] それゆえに彼らの行動域はカデ地域のそれのおよそ半分にしかならないのである。

狩猟採集民における適応の最大の要素は、彼らが基本的に生存の条件とする野生動植物の分布と量であり、乏しい動植物相によって特徴づけられる乾燥に対する適応は、したがって、広大な行動域と頻繁な移動、およびそれに伴なうもろもろの社会的諸制度であるといってよいだろう。

東アフリカの牧畜民は主としてマサイランド、北部ケニア、北部ウガンダ、ソマリ、エチオピア南西部、スーダンなど低地の乾燥地帯に分布している。先に紹介したレンディーレの生息環境は、こうした牧畜民の分布域の中でももっとも乾燥した地域に属している。ここではレンディーレ・ランドより湿潤なケニア西部からウガンダ東部にかけての地域に分布する牧畜民、半農半牧民の場合をとりあげて相互の比較をおこない、牧畜における乾燥適応の問題について考えてみたい。

ケニア西部の丘陵地帯、およびウガンダ東端部はエスカープメント上に位置する台地であり、そこにはポコット、カラモジョン、ジエ、ドドスの諸族が住んでいる。これらの諸族のうち平原部のポコットをはじめ、ごく一部の人々が完全に牧畜にのみ依存して生活するほかは、大部分のものは牧畜に中心をおきながら、経済のかなりの部分を農耕に依存している。景観はアカシア・ウッドランドが主流をなし、農耕は川辺林の一部を切りひらいて、ソルガム、シコクビエ、トウジンビエ、トウモロコシ、豆などの栽培がおこなわれる。この地域の中心的な生業はウシによる牧畜であるが、ウシはもっぱら搾乳用として用いられ、ヤギやヒツジの小型家畜が食肉用として利用される。レンディーレ

文献30　Lee 1965
文献34　Lee 1979

やガブラがラクダを経済的基盤として用い、同時に社会的・精神的価値を与えているのと同様、これら比較的降雨量の多い丘陵地帯に住むナイロート系諸部族は、レンディーレのラクダに相当する位置をウシに与えている。ナイロート系牧畜民におけるウシの社会的・宗教的重要性は、すでに多くの研究者により繰り返し強調されている。*文献6・7・8・10・14

これらの人々は、農耕をおこなうための必要性もあって、一年のうちのある期間は定住的な生活を送り、この半定住的集落からの日帰り放牧によって牧畜管理をおこなっている。農作物の収穫が終り、乾季がたけなわになって、集落の周辺の牧草が乏しくなると、彼らは移動して新しい牧地を求めるが、その移動距離およびトータルの行動域はレンディーレ、ガブラ、トゥルカナのような数百㎞規模の行動半径をもつ半砂漠遊牧民に比べると問題にならないほど小さい。先に概観したような湿潤地帯における農耕適応と乾燥地帯における牧畜的適応の対比が、これら牧畜民のあいだにもそれぞれの生息環境の乾湿の系列にそって明瞭に認めることができるのである。乾燥度が高まるにつれて農耕的要素は薄れ、レンディーレ、ガブラ、ソマリ、トゥルカナなどの極乾燥地帯においては、牧畜は人間生活の存在にとっての唯一の形態となる。しかも降雨量の年較差が大きいアフリカの乾燥地帯においては旱ばつは農耕産物を根こそぎ台無しにして経済を脅かすのに比べ、牧畜に立脚する経済においてはそれほど根底的な大打撃を受けずにすむことができる。レンディーレに見られた家畜への全面的依存と広大な領域での遊牧的牧畜は、乾燥に対する人類の最大の適応形態であるといってよい。

文献6　Deshler 1965
文献7　Dyson-Hudson 1966
文献8　Evans-Pritchard 1940
文献10　Fukui 1979
文献14　Gulliver 1955

8　集団の構造と社会組織

狩猟採集民と牧畜民における流動的な集団の構造は、とくに彼らの頻繁な移動の生活様式と密接な関連をもつ。頻繁な移動の過程を通じて、ブッシュマンの居住集団は絶えずメンバーシップの組みかえをおこなうし、レンディーレの家畜キャンプもまた同様に構成メンバーの組みかえをおこなう。佐藤によれば、レンディーレの家畜キャンプを構成する若者の男女たちは、主として定期的に訪れる水場での給水に際して、家畜ハードの編成変えをおこない、同時に牧童自身も離合集散するという。*文献52 そして彼らのきわめて流動的な集団編成は、ブッシュマンの場合同様、人間関係のあつれきや相克などから生ずる緊張や不和を解消し、調和を保つべく、社会的にきわめて重要な役割を果たしているという。

文献52　Sato 1980

ブッシュマンをはじめとする狩猟採集民の社会は、一般に小規模で、狩猟と採集における男女間の分業が見られる以外、社会的にも未分化で、社会組織は未発達である。それに比べると牧畜民の社会ははるかに大きな規模をもち、年齢組組織や年齢階梯制、クラン、リネージといった複雑な親族組織、政治組織をもち、かつ部族としての統合をもっている。しかしながら、牧畜民の部族社会も基本的には家族を基盤とした親族関係によって結ばれており、社会的分化も性、年齢による経済的・政治的分化にとどまっていて、階級や職業による分化は見られない。これらの社会もまた狩猟採集民社会と同様、平等主義に立脚した社会であるといえる。

牧畜民社会が狩猟採集民社会からきわだって区別されるべき点は、一方が完全に自然資源の直接利用を図るのに対し、他方は家畜を人工的に飼育管理し、自然資源を間接的に利用する点にある。したがって彼らの社会構造上のちがいの多くは両者の生活様式におけるちがいに起因し、それはもとを辿れば、狩猟採集も農耕もなりたたない極乾燥の生活環境によって規定されていると言ってよいのである。レンディーレ社会の特色のひとつは、長老による政治機能と若者による経済機能という年齢による機能分化であり、他は人間の居住地である集落と家畜の生活圏であるキャンプとの二分居住方式である。これらの問題についてはすでに前節において簡単に触れておいたが、それらはいずれも厳しい環境における牧畜的適応の表われとして捉えることができよう。

植物相、動物相ともに貧弱な乾燥地帯で、自然資源に全面的に依存する人間の生活にとって、人口問題はとくに重要なファクターとなる。社会の存続のためにはもちろん最低必要限度の人口が確保されねばならないが、かといって人口がむやみに増加することは極力回避されねばならない。自然資源の供給と人間の消費のバランスによる最適密度がいずれの社会においても存在するはずであり、それぞれの社会はこの基準をベースとして、柔軟性があり、かつかなりの上下幅をもった人口密度を維持しているにちがいない。生活環境の異なるおのおのの社会について人口の最適密度を算出することは困難だし、おそらくおよそ不可能なことであろうと思われるが、ここでは極乾燥への適応のひとつの局面である人口調節の機構を、ブッシュマンとレンディーレの場合について考察して、しめくくりとしたい。

結婚年齢はブッシュマンの男で約二五歳、女で約一八歳、またレンディーレでは男が約三二歳、女が約二五歳で、アフリカの他の諸民族の場合にくらべるとかなり晩婚である。とくにレンディーレは他の牧畜諸民族に比較してももっとも結婚年齢が高い。[*文献157] ここで人口増加率に影響を与える要素は女性一人あたりの産児数であるが、レンディーレは極力結婚年齢を引きあげることによって人口の増加を抑制しているのである。

ブッシュマンは、赤ん坊が離乳を完了する二〜三歳になる前に次の子供を作ると年長の子供が病気になって死ぬと言い、出産間隔を二年以上あける。彼らの受胎抑制は、単純に禁欲によるが、男はこの期間に妻のもとを離れて別のキャンプに住むことが多い。彼は別の場所で恋人を作ったり、第二夫人を娶ったりするが、こうした一夫多妻の形態は男女の数のアンバランスの解消になると同時に、女性ひとりあたりの出産間隔を広げ、産児数を抑制する重要な機能を果たしている。

実際、ブッシュマンのように野生動植物の狩猟と採集だけによる「手から口へ」の移動生活におい

文献157　佐藤　一九七八

写真● 6 ―13　レンディーレの若者たちの踊り。若い女が合流する。

ては、乳幼児は完全に母親の従属物であり、これを二人以上もかかえることは物理的にも不可能なことなのである。ブッシュマンにおける嬰児殺しは古くから報告されており、[*文献53] 稀なケースではあろうがこれを否定する証拠はない。

レンディーレにおいては、佐藤によれば、初産の双生児や未婚女性の私生児は出生後すみやかに殺され、さらに、特筆すべきことは彼らの年齢体系の中で、特定の年齢組の父をもつ娘の婚期が大幅に遅らせられるという事実がある。[*文献157] レンディーレ・ランドの自然環境の苛酷さと、世代間隔が長く、増殖スピードの遅いラクダという動物の特性に見合った、人間の側の厳格なまでの調節機構がそこに見いだされるのである。

文献53　Schapera 1930

文献157　佐藤　一九七八

第3部　変容する伝統社会に参与する

第7章　ブッシュマンの定住化と社会文化変容

定住化したコイコムの集落に、配給のトウモロコシ粉が運ばれてくるようになった。（撮影：北村光二）

1　四度目のカラハリ

一九八〇年一二月二三日午前九時、コイコムの井戸までもう一〇分も走れば辿りつくという地点、ツーク・パンで車を停めて、ブッシュマンとの再会に期待の胸をふくらます。第２部で述べたように、一九七四年の三度目の調査の後、私はブッシュマン調査には一区切りをつけて、北ケニアの乾燥地帯に住む遊牧民、レンディーレ、ポコット、トゥルカナの調査に転進した。今回のブッシュマン訪問は、ＮＨＫが企画したドキュメンタリー番組の撮影に同行したもので、じつに六年ぶりのことであった。久しぶりにカラハリに帰ってきた私たちの家族と人びととの交流が番組の主題の一つに据えられていたので、私たちは、撮影スタッフ四人に加えて、妻憲子と長男広樹のほかに、はじめてのカラハリ訪問となる長女の敦子を伴っていた。

六年間の空白は、カラハリ砂漠の奥地カデに住む人びとにとって、どのような年月だったのだろうか。みんなつつがなく暮らしているだろうか。不安と期待は私や妻の胸のうちで大きくふくらんでいた。最後の数キロメートルを乗りきろうと車をスタートさせたとたん、左手の方から人影がバラバラと駆けよってきた。年配のショエカとハボロツェーハ、それに青年のコイケネがいる。数人の男たちがパンの近くで畑を耕していたのだという。カオーチュエやコムチュールといった遠方にいた人びとも、いま、みなコイコムに集まっているということだった。昔なじみの人たちがみな元気で暮らしているらしい。私は安堵に胸をなでおろし、オクワ川を横切ってコイコムの井戸に到着した。

しかし、コイコムのたたずまいと人びとの様子は一変していた。車を停めるやいなや大勢の人たちが四方八方から走り寄ってきた。あっという間に思いもしなかった数の人だかりにとり巻かれ、しか

写真●７—１　ＮＨＫの取材スタッフとカデへの道を行く。車に乗りこもうとしているのが仲居宏二ディレクター。

もその人びとの服装は以前とはすっかり様変わりしてしまっていたのである。男は毛皮の褌一つ、女は毛皮の腰巻に肩掛けといった昔の姿はなく、毛皮の衣料などというものはまったく見られなかった。擦り切れたり、棘だらけのブッシュに引き裂かれたりして、ぼろ布同然になっているものが多かったが、男はシャツにズボン、女はワンピースあるいはシャツにスカートと、全員が布製の洋服に身を包んでいたのである。

じつに思いもよらない変わりようであった。顔じゅうを笑顔にして、次々と握手を求めて再会を喜んでくれるのは嬉しかったが、これだけ大勢の様変わりした人びとを目の当たりにして、私は正直戸惑いを隠すことができなかった。なつかしく出迎えてくれる人たちと順繰りにあいさつを交わしたあと、一段落して眺めてみると、草ぶきの小屋が一〇戸ずつほどまとまりをなして建てられており、これらの小集落が井戸をとり囲むようにいくつも配置されていることがわかった。井戸水を汲みあげるディーゼル・エンジンとポンプには小屋掛けがなされており、水道の蛇口も据え付けられていた。すぐ近くには円形の鉄板葺きの遠隔地開発計画（ＲＡＤＰ）の事務所が建てられていた。この一画は明らかに定住的な居住地域となっていたのである。

撮影の合間をぬって、私は各集落の見取り図を作成し、それぞれの集落を構成する小屋の数をかぞえていった。二〇日間の滞在中に人数を正確に把握することはできなかったが、各集落は平均七戸から一〇戸で構成されており、五戸の集落が一個、一八戸からなる例外的に大きな集落が一個あった。合計八個の集落が、井戸の南から東にかけておよそ一キロメートルの範囲に点在しており、小屋の数は合わせて八四戸に及んでいた。一戸あたりの平均人数は、過去の人口調査からするとおよそ五人と導きだせるから、いまコイコムには四〇〇人強の人びとが住んでいることになる。粗末ななめし皮の衣類を身にまとい、三〇人から五〇人の少人数で移動生活を送っていた狩猟採集民のイメージは一変し、原野のさなかに忽然として小さな町が出現したかの印象を私は受けたのである。

写真●7―2　長女敦子にとっては初めてのブッシュマンたちとの出会いである。10歳になった広樹が右にいる。2人とも冬休みの前後何日か小学校を休ませてのアフリカ行であった。

ボツワナ政府による定住化政策が、ここ数年来急速に進みだしていることは、すでに聞き及んでいたし、ＣＫＧＲの中のカデ地域にまでその影響が及んでくるのももはや時間の問題だという認識はもっていたつもりである。しかし、現実を目の当たりにして、私は強いショックを受けた。

旅のはじめに私が抱いた予感は的中した。地球上に数少なく残された狩猟採集民族の一つが、いま重大な存亡の岐路に立っていた。カデの人びとの行く末を案じさせた最大の原因の一つは彼らの外観上の変化にあった。毛皮の衣類を捨て去り、人びとは配給された救援物資の古着を身につけていた。文明世界からもたらされた布製のシャツやズボンやスカートは、しかしながら、大半が着古されてぼろ布同然となっていて、それらを身につけた人びとの姿は、いかにもみすぼらしく映ったのである。私の心の奥底に、自然の中にしっくりと溶けこんで暮らしていた、あの「砂漠の狩人ブッシュマン」のイメージが強烈に焼きついていて、その永遠の存続を希求する気持ちがあったことは否定しえない。そうした私自身の内面に潜むほのかな期待が裏切られ、そのことに対する失望の思いが、言い表しがたい困惑となって現れたにちがいないのである。

だが、カデの人びとの上に起こっている変化への失望は、たんに野生へのあこがれとか、太古へのノスタルジアといった、文明の退廃に倦んだ都会人の感傷とだけに帰することのできない何ものかを意味しているように思われた。私たちの世界からはすでに失い去られた、まったく異質の文化と、そして一個の由緒ある民族の消滅につながる重大な出来事が、いままさに進行しつつあるに違いないと、私には思われてならなかった。

かつて経験したことのない大人数の集合と定住は、彼らの生活を、そして人間的な結びつきを、どのように変えてゆくのだろうか。低い人口密度を保ち、広域の自然を利用することによってのみ可能であった生活は、いかにして定住地の閉ざされた空間の中で存続しうるのであろうか。急速に流入しはじめた貨幣経済の原理は、はたして従来の平等主義原理に基づく交換のシステムと共存しうるもの

写真●7—3　水道の蛇口も作られていた。

なのかどうか。カデの人びとは、いま重大な試練のときを迎えているように思われた。

変化がカデの地に訪れたのは、ほんの昨年のことだったという。ボツワナ自治省の管轄する遠隔地開発計画（RADP）が、カデ地域の定住化を決定し、インフラの整備をスタートさせたのである。経済の低迷と政治の混乱が進むアフリカ諸国の中で、ひとりボツワナのみは、当初から多党政治を取り入れ、七〇年代半ばに南部地域にダイヤモンドの富鉱が発見されてからは国家経済も急上昇した。その結果、舗装道路の建設をはじめ、学校教育、近代医療の普及といった生活文化の向上を目指した施策が次々と打ちだされていった。カデ地域住民の定住化は、まさしくこうした国家政策の一環として進められたのである。カデは、カラハリの中でも最も奥地にあり、さらにここは世界最大規模の動物保護区の中に位置するため、開発の手は国内でも一番最後に、一九七九年、ついに押し寄せてきたのである。

外界の文明とはほとんどかかわることもなく、自然と一体となって生き続けてきた狩猟採集民が、定住生活者となって外部の世界と交わるようになれば、いったいどのような未来が訪れるのであろうか。平和で安定した狩猟採集生活が終焉し、それは悲劇の幕開けとなるのか、あるいは、文明への敷居をまたいで、その将来には明るい希望の世界が開けていくのであろうか。カデの地はいままさしく歴史的な一大実験場となりつつあった。

2　調査隊を編成する

ＮＨＫの取材旅行から帰った私は、その年（一九八一年）の四月から、今井君が交通事故で瀕死の重傷から回復した直後であるが、霊長類研究所を辞して、弘前大学人文学部に新設される人間行動論

写真●7―4　定住化した人々は布製の洋服を身につけており、小屋も昔より大きくかつしっかりと建てられているのが多かった。

研究室の責任者として転任することになっていた。引っ越しの後、研究室の創設に多忙な日々であったが、私はブッシュマンの定住化に伴う急激な変化過程を追跡調査しようと決断し、そのための準備を進めていった。

　ブッシュマンたちの暮らしの変化を追いかけるには、長期にわたる継続調査が不可欠となるだろうし、さまざまなアプローチから多角的に人びとの行動、社会、文化を捉え、変化の過程を分析していく必要もある。とても私ひとりの力では手に負えない大きな課題であった。霊長類研究所の大学院でエチオピアの雑種ヒヒの行動研究によって博士論文を書きあげ、北海道大学文学部の助手を務めていた菅原和孝君と京大理学部の大学院生であった大崎雅一君の若き俊秀二人に調査に加わってもらうことにした。それまで科研費によってケニアの遊牧民調査の費用をまかなっていたのだが、経費の半分をブッシュマン研究にまわし、ケニアでの調査を菅原の一年先輩にあたる佐藤俊に任せることにして、私は古巣のボツワナへ舞い戻ることにした。

　今回の科研費には牧畜民研究を補強するために、霊長類研究所の大学院生で小笠原諸島の野生化ヤギの調査で修士号をとった鹿野一厚君に、サンプルの担当として加わってもらうことにした。[*文献162] マラライの町から丘陵の中に入っていったラライティという場所のホームステッドに住みついて、野生化ヤギ研究を生かしたサンプルのヤギ放牧の実態を明らかにしてもらいたいと考えたからである。私自身は、カラハリの調査を終えたのち、一二月になって帰国の途次の数日を使って鹿野の調査の進み具合を見るために彼のフィールドを訪れることにした。

　ところが研究・教育の日常業務に加えて、創設期にあった研究室の激務とストレスがたたり、一九八二年七月九日に出発を予定していたその直前、私は胃潰瘍で大出血して入院してしまい出発を延期せざるをえなくなった。菅原、大崎の両君も私の病気回復を待って出発を遅らせる選択もありえたのだが、そうすると、当時の科研費は年度内の三月中に終了しなければならない単年度予算だったので、

写真●7―5　ハンシーまで迎えに来てくれた、左から大崎雅一、菅原和孝そしてダオグー。カラハリ・アームズ・ホテルの前で。

文献162　鹿野　一九九九

彼らの調査は遅らせた分だけ短縮せねばならないことになる。若い人たちの調査期間はなんとしても八ヵ月間は確保したかったし、また、そうしないと与えられた予算を消化するのも困難になる。二人には初めてのカラハリ行をなんとか彼らだけで頑張って乗りきってもらうこととし、当初計画通りの日程で先発してもらうことにした。

七月九日に菅原と大崎を送り出したあと、私は二ヵ月遅れで出発し、銀行員と医者を運ぶあの小型飛行機に便乗してハンシーまで飛び、二人に合流したのは九月二三日のことであった。翌日、買い物や何やで一日出歩いたあと、夕方、カラハリ・アームズ・ホテルのバーでビールを飲んでいると、ひとりの青年が近づいてきた。セベツォ・ハディタテーラだと名乗りをあげる。思わずまじまじと顔を見つめた。すっかり大人になって、すらりと背も高く、ハンサムで身なりもよい。しかし、たしかにあのセベツォだった。きりっとした顔立ちになったが、幼かった時代の面影が残っている。一九六七年三月から九ヵ月間、私はセベツォと寝食をともにしてボツワナ西部を駆け回り、彼は通訳として、またアシスタントとして、本当によく働いてくれた。

一五年の歳月を経て、見ちがえるばかりに立派な青年に成長した姿を見て、私は嬉しかった。別れるときに、首都ハボローネの近くの有名中学校へ宛てた推薦状を書いてあげたが、彼はその中学校を卒業したあと、獣医師の養成学校に進学して、いまは政府の獣医学部門に勤務しているのだという。来年の五月から三年間、ナイジェリアの大学に留学して獣医学の博士号を目指すことになっているのだと話してくれた。その目は希望に燃えて生き生きしていた。その後三十数年、彼からの音信はない。いま当時のフィールドノートを眺めながら、なつかしく思い出すが、あれから半世紀経ったセベツォが元気で活躍していることを心から願っている。

もう一日をハンシーで費やし、二六日にカデに向け出発した。定住地となったとはいえ、最後の農場からコイコムまでの悪路は昔と変わらない。ブッシュの中の踏み跡をただひたすらに南東へとた

写真●7―6　鹿野一厚（右）。サンブルランドを訪れた伊谷純一郎と（撮影：太田至）。

どっていく。政府の車がよく通うようになったので、轍の跡は多少ひらけて走りやすくなったが、凸凹のひどさは以前と変わることはない。途中でサンドイッチの昼食をほおばって、八時間かかってコイコムに到着した。

ブロック造りの小さな建物が三戸建てられていた。小学校と診療所と先生の宿舎であった。学校とはいっても、この小さな建物は教材などを置く物置のようなもので、二〇人ほどの児童は木陰の青空教室で読み書き算数を習っている。学校はまだ始まったばかりで、生徒も少なく、ひとりで赴任してきた先生が、朝夕の涼しい時間に少しずつ勉強を教えているようであった。診療所にはまだ常駐するスタッフはおらず、不定期にハンシーから医師が訪ねてくるということであった。

農業省から派遣されたロバーツというナロの若者がやってきて、畑作りを志願する一部の人たちに、トウモロコシ、ソルガム、ササゲの種子を配布したのは、私の帰国もせまり、雨季の兆しが始まった一一月一六日のことだった。農耕が奨励され、やがてRADPは定住地に集まってきた人びとに山羊三頭ずつを配布して牧畜の振興をおこなうということだった。

政府はCKGRの東部の、およそ一五〇キロ離れたギョム、メツァマノー、メノアーツェ、キカオなどに住んでいる人びとをもカデに移住させて、カデをリザーブの中の唯一の定住地にしたいと計画していた。そのために何度にもわたって、大型トラックで人びとを輸送し、カデに連れてきた。馬やロバや山羊をもっていた人びとは、途中で狩りをしながらゆっくりと移動してカデに到着した。

また、ハンシーの白人農場南東部に住みついていたグイやガナのうち、カデに親戚をもつ一部の人たちも移動してきた。農場に雇われている人たちは別として、その他の多くの人びとは狩りをするための動物もおらず、採るべき食用植物も少ない農場地帯では、雇用された親族や知人からの施しを受け、乏しい木の実や草の根によって辛うじて飢えを凌いでいたからである。

二年前にすでに四〇〇人を超えていたカデの人口は、優に五〇〇人を超えているものと思われた。

写真●7―7、8　カデの定住地の小学校（左）と診療所（右）。いずれも一九八四年に設けられた。

くわしい人口調査は、長期に住みついて調査をしている菅原、大崎の両君がおこなっており、やがて全貌が明らかにされるであろう。

たかだか五〇人ていどの規模で、数週間ごとに、ときには二、三週間で、移動を繰り返し、広い範囲の土地と資源を利用することによって、狩猟採集の生活は成り立っていた。何百人もの大人数が一ヵ所に定住したのでは、とても狩猟と採集の生活は持続できなかった。食料の八割方を依存していた植物性食物はたちまちにして払底し、食料不足は深刻なものとなった。

一九八一年以来アフリカ大陸全域を襲った大旱魃は、カラハリの叢林にも大きな影響を及ぼし、草木の生育を阻害し、なかんずく農作物には壊滅的な被害をもたらした。旱魃被害に対する国際的な救済活動の高まりを背景に、ボツワナ政府は遠隔地住民に対する食料・衣料援助をいっそう強化したが、カデの定住地にもたらされる食料配給はそれでも滞りがちであった。

「ホルメンテ（政府）は、食料をやるからと約束して、俺たちをコイコムに連れてきたにもかかわらず、水ばかりを飲ませて、食べものはちっともくれないではないか。」人びとはこうして不満をぶちまけた。

カオーチュエやコムチュールから来た人たちの中には、配給を受けるとさっさとブッシュの中へ移動し、二週間に一度ぐらい水汲みのためにコイコムの井戸までやってくるものも大勢いた。ＣＫＧＲの東方から遠路やってきた人たちは、一一月になって雨が降りはじめると、もうすぐギョムやメノアーツェに水溜まりができたら、そしてスイカが実りだしたら、俺たちはあっちへ戻るのだと、ことごとに言いつのった。

一九七〇年代半ばには、半官半民の民芸品売買組織であるボツワナ・クラフト会社が設立され、定住化政策が実施されるやカデの地にも年に二、三回買いとりに来るようになった。カデの人びとにも現金収入を得る機会が開かれたのである。弓矢や槍、臼と杵、ビーズ細工を施した毛皮の袋、ダチョウの卵殻で作った首飾りやベルトなどが売買の対象となり、人びとはそうした民芸品を余暇の合間に製作して、買いつけにくるボツワナ・クラフト社を待つようになった。

現金を得るいま一つの機会は工事人夫などの賃労働によるものだった。政府は学校や診療所などを充実するために、さらなる建築工事を進めており、また、深い砂の道に砂利を敷いて走りやすくするために道路工事もおこなっていて、カデの住民たちの多くが工事現場に雇われて現金収入を確保していた。学校の先生をはじめ、RADPの役人、建築技師、現場監督、運転手など、町から多数の外来者が流入してきて、彼らはブッシュマンから肉を現金で買い取るなど、カデの経済生活には現金を媒介とした流通経済が急速に浸透していったのである。

一九八二年に加わった菅原、大崎の二人に続き、八四年には弘前大学に新規に来てもらった、ピグミーチンパンジー（ボノボ）研究をやっていて、今度は人間についての行動人類学的な研究をはじめた北村光二君に、奥さんの弘美さんと一緒に参加してもらうことにした。ちょうど北村君が加わるようになったころから、ハンシー―ロバツェ間の幹線道路から東へ真っ直ぐにコイコムまで来られるように、広い道路が開かれているところであった。カデ定住地およびそこに至るアプローチなど、インフラの整備は急激に進み、貨幣経済の導入に伴う価値観の変化、そして社会文化

の変容は着実に進行していると思われた。

3 社会変容の歴史的概観

もとより、ブッシュマンにおける文化変容はいまに始まったことではない。一五世紀に始まる大航海時代以降、異民族間の交流は地球的な規模でおこなわれるようになり、いわゆる「未開社会」の地にも文明の波が押し寄せ、伝統社会の生活や文化は著しく変貌をきたすようになった。二〇世紀に入ってその変化の範囲とスピードは加速度的に増大し、質的変化を加えるに至ったというのが実際のところだ。

変化は大きく内的な要因によるものと、外的な要因によるものとに分けられる。前者は、発明や発見、技術革新、世代ごとに累積される修正や逸脱、人口の増減などによって起こるものであり、後者は、主として異文化との接触によって引き起こされる。両者は常に複雑に関連し合いながら、現実の変化を推し進めていく。一つの社会が純粋に独自の発明発見によって新たな文化を創造する例は一割に満たないといわれ、ほとんどの場合、文化は異文化によって何らかの影響を受けて変わっていく。主として外的要因によるこのような変化は文化変容と呼ばれる。

ブッシュマンの場合、この文化変容は、遅くとも一七世紀に始まるヨーロッパ人、バントゥ農牧民との接触以来、一貫して進行してきた問題である。南アフリカから東アフリカにかけて広く分布していたブッシュマンの分布が南アフリカ地方に限られるようになったこと、一部のものがバントゥとの混血、融和の過程を経て、牧畜の生業形態や社会組織の一部を取り入れ、分岐していったものがコイコイとなっていったらしい事実などから考えれば、五世紀頃にはすでにバントゥ文化の影響を受けて

写真●7—9（右） 現金経済の流入によって、人びとは建設工事などに従事するようになった。外国NGOなどから古着が配られ、近代的な衣服を着用するようになると、その消耗も激しいため買い換える現金が必要になる。

写真●7—10 カデ・パンの近くでエランドを解体するブッシュマンとともに。左から北村光二、北村弘美、菅原。

変容が始まりつつあったとさえ推測することが可能である。

一五世紀頃までには南アフリカ、ボツワナ、ナミビア、アンゴラなどに分布が限られるようになったブッシュマンは、ングニ系、ソト系バントゥの波状的な南下と、とりわけ一七世紀以降に開始されたオランダ系移民の侵入によって、大きな影響を受けた。それは一方的な侵略と迫害の歴史だったといってよい。ナミビアでは、西側経路を別個に南下してきたオヴァンボやヘレロによっても圧迫を受けた。こうした侵略の過程でブッシュマンの大半は吸収あるいは絶滅させられ、ボツワナとナミビアにまたがるカラハリ半砂漠に追われて、わずかの人びとが残りえたにすぎなかった。今日まで生き残ったのは一〇万人にすぎないと推定されている。その中でも大部分の人びとは、土地を奪われて、移住してきた白人やバントゥに半ば従属する生活を送っており、伝統的な狩猟採集人口はわずかに五〇〇〇人ばかりとなったのである。

細々と伝統的な生活を守り続けていた人びとは、もちろんよほどの奥地の隔離された地域に住んでいたわけである。しかしその中でもR・B・リーやI・ドゥボーの調査した北部クンは早くからヘレロとの共生関係をもつようになっており、[*文献33] H・J・ハインツが調査をおこなった南部のコーは、ハンシー—ロバツェ間の幹線道路が一九五〇年代につくられて以来、道路沿いの井戸を拠点とする生活を営むに至った。[*文献18] 一九六〇年以前には、しかしながら、上記二地域を含め、CKGR（以下、本節ではリザーブ）内のカデ地域、ナミビア側のエトーシャ・パン地域といったところは、依然として孤立し、経済的にもほぼ一〇〇パーセント狩猟採集に依存した生活が営まれていたのである。とくにカデ地域は一九六〇年代になってリザーブに指定されたため、住民は完全に自給自足的な狩猟採集生活を送っていた。[*文献57] 若干の例外といえば、ソト系バントゥのツワナ族の一支族であるカラハリ族が古くからこの地に狩猟のために入り込んでおり、多くの人びとがカラハリの血を受け継いでいることである。こうした混血子孫の一部のものは、ヤギの飼育と小規模な耕作をおこなう。また、住民の一部は、年に一、

文献33 Lee 1972
文献18 Heinz 1972
文献57 Silberbauer 1981

二度、一五〇キロメートル離れたバントゥ村落へ交易を兼ねた訪問をおこない、稀に隣国の南アフリカ共和国の金鉱山へ出稼ぎ労働に出るものもあり、まったく外部世界から孤立しているというわけではない。

一九七〇年代に入って、ついにこれらの地域にも文明の影響が直接及ぶこととなった。こうした変化は、主として遠隔地住民の生活向上政策の一環として、政府やキリスト教ミッションが意図的に進めてきたものである。エトーシャ・パンおよびその周辺地域は、一九六〇年代に国立公園に指定されたが、一九七〇年代には南アフリカに支援されたナミビア政府とミッションが連携して定住化政策が進められるようになった。

ボツワナでは、一九七四年に自治省を中心にRADP（遠隔地開発計画）が発足した。この事業計画はブッシュマンだけに限らず、遠隔地域住民の生活向上を目指したもので、各地に学校教育、医療、水利などの施設を設備し、教育や福祉の向上を意図したものである。当然前述したブッシュマンの住む諸地域も計画に含められ、以後外部からの定住化政策が急速に進められることになった（図7―1）。

カデ地域における一連の変革は、ここがリザーブの中央部に位置するためにもっとも遅れ、一九七九年から始まった。それはこの地においても、政府をはじめとする外界からの一方的な介入と、それに対する住民側の対応という形で進行した。ここではまず、外からのインパクトが具体的にどのようなものであったかを概観した上で、それが生活様式や居住形態、価値観、行動様式などにどのように影響しつつあるのかを分析する。

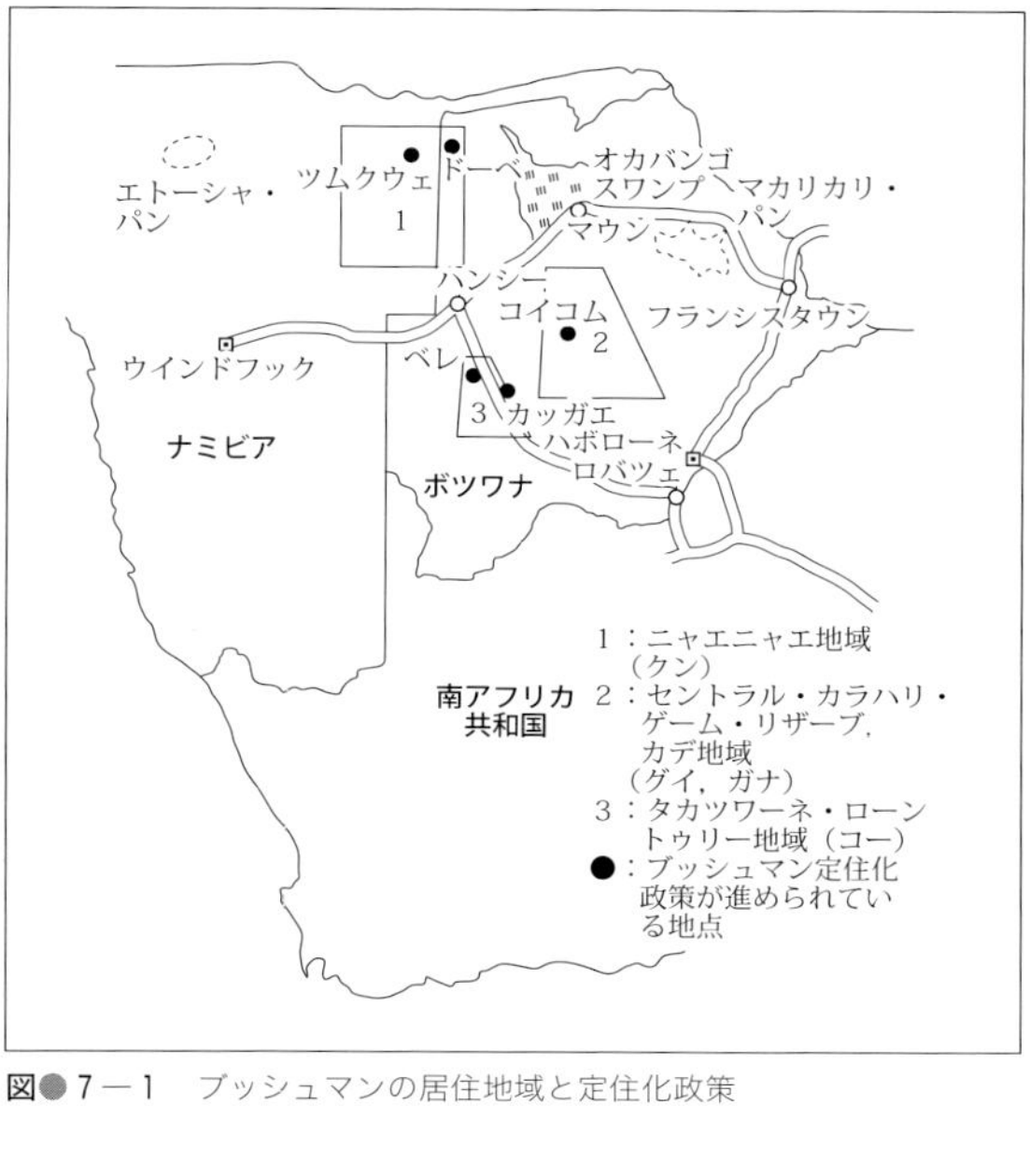

図●7―1　ブッシュマンの居住地域と定住化政策

4　集住化・定住化の外部要因の時系列的把握

（1）一九七九年

■井戸の整備と恒常的な飲料水の供給

一九六二年には、当時政府のブッシュマン調査官であったシルバーバウアーの指導のもとに、カデ地域の約五〇キロメートル四方の範囲に五つの井戸が試掘され、その中で塩分濃度が低く飲用に適したコイコムの地に掘られたものにディーゼル・エンジンのポンプが設置された。しかし、この井戸は政府関係者や人類学者によって調査の際に一時的に使用されただけで、その際に居合わせた一部の人びとがたまたま利用したのを除いて、一般には住民がこの井戸の恩恵を被ることはなかった。人びとは、年間にわずか四、五〇日程度、雨季間中の降雨後にできる水溜りを除いて表面水に接する機会はなかったのである。この井戸が一九七九年に整備され、住民の中からポンプ番が任用されて、恒常的に飲料水が確保された。

■RADP事務所の設置

ＲＡＤＰの支所が井戸の近くに置かれることになり、トタン屋根の円形小屋が事務所として建てられた。スタッフ一名が常駐することとなり、太陽電池とアンテナを備えた無線機が設置されて、定時交信と緊急用通信に備えた。

写真●7—11　ロバを使った耕作。大人数が集住するようになったため、周囲の食用植物は採り尽くされ、獲物の動物も定住地の近くには寄りつかなくなった。伝統的なブッシュマンの狩猟も、徒歩による弓矢猟から、馬やロバを用いた騎馬猟に変わり、犂で耕作するトウモロコシ畑も作られるようになった（撮影：北村光二）。

■**農業指導員の派遣**

前節で述べたように、一部の人びとの間では雨季の一時期小規模な畑が作られ、スイカ、トウモロコシ、マメの栽培がおこなわれていた。飲料水の供給と並行して農業の普及指導がなされるようになった。ロバ数頭に引かせる犂三台が導入され、トウモロコシ、ソルガム、マメの種子が無償配布されるようになった。

■**学校の開設**

上記定住化政策の一環として、教員一名が派遣され、学校教育が開始された。当初は建物もなく青空学級であった。また学童用にトウモロコシ粉の配布がおこなわれるようになった。

■**狩猟ライセンス制度の施行**

従来、CKGR内に住むブッシュマンがおこなう狩猟については事実上規制はなされていなかった（キリン、ライオン、ヒョウなどについては狩猟禁止とされていたが、実際には監視や取り締まりはなされず、野放しの状態であった）。一九七九年以降には、形式的なものとはいえ、ライセンス制が施行された。成年男子ごとに、年間の捕獲頭数を明記した免許が交付されたのである（表7—1）。免許には同時にキリン、ライオン、ヒョウ、チーター、ブラウンハイエナ、コリバスタード（アフリカオオノガン）など狩猟禁止の動物の種類が明記された。

表7—1　成年男子1人当たりの捕獲許可頭数および狩猟禁止動物の種類

種　名	頭数
ゲムスボック	2
エランド	1
クドゥ	1
ワイルデビースト	4
ハーテビースト	4
スプリングボック	4
スティーンボック	30
ブッシュタイガー	30
イボイノシシ	3
オオミミギツネ	50
ジェネット	50
カラカル	10
ワイルドキャット	50
シルバーフォックス	10
モニターリサード	10
ダチョウ	2

狩猟禁止動物は以下のとおりである。
キリン、ライオン、ヒョウ、チーター、ブラウンハイエナ、コリバスタード（アフリカオオノガン）

■**工芸品、民具の売買組織の設立**

半官半民の民芸品売買組織であるボツワナ・クラフト会社が設立され、カデ地域へも年二、三回買い取りに来るようになった。カデの人びとにも現金収入を得る機会が開かれたのである。

■**衣料品の配布**

諸外国から救援物資として古着が送られてきて配布されるようになり、かつての毛皮製の褌、腰巻、肩掛けにとって代わった。依然として毛皮の褌を身につけているのは中年以上の限られた二、三名の男にすぎない。

（２）一九八二年

■**建設工事**

学校、診療所、ＲＡＤＰ事務所、教師宿舎といったブロック造りの建物六棟が建設され、翌一九八三年に完成した。工事人夫にはカデの住民も相当数が雇われ、大きな現金収入源となったし、建築技師、ハンシーで雇われた工事人夫、運転手など多数の外来者の流入は、カデの経済を大きく混乱させる一因となった。

■**救援食糧の配給**

一九八一年以来南部アフリカを襲った旱魃に対処し、ボツワナ政府は諸外国からの救援物資を遠隔地住民に配布した。トウモロコシ粉が主体であったが、粉ミルク、植物オイルも若干配布された。

（3）一九八四年

■小学校の正式開校

学校その他の建物は前年までに完成し、この年には三名の教師が着任して小学校が正式にオープンした。生徒は徐々に増え、一九八四年九月現在の生徒数は一二五名である。授業科目は、英語、ツワナ語、算数、理科、社会、宗教の六科目。授業は日中の暑い時間帯を避けるため、午前六時五〇分から一一時三〇分までおこなわれ、終了後、トウモロコシとソルガムの粥の給食が与えられる。冬期間は早朝の寒い時間を避けるため始業時間が遅らされる。

■診療所の開設

ミッションから派遣された看護婦一名が着任し、日曜日を除く毎日診療活動が開始されるようになった。妊産婦には毎日午前一〇時頃粉ミルクと油脂を混ぜたトウモロコシ粉の粥が与えられる。首都ハボローネやハンシーの町との間に定時交信がおこなわれており、重症患者は軽飛行機または四輪駆動を備えた救急車で病院に輸送される。

■ヤギ飼育の奨励

農業指導の一環として、牝の仔ヤギ三頭ずつが各家族に配布された。すでに以前からヤギを所有していた者はその対象からはずされている。このヤギは貸与という形式がとられ、増殖に成功したものは、将来繁殖群のうちから三頭を政府に返納することになっている。

写真●7―12　農業指導の一環として、牝の仔ヤギ三頭ずつが各家族に配布された。

■商品販売システムの拡大

前年の一九八三年に、ハンシー・ディストリクト生産開発委員会とデンマークのボランティア組織が協力して、ハンシー・クラフト会社が設立され、これまでのボツワナ・クラフト会社にかわって民具などの買いつけをおこなうようになった。このハンシー・クラフト会社の指導により、店舗が設けられた。ブロック造りの建物が建てられ、会社の資金のほかに有志が五〜一〇プラ（一プラは約一六〇円）ずつ出資して、食料品、日用雑貨などを仕入れ販売する。半ば生活協同組合的方式である。ハンシー・クラフト会社は、買い取った民芸品に対して金券を発行し、これによって店の商品を購入することも可能である。表7―2はこの店で売られる商品の価格表であるが、定期的な輸送手段が確保されていないので、商品の入荷は慢性的に滞りがちである。店番として雇われている青年は、材木を仕入れ、机、椅子、棚、箱などをこしらえて、これも販売する。また、店の一角には足踏み式のミシンが一台置かれており、女たちは共同でこれを使って裁縫することができる。

ハンシー在住の一商店主が、カデに小さな草葺き小屋を作り、小規模な出店を営むようになった。商品は自ら小型トラックで供給し、店番には町からカラハリ族の男を雇って連れて来ている。当然のことながら、販売価格はこちらの方が高いが、トウモロコシ粉、砂糖、葉タバコなど需要の大きい商品の供給率が高いので、かなりよく利用される。

カデに出現したいま一つの店舗は居酒屋である。ハンシーの北東およそ三〇〇キロメートルにあるマウンの町から一人の女性がやって来て、酒造りを始め

表7―2　商品価格表（1984年9月7日現在）

商　品　名	価格（プラ）	商　品　名	価格（プラ）
＊サラダオイル	2.00	ワセリン	0.50
＊石鹸	0.80	マッチ	0.03
洗濯石鹸	0.50	＊紙巻タバコ	0.80
＊チューブ入り歯ミガキ	?	アメ玉	0.02
紅茶	0.50	ナッツ	0.10
＊粉末コーヒー	0.25	風船ガム	0.02
＊ベーキングパウダー	0.50	ソフトドリンク	0.50
塩	0.20	ナイフ	2.00
＊ライター石	?	電池　単一	0.30
小麦粉（1 kg 入）	0.80	＊電池　9 V	?
トウモロコシ粉（1 kg 入）	0.60		
砂糖（2 kg 入）	2.00		

＊印は当時在庫のあったもの。

たのである。二〇〇ミリリットルのコップ一杯のどぶろくが五〇テベ（一プラ＝一〇〇テベ）で売られる。

■水道工事

既設の井戸は水の供給量が少ないため、約一キロメートル南東に新たな井戸が掘られた。二つの井戸を連結し、さらに居住地域内数ヵ所に水道栓を配備するための配管工事が進められている。

■道路工事

ハンシー―カデ間の交通は、凹凸がひどく蛇行する轍だけからなる悪路で、一五〇キロメートルの道程に八時間を要する。より迅速かつ安全な輸送路を確保するために、前年以来カデから真西に向かって、ハンシー―ロバツェ間の幹線道路へ通じる道路の建設工事が進められている。水道工事、道路工事ともその労働力として、カデの住民のかなりのものが雇われている。

以上が一九七九年以来カデ地域のブッシュマン社会を襲った外的要因の主なものである。ゲーム・リザーブ内にあって、ほとんど外界からの干渉なしに狩猟採集の生活を送ってきた人びとにとって、突然のこうした変化の波は大きな衝撃となり、生活の諸相にわたってさまざまな波紋を投げかけることとなった。以下の各節では、人びとがみせた対応の仕方を、それぞれの局面にわたって検討してみよう。

写真●7―13　新しい道路建設工事。パンから近いところではパンの白く固い土をロバ馬で運搬して砂の道に敷きつめる。

5　生活の変化

（1）採集活動の衰退

一年の大半飲料水が得られず、もっぱら野生のスイカや根茎などによって渇きを癒やしてきた人びとにとって、恒常的な井戸水の供給は人びとをひきつける最大の誘因となった。建設工事、道路工事、水道工事による人夫賃は現金収入源としてもっとも魅力あるものであったし、救援物資の無償配布は定住化の動きにいっそうの拍車をかけた。学校教育や診療活動の開始、店舗の開設もまた、定住化を促進する大きな要因となりえたにちがいない。カデ地域が遠隔の地だからといって、この社会が完全な閉鎖系だったというわけではない。年に一度か二度とはいえ、何人かの人たちは仲間同士でグループをつくり、一五〇キロメートル離れた町や村まで訪問や交易に出かけることがあったからである。その際に彼らの目に映った学校や病院や商店の白壁の建物は、まさに外部の異なる世界を象徴するものであった。人びとが学校教育の意義をどこまで理解し、そこから何を期待していたのかはわからないが、少なくとも垣間見てきた外部世界への道程として、その異質な世界に侵入する糸口として教育というものが必要なのだと漠然とながら感じとっていたと思われる。

このようにしてコイコムの井戸の周辺には、彼らがいままでかつて経験したこともない膨大な数の人びとが集合することとなり、突如として異様な大集落が出来上がった。一九八〇年にはその数は三三〇名となり、その後の旱魃と救援物資の配布の影響もあって、一九八二年末には五三〇名にまで膨れ上がった。旱魃はさらに続き、また各施設が整備されていったために、人口は大きく減ることはな

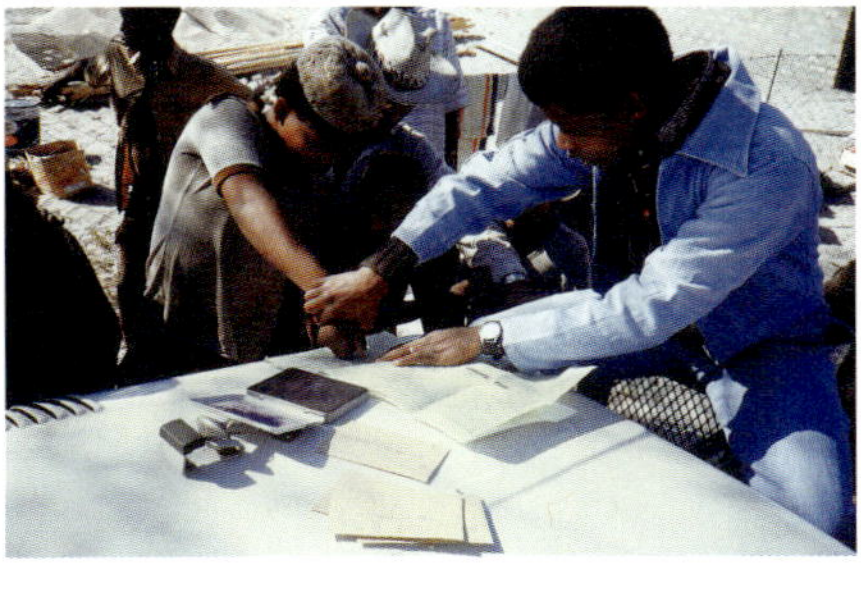

写真●7―14　道路工事の賃金受け取りの領収書に、サイン代わりの拇印を押す。

く、一九八〇年代の末頃には五〇〇名から六〇〇名の間を変動していた。

たかだか五〇人ぐらいの人間が、頻繁に移動し、食物資源を広範囲に求めるのが狩猟採集の生活様式であるから、五〇〇人も六〇〇人もが一ヵ所に集中し、定住するようになれば、その生活が根底から成り立たなくなるのは自明のことである。食糧の八〇パーセントを依存していた植物性食物はたちまちにして払底し、カデの人びとはもっぱら救援物資に依存しなければならなくなった。多くの人びとは小規模な畑を耕し、トウモロコシ、ソルガム、マメ、スイカを栽培するようになったが、短期間に気紛れに降る少量の雨をあてにする粗放農業から得られる収量は、収穫のよい年でもせいぜい雨季明けの二、三ヵ月分をまかなう程度にすぎないからである。

ヤギを配分してもらった人たちの中には、順調に増殖させて一〇頭以上の群れにしているものもいる。しかし、数頭程度の牝ヤギから得られるミルクの量はコップ一、二杯にすぎず、多少の食糧の足しにはなっても、とても食生活の基盤とはなりえない。

賃労働、民芸品の売却、肉の売却によってかなりの現金収入が得られるようになり、トウモロコシ粉、小麦粉、砂糖などの食料品を購入することが可能となったが、実際には現金はウマ、ロバ、タバコ、酒などといった食糧以外のものを求めるのに費やされることが多く、あまり食費としては支出されていない。その理由は基本的には配給食糧と狩猟による肉によって生活が維持されうるからである。また、工事用資材運搬や政府関係者の往来のためにハンシー―カデ間の輸送が増えたとはいえ、食糧その他の物資が円滑に供給されるほどの輸送力はないことも原因となっている。

かつてはブッシュマンの生計を全面的に支えていた植物採集は低調となったが、燃料用の薪だけはどうしても採集する必要がある。コイコム周辺の薪不足は年々深刻になり、定住後五年を経過した時点で採集距離は三キロメートル程度となっている。薪集めに加えて、畑を動物の害から保護するための柵や小屋の建材用に付近の樹木は伐り払われ、井戸を中心として砂漠化の徴候がみられる。ヤギの

写真●7―15　配給食料に依存するようになっても燃料の薪だけはどうしても集めてくる必要がある。

飼育頭数が増え、定住年月が経つほどに居住地域を中心とした自然環境の荒廃は著しくなることが予想される。

（2）弓矢猟から騎馬猟へ

ブッシュマンの伝統的な狩猟方法は単独行による弓矢猟であったが[＊文献189・191]、これは集団による騎馬猟にとって代わられた。現金収入が増大してウマが買いやすくなったことが第一の原因である。弓矢はハンシー・クラフト会社が買い取ってくれる民具の重要品目であり、人びとがいち早くこれを手離してしまったことも、弓矢猟がすたれていく傾向に拍車をかけた。いまでも依然として弓矢を保持し、こつこつと一人で猟に出かける者が二、三人だけみられるが、先に述べた毛皮の褌を手離さない人間と同じ者たちである。

補助的な狩猟として重要な位置にあった罠猟やトビウサギ猟もすっかり低調となった。居住地から近距離のところでなされるこうした猟法は、植物採集の場合と同じく、大勢の人間によってはおこなわれえないからである。また後述するように効率のよい騎馬猟によって必要量の肉が手に入るようになったので、無理に遠方へ出かけて行ってまでこうした猟をやる必要もなくなったのである。これらの猟をコンスタントにおこなうのも特定の年輩の男たちである。

騎馬猟は、一頭ないし二頭のウマ、数頭のロバを用いて集団でおこなわれる。あらかじめ相談して決めておいた方角へ四、五〇キロメートル行ったところをハンティング・キャンプとし、そこを基地として数日間程度の猟をおこなう。ハンティング・キャンプには、雨季なら水場の近く、乾季なら野生スイカなど水源植物の豊富なところが選ばれる。馬上の狩人は槍一本を持っただけの軽装で獲物の探索に出かけ、真新しい獲物の足跡を発見すると追跡にかかる。たいてい足跡を見つけたあと二、三

文献189　田中一九七一
文献191　田中一九七八

時間以内に獲物を発見し、全速力で追いすがって槍で仕留める。獲物が複数群れになっている場合には、単独の狩人でも次々と三頭ぐらいを仕留めることが可能である。余力があれば、できるだけハンティング・キャンプの方向へ追い詰めてからとどめをさす。運搬の手間を少しでも省くためである。

狩人は獲物を仕留めるとハンティング・キャンプに戻り、待ち構えていた仲間たちに位置を教えてロバで取りに行ってもらう。獲物はその場で解体され、ハンティング・キャンプまで運ばれたあと、細かく切り裂かれて干肉にされる。満足のいく猟果が得られるまで狩りが繰り返され（普通五日間ぐらいで五頭程度仕留める）、集落へ引き返す。猟果が不十分であっても一週間以上とどまることはない。

騎馬猟に際して狩人の役割を受け持つのは二〇歳代の若者で、普通ウマの持主の息子や弟などといった身近な人物である。ロバを従えて猟に参加するメンバーも、普通は同一キャンプ内の男たちでおおよそ固定しているが、ときには他キャンプの男たちが加わることがある。とくにウマをもたないキャンプの男たちは、肉の分配にあずかるため、種々の係累を頼って他キャンプの猟に参加する。騎馬猟は五名から一〇名で構成されるのが普通である。

もともと大型獣の狩猟は、植物採集や罠猟に比べると、居住地から一〇～二〇キロメートルという遠距離地点でおこなわれていたものであるが、それにしても人口が集中し、互いに競合するようになれば、より遠方へ猟場を求めて分散しなければならなくなる。そのためには、ことさらウマやロバによる機動力、輸送力が重要となった。また騎馬猟は、ウマの調子さえよければ、獲物を見つけしだい一〇〇パーセント仕留めることのできる効率のよい方法である。一週間の遠征猟によって収獲が皆無ということはまずありえないと考えてよい。以前の、いつ獲れるかあてにもならなかった弓矢猟とは質的に異なる生計手段なのである。

この猟法は古くからカラハリ族によって伝えられ、一九七九年以前にもときどきおこなわれていたものである。ときどきというのは、ウマを手に入れることがたいへんむずかしく、常時ウマをもっていたわけではないからである。カラハリとの混血の子孫のうち、三名の者が二、三〇〇頭のヤギを飼育していたが、彼らが共同で一〇〇頭近いヤギを代価にウマを購入したり、罠猟によって幸運にもヒョウを捕えた男がその毛皮を白人農場主やインド人商人に売り払い、ウマを購入したりしたのである。リザーブ東端のカラハリ族が多数居住するギョム地域ではかなりの数のウマが飼育されていたが、カデ地域ではせいぜい一、二頭が飼われる程度であった。それも狩りで負傷して使いものにならなくなったり、ライオンの餌食になって、しばしば皆無となったものである。乾季間のウマの飲料水としては一〇〇パーセント野生スイカがあてられており、毎日の飼料としてスイカを採集してくることはたいへんな重労働でもあった。乾季が深まりスイカもなくなる時期にはリザーブ内ではウマの飼育は不可能で、そういった時期には井戸のある定住村落へウマを移住させる必要があった。

一九七九年以降には現金入手の機会が増えてウマを購入するのは容易となり（工事人夫賃は一日平均二・五プラであるから、三ヵ月間まじめに働けばウマ一頭分の貯蓄が可能である）、同時に井戸水の供給により飼育も容易になった。一九八二年の時点でカデ地域のウマの頭数は一八頭となったが、そのうちの何頭かはギョムからの移住者がもたらしたものとしても、一〇頭ばかりは定住化以後の二年間のうちに新たに購入されたものである。

弓矢猟の衰退とそれに代わる騎馬猟の出現は、ウマの飼育頭数の増加からもわかるが、実際の狩猟実績を検討すればさらに明らかである。一九八二年八月から一九八三年一月までの五ヵ月間のカデ地域の狩猟活動を追跡した大崎雅一によれば、エランド、クドゥ、ゲムスボック、ワイルデビースト、ハーテビースト、およびキリンの大型獣は九一頭狩られたが、そのほとんどが騎馬猟によるものであり、弓矢猟によるものは三頭、イヌの助けを借りた槍猟によるものは一頭にすぎなかったという。*文献47

騎馬猟には、前述のような集団的かつ遠距離に及ぶ、事前に企画されたもののほかに、近距離での日帰りによるものもある。動物は分散して移動的な生活を送っているので、ときおり集落の近くに出

写真●7—16　現金収入がはいるようになり、井戸も整備されたので、定住地ではウマを飼いやすくなり、騎馬猟が盛んになった。

文献47　Osaki 1984

現することがある。近くで真新しい足跡や獲物の姿そのものが発見されると、一〜二名の狩人は大急ぎで放し飼いにしているウマを探し求め、これに手綱と鞍をつけると水を飲ませ、追跡にかかる。その後の狩りの手順は遠征猟の場合と同様で、狩人は獲物を仕留めた後いったん集落に戻り、ロバを率いた輸送隊がこれを引き取るために出かける。

だが、こうした偶然の幸運に頼る猟は、当然のことながらそれほど頻繁にはおこなわれえない。大崎によれば、五ヵ月間に騎馬猟による肉の入手量が二万二八〇〇キログラムあったうち、二万キログラム（約八八パーセント）までが遠征猟によって得られている。すなわち、肉の大半は集団として企画された遠征猟によって獲得されているのである。

写真●7—17　騎馬猟で仕留めたエランド。エランドはたっぷりと脂肪がのっていて好まれる。ゆえに安産、多産のシンボルとされ、初潮儀礼としてエランド・ダンスがおこなわれる。

（3）居住様式の変化

半径五〇キロメートルぐらいの範囲を数週間ごとに移動し、その頻繁な移動の過程を通じて二〇人から八〇人ほどからなる居住集団が流動的に離合集散を繰り返していたブッシュマンの生活は、明らかに定住生活へと移行しつつある。ここで移行しつつあると進行形を用いたのは、井戸を中心とした集落をベースとしながらも、狩猟や採集のために小集団単位で一時的な移動をおこなうものが若干いるのと、雨季に入って水、食糧が豊富になると元の居住地に戻ってしまうグループもあるからである。さらに、現在はさまざまな工事がおこなわれていて、多数の外来者による肉の購買力があり、また工事人夫となって現金収入をはかる機会も多いが、これらの要素がなくなったとき、あるいは政府による食糧配給が途絶えたとき、それでもどれくらいの人びとがなお定住生活を維持し続けるのか、といった不確定な要素も多々ある。

私が一九六〇〜七〇年代を通じて発表してきた報告の中では、カデ地域の常住人口は二〇〇名余りだと記述してきた。八〇年代のコイコムの集落には五〇〇〜六〇〇名が集まっているが、その半数以上は他地域から移住してきた人びとである。これらの人びとは大きく以下の三つのグループに分けられる。

(一)カデで生まれ育ち、最近ハンシー農場地帯に移住して、白人の経営する農場の井戸に住みつき、農場主や農場労働者に半ば依存して生活していた人びとおよびその家族が戻ってきたもので、その数は約七〇名である。当然、文明との接触の度合はもっとも大きい。

(二)リザーブ東縁部のギョム、メツェアマノン、メノアーツェといった比較的大きな水場を擁した居住地（ギョム地域と呼ぶ）から波状的に移住してきたもの約一五〇名。相当数のカラハリ族を含んでおり、ブッシュマンを自称するものも多くはカラハリとの混血である。ギョム地域への執着が強く、雨季に元の居住地に帰る傾向を示すのもこのグループである。

(三)残りの約一〇〇名は、本来カデで生まれ育ったか、カデに近しい親族がいる者で、カデ地域より南あるいは南西方に居住していた者が移住してきたものである。

集結した五〜六〇〇人の人びとは、互いに近縁なガナ語あるいはグイ語を話し、基本的に同じ狩猟採集生活を送ってきた人たちばかりであった（カラハリ族にしても同様である）が、ずっとカデ地域に居住していた人びとといったんハンシーに移住していた人びと、あるいはギョム地域から移住してきた人びとの間には、微妙な感覚的ずれがあった。それぞれの地域により、近代文明への接触の度合やカラハリ族との共住経験、生活環境などが違っていることからくる生活様式上の若干の違いもあるが、さらに各グループを互いに隔てているものは、一定の時間的・空間的距離を隔てている間に培われた、各自の集団への帰属意識であろうと思われる。とくに、旧来のカデ住民にとっては、この地は本来自分たちの住処なのだという意識がある。ブッシュマンは一般にきわめて縄張り意識が低く、訪問者は常に許容されるが、それは一時的な訪問の場合であって、永続的な居住ということになれば問題は別である。

大人数の人びとが集中した結果、当然さまざまな社会的混乱の起こることが予想された。以前の二〇〇名ばかりの頃でさえ、人びとは努めて少人数で離ればなれに住もうとし、離散と融合を繰り返すことによって個々の仲間関係と全体としての社会の永続化をはかってきたのである。定住化によって集まって来た人びとは三〇〇人を超え、ついには五〇〇人を超えるに至ったが、彼らはいったいどのように、この事態に対処したのであろうか。

一ヵ所に集中したが、人びとはけっしてでたらめに混じり合うことはしなかった。本来移動生活当時の居住集団（キャンプ）の単位を基本的に維持し続けたのである。本来なら各キャンプは各々一〇〜二〇キロメートルの間隔をもって作られたものだが、狭い範囲に集中した結果、全体に一〇〇〇分の一にも凝縮され、互いの距離は一〇〇メートル、あるいはせいぜい五〇〇メートルといったふうに縮まった。しかもハンシー・グループはいくつかのキャンプに分散しながら集落の北西隅に、カデ地域南端のカオーチュエから来た人びとは集落の南端に陣取るといったふうに、模式的に描くならば、一〇〇キロメートル四方の範囲に住んでいた人びとは互いの相対的な位置関係を変えることなく半径一キロメートルの範囲の居住区内に凝集したといってよい（図７―２）。移動がめったにおこなわれなくなったために、人びとがキャンプ間を移籍するきっかけは大幅に減少し、そのため集団の流動性は著しく低くなった。そのうえ、異なるキャンプに住んでいても、キャンプ自体が互いに近接しているために、大勢の人間が目の届く範囲内にいることになる。好奇心と冒険心

図●7―2　定住地への移動を示す模式図
○印はキャンプを、矢印は移動を示す。
縮尺は集落に近いほど小さくなっている。

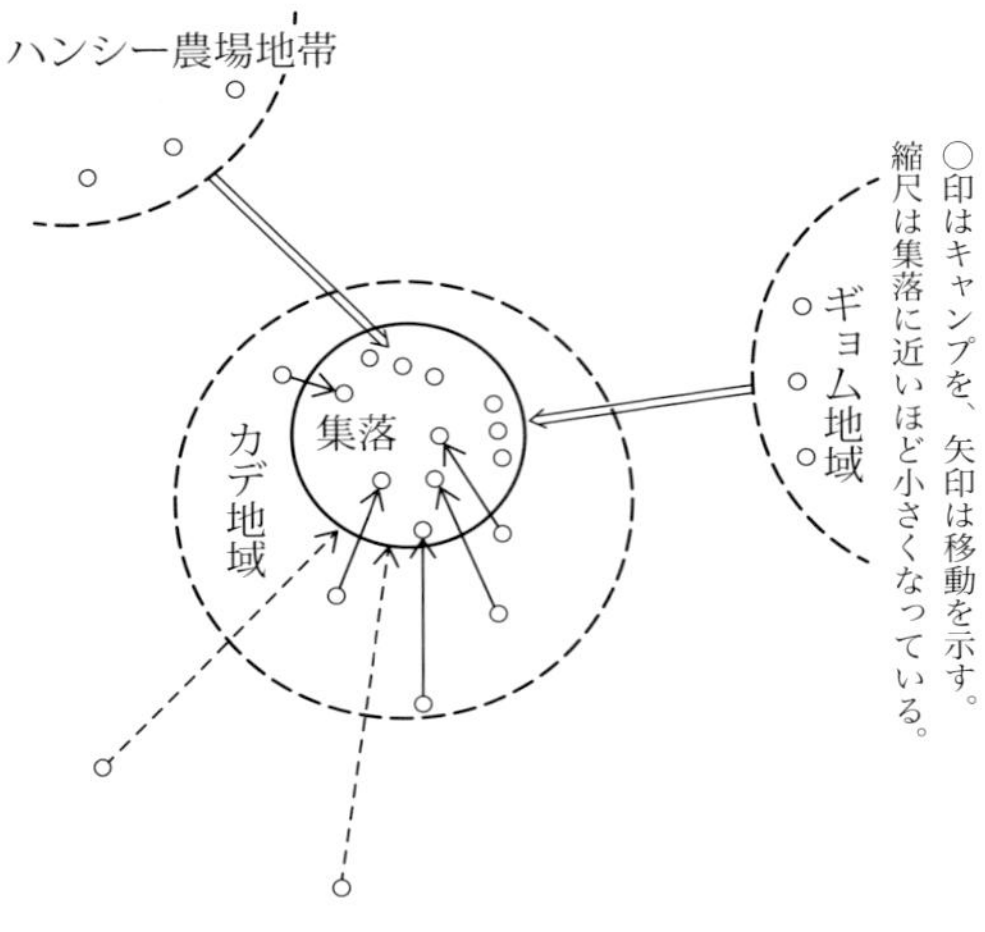

に富んだ若者たちは頻繁に近くなったキャンプを訪ね歩き、食物をねだったり異性の友だちと近づきになろうとして集落の生活を楽しんでいるようにみえるが、大人たちはせいぜい親しい友人のキャンプを稀に訪問する程度で、かえって自身のキャンプに閉じこもりがちとなった。人びとは努めて自己の集団内部でのみ生活を完結させようとしているようである。

一九七六年には、ハンシー地区のDCの調停により、旧カデ住民の中から一人のチーフ[註8]と三名の評議員が任命され、紛争の調停にあたる裁判の制度が導入されたが、日常的なおしゃべりと集団の分裂によって社会的な調整がおこなわれてきたブッシュマン社会の中では、こうした形式上の制度はまったく機能していない。いまのところこの社会は、従来の居住様式をできるだけ崩さず、いままでどおりの統治者なき平等主義の原則に頼ってやっていこうとしているようである。

註８　この年に選ばれた第一期目のチーフがキュエロである。

6　肉の獲得と消費

再び食生活の問題に戻ろう。狩猟は騎馬猟を採用するようになったことにより、効率がよくなり、肉の入手確率はきわめて高くなった。これは同時に捕獲総量の増大を意味するのだろうか。私は一九六七～一九六八年の時点で弓矢猟、罠猟などによって得られる肉の量は、キャンプの平均的な大きさである五〇人当たりにして年間五六〇五キログラムと算定されると指摘した。一方、一九八〇年代の時点で、騎馬猟によって五ヵ月間に得られた肉の量は前述のとおり二万二八〇〇キログラムであった。現在のカデ人口を五〇〇人として、前の算定基準に合わせるために五〇人当たり一年間の猟果を概算すると、

22800（kg）×12／5×50／500＝5472（kg）

となり、従来の弓矢猟による猟果とほとんど違いがないことがわかる。効率がよくなったからといってできるかぎり獲るわけではなく、必要以上には求めることをしない従来の信念は保持されているのである。余分のものは獲りもしなければ蓄えもせず、必要なときにはいつでも手に入るのだという、自然への信頼に立った楽観主義こそが、狩猟採集民の精神の真髄であった。自然に完全に融和した生活の中から滲みでた本物の自然保護思想であるといってよいだろう。それゆえにこそ、この生活様式は人類誕生以来何百万年もの間、自然の中に埋もれてひっそりと生き続けることができたのである。彼らは「獲物の動物はいくらでもいるから、俺たちは見つければ殺すのだ」と口では言いながらも、乱獲が自らの生活を滅ぼすことになるのを、本能的に察知しているにちがいない。

狩猟法が変わっても捕獲量自体に大きな変化がみられないことがわかったが、ここで顕著な変化がみられるのは消費体系である。従来から植物性食物やトビウサギ、ホロホロチョウ、リクガメなど、小さな獲物については、家族ごとに消費され、訪問客に食事を提供する場合を除いて分配の対象とはされなかった。しかし体重一〇キログラムのスティーンボック（小型レイヨウの一種）より大きな獲物については、キャンプ内で平等分配が徹底してなされたものである。

変化はとくに遠征猟によりもたらされる乾燥肉について著しい。変化の理由は主として、肉の所有権がウマの持主に帰すること、工事関係者、政府職員、教員といった外来者による肉の需要のため、肉が商品化されたこと、大規模に乾燥肉が作られるが、これが保存性がよいため商品化がいっそう促進されたこと、さらに人口の集中が起こったこと、によると思われる。

かつて弓矢猟によって約五〇人のキャンプに平均一ヵ月に一頭もたらされた肉は、ほとんど一両日中に消費され、乾燥させて蓄えておく暇もなかったものである。それが、ウマを用いた遠征猟では一回に四、五頭分の乾燥肉がもたらされるようになり、そのかなりの部分が現金収入を得るために売却される。ブッシュマンの狩猟においては、獲物の所有権は猟具の所有者にある。弓矢猟において矢の

写真●7—18　小屋の中の小さな焚き火を囲んで談笑する家族と客人。

所有者がもっていた獲物の所有権は、騎馬猟においてはウマの持主に帰することになった。大崎も指摘するように、*文献47 現金その他で購入する、本来ブッシュマン社会には存在しなかった他の世界のものは、所有や分配にかかわる彼らの共同規範の体系から外れたものだという認識がある。これはウマだけに限ったことではなく、たとえば服地の布や砂糖などについても同様のことがいえる。一方では、現金なりヤギなりを支出して買い入れたウマを用いて得た獲物は特別なものであり、本来の分配のルールに乗せる必要はないのだという考えがありながら、他方では、あるものは独り占めせず、皆で分け合って消費すべきだという昔からの不文律が、所有者の側にも分配を期待する側にも根強くあり、二つのイデオロギーの葛藤が消費の過程で絶えず顔を覗かせるのである。

文献47　Osaki 1984

さらに問題を複雑にしているのは、井戸の周辺に五〇〇人以上という未曾有の大人口が集中したことである。以前のような分散し、隔離された少人数のキャンプであれば、たとえば稀に手に入れた砂糖を材料にして造った酒も、「この砂糖は金で買ったものだから」と渋りながらも、結局は居合わせた人びとの間で分け合って飲んだものだが、いまはとてもそういうわけにはいかない。肉が手に入った噂が広まると近くなったあちこちのキャンプから、かなりの人数が集まって来るのである。もののやりとりの関係は、ブッシュマンやピグミーのような狩猟採集民社会では基本的に個人対個人の二者関係に還元される。親族関係上の遠近、親しさの度合、過去における授受の経緯などから、あの人のところへ行っても私には分けてくれないだろうといった予測がたちうる。そういう場合にあえて訪問をおこなえば、主人の側も客の側も双方が気まずい思いをし、後々にまでしこりを残すことになりかねない。結局多くの人びとは自らのキャンプに残りながら「あいつは肉を獲ってきても分けてはくれないのだ」と陰口をきき、首尾よく肉をせしめてきた連中から分け前をもらうのである。

いずれにせよ、狩猟は効率がよくなったといっても、一回の猟によって五〇〇人という大人数に分配できるだけの猟果があるわけではなく、しかもそのうちのかなりの部分が売買の対象になる。分配の対象はおのずから限定されざるをえないのである。ウマの持主、つまり獲物の所有者の観点からしても、肉の分配は割の合わないものである。大崎が指摘するように、彼はウマを持たないものからの見返りを期待できないからである。*文献47 かつて弓矢は誰もが製作し、誰もが使えるものであった。全員が狩りをする機会を与えられており、肉の供給者となりえたのである。機会均等の条件のもとに平等主義は成り立っていた。いますぐでなくともいつかは与えられる側に回りうるという前提のもとに平等分配の原理は機能する。常に一方通行的な分与は彼らの伝統的文化体系にはなかったものであり、与える側はもちろんのこと、受け手となる側にしてももらってばかりいては、いつかはお返ししなければならないという心理的圧迫感をもつに至るのである。

文献47　Osaki 1984

7　時間観念、価値観の相克

(1)　飲酒と暴力

酒はもともと狩猟採集民の社会にはなかったものである。ブッシュマンの場合には古くバントゥから酒造りの技術が入ったようであるが、酒造りになくてはならない水や蜂蜜や果実はいずれも季節的なものなので、材料が揃うことは稀で、たまさかに酒を造って楽しんでいた程度である。だが、水が供給されるようになり、砂糖が入手できるようになると飲酒は急増し、さまざまな問題を引き起こすようになった。蓄えることをせず、あるものはなくなるまで消費する彼らの経済観念に加えて、農耕民なら一年間の農耕暦、牧畜民なら一日の放牧スケジュールといったような労働の規則性ももたず、時間の観念に乏しい狩猟採集民は、酒の飲み方というものをまったく知らないといってもよい。多く

写真●７―19　ブッシュマン社会への外来物質の代表は酒。町から酒売りの女性がやってきて、トウモロコシや砂糖などから酒を造って小売りする。蓄えるという観念がなく、あるものはなくなるまで消費するという彼らの観念に加え、労働の規則性を知らない彼らは、酒の飲み方を知らないと言って良い。昼日中から居酒屋の前で酒盛りをする、定住地のブッシュマン。アルコール中毒は、重大な問題となっている。

の現金収入が得られるようになっても、貯蓄してウマやロバを買い、あるいは計画性をもってこれを使用するという人はきわめて少ない。口では働いて手に入れた金でこの次にはウマを買うのだといったことをしょっちゅう言うのだが、実際には目の前に見せられた砂糖やきれいな布きれや上等のナイフなどに魅せられて、大半の金を衝動買いで浪費してしまうのが現実の姿であった。給料をあてにして、あるいはこの次の猟で手に入れるはずの金を見越して、欲しい品物を前借りしてしまう場合も多く、実際の収入はあらかた借金の返済に消えてしまうことも稀ではない。そうやって手に入れた砂糖はなくなるまで酒造りに投入され、酒が出来上がれば、早朝といわず昼間といわず、これまたなくなるまで飲み尽くす。

居酒屋が出現して以来、状況はますますひどくなる一方である。飲酒の誘惑に抗しがたく、日がな一日居酒屋の前庭にたむろして、他人の買った酒にたかる機会を待ち構えているものさえ現われるようになった。「五〇テベくれ。それで私は酒を一杯買って飲む。」「私は酒をねだっているんじゃない。金をたくさんもっているお前さんに五〇テベの分配を要求しているのだ。」彼らがよく交わすこうしたやりとりの中には、昔ながらの平等分配の論理と貨幣経済の論理が入り混じって並存している。

ブッシュマンはアルコールに対する耐性がそれほど強くない。弱いどぶろくを二、三杯飲んだだけで顔を赤くし酔っ払う人が多い。酔うと饒舌になって大声でしゃべりまくるが、足元はふらついて体が思いどおりに動かないから、仕事にならない。私たちの使用人も仕事時間中に酔っ払ってはよくトラブルを起こした。夕方仕事時間を終えるまでは酒を飲んではならないと言い渡しても、数日後には朝から顔を赤くしてやって来るのである。周囲の人たちが飲んでいる中で、自分だけが酒の誘惑に耐えて我慢することは、至難の業であろう。

飲酒の弊害は、なんといっても酔った揚句の暴力沙汰である。盗みと暴力はブッシュマン社会においてもっともよくないものとみなされている。そうした社会規範は政治権力や司法制度といった制度的・組織的なものによって維持されるのではなく、あくまでも個々人の良識と自覚に基づいて守られる。歌や踊りやおしゃべりや冗談や笑いの中で不平不満や鬱憤を晴らすとはいっても、謙虚で控え目であることを最大の徳として要求されている人びとの心は、常に抑圧された状態にあるといってよい。飲酒によって解き放たれた人びとの行動は、まさに日頃抑圧されていたものが一挙に迸り出たかのようである。罵り合いとなり、容易に暴力沙汰にまで発展する。普段はあれほど温和で抑制が効いた人びとであるだけに、その反動は大きいのだろう。天賦の狩人として、槍やナイフや棍棒などの武器は獲物に対してのみ向けられ、冗談や遊びにもけっして他人に向けられることはなかったものであるが、酔った揚句の喧嘩ではしばしば用いられるようになり、致命傷を負わせることが多くなった。最近外傷によって診療所なり、町の病院に運ばれて手当を受ける人びとのほとんどが飲酒の果ての暴力事件によるものである。

狩猟採集民社会に酒が入って、アルコール中毒が大きな社会問題となる例は、イヌイット（エスキモー）やアメリカ・インディアンの例をあげるまでもなく数多い。いままさに、ブッシュマン社会にその危機が訪れているのである。酒そのものの流入をとどめることは不可能であろう。そうだとすれば早急に、受け皿の方を固めて飲酒のマナーを確立しなければ、酒はまさしく、「亡国の水」となりかねない。もっとも変わりにくいと考えられる価値観の転換こそがはかられねばならないだろう。

（2）喧嘩と裁判

一九八四年九月一二日の昼下がり、昼食の準備があらかた整った私たちのキャンプに一人の若者が息を切らせて飛び込んで来た。うしろから五人の若者が走って来て、さらにそのあとから何人かの人たちが駆けて来る。先の若者は私たちの薪の山から一本の枯木を抜きだした。私はよく事態をのみこめぬまま、それでも喧嘩だということはわかったので、この棒は取り上げておいた。追って来た男たちは若者を取り囲み、二人が重い革靴で蹴りつけ、もう一人が素手で殴りかかった。後を追って来た女たちが止めに入り、若者は走ってきた両親のいるキャンプの方角へ逃げ去って、ともかくその場は納まった。追われて来た若者はハンシーから移住してきたグイの男で約一八歳になる。彼は旧カデ住民でカラハリとグイの血統を引く約一五歳の娘とよい仲になり、最近は彼女のところに入り浸っていた。娘の方は小学校に通う学童でもある。追って来た五人の若者はいずれもギョムから来たカラハリである。彼らはしたたかに酒を飲んだあと、グイのキャンプを訪ねたのだが、そこで同じく酔っていたグイの男と喧嘩になり、最後にくだんの若者を生贄としたのである。理由はこの若者がブッシュマンの分際でカラハリの血を引く娘とよい仲になっているのがけしからぬということであったらしい。しかし酔っ払いの喧嘩に理屈はいらない。非は明らかに五人のカラハリにあると思われた。

しかし、この事件が示すものは、単なる一介の恋愛問題だけにとどまらない。元からの住民とギョムからの移住者、ハンシーからの移住者といった各集団間の確執を端的に表現した事件と考えられるからである。日頃表面には出さずに溜め込まれた鬱積が酒の勢いを借りて噴出したとみることができる。

旧カデ住民は、ハンシーからの新参者が自分たちの娘にちょっかいを出すのを快くは思っていなかったのだが、この事件に際しては旧カデ住民とハンシーからの移住者は共同戦線を張り、集結してカラハリのキャンプへ談判に行った。話し合いは小一時間おこなわれたが、結局裁判によって結着をつけようということになったらしい。人びとはチーフに裁判を開くよう申し入れた。だが、チーフは怪我人がでたわけでもなく、それほどの大事件でもないのであまり乗り気ではなかった。再三再四の申し入れにより、ついに裁判が開かれることになったのは、一週間経過した一九日であった。裁判は午前一〇時から午後三時まで延々五時間にわたって続けられた。およそ二〇〇人が集まってできた輪

写真●7—20（左）喧嘩事件の裁判。人口が急増したことで社会的緊張も高まり、もめ事や争いがしばしば持ち上がるようになった。

の中央にチーフと評議員が腰を下ろし、証人が順次呼ばれて当時の事件の成り行きを陳述したのち私見を述べた。喧嘩の当事者が呼ばれてそのときの言動を再現する。ＲＡＤＰの役人と学校の先生も一隅に同席した。一人ずつ代わる代わる立ち上がって意見を述べた。いつもの賑やかなおしゃべりと違って、一人ずつが発言を述べたが、その分だけ時間がかかるようで、繰り返しや個人的な私見が多く、議論の中味はそれほど建設的なものとは思えなかった。結局は従来の非公式なおしゃべりを何十倍か大きくし、多少の体裁を整えただけにすぎないように思われた。校長先生が、土曜日（二二日）に生徒を集め、学童でありながら男と寝るような娘は鞭打ちにすると演説し、評議員は暴力の非を咎め、今後はこういった事件が起きないようにと、説教口調で演説した。怪我人がなかったせいもあって五人の若者は罰金を科されることも鞭打たれることもなく、事件はうやむやにされた。公の場で非難されることにより、彼らは十分な償いをしたことになるのかもしれなかった。

チーフにも評議員にも裁判を主導するだけの経験もなければ力量もない。人びとの側にもこれら御仕着せのリーダーたちに権限を委ねようとする発想はないようである。首長制や裁判という考え自体がまだ人びとの思考の中に根を下ろしてはいないのである。

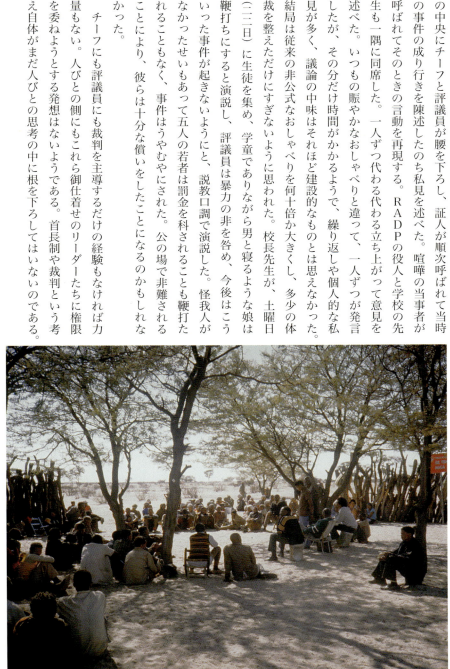

8　調和的な受容と再統合の必要

集住化・定住化が進み、人びとの生活は外見上大きく変わったかにみえるが、詳細に検討してみると、こうした印象は数の膨大さや服装の変化に惑わされた見せかけの部分によるところが多く、人びとの価値観や行動様式は本質的に大きな変化を示していないことが明らかになった。

文明との接触という重大な外部要因が、今後顕著に増大することはありえても、減退することは考えられないとすれば、人びとは生活条件や社会状況の新たな変動にますます柔軟に対処していかなければならないだろう。

居住地周辺の植生破壊は定住と集住が続き、家畜が増えていけば年を追って進行するであろう。定住地における衛生環境にも問題がある。ニャエニャエ地域の居留地ではすでにジョン・マーシャルによってその問題が論じられている（マーシャル私信）。道路の改良や行政のさらなる関与により外部世界との接触が進行し、物資が流入し、流通経済がより浸透すれば、互酬性の考えに立った平等主義の原理は根幹から揺るがされることになる。労働と報酬、労働時間と余暇、交換経済といった概念が定着すれば（それには時間がかかるだろうが）、先に指摘した飲酒のマナーも身につくであろう。しかしそうした計画性が備わり、貯蓄がなされるようになれば、今度はたとえばウマが増加し、乱獲の危惧がでてくるかもしれない。生活様式の根本的な見直しが必要となる。長期的な見通しはヤギ牧畜と雨天農耕に基盤を求めることにしかないのだろうか。もちろんボツワナ国家の鉱工業発展可能性とも密接に関連づけて考える必要があるだろう。政府の側では、リザーブを南北に二分し、南半分を従来どおりリザーブとして保護し、北半分をブッシュマンに解放する計画も論じられている。諸々の変わり

写真●7―21　初めて国会議員選挙に参加することになり、小学校の校舎の中に一人ずつ入れられて投票するブッシュマン。

写真●7―22（左）　ニューカデの役所の前で、年金を貰う順番を待つ老人たち。

ゆく条件の中で、はたしていつまで狩猟を基盤とした生活が存続しうるのか。問題は複雑であり、簡単に結論をだすことはできそうもない。

昨今世界的に大きな話題を呼んでいる飢饉救済にしても多くの難問をかかえている。カデ地域では食糧配給後一ヵ月間はまったく狩りに出かけるものもなく、配給のトウモロコシ紛で暮らしていた例がある。農耕民の間では救援物資が配給されるようになったために耕作を放棄してしまった村も各地にみられるという。善意の救済事業がかえって自立心と勤労意欲を削ぐ結果を招きかねないことも多々指摘されるところである。ものを与えさえすればよいという安易な発想でなく、それぞれの土地の生活構造と社会体制に見合った援助の形が真剣に検討されるべきである。

内外の諸要因の変化に対して、人びとはしたたかに、かつ柔軟に対処し、選択的な受容と再統合を果たしていく。だが、自然の中に完全に溶け込んで調和していたかつての適応的な生活様式を全面的に否定した改変には、あまりにも多くの問題が含まれていることを肝に銘じておく必要がある。

9　アフリカで酒を考える

先にも述べたが、集住化・定住化による変化の中で、酒がもたらす負の側面は、私たちが考える以上に深刻であるように思う。そこで本章の最後では、アフリカにみられるさまざまな種類の酒を紹介するとともに、その飲みかたの実態について考えてみたい。

アフリカに限らず、狩猟採集民族はもともと酒をもってはいなかった。酒づくりには醸造のための容器と時間が必要である。すなわち、醸造の前提となるべき貯蔵の技術がなければならない。しかし一年中をつうじて移動をおこない、自然にあるがままの野生の動物や植物を加工することなく食料とする、いわゆる「手から口へ」の経済生活においては、貯蔵の技術が発達する余裕はなかったし、また、その必要もなかった。ひんぱんな移動が物質文化の総量を規定し、ものを貯えるうえでも大きな制限要因となる点を考えると、同じように移動を生活様式とする遊牧諸民族が、一般に酒をもたなかったことも容易に理解することができよう。モンゴルの遊牧民が乳脂を除去した脱脂乳から馬乳酒を作るといったことはむしろ例外的なことといえるのである。酒づくりはおそらく農耕民族によって発明されたものだと思われ、そのため、飲酒のさまざまな作法や慣行も農耕民の文化と深いかかわりをもっている。

(1)　農耕文化に根ざした飲酒

アフリカの酒には、ある種のヤシの樹液を自然発酵させたヤシ酒や、バナナ酒、ハチミツ酒、果実酒、雑穀類を醸造したドブロク、さらにこれを蒸溜した焼酎類など多くの種類がある。現在のアフリカの国々はほとんどが国内で瓶詰めビールを製造・販売しており、なかには、タンザニアのコニャギ、ケニアのケニア・ケイン、ウガンダのワラギなどといったふうに、その国特産のサトウキビやバナナを醸造し蒸溜した、ドライ・ジン風のものを作っているところもある。しかしながら、これら工業製品としての酒がアフリカの国々に見られるようになったのは植民地時代以降のことであって、それまで人びとが用いていたアルコール飲料はといえば、現地で自給可能な原料から自分たち自身で造る前述のような地酒に限られていた。現在でも、都会地や地方の町場ではビールがかなり普及しているとはいうものの、遠隔地の伝統的な部族社会では、依然として従来どおり手づくりの酒がもっぱら飲用に供されているのである。ここで紹介するのは、そうした伝統的な社会に見られる酒とその飲み方についてである。

■ヤシ酒

湿潤熱帯地方にみられるアブラヤシやラフィアヤシの樹液には多くの糖分が含まれているので、この樹液を採取して器にとり、半日放置して自然発酵させればできあがる。樹液の採取法は場所により若干の違いがあるが、コンゴの森林地帯で最もよく使われるのは、幹の先端部の新芽のところを切りとってそこから少しづつ流れだす樹液をヒョウタンの容器に受けとめるという方法である。早朝と夕方の二回、男が木に登ってヒョウタンをとりかえる。

すると容器に付着している酵母が働いて、樹液が一杯になり、木から降ろす頃には、やや青くさく、甘酸っぱい、弱い酒が自然に出来上がっているというわけである。

こうして二ヵ月ぐらいの間、一本の木から毎日一〇リットルぐらいの酒がとれるので、まさに「酒のなる木」という訳であるが、この木はこれで枯れてしまうので、実から油をとるアブラヤシよりも、ラフィアヤシの方が酒用にはよく利用される。

■穀物酒

原料にはトウモロコシ、モロコシ、シコクビエなどの雑穀を使用する。これらを粉について、モロコシなどを発芽させたものと一緒に水に溶いて糖化した上、酵母を混ぜて発酵させる。雑穀の粉のかわりにバナナや乾燥させたキャッサバの粉を用いるところもある。製造過程は三日程度である。酵母として使用するものは土地によって違いがあるが、いずれも巧みに自然のものからとりだしている。たとえば、ケニアの北西部に住むポコットは、野生のソーセージ・ツリーの実のヘチマの繊維のようなものを使い、カラハリ砂漠の住民はシロアリの塚の中にできた酵母を用いる。タンザニアのダトーガなどは、ある種の野生の木の根を用いると言われている。

■ハチミツ酒

ハチミツはそのままで食物としても好んで用いられるが、これを発酵させると上質の酒となる。作り方は、温水で適当に薄めたあとは穀物酒と同様に酵母を加えて寝かせておく。糖化の過程は不用だから一～二日でアルコール発酵が完了し、甘味がなくなって出来上がりとなる。

■果実酒

グレビアの実など、多量の糖を含んだ果実を揉みつぶして温水に溶かす。あとの過程はハチミツ酒の場合と同様である。最近ではハチミツや果実の代わりに、てっとり早く砂糖を水に溶かして、これを発酵させるところも多い。

写真●7―23　ハチミツを見つけると、草を燃やした煙で巣穴をいぶして蜂を追い払い、斧で入口を大きく開けて巣ごと取りだす。砂糖が入ってくるまでは貴重なものであった。

■蒸溜酒

原理からいえば、弱いアルコール飲料を蒸溜し、アルコール分を濃縮させればよいので、上に挙げたどの酒からも作ることは可能であるが、実際に用いられるのは、トウモロコシ、バナナ、キャッサバを醸造したものである。蒸溜装置は土器の壺やヒョウタン、竹筒などを組み合わせて作ることが多い。上手に作られたものはアルコール分も強く香りもよくてたいへんおいしいものである。

(2) 農耕民と酒

日本でも、独酌は非常に新しい習慣であり、本来は大勢の人が集まって一緒に飲むものだったといわれるように、飲酒はそもそもはハレの日におこなわれる集団的な行事であった。都会地は別として、アフリカの奥地では一人でこっそりと酒を楽しむといった場面をみることはない。酒があれば、かならず大勢の人間がたむろして賑やかに汲み交わす。ほろ酔い気分となり、非日常的な世界の中にみんなで浸るわけである。非日常的なハレの場の最たるものは祭であり、成人式や結婚式、豊穣の儀式、収穫祭などの儀式には酒は欠かせないものである。共同体の多くの人間が一堂に会し、一つカメの酒を共同で味わうことによって、相互のコミュニケーションをはかると同時に、酒の酔いが醸しだす非日常的な感覚の中で神との交流を深める場でもある。

アフリカの農業は、主として施肥をおこなわない焼畑農耕であるが、このための森林伐採、植えつけ、収穫などの農作業には日本のユイのように近隣の人、親族の人を頼んで手伝って貰う。依頼主はお礼として大量の酒を仕込んでおいて、農作業の後に手伝ってくれた人びとに振舞う。どこの家でも農作業に人を頼んでは酒宴を開くので、農繁期には村のあちこちで頻繁に酒盛りが開かれることになる。祭りごととして神との交流を大きな目的とした飲酒は、また、共同体の人びとを強く結びつける媒体としての機能をも果たしているのである。

近年の出来事ではあろうが、酒にはまた、商品としての機能が備わるようになった。貨幣経済が浸透しだして、奥地でも衣料や紅茶、砂糖その他の消費物資が入りこむようになると、現金を入手するためにコーヒー、タバコ、野菜などの換金作物の栽培をおこなうとともに、酒を販売することがてっとり早い現金収入の途となる。人びとは儀式や農作業などのない日にも酒作りをするようになり、村内で、あるいは市のたつ日にはそこへ出かけていって販売をする。

村の中ではどこの家が酒を造っているかは仕込みのはじめの段階から知れわたるので、酒が出来上がる日には大勢の人間が小銭をもって訪ねてくる。その日限りの即席の居酒屋が出現するわけである。市のたつところで販売される酒には蒸溜酒が使われることが多いが、これは少量ですむので、運搬に便利だからである。市の日には、そこかしこの木陰に人だかりがして、帰宅前の「ちょっと一杯」を楽しんでいく光景がみられる。

二〇キロも離れた村から農作物などを売りにきて、ようやく売り捌いて得たなにがしかの金を、すっかり酒につぎこんでしまい、しょんぼりと家路を辿る人がかならず何人かはいるものである。伝統的社会に近代文明が流入し、変容していく過程で、酒の飲みかたも次第に変わってきているのは、何もアフリカに限ったことではない。

(3) 牧畜民、狩猟採集民の場合

牧畜民の文化が排他的で攻撃的な性格をもつのは、おそらくあの厳しく乾燥した自然環境の中での彼らの生活様式と密接な関係をもっている。食生活についても、一般にたいへん保守的で、食物のレパートリーは小さい。酒の受容についても同様の傾向がみられ、牧畜民の間ではいっさいの酒を禁じ

写真●7—24　定住地では付近の農耕民の女性が酒を売るようになり、ブッシュマンたちはその居酒屋に入り浸るようになった。

写真●7—25（左）　牧畜民は、食生活についても一般にたいへん保守的で、食物のレパートリーは小さい。酒の受容についても同様の傾向がみられ、いっさいの酒を禁じている社会がけっこう多い。中には、成人式や繁殖儀礼などのいわゆる祭りの際に酒が登場する場合もあるが、あくまでもこの場合の主役は彼らが主食と頼むミルクである。

ている社会がけっこう多い。もちろん、中にはイスラムの影響によるものもある。牧畜民の中で酒を取り入れているものは、自らも若干の農耕をおこなう半農半牧の人たちか、それとも近隣農耕民と濃密な交流をおこなう人びとである。

そうした社会でみられる飲酒のパターンは、農耕民でみた即席居酒屋型である場合が多い。成人式や繁殖儀礼などの、いわゆる祭りの際に酒が登場する場合もあるが、あくまでもこの場合の主役は彼らが主食と頼むミルクである。酒が集団をとり結ぶ媒体として使われるのは、より小さな社会単位においてである。

長老政治のおこなわれるこの社会では、酒は長老たちの親睦を深めるために使われ、また婚姻のとり決めに際して双方の男親族の話し合いの場に登場する。女性や年若い男性が飲酒の機会をもつことは少なく、まれにおこぼれにあずかる程度である。男性優位で、かつ年齢体系が厳格なこの社会のしくみが飲酒のマナーに明瞭に反映しているといえる。

はっきりと形になって現れる制度やルールのない狩猟採集民では、状況はまったく異なる。厳格な社会諸制度と自文化に強い誇りをもつ排他的な牧畜民とは対照的に、狩猟採集民は外界環境への順応性をもっており、これは酒の受容のしかたについてもいえることである。

ザイールの森の中に住むピグミーは、長い農耕民との交流の過

程で、巧みに農耕民の村の世界と自分たちの森の世界を住み分ける術を身につけ、もっぱら村の世界で飲酒を享楽した。カラハリ砂漠のブッシュマンはずっと孤立して生活してきたので、そう再々は村の世界へ出かけることはできなかったが、農耕民からとり入れた酒をときたま自分たち自身で造って楽しむ。酒造りになくてはならない水やハチミツや果実はいずれも季節的なものなので、雨季の間にたまにしか材料が揃わず、たまさかに酒を造って楽しんでいる分にはまことによかったのである。ところが集住化・定住化は大きな問題をもたらした。酒についていえば、水が常時供給されるようになり、建設工事などによる現金収入がもたらされるようになって、砂糖が頻繁に入手できるようになったのである。先述したように、貯える観念がなく、あるものはなくなるまで消費するという彼らの経済観念に加えて、農耕民の一年間の農耕スケジュール、牧畜民の一日の放牧スケジュールといった労働の規則性ももたない狩猟採集民は、酒の飲みかたを全く知らないといってもよい。現金、すなわち砂糖はなくなるまで酒造りに投入され、酒が出来上がれば早朝といわず、昼間といわず、なくなるまで飲みつくす。やや極端な表現を用いたが、多かれ少なかれ、狩猟採集民にはその傾向がある。イヌイットやアメリカ・インディアンの場合にも、白人が酒をもちこんで以来、アルコール中毒が大きな社会問題となったが、まさにブッシュマンにその危機が訪れている。早くその受け皿の方をしっかり固めなければ、酒はまさに「亡国の水」となりかねない。

カラハリ砂漠の果実酒

▼1 砂漠の民とコムの木

南部アフリカのカラハリ砂漠とその周辺の乾燥叢林に分布するシナノキ科のグレヴィア・フラーヴァ（*Grewia flava*）は、そこに住む人びとにとって、もっとも重要な植物の一つである。グレヴィア属は数一〇種を含んでいるが、ほとんどがアフリカのサバンナ帯に分布する灌木または四〜八メートルの中低木で、小さな果肉の部分に糖分が含まれ、食用となる（＊文献48）。中でもグレヴィア・フラーヴァは苦味が少なく、汁気が多いことと、群生していて採集しやすいことなどの理由で、雨季の実りの季節には集中的に利用され、酒づくりのための貴重な原料となる。

幹は丈夫で柔軟性に富んでいるのでさまざまな用途に使われる。まっすぐに直径二センチほどに成長したものは弓の弧や槍の柄に使用される。それよりやや細めの幹は、両端を斜めに切って重ね合わせ、隙間をターミナリアの根から作ったニカワで固めた上、樹皮を巻きつけて約四メートルの竿とし、先端にスティーンボック（小型レイヨウの一種）の角を取りつけて、トビウサギを巣穴の中で捕らえるための鉤竿とする（＊文献189）。直径一センチ程度の幹は削って加工し、矢尻と矢軸の継ぎ目にしたり、獲物からはいだ毛皮を天日で乾かすとき地面に広げるためのペグにしたりする。また、子どもたちのさまざまな玩具にも加工される。細枝は歯ブラシとしても利用され、樹皮はバスケットを編むための材料となる。

バントゥの一部には、枝を地面に突きさして雷除けの呪いとするグループがあり、また、内皮をはぎ取って死者および彼の子どもの右手に縛りつけて弔いの儀礼をおこなうグループもある。

幹や枝を弓などの生活必需品として利用することと並んで、この地方の人びとにとってもっとも重要なこの植物の利用法は、果実を食料として用いることである。ブッシュマンは、この植物をコムとよんでおり、彼らの生活の中でコムが果たしている役割はことのほか重要なものである。

ブッシュマンの神話には、貴重なタンパク源となり、また、最大のご馳走でもある獲物の動物たちが、入れ代わり立ち代わり頻繁に登場してくることが、もっとも大きな特徴となっている。そうした神話に登場する数少ない植物の中で、コムの木は、アカシアと並んでたいせつな脇役の一人として登場し、神がダチョウから火を取り上げて人間にもたらすための舞台装置をこしらえている（*文献192）。生存に不可欠ともいえるコムの木は、彼らの精神世界にも重要な位置を占めているのである。

▼2　コムの実の酒

コムの実は、直径八ミリほどの赤茶色の球形をしているが、大部分を硬い殻に包まれた種子が占めており、種子と果皮の間に糖を含んだ薄い果肉があって、栄養となるのはこの部分にすぎない。人びとはコムの実る一二月から二月にかけて、果実を頻繁に採集し、食物として利用する一方で、この実を天日で乾かし、甘味を濃くしたのちに、酒造りに用いている。季節になると、人びとは三〇人ぐらいの集団ごとに、コムの木がたくさん生えている場所に移動して小屋掛けをし、採集に専念する。普段は狩りをもっぱらとする男たちも、コムの季節には女たち

写真●1　コム（*Grewia flava*）の実は、直径八ミリほど。大部分を種子が占めているが、種子と果皮の間に糖を含んだ薄い果肉がある。袋に入れて持ち帰ったコムの実は、皮風呂敷などに広げて天日で乾かし、甘味を濃くして当座の保存食料とする。その一部が酒づくりに用いられる。

の仲間入りをして採集に加わることが多い。何人もが連れ立って茂みへ出かけて行き、両手でせっせと小さな実を摘み取っては、肩からぶらさげた革袋の中へ蓄える。摘み取った実を、手から直接口の中へ放り込むことも多く、それは甘いおやつとなり、またカロリーに富んだ中食（夕食以外には決まった朝食・昼食というまとまった食事はないので、中間にちょくちょく食べる）ともなる。

袋に入れて持ち帰ったコムの実は、皮風呂敷などに広げて天日で乾かし、甘味を濃くして、当座の保存食料とする。その一部が酒づくりに用いられるのである。

頻繁に移動を繰り返し、狩猟採集によってその日暮らしを続けてきたブッシュマンは、もともとは酒造りを知らなかったであろうと思われる。おそらく、一五世紀頃から始まったバントゥ農耕民の南部アフリカへの大移動の過程において、ブッシュマンがバントゥと遭遇するようになった初期の段階で、飲酒の慣行とともに、酒造りの技術そのものが、導入されたのであろうと考えられる。

カラハリ地方で酒造りに使われる酵母は、シロアリ塚の中の巣に含まれている。アリ塚を壊して取り出した酵母は、酒造りに用いられるたびに増殖するので、沈殿したところを保存しながら何回でも使い続ける。

第7章で述べたように、一九七〇年代末に、ボツワナ政府は井戸水を汲み出して簡易水道を敷設し、ブッシュマンの定住化を推し進めた。それ以前の移動生活の時代には、酒造りをするための肝心の水は容易には手に入らなかった。昔、カラハリ砂漠では、水はちょうどコムの季節でもある一二月から三月にかけての雨季の期間中、降雨後にできる小さな水溜まりから得られるだけの貴重品であった。ブッシュマンが水を手に入れられる期間は一年のうち、延べ四〇〜五〇日にすぎず、大半の日々を人びとは野生のスイカやウリ科植物の根っこなどから必要水分を補給し、喉の渇きを凌いでいたのである。

コムの季節が到来し、そして恵みの雨が砂漠にぞんぶんに湿りをもたらしたときにはじめて、酒造

写真●2　コムの実を草で編んだ砂ふるいや皮風呂敷の上に広げて天日で乾かす。

写真●３　乾かしたコムの実を水の中でしごいて甘い水をつくり、種子や皮は、束ねた草で濾して除く。その水を温め、酵母を入れ、一晩寝かせて酒にする。

りの材料が整い、人びとは待ちに待った宴を楽しむことができたのである。

酒造りは男女ともにおこなうが、仕込みの初期の根気のいる仕事は女がやることが多い。乾かして革袋に取ってあったコムの実を、しばらく水の入った容器に浸してふやかしたのち、手ですくい取っては両の手のひらで丹念にもみしごいて果皮を種子からはがす。果皮をはぎ終わったら、元の水の中へ戻して、ふたたび両手で材料を水の中でもみしだく。果皮の糖分をできるかぎり水に溶け出させる作業である。糖をしぼり取った果皮を種子ともどもすくい取り、両手で硬くしぼって、かすは捨てる。そこに湯を注ぎ、適度な甘味と水温になるように水を加えて調節する。一年間布袋に入れたまま小屋の片隅にぶらさげてあった酵母を取り出してこの中へぶちまけると、容器に蓋をし、毛布をかぶせて保温しておけば仕込みは完了である。水加減、温度加減などポイントとなる作業は夫がやることが多い。ときどき毛布をそっとめくって、中の溶液が泡立ちアルコール発酵しているのを確かめ、保温状態をチェックしながら、一昼夜寝かせておくと、出来上がりである。

昼頃に仕込みを終えたとすると、翌早朝には夫婦で、まず試し飲みをする。まだ盛んに発泡するすき間をねらって、コップでひとすくいし、男が味見をする。まだ甘味が強いコップの残り酒を妻が飲み干す。昼頃までに何回も味見をするので、アルコール発酵が完了して甘味がなくなる頃には、バケツ一杯に仕込んだ酒の四分の一は目減りしているのが普通である。

▼3　ブッシュマンの社会と飲酒

酒が出来れば、まだ陽の高いうちから酒盛りが始められる。狩猟採集の生活では、時間の制約を受けることもないので、いつでも用意ができさえすれば宴会を始めてよい。とくに、この雨季の実りの季節には近くに野生の木の実や草の根、スイカなどがふんだんにあるので、人びとは明日の食べ物に悩まされることもない。

小さな小屋住まいのブッシュマンの生活は開放的で、隠しごとのむずかしい社会である。獲物を仕留めてきたり、酒造りをしたりする模様は、集落のすべての人たちに筒抜けであり、肉の分配にあずかろうと、あるいは酒盛りのお相伴にあやかろうと、人びとはその瞬間を心待ちにしている。料理ができたり、酒の用意ができたりすると、誘いあわせるでもなく、自然に人びとは焚き火のまわりに集いあって、饗宴の輪ができていく。持てる人は持たない人に分け与える。今日は与える側にある人間が、明日には与えられる側にまわる可能性がこの社会には常につきまとっている。分配と貸し借りをベースとした平等主義の実践は、「手から口へ」の経済を基調とする狩猟採集の生活様式とそれによって成り立つ社会が存続していくための基本原則である。

人びとは年にいく度もない飲酒の機会を全員で享受し、美酒に酔いしれる。この季節には、酒を造る条件を等しく得たいくつかの家族が同時に酒造りをおこなうことが多いので、ある家のを飲みつくしたら次の家へと移動し、そして深夜に至るまで、大声で談笑し、まわし飲みが続けられる。

しかしながら、定住化以後には状況は一変した。現金経済が浸透して、なけなしの金で砂糖を購入し、これで酒造りをする人びとが急増した。水道が敷かれて水が年中手に入るようになったので、砂糖を手に入れさえすればいつでも酒造りが可能となったのである。一日の規則的な時間配分を持たず、食糧がある限りは仕事に出かける必要もなく、あればなくなるまで消費しつくして、明日の飢えを心配する気苦労もなかったブッシュマンの社会では今、アルコール中毒が大きな社会問題となりつつある。飲酒にはそれを受容するための飲酒の文化が必要である。その受け皿を作るための努力が求められている。

第8章　開発と近代化の中でのブッシュマン研究

ハンシー・クラフト社が買い付けにくる。大きな現金収入源となっている。

1　二〇年を経たアフリカ調査

一九八六年四月に京都大学にアフリカ地域研究センター（現在の大学院アジア・アフリカ地域研究研究科とアフリカ地域研究資料センターの前身）が設立されることになり、私も半年遅れの一〇月から六人の小さな所帯で出発したセンターに転任することになった。創設期のアフリカ・センターの雑務に追われて、ブッシュマン調査には二年間のブランクができてしまったが、一九八七年には、筑波大学院生の池谷和信君、立教大学院生の矢ケ崎令君にも加わってもらうことになった。池谷は狩猟活動を集中的に追跡しながら、生態人類学的なあるいは人文地理学的な研究をおこない、矢ケ崎は物質文化を中心に物のやりとりや所有をめぐる社会学的な研究をおこなった。

この年からヨハネスバーグには、山岳部で一年後輩の阪本公一君（あだ名はグド）が丸紅ヨハネスバーグ事務所勤務となって赴任してきたので、帰路に連絡し彼が郊外に借りたアパートに寄せてもらった。彼は数年は単身赴任でここに過ごすというので、以後ヨハネスバーグを通過するたびに彼のところに寄せてもらって何かとお世話になることになった。

翌一九八八年からは、科研費の場合でも、単年度予算という国の予算制度の枠内でありながらも、三年間連続の予算計画が立てられるように便宜を図ってもらえることになり、私はボツワナ、ナミビアの他、ザンビア、タンザニア、コンゴまでにまたがった長期調査のプロジェクトを採択してもらえることになった。おかげで理学研究科院生の今村薫さんや竹内潔君を、年度をまたがって一年半ぐらいフィールドに送り込むことができるようになり、今村には女性ならではの立場からブッシュマン女性の研究を、竹内には未開拓のコンゴ人民共和国のピグミー研究を託すことができた。コンゴでの調

写真●8―1　池谷和信と彼の調査助手のギュベ（撮影：菅原和孝）。

写真●8―2　ロバツェからCKGRへ向かう道路に立つ、矢ケ崎令。（撮影：池谷和信）

査を今後円滑に進めていくために、当時は福井大学助教授だった寺嶋秀明君が現地入りしていたが、彼の要請を受けて、私はカラハリの帰路コンゴの首都ブラザビルに飛び、京大アフリカ地域研究センターを代表して、コンゴ政府の担当官と交渉し、研究協力協定を取り交わすことになった。

この年にはまた、ザンビア、タンザニアの焼畑農耕民調査に赴く掛谷、西田正規（筑波大講師）、荒木茂（アフリカ・センター助教授）にも、短期間カラハリを訪問してもらうことができた。掛谷には焼畑農耕民トングウェやベンバとの対比における狩猟採集民の生活、行動の観察調査、西田には彼の縄文時代の先史学の知見からブッシュマンの生活を比較してもらった。土壌学専攻の荒木はカラハリの数ヵ所から土壌サンプルを採集してザンビア北部の焼畑農耕民ベンバの環境との比較をおこなった。

以前の科研費では一年おきにしか海外調査に出られなかったのが、これ以降は連続して毎年のようにアフリカへ出かけられるようになり、継続してフィールド調査をすることができるようになった。とりわけ若い大学院生を、年度をまたがって長期派遣できるようになったのは、画期的なことであった。

私自身は、しかしながら、大学内外での雑用も増えて長期に海外へ出られなくなり、この頃には年に二ヵ月出張するのが精いっぱいになってしまったし、一九九〇年三月で伊谷さんが定年退官されたあとはセンター長の重責を担うことになって、一ヵ月留守にするのがせいぜいという状況になった。カデ地域にはわずかの日数滞在できるだけなので、落ち着いて調査するのは難しく、訪れるたびにカデ居住地とその周辺がどのように変わっていったかを眺めることしかできない。そこでわたしは滞在中もっぱらブッシュマンに伝わる民話や伝承をテープレコーダーで記録し、収集していくことにした。またカデ調査の前後には、南部アフリカはもちろんのこと、できるだけアフリカ各地を広く踏査して大きな大陸の自然と人びとの生活を見てまわりたいと考えた。

一九八九年六月に、私は他の隊員よりひと足早くカデに行って、昨年九月以来カラハリ暮らしを続

写真●8—3　今村薫。調査助手のカンタと（一九九〇年）。（写真提供：今村薫）

写真●8—4　寺嶋秀明（右端）、一人おいて竹内潔。コンゴのブラザビルにて。

けていて、一一月以降は一人ぼっちになっている今村の調査の進行具合を確かめた。彼女はもうすっかりブッシュマン社会の中に溶けこみ、採集活動をはじめ女性のおこなう料理、水汲み、育児などなど、日常の家事全般にわたって、こまごまと密着調査を続けていた。やがて彼女はこれぞと目をつけて仲良くなった初老の女性グァリ小母さんの集落に転居して、グァリをめぐる食事のやりとり、食用植物や小屋を葺くための草の採集などを綿密に観察して、女性の活動についての興味深い分析をおこなった。[*文献113・114] 彼女によれば、採集は単独でおこなうよりも、大勢の女たちでおしゃべりをしたり、歌をうたったりしながらおこなう方が、効率よく収穫できることを発見し、これを社会的促進効果がある故と考えた。また、グァリの小屋の前で料理されるシーンを九四回も観察した結果、じつに過剰ともいえる手伝いが入り、出来上がった料理は延べ四三六人に分配されたと報告している。このような協同や分配のさまざまな相互交渉による行為や物の分かちあいを統御するシステムを、今村は「シェアリング・システム」と名付け、ブッシュマン社会はこのシェアリング・システムを基盤として成り立っていると分析した。

わたしはCKGRの中のブッシュマンが住んでいる地域はくまなく踏査してまわったが、無人地帯が広がる東北隅のディセプション・バレーと呼ばれる大きなモラポ地帯にはまだ足を踏み入れてなかったので、今村を誘って探訪してみることにした。無人の荒野で人見知りしない動物や小鳥に出会ったあと、私たちは川床のとあるアカシアの根元で野宿することにした。一行は今村薫のほかダオグーとトーノーの合計四人であった。

倒木を寄せ集めてキャンプ・ファイヤーをするが、日没直後になるとほんの三〇メートル向こうのアカシアの木にホロホロチョウが三〇羽ほど群れてやってきて、いっせいに高い枝の上に舞いあがってとまった。今夜の彼らのねぐらであろう。遠くでジャッカルが甲高い声で呼びかわしている。冬から乾季が深まって、次の雨季が到来するまでの間、ディセプション・バレーではライオンの啼き声は聞

文献113　今村　一九九二
文献114　今村　一九九三

写真●8—5　二〇年前のキャンプ跡のトレンチを掘る西田正規。その右へ、今村、掛谷、荒木茂。

写真●８―６　小屋の入り口で野生スイカを料理する。人びとが集まってきて雑談しながら手伝い、分け前をもらう。今村薫はこれを、シェアリング・システムと呼んだ。

こえない。ライオンの群れは分散した獲物を求めて離ればなれに放浪し、音声によるコミュニケーションが不可能になるからだということである。

静寂のカラハリの夜は深まり、私たちも早めに床につくことにする。この時期ライオンは川床へは来ないといわれているが、それでも外で寝るのは怖いので、私と今村がダブル・キャビンの座席に一人ずつ横になり、ダオグーたちも後部荷台のキャノピーの中で毛布にくるまった。原野に慣れ親しんだブッシュマンといえども見知らぬ土地でライオンの脅威にさらされながら夜を明かすのは怖かったようである。

話はやや前後するが、この後、私が日本に帰ってからのことであるが、今村薫から家に電話がかかってきた。「とうとうやってしまいましたわ」というので、何事かと思ったら、砂

写真●８―７　ダオグーに次いで長く調査助手を務めてくれたトーノー。

写真●８―８　ネパール・ヒマラヤのラムドン峰（五九二五メートル）登頂時の阪本公一（右端）。左端が筆者。（二〇〇八年）。（撮影：岡部光彦）

利道のゆるいカーブでスリップ事故を起こし、車は道路から飛び出して横転したということであった。車の左側面はベコベコになったが、通りがかったトラックに引っ張ってもらって道路に戻してもらったらエンジンその他はなんともなく走行が可能だったし、倒れたときに頭をどこかにぶつけたけれど外傷もなかったので、なんとかヨハネスバーグまで戻ってきました、ということである。ヨハネスバーグでは阪本君が心配して、用心のためにも病院へ行ってぶつけた頭をレントゲン撮影して調べてもらえと言われるので、調べてもらったけどなんともない、という報告であった。

この後にも数年の間にさらに四件のスリップ事故があり、横転してトラックの車体が大破したり窓ガラスが割れたりしたのだが、幸いにも疎らにしかないアカシアの大木に激突するような不運はなく、単に横倒しになっただけだったし、全員がちゃんとシートベルトを締めていたので、野中健一君がしばらく足の打撲で痛がっていたぐらいで、他には怪我をした人はいなかった。まことに幸運なことであった。車の事故は日本にいてもそうであるが、一番恐ろしいことなので、それ以後の二〇年間まったくの無事故で調査を続けられたのは嬉しいかぎりである。

2　一七年ぶりのナミビア

カデで三日間、休養がてら集落を見てまわったあと、私はひとりでナミビアへの旅に出発した。一九七一年のクリスマス休みに家族でナミビアの壁画探訪のために旅行して以来、実に一七年半ぶりのナミビア訪問であった。ハンシーへ出てきて、私は昨年からここの野生生物局事務所に勤務しだした獣医学の佐方啓介君と奥さんのあけみさんの家を訪ねて、泊めてもらった。彼はセスナ機で定期的にＣＫＧＲの上を飛んで、ワイルデビーストの群れの動きを観察し、個体群動態を調査しているのであ

写真●8―9　野生生物局の制服に身を包んだ佐方啓介。左は夫人のあけみさん。（写真提供：佐方啓介）

写真●8―10　後藤俊輔（右から二人目）。放送大学の取材撮影でニューカデを訪問したときのもの。

る。ハンシーに初めて日本人が住みだしたのは大変心強く嬉しいかぎりであった。今村もハンシーへ出てくるたびに何かとお世話になっているようである。

ボツワナにはもう一人の日本人が移住してきてハボローネで事務所を開いていた。後藤俊輔さんと奥さんのジェーンさんである。後藤さんは日本風の盆栽作りをして、それを売る商売を始めつつあったが、片手間に日本人のテレビ局などがアフリカのドキュメンタリー番組等を企画する際、必要な撮影許可を入手するための交渉を政府当局とおこなう、いわばエージェント業を営むようになり、そちらの方が本業となりつつあった。奥さんのジェーンさんがケニア生まれのイギリス人なので、英語での交渉はもっぱらジェーンさんが受け持っていた。私たちも、調査許可を延長したり、新たなメンバーが加わって調査許可を交付してもらったりするときに、いままではハボローネに着いてから直接大統領府へ出向いてそうした交渉をおこなっていたのだが、後藤さんがハボローネに在住するようになった後は、日本にいながら彼に依頼して政府との交渉をしてもらえるようになり、非常に楽に、しかも迅速に手続きが進むようになったのである。

佐方君の家を早朝に出発して、私は西に向かってマムノで国境を越え、ナミビアに入国した。ナミビア北東隅のニャエニャエ地域は、リーたちが調査していたドーベ地域の西に隣接するところで、国境によって分断されてはいるが、クン・ブッシュマンたちは自由に国境を越え、行き来している。ナミビア政府は、こちらもやはりブッシュマンを定住させるために、ニャエニャエ地域の中心に位置するツムクウェを定住地にしようと、小さなプレハブ住宅を何十戸も建て並べ、街づくりをしようとしたのである。ところが、薄壁でトタン屋根の住宅は風通しがなくて暑いので居住性が悪く、また付近の食用植物がなくなり、周辺には狩猟動物もいなくなったので、人びとは居住地を見限り、以前住んでいたブッシュの中へ戻ってしまった。

そうした中、ジョン・マーシャルやメガン・ビーゼリーのハーバード・グループが主導して、カラ

写真●8—11　ツムクェ定住地。安普請故の居住性の悪さや、集住による衛生状態の悪化が原因で、皆逃げ出してブッシュに帰った。

ハリ・ピープルズ・ファンドという基金を作り、この地域のブッシュマンの発展のために様々な努力をしている。彼らが最も力を注いでいるのは、ブッシュに逃げ帰った人びとの便宜を図るために、計画的に方々に井戸を掘削することである。さらに、ブッシュマンの有志を集めて自治組織を作り、農業、牧畜の振興を図ろうとしている点も見逃せない。

ジョン・マーシャルはちょうど首都ウインドフックに出かけていて留守だったが、メガン・ビーゼリーとはドーベヘハーバード隊の装備をもらいに行った一九七一年八月以来の、一八年ぶりの再会となった。彼女から手紙で教えてもらっていたとおりにツムクウェの居住地跡からブッシュの中の細い砂の道をたどって、開発計画が基地をおいているガウシャまで一時間ほどで到着した。二〇歳代のスラリと美しかった容姿はさすがに中年のふくよかなおばさんの体つきになっていたが、ブッシュマンの発展計画に熱心にとり組んでいるだけに整った顔立ちの表情は明るく、体中に精気がみなぎっている。久しぶりに再会してメガンが発した第一声は、「おー、ジロー。カラハリのインディー・ジョーンズ。一八年ぶりですよねー。」昔ハンシーからマウンまでの悪路で、私が結構なスピードで飛ばして助手席で怖かった思いをしたのを、彼女はいまだに覚えているのだった。

アフリカ最後の植民地ナミビアでは、この翌年の独立に向けて国内には緊張がみなぎっている。民主的な総選挙を公正に実施するため、国連の選挙監視団が国中に派遣されていて、最僻地のブッシュマン・ランドにも数名の団員がやってきて、いま選挙人名簿の作成に大忙しであった。

ブッシュの中に作られたキャンプの一つにガウハナさんが居住している。映画「ブッシュマン」や「コイサンマン」で世界に紹介され、日本ではニカウさんとして有名になった人物である。クリック音の混じったガウハナ（/Gau/hana）という名は発音がむずかしいので、日本ではニカウと易しい名を付けて紹介されたのである。彼はものしずかで、そして笑顔がとても優しく、素敵でおだやかな人だった。撮影のために南アフリカ各地を旅行し、ヨハネスバーグの大都会も訪れている。飛行機で遠

写真●8―12　一八年ぶりに再会したメガン・ビーゼリー。かつての砂漠のドライブを思い出し、彼女が改めて私につけたあだ名は「カラハリのインディー・ジョーンズ」。左は太田至。

路日本まで旅行した感想を尋ねると、北海道の動物王国へ行ったとき雪が冷たかった、というのが、彼が一番強烈に感じた印象だったようである。それにしても、あれだけの経験をしてきた人だとは思われない、質素な日常生活を送っていた。過去のことなどまったくなかったかのごとく、他の隣人たちと一緒にごくふつうに日々を暮らしている。そのガウハナさんも二〇〇三年に亡くなり、日本でもニュースで報じられた。

3　カラハリにおける開発を考える

ナミビアのニャエニャエ地域で進められている開発計画は、ボツワナで進行しているものとは大きく違っていて、教えられるところが多かった。ナミビアでも一度は定住化を企画し、ツムクウェをそのモデルとしたのであるが、人びとは集住を拒否し、また衛生上の問題ももちあがって、数年を経ずして計画は挫折した。人びとは離散して元の居住地に舞い戻り、狩猟と採集の生活に立ちかえった。ニャエニャエ開発計画では、ガウシャを拠点として、人びとの居住地周辺にいくつもの深井戸を掘って飲料水を確保し、有志を募って牛の飼育を奨励し、また、菜園づくりを指導している。

ナミビアから戻って数日後の七月三一日、夕暮れのせまった七時前に、菅原、池谷、そしてアフリカ・センターに赴任してこられたばかりの高村泰雄教授、研修員の塙狼星君の四名がカデに到着した。久しぶりにカラハリの地に戻ってきた菅原、池谷には最近のカデの動向を伝え、たがいに意見を交換した。熱帯作物学を専攻する高村さんには、カラハリ叢原の自然条件と人びとが試みている自然農法を実地に見てもらい、この地で実施可能性のある農業について模索したかった。塙はコンゴ森林の焼畑農耕民を調査した経験がある[*文献219]のだが、いま政情不安でかつてのフィールドへ入ることができず、乾

写真●8—13　笑顔が優しいガウハナ氏（右）。ナミビアのブッシュマン・ランドに暮らすブッシュマンで、映画やテレビ番組に出演し、日本では「ニカウさん」の名で親しまれた。

文献219　塙　二〇〇四

燥地帯と比較するために短期間ではあるがカラハリへ足を運んでもらった。

カデのブッシュマン社会に進行している変化を押しとどめることはもはや不可能であろう。いったん井戸水の供給を受け、文明によるもろもろの利便に浴して定住生活を始めた人びとが、飲料水も何もかもを捨て去って元の遊動生活にたちかえるとは、とても考えられないことである。しかも、いまやカデ定住地の人口は八〇〇人にも達している。この大人数の人びとが、このような状態のまま暮らし続ければどういうことになるであろうか。植物性食物の採集に食べものの八割がたを依存していた以前の生活様式は、小規模な集団単位での移動によってはじめて成立しうるものだったのである。定住が彼らの生活に最も深刻な影響をもたらしたのは、主食であったこれら植物性食物の入手がむずかしくなったことである。人びとはいま、政府からの食料配給によって主食をまかなっている。定住地に住むかぎり、配給なり年金なりの補助なしでは生存は成り立たないのである。すでに一〇年に及ぶ食料配給の結果、人びとは依存的になりつつある。無償の援助はえてして人びとの自立心を損ないがちとなる。

いまや隊の中でも一番の古株となった菅原君と私は、夕食後のひととき、いつも今後の問題解決策について真剣に討論を戦わせてきた。定住地の現状をいかに打開すべきか、考えられる具体的な提案をいくつか掲げてみたい。

第一は、人びとが以前に遊動生活を送っていたそれぞれの地域に井戸を掘り、新たな水源を確保することである。ナミビアで実施されている方式を参考にした分散居住様式の採用であり、ブッシュマンの伝統的生活を重視しながら発展を図ろうとするものであり、開発計画の最も重要な骨格となるものである。できることなら六、七個の井戸を新たに掘削し、一個の井戸の周辺に一〇〇人前後の人びとが居住できることが理想的である。

次に、数ヵ所に分散した住民は、現在の狩猟、採集、農耕、山羊飼養、道路工事などによる賃金収

写真●8—14　食用になる*Tylosema esculentum*の根を掘り出す。左が高村泰雄。（撮影：塙狼星）

写真●8—15　ベンバの焼畑地で斧を振るう塙狼星。

入、民芸品の売却による収入に加えて、将来は野生生物局への雇用、ガイドその他の観光業、皮革製造業、さらにカラハリ半砂漠適応型改良農業などの産業の育成を図らなければならない。

こうした計画のセンターをカデ（コイコム定住地）に置き、既設の施設を最大限に活用する。すなわち、教育面ではカデ小学校をさらに充実させて引き続き利用し、各地域に分散したグループの児童のために寮制度を設ける。寮母はカデ住民の中から容易に得られるであろう。優秀かつ少数民族に理解のある教師を得るため、外国人ボランティアを積極的に導入する。また、民族の文化伝統を守るため、英語、ツワナ語以外に、ブッシュマンの言語を文字化する教育をおこなう必要がある。

医療面では、カデの診療所をいっそう充実させて活用し、定期的な巡回診療班を各地域に派遣して、疾病の予防と治療にあたらせることが必要であろう。

将来にわたって、社会・文化の変化を的確に把握し、常に新たな事態にも対応できるよう、住民を知悉している人類学者若干名を常時配置しておくことが強く望まれる。これらの人類学者は、若い世代が民族の文化伝統を保持してゆくための教育の分野でも寄与することができるであろう。

これらの提言はまったくの私案であり、理想を掲げたものだが、実現のためには大きな問題を抱えている。最大の難問は、当該地域が動物保護区内にあり、さらに国立公園としてより厳しい開発規制の網がかぶせられようとしていることである。

現実は一本の井戸によってカデ地域のごく限られた区域内に住民を封じこめた格好になっているが、新たな井戸を掘削し、住民を分散させる計画は、国立公園化の動きと真っ向から対立することになる。自然保護が大事か、住民の生活が優先されるべきかという問題が、ここでも立ち現れているのである。周辺の代替地となるべき優良な土地がすでに牧場地帯となっている現状では、住民の納得づくでホームランドからCKGR外へ再移住を促すことは当面非常に困難なことである。しかも私案に示した井戸の掘削計画には資金的な難問もひかえている。

二番目の提案の中で私は、カラハリ半砂漠適応型改良農業の開発について述べている。この厳しい気候条件のもとで、農業の改良がどこまで可能なものなのか、このことについてのサジェッションをあおぐため、熱帯農業に造詣の深い高村さんに同行を願ったのである。カラハリのあちこちを探訪しながら私たちは、この地で可能な農業の姿をいろいろと話しあった。

4　「生態農場」の可能性

たかだか五〇人ぐらいの人間が頻繁に移動を繰り返し、食物資源を広範囲に求めるのが狩猟採集の生活様式であった。千人近くもの人間が一ヵ所に集中し、定住するようになれば、その生活が根底から成り立たなくなるのは自明のことである。食料の八〇パーセントを依存していた植物性食物はたちまちにして払底し、狩りの獲物も減少して、人びとはもっぱら配給食料に依存しなければならなくなった。

政府の援助により、小規模な畑を耕し、トウモロコシ、スイカ、ソルガム、ササゲを栽培するようになったが、短期間に気紛れに降る少量の雨をあてにする粗放農業から得られる収量は、収穫のよい年でもせいぜい雨季明けの二、三ヵ月分をまかなう程度にすぎない。政府は、また、ヤギの飼育を奨励し、各戸に三頭ずつの雌山羊を配布した。人びとの中には順調に増殖させ、一〇頭以上の群れにしているものもでてきた。しかし、数頭の雌山羊から得られるミルクの量はコップ一、二杯にすぎず、多少の食料の足しにはなっても、とても食生活の基盤にはなりえない。

学校、診療所、水道施設などの建設工事に従事したり、また、狩猟具、毛皮製品などを民芸品として売却することにより、かなりの現金収入が得られるようになって、食料品を購入することも可能と

写真● 8―16　NGOによる育苗実験

写真● 8―17「生態農場」での食用植物として有望なオムツェと呼ばれる野生キュウリ *Cucumis Kalahariensis* の根茎

なったが、実際には現金は馬、ロバ、衣料、タバコ、酒などといった食料以外のものを求めるのに費やされることが多く、あまり食費としては支出されていない。

年間四〇〇ミリメートル、旱魃の年には一〇〇ミリメートル前後しか降雨の見られないカラハリにおいて、農耕が人びとの生業基盤となりえないことは明白である。また、近代的な牧畜経営が、脆弱なカラハリの植生破壊に容易につながることは、周辺の牧場地帯の環境荒廃を見れば一目瞭然である。

すでに何度も述べたように、苛酷な自然の中で、何千年、何万年かを生き抜いてきた、かくも持続的でかつ安定的であった狩猟採集の生活においては、実に数多くの野生植物が、食用、薬用、生活用具などとして、巧みに利用されてきた。これら厳しい乾燥条件下で生育する在来の植物を、有効かつ持続的に活用する方策を探ることが、この地に住む人びとの将来にとって最も重要な課題であろう。

この地で可能な農業の姿とは何か？　私たちが考えたのは、大型機械をもちこんだり、大規模な潅漑を施したりするような大がかりな農業ではない。テクノロジーを優先させる生活改造が、この地の風土に合致するとは思えないし、何よりも急激な改変は人びとの心を引きつけるものではないだろう。私たちが実現させたいと願うのは、現地にある素材で、現地の人たちがこつこつと働いてゆけばできそうな現実味のある方法である。すでに詳しく述べたように、カラハリの狩猟採集民たちは、実に一〇〇種にものぼる野生植物を食用とし、それ以上の数の植物を薬用やその他の用途に利用して、厳しい自然を生きながらえてきた。そのような野生植物は分布が疎らだから、頻繁に広範囲を移動して採集する必要があったのだが、これらを居住地の近くに引き寄せてくれれば、半栽培的な畑となり、大人数の居住地でも収穫が容易になるだろうというのが、私たちが考える「生態農場」の構想である。

食用植物として有望なのは、野生キュウリの根茎 *Cucumis kalahariensis*、野生スイカ *Citrullus lanatus*、ジャケツイバラ亜科の豆 *Tylosema esculentum* などである。畑を獣害から防ぐために、現在ではアカシアの枝を大量に伐りとってきて柵を作っている。そのためのアカシアの伐採は植生破壊

写真●8―18　ナンと呼ばれる野生スイカ *Citrullus lanatus*。

写真●8―19　ツォイと呼ばれるジャケツイバラ亜科の豆 *Tylosema esculentum*（撮影：トレボー・ジェンキンス）。

の最大の原因となっており、定住地周辺は年々深刻な砂漠化が進行している。これを防ぐために、生垣を植えこむことも、この生態農場構想の重要な要素である。当初は金網などで囲うにしても、最終的にはアカシア、ボスキア、バウヒニア、グレヴィア、ロンコカルプスなど現地に生えている中低木を列状に植えこむことに成功すれば、立派な防護柵となるであろう。一年中風の強いカラハリでは、この柵は砂防林ともなり、半日陰を作る樹木ともなる。バウヒニアの豆やグレヴィアの果実は食物としても大変優秀であり、アカシアの枝葉はそのまま山羊の飼料ともなる。畑の一画には、トウモロコシ、トウジンビエ、ササゲなど乾燥に強い栽培植物を混栽することも可能であろう。柵によってできる半日陰には、トマト、キャベツ、ホウレンソウ、ニンジンなどの野菜を植えつけ、井戸水を適宜施してやればよい。アフリカの各地に普及しているキャッサバが植えられればよいのだが、冬には零下一〇度近くまで気温の下がるカラハリでは、残念ながらこの作物を栽培することができない。

カラハリの奥深くに、こんな半野生状態の畑が出来上がったら、さぞ愉快なことだろう。「生態農場」の実現には、一〇年、二〇年を単位とする地道な粘り強い努力と忍耐が必要とされるに違いない。私たちは、こんなことを話し合っていた。

5　ザンビアの焼畑を垣間見る

カラハリでの調査の後、私は高村さん、塙君と一緒に、モレミ動物保護区からチョーベ国立公園を経由してジンバブウェに入り、ビクトリアの滝を見学したあと、ザンベジ川に架かる橋を渡ってザンビアに入国した。そこから首都ルサカを通って、さらに北上し、いまは荒木が一人で調査しているムピカのベンバ・ランドを訪れた。

写真●8—20　ザンベジ川が、一七〇〇メートルの幅で落下するビクトリア滝。落差は一〇八メートルとされ、落差と幅の双方から見た規模としては、世界最大の滝である。数キロ先から水煙が上がっているのが見える。

掛谷がタンガニイカ湖東岸に広がる丘陵地帯のミオンボ林に散村を作って生活するトングウェの生態と社会について詳細に調査し、私も短期間その地を訪ねてきたことについては、すでに第4章で述べておいた。

掛谷は一九八三年以降は、トングウェとの比較のために、筑波大院生であった杉山裕子さんとともに、ザンビア北部のミオンボ林でチテメネと呼ばれる独特の焼畑農耕をおこなうベンバの調査にとりかかった。

ベンバは、二〇世紀初頭にザンビアがイギリスの植民地にされる前まで、卓越した軍事力をもった強大な王国を形成していた。また独特なチテメネ焼畑耕作とともに、世界的に見れば数少ない母系社会を維持してきたことでも知られている。

チテメネ耕作とはどんなものなのか、掛谷（一九九六年）の解説を引用してみよう。「五月から始まる乾季の間に、村の男性たちは、あらかじめ選定しておいたミオンボ林に通い、木に登って斧一本ですべての枝を切り落とす。ベンバ語で『クテマ』と呼ぶ作業である。チテメネという焼畑の呼称は、この動詞に由来している。危険な作業だが、男性たちは、『これがベンバの男の仕事だ』と胸を張る。女性たちは、三～四週間放置して乾燥させた枝葉を、伐採地の中心部に運ぶ。一回の運搬量は、二〇キログラムを超すが、女性たちは黙々と働く。枝葉は、耕地の六倍の広さの伐採地から集めなければならない。そして、雨季が始まる直前の一〇月末に、ほぼ円形状に積み上げられた枯れ枝に火を放つ。こうして、厚い灰に覆われたチテメネ（焼畑）が造成される。

チテメネで栽培される主要な作物は、アフリカを起源地とする雑穀のシコクビエと、一九三〇年代以降に救荒作物として導入されたキャッサバである。これらの作物とともに、ピーナッツ、インゲンマメ、キュウリ、カボチャ、トマトなどの多様な作物を、混作と輪作を組み合わせて四～五年間作付けし、その後に焼畑を放棄して休閑地にする。シコクビエの生産のために、毎年、新しい焼畑が造成

写真●8—21、22、23（左）　ベンバのチテメネ焼畑。ミオンボ林の高い木の上に登って斧で伐採する。危険な作業であるが、男の意気である。伐採した枝を乾かし、雨季に入る直前に火入れして焼畑にする。23の写真は、ミオンボ林の中のベンバの村。（いずれも撮影：杉山祐子）

21

23

22

されるが、二年目以降の焼畑も重要な食料の供給源である。」

畑地に集められてきた枝葉は、七〇―八〇センチぐらいに積みあげるのがよいと言われており、これを燃やして土壌に木灰を添加し、高温で土を焼いて乾燥させることによって土壌中の有機物の活性を高める。また、除草や防害虫の効果もあがるようである。大木の樹幹を残して枝葉のみを切り落とし、広い伐採地から枝葉を集めることによって、このウッドランドの樹木の密度の低さを補いながら、畑地以外の樹幹は素早く再生し、ミオンボ林の自然更新を促している。独特の集約的農法でありながら、自然の森林破壊を極力抑えようとするまことにこの地に適応的な方法なのである。

掛谷と杉山が調査の拠点としたのは、北部州ムピカ県の県都であるムピカから二七キロ西にある郊外のムレンガ・カプリ村と隣接するンドナ村である。ザンビア政府は先進国の援助を得て農業総合開発政策を推し進めており、その影響は次第に調査地域にも及びはじめていた。半常畑化したファームに化学肥料を施し、トウモロコシを栽培する、いわゆるファーム耕作が普及していったのである。

私たちがムレンガ・カプリ村を訪れたのは、ちょうどこのファーム耕作が進入しだしたころであった。村人はファーム耕作が普及しだしてもなおチテメネ耕作を維持し、昔とほとんど変わらない耕地面積を保持しつづけていた。「ベンバは、軸足をしっかりとチテメネ耕作に置きながら、他方の足で時代の変化に対処する道を探ってきた。ファーム耕作の導入も、そのようなベンバの生き方の表現であろう。ミオンボ林に根差し、チテメネ耕作によって自給を確保する『伝統』は、時代に適応して変革を取り込む柔軟さを具えているのである。」*文献128。

シコクビエは、ベンバの主食となる重要な作物であるが、酒を醸造する原料ともなる。チプムと呼ばれるこの酒造りと販売は女性の仕事であり、貴重な現金収入となるので、女性のこの社会における地位を確固たるものにする大きな要因となっている。*文献174・175。

荒木は、前年の一九八八年に短期間カデの地を訪れたあと、掛谷に案内されてベンバの村に調査に

写真●8―24　チプムと呼ばれるベンバの地酒を飲む杉山裕子（撮影：掛谷誠）。

文献128　掛谷　一九九六

文献174　杉山　一九八八
文献175　杉山　一九九六

入り、今回は二度目の滞在で、土壌とチテメネ耕作との関係を綿密に分析することによって、近代化過程のなかでの焼畑耕作の抱える問題点を明らかにしようとしていた。[*文献88] 夕食後、私たちを歓迎してであろう、人びとは歌と踊りを始めた。私も立ちあがって踊りの輪の中に入る。ブッシュマンの踊りの雰囲気に似ていたのだと思うが、私は強くステップを踏みながら、すっかり夢中になって踊りはじめ、あわやトランス状態になる寸前までのめり込んでしまった。もうちょっとで恍惚状態になって失神するところであったが、それでもあの心地よい気持ちは忘れられない感覚であった。

6 言語学、民族昆虫学の研究

私は科研費の代表者になるのをしばらく休んで、一九九二年から三年間は菅原君が代表者となってブッシュマン調査隊を編成することになる。大崎、池谷の古株に加えて、この年から中川裕君（東京外大）と奥さんの大野仁美さん（麗澤大）の二人の言語学者に私たちの調査隊に加わってもらうことになった。二人には正確なブッシュマン語の発音を聞きとってもらって、表記法を確立してもらい、最終的にはブッシュマン語の文法書と辞書を編纂してもらう。それによって、ブッシュマンたちが自分たちの言語を文字化して、伝統文化を保存していくための役に立てばと考えたのである。さらに彼らは、グイとガナの二つの方言集団を比較して、両者の接触、混交、分離の様態を明らかにし、二言語使用、コード転換といった歴史言語学的および社会言語学的分析、ならびに音節・リズムと語り方との音声学的分析をおこなうことになる。[*文献202] 大野はグイ、ガナの親族名称・呼称を正確に記載し、彼らの親族組織の体系を根本から見直すことに鋭意とり組んでいる。[*文献125]

一九九三年には人文地理学者で民族昆虫学に造詣の深い野中健一君（立教大）に参加してもらうこ

写真●8—25 ニューカデの日本人小屋で、調査する中川裕。協力者のノーシエから録音を採っている。

文献88 荒木 一九九六

文献202 中川 一九九四

文献125 大野 一九九五

文献215 野中 一九九七

とになった。また、短期間ではあるが、大御所の伊谷純一郎さんと伊津子夫人、それにトゥルカナ研究仲間である太田至君が南部アフリカをはじめて訪れることになった。

野中によれば、この乾燥して植生も貧弱なカラハリにも適応した昆虫は数多く、ブッシュマンはその中でも一〇〇種を超える昆虫を認識して、それぞれに個別の名前をつけ、あるいは類としての名前を与えているということである。

それまで、昆虫の利用については、甲虫のハムシを矢毒として用いる他、二センチほどの大きなゾウムシを革ひもで括りつけアクセサリーとして用いていたり、食用としては、羽化して地中の巣穴から飛び立とうとするシュウカクシロアリを大量に捕獲したり、イポモエア属の灌木の若葉を食草とするスズメガ（エビガラスズメ）の幼虫が大発生したときにはこれを拾い集めたり、量は少ないが二種のシロアリを食べたり、それに木の洞から採り出した蜂蜜を食べるときにミツバチの幼虫が混じっていることがあるといった、いくつかの利用例を観察していたにすぎなかった。

しかし野中によれば、食用としては、シロアリが四種、バッタが三種、甲虫一種、蝶（蛾）七種、蜂三種の計一八種が利用されているとのことである。このうちシュウカクシロアリ、エビガラスズメ幼虫、サバクトビバッタの三種は、大発生したときにはまとまった量を栄養として摂ることができるが、他の一五種はいずれも稀に少量が見られるだけで、つまみ食いしたり、料理の味つけ、風味付けに加えられる程度だという。また、多くの昆虫が薬用として、あるいは装飾、楽器、遊びの材料として、また歌や物語の材料として使われているという。昆虫は食物や物質文化の素材として使われるだけでなく、芸術分野から精神的生活の領野にまで広く用いられており、ブッシュマンの自然認識の幅広さと奥深さをはっきりと物語る一つの指標となっているのである。*文献215

写真●8―26　大野仁美。ブッシュマンのカップルと。（撮影：中川裕）

写真●8―27　野中健一。ブッシュマンの狩りに同行し、スイカで喉を癒す。左はトーノー。（写真提供：野中健一）

7　食文化の原型——あらためて狩猟採集民の食を考える

（1）社会的行為としての食事の誕生——食行動を変革した狩猟と肉食

今村さんや野中君の研究に話が及んだところで、あらためて、狩猟採集民の食について俯瞰し、現代に至る食文化の原型について考えてみよう。

ヒトに限らず、動物にとって、食は性と並んで、生存上最も重要な行動である。動物は食物を摂取するが、これを食事ということはない。食事は、ヒトがヒトたりえてはじめて現われた、まさしく人間的な行為である。動物も、食物を摂るとき、おそらくある種の快感を味わうのであろうが、それはあくまでも個体レベルにおける本能充足であって、食物は個体を維持していくための栄養補給源となるにすぎない。こうした個体維持の機能の上に、人間の食事にはさらに新たな役割がつけ加わっている。すなわち、食行動は、人間に至って、単なる個体維持のレベルを超えて社会的な意義をもつようになった。その行動は、質的な変化をきたし、集団を単位とした共同飲食となり、社会的なコミュニケーション、さらには超自然とのコミュニケーションのレベルにまで高められるに至っているのである。

食事の発生は、狩猟と肉食、および獲物の分配と密接な関係をもっていたと思われる。霊長類は一般に、植物食を中心としながら、昆虫や小動物をも食する雑食性の系統群である。ピグミーやブッシュマンのような現存の狩猟採集民の食料の七〇～八〇パーセントが植物性のものから成り立っていることからも推測できるように、人類は一貫してこの霊長類としての特性を保持し、食の基盤を植物

写真●8―28　シュウカクシロアリは炒って食べる。

に置きながら、狩猟という新しい生計手段を発達させてきた。

動物の肉の狩猟は、従来の植物採集に比べて、困難かつ不安定な食料獲得手段であったにもかかわらず、獲物の肉のおいしさと栄養価の高さに魅せられた人類は、狩人への道を選択していったのだと思われる。男たちは、共同して狩りに専念するようになり、忍耐と労苦ののちに幸運にして動物をしとめることができた場合には、この稀少にして価値ある獲物の肉を、キャンプにいあわせた仲間たち全員で分けあって食べたことだろう。木の実や草の根に比べて、肉は味がよく、だから、食の基盤である植物採集の方は、出産や育児のためベース・キャンプからあまり遠出することのできない女性たちにまかせておいて、男性はいつ獲れるともあてにならない狩猟活動に精を出した。男女間の分業が確立し、家族という社会単位が出来上がっていった。

集団による共同狩猟の必要性と、未熟な頼りない状態で生まれるようになった赤ん坊の養育と保護のため、数家族以上の規模の集団的なまとまりと永続的なベース・キャンプが不可欠となり、近隣集団との間にも緊密な連帯関係が結ばれていったのであろう。日々に採集した植物性食物は各家族の単位で消費されたが、男性のハンターたちがもたらすたまさかの肉は、集団のメンバー全員の間で分配され、賞味された。他の集団からやってきていた訪問者も、この饗宴に加わることができたであろう。肉を囲んでの食事は久しぶりの大ごちそうであり、人びとは楽しく歓談し、また、多くの場合、歌や踊りに興じたことであろう。このようにして、食事は、ヒト化の過程を通じ、また、集団の連帯と相補いながら、確立していったものと思われる。

植物食が中心であった霊長類の採食パターンには、草食動物同様、はっきりとしたリズムがない。一日中のんべんだらりと木の葉や果実を食べるのが普通である。人類のみが、肉食を取り入れ、定住的なねぐらをもつようになったおかげで、限られた時間にまとめて食事をとるようになった。摂食のリズムは、肉食動物であるイヌ科やネコ科のそれと類似するようになったのである。

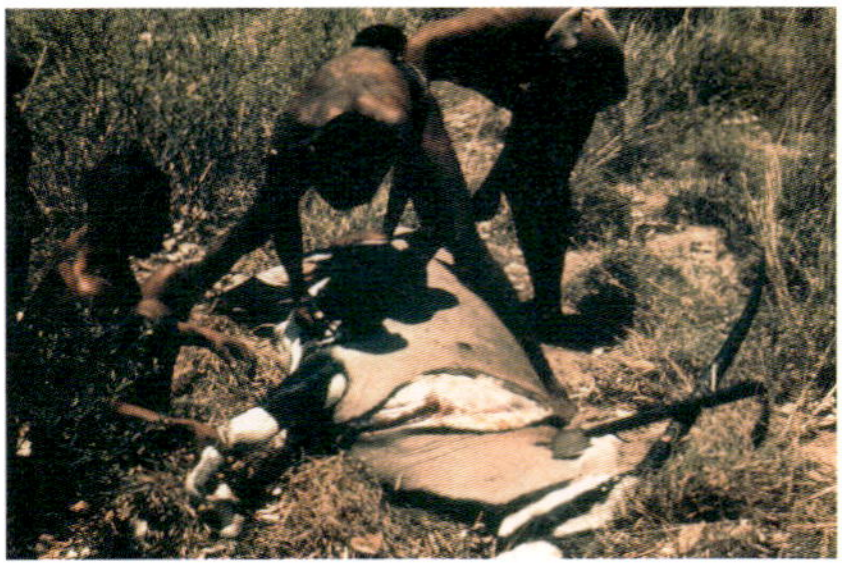

写真●8―29　ゲムスボックの解体

一つの生計手段としての狩猟の発達が、定住的な（少なくとも一定期間には定住的な）ねぐらと、そこをベースとした食料の集積と再分配、分業、家族、さらにそれを超えた社会集団の形成など、もろもろの社会経済的な発達をもたらす結果となり、それらの諸要素間の複雑なフィードバックを通じて、人類特有の食行動を形づくっていく基盤が整っていったと考えられる。現代にみる複雑に多様化した食の文化の原型をたどるため、以下、第1部、第2部の各章との重複を敢えてお許しいただくとして、狩猟採集民の食生活を概観しておこう。

(2) ブッシュマンの弓矢猟

すでに何度も紹介したように、ブッシュマンがおこなう代表的な狩猟は、毒矢を用いた弓矢猟である。弓は長さ七〇センチ、矢は五〇センチほどの小さなもので、矢には矢羽根もない、きわめて幼稚でシンプルなものである。射程距離が短い上に、命中率も悪いので、一〇メートルぐらいの至近距離にまで獲物に接近しなければならず、狩りをおこなうためには、動物の習性などに関する正確な知識と、忍び寄るための高度の熟練および忍耐が必要である。

弓矢猟の獲物は、キリン、エランド、クドゥ、ゲムスボック、ワイルデビースト、ハーテビーストなど大型の草食獣が中心となる。男性の狩人たちは、毎日のように弓矢と槍の入った狩猟具袋を肩にかけ、ブッシュの中をうろつきまわる。ブッシュマンが住むカラハリ砂漠は立木の少ない平原で見晴らしがよく、動物は広い地域内に散在しているので、狩人は思い思いの方角に単独で出かけていく。見通しがきくので、獲物の発見は容易であるが、それは同時に、獲物の方でも狩人の接近を容易に感知しうることを意味している。何キロメートルも先に獲物を望見した狩人は、背丈の低いブッシュの陰に身を潜めながら、大回りして風下の方から近づいていく。動物に近づくにつれ、腹ばいになり、

写真●8—30　肉を鍋で煮てホーロー引のボウルにとりわけて食べる男たち。

慎重に根気よく、獲物の視線が彼の方向からそれているときをみはからって、ゆっくりと前進する。枯れ枝をポキリと折る小さな音も動物に警戒心を抱かせるので、最後のつめにはことさらに神経を張りつめる。至近距離にまで接近すれば、最後に身を起こして矢を射かける作業が残っている。獲物の発見から弓矢を射かけるまでの過程は、狩猟に対する技術的な熟練に加えて、自然の中に一体化し、目標とする獲物の動物と一対一に対峙する砂漠の狩人独特の能力によって実現される。大きな幸運が猟の成功を左右していることもまた確かである。

毒矢が命中すると、狩人はその矢が獲物の体にしっかりと刺さっていることを確認し、逃げた方向を見定めたのち、いったんその場を去ってキャンプに戻る。毒がまわって獲物が倒れるまでに一昼夜ほどの時間がかかるのと、解体や運搬のために人手が必要とされるからである。

翌朝、彼は薄暗いうちから仲間たち数人をうち連れて現場に引き返し、獲物の逃げた足跡をたどって追跡にかかる。獲物に追いつくと、まだ息のある場合には槍でとどめをさし、それからただちに解体にとりかかる。内臓などの腐りやすく、また運びづらい部分を焚火で焙って腹ごしらえをしたあと、人数分の荷物にふり分けて背負い、キャンプへと引きあげる。家族の者たちが待ちかねるキャンプへ帰り着くのは、日没後か、ときには翌日になることもある。こうした大きな獲物にありつくのは月に一度ぐらいのことであり、困難かつ激しい労働によって手に入れた肉は、ことさら貴重なごちそうとなるのである。

ブッシュマンは、弓矢猟の他にもさまざまな方法で狩猟をおこなう。ダチョウやアフリカオオノガンのような大型の猟鳥に加えて、ウサギ、トビウサギ、小型のレイヨウ類、キツネ、ジャッカル、ワイルドキャット、ヤマアラシ、ホロホロチョウ、ヒメノガンなどの小型の動物は比較的頻繁に捕らえられる。細いロープを用いた簡単な仕掛けの罠や鉤竿、棍棒、槍、猟犬などが用いられ、こういった方法によって、獲物自体は小さなものだとはいえ、かなり頻繁に肉を手に入れることができるのであ

写真●8—31　コムの木を削って弓を作る。ジェームズ・ウッドバーンが調査したハッザの弓は、長さ一五〇センチメートルほどの強力なものだが、ブッシュマンやピグミーが使用する弓は一メートル以下の小さなものである。

る。しかし、このような小動物ではとても皆で分けて食べるほどの量の肉をもたらすことはできず、人びとの期待はなんといっても全員がごちそうに与ることのできる大型の獲物の獲得にかけられる。狩人たちは、罠猟などによって小動物を得、彼の家族や親しい友人などに肉を供給する一方で、労多くして酬いの少ない弓矢猟に精を出さざるをえないのである。

（３）ピグミーの網猟

ブッシュマンが住む乾燥してオープンなカラハリ砂漠とは対照的に、雨の多いコンゴ森林の中では、同じく狩猟採集民でありながら、そこに住むピグミーの狩猟は、まったく違った方法でおこなわれている。

見通しのきかない森の中では、獲物の発見はきわめてむずかしく、うろつきまわって弓矢で射とめる猟法はまったく不向きである。ピグミーたちがおこなう狩猟は第4章で紹介したように、大勢の人間が、網または弓矢を用いて森の一画をとり囲み、中にいる動物をとり押さえる方法である[*文献221]。

網は、比較的最近になって農耕民から伝わってきた猟具だといわれているが、それを用いた猟法（ネット・ハンティング）は、伝統的におこなわれてきた集団弓矢猟と原理的にまったく同じである[*文献196]。すなわち、一〇名くらいの男性の狩人が、「それぞれ四〇〜一〇〇メートルの長さの網を持参し、森の一画のここぞと思う場所にさしかかると、いっせいに各自の網を張りめぐらせる。各自の持ち場はめいめいが心得ており、たちまち直径三〇〇メートルぐらいの円陣ができあがる。男たちが網を張り終わった頃あいをみはからって、勢子の役を務める女性たちが、一列横隊となって円陣の中に進入し、中の動物を追いたてる」[*文献108・195]。一回の網猟は約一時間で終了するが、これを一日六回から八回繰り返す。こうした過程はすべて無言のうちに進行する。網で囲った円陣の開口部付近では、獲物の動物が逆走

写真●8—32　ケンブリッジよりウッドバーンを京都に迎える（一九九一年）。右より掛谷誠、伊谷純一郎、ウッドバーン、西田利貞、高村泰雄、田中二郎。（撮影：市川光雄）

文献221　原子　一九七七
文献196　丹野　一九八四
文献108　市川　一九八二
文献195　丹野　一九七七

して逃げてしまうことが多く、この位置に網を張る者は著しく不利な立場におかれる。そこで、公平を期すために、網を張る位置を三回ごとに交代して、一日の猟果が均等になるように工夫を凝らしている。素晴らしく連携のとれた集団のプレーである。獲物は森林中に多く生息する小型ダイカー類が中心である。この動物たちは、日中、ブッシュの陰にひっそり隠れているのだが、こうした動物の習性と、見通しのきかない森林という立地条件に巧みに適合した狩猟法をピグミーは用いているのである。*

　彼らは、他にも弓矢で樹上のサルを射ったり、槍で象やバッファローを刺し殺したりといったさまざまな狩猟法を用いているが、最も日常的におこなわれ、猟果も安定している代表的な森の猟法は、この巻狩り形式による集団猟である。

* 三五二頁　図1、三五五頁　図2参照

（4）動物性食物VS植物性食物

　ピグミーの場合には、集団猟による肉の供給が比較的安定しているのに加え、近年では近隣の農耕民から獲物の肉との交換で農産物を取り入れているので、植物採集の活動は低調になっている。しかし一般には、熱帯地方の狩猟採集民は、狩猟よりも採集により大きなウエイトをおいているというのが定説となっている。*文献31

　狩猟は、ヒト化の過程を通じ、生計活動の一つとして確立してきた手段であるが、ブッシュマンにおける狩猟の実態をみてもわかるとおり、野生動物というものはそう簡単に捕らえられるものではない。実は、ブッシュマンが日々の食料の基盤としているのは、根、茎、葉、果実、種子などといった植物性の食物なのである。植物は分布や生育の時期が一定している上に、何よりも動物のように逃げまわったりせず、しかもそれを採集するためには摘みとったり、掘り起こしたりするだけという単純

写真●8—33　ナンテ（*Bauhinia petersiana*）の実を炒る。

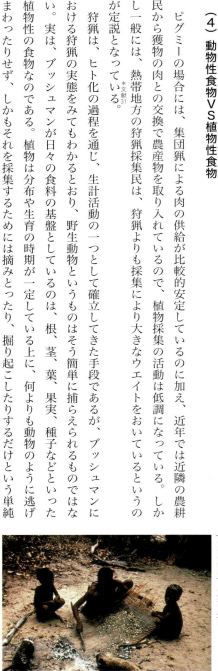

な操作を施しさえすればよいのである。いつ獲れるかあてにもできない動物の狩猟でなく、信頼がおけて安定した供給が望める植物性食物が食生活の基盤を支えている事実は容易に理解されるであろう。

地球上の狩猟採集民を見渡しても、もっぱら狩猟の方に生活のベースをおいているのは、イヌイット（エスキモー）など、高緯度地域に分布する少数の人びとに限られている。極寒の氷原上では、そこには採集すべき植物がなく、人びとはやむをえず動物の狩猟によって暮らしをたてているのである。狩猟は、極北の地といえども、他の地域と同じように、多分に不安定な要素を内包している。しかし、イヌイットたちは天然の冷凍庫をもっているので、ある季節に大量に捕獲した獲物を冷凍保存することができ、それによって食物供給の安定性を確保しているのである。

文献31　Lee 1968

それに対して、低緯度地方、つまり熱帯域では食料の保存はきわめてむずかしく、植物性食物の採集をベースとした「その日暮らし」の生活が基本となっている。ブッシュマンの場合には、全食料の七〇〜八〇パーセントが植物性食物によってまかなわれているし、ピグミーの場合には、交易による農産物が主体であるとはいえ、コメ、バナナ、キャッサバ、サツマイモなど植物性食料が占める割合は六〇パーセントに達している。*文献108

文献108　市川　一九八二

（5）採集活動における共同と協調

動物の狩猟が、実際には困苦に満ちたものであるにもかかわらず、よそ者の眼には華美に映り、また、それによってもたらされる肉が、日頃満たされない人びとの飢餓感を癒し、集いあい、歌い踊り、語り明かすなどの行為を通じて社会的充足感をも与えてくれるものであり、それゆえに、かつては狩猟こそが狩猟採集民の食生活の根幹であると考えられた。しかしながら、狩猟が食の質的転換を促した重要な要素であったことは間違いないとしても、現実の食生活は、女性が日々に集めてくる植物性

食物によって支えられている事実が次々と明らかにされていった。[*文献31・57・189]

これらの研究は、動植物資源の利用頻度、栄養価（カロリー摂取量）、獲得に要する労力（エネルギーの投下量）などの数量的なデータを中心として分析が進められてきた。しかも、これら狩猟採集民の生態人類学的研究は、いずれも男性研究者によっておこなわれたものであり、植物採集の量的重要性を指摘しながらも、女性たちによる具体的な採集活動の詳細にたちいることはできなかった。

先に紹介したように、今村薫は、一九八八年以来の調査によって、女性の採集活動を綿密に観察し、採集品目、収穫量、採集行動、集団サイズ、採集活動に投入される労働時間等を詳しく分析した。その結果、採集は単独でよりも集団でおこなわれることが多いこと、集団のサイズは植物資源の季節変動や分布状況、採集地までの距離に対応しているなどといった事実を明らかにした。

さらに興味深いのは、集団採集が、単独採集よりも効率が高く、かつ、個々人の収穫量の差異を小さくして平均化の効果をもたらす事実を明らかにしたことである。[*文献113]これは、集団で採集に出かけることによって、共同や情報交換などという社会的交渉がより頻繁に生起し、それが効率を高めるための重要な役割を果たしていることを物語るものである。

（6）調理と分配

狩猟採集民の社会を特徴づける平等分配についても、今村の研究以前は、全体として男性がおこなう狩猟とその獲物の肉を中心に議論が展開されてきた。[*文献34・39・40・47・108・189]

ブッシュマンは、狩りに成功すると、狩猟活動における役割や親族関係の親疎に応じて、なかば強制されたもののように、義務的に、肉の分配をおこなう。この一次分配ののち、各世帯の女性によって調理された肉は、採集植物などの料理と同じように、各家族ごとに消費されるのが原則である。し

文献31　Lee 1968
文献57　Silberbauer 1981
文献189　田中　一九七一

文献113　今村　一九九二

文献34　Lee 1979
文献39　Marshall 1961
文献40　Marshall 1976
文献47　Osaki 1984
文献108　市川　一九八二
文献189　田中　一九七一

かし、実際には、家族以外の人びとでも食事の場にいあわせたならば、食べものは頻繁にふるまわれるのが普通である。

今村は、ある初老の女性が関与した一四〇回の食事の例を分析し、このうちの「四六回はグァリ（当該の初老女性）が他の人から食事を受け、九四回はグァリが料理した食事であった。九四回のうち、グァリが一人でおこなった食事は八回だけで、他の八六回は他人に分けて一緒に食べた。グァリは八六回の食事で、延べ四三六人の大人に食べ物をふるまった」と報告している。*文献115

文献115　今村　一九九六

食べものの種類ごとに、分け与えられる人数を比較すると、鍋を使って大量に煮炊きする料理や臼を使って搗きくずして調理するものなどの場合に、多くの人が集まり分け前に与る傾向が強くなる。根茎のように、熱い灰の中に埋めこんで一〜二時間放置し、空腹のときに取り出して食べたり、果実を採集袋から取り出して生のまま頬ばったりするような、たいして調理を必要としない食べものは、少人数で消費される。

(7) 過剰なかかわりあい

煮炊きをして、周囲においしそうな匂いが漂ったり、臼で搗くリズミカルな心地よい音が聞こえてきたりすると、人びとは無意識のうちにも調理の場に引き寄せられ、歓談の輪が広がる。焚火を絶やさないように誰かが枯れ木を拾ってきてくべると、他の者は鍋の水加減を調べて、かきまわす。また別の一人がヤカンから水を注ぎ入れる。臼と杵を少し離れた家の中から借り出して持ってくる人もいる。鍋の中味が煮える頃になると、これを臼に移しかえ、搗きくずして最後の仕上げにとりかかる。

鍋を囲んで座りこんだ人びとは、さまざまな話題に花を咲かせながら、一連の作業を気軽に手伝いあう。雨季のある日、野草を調理する場面を観察した今村は、「八人が材料や調理道具を提供し、一〇人が作業をおこない、一三人が食べた」ことを報告している。[*文献115] ほんのわずかばかりの野草の調理は、一人でも簡単にでき、とくに誰かの手助けを必要とするものではないにもかかわらずである。彼らの助けあいと分かちあいは、共同や分配などといった社会経済的実用の範囲を超えて、「過剰」ともいえるばかりである。場を共有し、体験を共有することこそが、狩猟採集民社会の平等主義を根底で支える屋台骨ともなっているのである。食物材料の獲得から調理を経て消費に至る、人びとのこの過剰なまでの相互交渉の積み重ねによって、ヒトの食事は築きあげられてきたとさえいうことができるであろう。

（8）昆虫食

熱帯雨林に住むピグミーが、シロアリをはじめとして、チョウやガの幼虫、甲虫などを頻繁に食用としている事実はよく知られている。[*文献108ほか] 乾燥したカラハリに住むブッシュマンについても、雨季中のごく短期間、しかも、種類・量ともに少ないとはいうものの、シロアリやガの幼虫が好んで採集され、食べられることが報告されてきた。[*文献57・85・93・113]

しかしながら、一般に昆虫は、食物摂取全体の中で、量的な貢献度、すなわち、カロリー源としての重要度は低く、むしろ嗜好品として好まれていることが指摘されてきた。[*文献4・108] たしかに、シルバーバウアーが報告するように、一九六〇年前後の雨季の約四ヵ月間に八〇人からなる集団によって二八三キログラムの昆虫が採集され、この季節によく食べられる哺乳類のトビウサギやブッシュダイカーの捕獲量を凌いだ[*文献57]という記録もないわけではない。このような大収穫のあった年には、シロアリやイモムシのような蛋白質と脂肪に富んだ食品は、栄養的にも大きく貢献していたに違いない。しかし、昆虫の発生は、とくに乾燥地域においては、降雨量などの気候条件と食草植物の成育状態に大きく規定さ

文献115　今村　一九九六

文献108　市川　一九八二

文献57　Silberbauer 1981
文献85　Yellen & Lee 1976
文献93　池谷　一九九四
文献113　今村　一九九二
文献4　Bodenheimer 1951
文献108　市川　一九八二

文献57　Silberbauer 1981

写真●8―34、35（左）　鍋に入れたダチョウの卵を調理する。

34

35

れるので、あくまでも年変動の激しい不安定な食料資源であるというのも確かだ。

野中健一は、ブッシュマンによる昆虫利用の実態を、民族昆虫学の立場から詳細に分析したが、[*文献42・215] それによれば、ブッシュマンが食物として利用する昆虫は、従来考えられていたよりもはるかに多く、シロアリ目四種、直翅目三種、甲虫目一種、鱗翅目七種、膜翅目三種の計一八種[註9]に及んでいることが明らかになった。

これらの食用昆虫は、いずれもブッシュマンによって、「おいしいもの」とされており、風味、味覚、および食感という側面から詳しく評価されている。[*文献215] 表8―1はそれぞれの昆虫の味に対する評価を示したもので、多くの昆虫は「ゴー」というプラスの評価を得ており、スズメガの幼虫ギューノーについては、さらに「カイ」というプラスの評価が加えられ、食感も優れていることを表わしている。ガの幼虫のコレやオオアリのカーとゴレのように、風味や食感に対しては評価がなされていないにもかかわらず、酸味を表わす「カウ」の味覚が評価されて食品に加えられているものもある。

これらの食用昆虫は、(1)気候条件に恵まれた年には大発生して、主食となりうるもの、(2)少量でも好んで食べられ、補助的な食物となるもの、(3)他の食材と混ぜ合わせて、味付けとして用いられる調味料的な食品、と大まかに三つのカテゴリーに分けることができ、スズメガの幼虫のギューノーやタマムシのように、とくに味がよいとされるものは、上記(1)(2)(3)のいずれにも用いられる。[*文献215]

表8―1 食用昆虫の味の評価(文献215 野中 1997より)

昆虫名		風味	味覚	食感	備考
シロアリ	カネ	(+)ゴー(−)コム			
シロアリ	ガー	(+)ゴー(−)コム			
シロアリ	カムカレ	(+)ゴー(−)コム			
シロアリ	アメ	(+)ゴー			
バッタ	ケメ	(+)ゴー(−)ザー			
バッタ	ギューケメ	(+)ゴー(−)ザー			
バッタ	コム	(+)ゴー(−)ザー			
タマムシ	ゴアハムクツロ	(+)ゴー			卵をもったメスがゴー
スズメガ幼虫	ギューノー	(+)ゴー(+)カイ		(+)コムコム	
スズメガ幼虫	ゴネ	(+)ゴー(−)ザー		(+)コムコム	よく育った幼虫がゴー
ヤガ幼虫	キュルグ	(+)ゴー(−)ザー	(+)カウ	(+)コムコム	
ヤママユガ幼虫	カイカネ	(+)ゴー		(+)コムコム	
カレハガサナギ	ゲリ	(+)ゴー			
ガ幼虫	ゴア	(+)ゴー	(+)カウ	(−)ゴラゴラ	トゲが口に刺さって痛い
ガ幼虫	コレ		(+)カウ		
オオアリ	カー		(+)カウ		
オオアリ	ゴレ		(+)カウ		

昆虫は、収穫の年変動が大きいので、安定した食物資源にはなりえないが、食べものをおいしく味付けし、かつ料理のバラエティとともに味のバラエティをも増幅させ、食事に質的な楽しみと豊かさを与えるという点において大きな役割を果たしているといえるであろう。

（９）主食と副食の区別の誕生

カラハリ砂漠に住むブッシュマンは、ふだんの食料の大半を野生植物に依存している。人びとは季節ごとに実る植物の中から、最もおいしく、栄養価の高いものを選んで食事に供するが、それは季節によってある種のマメであったり、スイカであったり、草の根であったりする。ときに獲物の肉が手に入ると、肉は大変なごちそうなので、なくなるまで肉ばかりの食事となる。ここには主食と副食の区別はなく、強いていうとすれば主食ばかりだということになる。朝、起き出して前日の残りものをつまんだり、狩猟や採集の途次、つまみ食いしたりすることはあるが、家族全員が一堂に会してまとまった量の食事をとるのは、基本的に夕食だけである。

東アフリカの遊牧民の場合、食物の大半は、乳、肉、血などの家畜産物であり、これに交易によって手に入れた穀類などが若干つけ加わる。家畜は貴重な財産であり、彼らの生活の元手ともいえるものであるから、これを日常的に屠殺することはなく、したがって意外にも肉を食べる機会は多くない。日常の食事の大半は、いわば利子に相当する乳によってまかなわれているのである。

農耕民に至ってようやく主食と副食の区別が登場する。東アフリカの農耕民は、トウモロコシ、シコクビエ、キャッサバなどの粉を粥状に練りあげ、これを主食として、肉、魚、野菜などの煮汁少量にひたしながら食べるのが普通である。

食事といえば、一日三回、ご飯を主食に、肉、魚、野菜などのおかずを添えて、というのが我々が

文献42　Nonaka 1996
文献215　野中　一九九七
註９　表８―１の一七種に加えてミツバチの幼虫が食用とされる。
文献215　野中　一九九七
文献215　野中　一九九七

一般に抱くイメージであろう。主食が米飯であるか否かは問わないとしても、私たちは、食事とは主食と副食からなるもので、原則として一日三回に分けてとるものと、しごく当然のことのように思いこんでいる。

狩猟採集民をはじめとして、アフリカの諸民族の食生活をみる限り、食事の内容は概してバラエティに乏しく、また、基本的に食事は夕方の一回だけというケースが圧倒的である。現代文明社会の中で、私たちが日常あたりまえのこととしておこなっている、いわゆる「食事」のスタイルが定着したのは、おそらく、きわめて最近の出来事であっただろうと思われるのだ。

8　三度目のナミビア訪問

さて、一九九三年の旅に話を戻そう。私は、はじめて南アフリカ地方を訪ねてきた伊谷夫妻と太田を案内してヨハネスバーグから西へナミビアへと向かった。私にとっては三度目のナミビアであるが、最初は二一年も前に家族でブッシュマンが何千年も前に描いた壁画を見学に行っただけだったし、二回目は先述したメガン・ビーゼリーたちのブッシュマン開発計画の現状をこの目で確かめたくてブッシュマン・ランドを訪れた（一九八九年）だけであり、ナミビア国内を広く旅行してまわるのは、これが初めてのことであった。

七月三一日にヨハネスバーグを出発し、途中フライバーグ、アピントンと二泊して、八月二日、ナコップにて国境の検問を通過してナミビアに入国、グランド・キャニオンに次ぐ世界第二の峡谷といわれるフィッシュリバー・キャニオンに到着する。峡谷の中へ降りていく急坂の道が開かれていて、温泉の湧き出ている河原の開けたところに、レストラン付きロッジと温泉プールが作られており、その奥にキャンプ・サイトが設けてある。気持ちのよい河原なので、はじめてテントを張ってキャンプすることにする。

翌朝キャンプ地を出て高原台地に登り返し、八〇キロばかり上流の見晴らし台まで北上する。上から眺める峡谷は落差五〇〇メートルの断崖絶壁として切れ落ちた五億年前の地球の裂け目である。しばらくその壮大な眺めに見惚れながら時を忘れて佇んでいたが、やおら北に向かって砂利道を進む。未舗装とはいえ、ナミビアの道路はよく整備されていて、快適に走行できる。

街道沿いの傘を広げたように枝を伸ばしているアカシアの木には社会性ハタオリドリ（ソーシャブル・ウィーバー）が何百羽も集合して巣作りをしている。ハタオリドリは一般に直径一〇～一五センチのコップ型の巣を草で編んで作るが、この社会性ハタオリドリは集団で一ヵ所にまとまって巣作りをする習性があるので、その巣は合わせて二メートルにも三メートルにも大きくなり、アカシアの枝葉を半分ぐらい覆いつくして、まるで草ぶきの小屋掛けをしたようで見事である。下面に一番いごとに穴を開けてそこで営巣しており、小鳥が絶えず出入りしているのが眺められる。アカシアのないところでは、道路沿いに建てられた電柱に、電線やそれを支えるための腕木や碍子などを核にして、一メートル以上の円錐形の巣をかけている。伊津子さんが、「電信柱がなかったら、あの鳥たちはどうするのかしらね？」と素朴な疑問を投げかけられた。

二〇〇キロあまり走ってヘルメリングハウゼンという小さな町のホテルに泊まったが、翌朝外へ出てみるとぐっと冷え込んでいて震えあがる。車のフロントグラスは夜露が凍ってガチガチであった。伊谷さんは一九五八年以来、数えきれないほどアフリカを往復しておられるが、こんな寒いアフリカは初めての経験だと驚いておられた。隣の敷地が野外博物館になっていて、アフリカーナー（オランダ出身の白人入植者は以前にはボーア人と呼ばれていた）がケープから北上してきたときに使った牛車や深井戸から水を汲みあげるための風車とポンプ、農機具などといった昔の道具類の残骸が展示して

写真●8—36　アカシアの木を半分以上おおって社会性ハタオリドリが巣をかけている。何百もの巣の集合で、下に向かって開口している。

写真●8—37　電柱に作られた円錐形の社会性ハタオリドリの巣。

あった。

一〇〇キロほどさらに北上したドゥウィシブというところには、一九〇八年から九年にかけてドイツ軍の大尉キャプテン・フォン・ウオルフが建てた豪壮なお城がある。当時この国を植民していたドイツ軍は原住民ナマ・コイコイの抵抗を抑えるために、この辺りに砦を築いたりして防御していたが、大尉はこのナミーブ砂漠に隣接した荒野に、石以外の建築資材、家具、装飾品などをドイツから運ばせて二二部屋からなる重厚な城を築いたのである。ほとんどの部屋には暖炉がしつらえられて冬の寒さに耐えられるようにしてあり、夏は厚い石壁で涼しく過ごせるように工夫が凝らされている。

これらを見学したあと、私たちはさらに一〇〇キロほど北西に走って、ナミーブ砂漠の東縁に位置するセスリエムに午後三時に着き、アカシアの木陰のキャンプ・サイトにテントを張る。ここから西は一五〇キロ以上にわたって延々と砂丘の山並みが大西洋岸まで続いている。また、ここは標高二〇〇〇メートルを超える東の中央高地から、二〇年に一度ぐらい大雨が降ったときには濁流が流れてくるツァウチャブ川のほとりにある保養地で、この川に沿って四〇キロほど西へ下って行くとソッサスフレイと呼ばれる窪地で行き止まりとなり、水はこの窪地に一時的な湖となって蓄えられる。やがて水は砂に浸みこんでいくのと蒸発するので、なくなってしまい、普段は干上がった砂の原である。

五日の朝、五時に起きて六時には出発、ソッサスフレイに七時に着いてようやく明るくなってくる。防寒着を着け、日の出を見ながらゆっくりと砂丘を登っていく。しっとりと夜露に濡れているのは砂の表面だけで、足を乗せると柔らかい砂に潜り、一歩踏み出したら半歩ずり落ちるという有様で、大変歩きにくい。一時間以上かかって砂丘のてっぺんにたどり着くが、高度差にして一五〇メートルぐらい登ったのであろうか。朝焼けの日を浴びて茶色の砂丘がまっ赤に映え素晴らしい眺めである。露がまだ乾かないうちは細かい砂が風に飛ばされることもないので、昨日作られた稜線の柔らかいカーブが斜めから射している日差しに照らされてくっきりと描かれている。四方八方どちらを見ても砂丘

写真●8—38　ナミビアの道路を牛の群が横切る

写真●8—39（左）　落差五〇〇メートルの断崖絶壁として切れ落ちるフィッシュ・リバー渓谷。

のうねりが続いている。最も高い砂丘は三〇〇メートルにも達しているといわれているが、八〇〇〇万年前にできた世界最古のナミーブ砂漠、そしてこの砂丘群は世界最大で美しいといわれている。私たちは稜線に沿って登ってきたが、下るときには山腹をソッサスフレイの砂原に向かって真っ直ぐに滑り落ちるように、あっという間に下りきった。

アフリカーナーとナマの混血が大多数を占めているレホボスの町へ一気に駆け上がり、標高二〇〇〇メートルの首都ウインドフックまでは九〇キロほどの立派な舗装道路である。ドイツ占領時代に街づくりがなされたので、こじんまりした街の中心部はドイツ風の建物など、昔の面影が強く残っている。植民地時代にできた古典的なコンチネンタル・ホテルに投宿する。

メガン・ビーゼリーが開発計画に取り組んでいるブッシュマン・ランドへ向かう途中、フルートフォンテインの手前から世界最大の隕石があるホバへ寄り道して見物してみる。この隕石は重さ六〇トンと世界一大きなものである上に、その形が滅多に見られない立方体をしており、上面は二メートル九五センチ四方と正方形だが、厚さは五五センチから一二二センチと不揃いである。約八万年前に地球に落ちてきたと推測されており、八二・四パーセントは鉄、一六・四パーセントはニッケル、〇・七六パーセントはコバルト、それに炭素、亜鉛、銅、硫黄、クロム、イリジウム、ゲルマニウム、

ガリウムが含有されているということである。近くのフルートフォンテインの町に着いたのは夕方六時になり、隕石にちなんで名付けられたメテオール・ホテルに投宿する。夕食後バーへ飲みに寄ったら白人はおらず、アフリカ人ばかりが賑やかに飲み交わしていた。

八月七日、四年前に通った道を東にたどり、ツムクウェに一時前に着いて、ゲストハウスにてメガンからのメッセージを受けとる。開発計画の本拠を以前のガウシャから移して、ツムクウェのさらに東へ少し行ったバラカに設けているというので、そこまで行って遅い昼食とする。メガンはそこから南へ五〇キロ入った村にいるというので追いかけていって合流する。もう少し先の小高い丘の上のバオバブの木の根元でキャンプする。

翌日はゆっくりと朝ごはんを食べてから、九時に近くの村人を乗せてボツワナ国境に向かって進み、国境の一キロほど手前で停車して、ここニャエニャエ地域やボツワナ側のドーベ地域で主食となっているモンゴンゴの実を採集する。モンゴンゴの他にストゥリクノスの果実を摘み、レデボウリアの球根を掘り起こす。国境の柵には梯子が掛けてあり、ブッシュマンだけは両国を行き来できるようにしてある。ブッシュマン以外の人間が柵を越えると、足跡を識別され越境を咎められるので、梯子を登らないようにとメガンに注意される。バラカに戻って、開発計画の本部に近い大きなバオバブの根元でキャンプする。メガンは九時ごろには引き上げ、我々は一一時前に寝る。翌九日、午前中はキャンプでゆっくり休み、午後からメガンに案内してもらってニャエニャエ・パンを見にいく。このパンには初めて来たが、すごく大きなパンで一年中水溜まりが残っている。この地域で最も大きな目立つパンなので、その名前をとって、一帯はニャエニャエ地域と呼ばれるようになったのである。クドゥが三頭草を食んでいる。ヘビクイワシ（セクレタリーバード）、フラミンゴ、セイタカシギなどの鳥たちが遊んでいる。

八月一〇日にはバラカのキャンプをたたんでメガンに別れを告げ、一路西へエトーシャ国立公園へ

写真●8—40　世界最大といわれる隕石。重さ六〇トンの立方体。

と向かう。ツメブのホテルで昼ご飯を食べ、公園のゲートを入ってすぐにナムトーニのロッジがあるが満室だったため、キャンプ・サイトにテントを張る。南ア、ナミビアのキャンプ・サイトにはシャワー室やトイレが完備されていて快適である。熱いシャワーを浴びて、ご飯を炊き、味噌汁に鯖の缶詰、野菜サラダなどの夕食。こういう日本食を食べられるのもキャンプならではの醍醐味である。

翌朝ロッジの受付へ行って今夜の空き部屋がないか聞いてみる。このロッジには空きがないが、七五キロ西へ行ったハラリのロッジなら空き部屋があるということなので、今夜の予約をしてテントを撤収する。一日ゆっくりと公園の中をドライブして、象、キリン、クロサイ、シマウマ、大はグレイタークドゥやワイルデビーストから小は貴重な絶滅危惧種であるダマラ・ディクディクに至るまで、様々な羚羊類、そしてもちろんライオンやチーターなどの肉食動物まで、野生動物を堪能する。このナミビア最大の国立公園は、その四分の一の面積がエトーシャ・パンによって占められており、雨季には北方のアンゴラ方面の広大な領域から雨水が流れ込んできて、パンは一面の水浸しとなる。塩分は濃く海水の二倍だという。

一二日にはハラリ・ロッジを出発してナムトーニに戻り、東口から公園を出て北西へ、オヴァンボ・ランドの真ん中を突っ切ってアンゴラ国境のルアカナまで行く。オヴァンボ・ランドの中心地であるオンダングア、オシャカティ周辺はさすがに人口の少ないナミビアでも珍しい人口密集地帯なので、人びとが溢れかえっており、道路の両側にはずっと畑が続いている。ルアカナはアンゴラから流れてきて一年中水が涸れないクネネ川がナミビアに接する地点で一〇〇メートル以上落差のある滝になっており、ここから下流はこの川がアンゴラとナミビアの国境になっている。

ここルアカナから南へ、そして西へ、それぞれ二〇〇キロほどの範囲はカオコランドと呼ばれ、ヘレロから分派したとされるヒンバの人びとが住んでいる。じつは、我々がナミビアへやってきたのは観光だけのためでなく、人類学的目的の一つはブッシュマンを訪ねたことの他に、ほとんど調査され

写真●8―41　ブッシュマンの移動を保障するために、ナミビア―ボツワナ国境の柵に設けられた梯子。ブッシュマン以外の人間が越えると問題になるので、登るのはここまで。

ていないヒンバを予察することにあった。ヘレロもヒンバも同じ言葉を話し、牛を遊牧する人びとであるが、ヘレロがいち早く西洋風の衣装をとり入れ、女性はビクトリア朝のきらびやかなドレスをまとっているのに対し、ヒンバの女性は伝統的な毛皮の衣装を保ち、体中に赤褐色の塗料を塗りつけ化粧をしていて、儀礼などにもヘレロとは違った独特の伝統を作り上げている少数民族である。太田は長らくトゥルカナの研究をしてきたが、今度はヒンバを対象として遊牧民の比較的な調査をしたいと考えているのである。

ルアカナにはダムがあってそこから発電所に水が引かれているので、国境線のところでは水がほとんど流れていなかった。私たちは発電所のすぐ下のカバがたくさんいるヒポ・プールと呼ばれているところにキャンプし、翌日カオコランドの中心の町、オプオまでの一六〇キロを南下した。そこで昼飯を食べながらヒンバの村がある場所について情報を仕入れ、北西に向かってゆっくりと進んでいった。確かに道すがらヒンバの村がいくつか見られ、写真で見るヒンバ女性独特の端正で均整のとれた姿かたちに伝統衣装をまとった様子に魅せられたが、街道沿いの人びとは観光ずれしていて、あまり調査の対象にはしたくない印象をもった。オプオから北西に一五〇キロ、ルアカナからも西へ一五〇キロぐらい下流のクネネ川にエプパ・フォールというなめ滝がかかっていて、その滝が眺められる岸のヤシ林がキャンプ地になっているのでそこにテントを張って野営する。発電所から水が戻ってきて川はたっぷりと流れていた。

翌日はオプオに戻り、探索を進めながらセスフォンテインに向かって南下し、途中の道端でテントを張る。セスフォンテインに着いてから西へ三〇キロほど探索するが、さてどこが調査地として適当なのか、いま一つ判断に苦しむが、あとは来年太田がじっくりと探すことにして、今回の予察はこれで終了ということにする。その日はさらに南下してパームバーグのこじんまりしたロッジで宿泊、明日はずっと南のブランドベルグへブッシュマン壁画を鑑賞しに行く予定である。

写真●8—42　エプパ・フォール。なめ滝の流れるクネネ川岸辺はヤシ林になっていて快適なキャンプ地である。

一九七二年一月に一歳の広樹を負ぶって見てまわった壁画であるが、二一年前の記憶はおぼろげである。山の麓にテントを張って、翌一八日の朝、一時間ほど登って最も有名なホワイト・レディはすぐに見つけるが、女の学校と名付けられたエランドの踊りを描いている壁画を探すのにはだいぶ苦労した。思っていた以上に両者の距離は遠く、それと思しきオーバーハングした岩陰を探しまわってようやく目的の絵画を探し当てた。リアルに描かれ、そしてコイサン人種に特徴的なお尻とおっぱいを強調して描かれた数千年前の芸術は何度見ても見飽きない、感動の代物である。

キャンプしたところまで戻って、車で出発したのが一二時半、ウイスの町のレスト・キャンプで昼食をとってから南南西に道をたどり、ヘンティーズ・ベイの海辺へ出る。ここから北西へ一直線にのびる海岸は、年中濃い霧に包まれて視界がきかないことが多く、昔から霧にまかれて座礁する船が後を絶たないので、スケルトン・コースト（骸骨海岸）と呼ばれて恐れられてきた。南氷洋から流れてくるベンゲラ海流と呼ばれる寒流が四〇度にまで熱せられた大陸に接して霧が発生する。海水温が低いので上昇気流が発達せず、そのために雨が降ることは滅多にない。降雨量より霧による水分（霧水量）の方が多い海岸から四、五〇キロ離れたところには、霧の水分で成長する世にも不思議な裸子植物のキソウテンガイが分布している（第９章参照）。

海岸沿いにしばらく北上するとヨーロッパ人が一四八六年にはじめて南部アフリカで上陸したとされるケープ・クロスの記念碑があり、そこはまたオットセイの繁殖地としても有名で保護区に指定されている。遠くから聞くと羊の群れが鳴き交わしているのかと思われたが、それはオットセイの唸り声であった。柵が設けてあって、群れの中へは入れないようにしてあるが、近づくと浜辺いっぱいにオットセイが寝そべったり、ごそごそと動きまわったりしている。まだ乳を飲んでいる幼獣もたくさんいて、中にはジャッカルの餌食になってかみ殺され、半分食いちぎられたものも見える。海の中に飛びこんで餌の魚を漁りながら泳いでいるものもたくさん見られた。何万頭もの獣が発する匂いは堪

写真●8―43　ホワイト・レディと名づけられた壁画。白人かと思わせる白い脚、手にはコップのようなものをもっている。

らぬほどで、一時間ほど見物してから、さらに北上し、海岸のキャンプ・サイトでテントを張る。

前日テントを張っていた頃から霧がかかってきて星も見えなくなっていたが、今朝になっても霧が深くうす暗い。テントも何もかもびっしょりと濡れている。滅多に降らない砂漠の雨量より霧水量の方が多いというのを実感させられる経験であった。スケルトン・コースト・パークのゲートで入場料を払い、一六キロ行ったところの海岸には難破船が打ち上げられていていた。何年前に座礁したのであろうか、ずいぶんと古いもののようである。公園の北の端に近いテラス・ベイまで行き、レストランで昼ご飯を食べてから引き返す。ようやく晴れ間が見えたり霧がかかったりしながら、高速道路のような良い道をバンバン飛ばしてスワコップムントまで南下し、久しぶりに都会の三つ星の宿、ハンザ・ホテルに投宿する。新鮮な海鮮料理は久しぶりで舌鼓をうつ。

翌日は朝のうちゆっくりと海岸を散歩し、ドイツ風の建物の多い街並みを見物したりしてから、一時に出発、ウインドフックへ向かう。町の中心からはちょっと離れた近代的なコンクリート造り二階建てのホテル・サファリにチェックインして二泊し、休養をとる。

八月二一日七時前に朝食、八時に出発して正午前にボツワナとの国境にさしかかり、出国手続きを終えてボツワナ側の検問へ、そこで入国手続きをして国境を無事通過する。ハンシーのカラハリ・アームズ・ホテルに一泊して、二二日にわが第二の故郷ともいえるカデに向かった。カデにはこのとき中川、大野の二人が言語学調査をおこなっていたので、隣にテントを張って二晩を過ごす。カデに着いた晩から強い風が吹き荒れ、次の日の夕方までやまない。冬の終わりのこの時期には強い東風が吹き荒れることがよくあり、いよいよ短い一瞬の春の訪れとなる。風の中を八キロ東に住むノアアヤのキャンプを訪れ、罠の見まわりなどをするが、残念ながら獲物はかかっていなかった。

翌日は午前中に、ダオグーとトーノーに井戸からほど近いところで矢毒にするための甲虫の幼虫を掘り出してもらって、矢に塗りつける実演をやってもらう。幼虫の頭部をちぎって体液を直に矢じり

写真●8─44　首都ウインドフックに次ぐナミビア第二の都市スワコップムント。ドイツ植民時代の面影が濃く残っている。

に塗りつけることもあるが、粘性を増すために常緑の中木ボスキア（*Boscia albitrunca*）や落葉樹で雨のあとにはきれいな紫色の花を咲かせ大木になるロンコカルプス（*Lonchocarpus nelsii*）などの樹皮をしぼった汁で練り合わせて塗ることもある。焚火で炙って乾かし、毒矢は出来上がりとなり、一昔前までは男は三本から五本これをハンティング・バッグに入れて持ち歩いていたものである。騎馬猟の時代になって、弓矢も民芸品として売るために作られるだけとなり、毒矢を作って持ち歩くというのも昔話となりつつある。

トウモロコシ粉の練り粥とシチューのカラハリ定食で腹ごしらえをして、午後はハンシーへ戻る。カラハリ・アームズ・ホテルで晩飯にしようとしているところへ、日本人の女性が二人受付でチェックインしていた。ガーナで二年間、青年海外協力隊員として働いたあと、リュックサックを担いでヒッチハイクしながら、ジンバブウェの首都ハラレからビクトリア・フォールを見てナタ、マウン経由ハンシーにたどり着いたということだ。これからナミビアへ行き、ヨハネスバーグをまわってハラレに戻り、それから帰国するということであった。日本の女性たちも逞しくなったものである。

翌二五日、マウンまで走って、その日はゆっくりした午後を過ごし、二六日は伊谷さん夫妻のボツワナ滞在最後の日となるので、朝のうちにオカバンゴ・スワンプの末端部までバード・ウォッチングに出かける。ナミーブ砂漠やカラハリ半砂漠では見られない多くの水鳥が沼沢地の岸辺で遊んでいるのをたっぷり楽しんでもらって、マウンに引き返し、小さな空港まで送っていってお別れをした。太田と私はこのあとモレミ動物保護区、チョーベ国立公園、ビクトリア・フォールと見てまわって、ブラワヨからフランシスタウンに戻り、ハボローネ、ヨハネスバーグへ、そして九月三日帰国の途についた。

写真●8―45　スケルトン・コーストの難破船。年中濃い霧に包まれて視界がきかないことが多く、昔から霧にまかれて座礁する船が後を絶たない。

■アフリカ人類学百科　14

〝未開〟を洗い流す近代化の波──南北問題と研究者の立ち位置

アフリカ大陸には、氷原こそないが、雪をいただく高山や山地林があり、南北両端に地中海性叢林帯、大陸西側の赤道帯を中心として広がる熱帯雨林帯、さらにこの熱帯雨林帯から北、東、南方向へと同心円的にサバンナ帯、そして砂漠へと、果てしなく大平原が広がっている。この巨大でしかも変化に富んだ大陸のそれぞれの自然環境では、それに対応する多様な人びとの生活と文化が展開される。人びとの生活は、大きく、農耕、牧畜、狩猟・採集、漁労、そして都市の生活様式に分けられるが、アフリカ大陸には古くからそのすべてが見られ、そして現在も存続している。

本書でも何度か述べたように、七〇〇万年に及ぶ人類の歴史はアフリカ大陸で始まったと考えられているが、その九九・八パーセントの期間は、狩猟採集生活によって成り立ってきた。人類は歴史の最後の一万年目に入って、農耕や牧畜の生産手段を発明した。そして、狩猟採集による停滞的な時代に比べれば、農耕や牧畜による、いわゆる食料生産革命によって、人類の生活は急激に変化をきたした。生産は飛躍的に増大し、人口が急増し、社会は急速に大さく複雑なものとなり、生活のすべての面において変化が生まれ、多様化が進んだのである。

▼1　崩壊した伝統的農耕・牧畜社会

アフリカの農耕は基本的に焼き畑に依存している。これは森や林を伐採し、数ヵ月間放置して乾燥させてから火をつけて焼き払い、そのあとに作物を栽培する方式である。焼き畑農耕は施肥をおこなわないので短期間に地力を衰えさせ、そのため、数年後にはもとの畑を放棄して新しい森林に移らなければならず、広大な土地を必要とする。

この農耕を基礎として、農業社会は、村、村連合、首長国、王国へと発達してきたが、その文明の伝統は、一六世紀以来の三〇〇年にもわたる奴隷貿易の時代、およびそれに続く植民地時代の影響を受けて、大きく変形を余儀なくされた。

熱帯地域の気候・風土が白人の定着に不向きなところでは、ヨーロッパ人は商人として伝統的農村の生産物の流通に関与するにとどまり、小農民たちが、コーヒー、カカオ、綿花、ラッカセイなどの換金作物を栽培していった。これに対して、気候が温帯性でヨーロッパ人の入植に適していた高原地帯などでは、移民企業家による生産が活発におこなわれ、地元民を強制的に労働力化していった。そこではトウモロコシ、ブドウ、コーヒー、茶、サトウキビ、タバコ、サイザル麻などの集約農業が、輸出用としておこなわれた。金、ダイヤモンド、銅などの鉱山開発もこの系列に入れて考えてよい。

基本的に村落共同体単位の生活を送り、自給自足を基礎としていたアフリカの農耕民たちは、現金経済の浸透とそれに伴う消費物資の流入、商品作物の栽培化、大農場の進出などにより、経済的にも大きく変革を余儀なくされた。プランテーション農場や鉱山の労働者となったり、都会地へ出稼ぎに行ったりする、いわゆる向都離村の傾向がますます大きくなって、伝統的部族生活の維持はもはや困難になっている。

牧畜社会についても同様の傾向がみられるが、牧畜が遠隔地のより乾燥した地域に適応した生活様式で、近代化の影響が及びにくかったことに加えて、牧畜民自体が強く伝統的生活様式を守ろうとする保守的な一面をもつために、彼らの生活・文化は比較的よく維持されてきたといえる。しかし、ソマリアやモーリタニアのように人口の七〇パーセントが牧畜民という国がある一方で、マリ三〇パーセント、チャド五〇パーセント、スーダン二二パーセント、ケニア一二パーセントと、牧畜民の数は徐々に減少しつつあり、アフリカ全体ではわずかに五パーセントという推定がなされている。牧畜という生活様式自体が衰退しつつあるのは、全世界的な傾向といってもよいだろう。

▼2　最後の〝未開〟に押し寄せる近代化

狩猟採集民は、カラハリ砂漠のブッシュマンやイトゥリ森林のピグミーがまとまった人口をもっているのを除けば、タンザニアのエヤシ湖畔のハッザやケニアの山岳地帯のドロボなど、一〇〇〇人内外の少人数のものを加えても、全部で約一五万人が数えられるにすぎない。これらの人びともまた、周辺の農耕、牧畜文化、さらには外来の近代文明の浸透によって、急速にその伝統的生活様式を変化させせようとしているということは、第7章、8章等で詳しく書いたところである。ブッシュマンの場合、一連の政府施策によって、町から一五〇キロメートルも離れたところで、半径五〇キロの範囲を数週間ごとに移動していた人びとが、井戸を中心として定住するようになってきた。これらの人びとを引きつける最大の誘因となったのは、恒常的な飲料水の供給であったが、学校教育や診療活動の開始も、また、定住化を促進する大きな要因であったと思われる。遠くの町や村へ交易に出かけたときに、彼らの目に映った学校や病院や商店は、とりもなおさず外部の異なる世界を象徴するものだったのである。人びとが学校教育の意義をどこまで理解し、そこに何を期待したのかはわからないが、少なくとも垣間見てきた外部世界への道程として、漠然とながら学校教育の必要性を感じとっていたようである。しかし、より直接的には、学童のための食糧の配給が、大人も含め全員の大きな関心事であったことも事実である。

こうして井戸の周囲に、彼らがいままで経験したこともない、膨大な数の人びとが集合することになり、突如として異様な大集落が出来上がった。一九八二年一二月で、その数は三三〇人となり、その後の干ばつに対する食糧配給の影響もあって、一九八四年末には五三〇人にまで膨れ上がったのである。

しかし、一ヵ所に人口が集中した結果、食生活の八〇パーセントを依存していた植物性食物はたちまちにして払底し、人びとはもっぱら救援物資に頼らねばならなくなった。狩猟そのものも、弓矢を主とする個人単位の狩猟から、馬やロバを利用した集団による遠距離猟へと変わった。猟場が遠くなったことにより、馬やロバの機動力が著しく重要なものとなったからである。

食料獲得のシステムが大きく変化するにつれて、伝統社会の成立基盤であった互恵制の原理もまた徐々に崩壊しつつある。建設工事に伴う多数の工事人夫の流入も、彼らの経済を混乱させる大きな要因となった。馬、ロバ、衣類、砂糖、酒などかつてはなかった生活物資の増大が、労働とその生産物の質的転換を要求し、平等分配の原理に代わって現金経済の原理が浸透しようとしている。

▼3　平等主義の崩壊過程

すでに述べたように、狩猟法が変わっても捕獲量自体には大きな変化が見られない。ここで明らかな変化が見られるのは消費体系である。かつて弓矢猟によって約五〇人の集団に一ヵ月

写真●1　ブッシュマンの伝統的な狩りは急速に変化し、弓矢を主とする個人単位の狩猟から、馬やロバを使った集団による遠距離猟に変わった（撮影：菅原和孝）。

平均一頭の割合でもたらされた肉は、一両日中に消費され、乾燥貯蔵しておく暇もなかったものである。騎馬猟では一回に四、五頭分の乾燥肉がもたらされるようになり、そのかなりの部分が、工事関係や政府関係などの外来者に売却されるようになった。肉は現金収入のための商品としての価値を帯びるようになったのである。

　ブッシュマンの社会では、獲物の所有権は猟具の所有者にあり、したがって、かつて矢の所有者がもっていた獲物の所有権は、騎馬猟においては馬の持主に帰することになった。かつて矢は誰もが作れたものであり、したがって誰もが獲物の所有者となりえたが、いまは特定の馬の持主に限られることになった。不平等の原理がこうした形でもちこまれることになったのである。馬に限らず、布地や砂糖など現金で買い求めたもの、つまり本来ブッシュマン社会に存在しなかった他の世界のものは、所有や分配に関する伝統的な共同規範の体系から外れたものだという認識も急速に高まりつつある。だから、現金で購入した馬により得た肉は特別なものであり、本来の分配のルールに乗せる必要はないのだという考えを一方ではもちながら、他方では、あるものは一人占めせず、分け合って消費すべきだとする昔からの不文律が根強くある。この二つのイデオロギーの葛藤は、所有者の側にも分配を期待する側にも等しく見られ、現実の消費の過程でしばしば顔をのぞかせる。

　集住の在り方にしても、集まってきた人びとは、決してでたらめに混じり合うことはせず、移動生活当時の居住集団の単位を基本的に維持し続けている。人びとは努めて自分たちの集団内部でのみ日常の生活を完結させようとしており、従来の統治者なき平等社会の原則で、いけるところまではやっていこうとしているようにも思える。伝統の枠組みと価値観は、諸変化のなかで最も変わりにくいものなのであろうか。

▼4　ものと心のはざまで

　先行するものの文化の一方的流入に対し、受け入れる側の精神的対応の遅延がさまざまな場面で問題となる。極端な例は飲

写真● 2　弓や槍、皮袋などの伝統的な道具を、土産物としてハンシー・クラフト社に売って、現金を得る。

酒とそのあげくの暴力沙汰である。昨今、世界的に大きな話題を呼んでいる飢餓救済にしても多くの難問を抱えている。第三世界の飢餓を国際政治経済の中で構造的に捉えるべきだとする根本的な議論については、ここで取り扱う余裕はない。

私の調査地では、食糧配給後一ヵ月間まったく狩りにも出かけず、配給のトウモロコシで暮らしていた例があるし、別の地の農耕村落では救援物資が配給されるようになったため耕作を放棄してしまった例が各地に見られるという。善意の救援事業が、かえって自立心と勤労意欲を削ぐ結果を招きかねないこともしばしば指摘されるところである。

ものを与えさえすればよいという安易な発想でなく、それぞれの土地の生活構造と社会体制に見合った援助の形が真剣に検討されるべきである。

内外の諸要因の変化に対して、人々はしたたかに、かつ柔軟に対処し、選択的な受容と再統合を果たしていく。だが、自然の中に完全に溶けこんで調和していたかつての適応的な生活様式を全面的に否定した改変には、あまりにも多くの問題が含まれていることを肝に銘じておく必要があるだろう。

▼5　南北問題の縮図としてのアフリカ

それにしても、こうした近代化に伴なって、アフリカの人びとが遭遇している数多くの難問は、根本的には一九世紀の植民地支配の時代から引き続きこの大陸がつきつけられてきたものである。伝統的な生活様式とこの生活を支えてきた社会のあり方を否定する形で進められてきた、西欧近代主義と国家主義の押しつけがもたらしたさまざまな矛盾が、各地で火を噴いたといっても過言ではない。

長い奴隷貿易と植民地支配の時代を脱して、新生アフリカ諸国がぞくぞくと独立を達成した一九六〇年は「アフリカの年」ともてはやされ、アフリカ中が希望に満ち満ちていた時代であった。だが、それ以降、国際社会に華々しく登場したアフリカ諸国は、同時に世界経済の荒波に直接巻きこまれざるをえなかった。国内的には国民形成が急がれたが、伝統文化に支えられた各民族の慣習や社会体制とは相容れない部分も多く、民族間の軋轢も深刻化した。冷戦構造のはざまにあって、経済は伸び悩み、内戦や地域紛争も頻発した。

深刻な飢餓が問題になった一九八〇年代は、アフリカにとっての「失われた一〇年間」といわれた。八〇年代のアフリカの飢餓は、史上最大規模といわれる大旱魃が直接のひきがねとなったことは事実である。しかし、ことはそれほど単純なものではなく、単に自然現象によってのみ説明できるものではない。物質文明や現金経済の急速な浸透、換金作物栽培による自給用穀物生産の圧迫、医療の普及に伴う乳幼児死亡率の低下と人口急増、遊牧民の定着化政策、都市への人口集中と都市環境の悪化、大規模農業経営による環境の劣化と社会の階層化・富の偏在、北側文明世界による資源の収奪等々、急膨張を続ける現代文明世界が抱える数々の矛盾が凝縮し、この大陸を舞台に旱魃をきっかけとして一挙に噴出したといって間違いない。猛烈な勢いで進む近代化の流れは、長い伝統に支えられ、調和を保っていたアフリカの自然と人間の関係を急速に撹乱してしまったのである。さらには、東欧の民主化、ソ連邦の消滅は、東西冷戦構造によって保たれていた四〇年来のバランスを崩し、南北問題を一挙に際立たせ、さらに激化させ、第三世界を一層の苦境に追い込むこととなった。

ヨーロッパ近代主義の流れに沿って開発、発展を目指してきた従来の第三世界発展のパラダイムが破綻をきたしていることはすでに明らかである。地域の実情に即した個々の問題に対処しうる新しいパラダイムの創出が求められているのである。

人間は、生物界の一員として、生活地域の自然とは切っても切れない関係をもって生活を営んできたし、またその関係は、ヒトが生物種の一つであるかぎり、未来においても変わりようのないものである。もしも、文明社会のみは自然を逸脱し、自己繁栄を誇りうると考えるならば、それは明らかに誤った考えである。南北問題に象徴的に示されるごとく、現代世界の中で私たちがとり結ぶようになった関係は、地球規模にまで拡大されたにすぎないからである。

いずれにせよ、自然に支えられてしか生きようのない人類の本質を再確認することが先決である。そして、アフリカの大地で、長く培われてきた自然と人間の強い結びつきを、ほおっておけば遠からず消滅してしまうであろう貴重な文化的営為の中に、謙虚に学びとり、未来の文明の再構築のための糧としてとり込んでゆく姿勢が、少なくとも第三世界をフィールドとする研究者には要求されているのである。

第9章　ナミビア東北端からヒンバの地、そして帝国の残影を見る

世界最古のナミーブ砂漠
砂丘も世界一大きく、300m の高度をもつ。

1　カオコランド

一九九四年は、一一月一日に出発してシンガポール経由ヨハネスバーグに二日早朝の五時半に着き、三時間待ちでハボローネへ、さらにマウン行に乗り継いで一〇時四〇分にマウン空港に到着した。これでアフリカへの旅は一八回目になるが、時差七時間を加算したとしても、京都を出発して翌日のうちにカラハリの町まで着いたのは、初めてのことである。トヨタから借り出しているハイラックス・トラック三台は菅原、大崎、中川、大野、今村の五人が七月から使ってカデに入っているので、私はマウンまで飛行機で飛び、そこへ大崎、今村が迎えにきてくれることになっていた。今回は、フランシスタウンへの道路の途中のナタから北上してボツワナ、ジンバブウェ、ザンビア、ナミビアと四ヵ国の接点であるカズングラまで行き、チョーベ国立公園の北辺をかすめてンゴマ・ブリッジで国境を越え、ナミビア東北端のカプリビ・ストリップへ入ろうという計画であった。

三日、四日と銀行で換金、旅行用の装備、食料などの買い物で費やし、五日の朝マウンの町はずれのホテル・セディアを出発、ナタでガソリンを補給してカサネへ、そしてすぐ近くのチョーベ・ゲーム・ロッジに投宿する。チョーベ国立公園や道路に隣接するジンバブウェ側のワンゲ国立公園は象の多いことで有名であるが、その言葉どおりカサネの三〇キロ手前で、公園から出てきて幹線道路を横切る象の群れに出会った。四ヵ国の接点になっているカズングラの国境はカサネの町から目と鼻の先である。

カプリビ・ストリップは、地図を見れば明らかなように、ナミビア北東部のボツワナとの国境が、北端の五〇キロの区間切れ込んでカズングラまで五〇〇キロ近く東へ帯状に入りこんでいて奇妙な形

図●9—1（左）南部アフリカ概念図

をなしている。この地域はザンベジ川、ルイアナ川、クイト川、オカバンゴ川と多くの川が入りこんでいて、まわりのサバンナ、半砂漠地帯と異なり、水利に恵まれて地味もよい農耕適地が多いという経済的な理由もあるが、じつは、南ア白人政権が南西アフリカ（現ナミビア）を統治していた時代、南ローデシア（現ジンバブウェ）と提携し、ボツワナをとり囲んで北方のザンビア、アンゴラのいわゆるブラック・アフリカの勢力が南下するのを食い止めるために政治的に作られた国境線なのであった（図9―1）。

　ンゴマ・ブリッジを渡ってザンビア国境の町カティマ・ムリロまでの一〇〇キロほどの街道沿いには、ほとんど途切れることなく村が点在しており、大きなトウモロコシ畑があちこちにある。何年かおきに移動してまわる焼畑耕作をやっているようである。植生はジャケツイバラ亜科のモパネを優占種とするウッドランドである。

　一一月七日、カティマ・ムリロのキャンプ・サイトから三〇〇キロの行程をオカバンゴ川に向かう。一〇〇キロほど行ったコンゴーラという小さな町でルイアナ川を越し、ここから西へオカバンゴ川までがカプリビ動物公園である。公園に入るとモパネはなくなり、モンゴンゴ

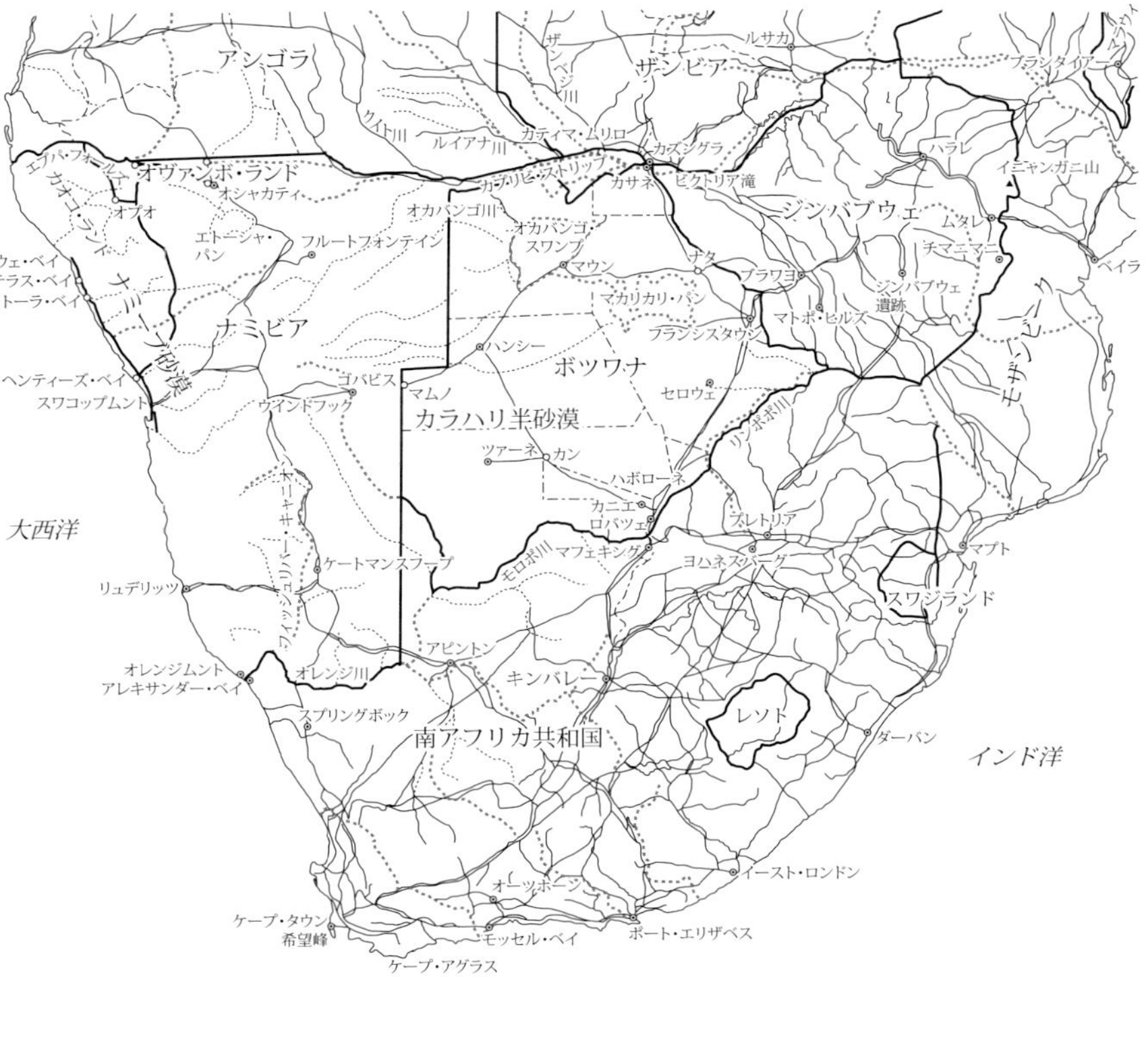

の林があらわれる。公園に指定されているだけあって、林はよく保存されているが、動物公園という名に反して動物はまったく見られなかった。午後三時半にオカバンゴ川に着き、ロッジで尋ねて数キロ下流のキャンプ・サイトまで行ってテントを張る。この川はまもなくボツワナへと流れ込んでいってシャカウエの町を過ぎたあと、オカバンゴ・スワンプとなってマウンのあたりで砂の中に吸いこまれ、消滅する。

ここからはアンゴラとの国境ともなっているオカバンゴ川に沿ってひたすら西へと進んでいく。ルンドゥの町のポルトガル・レストランで昼飯とするが、アンゴラはモザンビークとともにポルトガルの植民地だったのでいまもなおポルトガル人が多く、国境のこちら側に来て商売をしている人も結構いるのであろう。ルンドゥから西へ四〇キロほどのところでモンゴンゴ林の木陰でテントを張る。オカバンゴ川沿いは水利がよいので村がずっと続いていて、畑も多い。ルンドゥの近辺には白人が経営する大きな農場もあり、大型の機械仕かけのスプリンクラーで畑に散水している光景も見られた。一〇〇キロほどで北西から流れてくるオカバンゴ川から離れると、まもなく村は疎らになり、モンゴンゴの木もなくなった。

ナミビアからアンゴラへ行く主要道路上に国境の町オシカンゴがあるが、その手前五〇キロあたりから人口の密集するオヴァンボ・ランドに入り、景観は一変する。モンゴンゴに代わってモパネの林となるが、木々の多くは切り払われてトウモロコシやソルガムの畑が広がっている。アンゴラへの国境まで行ってみるが、検問所はテントを張って滅多に行き来することのない旅行者をチェックしているばかりであった。ここから五〇キロほど南へ下ると、オヴァンボ・ランドの中心商業都市オンダングアであり、これより西へカオコランドのオプオまでは前年伊谷さんたちと一緒に通ったルートである。テント生活をしながらはるばる旅行してきた身には、オシャカティのこぎれいなサントリーニ・ホテルの温かいシャワーに柔らかいベッドは天国であった。

写真●9—1（左上）カティマ・ムリロまでの街道。カプリビ・ストリップの林の中を行く。対岸はザンビアの疎開林。

写真●9—2（左下）カオコランド。ヒンバの女性と吉村郊子。

クネネ川に近いルアカナの町にあるゲストハウスで一泊し、一一日にオプオを経由してさらに西へ五〇キロ近く走ると、道端にかすかに文字が見える小さな道標があって、そこを左折して涸沢沿いに南下すると一六キロほどで太田が調査しているオンゴンゴの町がある。学校の建物が見えたので、そこにいた女の先生に太田の居所を尋ねる。一〇〇メートルほど下流の川岸のモパネ林の木立の中に太田はテントを張って暮らしていた。彼は七月からやってきてオプオ周辺でヒンバの調査地をあちこち探査した結果、この町を選んで集落のはずれにキャンプを構えたのである。オプオで買ってきた鶏肉で久しぶりに本格的カレーを作って皆で乾杯する。

翌日は集落の横にある丘に登って周りを見晴らしてみるが、モパネが

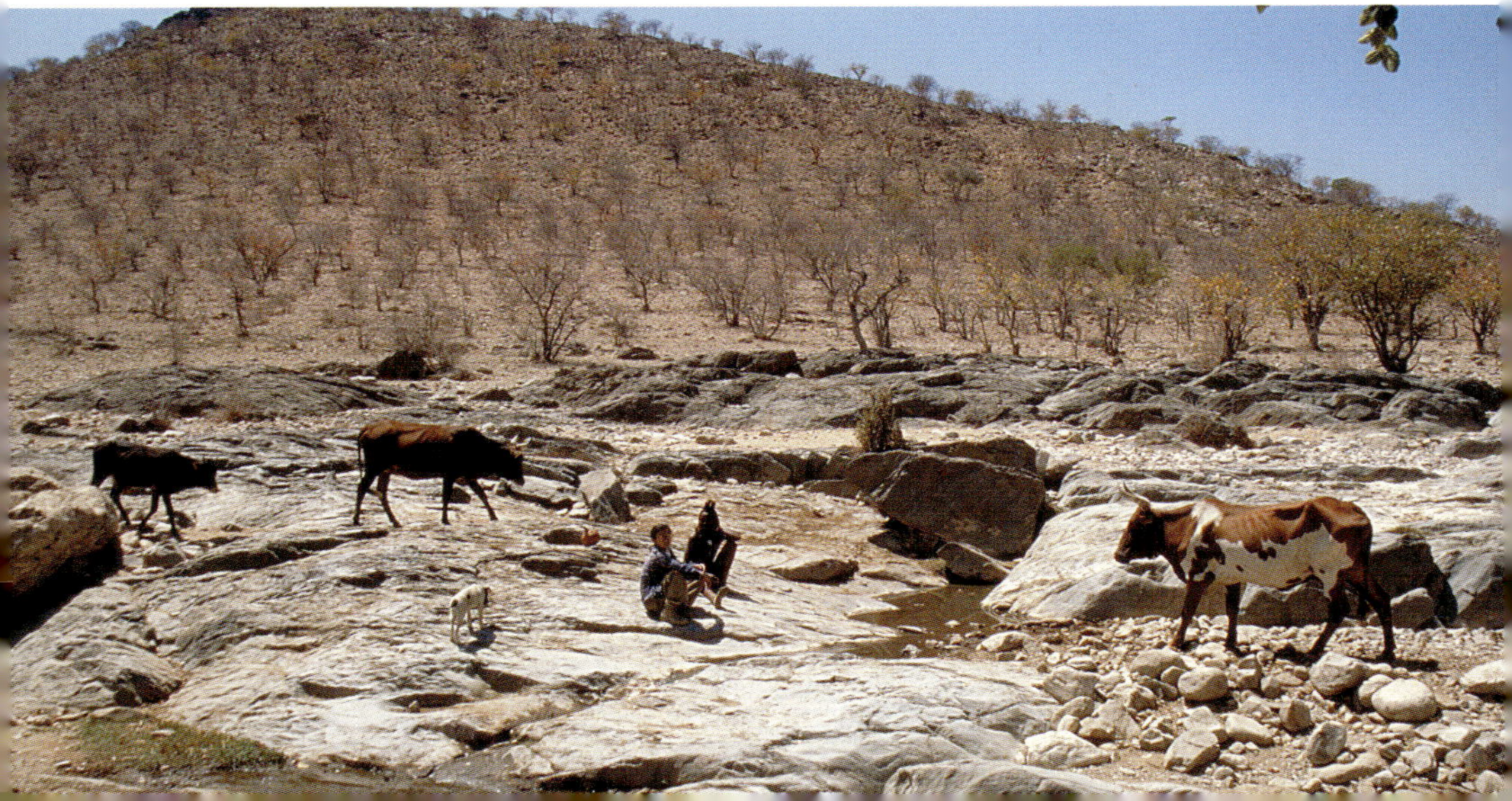

疎らに生えた叢林はどこを見渡しても荒涼とした大地であり、そうした地にポツリポツリと牛を遊牧するヒンバが暮らしているようである。太田に案内してもらってヒンバ独特の謂れのある墓を見にいく。墓にはモパネの幹が束ねて置かれてあり、「聖なる火」なるものが焚かれるのだという。[*文献121] 今日は曇っていて涼しく過ごしやすいので、午後はのんびりと寝転がったりして過ごす。太田はヘレロ語の辞書を片手に言葉の習得に励んでいる。

オプオを県庁所在地とするカオコランドには太田が調査対象としているヒンバと起源を同じくする

写真●9—3 カオコランドには、ヒンバと起源を同じくするヘレロが住んでいる。両民族は同じヘレロ語を話し、たがいに類縁であることを認識しているが、ヘレロはいち早く洋服をとり入れ、ヒンバの方は伝統的な毛皮の衣装をまとっていて、カオコランドにとり残された格好になっている。

文献121 太田 二〇〇一

ヘレロが住んでいる。ヘレロの中心的な居住地域はナミビアの中央部から東部であり、カオコランドはむしろ辺境の地だということができる。両民族は同じヘレロ語を話し、たがいに類縁であることを認識しているが、ヘレロはいち早く洋服をとり入れ、ヒンバの方は伝統的な毛皮の衣装をまとっていて、カオコランドにとり残された格好になっている。最初にこの地方に入りこんできたポルトガル人の記録によれば、彼らの原集団は一六世紀の中頃から後半にかけてアンゴラからカオコランドに南下してきたといわれている。一八世紀の中頃には一部がさらにナミビア中央部に進出してヨーロッパ人などと接触するようになり、キリスト教や物質文化をしだいに採りいれていった。この人びとの子孫が現在のヘレロの中核をなしているのである。ヒンバはこのカオコランドを中心として、クネネ川北側のアンゴラ南部にかけて、七〇〇〇人から一万一〇〇〇人が暮らしているといわれている。

一三日、太田から教えてもらって、まずオプオまで戻り、そこから南西へカオコ・オタビまで四〇キロほど、さらにそこからは西へ一四〇キロばかりヒンバとヘレロの地を横断してオルペンベへと駆けぬける。カオコ・オタビから七五キロはホアルシブ川に沿って下っていくが、オムタティで南西へと大西洋に向かう川を横切ってからはちょっとした山道の上り下りとなる。峠の上で昼食をとり、下っていってクミブ川に達すると道はよくなって一〇キロほどでオルペンベに至る。ここには風車がポツンとあって、その昔ドイツ人がこの河原の草原で牧場を経営していた跡である。ここから西は荒涼とした平原で、まもなく大西洋岸まで五〇キロほど続くナミーブ砂漠となる。このあたりの川はどれも普段はまったく水の流れない涸沢であるが、稀にカオコランドの山並みに雨が降ったときには濁流が押し寄せてきて川幅いっぱいの洪水となる。だから、良い天気のときでも決して川床ではキャンプをしないことがここでは鉄則である。私たちはオルペンベから南へと道をたどり、少し小高くなった礫砂漠の頂きになだらかなところを見つけて石ころをよけ、なんとか三張りのテントを設営する。大西洋からの南西風がまともに吹きつけてくるので、少々肌寒く長袖のシャツを着こんで夕食とする。

写真●9―4　ヒンバの女性たち。

翌日今度は南東へと向きを変えてナミーブ砂漠の東縁を進み、ホアルシブ川の下流のプロスで川を逆に横切ってセスフォンテインにたどり着く。セスフォンテインから先は昨年も通った道なので一気に南へと下り、パームバーグのバンガローに転がりこんで一息ついた。前年には気づかなかったが、付近には象の糞がたくさん転がっている。こんな乾いたところに棲んでいる砂漠象は餌になる草と飲み水を確保するのに苦労しているだろうと思われる。一五日はトゥイフェルフォンテインに行って壁画見学とするが、一九七二年に行ったときには全く人けのない広漠と寂しい場所で空恐ろしい思いをしたのに、今は管理事務所が置かれ、見物客が何組もいて賑わっていた。グループごとにガイドが付き添って、主だった壁画、刻画を案内してくれる。二〇年の歳月のうちに、この遠隔の無人地帯もすっかり観光の名所となり、ナミビアの観光産業の発展ぶりに驚かされた。

珪化木の森を通りがかりに見てから、コリハスのレスト・キャンプに着いてチェックインする。立派なバンガローとレストランがあり、大きなプールも付設されている。ここで一泊したのち、きれいな舗装道路を南へ快走してヘンティーズ・ベイで大西洋岸に出る。せっかくここまで来たのだからスケルトン・コーストを一瞥しようとケープ・クロスまで北上するが、今年は赤潮のためオットセイが激減しているとのこと、確かにあの何万頭もいた前年冬の状況とは異なっていた。真夏だというのに寒流のために空気は冷たく肌寒い。早々に引き返してスワコップムントに三時半ごろ到着、昨年と同じハンザ・ホテルにチェックイン、二泊してゆっくりとドイツ風に作られた町を見物し、博物館に足を運ぶ。

一八日、遅めにホテルを引き払い、ウインドフックに向かって走行する。コンチネンタル・ホテルにチェックインして首都の街中を散策する。夕方ひと風呂浴びようかと思っているところへ予定通りウインドフックに帰り着いた太田から電話があり、七時に集合して町はずれの中華料理店に行くことにする。太田とは帰国する日までしばしの別れとなるのでホテルのバーで一一時まで飲みながら談笑

写真●9―5　かつては不気味なほどの無人の荒涼たる荒野だったトゥイフェルフォンテインの壁画遺跡も、観光バスが来るような場所になっていた。

する。彼は翌日ヨハネスバーグへと帰国の途につき、私たち三人はもうしばらく観光がてら休養してからボツワナへ向かう。

二一日、六時に目が覚め、七時に朝食、そして八時に出発して一路ハンシーを目指して東に向かう。正午過ぎに国境を通過し、午後四時ごろにハンシー着、カラハリ・アームズ・ホテルにチェックイン、そしてこちらも予定通りカデのフィールドから出てきて帰国の途次にある菅原と会ってお互いの旅の無事を祝ってビールで乾杯する。

2　ジンバブウェを探訪する

一一月二二日から二八日までの一週間だけをカデで過ごしたが、大崎、今村に七月から調査を続けている中川を加えてここでのメンバーは四人である。トーノーに民話の新しいのはないかと訊くが、「今のところ何もない、年寄りから知らなかった話を仕入れたら教えてあげるよ」という返事であった。

大崎がハンシーの白人農場主から聞いてきたのだというが、カデのあたりにも昔使っていた落とし穴があるという。トーノーが年寄りから聞いているところでは、その穴は昔ガマ（神さま）が作ったもので、穴の底に先を尖らせた杭を立てておき、木や枝を差しわたしその上を草で覆って穴が見えないように隠し、灌木をまわりに差しこんで動物を誘導し、獲物が落ち込んで尖った杭に刺さるように仕かけたのだという。そんな話を聞いて、トーノーに案内してもらって穴のある場所へ連れていってもらう。ゼロホナムからモラポを少し南西に行ったところに、それはあった。石灰岩の地面に長径六メートル×短径三・五メートルほどの大きな楕円形の穴が開いており、確かにそれは人の手で掘れる

写真●9―6　カデの落とし穴

ような代物ではなかった。木や枝で覆うには大きくて苦労しただろうが、罠の仕掛けを作ろうと思えばできないことはないだろう。昔は小枝の先に骨を削って作った矢尻を取りつけて拵えたであろう毒矢で動物を射止めるのは難しかったろうから、こんな落とし穴も使われたのだろうと思われた。

短いカデ訪問の後、二八日にハンシーに引き上げて、二九日にマウン、三〇日にフランシスタウンとゆっくりしたペースで東へ移動する。それというのもこの町のタパマ・ロッジでこれからカデへと調査に入る野中と落ち合うことになっていたからである。これからカラハリは雨季になって昆虫が活発に活動するので、ブッシュマンの昆虫利用を研究している野中にとっては好適な季節となるのである。ホテルに着いてフロントでチェックインしているところへ野中が電話してくる。夕飯を食べながらゆっくりと情報交換し、九時に別れて部屋に戻る。翌一二月一日、朝食の後、打ち合わせをしてから野中と別れ、いよいよジンバブウェ探訪の旅に出発する。

この日はブラワヨの町はずれのレスト・キャンプにあるバンガローに泊まり、翌日は首都ハラレに向かって北東へと道をたどる。ジンバブウェの道路もきれいに舗装されていて、南アと変わらず走りやすい。景観はモパネを主体としたミオンボ・ウッドランドで、乾ききり、荒涼たるカラハリ、ナミーブの叢林や砂漠ばかり見慣れてきた身には、緑が濃く心癒される思いがする。川をいくつも横切るが水の流れているものもある。道の両側には人家が散在し、畑もよく耕されている。こういう田園風景を見ると故郷の田舎に帰ったようで気分が安らぐのはやはり日本人だからなんだなと思う。快適なドライブを楽しみながら走行していたのだが、前方に車が斜めになって道端に突っ込んでいるのが見え、慌ててスピードを落として近づいてゆく。立派なメルセデス・ベンツが牛にぶつかったのであった。牛はひっくり返って死んでいたが、ベンツの方も車の前部がひしゃげて大破である。おそらく一五〇キロ以上の猛スピードで走っていて牛が道路に出てきたのを避けきれなかったのであろう。運転手や同乗者はどうしたのであろうか。病院へ運ばれたあとだったのであろう。野次馬が少したむろしているだけであった。

ハラレの街なかの一流ホテルに飛びこみで一夜の宿を頼むが、幸い空き部屋があった。この時代、ジンバブウェ・ドルはたいへん安いレートで買えたので、物価は南ア、ボツワナなどより格段に安く、上等のホテルに泊まっても安上がりで済み、旅行するには助かった。翌日はモザンビーク国境の町ムタレに向かう道路を東南に進み、二〇〇キロほど行ったルサペで左折してニャンガ国立公園へと東に向かう道に入る。モザンビークとの国境はこのあたりでは二〇〇〇メートル前後の山稜になっているので、ニャンガに近づいていくと山道となり、針葉樹の植林地帯が広がっているところもある。ここは南部アフリカでも有数の木材生産地なのである。国立公園の中に入って、国営のロッジに二泊宿泊する。向かいにはローデス・ホテルというのもあるが、食材を買ってきて好きなものを料理して食べるには台所つきのロッジの方が快適である。

一二月四日、国立公園の中を地図と道標を頼りにドライブする。公園の東端にある最高峰イニャンガニ山は標高二五九二メートルもあって樹林限界を超えているが、中腹の斜面には木性シダがあり、ジャイアント・セネシオのような高山性の植物が生えていたりして亜熱帯の山の気分を楽しめる。日本で見るのと同じようなワラビがあるので三〇本ほど摘んで帰る。午後は北の方に二〇キロほど行って、昔の村の跡を見学する。広い範囲に村と石垣を積んだ畑があり、当時の人びとの暮らしを窺わせる農機具や家財道具を展示した博物館が作られている。ちなみに、夕食のときにワラビをさっと湯がいてあく抜きをしてみるが、日本のワラビとまったく同じ味であった。ここぞとばかり鰹節をふり、醤油をかけて酒の肴にする。

五日にはロッジを引き払って、この公園の南に隣接しているムタラジ・フォールズ国立公園に立ち寄ってみる。渓谷を見渡す見晴らし台が何ヵ所かあるが、圧巻はやはりムタラジ・フォールと呼ばれる滝であった。駐車スペースにはガイドが待ち構えていて、徒歩三〇分ぐらいのコースを案内してく

写真●9—7　木性シダ

れる。V字型に鋭く切れ込んだ渓谷の見晴らしも壮大であったが、断崖絶壁の突端まで来ると、「腹ばいになって覗き込みなさい。足をしっかり押さえていてあげるから。」と言われたとおり腹ばいになる。壮絶であった。高度差は七六二メートルだということであったが、体を乗り出して下をのぞき込む。真っ逆さまに何百メートルも下を見たのは初めての経験であったが、ものすごい高度感で、とにかくすごかった。高所恐怖症の人には耐えられないだろうなと思う。岩登りをしていて一〇〇メートルやそこらの絶壁はしょっちゅう登っていたが、七〇〇メートルの垂直の壁はさすがに怖かった。駐車場に戻ってくるとちょうど正午だったので、握り飯と夕べ作っておいた牛肉のヤマト煮で昼食とし、南へと旅を続ける。

国境の町ムタレを通るので、せっかくだからモザンビークとの国境検問所まで行って隣の国を遠望してみる。こちら側と変わらずモパネの疎開林がずっと続いている。国境を越えたらインド洋岸のベイラまで二五〇キロぐらいの距離である。大西洋岸のスケルトン・コーストからインド洋岸のベイラまでアフリカ大陸を横断してみたい気はあったが、モザンビークの入国ビザも持っていなかったし、当時は治安状況も悪かったので、それは断念した。一九七一年末から七二年正月にかけて、もう少し南のダーバンからではあるが、南アを横断してナミビアに入り、壁画を探訪したあと大西洋岸のヘンティーズ・ベイやスワコップムントまで横断しているので、それでよしとすることにしよう。それにしてもあの時はアパルトヘイトの時代で、田舎ではホテルにも泊めてもらえず、連日親子三人がトラックの荷台で寝ながらしんどい長旅をしたことを思いだす。まだ二〇代の若さだったからできたのだと思う。南アも一九九一年にアパルトヘイトを全廃して、二七年間ロベン島に幽閉されていたマンデラさんが解放されて大統領になり、すっかり様変わりした。マンデラさんの指導の下に全人種平等に「虹の国」をつくっていこうという理想はなかなか困難で、富の不平等は解消しない上に、旅行も居住も自由にできるようになったので、都市の治安はかえって悪化するというふうに、前途多難の様相をみせてはいるが、過度期にはやむを得ないことなのかもしれない。

もう一走りしてチマニマニ国立公園に着き、くたびれたのでここではホテル泊まりとする。翌日は車で公園の入り口にあるベース・キャンプの駐車場まで行き、そこから山道を登りにかかる。国境になっている稜線まで登って、遥かにモザンビークを眺め渡したかったのだが、一時間半登ってもまだ稜線までは遠そうなので、ビスケットと水筒の水を飲んで引き返すことにする。下っていく途中、若者二人のパーティーと若い女性三人に中年男性一人のパーティーとすれ違うが、皆さん泊りがけで二四〇〇メートルの主稜線を縦走するつもりらしく、大きなザックを担いで登っていく。この山塊には大きな洞窟がたくさんあって、その中で寝泊まりしながら登山する者が多いようである。山地林の下はきれいなお花畑になっていて気持ちがよいので風景を楽しみながらゆっくりと降りていく。

翌七日、チマニマニ国立公園を後にして元の道を引き返し、斜面に大がかりに石垣を積んで段々畑が作られているのを眺めながら、デッドリー・ハザード（急カーブ危険）と標識の立っているところで大型トラック二台が曲がりきれずに半分崖に落ちかかって事故渋滞、後続の大型トラックは通れないのでみな列を作って待機している。私の乗っているハイラックス程度ならなんとかすり抜けられるので、通らせてもらう。ムタレから来る道まで戻って、マシンゴ目指して南へ、そして西へと向かう。マシンゴの町は素通りしてグレート・ジンバブウェ・ホテルを訪ねてみるが、満室だったので九キロ先の湖のほとりにあるバンガローに宿を求める。

小憩ののち三時半から、ちょっと後戻りしてグレート・ジンバブウェの遺跡を見学に行く。この遺跡は一一世紀から一九世紀まで栄えたモノモタパ王国によって造られた巨大な石造建築の跡で、観光の目玉である。ジンバブウェとはショナ語で「石の家」を意味しており、ジンバブウェの国名はこの遺跡に因ん

写真●9―8　グレート・ジンバブウェの遺跡。女王の居館だったといわれる神殿の一角には毎朝礼拝されるという高い円錐形の塔が建っていた。

でいるのである。高さ一二〇メートルの花崗岩の丘の上に作られた「アクロポリス」は明日訪れることにして、今日は麓に建てられた「神殿」を訪ねてみる。円錐形の塔を中心に長径一〇〇メートル、短径八〇メートルの楕円形に精巧な石壁がめぐらされている。この石壁は一五世紀に作られたといわれるが、入念に整えられた煉瓦状の石材を用いて積み上げていくのだが、モルタルのような接着剤はいっさい使わず、積み重ねる際に、上に行くにしたがって各列を少しずつ後ろにずらす高度な技術が用いられており、当時の文化水準の高さを示している。また、この「神殿」は女王の居館であったともいわれている。

翌朝は早起きをしたので、六時半に出発して「アクロポリス」の方を見にいく。岩山の丘の登り口から自然石で巧みに階段が作ってあり、上にあがると巨大な自然石の間を石壁やテラスでつないである。たっぷり一時間ほどを費やして「アクロポリス」の中を見学し、さらにまわりを見渡すと平原の「神殿」遺跡やそれをとり巻く住居跡、畑跡なども一望できる。

このところ早寝早起きが続き、六時二〇分にはバンガローを出発してブラワヨを経由し、国境を越えてフランシスタウンのタパマ・ロッジには午後一時前に着く。通いなれたボツワナへ帰ってくるとやはりほっとする。しかし翌日はパラピあたりから久しぶりの土砂降りの雨に会って、マハラピでは横の川が増水して濁流が溢れんばかりであった。二〇年に一度ぐらいはこのぐらいの雨が降るのが砂漠気候の特徴である。こんな雨も長くは続かず、翌日には何もなかったかのように水はなくなってしまう。ハボ

ローネを経て、無事ヨハネスバーグへと帰着する。

3　ヒンバ調査、カデ、そして再びジンバブウェの旅

翌一九九五年には、子供たちも大学を卒業して手を離れたので、妻の憲子も一五年ぶりにアフリカまで同行することになった。私たちは一一月二四日にヨハネスバーグを出発してから三日間でウインドフックまで走り、そこで一日買い物と休養のために留まっただけで、ウインドフックから一日でオプオに駆けつけた。一一月二八日のことであった。

アフリカ地域研究センターは一九八六年の発足以来、理学研究科の大学院生の大崎君や塙君、今村さん、竹内君などに研究に参加してもらっていたが、一九九一年には人間・環境学研究科に生態人類学講座ができて市川君が担当することになり、正規に大学院教育・研究にかかわることになった。吉村郊子さんは奈良女子大学理学部を卒業してこの講座に入学してきた第二期生の院生である。彼女は修士課程では吉野の山奥の備長炭を焼く人たちの研究をしたのち、昨年七月から三ヵ月間、太田とともにヒンバ・ランドを訪れ予察に加わっていた。今年の六月からは私の科研費の隊で本格的な調査をすることになった。彼女は太田が暮らしていたオンゴンゴに住みこんで調査を続けていたのだが、その頃になってもっと適当な調査地はないかと探した結果、さらに西へ二、三〇キロほどいったエコトというところに調査地を移したばかりだということであった。教えられていたオプオにあるカトリック教会のゲストハウスに着いて一息ついていると、庭の向こう側から半袖姿の吉村が走ってくるのが見えた。すっかり日焼けした顔は凛々しく健康そうで、私たちの到着を待ちわびていたらしく嬉しそうにニコニコと迎えてくれた。厳しいカオコランドの荒野の中で暮らす牧畜民ヒンバのところに住み

写真●9―8（右）グレート・ジンバブウェの遺跡。丘の上の宮殿跡。

写真●9―10　吉村郊子（右）

こんで、若い女性がたった一人で調査をしていくのは苦労が多いことと思われる。調査の進行具合も気にかかるが、元気でやっているようなので、とりあえずは一安心する。私たちの訪問が多少なりとも慰めになれば幸いである。積もる話は山ほどあるが、ともかく明日は彼女のフィールドまで出かけていって現地を見てみたい。

吉村の車に先導してもらって、オプオから西へ七〇キロほど進み、左折して細い石ころだらけの道をゆっくりと南西へ進む。何度か石のごつごつした小さな涸沢を、腹をこすらないように用心しながらそろそろと渡り、そうして二〇キロ近くいったところで彼女の調査しているホームステッドのエコトに到着する。五つのホームステッドからなるこの村には四三人が住んでいて、この地域一帯の五つの集落およそ二〇〇人を統括するヘッドマンであるメカハコ老人が住んでいるこの村を吉村は調査地に選んだことになる。カオコランドの原野には、なんとか牛を飼えるだけの草は生えているけれど、樹木は少なく、モパネが疎らに見られるだけである。それでもホームステッドから一キロも歩けば小さな川が流れていて、村人と家畜の貴重な飲料水を供給してくれている。きれいな水の流れがあるという点では、セントラル・カラハリのカデ地域のような水のないところに比べれば、生活しやすいということなのかもしれない。しかし、食用になる野生動植物は乏しく、人びとはミルクを主とする家畜産物に頼って生きてゆかざるを得ないところは、ケニア北部をはじめ、世界のいずこの遊牧民の場合とも変わるところがない。

ヒンバは牛、山羊、羊を飼育し、とくに良質の牧草を必要とする牛は乾季の草が乏しいこの時期には、一〇キロ、二〇キロと離れたところに家畜キャンプをつくり、青年たちの何人かがその世話をするためにホームステッドを留守にしている。雨季には集落に戻り、乾季になると草と水場を求めて家畜キャンプへ移動するというこの移牧の様子を吉村から聞いていると、それは私がむかし調査していたポコットの遊牧形態によく似ているなと思ったものである。また、吉村によれば、雨季に十分な雨

写真●9―11（左上）エコトの集落・家屋敷を遠望する（撮影：吉村郊子）。

写真●9―12（左下）早朝、家族でヤギの世話と搾乳をするヒンバの人びと（撮影：吉村郊子）。

が降ったときには小規模ながらトウモロコシなどの栽培もおこない、食料の足しにするということであるが、年間降雨量が一〇〇ミリからせいぜい三〇〇ミリのこの地では、カラハリよりさらに雨が少ないので、その収穫はあまり期待できそうにない。*文献247・248

翌日は昨年も通ったところではあるが、ヘレロの町であるカオコ・オタビを経由し、オチウからホアルシブ川沿いに下ってオムタティまで比較的道のよいルートの中で、移り変わってゆく植生や違ったヒンバの村々をゆっくり見比べながら走ってみた。平原が見晴らすかぎり続いている東方のオヴァンボ・ランドに比べ、カオコランドの地はどちらに行っても山がちで、そこに住むのはなかなかに厳しいものであるに違いない。

一二月一日、オプオから東へ五五キロ砂利道を走ってT字路に至り、そこで南へとウインドフックへ出る吉村と別れて、私たちは北へルアカナに向かい、そしてオシャカティからエトーシャ国立公園のナムトーニに着いてバンガローに一泊する。翌日はエトーシャ・パンの南の縁に沿って動物を見ながらゆっくりと西へ進んで、オカウクエジョのゲートから公園を出る。オウチョの町でちょっと休憩をしてからコリハスまで足をのばし、プールの備わった快適なバンガローでくつろぐ。三日、途中の珪化木の森やトゥイフェルフォンテイン、ブランドベルグの壁画は一九七二年の初めてのナミビア旅行で憲子も訪れているので素通りし、真西へ向かってスケルトン・コーストのトーラ・ベイまで走りぬける。海岸沿いにテラス・ベイまで北上して泊まることにする。二年前に伊谷さんたちと初めて来たときにはレストランで昼ご飯を食べただけで、ここのバンガローに泊まるのは初めてのことであった。

テラス・ベイから北西へさらに八〇キロ、モーウェ・ベイまでは道路が続いているはずであるが、一般には解放されておらず、少し走っただけで行き止まりになるので車を置いて、砂丘を少し登ってみる。南のソッサスフレイ方面の赤茶色の砂とちがって、こちらは白い砂でできた砂丘である。海岸

文献247　吉村　二〇〇四
文献248　吉村　二〇〇八

写真●9—13　テラス・ベイの白い砂丘

からすぐのところでは海から打ちあがってきた砂がまだ酸化していないので赤い酸化鉄にコーティングされず、白いままなのである。テラス・ベイに引き返し、海岸沿いにスワコップムントまで一直線のいい道をひた走る。街なかのホテル・ペンション・ドイチェス・ハウスの看板を見て入ってみる。ドイツ人が経営するこじんまりした平屋のペンションで落ち着いた雰囲気だったので、ここに泊まることにする。翌日は車をオイル交換その他の整備に出しておいて、博物館を見学、露店の土産物売り場を見てまわり、旅のための買い物を少しする。

一二月六日、海岸を離れ一路東へ、ウインドフックは素通りしてボツワナへの途中になるゴバビスまで行程を稼いでおく。国境のマムノまであと一二五キロのところで、ここまで来るともうカラハリの景観となりナロ・ブッシュマンの領域である。七日に国境を越えてハンシーへ、そして八日にカデに到着した。ロバツェ道路から分かれてカデへの途中には道路工事のキャンプが三ヵ所あり、砂の道にパンから掘り起こしてきた石灰岩質の白く硬い土を敷いていて、これを敷いてあるところはたいへん走りやすくなる。ブルドーザーやシャベルカーをもち込んで工事すれば早いのだが、グイやガナの人びとに人夫賃として現金収入の道を開くためもあって、パンから白い土を運んでくるのにトラックを使う以外はすべてシャベルともっこと鍬だけを使った手作業で進められていて時間稼ぎをしている。

今年は今村の夫君であるサル学者の早木仁成[*文献220]が連れ合いのフィールドを覗きに二ヵ月間訪ねてきていたが、彼らも、大崎、中川も一〇月までにはみな引き上げて、いまカデで調査にあたっているのは池谷だけであった。狩りに熱心なノアコとダオノアが住んでいるキャンプが五キロ南東にあり、池谷はそこに住みこんで彼らが猟犬を連れて狩りに行くのについてまわり、克明に狩りの様子を記録している。私たちは井戸に近い、早木・今村夫妻が暮らしていた小屋の前にテントを張り、翌日池谷のところを訪ねてみたが、ダオグーもトーノーも池谷の調査助手をしながらそこに暮らしていた。トビウ

写真●9—14　大崎雅一（右から二人目）左へ長女圭子、大崎多佳子夫人。（写真提供：大崎雅一）

写真●9—15　早木仁成とカデの住人カンタ、ホナコ。早木に抱かれているのは夫人今村薫との長男祥夏君（撮影：今村薫）。

文献220　早木　一九九〇

サギを獲ってきて焼いて食べていたので、一切れもらって久しぶりのカラハリの味をかみしめる。雨季に入っていてこのところよく雨が降るので、井戸の脇に引かれてある水道から水を汲んで早々にテントに戻る。

一〇日朝六時ごろから風が出て雨が降り出したので、車の中でお茶を飲んでいたが、八時半には上がって明るくなったので集落の様子を見ながら散策し、昼にインスタントラーメンを食べてキュエロやノアアヤのいるキャンプを訪問する。お年寄り連中もみな元気にしているのでうれしく思う。翌日はゆっくり起きて出かけようと思っていたのに、今村のお気に入りの調査助手カンタが五時半にやってきて火を焚きだすので目が覚めてしまった。朝食を食べ終わってもまだ七時半、テントを乾かすためにいましばらくのんびりしてから、ノアアヤのところへ行って紅茶と砂糖をあげる。憲子の仲良しのウエテベのところに行って旧交を温めたあと、池谷に別れを告げてカデを出発する。三泊だけの慌ただしいカデ訪問であった。

一二月一二日にハンシーからマウンへ、一三日にはフランシスタウンに着くが、いつものタパマ・ロッジは満室だったため、マラン・ホテルに泊まる。広い庭に作られた高床式の小屋のような部屋に案内されるが、なかなか静かでしゃれたコテージである。一四日、国境を越えてブラワヨに至る。そこから南へとマトボ国立公園への道を五キロ行ったところにあるホテルに投宿する。

マトボ国立公園には動物も多いし洞窟にはブッシュマン壁画も見られるが、ここで最も有名なのは岩山の頂上にある「ワールズ・ビュー」と呼ばれる場所である。一九世紀末、南アフリカの鉱山王でイギリス南アフリカ会社の創立者であるセシル・ローズがケープ植民地首相となって、この地域一帯を支配し、彼の名にちなんでローデシアと名付けられた。現在のザンビアとジンバブウェである。ローズはこの岩山の頂上から四方を見晴らし、世界を見渡して支配するという意味合いをこめて「ワールズ・ビュー」と命名し、自分が死んだらここに墓を作るよう遺言した。一九〇二年に彼は四

写真●9―16　かつてのカデの若者たちも、すっかり老人になった。右から、ダオグー、ノアアヤ。

九歳にしてケープで死んだが、遺体は馬車で運ばれ、ここに埋められたのである。

私たちは一五日にこのなだらかな岩山を登ってセシル・ローズの墓を見学し、「彼の世界」なるものがどんなものなのかを見渡してきた。丘の麓の平原は野生動物の宝庫であり、またいくつかの洞窟にはブッシュマンが描いた壁画もあるので見てまわる。翌一六日にはブラワヨからフランシスタウンへ戻る途中、二〇キロほどのところにあるカーミ遺跡に立ち寄って見学した。この遺跡は、グレート・ジンバブウェ遺跡に次ぐ二番目に大きな石造建築物で、似かよった技法で一五、六世紀に造られたものであり、やはり世界遺産に登録されている。

4　カラハリ、ナミーブからケープへ

一九九六年八月一一日にヨハネスバーグの空港へ着き、菅原が迎えにきてくれている。この年から大学院生の秋山裕之君が新たにブッシュマン調査に加わることになった。彼は文学部哲学科を卒業し、一九九三年にできた人間・環境学研究科アフリカ研究講座の大学院に入ってきて、吉村の後輩にあたる。修士課程では沖縄で小学児童の課外活動や集団の編成、行動などを研究し、カラハリでは開校後一〇年余を経たカデ小学校の教育実態、児童たちの遊び仲間編成と親族関係との関連、学校外での活動、就学児童と学校へは行かない同年齢児童との関係などについて調査することにしていた。私が昔つくったブッシュマン語彙集と、菅原が新人のために新しく作ってくれた基本文例集を片手に、彼はブッシュマン語の日常会話から始めて、せっせと言葉の習得に努めた。子供たちと仲良くなり、学校の先生たちとも交流をひろめて、学校教育の実情、児童たちの交友関係、放課後の子供たちの遊びを含む生活の全貌を追い求めた。*文献87

写真●9—17　セシル・ローズの墓。ここから世界を見渡した、という故事にちなんで「ワールズ・ビュー」と呼ばれる。

写真●9—18　ニューカデで子どもたちの暮らしを調査する秋山裕之（撮影：高田明）。

文献87　秋山　二〇〇四

私は一〇日ほどカデで過ごしたのち二六日に、山岳部時代の先輩の二人、四年上のピラさんこと竹内道雄さんと二年上のクロさんこと谷口朗さんが是非ともカラハリとナミーブへ行きたいと言ってやってくるので、ハンシーまで迎えに出ていった。京大山岳部では部員はすべて綽名で呼び合っていて、五郎や二郎がゴロー、ジローと呼ばれるぐらいで、あとは入部してまもなく綽名を付けられてそれで呼び合うものだからときに本名を忘れてしまうことさえある。ピラは南米アマゾン川に生息するピラニアからとったもので、竹内さんの小柄ながら鋭く切り込む性格から名付けられた。谷口さんはその色黒の顔から、入部して見たとたんにお前はクロじゃと名付けられてしまった。こうして、ピラ、クロ、ジローのトリオによる弥次喜多道中がこれからはじまる。三人ともに現役当時はそれぞれの年代でリーダー（主将のことを山岳部ではリーダーと言っていた）を務めていた間柄であった。ハボローネからの小型飛行機は翌日の一一時過ぎに着き、二人を迎えて車に乗せ、カデに向かう。二七日から三一日までカデに四泊したが、その間にカラハリの原野とブッシュマンの暮らしぶりの一端を楽しまれたようである。ゼロホナムの南方へちょっと行ったところに仕かけてある罠を見に行って、うまい具合にブッシュダイカーがかかっていて、それを仕留めるところを見たし、次の日には広々したカデ・パンまで薪とりに行ったが、パンの中にはスプリングボックが一〇〇頭ほど群れていて、一角にはワイルデビーストが一頭ぽつねんと草を食んでいるのを見ることができた。

九月一日、ナミビアへの国境を越えウインドフックに着いて定宿となったコンチネンタル・ホテルに落ち着く。二日、首都の街中を見物して歩き、夕方には中華料理店へ晩飯を食べに行く。三日、西に向かってナミーブ砂漠の砂丘地帯へと未舗装の道路を下っていき、セスリエムのキャンプ地に設営する。三年前伊谷さん、太田たちと来たときにはなかったが、知らぬ間に立派なロッジができていた。この次またここへ来ることがあれば、今度はこのロッジに泊まってみたいと思う。例によって朝まだ薄暗いうちに出発してソッサスフレイで日の出を迎え、そして砂丘登りである。山男三人そろったの

写真●9―19　奇想天外（*Welwitschia mirabilis*）を見る竹内道雄（左）と谷口朗。

写真●9―20（左）　ナミーブ砂漠の砂丘登山。

で、稜線をしばし縦走して砂丘登山の真似事をする。北アルプスの岩稜でもなく、また一〇〇〇メートルに満たない京都北山の薮漕ぎでもない、朝日を受けながらの砂丘の稜線歩きも乙なものであった。

翌五日、セスリエムから北へそして西へとまわりこんでウォルビス・ベイで大西洋岸に出て、スワコップムントまで北上する。今回はハンザ・ホテルに三泊してゆっくり周辺の砂漠を探訪することにする。六日は東へ五〇キロほどのヴェルヴィチア・プレインまで遠足に行くが、このあたりは海岸沿いに細長いナミーブ砂漠の中心部にあたり、砂丘が途切れて礫砂漠となっている。道中にはまるで月面かと思わせる岩ばかりのごつごつと荒れ果てた光景が広がり、また、霧だけで繁茂する地衣類に覆われた岩ばかりの地帯もある。そして到達する目的地には、ナミーブ砂漠にのみ生育するキソウテンガイと和名をもつ裸子植物のヴェルヴィチア・ミラビリス（*Welwitschia mirabilis*）の群生地があり、ここには最大の樹齢一五〇〇年といわれる個体が生き残っているのである。

翌日、ピラさんは町でゆっくり休んでいたいというので、クロさんと二人で昨日の道より少し南のよい道を東にたどり、ブルートコピーと名付けられたなだらかな岩山に登って遊ぶ。一枚岩でできたなだらかなスロープで、足裏をぴったりと押し付けて登っていくことはできるのだが、なにしろスケールがでかく、もしも一歩でも踏みそこなって滑ったら、止まる手がかりも足がかりもなく、下まで落ちていって

しまいそうである。斜面はどこでもそうであるが、登りより下りの方が怖い。おまけに実は私はこのときサンダル履きだったのである。ゴム底の革のサンダルでいちおう踵にも紐が回してあり固定はしてあるのだが、運動靴のようにぴったりとはフィットしていない。ゆっくりと確実に足を交互に下ろしながら無事に麓に降り立った。

九月八日にはスケルトン・コーストに入り、ケープ・クロスで今年はすっかり頭数も回復したオットセイの群れを観察してテラス・ベイのバンガローに投宿する。あくる朝は霧の立ち込めるスケルトン・コーストを眺めながら白い砂丘を散策したのち、二〇キロほど引き返してトーラ・ベイで海岸を離れ、内陸に向かって東へ、トゥイフェルフォンテインの近くのキャンプ・サイトでテントを張る。一〇日、朝からトゥイフェルフォンテインの駐車場まで行って、岩の崖を一段登ったプラトーの巨岩に刻みこまれた壁画を見学、そしてコリハスの快適なバンガローに宿泊する。一一日にオプオに着いて、手紙で打ち合わせをしてあったとおり教会のゲストハウスで吉村に会う。ピラ、クロの両氏がヒンバの女性たちの伝統的な美しい装いと牧畜の生活ぶりをぜひ見たいと希望したこともあるが、一人で調査地に暮らしている吉村がどうしているかは、私自身も気になっていたので、またもやカオコランドに足を向けてきたのである。翌一二日、日帰りでエコトまで往復する。ホームステッドの一角に、モパネの丸太を柱や梁にし、細木を編んでその上に牛糞を塗り固めて壁をつくり、屋根をトタンで葺いた居心地のよさそうな方形の小屋を作ってもらっていた。すっかり村人たちとの生活になじみ、調査も軌道に乗っている様子であった。

吉村は、四〇数人からなるエコトの住民の生活様式や親族関係はもちろんのこと、付近に住む他集団との人間関係や交渉の有り様、牛、山羊、羊など家畜の放牧の実態など、一通りの基礎的な人類学的なデータを収集していたが、とくに人びとと彼らが住んでいる土地との絆となる先祖の墓のもつ意義を克明に解き明かそうとしていた。[*文献247] 以前に伊谷さんや太田たちとキャンプしたクネネ川のエプパの

写真●9—21　プルートコピーの岩山

文献247　吉村　二〇〇四

滝のところを、ダムで堰き止めて水力発電所を作ろうと、一九九〇年代前半に政府が立案し、「エプパ・ダム計画」と呼ばれたが、ヒンバの人たちはこの計画に断固として反対した。それは彼らのホームステッドや家畜キャンプ、放牧地、畑、そして川沿いにある祖先の墓がすべて水没するからという理由からであった。エプパはまた、カオコランドを訪れる観光客にとっても、見ごたえのするよいキャンプ・サイトでもあり、国内や南ア、あるいはヨーロッパ人からもダム建設反対の声があがった。海外からの反対キャンペーンは、少数民族ヒンバの居住権剥奪に抗議するという、地元住民の生の声からは若干ずれた方向に向かった感じは否めないが、ナミビア政府としては無視できないもので、結局この計画は中断された。その後政府はずっと下流の方にダムを作れないか、調査をはじめているということである。

私たちはエトーシャ・パンでたっぷりと動物を見物したあと、オチワロンゴのすぐ東に聳えるウォーターベルグ山塊の公園へ行ってみた。車で行けるなだらかな斜面を登って中腹の草原にあるキャンプ・サイトでテントを張り、翌日朝から山道を登っていく。岩登りをしたら気持ちのよさそうな岩場があるなと思って見ていたら、案の定その前には遭難者を悼む石碑が立っていた。一〇〇メートル以上の高度をもつ垂直の岩壁を登っていて転落し死亡したのであろう。山頂も岩ばかりであるがテーブル状の平らな台地になっていた。一人で旅行しているとそうでもないのだが、大学時代に山岳部で山登りばかりしてきた人間は、仲間とともに山裾までやってくるとどうしても頂上まで行ってみたくなるようである。

九月一八日に二人の先輩方をウインドフック空港に送っていったあと、私は一人になって、ゆっくりと気の向くままに南へとケープタウン目指して走り出した。二六〇キロ南下したマリエンタルの町で幹線道路から分かれて左へ、幹線道路の東を並行して走っている道を通ってみる。二七〇キロほどのところにクイバートゥリー・フォーレストと呼ばれる林がある。クイバートゥリーとは樹高が一〇

写真●9―22　ヒンバは独特の謂れのある墓を持つ。その意義を解明しようと、荒々しい牧畜民と暮らして調査する吉村。

メートル近くあって、ひと抱えほどの太さになる木立アロエのことで、昔はブッシュマンがこの木の枝で弓の矢筒を拵えたことから矢筒の木という英名が与えられたものである。この木は砂ばかりの土地には生えず、岩だらけのごつごつした養分のあまりなさそうなところに生育するらしく、フォーレストというには疎らな生え方であるが、この岩がちの小高い丘一面に林を形成していて、きれいな景観をなしている。しかしよく見れば、枝の先に着いているのは確かに多肉のアロエにまちがいない。

ケートマンスフープの町のキャニオン・ホテルに泊まって、二一日には幹線道路の西側にわたって北上し、コイコイの住む町ベルセバへ行ってみる。今後の牧畜民コイコイの調査地としてふさわしいところはないかと来てみたが、人びとは洋服を着て普通に町暮らしをしている様子である。町を外れたら、牛、山羊などを飼育して遊牧している人びともいるのかもしれないが、ここから南西のベタニーまでの道筋にはそれらしい人影は見当たらなかった。ケートマンスフープから西へのびている幹線道路に出て二〇〇キロばかり、大西洋岸のルュデリッツまで走ってみる。道路は右手つまり北側はナミーブの砂丘帯の南端、そして左手はやはり砂丘の山並みが続くのであるが、こちらはダイヤモンドの採掘場になっていて、立ち入り禁止区域である。南北の砂丘に挟まれたこの道路沿いは風が吹き抜ける通路になっていて、海岸までの三〇キロはすごい砂嵐の中を強行突破という感じで突っ切っていかなければならなかった。

ルュデリッツのカップス・ホテルに泊まって、翌朝一〇キロばかり昨日来た道を戻ったところにコルマンスコップという昔ダイヤモンドの採掘で賑わった鉱山町の跡がある。絶えず強い風が吹くので、今や廃坑になったゴーストタウンは家の中も外も半ば砂に埋もれている。辺鄙なところなので訪れる人はそれほど多くはないが、一応は観光名所になっているので、入場料を払い、一〇時から三〇分ほど解説があって、あとは自由に好きなところを歩きまわって見学することになる。遊戯室にはビリヤードの台も置かれていて、一九四三年に金採掘の拠点が南のオレンジ川河口部の町オレンジムント

写真●9―23　樹高が一〇メートル近くある木立アロエ、クイバートゥリー。昔ブッシュマンがこの木の枝で弓の矢筒を拵えたことから矢筒の木という英名が与えられた。

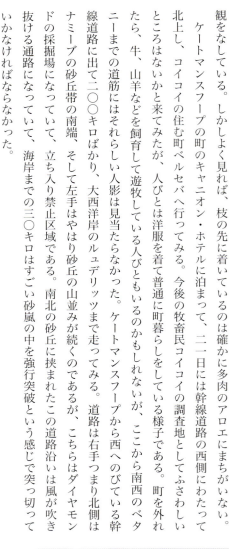

に移されるまでの間のダイヤモンド・ラッシュで賑わっていた往時の面影が偲ばれた。

ここからの帰りに強風のため道路に積もった砂の吹き溜まりを写真に撮っていこうと思ったが、今朝は風が穏やかで、道路に積もった砂は早朝のうちにブルドーザーできれいに排除されていた。ケートマンスフープのキャニオン・ホテルにもう一晩泊まってから南下し、南アへの国境をノールドーワーで越える。南アは、ボツワナへの行き帰りにいつも通っているのだが、じつはこの国境を越えて南アに入り、ケープタウンまで行くのは初めてのことであった。七四キロでステインコップ、そこから再び大西洋岸のポート・ノロスに出て、さらに一〇〇キロほど北西へオレンジ川河口のアレキサンダー・ベイに行く。オレンジ川がナミビアと南アの国境になっているが、国境の向こう側のオレンジムントはダイヤモンド地域で立ち入り禁止なので、許可者以外は通してもらえない。バンガローがあったのでテントを張らずに済む。翌日は元来た道を引き返して幹線道路の国道七号線に戻り、スプリングボックの町まで南下する。

九月二五日、スプリングボックから五〇キロぐらい南へ下ると道の両側には色とりどりに咲き乱れたお花畑が広がる。一〇〇キロ以上にもわたってびっしりと野草の花々で埋め尽くされた平原の眺めはまことに壮観である。このあたりからケープタウンにかけては冬雨型の地中海性気候帯で、今年は七、八月にいい雨が降ったので、とくにお花畑がきれいになっていると聞いてきたが、これほどまでに花で埋め尽くされていて美しい景色に出会えるとは思いもしなかった。花といえば、われわれが都会でも楽しんで栽培している観賞用の草花の多くがこのケープ州からナミビア南部に原産しているのである。乾燥地帯なので葉や茎に水分をたくわえて乾季を凌ぐ多肉植物が多く見受けられる。

お花畑を堪能してから南へと五〇〇キロ、ケープタウンへ向かってひた走る。道がよいのでハイラックスでも一〇〇キロから一二〇キロのスピードで走れるが、アクセルを一杯に踏み込んで一二〇キロで飛ばすと燃費は悪くなるし疲れもする。一〇〇キロぐらいのスピードで余裕をもって景色を楽しみながら行くのが安全だし、長距離運転にはちょうど良い。いくら道路がよいといっても、アフリカの原野を突っ切って行くときには、前にジンバブウェで見たように牛が道路に飛び出してきて衝突することもあれば、クドゥなどの大きな羚羊類がいきなり道を横切ることもあるので油断は禁物である。ケープタウンに着いて町の東寄りのホテルにチェックインしてから、夕食には久しぶりに日本料理店へ行って獲りたての魚を刺身にしてもらって舌鼓をうつ。

九月二六日、テーブル・マウンテンに登るケーブルは強風のため運休だというので、半島を南へ走って先端の喜望峰を見学にいく。駐車場に車を置いて、灯台のある岬の突端まで歩いて登っていく。ケーブルが横を通っているが、それに乗るほどの距離でもないのでブラブラと周囲を見まわしながら歩いていくと、ここにも様々なきれいな花が咲いている。灯台からの眺めも素晴らしい。インド洋の暖流と大西洋の寒流がこの岬で出会っており、そのぶつかり合ったところが線状に泡だった稜となって沖へと続いている。いい漁場になっているので、世界各国からマグロ漁船などがやってきている。三〇年前には日本からの捕鯨船もたくさん操業していて、私は北大探検隊の一員として大洋漁業の船に便乗させてもらって初めてのアフリカ入りをしたことを懐かしく思い出していた。

帰りは半島の西側をまわっていったが、ここにも霧にまかれて座礁した難破船が残されている。車を置いて往復一時間ほど歩いて海岸まで見学にいく。そうこうして町へ戻ってきたのは五時前になったが、念のためケーブルの駅までいってみると動きだしていたので、あまり時間はないが登ってみる。風が冷たくて寒い。平らな台地状の頂上を一回りし、テーブル湾の沖合にマンデラ大統領が二七年間も拘留されていたロベン島が見える。最終便六時の直前のケーブルに乗って町へ帰ってくる。翌日は新しく作られたショッピング・センターであるウォーターフロントで本屋を覗き、少し買い物をする。

ケープタウンを発って国道二号線を東へ、まず南アフリカ・ワインの主産地であるステレンボッシュの南をかすめて、クレドンから南東へ国道からはずれ、アフリカ大陸最南端のケープ・アグラス

写真●9—24、25（左）　キンバリーのダイアモンド鉱山。手掘りでは世界最大の穴が空き、水が溜まっている。鉱山博物館の敷地は広大で、見学移動のための電車が走っている。

に向かう。喜望峰があまりに有名なのと、ケープ・アグラスは幹線道路から数十キロも南へ逸れている辺鄙なところなので、ここは訪れる人もあまりなく閑散としている。土産物店とレストランがあるだけのひっそりした町であった。国道へ戻って一路東へモッセル・ベイにいくと、ここからはインド洋岸沿いにダーバンまではガーデン・ルートと呼ばれる風光明媚な観光のルートである。ジョウジという町でこのルートから分かれて国道一二号線を北上すると、まもなくオーツホーンの町があり、一帯にはダチョウの養殖場がたくさん見られた。ダチョウは食肉用として国内外に売られていくし、卵はブッシュマンが水筒に使うように、一角に小さな穴を開けて空にしたものを土産物屋に卸して、これも国内外に広く売りさばかれている。

　オーツホーンのキッチン付きゲストハウスに泊まって、翌二七日、一二号線沿いに北上、国道一号線に合流して北東へ向かう。このまま進めばヨハネスバーグへ直行するのであるが、途中から再び一二号線に別れて少しだけ遠回りになるがキンバリーに寄る。ここは一八七一年に南アではじめてダイヤモンド鉱脈が発見され、ダイヤモンド・ラッシュで賑わったところである。キンバーライト層が露出した小さな丘は無数の鉱員によって掘り起こされ、深さ三九三メートル、周囲一・六キロの巨大な穴となった。人の手だけで掘られたものとしては世界最大の穴で、ビッグ・ホールと名付けられて、観光の目玉となっている。キンバリー鉱山博物館には、採掘機や輸送に使われた機関車などが展示されているほか、ダイヤモンド・ラッシュに沸いた一八八〇年代当時の町並みが再現されている。ホールの中には南アフリカで最初に見つかった伝説のダイヤモンドである「ユーレカ」や世界最大のダイヤモンド原石が展示されている。デ・ビアス・マイン社を興した鉱山王、セシル・ローズの銅像も建てられている。

24

25

5　もう一つのアフリカ――初めてエチオピアへ

一〇月二日、ヨハネスバーグでウイットウオーターズランド大学の言語学者アンソニー・トゥレイルさんと研究の打ち合わせをしていた中川君に会い、前日のうちにヨハネスバーグ空港のホリデイ・インへ送ってもらっていたので、空港のチェックイン・カウンターへ五時半に行って、七時三〇分発アディス・アベバ行の飛行機に乗る。定刻の一二時一五分に到着してエチオピア南西部の農耕民コンソの調査をしている歴史民俗博物館の篠原徹＊文献166君と大使館の専門員を務めているアフリカ・センター院生の西真如君の出迎えを受ける。三〇年間もアフリカに通っていて南隣のケニアではエチオピアとの国境線までガブラの調査地を探して北上したことがあるが、エチオピア国内に足を踏み入れるのは初めてのことであった。

篠原と二人でホテルの昼食をすませたあと、彼の案内で市内を見学する。アディス・アベバ一番の繁華街というのを歩き、エチオピア古来のキリスト教、オーソドックス・チャーチを一周する。壁面に描かれた人びとの顔は、みな大きな目玉をまん丸く開けていて、これがこの教会の絵画の特徴のようである。エチオピアへ来てここへ行かなければ来た甲斐がないのだというマルカートと呼ばれる東アフリカ最大のオープン・マーケットを見てまわる。日常の家財道具からガラクタから野菜や果物や穀物など、じつにいろいろなものが売られていて、人以外ならなんでもどこかには売っているということであるが、中でひときわ目立つのは赤い唐辛子が山と積まれていたことであった。街なかのあちこちから音楽が聞こえてきて、歌声はもちろん意味は理解できないが、まるで演歌のような節回しである。また、街路を行きかう人びとの動きはたいへん柔らかく慇懃無礼で、今までに出会ってきたア

写真●9―26　エチオピア古来のキリスト教、オーソドックス・チャーチの壁面に描かれた人びとの顔は、みな大きな目玉をまん丸く開けている。

文献166　篠原　二〇〇二

フリカ人とはまことに異質な物腰で、演歌のごとき歌声が背景にあるせいか、なんだか日本人的な感じを覚えることすらある。しかしやはり日本的ではなく、エチオピア人のこの一見低姿勢に見える物腰は、へりくだりすぎて気味悪く、暗く、陰湿な感じさえする。少なくともケニア以南で見てきたあの底抜けに陽気で明るいアフリカ人とはまったく異質な別のアフリカがここにはあった。

エチオピアは、紀元前数世紀にさかのぼる長い歴史の間にアラビア半島からの度重なる移住の波に洗われ、そのため住民は人種的にも、また言語、宗教、政治組織、生活様式など、きわめて多様性に富んでいる。七〇もの部族が一〇〇近い言語を話すといわれていて、その中で最も有力なセム語系のアムハラ族とそれに近縁のティグレ族が人口の三分の一を占め、気候のよい中央高原と北部高原に居住している。亜熱帯の南部地域に居住するクシ語系のオロモ族が人口では最大で、四〇パーセント近くを占めている。アムハラはエチオピアの支配層で、誇り高い人びとである。彼らはアクスム王国の子孫であり、かつてハイレ・セラシエ皇帝はソロモン王とシバの女王の子孫であると主張し、この国に君臨した。したがってアムハラ語はこの国の公用語となっている。またセム系の女性にはクレオパトラはかくもと思わせるような目鼻立ちの整った美人が多い。

三日は午前中ひとりで町を散策し、午後にはアフリカ・センターの重田眞義君が南西部のエンセーテ栽培農耕民アリ人の調査をする*文献163ために日本から到着したので、篠原、重田、西と四人で中華料理店「北京」で夕食をする。四日一〇時より博物館に行って猿人化石のアウストラロピテクス・アファレンシスを見たあと、東大人類学教室の諏訪元君に彼が一九九一年に発掘したラミダスという当時最古の人類化石といわれていたものを見せてもらう。*文献178 夕食には初めてのアルメニア料理なるものをヒヒの集団遺伝学調査をやっている霊長類研究所の庄武孝義君*文献168を交えて食べに行く。五日にはタンザニアでの調査を終えて帰国途中の掛谷君が到着してエチオピア北部探訪のメンバーは勢ぞろいした。

六日は庄武君の車で近郊のハイキングコースになっている山へ連れていってもらう。アディス・ア

写真●9―27　マルカートと呼ばれる東アフリカ最大のオープン・マーケット。写真のずっと奥まで広がっていて、人以外ならなんでもどこかには売っているという（撮影：元木航）。

文献163　重田　一九八八
文献178　諏訪　二〇一二
文献168　庄武　二〇〇九

ベバ自体が二四〇〇メートル前後の高地にあるので、山の上は三〇〇〇メートルほどあるのだろう。ケニア山の中腹のような高山帯の植生に覆われたきれいな景観である。しかし、山頂付近の急斜面を除いて、高原一帯の植生破壊はすさまじく、人口密度の高かった古代帝国以来の人類の活動による森林伐採と畑の開拓によって、よくもまあと思うぐらいどこもかしこも耕されて畑になっている。炊事をするための薪を手に入れるのも困難になって、一九世紀末から成長の早いユーカリを導入して植林しているのできれいな林があちこちに見られる。帰り道の地元の食堂でインジェラ（テフの粉を発酵させて鉄板の上で焼いたパン）とワット（シチューのようなおかず）の現地食を食べる。はじめてのエチオピア料理を食べたことになり、美味しかったが、慣れないとお腹をこわしやすいので、これを常食にするのは私たちにはちょっと難しい。

　重田をはじめとしてこの国で調査している人たちがいつも世話になっているアディス・アベバ大学社会学部長のテセマ・ター教授に挨拶したりして、一〇月八日にいよいよ古の帝国の遺跡をめぐる北への旅をはじめることになる。一行は重田が案内してくれて、掛谷、篠原、そして私の四人連れである。ランドクルーザーを駆って、タナ湖の南端にあるバハル・ダールまで未舗装の山道をいくのでそれほどのスピードは出せない。助手席に乗っていると、現地の運転手の左足が常時クラッチ・ペダルの上に乗っかっているのがやや気にかかる。いまどきはクラッチ付きの車の方が珍しいかもしれないが、むかし運転免許をとるために練習していたときには、普段はクラッチのペダルには足を乗せておかないようにと、くどいほど指導されたものである。ホテルで昼ご飯を食べてから、船に乗って湖に突き出した半島の先にある教会を見学する。古い革表紙のついたパピルスの聖書には古いエチオピア語であるギーズ語で教えが書かれているらしいが、もちろん皆目読むことはできない。教会の中にはあの目玉ぐりぐりの人物画が一面に壁を飾っている。夕食後、町へ出かけていってエチオピア独特の優雅な美人姉妹によるコーヒー・セレモニーを楽しませてもらい、これまたこの国独特の若い夫婦が

写真●9—28　タナ湖を行く船上で。左から篠原徹、重田眞義。

写真●9—29　コンソの調査地でゾウの下顎化石を運ぶ諏訪元。（写真提供：諏訪元）

演じる首振りダンスを鑑賞する。

　翌日は七時から歩いて三時間ほど散策し、青ナイル川の源頭部となっている滝周辺を見物する。一九七六年にウガンダのビクトリア湖畔で白ナイルの源頭を見てきたから、これでナイルの源はどちらも確かめたことになる。一一時からランドクルーザーで出発し、湖をぐるりとまわって山道を北へ、ゴンダールへ三時半に到着する。二時間ほど豪壮な宮殿を見学する。昔ポルトガルから設計士、建築

写真● 9—31　美人女性が厳かに入れてくれる、エチオピア名物のコーヒー・セレモニー。

写真● 9—30　エチオピアのキリスト教正教会に保存されている、古い聖書。

写真● 9—32　青ナイル川の源頭タナ湖から流れ出る青ナイルの滝。

技師を連れてきて、当時としては近代的な地中海風のお城を造ったのだそうである。

翌一〇日、ゴンダールからラリベラへは飛行機で飛ぶ。その次の日はさらにエチオピア最北部のアクスムへ飛ぶ予定で予約していたのだが、急にフライト・キャンセルになり、ラリベラにゆっくり二泊することになった。どんな理由で飛行機便がキャンセルになるのかは知らないが、アフリカではこうしたことはしょっちゅう起きることなので、アフリカのサファリに慣れた私たちの誰も驚くことはなかった。ラリベラ行の機内から外を見下ろしていると、大地は急な斜面以外はしっかりと耕されていて段々畑が山じゅうに広がっている。農民の勤勉さは地球上のどこへ行っても変わらない。人間の力のなせる業に驚くほかはない。

ラリベラに着いて昼ご飯を食べてから、石の大地に彫りこまれた教会を見に行く。コツコツ、コツコツと鑿ひとつで彫り進んでいったのであろうが、完成するまでにいったい何人がかりで何年かかったのであろうか。一説には延べ四万人もの人手がかかっただろうとも言われるが、伝説の彼方のことで真偽のほどはわからない。二〇メートル四方ぐらいの範囲で岩をくり抜き、一〇メートルほどの深さをもっているであろう、十文字の形をした見事な岩だけでできた教会が地下にあるのだが、教会の内部もきれいにくり抜かれて、入ってみるとちゃんと建物の形を成している。宗教心のない私などには考えもつかないことだが、よくもこれほどの造形物を造るものだとキリスト教の信仰心の篤さとこれを国教にして人民を動員して作らせる帝国というものの力に圧倒される。

三〇年間足しげくアフリカへ通い続けたとはいえ、私が足を踏み入れた地域は限られている。南・中央・東アフリカのいくつかの国々を旅行したが、延べ七〇ヵ月に及ぶアフリカ滞在の大半の時間はボツワナとケニアの調査村で過ごしてきた。そんな私に、エチオピアはまったく違った印象を与えた。同行した掛谷にとっても同じだったろう。

地中海地方、そして後代にはアラビア半島との交流をもつ、この国のおそらく二五〇〇年に及ぶ王

写真●9―33　ラリベラの石の大地に彫りこまれた教会。

写真●9―34（左）　飛行機の窓から見るエチオピア高原の大地は隈なく耕され、山地林を形成していたはずの原植生はまったく見られない。北方で興隆した王国が野山を切り開き、資源を費消しつくしては南へと遷都を繰り返してきた文明の残滓にほかならない。自然の懐にいだかれてひっそりと生を営んできた熱帯アフリカの人びとの生活とは異質な、文明の容赦ない自然破壊の爪跡を見る、もう一つのアフリカである。

国の歴史は重厚である。私たちは、広大なアフリカ大陸の中に、いま一つ別のアフリカを見た思いであった。

小型飛行機の窓から見るエチオピア高原の大地は隈なく耕されており、山地林を形成していたはずのビャクシンやイヌマキに覆われた原植生はまったく見られなかった。それは、北方で興隆した王国が野山を切り開き、資源を費消しつくしては南へと遷都を繰り返してきた文明の残滓にほかならなかった。

自然の懐にいだかれて、その中にひっそりと生を営んできた熱帯アフリカの人びとの生活とは異質な、文明の容赦ない自然破壊の爪跡を見る思いであった。

ゆきかう人びとの慇懃無礼な物腰。容姿端麗の婦人が執りおこなうコーヒー・セレモニーの洗練された様式と優雅な仕草。日本のどこかの民謡か演歌を思わせる楽の調。文明の栄枯盛衰の歴史の中で培われた誇りと自負、そして優越感がこの国の文化と人びとの行動にはあらわれているのだが、一方でそれらに拮抗するかのように、人びとの行動の裏には忍従の思いや劣等感がただよっているようだった。このような屈折した複雑な文化を生み出した背景を、通りすがりの旅行者は理解すべくもないが、帝国が歩んできた長い栄光と苦難の道程に刻みこまれた歴史の重圧をひしと感じさせられたものである。

あの、底抜けに陽気で、あっけらかんと突き抜けるように明るい熱帯アフリカの喧噪の世界とは異なるもう一つのアフリカの姿がそこにあった。

第４部　アフリカよ永遠に

第10章　ブッシュマンの再移住と学際的地域研究

政府から支給を受けた牛は1000頭を越えるほどに増えたが、1500人の人々の食料とするにはほど遠い。

1　故郷を追われる人びと

一九九七年五月、秋山の一回目の調査期間一二ヵ月が間もなく経過しようとする直前のことであった。ボツワナ政府はカデの住民を、約七〇キロ離れたCKGRの西側に建設される新居住地ニューカデへ、強引に移住させるという暴挙にでた。

一九八六年に、ボツワナ政府はCKGR内に居住する住民（グイ、ガナのほかに、バントゥ系少数民族であるカラハリ族を含む）をリザーブ外へ移住させる計画を閣議決定していた。理由は次のように二つあった。すなわち、リザーブを無人地帯にすることは、野生動植物を保全し、それによって観光産業を活性化するために不可欠である。また、野生動物と同様のみすぼらしく、悲惨な生活を送っている人びとを文明の手で救いだして、定住集落に移住させ、ボツワナ社会の中に統合させる必要がある、というものだった。

第一の理由は、CKGRの管理運営は地域住民との協力によっておこなうものとする、政府自身の自然保護・観光政策とそもそも矛盾したものであった。動植物資源の管理と保全のためには、自然を熟知した狩猟採集民の叡智を活かすのが最善の策であることは、二〇〇〇年以上に及ぶセントラル・カラハリの人と自然の共生の歴史が証明するところである。それが故に、CKGRは一九六一年、当時の英保護領ベチュアナランド政府によって、ブッシュマンの狩猟採集生活を全面的に包含した形で策定されたものだったはずである。*文献56

第二の理由についても、人びとは、自分たちのこの土地での生活がみすぼらしく悲惨なものであるとは毛頭思ってもいないし、そこから救出してもらうべきだなどとは決して考えておらず、政府の決

文献56　Silberbauer 1965

定に対して何年にもわたって根強い抵抗を示してきた。「私たちの肉体と精神が宿る先祖の土地を離れて移住する計画など絶対に同意はしない。」人びとはそのように主張をつづけてきた。

しかしながら、十分に納得のゆく説明もされないまま、政府は移住計画を推し進めようとし、カデでは住民への一方的な説明会が何度も開かれた。多くの人びとは、移住計画が性急に推進されようとする、別の理由も疑いはじめていた。リザーブ内に巨大なダイヤモンド鉱脈が探査され、その開発採掘のためにこの地域一帯を無人化しようというのが、政府の真の意図なのではないかという疑いである。

一九九六年にボツワナ政府は、カデ地域の住民に対するリザーブ外への移住を最終的に通告した。これに対し、人権擁護団体をはじめとする国際的な抗議活動が活発に展開され、結果として政府は、いかなる人間も強制的に移住させることはしない、と約束した。

にもかかわらず、翌年には政府は、リザーブ外のニューカデ（コエンシャケネ――「命を探す」の意で名づけられた）への移住を半ば強制的に断行したのである。政府は移住の条件として、水道施設、学校、診療所などの諸施設の移転拡充はもちろんのこと、牛を各家族に無償で給付し、農業、牧畜の一層の振興を約束した。また、草葺き屋根の住居の移設のために、小屋材の運搬に加えて、小屋の大きさや数に応じて一家族あたり一〇〇〇プラから八〇〇〇プラ（一プラは約三三円、一九九七年当時）の補償費を支払うことを申し出た。多くの住民たちは先祖伝来の住みなれた土地から出てゆくことに断固反対したが、かつて白人農場で暮らしたことのある人たちや、牛牧畜を望む一部のカラハリたちが、まず最初に政府の提案に同意したようである。

住居移設のための補償金を受けとり、大型トラックでカデをあとにする人たちの姿を目のあたりにすると、残った人びとも次々とあとに続いた。もちろん政府の側が、ニューカデの建設を急ぐ一方で、カデの旧施設はいまにもとり壊されて廃墟と化し、人びとは住めなくなるかのような喧伝を流したことはいうまでもない。人びとは先祖伝来の土地への執着を断ちがたく、しかし、かといって政府の権力は恐ろしく、決断がつかないまま将来への不安を募らせていたことであろう。めったにお目にかかることもない多額の現金を目の前につきつけられて、あっけなく人びとは移住の波に乗っかってゆかざるをえなかった。強力なリーダーシップと政治的結束なしに、一国の政府の施策に抵抗することは不可能としかいいようがない。八月までの四ヵ月のうちに、カデは無人の地となったのである。

ニューカデには、移住が完了して約一年後、ようやく学校、診療所、売店、職業訓練所などの施設が完成し、六〇キロメートル遠方に掘られた井戸からパイプラインが敷設されて共同水道が設置された。牛と山羊、鶏が運びこまれ、順番に住民たちに配分されつつある。約一キロメートル四方の畑の区画には、獣害を防ぐための柵がめぐらされ、トウモロコシ、豆、スイカなどの栽培が奨励されている。しかし、農耕も牧畜もとても自給できる規模にはなりえず、狩猟採集の資源は以前にもまして乏しくなり、人びとの生活は依然として配給食糧と年金に依存せざるをえない状況である。

ニューカデはゲーム・リザーブの外ではあるが、それに隣接した野生生物管理区域に指定された場所に位置しており、土地所有権の主張は許されていない。人びとが使用できるのは、一家族あたり二五メートル×四〇メートルとあまりにも狭く区画された居住区域（プロット）と、柵で囲われた畑地の中に割りふられた一ヘクタールの区画だけである。牛や山羊の放牧と狩猟採集は自由におこなってよいとはされているが、家畜の数は十分とはいえないうえ、狩猟の対象とする動物はリザーブの中に比べて格段に少ない。

土地の権利を奪われ、したがって開発はおのずから制限されており、生産の基盤も欠いたまま、ますます人口の増大する新居住地ニューカデのかかえる問題はあまりに大きいといわざるをえない。

秋山は、第一回の調査期間の最後の三ヵ月間に、ニューカデへの移住にまつわる政府と住民の駆け引き、そして真っ先に移住に同意した人たちに続いて次々に移住の波が高まっていった様子を克明に

写真●10－1、2（左）　強制的な定住化政策で、大集落となったニューカデ。今日では約1500人（2005年現在）が集住し、様々な問題を引き起こしている（撮影：秋山裕之）。

1

2

追跡していった。（秋山裕之　私信）いったん八月に帰国した秋山は、一一月には再びフィールドにたち戻り、ニューカデへの定着の過程を追い続けながら、一方で彼のもともとの研究課題であった学校教育と子どもたちの生活の問題にたち返り、カデと新居住地ニューカデとの比較から、興味深い多くの事実を明らかにした。＊文献1・87

カデ以外の地からも、多くの人びとがニューカデに、あるものは呼び集められ、またあるものは自発的に集まってきて、人口はたちまち一〇〇〇人を超える規模となった。児童の数もそれに見合って増加し、生徒数は二百数十名にふくれあがった。学校で使用される言語はツワナ語であり、学童たちは授業でツワナの歌や踊りを教えられ、聖書から題材をとったツワナ語劇を演じ、ツワナの太鼓演奏をおこなう。おとなたちが、牛や山羊を飼い、農耕に従事しつつ、定住化の道を歩み、賃労働などによって急速に現金経済に慣れ親しんでツワナ化の道を歩んでいくのに併行して、子どもたちに対しても、主として学校教育を通じて、強力にツワナ化が推し進められた。

定住化推進に携わっている政府関係者は、たしかにリザーブでの先住権をブッシュマンに認めようとはしないが、秋山のインタビュー調査によれば、彼らはことさらにカラハリ狩猟採集民としての伝統的な生活文化の破壊とツワナへの同化を意図しているわけではない。彼らは、狩猟採集を基盤とした暮らしを時代遅れで未開な生活様式だと信じており、国全体の発展のためにはブッシュマンをそのまま放っておくことはできないのだ、と素朴に考えているのである。

彼らのそうした考えはまさしく独善的なものであり、しかも不幸なことにその独善に無自覚である。それゆえに、「よりよい生活をブッシュマンにさせようとしているのだ」と善意の施策であることを主張する。教育問題にしてもしかり、政府が公教育によって意図的に文化侵略を試みているというよりは、現状の教育のあり方が文化侵略と呼ばれても仕方がないものだと為政者が認識していないというのが実情なのであり、結果として、ブッシュマン社会の多くの側面でツワナ化が進行しつつあるの

文献1　Akiyama 2001
文献87　秋山　二〇〇四

だといってよい。秋山によれば、小学校低学年児童はツワナ語での教育についていけず、また、教師による鞭打ちを嫌ってかなりの児童が中途退学してしまうが、勉強の好きな児童も多く、七年生まで就業した生徒の多くがハンシーの中学校へ進学するという（秋山裕之　私信）。

電気があり、多くの大商店があり、政府の建物、銀行、郵便局があって、活気があり、賑やかな、彼らからすれば大都会とも映る砂漠の小さな町ハンシーは、文明の象徴としてのあこがれの地である。卒業生の半数は中学校へ進学し、都市生活へと流れていくようである。中学生は都会とニューカデ集落を橋わたしする仲介者となり、ニューカデのさらなる変化を促す大きな役割を担っていくであろうと考えられる。今はまだプロットの区画だけを除けば、自然の中にどっぷりと埋没して存在するニューカデの世界だが、そこに文明と都会の香りが満ちあふれるのもそう遠いことではないような気がする。

ニューカデへの強制移住が断行された後、高田明君が新たなメンバーとして調査に参加したところで、私はニューカデへはじめて訪れた。一九九七年九月二六日に出発し三〇日にヨハネスバーグへ着いた後、車を調達したり買い物をしたりしてからボツワナに入国、ニューカデに到着したのは一〇月六日であった。高田は文学部で社会心理学を学び修士課程を終えたのだが、アフリカ・センターに進学し、ブッシュマンのニューカデへの移住が進行しているさなかの七月にボツワナに入国した。この時期は、国際世論の非難が集中する中、リザーブ内のブッシュマンをニューカデへ移住させている最中であり、ボツワナ政府は私たち日本人チームの調査活動を含めてCKGR問題にはたいへん神経を尖らせていて、高田の調査許可申請に対して、なかなか色よい返事をかえしてくれない。

高田は、許可のとりつけと長期滞在ビザを取得するために、長い道のりを何度もハボローネまで往復しなければならなかった。さらに気の毒なことに、秋山の使っていたディーゼル仕様のハイラックス・トラックを引き継いでいたのだが、電気系統の故障が頻発し、バッテリーが過充電となって液が

写真●10―3　高田明とトーノー（撮影：丸山淳子）。

ふき出し、絶えずバッテリー液を補充しながら走らざるをえなかった。この車はついにヨハネスバーグのトヨタ本社に下取りに出し、新たにガソリン仕様のハイラックスと交換してもらって、後の調査につなげることとなった。

2　ソッサスフレイの洪水

ともかく高田とニューカデで一〇日間を過ごした後、私は一〇月一七日に出発、ハンシーに一泊後ナミビアに向かって、再度コイコイの調査地候補を探ってみたいと思った。ウインドフックでは定宿コンチネンタル・ホテルをやめて、はじめて高級ホテルのカラハリ・サンド・ホテルに泊まってみる。駐車場も完備していたし、玄関を入ったすぐ横にはカジノまで出来上がっていた。なによりも歩いて買い物に出るにも便利な立地条件がある。一九日は買い物をしながら休養をとり、二〇日南へ向かってギベオンへ。ギベオンとベルセバがコイコイの住む町であり、その周辺には牛を遊牧してまわっているコイコイの集団がいるはずだとの推定で訪ねてみたのである。ギベオンの町を一回りして、それから南西へ向かってゆっくり車を走らせる。道路の両側は家畜が入ってこないように柵で囲われていて家畜の遊牧はできそうにない。柵の切れたところにコイコイの村があり、風車がまわっていて、小屋が五つほど建っている。車を停めて立ち話をする。私はナマ語はほとんど知らないのでちゃんとした意思疎通はできないのだが、彼らは牛、羊、山羊を飼っていて、半ば自給自足的な暮らしをしている様子である。誰か若い学生でコイコイを調査したいという人が出てくれれば、調査の対象にはなりそうだとの感触を得る。

さらに南西に進み、ヘルメリングハウゼンから南へとベタニーに向かうと、新しいレスト・キャン

写真●10―4、5　湛水したソッサスフレイ。普段は左のように干上がっている。

4

5

プができており、そこのバンガローに宿泊することにする。経営者の親父さんと娘が近くの洪水跡の川を見に行こうというのでトラックに乗って連れていってもらう。七時半に帰ってきて、そのままバーでビールを一杯飲みながら若いバーテンダーと世間話をしていると、彼が言うに、今年は一二年ぶりに大雨が降り、ソッサスフレイの窪地にはまだ水が溜まっている。あれほど溜まったのはじつに二一年ぶりのことだという。ソッサスフレイにはすでに二回行って砂丘登りをしていたが、水に満たされたソッサスフレイを今後はもう見ることができないであろう。予定を変更して寄り道をすることにする。

一〇月二三日、朝飯を食べて出発し、昼頃にセスリーエムに到着する。川はすでに干上がっていたが、川原のそこかしこが抉られて、洪水のツメ跡がまだ生々しく残っている。新しく作られたテンテッド・ロッジは二食付きで五三〇ナミビア・ドル（南ア・ランドと同じ換金レートで約一万三千円）とやや高いが、その日はテントを張るのも億劫になって奮発してロッジ泊まりとする。

目覚まし時計をセットして五時半に起床、前夜に注文しておいた朝食パックをもらって出発する。六〇キロ制限のところを人っ子ひとり、車一台とていないので一〇〇キロで飛ばしていく。なるほど窪地には水がたっぷりと溜まっていた。二月に大洪水で溜まって以来八ヵ月が経つが、まだ水は十分に蓄えられていた。しっかりお湿りをもらったおかげでカラハリと同じスイカがゴロゴロと転がっている。池の傍にはきれいな花が咲き誇っている。ここで花が見られるのも一二年ぶりのことなのであろう。蛙が水辺で遊んでいる。普段はからからに干からびた窪地の地中で何年も眠っていたのだろうか、それとも上流から流されてきたものなのだろうか。小鳥たちも飛んできて水浴びを楽しんでいる。ナミーブ砂漠特産のメロン、ナマ語でナラと呼ばれる植物（*Acanthosicyos horridus*）もよく実っている。この植物はウリ科であるにもかかわらず蔓性でなく、灌木になっており、水分の蒸発を抑えるために葉はすべて棘になっている。例年は雨がほとんど降らないので、根を長くのばして地下から水分

写真●10—6、7　ナミーブ砂漠特産のメロン *Acanthosicyos horridus*。ウリ科であるが、蔓性ではなく灌木となっている。

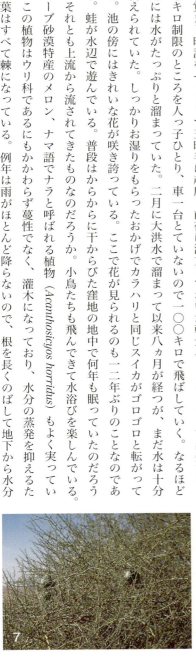

をとり入れて生育する。昔はコイコイの貴重な食料であり、水源ともなった植物である。

この年の旅では、初めて西アフリカを訪れることになるが、その話は後回しにすることにして、定住化を強いられたブッシュマンたちの姿をレポートすることにしよう。

3　ノアアヤの死――定住化の犠牲となったか？

一九九八年七月九日、定住化が強行されて一年が過ぎたカラハリを調査すべく、菅原、高田と三人でハンシーに到着する。カラハリ・アームズ・ホテルにチェックインしようとするが、珍しいことに今日は大統領とその一行が泊まっていて満室だというので、庭のキャンプ・サイトにテントを張って泊まることになる。こんな田舎の町でいったいどういう催しがあるのだろうか。さすがに大統領が宿泊するとなると、銃をもった兵士たちが何人も周辺を見まわっていて警備が厳しい。これならテントへ泥棒に入る者もいないだろうから安全ではあるが、このものものしい警護の中でキャンプするのはあまり気持ちのよいものではない。翌朝七時に食堂へ行って朝飯を食べ、早々にテントをたたんでホテルを出る。ガソリンを補給し、買い物をしたり、郵便物を受けとったりして、出発は一一時半になり、途中一時ごろに買いこんできたサンドイッチで簡単な昼食をとり二時半にニューカデに着く。

真冬だというのに朝の気温は一〇度ぐらいあって寒くない。日中暖かくなったので、ダオグーとトーノーを連れて、病気で寝込んでいるというノアアヤの見舞いに行く。彼はニューカデへ越してきてから、付近には狩りをする動物もいないので、プロットの自分の小屋でただぶらぶらと時間を過ごす日々を送るようになった。移住手当で四〇〇〇プラ（一プラは当時のレートで三三円）もの現金を手にし、支給されたお金で缶ビールを買い込んで、いつしか酒浸りに陥るようになり、ついに肝臓を壊

写真●10―8　晩年のノアアヤ。定住化の中で酒浸りに陥るようになり、ついに病死してしまった（撮影：今村薫）。強制された定住化の犠牲者と言えよう。

してしまったようである。もともとブッシュマンにはアルコールに弱い人が多いのだが、彼もそれほど強い方ではなかったのであろう。一変したプロット街区での居住環境の変化に加えて、自然の中で自在に狩猟活動をしていた生活をも放棄せざるを得なくなり、そこに寄る年波も影響していたのであろう、アルコール浸りの無気力な生活にはまりこんでしまったようであった。黄疸症状はこのときやや引いていたが、腹部が腫れているのは、アルコール性肝炎のために肝臓が肥大しているからであろう。その後、私が八月に帰国してどれぐらい経ってからであろうか、「ノアアヤが息を引き取った」と高田から訃報を受けとることになった。荒野の自由人、砂漠の狩人の、定住化政策による犠牲者になったといってよいのだろう。七〇歳になってもかくしゃくとして槍を片手に犬を引き連れて狩りに精をだしていた、あの元気だったノアアヤのあまりにあっけない最後であったと思われる。

　ニューカデのプロットの区画から北東へ五〇〇メートルほど離れたところに、われわれ日本人チームが住みつけるよう、ハンシー・ランド・ボード（ハンシー土地区画局）から約一〇〇メートル四方の土地を貸し与えられたので、その一画に物置小屋を作ることにした。一〇キロ以上離れた林から柱にするためのアカシアの木を伐ってきて、直方体の骨組みを建て、ハンシーから木製の扉、屋根に葺くトタン、クレオソートを塗った丸太の杭、金網などを買い込んでくる。壁は近くのブッシュを切ってきて編みこみ、外側に草を並べていって紐で縛っていく。家畜が壁にした草を食べに来ないように、小屋のまわりに杭と金網で柵を作って近づけないようにする。さまざまな道具類や、調査用具、食料品、鍋や食器などをプラスチックの箱の中に入れて整理しておくが、荷物はだんだんと増えていく。それでも雨のときにはこの小屋の隅っこでガスコンロを使って簡単な食事はできるし、一人ぐらいなら折り畳みベッドを置いて昼寝ぐらいはできる。

　七月一四日、小屋もだいたい出来上がって、夕食後にくつろいでいるときにダオグーが年寄りから仕入れてきたというお話を聞かせてくれる。ピーシツォワゴ〈ガマ＝創造神のことを神話ではピーシ

写真●10―9　ニューカデの日本人調査基地。カムアと呼ばれる *Lonchocarpus nelsii* の木には良い雨が降るとピンクの花が満開となり、まるで桜のようできれいである。右からギュベ（後ろ向き）、キレーホ、トーノー、筆者（撮影：田中憲子）

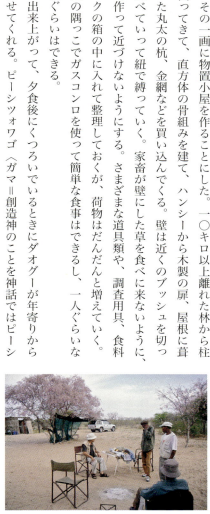

ツォワゴという。ツォワ＝子ども、小さいものから来ているらしく、話の中では、動物などにもこの接尾語をつけて、アバツォワゴ＝アバ（犬）＋ツォワゴ、犬っこ、ゼロツォワゴ＝ゼロ（ダチョウ）＋ツォワゴ＝駝鳥っこ、といった使い方をする〉と彼の二人の妻、ツァムツォワゴ（太陽っこ）とノエツォワゴ（月っこ）の話である。

その昔、ツァムツォワゴとノエツォワゴがおり、二人は並んで横になっていた。ピーシツォワゴの二人の妻たちである。ピーシツォワゴには小便をしたり、子どもを生ませたりする穴がなかった。ピーシツォワゴはアカシアの木に登って唾を垂らした。二人の妻の間にアカシアの棘が落ちており、妻たちはこの棘でピーシツォワゴの股間をツァラーと裂いた。尻は二つに裂けて穴も開いた。さまざまな鳥、ありとあらゆる鳥が生まれてきた。それでこの世に鳥たちが誕生したのだ。そういうお話である。

すでに四〇話ぐらいの民話、神話を聴きとっていたので、もうそれほど面白い話は残っていないようである。もう一つ短い話を仕入れ、二〇日になって私と高田はナミビアへと出発する。私の方は途中からヨハネスバーグに引き返して帰国しなければならないので、二台の車で出かけることになった。先述したように、ボツワナ政府は、国際的にも大きな非難の上がっているCKGR問題にできるだけ触られたくないらしい。高田のニューカデでの調査許可申請に対して、いつまでも許可を出してくれない。ナミビアのニャエニャエ地域よりも北方に彼の調査に適合するブッシュマンのグループがいるのではないかと、そちらの方を探訪してみることにしたのである。ウインドフックのニャエニャエ開発基金事務所でメガン・ビーゼリーの居所を尋ねると、ペンション・スタイナーに泊まっていると教えてもらって、彼女に会い相談する。ツメブからオンダングワに行く幹線道路より北東へ、オヴァン

写真●10—10　ブッシュマンの民話や神話には頻繁に動物が登場する。壁画に描かれたこうした架空の動物パラツォワゴがお話の中に出てくることもある。

ボ・ランドの東のはずれへ行けば、調査するに適当なブッシュマン集団がいるかもしれないと教えられ、翌二三日は北に向かってオチワロンゴを過ぎオウチョまで進む。

ここからは幹線道路を避け、できるだけ田舎道を走って、調査にふさわしいブッシュマン・グループがいないか尋ねながら走行する。ツメブから北北東に七五キロのツィンツァビスには一九九〇年に引き上げるまで置かれていた南ア軍の基地跡があり、土塁に囲まれて学校が建っている。基地跡の北側に村があるというので行ってみるが、鉄柱にトタン屋根だけの廃墟があり、おそらくここにテントが張られて兵士たちが寝泊まりしていたのであろう。ブッシュマンが何人かいるようだが、この廃墟のような村で調査する気は起らない。東へ細い砂道を八〇キロばかりでマンゲッティに着き、そこから南へ七キロ行ったところにB&B、キャンピングのサインを見つけ、もう遅くなったので今日はここまでとする。白人の農場の中に作られたゲストハウスとキャンプ場であった。ドイツ人が数人泊まっていて一部屋だけ空いている。今夜は団体さんとともにバーベキュー・パーティーをやるので、よければご一緒にどうですかといわれ、ご馳走になる。

マンゲッティ・ウエストへ行けばブッシュマンの村があると言われて、出かけていくが、この辺りはドイツ人やアフリカーナーの農場地帯で、ブッシュマンたちはそこに雇われている者と、そうした者たちに寄生するように暮らしている人々が多い。やはりオンダングワの方まで北上して、アンゴラ国境沿いに東へ分け入って探してみる方がよさそうである。あの辺りは以前に大崎や今村と通ったことがあるが、そのときにはカプリビ・ストリップから出てきてオカバンゴ川を遡り、アンゴラとの国境近くのサバンナの景色に目を奪われ、村がボチボチと出てきてオヴァンボ・ランドに入ってきたのだなと思っただけで、ブッシュマンたちがいるかどうかはあまり気にしないで走っていたのである。幹線道路に戻ってフルートフォンテインのキャンプ・サイトでその夜を過ごす。私自身はここで時間切れとなった。前日から風邪気味になってしまったので、これ以上無理して北のサバンナ地帯の探索につきあうのは諦めて、帰路に着くことにする。この後、高田は、私たちが以前に通った道路より五〇キロほど南の道路際の、すでに五〇年ほど前に定住した人々ではあるが、エコカというところに住むクンとハイオムの二つの言語グループに狙いを定め、彼らの育児様式、乳幼児の発達過程の研究を進めることになった。

4　乳幼児の発達と育児の研究

このように、高田の調査許可取得は非常に難航したが、新しく開拓したフィールドでは、乳児の発達過程と育児行動を詳細に観察、分析し、それを、ニューカデで入手しえたデータと比較することによって、両者の異同をも見すえたたいへん興味深い研究成果を挙げたので紹介しておこう。ブッシュマンの赤ん坊について、私は過去に『砂漠の狩人』でも多少は触れているが、いま一度紹介しておこう。

あかんぼうの成長は、日本人などの場合より早いようである。小さいときから尻や腰の発達がよく、七、八ヵ月でもう立って歩く。（中略）たっぷり二年から三年間授乳され、その間は四六時中母親と密着して過ごす。（中略）ブッシュマンたちは、上の子が乳離れするまでの間、次の子を作ることをしない。上の子が満足に育たないと信じられているからである。事実、日々の食事にむらが多く、総体に消化が悪く栄養価の低い食事をとっているブッシュマンたちにとって、ひ弱いあかんぼうは、できるかぎり長い間、母乳と母親の全面的な庇護のもとに育てられる必要がある。*文献191

文献191　田中　一九七八

写真●10—11（左）定住後数十年を経ているにもかかわらず、狩猟採集時代の育児様式は、ブッシュマン社会でよく保持されている。乳児は絶えず直立姿勢に保たれ、その結果、生後二ヵ月経っても歩行反射は失われるどころかかえって増加し、独り歩きが早くなることを高田明は確認した（撮影：高田明）。

一般に、新生児を立たせた状態で体を前方に傾けると足を前に踏みだす歩行行動をとる。これは歩行反射といわれ、ヒトに生まれつき備わった原始反射の一つとされている。この歩行反射は、欧米や日本ではふつう生後二ヵ月ごろ消失し、生後七ヵ月になって再びあらわれる。ところがブッシュマンでは歩行反射は二ヵ月を過ぎても消失せず、七、八ヵ月目にはすでに独り歩きができるようになるのである。

ヒトの新生児には民族の違いはほとんど認められないので、歩行反射が二ヵ月でいったん消失するかどうかは、養育行動などの育児環境の違いによっていることが、乳児の発達を研究してきた発達心理学者や文化人類学者によって指摘されてきた。

リチャード・リーやメガン・ビーゼリーが長年調査してきた北部ブッシュマンのジュツォワ（クン・ブッシュマンのドーベ地域やニャエニャエ地域での自称）で乳児の発達を研究したメル・コナーは、乳児が生後数週間からひんぱんに直立姿勢におかれることを報告した。[*文献27] 母親は直立姿勢のあかんぼうを腰の側面に帯で吊り下げて移動する。また地面に座ってくつろぐときにも、おとなはあかんぼうを膝の上で抱えあげて立位を保持し、そしてひんぱんに上下運動させる。乳児を立てて揺するこうした一連の行動は、心理学ではジムナスティックと呼ばれている。

高田は、定住後まもないニューカデでも、また、新しく開拓したフィールド、ナミビア北東端のエコカのクンならびにハイオム・ブッシュマンについても、ジムナスティックが頻繁におこなわれ、乳児は絶えず直立姿勢を保たれ、その結果、二ヵ月経っても歩行反射は失われるどころかかえって増加し、独り歩きが早くなることを確認した。ジュツォワやニューカデのグイ、ガナのように定住が始まったばかりの集団だけでなく、エコカのクンやハイオムはすでに定住後五〇年を経ているにもかかわらず、狩猟採集時代の育児様式はよく保持されているのである。[*文献181・60]

頻繁な移動を繰り返す狩猟と採集の生活様式においては、授乳と安全のため、母親はどこにでも乳

文献27　Konner 1976

文献181　高田　二〇〇二
文献60　Takada 2015

児を連れていかねばならず、大変な負担となる。子どもが早くおとなと同様に歩くようになることは、母親の労力を軽減するとともに、その子の生存のためにも重要なことだったのである。こうした、狩猟採集にしっかりと根づいたブッシュマンの育児の根幹ともいうべきこのやり方は、容易には変わることはないのであろう。

5　都会化して物騒になったハボローネ

とはいえ近代化の波は、文字通り世紀末の様相で、アフリカに押し寄せている。翌一九九九年の八月二日、三度定住地ニューカデを訪れるべく、ハボローネのクレスタ・ロッジに宿泊して、朝から銀行へ換金に行くために町の中心部の駐車場に車を停めた。一台は菅原、大崎、それにこの年から私たちの調査に加わってくれた、マラリア研究の権威で寄生虫学・内科学の西山利正君（現在は関西医科大学教授）が乗ってきたもので、もう一台は私と妻の憲子が乗ってきて、適当に空いているスペースに駐車しておいた。銀行で予想外に時間がかかり遅くなったので、憲子は一足先に車に戻って助手席に座って待っていることになった。たっぷり二時間ほど銀行で待たされたのだが、その間に、人の気配がないところを見計らって、菅原たちの車の後輪にナイフを突き刺してパンクさせた奴がいたらしい。私の車には憲子が乗っていたので、だいぶ離れたところにあった菅原たちの車が狙われたようである。ぺちゃんこになったタイヤを見て、すぐ誰かの悪質ないたずらだと分かったが、タイヤ交換するしか仕方がない。男三人がいれば十分なので、私と憲子は先にホテルに戻っていることにしたが、彼らの帰りがあまりに遅い。昼飯を食って買い物でもしているのかと思っていたら、午後三時ごろになって菅原からホテルの部屋に電話がかかってくる。タイヤ交換している最中に、助手席に置いて

写真●10－12　都会化したハボローネの街。60年代の写真1－5（一一頁）に写っている給水塔が見える。

あった荷物を盗まれたというのである。工具とジャッキをひっぱりだして、まずジャッキ・アップし、ホイール・レンチでナットを外して、タイヤを取り換える。そんな作業を終えてふと見ると、助手席に置いてあった上着や荷物がなくなっていたというのである。はじめてハボローネの町を訪ねた三三年前には考えられないことであった。この同じ駐車場に、車の荷台に荷物を積んだまま商店街に買い物に行っていても、盗まれるようなことはまったくなかったのである。むろん助手席に荷物を置いて、彼らはドアをしっかり施錠しておいたのだが、三人がタイヤ交換するのに気をとられている間に、盗人は助手席のドアを合鍵か何かを使って開け、中にあったものをかっさらって姿を消したのだ。何人かのグループによる計画的で悪質な犯行だと思われる。

それにしても大の男三人が皆そろって後輪の交換に注視していることはなく、一人ぐらいは前にちらちらと目を向けていてもよかったし、あるいは荷物は後部荷台のキャノピーの中に入れておけば問題なかったのだ。力仕事をするのに上着は邪魔になるだろうが、ご丁寧なことに貴重品を入れたウエスト・バッグまで取り外して、みな助手席に放り込んであったのである。銀行で交換してきたばかりの現金をはじめとして、大崎と西山はパスポート、このほかに大崎は運転免許証、西山はクレジット・カード、そして全員の上着類、これらを一瞬の隙に盗られてしまったのである。後で後藤さんにこの話をしたら、彼の奥さんのジェーンさんもホリデーインの駐車場に停めておいたら、友人と夕食をしている間に車ごと盗まれてしまったとのこと、ハボローネも物騒な町になってしまった。一九六六年の首都建設から三三年の間に都市化が進み、犯罪もどんどん悪質化してきているようである。プレトリアの総領事館に電話をかけて、二人のパスポートの再発行をお願いする。西山は日本で留守居をしている奥さんに電話してクレジット・カードの使用停止と再発行をクレジット会社に申し入れてくれるよう依頼した。盗られた現金は戻ってくる当てはない。

実はこの頃、伊谷さんが総監修して、放送大学の人類学シリーズで、ニホンザル、チンパンジー、

写真●10—13　ハボローネ市内もすっかり賑やかになって多くの車が行き交うようになった。

南米のサル、狩猟採集民、遊牧民、焼畑農耕民などの番組を一〇本ほど製作していたのだが、今回はカラハリのブッシュマンを題材にすることになり、私と菅原がこのビデオの製作指導と解説をすることになっていた。ビデオ作製のための撮影許可を取得するのに後藤さん夫妻が政府と掛け合って許可を入手し、撮影班と後藤さんはウインドフックに集結してレンタカー二台を仕立て、一三日にニューカデに到着した。二週間ほどの滞在で六〇分のドキュメンタリー番組を撮ろうというので、スケジュールはなかなかにタイトである。カラハリの自然、動植物から始まって、騎馬猟、罠猟、トビウサギ狩り、植物採集、小屋づくり、料理、そして食事の分配などなど日常の生活をひととおり写し終わった後、昔のCKGRでの生活を回想するために、コイコムからカデ・パンへ、さらにオクワ川沿いに私がはじめてブッシュマンに出会ったカルー近くまで行って、いまや五〇歳を越えたダオグーと二人で最初の出会いやその昔の暮らしぶりを回想する。コイコムの以前の学校や診療所はすっかり取り壊され、新たに野生生物局の役人が常駐していて、リザーブへの入場料とキャンプ代を徴収される。ニューカデに引き返して、ウエテベたちに頼んで初潮の儀式であるエランド・ダンスを踊ってもらう。菅原が自然認識の一環として、ブッシュマンが鳥をどのように認識しているか、助手の青年たちに語ってもらっているので、その聞き取りの様子を再現してもらう。キレーホとカーカの二人が大袈裟な身振り手振りよろしく、いろいろな鳥が羽ばたくさまや囀り、ときに大きな声で啼く様子を巧みに演技する。私はゼロツォワゴ（駝鳥っこ）だけが脇の下に隠してもっていた火をピーシツォワゴ（神様）がいかにして盗み出し、人びとに与えたかという神話を披露する。そうして二週間はあっという間に過ぎ去った。

私はビデオ撮りの協力のために駆けずりまわっていたが、西山医師は大崎を助手兼通訳にして木陰にテーブルと椅子を置き、診療に忙しくしていた。ニューカデにはまだ小さな診療所ができているだけで、看護師が薬をくれるけれども、医者はいないので、日本から名医が来たとなれば、彼は大もて

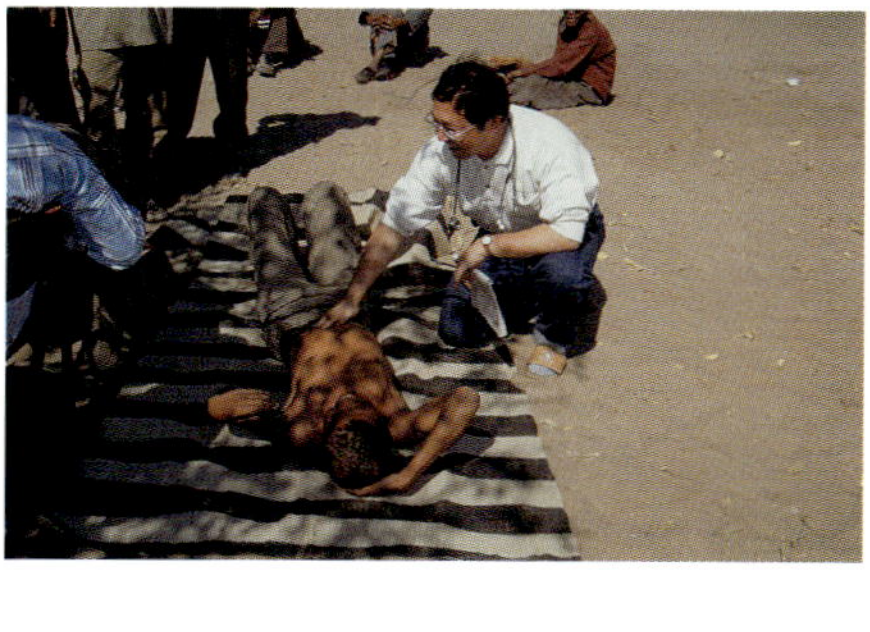

写真●10—14　診療中の西山利正。

で休む暇さえなかったのではないだろうか。外傷や結膜炎に加えて、肺結核と性病がやはり多いが、子どものうちにBCGの注射をするようになったし、ペニシリンなどの抗生剤を投与するので、健康状態はよくなっている。ただ心配されていたとおり、いまやエイズがこのニューカデの地にもだいぶ入りこんできたらしく、現時点でその治療はまだできる段階ではなかった。

6　ブッシュ生活への回帰

ニューカデへの移住が強行されてから三年後の二〇〇〇年八月には、新しくアフリカ・センターの大学院に進学してきた丸山淳子さんが調査隊のメンバーに加わることになった。

カデ地域で狩猟採集をベースに、数十人程度のこじんまりしたキャンプ単位で、自然と親しくつきあって生活していた時代を長く経験してきた私や菅原、大崎、池谷、中川、大野などは、この狭苦しいプロットに割り振りされ閉じこめられたニューカデの定住地は、どうにもなじめないものだった。原野の自由人としてカラハリの広大な土地を自在に歩きまわり、動物を狩り、木の実や草の根を採集しながら生きていた人たちが、いまや小さな区画のプロットをあてがわれ、野生動植物を追い求めるかわりに、牛や山羊や鶏を飼育し、畑を耕し、しかしそれだけではとても食べていけないから、政府からの食料配給と老齢者への年金に依存して暮らしている。その姿は私たちには、みすぼらしくさえ感じられたのである。

しかし、古いカデでの暮らしぶりを見たこともなく、はじめてニューカデの地でブッシュマンに接した丸山は、ここでの人びとの生活に何の違和感ももたなかったようである。彼女は一〇〇〇人を越すニューカデの街並みに融けこみ、なかでも年齢の近い若い男女と親しく交友関係をつくりあげ、ま

写真●10—15　植物を採集する丸山淳子。持っている根っこはピーと呼ばれ、絞ると苦い水が出て、乾季の飲料水になる。（撮影：高田明）

た、政府の役人や学校の先生、診療所の看護師といった外来の人々とも隔てなくつきあって、ニューカデの全容をさまざまな角度から分析し、明らかにしていった（図10—1）[*文献234]。

やがて丸山は、プロットに区画割りされた街区の外側に、定住地を嫌って逃げだした人びとがかなり存在する事実にも気がついた（図10—2）[*文献235]。当時人びとに配分されていたプロットは三三五あったのだが、すでにこのうちの三分の一以上に相当する一三一のプロットは人が住まない状態になっていたという。この空きプロットのうち、三〇プロットの持ち主は他人のプロットに寄宿し、二七プロットの持ち主はギョムやメツェアマノンなどリザーブの中の元の住みかへ戻っていた。そしてもっとも多い四四のプロットの持ち主は、定住地を忌避して何キロメートルも離れたブッシュの中に引っ越し

文献234　丸山　二〇〇四

文献235　丸山　二〇〇八

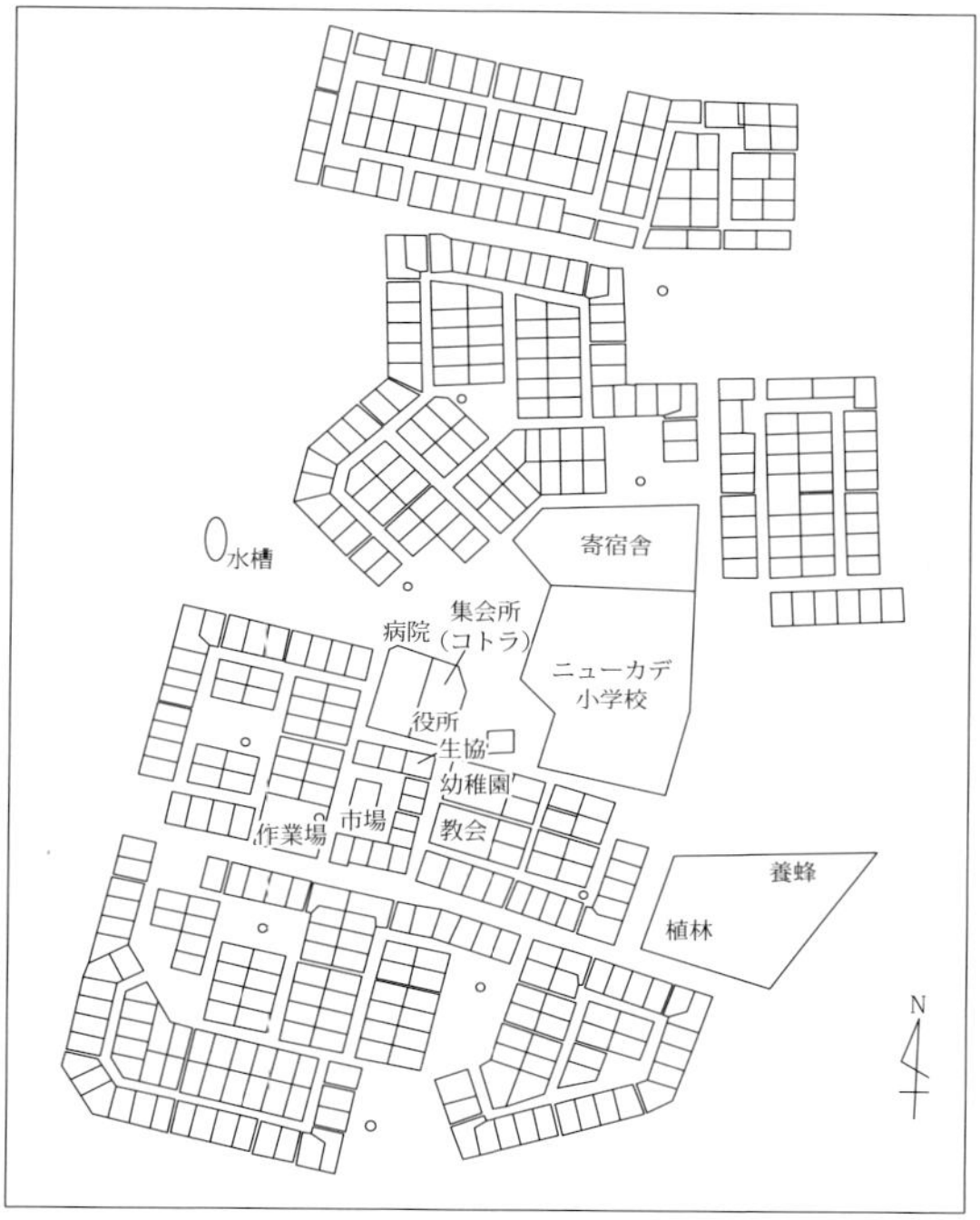

図●10—1（左上）Land Boardによるコエンシャケネ（ニューカデ）の設計図　*文献234。

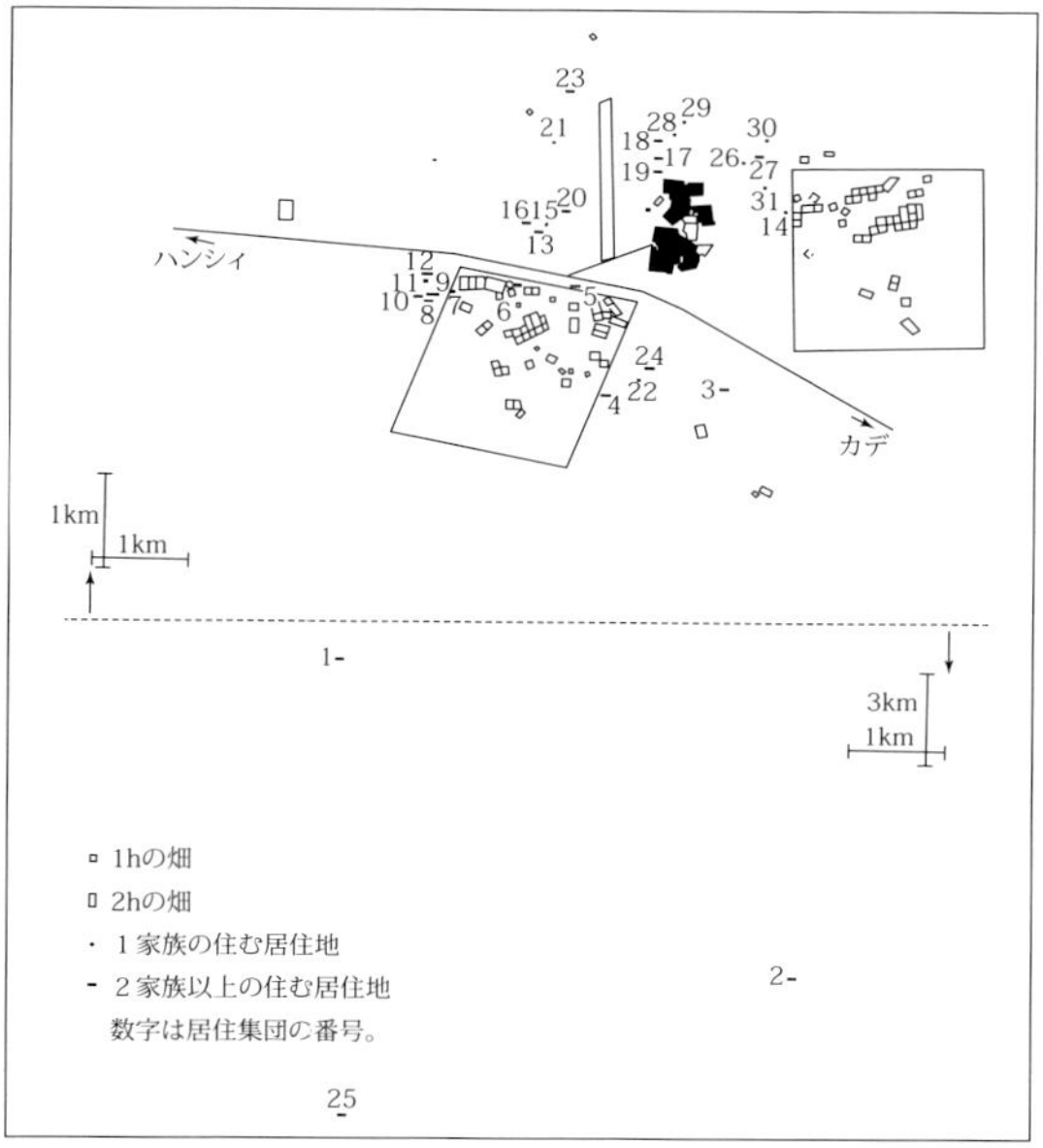

図●10—2（左下）プロット外につくられた居住地（二〇〇一年五月）*文献235。

ていたのである。

政府が指定したプロット以外の場所に住むのは違法行為であり、皆はそのことを知っている。だから、定住地の外側に許可なく居住することを、不法占拠を意味するツワナ語の「マイペイ」をなまって、「マイパーをする」と呼んでいる。

ニューカデにマイパーが増えはじめたのは、丸山によれば、定住から三年が過ぎた二〇〇〇年の大雨がきっかけとなったという。彼女は次のように報告している。

それまでも、収穫期に畑の近くに住んだり、数週間にわたる狩猟採集行のために再定住地から離れた場所で過ごした人びとはいた。ただし、これらはいずれも短期的な住まいであり、その数も多くはなかった。しかし二〇〇〇年の大雨がきっかけとなり、マイパーは急増する。この年の雨期（一九九九年一二月から二〇〇〇年一月）、ボツワナは例年にない大雨に見舞われた。連日降り続ける雨に、人びとは収穫を見こんで次々と畑をひらいた。その結果、全部で八三筆の畑が耕され、もっとも多いときで大人だけでも一〇〇人以上が家を建て、そこで暮らすようになったのである。やがて収穫期が終わる五月を過ぎても、その大半はプロットに戻らなかった。そればかりか、畑を離れて再定住地からさらに遠い場所や、家畜囲いの近くに引っ越す人も出てきた。二〇〇一年一月の二度目のウシの支給によって、合計一二五人がウシを手に入れ、再定住地の周囲に家畜囲いを設けるようになっていたのである。

畑や家畜囲いの近くに長期にわたって居住することは認められていないものの、収穫のための仮住まいをつくることは黙認されていたし、家畜囲いも好きな場所につくってよいことになっていた。こうした法の隙間を縫うようにして、人びとは徐々に再定住地の外側へと居住域を広げていったのだろう。二〇〇一年五月になると、コエンシャケネ（ニューカデ……引用者注）の全成人人口五三九人の約四分の一に相当する一三八人が、再定住地を離れブッシュのなかで生活していた。そして二八のマイパーが再定住地を取り囲むように四方に散在していた。こうしてコエンシャケネには、政府の思惑に反して、再定住地の内と外、すなわち空き地の目立つプロットとブッシュにつくられたマイパーというふたつの居住域が誕生したのである。*文献234

丸山は、プロットでの生活とマイパーの人びとが送る生活を詳細に調べあげた。マイパーは大きく二つに分けることができ、畑の近くに作られるものと家畜囲いの近くに作られるものは定住地の周辺五キロ以内にあり、定住地から遠く離れたブッシュの中に作られるものはおよそ一〇キロの距離にある。定住地の大人数の集住、かつて一緒に生活したこともない見知らぬ人びととの共住、そして定住地が醸しだす喧噪やいさかいなどを嫌って、外部に逃避したマイパーの人びとであるが、定住地の水道水や月々に配られる配給食料、その他もろもろの情報の入手のためには、あまりに遠くへ居を構えるというわけにもゆかず、日帰りで往復することの可能な一〇キロ程度というのが、居住地を定める最大限の距離になるのであろう。

マイパーでは、移住以前からよく一緒にキャンプを共にしていた親しいものどうし、二〇〜三〇人程度の集団を作って暮らしており、彼らの生活内容も、遠くへ離れるほど狩猟採集という以前の生活様式を色濃く打ちだしている。まさしく政府の意図する定住化、集住化、近代化（ボツワナ国民のマジョリティであるツワナ人が作りあげている文化、すなわちツワナ化を意味しているのだが）路線への、反逆とまではいわないまでも、そこからの逃避現象といってもよいだろう。

ふだんは、スティーンボックなど小型アンテロープの罠猟やトビウサギ狩りをし、食用植物の採集をしながら、気心のしれた人々とのみ暮らしを続け、しかし、週に一度ぐらいは定住地へ出かけていって水汲みをし、情報を入手する。配給がおこなわれる日には、ちゃっかりと顔を出してトウモロ

文献234　丸山　二〇〇四

コシ粉やサラダ油をせしめてくる。ブッシュマンお得意のご都合主義と柔軟性は決して失われることはない。

マイパーの住民とプロットの住民との間には緊密な連携があり、両者の親族どうしの間では頻繁なメンバーの入れ替わりもあると、丸山は報告する。[＊文献236] 現金経済により強く依存する定住地の人たちと、野生の資源、畑の産物、家畜のミルク、ブッシュの中で得られる薪などが、両者の間で頻繁に往き来する。二つの居住地は、情報交換という側面でも、また、物質面においても相互補完的に成り立っているといってよいのである。

文献236　丸山　二〇一〇

7　生態人類学から地域研究への発展

ここで紹介した秋山や高田や丸山の仕事に象徴されるように、アフリカ研究は、対象と方法を広げながら発展している。

生態人類学研究の源流の一つは、一九五八年に始まる京都大学のアフリカ類人猿学術調査に求めることができる。今西錦司さん、河合雅雄さん、伊谷純一郎さんを中心としたこの調査隊は、当初ゴリラを対象として始められたのだが、これが日本からアフリカへ送られた最初の学術調査隊であった。[＊文献112・98・141] コンゴ動乱が発生して情勢が混乱したりなどした理由で調査の対象はゴリラからチンパンジーへと変わったが、長期観察調査が続けられ、大きな成果がもたらされてきた。

この研究は、当初から霊長類の社会進化史とくに人類社会の起源の究明を目指して進められてきた。初期人類の生活や社会がどのようなものだったのか、その実態は、現存する類人猿の社会と、現在の狩猟採集民の社会の両方を明らかにし、それらの資料を突き合わせることで再構成する以外に、科学

文献112　今西　一九六〇
文献98　伊谷　一九六一
文献141　河合　一九六一

的な方法がないからである。したがって、この研究は、類人猿を調査対象にしながらも、常に人間社会への道程を模索しながら進められてきた。

伊谷純一郎さんは一九六〇年の第三次ゴリラ調査に並行して、ウガンダ西南部のカヨンザの森に住むトゥワ・ピグミーの予察をおこなったが[*文献98]、これがアフリカにおける生態人類学調査の嚆矢であったといってよい。

人類社会進化史の再構成という視点にたち、ヒトの自然環境への適応、ないし自然とヒトとの相互関係を追究して、人間社会の成立基盤を生態学的に明らかにしようとする、いわゆる生態人類学的研究が本格的に開始されたのは、私が一九六六年に着手したカラハリ狩猟採集民ブッシュマンの研究以後のことである。

コンゴ森林の狩猟採集民ピグミー、タンガニイカ湖東岸の乾燥疎開林に焼畑農耕を営むトングウェ、ケニア北部の半砂漠で遊動的牧畜をおこなうレンディーレやトゥルカナやポコットなど、自然にきわめて密着した生活様式をもつ諸民族についての生態人類学的な研究が次々とおこなわれていったことは、ここまでの各章で詳しく取りあげたが、やがてこの研究は、コンゴ森林中の焼畑農耕民[*文献92・156・170・228・245・249・250]、ザンビアのミオンボ・ウッドランドのチテメネ焼畑農耕民、エチオピア南西部やウガンダ東部の農牧民についてもなされるようになり、多くのデータが集められるようになっている。

だが、アフリカはいま激変の時代を迎えている。「アフリカの年」といわれた一九六〇年以降、アフリカ諸国は次々と独立を達成し、人びとの生活や社会は急激に変貌していった。独立を果たした国々は国民国家の形成を急ぎ、世界経済の荒波にさらされていく。一九八〇年代にこの大陸を大規模に襲った大旱魃の苦難を経て、東西冷戦後のアフリカは、グローバリゼーションの浸透によっていよいよ植民地時代の矛盾をさらけだし、厳しい世紀末を迎えることになった。経済は疲弊し、政治は混乱して、地域紛争や内戦が各地で頻発した。私たちが生態人類学のフィールドとしてきた遠隔の地域、

文献98　伊谷　一九六一

文献92　安渓　一九八四
文献156　佐々木　二〇〇〇
文献170　末原　一九九〇
文献228　松井　一九七七
文献245　山田　一九八四
文献249　米山　一九七七
文献250　米山　一九九〇

写真●10—16　米山俊直。ザイール（現コンゴ）の焼畑農耕民テンボの村で、一九七六年（撮影：末原達郎）。

人々が素朴にそしておおらかに、自然の中にひっそりとたたずみ、自然と一体となって共生してきたところにまで、例外なく世界文明の波が押し寄せてきた。カラハリ半砂漠の最奥地のカデにまで、これだけのとどめようのない外文明の力が及んでくる時代なのである。

生態人類学は先に述べたとおり、もともとは人類進化史の再構成という視点にたち、自然との関わりの中で人類社会の成立基盤を明らかにすることを意図して出発した。しかし、ヒトが自然界の一員であるという大前提のもとに人間を全体として理解しようとすれば、人間のおこなうすべての所作が考究の対象とならざるをえなくなる。自然認識やエスノサイエンスの領域はもちろんのこと、これに密接に関連したものとしては民族医学・薬学、呪術、宗教、死生観、超自然、そしてコミュニケーション、言語、歌、踊り、物語や詩、遊び、さらには身体論や感情論といった領域にまで踏みこんでゆかざるをえないことになる。

近年の地域社会の変貌、流通経済の導入、政治の再編など、グローバリゼーションの進行によって、世界との結びつきがいっそう緊密になった状況化では、政治、経済、歴史によるマクロな視点からの分析も必要となってきている。

第3部で私がアフリカ伝統社会の変容期と位置付けた、一九八〇年代以来の私たちのブッシュマン調査隊のメンバーを顧みても、菅原、北村、今村はもともと動物行動学を方法論として出発した学徒であり、池谷は文化地理学、中川、大野は言語学、野中は昆虫利用にことさら興味を抱く人文地理学者であった。秋山は哲学を修めたのち子ども世界や教育問題に取り組み、高田は社会心理学を援用して人類学にとり組もうとしている。大崎は近年、古老からの聞き語りに注目して、過去一〇〇年間ぐらいの歴史の再構成を目指しており、[*文献118] 池谷もまた、古文書の手がかりを求めて植民地時代以降のブッシュマンとツワナ人、カラハリ族との交流過程など歴史の掘り起こしに精をだしている。[*文献93] グイの人びとの会話分析を緻密にこなしてきた菅原は、社会行動の解析だけに飽きたらず、最近では身体論や感

文献118　大崎　二〇〇一

文献93　池谷　一九九四

情論の領域にまで踏みこんで分析をおこなっている。[*文献172]

一九九九年からは、西山利正医師と南部アフリカの開発経済学を専攻する峯陽一君（現在は同志社大学教授）の二名に調査隊に加わってもらうことができた。先に紹介したように、忙しい西山医師には夏休み中の三週間だけしか参加してもらうことができなかったが、毎日の診療と治療の合間に、貴重な資料が集められた。カワマクエの兄であるクアは何年も前に失明して、いつも奥さんのブアキリが杖で先導して歩いているのだが、失明の原因がスピッティング・コブラの毒を吐きかけられてのことだったというのも、このときの診察により判明したことだった。

峯君は当時中部大学に在職していたのだが、彼はこの時期二年間休職してケープタウンの隣町にあるステレンボッシュ大学で教鞭をとりながら南アの歴史、経済の勉強をしていた。カラハリ隊への参加協力をお願いし、彼にはブッシュマン、コイコイのバントゥや白人入植者との関係についての歴史研究、さらには政治、経済のグローバリゼーションのもとで進行する少数民族社会の開発経済学的研究を分担してもらった。[*文献239]

こうして学際的な地域研究として発展したアフリカ生態人類学自体の研究史は、終章で再度概観することにしよう。

8　ツォディロ・ヒルズ探訪

二〇〇〇年の八月からニューカデに入っている丸山の調査の進展具合を気にはしていたが、この年度に私がカラハリに出かけることができたのは、年を越して二〇〇一年の一月になってからであった。一月一五日の誕生日で満六〇歳の還暦を迎えたのは、カラハリ・アームズ・ホテルに新規に二階建て

文献172　菅原　一九九三

写真●10—17　峯陽一（右から2人目）とその左へカデのブッシュマン、キレーホ、ギュベ（撮影：大崎雅一）。

文献239　峯　二〇〇一

に増設された部屋でのことであった。いまは土日以外ウイークデーには毎日開業するようになっているバークレイズ銀行で換金し、ガソリンを補給して多少の買い物をしているうちに一一時になってしまう。ニューカデには午後一時半、真っ直ぐになった道路は全線が砂利道に整備されたし、旧カデに比べればうんと近くなったので、一〇〇キロあまりのところを二時間ちょっとで行けるようになった。ハンシーまでいとも簡単に日帰りで買い物にも行けるようになって、たいそう便利になったが、それがいいことなのかどうかはまた別の問題である。

丸山は菅原が長らく助手に使っていたキレーホのプロットの一画にテントを張って暮らしていた。ちなみにキレーホの妻は先年亡くなったノアアヤ爺さんの末娘で、シャキシャキした活発な子であり、丸山とは歳も近いので仲が良く、いい情報提供者となっているようである。この度は丸山が元気はつらつと調査にいそしんでいるのを見届けたら、ボツワナではもっとも有名な壁画が数多く描かれているツォディロ・ヒルズへ行ってみたいと思っていた。丸山に意向を聞いてみると、ブッシュマン壁画はぜひ一度見てみたいというので、一緒に出かけることにする。

私の車のギア・ボックスの調子が悪くなり、チェンジ・レバーがすぽっと抜けてしまったりするもので、ハンシーで修理に出すために二台の車で出発する。一八日八時に出かけてハンシーに一〇時半に着く。ワイルデビーストの調査をやっていた佐方君はもうとっくに任期を終えていまはニュージーランドのリンカーン大学に留学しているが、ハンシーには青年海外協力隊員として官用車の車両整備にあたっている池田博之君という青年が住んでいるそうである。丸山に先導してもらって池田君のところを訪ね、車の修理を依頼しておいてシャカウエに向かう。ナミビア国境に近いシャカウエの町には暗くなってから着き、一〇キロ戻ってフィッシング・ロッジに着いたら九時になっていた。ここから西へ、深い砂の道を二時間ほど走るとツォディロ・ヒルズの岩山に着くらしい。無理を言って夕食を用意してもらい、早めに寝る。

写真●10—18（左上）ツォディロ・ヒルズの岩山。

写真●10—19（左下）ライノと呼ばれている犀の絵。

18

19

翌日は八時に出発して日帰りで壁画のところまで往復する。カラハリ砂漠の中には珍しく岩山のあるところで、近くにはブッシュマンたちの住んでいる村もあるが、彼らはまったく岩絵を描く伝統を失ってしまっている。私たちはジラフ・ロゴと呼ばれている北の端の壁画から南端に描かれていてもっとも有名な犀の絵（ライノと呼ばれている）までじっくりと見学してまわった。壁画見学の後、せっかくなので数キロのところにあるブッシュマン集落を訪ねてみるが、ここは観光ずれしていてあまり長居をしたくなるようなところではなかった。ロッジに夕方五時半に帰り着き、その日はオカバンゴ川で獲れたばかりの新鮮な魚を料理して、ラム・チョップと一緒に出してくれたが、たいへん美味しかった。翌二〇日、来たときにはクキの丘の付近で土砂降りの雨にあって時間がかかったが、今日は道路が乾いていて、ハンシーまで六時間で着いてしまう。ボツワナの道路も三〇年余の間にずいぶんとよくなったものである。ギア・ボックスの修理で世話になった池田君をカラハリ・アームズ・ホテルの夕食に招待して謝意を表し、最近のハンシー事情などを教えてもらう。ボツワナにもようやく最近になって青年海外協力隊が入ってくるようになり、日本人在留者がだいぶ増えたようである。

9　西アフリカを垣間見る

このように毎年のようにアフリカへ出かけてはきたが、一九七〇年代後半のケニア周辺での調査を除いて、ほとんどは南アフリカへばかり足を運んでいた。中央アフリカ、コンゴのピグミー調査地を他にすれば、一九九六年にエチオピアを覗いたばかりである。アフリカを知るにはやはり西アフリカを見ておく必要があると常々思っていた。それを果たしたのは一九九七年だが、ここで少し時間を遡って、西アフリカを訪れたそのときの様子を記しておこう。

ガーナの首都アクラのガーナ大学には、当時アフリカ・センター院生の飯島道郎君が留学していたので、彼を訪ねがてら、カラハリへの途次にアクラに寄ってみることにした。九月二六日、西アフリカへはヨーロッパ回りが便がよいので、スイスのチューリッヒ経由でアクラに夕方到着する。噂に聞くとおり、さすがにかつて王国が栄えた港町で、古くから黄金海岸と呼ばれヨーロッパ列強の貿易の拠点となっていたところだけあって、空港も大混雑である。出国や通関に手間取り、空港玄関に出てきたのは七時になったが、飯島が出迎えにきてくれていたのでほっとする。彼が住んでいるだだっ広い部屋の一角のベッドに荷物を下ろして一安心する。

翌日は早速海岸沿いに一〇〇キロほど東へボルタ川の河口アダまで連れていってもらう。ボルタ川は北隣のオート・ボルタから流れてくる白ボルタと西隣のコート・ジボアール方面から来る黒ボルタが合流した大河であるが、アクラから一〇四キロ北東のアコソンボというところに一九六六年にダムが作られて堰き止められ、ガーナ中心部の盆地を満たして世界最大の人造湖となっている。この辺りは、ギニア湾沿岸の高温多湿な熱帯雨林型気候から、今回は訪ねていく時間もないが、内陸部に向かうにつれてサバンナ、ステップへと乾燥していき、サハラ砂漠へと続いていく。

二八日には逆に西へと海岸沿いに一六五キロ走って、奴隷貿易の砦があるケープ・コーストを見学する。この海岸沿いには二五〇キロの間に一五の奴隷売買の拠点となった砦や城があり、このケープ・コーストにはもっとも古く奴隷交易のための城が築かれたのだという。地下牢のような暗い部屋に入ってみると、小さな窓は浜辺に面しており、窓の高さからやや低いところに波打ち際が迫っていた。この浜辺から、その昔いったい何万人の奴隷が鎖につながれながら新大陸に向かって積み出されていったことであろう。屋上に登ってみると四隅には奴隷を奪取せんとする外敵に対抗するための大砲がでんと据え付けてある。一五世紀の大航海時代以降一九世紀に至るまで、西欧諸国がアフリカから新大陸に運んだ黒人奴隷の総数は一五〇〇万人から二〇〇〇万人というのが定説になっているが、

写真●10―20　奴隷貿易の拠点となったケープ・コーストの城。

四〇〇〇万人以上という推計もある。

ケープ・コーストから北へ二百数十キロ北には、ガーナ第二の都市クマシがあるが、そこはクワフ高原と呼ばれる平坦な台地になっていて、これより南西部は一年に大小二回の雨季をもつ熱帯雨林帯となっており、この雨林地帯がガーナ経済にもっとも重要な意義をもつカカオの産地となっている。クマシから北東方面はボルタ川の水域につながっていて、北へ行くにしたがって乾燥度が増していく。

二九日は市内の大きな市場を見学する。エチオピアのオープン・マーケットには及ばないが、まことにさまざまなものが売られていて、その地の市場を見るのはアフリカの旅の大きな楽しみの一つである。ケニアの市場とも、またボツワナの市場とも、売っているものや売り買いする人びとの喧騒の度合い、掛け合いの仕方、雰囲気が違っている。言葉の違いだけではない。やはり西アフリカに独特の味がそこには感じられるのである。

アクラ最後の晩、飯島の友人たちも加わって西アフリカ名物のフーフー・パーティーをしてくれることになった。フーフーとは、西アフリカのヤム・ベルトとして広く分布していて、栽培もされているギニア・ヤムを湯がいたものを搗いて餅状にしたものである。ヤムイモが手に入らないときにはキャッサバの芋がこれに代わって使われることもある。タンザニアのカソゲでときに作ってもらったキャッサバのウガリ（練り粥）に似ているが、風味があり、もっちりした咬み心地はやはりキャッサバとは一味違って、ヤムイモ独特の良さがある。これに肉や野菜のシチューなどをおかずに味わう料理である。ドライジンの水割りにレモンをちょっと効かせて、熱帯の晩餐にはとても合う。ガーナ旅行のシメを飾るもてなしであった。

写真●10―21　アクラ周辺を案内してくれた飯島道郎。

10　コート・ジボアールからマリへ

この後、前述したように高田とニューカデで過ごし、一〇月三一日、アビジャン行のフライトは定刻の八時を一〇分過ぎてヨハネスバーグを出発、アビジャンには三〇分遅れの一二時四〇分（時差は二時間）に到着した。はじめての町についてホテルを探すのも大変そうなので、ヨハネスバーグの旅行代理店から予約を入れておいたノボテルまでリムジンバスを待つが、一向に来そうにないのでタクシーを拾って乗りつける。西アフリカでもガーナやナイジェリアは例外的に英語が通じるが、他はだいたいフランス語圏であり、言葉の不自由な身にはなかなかつらい旅である。午後は町の様子を見てまわろうと、地図を片手にビルの立ち並ぶ近代都市の中をぶらぶらと散策する。一九五一年にフランスが運河を完成させてラグーンを海につなげてよい港を建設するまでは、コート・ジボアール（象牙海岸）の中でもアビジャンは重要な地ではなく人口一〇万人の田舎町だったのが、良港ができてから飛躍的に発展し、二〇世紀末の当時には人口二五〇万人の大都会となっていた。

翌日は、せっかくアビジャンに寄ったのだからと、時間はあまりないけれどもホテルと契約しているタクシーを三時間ばかりチャーターし、観光してみることにする。運転手は多少英語もしゃべれるので、なんとか意思の疎通が可能である。市の北東のはずれにあるバンコの森公園に熱帯降雨林を見にいくが、公園入口の近くの川岸で、「ほれ見てごらんなさい」とタクシーの運ちゃんが車を停めてくれた。とても数えきれないものすごい数の男たちが流れに浸かってせっせと衣服を洗濯しているのである。アフリカで最大の野外洗濯場となっていて、観光客の目を奪う光景だ。涼しい森の中を一めぐり歩いてから町に戻り、市街地を一巡する。お昼には中華料理でも食べたいなと思って訊いてみると、ソフィテルの近くにベトナム料理屋があると教えられ、やはりフランス語圏だなと再認識する。ベトナム風の焼き飯はなかなかに美味しかった。

午後四時にホテルを出てタクシーで空港まで一五分、六時一五分発のマリの首都バマコ行きの飛行機は三〇分以上遅れて、日がとっぷり暮れてからバマコ空港に着く。空港を出ると雑然とした広場になっており、タクシーが群がっているが数は少ないので街中まで相乗りである。タクシーが着いた高級なホテルで尋ねると空き部屋があるというのでそこに泊まることにする。旅行代理店のようなところで、北東へニジェール川大彎曲部のトゥンブクトゥ方面へいくツアーをアレンジできないかなと思っていたところ、付近にたむろして客を物色していた青年が近づいてきて、自分は個人で旅行を斡旋している者で、旅行業のライセンスも持っていると、写真付きの証明書らしきものを呈示する。日本人のお客も何人も案内して旅行に連れていっているとしきりに誘いかけてくる。どこまで信用できるのかは分からないが、そうたちの悪い人間には見えないし、日数も限られているので話に乗ってみることにする。彼の名はババと言い、二五歳ぐらいの小柄で気さくな男であった。

翌日彼がもってきた車は、古ぼけてはいたがなんとかサバンナの走行には耐えそうな大きめの乗用車で、中年の男が運転してきた。トゥンブクトゥ行の飛行機に乗るモプティまでは幹線道路で、そう悪路ではないから、まあこの車に乗りこんで三人での旅をやってみようと契約を交わす。バマコからセグーまで二三五キロ、平坦なサバンナの中を走っていくが、道の両側はよく耕されていてトウジンビエ、ソルガム、フォニオ、綿花などが栽培されている。マリはその昔はガーナ帝国、さらにはマリ帝国として広大な領域をカバーし、交易で栄えた商業と文化の中心で黄金の国とさえいわれたのだが、ヨーロッパをはじめとして船舶による商業が盛んになってからは、内陸国マリはすっかり寂れてしまい、自給的な農業を主体とした貧困な国となってしまった。

一一月三日、セグーから東に向かってニジェール川を渡り、氾濫原の東縁を北上してジェンネへ、

写真●10―22（左）　アビジャン郊外の野外洗濯場。世界最大と言われるが確かに壮観だ。

そしてモプティに至る。ニジェール川の中州に形成された都市ジェンネは、サハラ砂漠を越えて北アフリカと、ニジェール上流地方および南方のサバンナや森林地帯との交易の中継地として繁栄した。ほぼ同時代にやはり交易都市としてサハラ砂漠の南縁に発達したトゥンブクトゥと対をなして相補う性格をもっていた。川岸の船着き場からフェリーに乗って対岸に渡り、賑やかな市場の風景を見物する。さすが交易都市として栄えてきたところであり、ここでの物資の運搬はもっぱら船を使ってニジェール川を行き来することによって成り立っている。イスラム教がこの国では優勢なので、このジェンネにある練り土造りのモスクは実に壮大であり、見ごたえがあった。

午後になってからフェリーで元の道路に渡り返し、モプティに着いたのはもう真っ暗になった八時過ぎであった。翌四日には九時ごろに出発してドゴンの村へ行く予定であったのが、七時半に案内人のババが部屋のドアを叩いて予定変更の知らせを告げにくる。急遽フライト・スケジュールが変更になって、明日飛ぶ予定であったトゥンブクトゥ行の飛行機が今日に繰り上がったというのである。あわてて荷物を詰め込んで、七時五〇分にホテルを出る。八時過ぎに小さな飛行場に着くが、なにしろここはアフリカの片田舎、いつまで待たされることやら分かったものではない。たっぷりと二時間ほど待たされたあげく、バマコから飛んできた飛行機は満席で、み

なトゥンブクトゥまで乗って行くのだという。きのう政府の重要人物の妻の母親がトゥンブクトゥの近くの町で亡くなったので、今日は政府の関係者がわんさと葬儀に列席するためにトゥンブクトゥを目指して飛んできたというわけである。エチオピア北部でのフライト・キャンセルといい、これもアフリカならではの経験には違いないが、ローカル線の飛行機便のいい加減さにはまったく嫌気がさす。とはいえ腹を立ててみても始まらないので、すごすごとホテルに引き返し、今日はゆっくりとモプティの町の周辺を見て過ごすことにする。ニジェール川沿いの湿地帯には長い枝を伸ばした稲の穂が水面を漂っている。野生のグラベリマ種のイネかもしれないが、素人にはよく分からない。ここはグラベリマ・イネの原産地であり、また、改良された水稲はニジェール川流域では重要な主食の一つとして栽培されているのである。

それにしても、トゥンブクトゥには是非とも行ってみたかったと思う。マリの国は南西部の森林からサバンナに移行し、北に行くにしたがって乾燥度が増してサハラ砂漠になってゆく。トゥンブクトゥはサハラ砂漠の南端に位置しており、ニジェール川大彎曲部の北西の角にあって、まさしく砂漠のオアシスとなっており、北アフリカとギニア湾岸を結ぶ交易の中継点であり、また、学術文化の中心でもあったのである。トゥンブクトゥは初め、サハラ砂漠のラクダ遊牧民トゥアレグの宿営地だったといわれるが、ここは北からのラクダの輸送の終点であり、南から舟で運ばれてくる商品の集結地として、重要な位置を占めた。とくにサハラ砂漠西部の大塩床からラクダのキャラバンで運ばれてくる岩塩は、ここを経由してニジェール川を舟で遡り、上流の国で金と交換され、この金は逆のルートをたどって大量に北アフリカへと運ばれていった。黄金の帝国マリの伝説はこうしてヨーロッパ世界まで広がっていったのである。

五日に私たちは予定より一日遅れてドゴンの村を訪れた。モプティから東へ六〇キロあまり走って、バンディアガラの町はずれに車を駐車しておいて、ババと二人で峠の細い岩の隙間をすり抜けるよう

写真●10―23　トゥンブクトゥと並んで繁栄したジェンネの町。西アフリカ最大のモスクの前の広場に開かれる市は見事だ。

写真●10―24、25（左）　バンディアガラの断崖に張り付くように密集して並ぶドゴンの住居。

24

25

に小道をたどっていく。山の急斜面にへばりつくように、ぎっしりと荒壁づくりの家々が建ち並んでいる。長方形のものが住居、円形のが調理場、尖った帽子を載せた塔が穀物の貯蔵庫である。ドゴンが人類学者にとくに注目されたのは、こうした風変わりな住居の形態のほかにも、彼らが得意な神話をもち、二元論的な宇宙観、世界観をもっていて、蛇や鳥などの動物や各種の人間など、さまざまな世界を表現する仮面を用いた踊りを収穫祭などのときにおこなうことである。私たちが訪れたのは祭りの季節ではなかったので、残念ながらそうした珍しい仮面を見ることはできなかった。

11　はじめての北アフリカ

さらに北アフリカへの探訪がはじめて実現したのは、二〇〇一年一〇月になってからのことである。とにかく一度は北アフリカを見てみたいと思い、どこがよいかと考えていたところ、今村薫がポルトガルのリスボン大学へ留学することになり、対岸のモロッコなら政情も安定しているし、アラブ情緒も満喫できそうなところで、北アフリカ体験にはよい場所だと思い至った。どうせヨーロッパ経由で行くのだから、一度スイス・アルプスを見てみないかと妻に誘いかけて、アルプスの登山電車とロープウェイで四〇〇〇メートルまで登ってハイキングを楽しんでからリスボンに飛ぶことにした。憲子はまったく山登りはしたことがないから、ツェルマットからロープウェイでクライン・マッターホルンに登って氷河に一歩足を踏み出し、晴れあがった青空の中にマッターホルンの鋭鋒を正面に見る。四〇〇〇メートル近い高度の氷河上では大勢の人たちが氷河スキーを楽しんでいた。翌日は登山鉄道に乗ってゴルナーグラートまで登り、雄大な氷河を横目に見ながら二駅分を歩いて降りてくる。次の日は電車でグリンデルワルドまで行って、そこから登山電車に乗ってユングフラウ・ヨッホまで登る。

氷のトンネルの中をぐるりと一周散策してから、やはり二駅分を歩いて中腹まで下る。登山者ではなく、下山者だなと笑いながら、束の間のアルプスの雰囲気を存分に味わう。

一〇月二三日、二四日とリスボンに二泊して今村に会い、赤褐色の屋根瓦に覆われた街並みを見回しながら、一五世紀以来、アフリカ西海岸を制覇して回ったこの国の歴史に思いを巡らす。彼女に勧められた丘の上の城跡を見学し、四方の眼下には市街地が広がり、テージョ川が見渡せる。この川を下っていけば間もなく大西洋に出て、北アフリカは目と鼻の先である。リスボンからカサブランカ行の飛行機は二〇人乗りぐらいの小さなプロペラ機であった。せいぜい四、五〇〇〇メートルまでしか高度は上がらないからたいしたことはなかったけれども、ちゃんと空調が効いていないのか、じっと座っているばかりなので、気温が下がって寒くてかなわない。そうこう言っているうちに機は下降をはじめ、目の前にカサブランカの町が見えてくる。空港から鉄道で町の中心にあるカサ・ポール駅まで行き、駅の案内所で近くのホテルを探してもらって、スーツケースを引きずりながら三〇〇メートルほどのホテルまで歩いて辿り着く。

モロッコの人口の六〇パーセントは先住民のベルベル人で、次いでアラブ人である。北は地中海に面し、中央部にアトラス山脈を擁して、その南東にはサハラ砂漠が広がっている。サハラ砂漠はひと目見てみたかったが、トゥンブクトゥにも行けなかったし、今回もとてもそこまでは行っている余裕はなかった。世界の七五パーセントを埋蔵するといわれるリン鉱石や果実を中心とする農産物を積みだす港湾都市で、マグレブ諸国でも最大の経済都市となっているカサブランカの町を、タクシーに乗ったり歩いたりしながら見て回る。町の中心部は高層ビルの建ち並んだ近代都市であり、車で渋滞する中をビジネスマンがさっそうと歩いているが、少し脇にそれるとアラブの影響をもろに受けた古いモロッコ文化が満ちあふれ、両者が複雑に混交するアンバランスさがこの町の魅力を醸し出している。

写真●10―26　マグレブ諸国でも最大の経済都市として繁栄するカサブランカに建てられた大きなモスク。

二七日、今回最も見たかったアラブの古都、フェズへと鉄道で向かう。モロッコで最も古く、一〇〇〇年以上の昔に作られたイスラム王朝の都である。フェズの町は三つの地区に分かれている。旧市街のフェズ・エル・バリとフェズ・エル・ジェディド、そして新市街である。私たちは新市街の中心部にあるホテルに泊まったが、何といっても観光の目玉は、八〇八年に建設されたフェズ・エル・バリの城壁に囲まれた世界一複雑に作られた迷路の町の散策である。効率よく街中を見てまわりたければ公認ガイドを雇うと良いというが、私たちはのんびりと足の向くまま迷路を縫って歩いて回った。子どもたちが五、六人、名所を案内してやるからとうるさく付きまとってくるが、無視して歩を進める。とくに土産物を買う趣味はないが、せっかくモロッコへ来た記念に、アラブ模様の陶器の皿と、白い陶器で模様をあしらった革製の小さなふいごを買っていく。

帰りはブー・ジュルード庭園をつっきってフェズ・エル・ジェディド地区に至り、王宮の前に来る。かつてのスルタンの居城であり、何世紀にもわたって増改築が繰り返されてきた。現在はモロッコ国王がフェズに滞在するときにはこのお城が使われている。美しい王宮の正門は見事であるが、残念ながら一般人の立ち入りは禁止されている。一番賑やかな通りであるフェズ・エル・ジェディド通りをゆっくりと歩いて突き抜け、新市街地に戻ってくる。京都や奈良などとはまったく趣を異にするが、一〇〇〇年の歴史を経たアラブ文化の息吹をたっぷりと吸いこんでわずか数日間のモロッコの旅を満喫した。帰路はスペインの首都マドリードを経由して帰国の途につく。

12　エチオピア再び

二〇〇三年一〇月より再びエチオピアへ行く機会を得た。私たちアジア・アフリカ地域研究研究科が二一世紀ＣＯＥ（センター・オブ・エクセレンス）プロジェクトの一環として、海外の調査研究拠点で、研究集会をもつことができるようになったことにより、アフリカではアディス・アベバ大学を会場として研究会が開かれたのを機に、私自身は翌年の定年退官を直前にして、修学旅行のつもりで参加したのであった。妻の妹恵子が一度アフリカへ行ってみたいというので、それではということで、憲子、恵子を伴ってエチオピアを巡り、隣のケニア、そして南ア、ボツワナ、ナミビアとかつての調査地を巡ってみようということになった。私にとってはまさしくセンチメンタル・ジャーニーといってよいものだった。

一〇月二一日、前夜のうちに着くはずのところが、エンジン・トラブルがあったりして五時間遅れ、アディス・アベバに着いたのは深夜の二時、ホテルへ直行してすぐ寝てしまう。あまり熟睡はできないままに八時に朝食をとってタクシーで会場に乗りつけ、なんとか九時二〇分の開会に間に合う。三日間の研究会の日程をはさんで数日間アディス・アベバのヒルトン・ホテルに泊まり、解散後のエクスカーションで北部の古代エチオピア帝国の遺跡見学ツアーに参加する。今回は前のとき行くことができなかった最北の町アクスムへどうしても行ってみたい。

早朝五時にホテルを出発して空港へ行く。ゴンダールからラリアムの岩窟教会群などをまわる市川やアジア専攻の加藤剛君らと別れて、アクスム方面に行くのは私たち三人に加えて太田と四人だけであった。アクスムの小さな空港には九時半に着き、ラムハイ・ホテルというのに直行して一〇時にチェックインする。少し休んで一〇時四〇分ごろから四人で見学に出かける。

アクスムは、いまは人口一万四〇〇〇人ほどの地方都市であるが、ここそは古代エチオピア帝国の中心であった。三〇〇〇年を遡るアクスム王国の首都であり、エチオピア文化発祥の地である。伝説によるとモーゼの十戒の石版を納めた「契約の箱」が、シオンの聖マリア教会に安置されている。伝承によれば、シバの女王がソロモン王の知恵に負けて彼の子を宿し、エチオピアに帰ってからメネリク一世を産んだ。このメネリク一世が「契約の箱」をイスラエルより持ち帰ったとされている。一世紀ごろからアクスム王国はローマ帝国やビザンチン帝国と並ぶ紅海沿岸一の貿易国として大いに栄えた。四世紀のエザナ王の時代にはヌビア（現在のスーダン）とイエメンを含む大帝国を築き、その戦勝の記録が石に刻まれたエザナ王の碑文に記されている。

ホテルから北へと歩きだすと、目の前に飛びこんでくるのが、巨大なステレ（オベリスク）である。ステレは王の権力を象徴する石碑で、そのほとんどは簡単な形のものだが、中には高層建築物を模して、すばらしい彫刻を施した巨大なものもある。大、中、小のたくさんのステレがあったらしいが、これらのステレは一枚の花崗岩を彫刻して造られており、最大のものは高さ三三メートル、重さ約一〇〇トンで、現在では地上に崩れてしまっている。三番目の高さ二三メートルのものが健在で、これが私たちがいま目にしているものであった。この巨大な花崗岩の塊は四キロ先の山で切り出したものを丸太のコロの上に置き、象に曳かせて現在地に運びこみ、細工をしたのだといわれている。

すぐ前の国立博物館にはシバの女王の神殿跡から出土した方位盤や、市内で発掘された石造建築物の一部、石の人形やコインなどが展示されている。昼食の後午後三時から町から西へ三キロ行ったと

写真●10—27　アクスムの巨大なステレ。（撮影：太田至）

ころにあるシバ女王の宮殿跡を見学する。この宮殿は、しかしながら、最近の発掘調査によれば、シバ女王が亡くなってから一五〇〇年も経った七世紀になってから建てられたものだという。だが、石積みの壁などの基礎の部分や玄関の階段は元のままにきれいに残っていて、多くの石積で整然と部屋分けされ五〇以上の部屋があるという豪壮な造り、謁見の間、シャワー室、オーブン付きの台所などの優れたシステムが窺えるなど、アクスムに建設された最も印象的な宮殿であることに間違いはない。

翌日、太田は昨夜私らとは別に一人でインジェラとワットのエチオピア料理を食べたのがたたったらしく、ひどい下痢と腹痛のため、一日ホテルで休養をすることになった。私たち三人はミニバスで東へおよそ四〇キロいったイエハ遺跡へと遠足に行く。イエハ遺跡は少なくとも二七〇〇年前に栄えた町だと言われており、アクスムと同じ頃に栄えていたらしいし、石を刻みこんで作られた墓の様式もアクスムの王の墓に似ているので、この町とアクスムが互いに独立した政体をもっていたのか、あるいはどちらか一方が他方を支配していたのか、両者の関係はよく分かっていない。この町で顕著な古代建造物は二五〇〇年前に建てられた高さ一二メートルの石造りの寺院で大変良い状態で保存されている。その時代にどのような宗教がこの寺院でおこなわれていたのかは知る由もないが、寺の造作を見るかぎりでは南部アラビアの影響があったと思われている。

道中山道を曲がりくねりながら走るが、見渡すかぎり見事に耕されていて、段々畑がまことに美しい。近づいてよく見ると、雑草かと思われた植物はみな人びとの主食となるテフであった。見晴らすかぎりの山並みが森林に覆われていたはずのところをかくも見事に刈り払い、畑地にしてしまったエチオピア帝国の首都が、人口が激増する度に食料や燃料にする薪が不足して弱体化し、次々に遷都を余儀なくされていった理由は、この禿山の有様を見れば一目瞭然である。午後はゆっくりホテルでくつろいで夕食時間となるが、太田もしっかりと休んで十分に回復したとみえ、一緒にレストランで食事することができた。

写真●10—28　シバ女王の宮殿跡

二六日は一〇時発の飛行機でアディス・アベバへ戻るので、早めに朝食を食べ、八時半には空港へ、飛行機はやや遅れて午後一時過ぎにアディス・アベバに着く。アフリカ・センター院生の伊藤義将君、森下敬子さんが迎えにきてくれて、ホテルへ連れていってくれる。簡単な昼ご飯を食べた後、女性たちの希望で布地を買いに出かけ、ついでに三〇〇〇メートルのウントット山に登って、アディス・アベバの町を一望する。山腹にはオーストラリアから移入して植林したユーカリが鬱蒼と茂っていて、市民の重要な炊事用燃料としてマーケットで売られている。夜は市川、加藤なども一つのエクスカーションのグループも帰ってきて合流し、中華料理屋に集まって会食する。明日は皆それぞれのルートでアフリカを旅するもの、真っ直ぐに帰国するものなどで、今宵は賑やかなサヨナラ・パーティーとなる。

13　久しぶりのケニアで豹に出会う

一〇月二七日、何年振りだろうか、久しぶりにケニアで数日を過ごすことにする。アディス・アベバからの飛行機は定刻の一三時五五分にナイロビ空港に着き、空港で三〇〇ドルをケニア・シリングに換えてタクシーでフェアビュー・ホテルに乗りつける。昔定宿にしていたアインスワース・ホテルは経営者が変わって、ディスコがなり立て、いかがわしいホテルに様変わりしてしまったので、最近ナイロビに立ち寄るときにはフェアビュー・ホテルへ泊るようになっていた。イスラエル大使館の向かいに位置するので、テロ対策で警戒が厳しくなされている。義妹の恵子はアフリカの動物公園にはまだ行ったことがないので、とりあえず翌日は早起きして五時半からナイロビ国立公園に野生動物見物の洗礼を受けに行く。車は前日のうちに学振オフィスに駐在している辻川寛君が、太田がケニアに来たときに使っているランドクルーザーをホテルまで配達してくれてあった。公園の中を三時間ドライブして一通り象、キリン、シマウマ、各種羚羊（アンテロープ）などの草食動物、ライオン、チーター、ジャッカルなどの肉食動物を見、ヒポ・プールに寄ってカバの群れを見てから、一〇時にホテルへ帰ってくる。気持ちよく疲れたが、さすがに腹が減ったので、プールサイドに座りこんで、ハンバーガーとコーヒーでブランチとする。

二九日は市内をうろうろと見物がてら買い物をする。ナイロビはいまや世界一と言ってよいほど治安が悪くなっているので、ハンドバッグなどは持たないで、必要な分の現金だけはしっかりチャックで締まるポケットに入れ、最低限の荷物を入れたサブザックだけを背負って、身軽な格好で大通りだけを歩くようにする。帰りは買い物の荷物も増えたのでタクシーで戻ってくる。夕方になってサンブルの調査地から帰ってきた鹿野一厚君[*文献162]、アリアール・レンディーレの調査地から帰ってきた内藤直樹[*文献201]君の二人がホテルへやってきて一緒に夕食を食べることにする。鹿野は太田の同級生であるが、内藤はうんと年下で私が去った後の弘前大学に在学し、卒業してアフリカ・センターの大学院に入ってきた青年である。

三〇日から泊りがけでナクル湖国立公園でサファリをすることにしていた。六時起床、七時半朝食、八時四五分にホテルを出発する。ナイロビの町を外れ、リフトバレーを見下ろせる場所で車を停めて一服していると、屋台の土産物売りが商売熱心に寄ってきて、おちおち景色を見ている暇もない。リフトバレーを一気に下っていってナイバシャ湖のロッジで一〇時、お茶を飲んで一休みする。もう一走りナクルまで行って、公園のゲートで入場料を払い、レイク・ナクル・ロッジには午後一時に到着する。その手前で実に私の三七年間のアフリカ旅行の中でもはじめての経験をすることになったのである。アカシアの林の中の小径を走っているとき、倒木の上に黄色い獣が佇んでいたのだ。豹と出くわしたのである。同じネコ科の似たような動物でも、チーターは草原の中で何度も見たことがあるし、

文献162　鹿野　一九九九
文献201　内藤　二〇〇四

写真●10—29　ケニア・マルサビッツ県でアリアールの家畜キャンプの調査をする内藤直樹。

家族ぐるみで獲物に食らいついているところを目撃したこともある。しかし、豹は狩りをするために地上に降りてくるときを除けば、たいてい木の上に潜んでいるので、その姿を見るのは大変むずかしい。ずいぶん昔一九七一年にブッシュマンが仕かけた鉄製のトラバサミに捕えられたのを見たのを除くと、動物園の檻の中以外で、野生のままの豹を見たのはこれが初めての経験だった。昼日中に一頭だけでたまたま地上に降りてきていたところに私たちが通りかかったのだが、ゆっくりと倒木の上を歩いていき、地面に降り立つとゆっくりした足取りで茂みの中へと姿を消した。はじめての経験というのはなんだって嬉しくて興奮してしまう。センチメンタル・ジャーニーにも意外な展開があるものだと思いを新たにする。

昼食後一休みをして、二時間ほどでナクル湖を一巡り回ってみる。いろんな動物を見るが、大物は犀である。驚かせて怒らせると車にも体当たりをしてくることがあるので、距離をおいて静かに見つめている。湖をぐるりと回ったところの浜辺にはフラミンゴが何万羽も群れていて壮観である。さして広くもないナクル湖の公園はほぼ見てまわったので、翌日はゆっくりと支度をしてナイロビへ戻るばかりである。途中でときどき小雨が降ったり止んだりするが、無事にフェアビュー・ホテルに帰り着く。

一足遅れてエチオピアから帰ってきた太田にランドクルーザーを返却して、翌日は二一世紀COEプロジェクトで作ったナイロビのオフィスを見に連れていってもらう。ケニア周辺で調査をしている人たちがナイロビに出てきたときに作業したり、休養したりできるように、狭いアパートの一室ではあるが、さまざまな装備を揃え便利にしつらえてある。台所もあるので自炊もできるから少人数なら泊まりこむことも十分可能である。若い、資金も潤沢でない大学院生などにはまことにありがたい施設となっている。

写真●10—30　トラバサミにかかった豹に槍でとどめをさす。捕獲されたものとはいえ野生の豹を見たのはこのときが最初だった（一九七一年の調査時のもの）。

14　南ア、ボツワナ、ナミビアを歴訪

一一月二日、ヨハネスバーグ行の飛行機は八時に出発するので、早朝にホテルを出発、六時に空港の出発カウンターにチェックインしておいてから、簡単にお茶を飲んで搭乗する。四時間あまりでヨハネスバーグには午後一時一三分着、時差は一時間である。その日の午後と翌日は買い物のほかに、トヨタの現地工場に預けてある四駆のハイラックスを受けとりに行ってサファリの用意をする。四日朝八時に出発、通いなれたボツワナへの道をたどってゼーラストで昼食、国境をスムーズに超えて、町に入る手前のオアシス・モーテルに二時に着く。タンザニアのキゴマ近くのマラガラシ川国立公園ではじめて会い、ザンビアのルサカでも世話になった青年海外協力隊の稲見君がハボローネに赴任していると聞いていたので電話で呼び出し、モーテルで夕食をともにする。五日もスムーズに行程ははかどり、ハンシーのカラハリ・アームズ・ホテルへ四時二〇分に着く。ハボローネからカニエ、ジョワネング、カンを通ってハンシーに至る六五〇キロは昔なら二日がかりの深い砂の道だったのが、日本の援助によって立派な舗装道路となり、六、七時間で走れるようになった。このカラハリ・ハイウェイと呼ばれる高速道路を通るのは久しぶりのことである。ベンツなどの高級乗用車なら四時間で突っ走る人もいるらしい。もっとも制限速度は一二〇キロと定められて、標識も立っているのであるが。

日本人キャンプの小屋の前にテントを張って三泊、ギュベ、トーノー、キレーホの三人が雑用やニューカデ内の案内にたってくれる。はじめてカルーの狩場で出会って以来三四年間、じつによく付き合ってくれて何かと手助けしてくれたあのダオグーが先年五〇歳過ぎで急逝してしまい、丸山から

写真●10―31　フラミンゴの大群

その訃報をカラハリ・アームズ・ホテルから電子メールで知らされたときには本当に驚き、かつ悲しい思いをしたが、この地へ来て彼がいないのはまことに寂しいかぎりであった。着いた次の七日は薪とり、水汲み、それから昔なじみの人たちを訪問して過ごす。八日には一〇キロほど離れたブッシュ・キャンプ（マイパー）でまだ罠猟やトビウサギ狩りに精出しているダオノアのところを訪ねてみる。今日は残念ながら狩りの成果は上がっていなかった。

九日にはニューカデを引き上げてナミビアへ向かう。ハンシーの手前十数キロのところで南に折れ、三〇キロほどでカラハリ・ハイウェイに合する。このハイウェイはここからまっすぐ西へマムノの国境まで通じていて、そのままウインドフックまで通じている。ヨハネスバーグからウインドフックまで行くのにカラハリの砂漠地帯を突っ切って最短距離かつ最短時間で走れる幹線道路となったのである。実に隔世の感がある。

ウインドフックのカラハリ・サンド・ホテルに泊まり、翌日は北のオチワロンゴへ、そこから西に向かってコリハスのレスト・キャンプへ行く。プール付きのバンガローでゆったりして翌日の遠足に備える。一一日はトゥイフェルフォンテインで一時間少しかけて壁画の見学、その後帰り道で珪化木の森に立ち寄り、昼過ぎにコリハスに戻ってきてプールサイドでのんびり過ごす。

一二日、ウインドフックのカラハリ・サンド・ホテルに戻り、一三日は一路南への道をたどって、ケートマンスフープの近くの木立アロエの森を見学、近くのレストランで昼食を食べてから、ケートマンスフープのキャニオン・ホテルに投宿する。一三日はホテルを出て南アへ向かおうとするが、エンジンの加速が悪く、ちゃんと走らない。町に引き返して燃料系統をきれいにしてもらう。埃っぽいところで使っているとどうしてもフューエル・ストレイナーなどにごみが詰まってしまうのである。ナコップの国境ゲートでナミビアを出国し、南アに入る。アピントンを素通りして、今日はクルマンまで。クルマンはきれいな泉が湧き出ているところで、その昔リビングストンがしばらく滞在し布教活動をしたことで有名なところである。翌一五日、ヨハネスバーグへと帰還の途中、またしても燃料の送りが悪くなり、次の町フライバーグで修理してもらおうと思いつつ走っているうちにごみが吹っ飛んだようで快調に走りだし、夕方にはヨハネスバーグに帰り着いて、今回のセンチメンタル・ジャーニーは無事に終了した。

第11章　アフリカ縦断の旅

老若入り交じった賑やかな縦断の旅。ニューカデに立ち寄ったときには、ブッシュ・キャンプのマイパーで2泊した。

1　出発準備

一九六六年以来、四〇年間通いつづけたアフリカ大陸を一気に縦断するのは、長年の夢であった。人類学の研究のためには、一つの村なり町なりに住み込み、長期間じっくりと腰を落ち着けて、人びとの生活環境や暮らしぶり、社会のなりたち、人間関係、行動様式、世界観、自然観、呪術宗教、風俗習慣等々を観察し、人びとの中に溶け込んで、異文化を理解することが必須である。ある地点に照準を合わせ、対象社会の全体像を把握し、これを自文化およびその他の文化と比較することにより、人間理解を目指そうとする。したがって、長年アフリカに通い詰めても、行き先はどうしても狭い点に絞られてしまうのである。ここまで述べてきたように、私は主としてカラハリ砂漠のブッシュマンを研究対象とし、七〇年代には、ケニア北部の遊牧民を調査研究の対象としながら、比較のためにコンゴのピグミーやタンガニイカ湖畔のトングウェなどの焼畑農耕民を訪れ、エチオピアやマリさらに北アフリカのアラブの都市を訪れたが、これらはいずれも短期間の定点観測にすぎなかった。そんな中、京大山岳部の先輩笹谷哲也べべさんが、私を縦断計画の実現に導いてくれたのである（山岳部の仲間たちがニックネームで呼び合うことは、先に書いた）。

そのべべさんが「おい、ジロー、アフリカ縦断をやらへんか」と言い出したのは二〇〇三年の秋のことだったと思う。私は即座に「よっしゃ、行こう」と返答した。ちょうど私が満六三歳の定年退官を迎える前年だったので、出かけるのは退職後の翌年二〇〇五年にしようということになった。

当初、私たちは、笹谷夫妻、田中夫妻の四人で気楽にのんびりと旅行することを考えていて、中高年の長旅を支えてくれる杖がわりに、若いアフリカ経験者の同伴が欲しかったが、定員五人の四輪駆動車に目いっぱい五人乗れば、後部座席には三人座らなければならず、二ヵ月の縦断旅行にはあまりに窮屈すぎると思われた。そこに笹谷さんから企てを聞きつけた野村高史ズッパさんが是非とも参加させて欲しいと言い出し、それならいっそのこと車を二台にして、役に立ちそうな若者に同行してもらおうと話は進められた。笹谷さんは一九五七年、野村さんは一九五八年、わたしが一九五九年にそれぞれ山岳部に入部と、一年違いの年齢であったが、笹谷べべさんは当時の個性派女優ブリジット・バルドー（愛称べべ）が好きで、それを口にした途端にべべの綽名を賜り、本人も悦に入っていた。野村ズッパの方は、雪山を歩くとき、和かんじきやアイゼンを装着せず、山靴だけで歩く場合に「ズッポ」で歩くというのだが、彼は間違えて「ズッパ」で歩くと言ったところで、この綽名がついたのである。

車は、使い慣れたトヨタのハイラックス。ツインキャブの荷台にキャノピーをつけ、ルーフ・キャリアを付けたものと決めたが、このルーフ・キャリアがトラブルになったことは後述しよう。

南アフリカのケープからエジプトのカイロまで、というのが、最初の考えであったが、途中のスーダンが紛争中で通過困難と判断し、ケニア北部のトゥルカナ湖までで今回の計画は終了することにした（図11─1）。

ルートの選択と若い学生の人選は、私に一任された。二台に八人の乗車が可能なので、三人の若者をアフリカ・センターの大学院生の中から選ぶことにした。彼らもまた、それぞれの研究テーマに従ってフィールド調査をおこなっているが、定点観測であることに変わりはなく、アフリカ大陸を広域に見てまわることは、彼ら自身の視野を広め、自らの研究にフィードバックさせて深みを与えるのに役立つにちがいない。結局、前章で詳しくその仕事を引用した丸山淳子、ザンビア西部の村で農耕を営むアンゴラ出自の人びとの生活を調査している村尾るみこさん、ナミビア北部の農耕民オヴァンボの樹木利用を調査している藤岡悠一郎君の三名に同行してもらうことにした。藤岡君は車の運転に

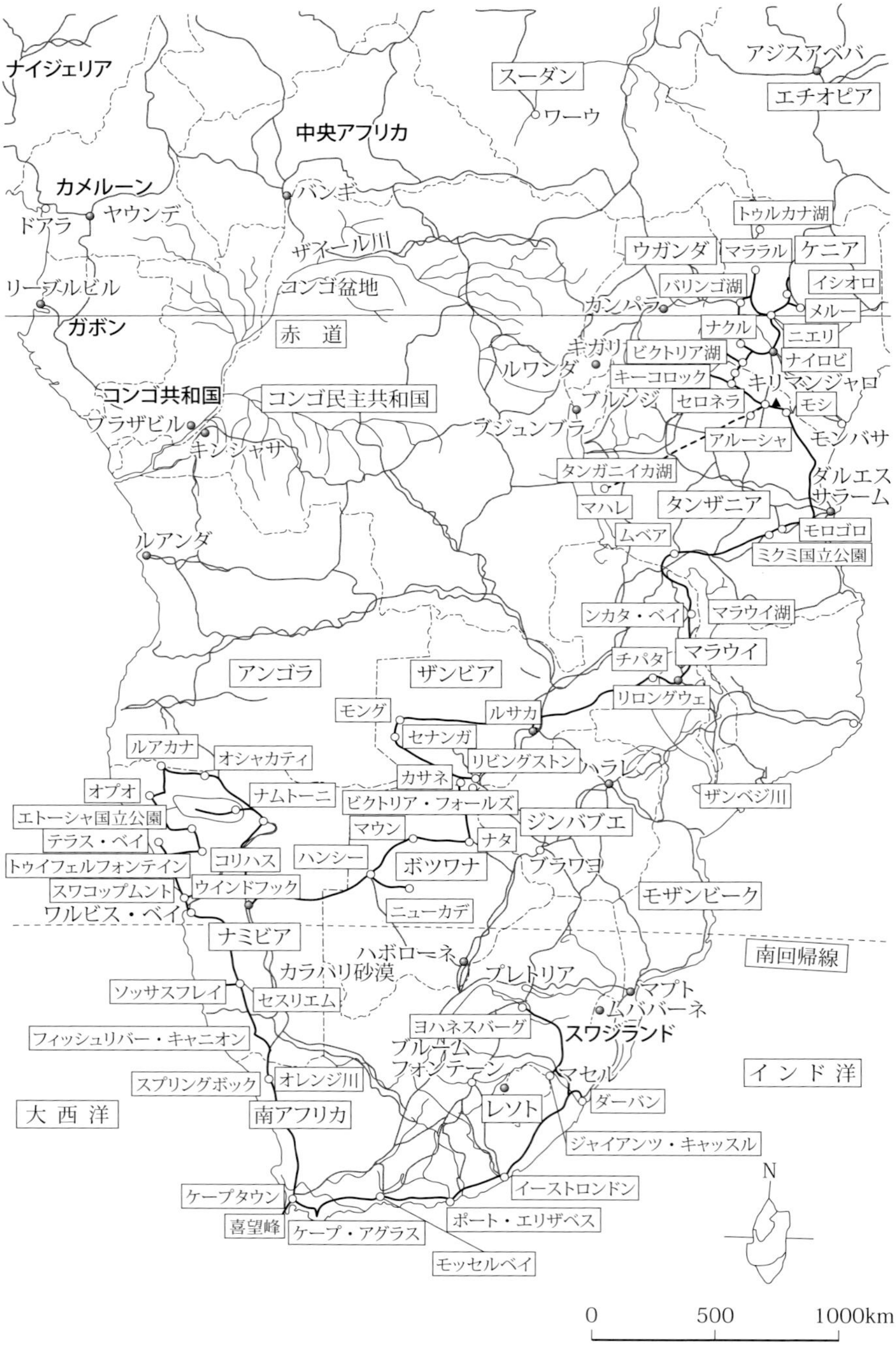

図●11－1　縦断の旅の行程

━(太線) は走行ルート

- - -(点線) はセスナでの飛行ルート

も慣れていて、一台は野村さんと藤岡君が交代で運転し、もう一台は私が受け持った。このアフリカ縦断旅行の留守本部は、私の二学年後輩にあたる島田喜代男ケロ君にお願いすることにした。島田は粗忽な男で、二リットルのプラスチック水筒に入れてあった石油を、確かめもせずに蓋をとってそのままごくりと飲みこみ、おえっと吐き出した失態をやらかして即、お前はそそっかしいケロシン飲みのケロや、ということになったのである。

レンタカーのハイラックスをヨハネスバーグで調達し、これでまずアフリカ最南端のケープ・アグラスまで南下し、そこから選びぬいたルートをたどってケニアまで北上する。車の調達は、トヨタのディーラーを住友商事がやっている関係で、住商を副社長まで務めて退職したばかりの野村さんが受け持った。

アフリカ・センターの教員、院生の、それぞれの地に詳しい人たちから情報を得、私自身の経験と記憶を頼りに旅程を組み上げていった。興味があり見るべきところを網羅していったが、もっとも留意した点は安全面である。当時、アフリカ諸国には、内戦、経済破綻、治安悪化等々を抱えている国、地域がたくさんあり、盗難や強盗に遭わないルートを選ぶのに苦労する。ジンバブウェはきれいなところが多く、一九九四年に訪れたグレート・ジンバブウェ遺跡（第9章）などは皆にも是非見せてやりたかったけれど、経済が破綻し、治安もよくないし、何よりガソリンが手に入らないというので、今回の旅では割愛せざるをえなかった。

2　ドラッケンスベルグ山塊

二〇〇五年八月二五日、ヨハネスバーグに八名全員が集合、車の調達と装備、食料などの買出しに三日を費やした。レンタカーのアレンジや日本食の調達には、住商ヨハネスバーグ駐在の蓑口建所長と木村英樹さんにずいぶんお世話になった。八月二九日にダーバンへと向かう国道三号線を南下、エスコートから西へと折れる。アフリカのスイスといわれる高原の国レソトとの国境沿いにドラッケンスベルグと呼ばれる三〇〇〇メートル級の山塊があり、南アの登山界のメッカとなっている。私たちは、この山塊の麓にあるリゾート地、ジャイアンツ・キャッスルのしゃれた山小屋に投宿した。山小屋とはいっても、ツイン・ベッド・ルームにキッチン、シャワー、トイレ付、大きなテラスがあって、このテラスの椅子に座りながら、渺茫と連なる山並みを見晴らすことができる。笹谷夫妻の部屋のキッチンを使って、最初の夕食を準備する。シェフは料理自慢の笹谷さん。命じられるままに、ジャガイモの皮をむいたり、野菜を刻んだり、皆が手伝う。テラスにテーブルを二つ出し、冷たいビールとワインで豪華な夕食。ウイスキーの水割りやジン・トニックをちびりちびりと舐めながら、暮れなずむ山々の空気を満喫し、満天の星空を眺める。

翌日はおよそ三キロ先にあるブッシュマンの壁画を見学に行く。なだらかな斜面をだらだらと登っていくハイキング・コースとなっている。数千年前に描かれた壁画は、一五世紀頃この地に進出してきたズールー族によって駆逐されたブッシュマンが遺した貴重な文化遺産である。* いたずら防止のため、厳重に柵で囲われていて、ガイドの若い女性が鍵を開け、描かれた動物や人物像の説明をしてくれる。オーバーハングした大岩のそこかしこに絵は描かれており、その前面の広場に復元されたブッシュマンの実物大の模型が配置されて、昔の生活の様子を示している。山中の野外博物館となっているのである。

帰りは谷沿いに作られた小径をたどり、宿舎の近くのピクニック・サイトで昼食とする。借りてきた車はエアコン付で、これから夏に向かう南部アフリカの旅には快適だ。その一台には冷蔵庫を設備してもらった。いつでもどこでも冷たいビールが楽しめるのはもちろんのことだが、最高の威力は生

＊　一〇七頁「アフリカ人類学百科　4」参照

写真●11—1（左）　ドラッケンスベルグのジャイアンツ・キャッスルに残るブッシュマンの壁画を見るため、谷を下る。

鮮食料を持ち運べることである。三日に一度ぐらいのペースで食料の補充をおこなったが、この小さな冷蔵庫に真空パックのハム、ソーセージ、ベーコン、トマト、キュウリなどを入れておいて、これらを材料に、昼食は道端に車を停め、サンドイッチとミネラルウォーターで腹を満たした。

年寄り五人は、昼食後小屋に戻ってゆっくりするが、若者三人は、往復三時間ほどの道のりを展望のよい丘までさらに足をのばす。三〇〇〇メートルの稜線まで登るには、最低一泊二日の本格的な山登りが必要で、それはわれわれの今回の目的ではなかった。

3　アフリカ最南端を目指して

国道に戻り、一路ダーバンへと南下する。ダーバンは、ケープタウンとならんで、昔日本の捕鯨基地ともなった大きな港町である。インド洋に面した熱帯海岸のダーバンは、常夏の地だとばかり思いこんでいたのだが、八月末の南緯三〇度は海抜〇メートルでも結構寒い。考えてみたら私が昔三度ばかり訪れたのは、一二月、一月、二月の真夏の時期ばかりだったのだ。

ダーバンから道路は国道二号線になって、これがケープタウ

ンへと続いている。途中内陸部を通過するが、イーストロンドンにて海岸線にでる。道は南西へと向かい、ポートエリザベスからきれいなインド洋を左手に望みながらモッセルベイに至る間はガーデンルートと名付けられているぐらい、眺めのよいリゾート地帯である。気温は低いが、インド洋の海水は暖かく、泳げないこともない。海岸線から鯨が潮を吹いているのが見えることもあるが、残念ながらわれわれは見ることができなかった。

モッセルベイからケープタウンの中間にあるスウェレンダムの町で国道からはずれて南への道をたどる。その行き着く先がケープ・アグラスである。南緯三五度、この地点こそがアフリカ大陸の最南端だということを知っている人は意外に少ない。メインロードから八〇キロも外れた小さな漁村で、灯台と小さな土産物屋、食堂がわずかにあるばかりで、訪れる人もまばらである。ケープタウンの町からほど近い喜望峰が、一四八八年、ポルトガルのディアスが発見し、一四九七年にヴァスコ・ダ・ガマがこの岬を通ってインドへの航路を開いた地点としてあまりに有名だから、こちらの方が翳んでしまったのだろう。

私たちは岬の突端でしばらく遊び、近くの食堂で昼食をとった。いよいよここがアフリカ縦断の出発点なのである。途中のブレダスドルプから北西へ近道をとって国道まで引き返し、

ケープタウンの街中に到着した。九月三日のことである。

4 ケープからお花畑へ

ケープタウンで休養を兼ねて三泊し、せっかくの機会だから喜望峰を見学した。いよいよインド洋をあとにし、大西洋側にまわってきたことになる。ケープ半島の東側海岸にはペンギンの繁殖地があり、子育てにいそしみ、海中で魚とりをするペンギンの群れをしばしばしたたずんで眺める。

大西洋側には、南極からベンゲラ海流が北上してくるが、これはとても冷たい寒流であり、ケープ州からナミビア西海岸は、この寒流の影響で大気が冷やされ、よく霧が発生する。濃霧による海難事故が相次ぎ、ケープ・アグラスからナミーブ砂漠の海岸にかけておよそ五〇〇隻の難破船が座礁しているると言われている。ケープタウンの町はインド洋の暖気と大西洋の寒気のはざまにあり、おおむね穏やかな気候に恵まれているのだが、南西風が吹くときには寒気をもろに受けてとても寒くなる。冬が去り、初春を迎えたこの時期にも、私たちが滞在したときには結構冷え込み、笹谷さんは「パッチがいるやないか」と大騒ぎする。

有名な観光名所、テーブルマウンテンには雲がかかり、ケーブルも運休していて登ることはできない。急峻な崖の隙間を縫って登山道が作られているが、何時間もかかって上ってみても、見晴らしはまったくきかず、徒労に終わるだけであろう。前大統領のマンデラさんが二七年間拘禁されていたロベン島もまた霧の彼方である。

九月六日、ケープタウンから国道七号線を六〇〇キロ北上し、スプリングボックに着く。町外れのモーテルに二泊、この付近がお花畑の名所である。地中海性気候で冬雨型のケープ州は、冬が終わり

写真●11—2（右） アフリカ最南端のケープ・アグラス。ここからアフリカ縦断の旅に出発する。左から笹谷哲也、村尾るみこ、笹谷アケミ、野村高史、藤岡悠一郎、丸山淳子、憲子、私。

写真●11—3 ケープ半島のアフリカ・ペンギン繁殖地

ようやく短い春の季節に入っている。雨の多い年には平原を埋め尽くすお花畑となるのだが、今年はよい雨が来なかったらしい。道路沿いの花はそれほどでもなかった。しかし、モーテルの人に教えてもらい、数十キロ南へ戻ったナマクア国立公園の中へ行ってみると、そこは見晴るかすかぎり、山野草のお花に覆われつくしていた。黄色、赤、紫、青と色とりどりの花々は、キク科の植物が多いが、いずれも乾季の乾燥に耐えるため多肉植物となっている。ガーベラをはじめとして、日本に輸入される園芸植物には

4

5

南アのこの付近のものが多数ある。

5　フィッシュリバー・キャニオンからナミーブ砂漠へ

その昔、ブッシュマン、コイコイが生活の拠点としていたオレンジ川でナミビアとの国境を通過し、南アをあとにする。第8章で紹介したように、オレンジ川の支流であるフィッシュリバーは、何億年にもわたって侵食が進んだ、北米のグランド・キャニオンに次ぐ世界第二の大渓谷である。その渓谷の谷底には温泉が湧き出ており、バンガロー、キャンプ・サイト、温泉プールを備えたリゾート地がある。私たちはそこに一泊し、午後のひとときをのんびりと過ごした。谷沿いに約四〇キロ、五日間をかけてトレッキングするコースが開かれているが、谷の中とはいえ、日差しは強く、危険も大きいので、もちろん公園事務所に許可を取り、ガイドを連れて行くことが義務付けられている。

さて、いよいよこの旅行の目玉の一つであるナミーブ砂漠に分け入ることになる。およそ一五〇〇キロの幅をもち、南北二〇〇〇キロメートルにおよぶ海岸砂漠は、ベンゲラ寒流がもたらす偏西風によって、海岸の細かい砂を絶え間なく陸地へ吹き飛ばし、世界最古の砂漠と世界最大の砂丘を形成する。砂丘の最大のものは高さ三〇〇メートルにも達するといわれている。

砂漠の東の端に位置するセスリエムのテンテッド・ロッジで朝食の弁当を用意してもらい、暗いうちに出発する。六時に公園のゲートが開くのを待ちかねて、ツァウチェブ川の涸れ沢に沿って六〇キロ、砂丘地帯の真っただ中へと車を西へ走らせる。午前七時、干上がったソッサスフレイの平らな窪地で川筋は突如として砂丘の連なりに行く手をふさがれ、消滅する。東部の中央高地に二〇〜三〇年に一度大雨が降ったときには、この谷に洪水が押し寄せ、ソッサスフレイには水が湛えられることは

写真●11—4、5（右）ナマクアランドのお花畑で遊ぶ、丸山、村尾（4）。

10章で述べたとおりだ。これより西の大西洋岸に至る約一〇〇キロは重畳たる砂丘の連なりである。

アフリカ大陸の西端にあたるナミーブ砂漠の日の出は遅い。砂丘の麓に車を停め、手近な砂丘の頂上を目指してゆっくりと歩を進めた。柔らかい深い砂は一歩ごとに潜っては半ばずりおち、新雪のラッセルより余程始末が悪い。私たちが一時間かけて登った砂丘の高度は一五〇メートルぐらいだろうか。朝日の中に、山稜のシルエットがくっきりと浮かび、山肌の起伏の陰影を優しく描きあげている。赤みを帯びたオレンジの山肌は、やがて陽が高くなっていくにつれ、柔らかいベージュの曲線へと移り変わる。夜露にしっとりと濡れた砂が、強い日差しを受けてまたたく間に乾いてしまうと、絶え間なく吹き付ける風が極細の砂粒を巻き上げ、山並みは砂嵐の靄に包まれる。

砂と礫と岩石の砂漠が、二〇〇〇キロにわたって海とせめぎ合う世にも珍しいナミーブの自然は、生き物たちの世界にも数々の奇跡を生み出している。生存に必要な水分をいかにして手に入れるかが、どの砂漠にも共通する生き物たちの適応の智恵の出しどころである。

ナミーブ固有種で最も有名なものは、逆立ちをして霧を集める甲虫の一種 *Onymacris unguicularis*（サカダチゴミムシダマシ）である。この虫は、日中活動して砂表面の有機物のかけらを採食するが、夜間は砂丘の急斜面にもぐって休む。真夜中から早朝にかけて、深い霧が垂れ込める時刻に表面に抜け出て、ゆっくりと稜線の近くまで登り、そこで身を翻し、風に向かい合って長い後足を伸ばして頭を下げる。背中で受け止めた霧が、水滴となって頭部へ流れ落ちてくるのを飲料とするのである。

植物の中にも摩訶不思議なものがある。松やソテツなどと同じ裸子植物で、形は巨大なオモトのような代物である。短い茎の先に二枚の巨大なコンブのような葉がうねりながら地上を這っているが、この葉は種子が発芽したときに出る二葉（子葉）である。普通の植物のように本葉が出てこないで、二枚の子葉がいつまでも成長を続ける。一〇〇〇年以上生き続けるといわれており、最も大きなものは周囲五メートル、根は二〇メートルにも達して水分を得ている。発見者であるオーストリアの植物

写真●11―6　ナミーブ砂漠の砂丘を登る。

写真●11―7　逆立ちをして霧を集め水分を摂るサカダチゴミムシダマシ。（写真提供：アフロ）

学者ヴェルヴィッチの名をとって、属名をヴェルヴィチア、種小名をミラビリス（奇跡的な）と名付けられている。まことに奇想天外なものであるが、それがそのまま和名として付けられている。*

＊　五七二頁　写真9―19

6　スケルトン・コースト

大西洋海岸の素敵な港町スワコップムントからアンゴラ国境までのナミーブ砂漠北半部の海岸線はスケルトン・コースト、つまり骸骨海岸といわれて昔から恐れられてきたことは先に述べた。このあたりは特に霧がよく発生し、一日の大半が濃霧に覆われている。しかも、スワコップムント周辺の一〇〇キロ前後を除けば、それから北の一〇〇〇キロ近くは全くの無人地帯なので、霧にまかれて座礁した船は助けを求める手段もない。

スワコップムントから約一五〇キロ北におよそ一〇万頭のオットセイが営巣する繁殖地があり、ここはまた、一四八六年に初めてのヨーロッパ人、ディオゴ・チャオがナミビアに上陸した歴史的な場所でもある。いまでは海岸沿いに車道が走っていて、国立公園になっているが、許可を得て入場料を払っても、一般人が行けるのは三七〇キロ地点のテラス・ベイまでである。ここにもツイン・ルームのバンガローがあり、レストランが付設されている。

ここはまた、釣りの名所としても有名であり、私たちも大物釣りに期待をかけて地の果てのようなこの場所までやってきたのである。私たちはスーツケースに入る程度の小さな折りたたみ竿を持ってきたが、これは何の役にも立たないことがすぐに分かった。公園の従業員たちの使っている竿は、まるで物干し竿ほどもある長い丈夫なもので、太い道糸の先に三〇〇グラムぐらいの重い錘をつけて、三、四〇メートルの沖合へリールで飛ばしているのである。従業員の一人に交渉して、三本の竿を借

写真●11―8　ケープ・アグラスの海岸に晒される難破船。ここからスケルトン・コーストまでの大西洋岸には五〇〇隻の船が座礁していると言われる。

りることができた。売店で冷凍の鰯を餌として購入し、着いたその日の夕方、とりあえず、若者三人と私の四人で試し釣りに出かけた。藤岡と私が竿を振るったが、結構な手ごたえがあり、釣果はまずまずであった。カベリューという五〇センチぐらいのアマダイに似た形の魚が旨いと聞いていたが、最初に釣れたのがそのカベリューだった。その後は二〇センチから四〇センチぐらいの鯛の一種ばかり、五、六匹があがってきた。その日は早めに引き上げ、夜とりあえず大型の鯛を一匹刺身におろして、わさび醤油で食前酒のおつまみとし、残りはバンガロー備え付けの冷蔵庫に保管する。

翌一四日は朝から全員で釣り場へ行き、交代で竿を使いまわしながら、二〇匹ほどの鯛を釣り上げた。全員が少なくとも一匹は獲ることができたのは幸いであった。昼食には鯛と昨日ただ一匹だけ釣りあげたカベリューを刺身におろし、野菜のつけ合わせを添える。残りの十数匹は開きにして塩を振り、天日で干魚にした。この干魚は、その後の道中で、貴重な酒の肴となり、おかずとなった。

7　珪化木の森とトゥイフェルフォンテインの岸壁画

九月一五日、テラス・ベイから六〇キロ引き返し、トーラベイのキャンプ・サイトより、内陸へと向かう砂利道を東へと走らせる。海岸から一〇キロも離れると、霧は晴れ上がり、乾ききって日差しの強い砂漠の熱暑へと気候は急変する。およそ三〇〇キロで今日、明日の宿泊を予定しているダマラランドの中心地コリハスに到着する。

私たちは途中、珪化木の森を訪ねた。およそ二億六〇〇〇万年前、この地域がより湿潤だったころ、直径一メートル近い松柏類の大森林が洪水のためこの地に流れ着いて土砂に埋もれ、珪素が樹木の細胞と入れ替わって化石となり、二億年も経ってから再び洪水にさらされて表面の土砂が流れ、化石の

写真●11―9　ケープ・クロスのオットセイ群生地。

写真●11―10　テラス・ベイの海岸で釣り竿を振るう。

樹木があらわとなったと考えられている。[*文献237] 一部だけが露出しているもの、全体が露出して横たわっているものがあり、また、ばらばらに砕けて小さな破片となって砂の地面に散らばっている。大きなものは長さ三〇メートルに及ぶという。八〇〇×三〇〇メートルの範囲に、これらの珪化木が無数に広がっているのである。

コリハスのレスト・キャンプには、キャンプ・サイトの他、ツインのコテージ、ツイン・ルームを二部屋備えた四人用の豪華なバンガロー、レストラン、売店、プールと芝生の庭が設備されている。私たちは四人用バンガローを二軒借り、朝食だけはレストランを利用したが、夕食は笹谷さんの指揮のもと、冷蔵庫つきのキッチンでご馳走を作った。

翌日は珪化木の森への道を戻って、それから南下し、トゥイフェルフォンテインへとドライブする。一九七〇年代の初め、当時のアパルトヘイトに怒りを震わせながらも訪れた（第3章参照）あの場所である。途中、ブッシュと草原の中を走ると道端に古い砂漠象の糞が落ちていた。普段はもう少し西の川辺林を中心に住んでいるのだが、稀にこちらまで出てくるのであろう。フォンテインとは、アフリカーンス語で泉であることからも分かるように、トゥイフェルフォンテインには断層崖の麓に小さな湧き水があり、これを利用して昔ドイツ人の農夫が牧場を経営していた跡地である。崖を一段登ったテラス沿いの大きなスラブの岩肌に、六〇〇〇年前には住みついたと思われるブッシュマンが残した壁画が二五〇〇点以上存在する。色彩を使った絵画も若干は見られるが、ここに残された芸術の特徴は、それらの大半が鑿で削りこまれた、いわゆる刻画だということである。普段人びとは平原部に住み、狩猟採集生活を営んでいたのであろうが、芸術を好んだ一部の人たちが余暇の合間に彫刻にきたり、祝祭や儀礼の際に皆でテラスに集まり、刻画を刻んだりしたのであろう。キリン、クドゥやエランドなどのアンテロープ、象やライオン、蛇などの爬虫類、ダチョウなどから、おそらく彼らの宗教的信仰にかかわると思われる架空の動物まで、さまざまな造形が遺されている。[*]

写真●11—11　釣り上げたカペリュー。刺身が美味い。

文献237　水野・永原　二〇一六

＊　一七一頁　写真3—38・一七二頁　写真3—39

8　ヒンバ・ランドからオヴァンボ・ランドへ

いよいよ明日からマラリア汚染地帯に入るので、コリハスを発つ前日、九月一六日の夜からマラリア予防薬マラロンの服用をはじめる。マラリアは熱帯アフリカの病気の中でもまだ一番罹りやすく、また恐い疾病である。とくに熱帯熱マラリアは死亡率も高い。クロロキンなどの抗マラリア薬は耐性マラリアができてしまっていて、ほとんど効果がなくなっている。マラロンは最新の開発薬で、まだその耐性は報告されていない。それでも万が一罹病した場合に備えて、私たちは中国で開発された最高の治療薬といわれるコルテキシン（コアルテムの名で市販されている）を必要量だけ持っていった。日本ではこうした薬は手に入らないので、私たちはヨハネスバーグやナイロビであらかじめ入手しておいたのである。

コリハスからカマニャーブ、セスフォンテインを経由し、ヒンバ族の中心地オプオまでは約七〇〇キロの道のりである。カマニャーブから舗装は切れ、砂利を敷いた道になるが、ナミビアの道路はよく整備されていて、時速一〇〇キロのスピードでまだ午後早い時間に目的地に到着する。最僻地の一つであるオプオにはカトリックの教会があり、そのゲストハウスで蚊に攻められながら一夜を明かす覚悟をしていったのだが、なんとまあ、この片田舎に新しく立派なロッジが出来上がっているとのことである。ヒンバ・ランドを一望の下に見渡せる小高い丘の上に、実に贅沢なリゾート・ホテルが建てられていた。まだオープンして二週間しかたっていないという。丘の頂上にあるレストランの目の前にはプールまで作られていてきれいな水がふんだんに循環し、滝となって流れている。

第９章で述べたように、ヒンバはヘレロ族の一分派であり共に牛遊牧民であるが、ヘレロがいち早

写真●11—12　オヴァンボ・ランドはナミビアでも一番の人口密集地帯である。その中心の町オシャカティの市場で（撮影：藤岡悠一郎）。

く洋服を取り入れたのに対し、ヒンバは伝統的な毛皮の衣装を身にまとい、女性は真っ赤な泥とバターを混ぜた顔料を身体中に塗りたくって、八頭身のスマートな身体を際立たせている。このヒンバの生活、とくに伝統的に正装した美しいヒンバ女性を見学する観光客は年々増えてきており、彼らの需要を満たすために新たにホテルが建設されたのであろう。ヒンバの集落に住みこんで調査していた吉村も一九九八年には調査を切り上げ、いまは国立歴史民俗博物館に勤務している。

　オプオからアンゴラ国境のルアカナに向かって北上する。オヴァンボ・ランドに通じる舗装道路に着いたところで一休みするが、「あれー、変な音がする」藤岡が大きな声で叫ぶので、近づいてみると、左後輪からシューと空気の漏れる音、初めてのパンクであった。見る見るうちにタイヤがぺちゃんこになってしまった。スペアタイヤは各車二本ずつ積んでいるので、早速交換をする。点検してみると、直径一センチぐらいの石が刺さっていた。前輪で寝ていた石を起こし、鋭利に尖った先端が立ち上がって後輪に突き刺さったのである。チューブレスタイヤに六ミリ以上の裂け目が出来たら修理不能である。オヴァンボ・ランドの中心の町オシャカティで新品のタイヤを求めなければならないだろう。行程はまだ距離にして三分の一しか来てないし、道路事情はこれからますます悪くなることが予想されるのである。

　オヴァンボ・ランドはナミビアでも一番の人口密集地帯である。ジャケツイバラ亜科の堅い樹木モパネの林が優占し、ところどころに椰子が混じる。オヴァンボはこのモパネ林を切り開いてトウジンビエなどの作物を作る農耕の民である。藤岡は地理学を学んできたが、この土地の人びとの樹木利用を中心テーマに調査を続けている。私たちはまずオシャカティのこじんまりしたサントリーニ・ホテルに行き、年寄り五人分の部屋を確保する。若者たち三人は、藤岡が調査している村[*文献224]に泊り込みたいという。村は約一〇キロ離れたところで、車で一走りなので、全員で見学に行く。藤岡が泊り込んで世話になり、いろいろと情報を提供してもらっているのは、村の有力者の家で、トタン葺の方形の母

文献224　藤岡　二〇一六

屋の他、キッチン、酒の醸造所、物置など、丸い草葺の小屋を四つばかり備えた立派な屋敷であった。小屋の建材はモパネである。モパネは堅くてシロアリに食われないので、周りの屋敷囲いなど、さまざまな用途に使われる有用材であり、また薪としても重宝される。ご主人は不在だったが、奥さんにトウジンビエの酒を振舞われ、娘さんに屋敷内を案内してもらう。

翌朝、教えられたタイヤ屋へ出向き、パンクしたタイヤを取り出して修理を頼むが、ホイールをはずしてみると、長さが三センチもある尖った石が刺さっていることが判明、新品のタイヤを取り付けてもらう。村から帰ってきた若者たちと合流したが、彼らは町に入ってから人混みの多い路地に駐車した際、窓ガラスを割られたといってしょんぼりとしていた。丸山のハンドバッグを盗られたらしいが、中には貴重な物は入っていなかったので、幸いであった。ガラス屋を探したが、ハイラックス用のガラスはなく、とりあえずプラスチックを切り取って窓にはめ込んでもらい、急場を凌ぐ。どこへ行っても田舎はのんびりとしているが、都市部は、スリ、窃盗、強盗と油断も隙もない。

9　エトーシャ国立公園

オヴァンボ・ランドの南に隣接して、エトーシャ国立公園がある。ナミビア最大の国立公園であるが、ここの特徴は、全体のほぼ四分の一の面積を占めるエトーシャ・パンを擁することである。普段は干上がってひび割れの土が露出するこの平らな窪地は、夏の雨季に大雨が降ると、水はアンゴラ方面からオヴァンボ・ランドを水浸しにし、さらに南下してエトーシャ・パンへと流入し、広大な湖へと変貌する。周囲のサバンナは、モパネ林、アカシアの散在する草原に分けられ、ライオン、豹、チーター、ハイエナなどの肉食動物とともに、象、キリン、シマウマ、各種のアンテロープなどたい

写真●11—13　「象に注意」の道路標識。動物王国アフリカにいるのだと実感させる。

ていの動物が見られ、観光のメッカとなっている。

　東側のゲートから入場した私たちは、ゲートのすぐ近くにあるナムトーニのバンガローに落ち着いた。夕方のひととき、目の前の池のほとりの見晴らし台に大勢の人だかりがしているのに惹かれて行ってみると、池の対岸に二頭の雌ライオンが悠然と寝そべっていた。すでに狩りを終えて夕食を済ませたのか、あるいはこれから連れ立って狩りに出かけるのであろうか。薄暗くなってきて双眼鏡でもよく見えなくなったので、私たちも引き返し、レストランへ晩飯を食べにいった。

　翌日は朝食後公園内の見物に出かけ、昼食のサンドイッチを食べて帰ろうとすると、野村さんたちの車の屋根に異音が生じ、停まって点検する。なんと屋根に取り付けたルーフキャリアのネジが緩んで、ガタガタと大きな音を立てていたのである。プライヤーとスパナでネジを締め付け、私たちのできるだけのことはしたのだが、車体のフレームにかしめて留めてあったピンがはずれて、鉄板の支えが一本なくなっていた。これは素人には修理はむずかしい。宿舎の近くのガレージに持ち込んで修理を依頼する。私たちがいつもカラハリ調査で使っているルーフキャリアと違って、今度借りてきたものは、スキーラックに毛の生えたようなちゃちな代物で、これに重いスペアタイヤ、ガスボンベ、ガソリン二〇リットル入りのジェリー缶を積んでいるので、かなりの無理があったのだろう。しかし、荷台に余分のスペースがないので、今後休憩のたびにスパナでネジの緩みを締めまししながら注意して走るしか仕方がない。

10　カラハリ砂漠へ

エトーシャから幹線道路を一気に南下し、首都ウインドフックで二泊休養とする。トヨタのディーラーでガラス屋を教えてもらって、窓ガラスを純正品に入れ替えてもらう。急ブレーキをかけたときに、ガタのきたルーフキャリアが前方へ吹っ飛んで落ちてこないように、荷造り用ベルトを買ってきて、後方へしっかりと引っ張って縛りつける。あとは、首都の中心部を買い物がてら見物し、ゆっくりと骨休めをする。

九月二三日、この日はボツワナ国境に向かって東へ三〇〇キロ、国境を越えてさらに二五〇キロのカラハリの町ハンシーに着いてガソリンを補給、最後に未舗装の道を一〇〇キロ走り、私や丸山の調査地ニューカデに到着した。第7章で詳述したように、ここには約一〇〇〇人のブッシュマンがボツワナ政府の定住化政策で押し込められているのだが、中には見知らぬ大勢の人びととの生活を嫌って、集落から離れたブッシュの中に小屋を建て、相変わらず罠猟やトビウサギ猟をして暮らす人たちが、何グループかいる。私たちはそうしたグループの一つの所へ行き、テントを張って泊まることにした。

今回の旅行ではじめてテントを張るのであるが、私の運転する車の屋根から引き摺り下ろした四張りのテントのうち、二つはとんでもない代物であった。車と一緒にレンタルしてきたものなのだが、一つはメッシュのテントで、その上から掛けるべきフライシートが見当たらない。また、野村さんと藤岡が使ったものは、六人用ぐらいで大きさは十分すぎるほどあったのだが、ポールの長さが合わず、きちんと張ることができなかった。借りる時にちゃんと試し張りをしておけばよかったのだが、あのときは、借りるべき細々としたものが多く、また手続きにも手間をとって、とても余裕がなかったのである。乾季の真最中のカラハリでは雨の心配はまったくなく、ともかくも二晩を過ごすにそれほど困ることはなかったのが幸いだった。

翌日は、二人のハンターを伴って、彼らの罠の見まわりについていった。三キロほど車でブッシュの中を掻き分けて進み、木が立て込んできたので車を捨て、さらに徒歩で三キロほど歩いただろうか、二人分の二〇個ばかりの罠を見てまわったが、残念ながら今日の収獲は皆無だった。これだけの数の

写真●11－14　左からキレーホ、カルー（広樹と昔仲良かったウエテベの息子）、トーノー。私たちが着くとすぐやってきてキャンプの設営を手伝ってくれる。（ニューカデ定住地のプロットから約10㎞離れたマイパーにて）

罠をかけておけば、スティーンボックの一頭ぐらいは獲れることが多かったのだが、やはり獲物が少なくなっているのかもしれない。

獲物がないので、ヤギを一頭買って、皆で食べることにした。われわれ八人ではほんの少しあれば足りるのだが、四分の三以上はこのキャンプの住人へのプレゼントである。あばらのところをばっさりと切り取って、焚き火の熾きの上でじんわりと焼く。塩コショウかマスタードに醤油をつけるかして、久し振りのアフリカの味を楽しんだ。

ここで二泊したのち、CKGRの中の昔のブッシュマンの住みかを訪れる予定を立てていたのだが、ここから保護区へ入るゲートはごく最近になって閉鎖されたと聞かされた。では仕方がない、予定を一日早めてマウンの町で二泊し、ゆっくり休養をとることにしよう。暑いカラハリのテント生活は、一行の中でも慣れない人にはなかなか大変な経験だったからである。

11　ビクトリア・フォールへの道

カラハリ砂漠の東縁を北上したリビングストンは、ザンベジ川に差しかかって、大きな瀑布を発見し、これにビクトリア・フォールの名を与えた。幅一七〇一メートル、落差一一八メートルにも及ぶナイアガラに次ぐ世界第二の滝であり、いまや一大観光地となって、世界中からの客が引きをきらない。

私たちは、マウンから東にナタへと向かい、そこで北上してザンベジ河畔のカサネまで六〇〇キロの道を一気に突っ走った。カサネはチョーベ川がザンベジ川本流に合流する地点にあり、象の大群で有名なチョーベ国立公園の入り口にあたる観光基地である。しかし、私たちは、一〇月一一日にタン

写真●11―15　ビクトリア・フォールの存在をヨーロッパが初めて発見したのを記念して、岸辺にはリビングストンの石像が建てられている。

ザニアのアルーシャからチンパンジー研究基地として名高いマハレ山塊国立公園まで、チャーター飛行機を予約してあるので、ここでゆっくりしている暇はない。一週間のうちに長い旅を経てアルーシャにたどり着く必要があった。

ビクトリア・フォールはカサネから約七〇キロメートル下流に位置するが、そこに達するルートは二つある。ザンベジ川の右岸を下って、一旦ジンバブウェの国境を越え、ザンベジ川にかかるザンビアとの国境の橋を渡り、リビングストンの町に達するか、あるいは、カサネのすぐ近くのカズングラでザンベジ川をフェリーで渡り、直接ザンビアに入国して、左岸沿いにリビングストンに至るかである。ビクトリア・フォールはジンバブウェ、ザンビアのいずれ側からでも容易に見ることができる。ホテルのマネージャーに聞いてみると、ジンバブウェを経由するには多額の車両輸入税をとられる上、二回国境を越えるのに時間のロスも大きいから、フェリーでザンビアへ真っ直ぐ行くのが得策だと教えてくれた。道路はいずれもたいへんよく整備されているというので、私たちはマネージャーの助言に従って、カズングラからフェリーでザンビアに渡る。

リビングストンのホテルにチェックインしたのち、私たちは国境の橋の側の駐車場に車を乗り捨て、遊歩道を滝に向かって散策する。ヒヒの群れが人懐っこくわれわれを眺めているが、サバンナのギャングといわれるこの猿たちもここでは観光客慣れしていて、全くおとなしく、悪さをする気配はない。一キロ以上の幅をもつザンベジ川を一望することはできず、ゴルジュの突端から見えるのは一〇〇メートルを超える落差の滝のごく一部だけである。残念ながらいまは渇水期で、流れ落ちる水の量はそれほどでもないが、大きく切れ落ちた断層崖の自然の所作は、見る人の目を圧倒する。水しぶきには午後の日を浴びて大きな虹がかかっている。雨季の水かさが増したときには、滝の水は壮大に流れ落ち、対岸の小径を歩いていても合羽か傘が必要なぐらい水しぶきが降りかかってくるのである。

写真●11—16　カズングラからフェリーでザンビアに渡る。

12　悪路のはじまり

カズングラのフェリーポートへの分岐点に引き返し、ザンベジ川沿いに北上してモングに向かう。セシェケで立派な橋を右岸に渡ったところまで舗装が続き、一時間ほど快調に飛ばすが、さて舗装が切れた途端、道はひどいことになる。ところどころに岩が露出し、そうかと思うと深い砂道になる。凸凹のひどさはもちろんのことである。四輪駆動を駆使し、時速二、三〇キロ、ときには歩くぐらいのスピードしか出すことができない。雨季になって泥道がぬかるんだら、とんでもないことになるだろう。コンゴ森林の中の道に匹敵するのではないか。村尾の調査地であるセナンガまでの二〇〇キロ強はおそらくアフリカでも最もひどい悪路の一つであることは間違いない。

セナンガの少し手前に渡し場があり、小型のフェリーで左岸に渡り返す。私たちが渡った直後に軍隊の一団が到着したが、もう少し遅れていたら、あちらの軍用トラックなどが優先的にフェリーを使うに決まっているから、歯ぎしりしながら一時間ぐらいは待たされていたにちがいない。よいタイミングで渡し場を越えることができたものである。セナンガに着いてようやく舗装道路が現れほっとする。セナンガの小さなホテルに着いたのは六時前でもう夕暮れが近い。

翌三〇日、一〇キロほど北へ走ったところに村尾が調査している村があり、一時間ばかり見学していく。村尾は村長の親戚の人に世話になっており、小さな家を建ててもらって住んでいる。奥さんの手厚いもてなしを受け、村内の一部を見せてもらう。カラハリ・サンドの細かい砂粒の土地でキャッサバやトウジンビエを栽培する村人たちの農耕生活を、農学部出身の村尾は克明に観察し、分析しつつある。*文献240

写真●11—17　村尾の調査地であるセナンガ付近は、おそらくアフリカでも最もひどい悪路の一つ。

文献240　村尾　二〇一二

　ここから二〇〇キロあまり北にザンビア北部州の州都モングがある。モングの町からはセナンガを南限にして広がるザンベジ川の氾濫原が一望できる。氾濫原は毎年雨季になると氾濫して大きな水溜りを形成することで有名である。またロジ王国の王宮がおかれていることでも多くの研究者の関心を集めてきた。ロジ族の人びとはこの肥沃な氾濫原を利用して、農耕と牧畜、漁撈の生活を送っている。ロジの王様たちは、乾季のいまは氾濫原の方に住んでいるが、雨季になり、下方が水浸しになると丘の上の王宮に遷都する。クオンボカと呼ばれるこの一大行事はいまや世界的な観光イベントとなっていて、遷都がおこなわれる日には多くの人びとが見物に押し寄せる。

13　ガソリン危機

　モングでガソリンが入手できるかどうか、私たちは心配していたのだが、村尾さんが何かと世話になっているＪＩＣＡの方の尽力もあって、無事満タンにすることができ、六四〇キロを走ってルサカに到着する。月が替わって、一〇月一日となっていたが、このザンビアの首都でガソリンがなくなるとは予想だにしていなかった。ちょうどわれわれが着く直前から、この非常事態は始まったようである。街中にたくさんあるガソリン・スタンドのどこもかしこもが長蛇の列であった。わずかばかりのストックを小出しにして売っているのを、みな延々と行列を作って、運のよい人はいくばくかのガソリンを補給していく。このところの原油の高騰で、ザンビアでもガソリンを値上げしたいのだが、一気に三割も値上げすれば暴動が起きかねないので、このガス欠は値上げ前の前哨戦だったようである。野村さんと私は二台の車で列の最後尾に並び、一日には夜九時から一一時まで、結局その日は埒が明かず給油停止。翌二日は朝五時から再び並びなおすが、いつまで待っても給油が始まらない。タンクローリーがこちらに向かっているとの情報も入るが、本当のことなのかどうかも不明である。ポリタンクをいくつも並べて先頭に並ぶ男がプレミアム付きで買わないかと申し出てくるのにOKを出し、それを期待する。定価一リットル七〇〇クワッチャのガソリンが闇値はすでに一万クワッチャに値上がりしている。

八時ごろになって、笹谷さんが歩いて五分ほどのホテルから駆けつけてきた。「オーイ、ホテルでガソリンが手に入ったぞ。急いで引き返せ」。よく事情は分からないままに車を連ねてホテルに引き返す。ホテルの裏手にまわりこんで、ホテル専用のガソリン・タンクのところまで導かれていく。ルサカで最高級のインターコンチネンタル・ホテルに投宿したのが大正解だったのだ。何をどうネゴシエートしたのかは知らないが、英語が堪能で口八丁の笹谷さんが、マネージャーを捉まえてまくし立て、われわれの苦境を訴えたところ、各車五〇リットルずつ、計一〇〇リットルを市価で譲ってくれることになったのである。これで明日は安心してマラウイへ向かって出発できることになった。

14　マラウイ湖畔

ルサカから東へおよそ六〇〇キロ、マラウイとの国境の町チパタの安宿に一泊する。途中モザンビークとの国境に接する付近ではポリス・チェックがあった。密入国や密輸を警戒しているのであろう。しかしここまでくればガソリンはふんだんに出まわっており、一安心だ。翌四日早朝に通関を済ませ、首都リロングウェまではひとっ走り、昼前に到着する。午後はのんびりと休養するが、若い三人の男女は何か役に立つ本でもないかと町へ探しに出かけていった。

一〇月五日、リロングウェからマラウイ湖に向かってさらに東へサリマへと進み、ここから北に向かって湖岸に達する。湖を右手に遠望しながら、リコングウェから五六五キロで目的地のンカタ・ベイに到達する。六日は一日ゆっくりとこの保養地で骨休めだ。沖合いに見える小島が釣りのポイントだというので、私と藤岡、村尾の三人でホテルのボートを出してもらって釣りに行く。丸山さんは熱を出して今日は用心をして休養、笹谷さん、アサミさん、野村さん、妻の憲子もまたホテルの庭でのんびりしていたいという。

シュノーケルをつけて水中を覗いてみると、小魚が結構泳ぎまわっているが、藤岡君も私も釣果はまったくゼロだった。村尾さんはひとり島のまわりを泳ぎまわってはしゃいでいる。近くに二隻の小船がやってきて、連携をとりながら網を流している。見ていてもそれほど魚は獲れていないようだった。昼になったので、ボートでホテルまで送り返してもらう。

午後はマンゴーのまだ熟れていない緑色の実が鈴なりになった芝生の庭と砂浜を散策し、のんびりと昼寝を楽しむ。丸山と村尾は、この付近の村を調査している同僚から、ユスリカを団子にしたものがマラウイ湖の名物でおいしいから是非食べてくるようにと聞いてきたので探しにいくが、見つからなかったといって戻ってきた。マラウイは、農業と漁業以外に産業はなく、けっして豊かな国ではないが、湖も田舎の土地も人びともじつに平和でのどかな国である。街道沿いはきれいに耕されていて、まるで日本の農村を思い起こさせる。アフリカ大地溝帯の最南端に位置するマラウイ湖は南北に細長い大きな湖で、この国の三分の一を占めているが、東半分はその南部がモザンビーク領、北部がタンザニア領に属している。地雷の脅威に怯えなければならないモザンビークと違って、じっくりとアフリカの原野を楽しみたい旅人にはマラウイはまことにうってつけのところだと思われた。

写真●11―18　マラウイ湖畔リロングウェの市場風景（撮影：村尾るみこ）

15　タンザニアへの旅

一〇月七日、ンカタ・ベイからさらに湖岸沿いの道を北上し、タンザニアとの国境を越える。約四六〇キロの走行で、ムベアの町に日が暮れてから辿りつく。タンザニア最南端に位置するこの近辺には、農耕民の村を調査するアフリカ・センターの教員、院生が何人か調査に通っているが、いまは誰もいないので、町のホテルに一泊しただけで、モロゴロに向かって東北東へと進路をとる。

マラウイに比べるとタンザニアは圧倒的に人口が多く、街道沿いに次々と村が現れ、道を行く人々の数も多い。自転車の多さもやたら目につく。道路は舗装されていてそれほど悪くはないが、閉口するのは、車がスピードを出さないように、やたらと道路を横切ってアスファルトのバンプが拵えてあることだ。村の前後には必ずこの障害が設けてあり、ひどいものは停止寸前まで速度を落とさないと、下手に突っ込んだら車は大ジャンプし、天井に頭をぶつけるぐらい大きなバンプもある。建設省がきちんと作ったものに加えて、村人たちが勝手に自衛のために手作りしたものも多く、中には障害物の手前に予告の標識がなく、突然現れて急ブレーキをかけなければならないところもある。

イリンガを過ぎて峠道を下っていくと、道路の両側の斜面に見事なバオバブの純林が現れる。この林は何キロ続いたことだろうか。これだけの美しいバオバブの林はちょっとお目にかかったことがない。まるでおとぎの国を訪れた気持ちになる。やがて、ミクミ国立公園の入り口にさしかかり、公園とは反対の右手の丘に建つサファリ・ロッジに到着した。

翌日は朝のうちにミクミ国立公園の中を一巡りし、モロゴロへ向かう。午後の早い時間に町についたので、まずはガソリンを満タンにしていると、「ハロー、ハロー」と寄ってきた人がいた。以前アフリカ・センターへ留学してきていたムスヤ君であった。彼はモロゴロにあるソコイネ農科大学の講師をしており、たまたま私たちを見つけたので、ガソリン・スタンドまで追っかけてきてくれたのである。夕方には、やはりセンターで博士の学位をとり、ソコイネの講師をしているニンディ君が小学生の息子を連れてやってきて、夕食をともに賑やかに歓談した。ソコイネをベースにして、当時センターの助手だった荒木美奈子さん（後にお茶の水女子大学）が調査をおこなっている[*文献91]が、山の上の調査地から丸山の携帯へねぎらいの電話をしてきてくれた。ソコイネ農科大学と京都大学は研究協力協定を結んで共同研究を進めており、当時は掛谷誠が代表者となってプロジェクトを進めていた。[*文献129]

文献91　荒木　二〇一一

文献129　掛谷・伊谷　二〇一一

16　チンパンジーの森、マハレ国立公園

明けて一〇月一〇日、モロゴロからアルーシャまでの六三〇キロをひた走りに飛ばし、予定通りマハレ国立公園へ行く一一日のチャーター便に間に合わせることができた。アルーシャの手前のモシの町からは、晴れていればキリマンジャロが真正面に見えるはずなのだが、あいにくの曇り空で、なだらかな裾野の部分がぼんやりと見えるだけであった。チャーター機が出発する前の朝一番に、車をトヨタのディーラーに持っていって、オイル交換をはじめ各部の総点検を依頼する。点検整備はナミビアのスワコップムント以来で、途中カラハリのニューカデでは、藤岡と二人でオイル交換だけはおこなっていた。

われわれ八人と操縦士で満杯となった軽飛行機は、一直線にタンガニイカ湖を目指し、たっぷり三時間かかって浜辺につくられた滑走路にスムーズに着陸した。操縦士が無線でマハレのキャンプに連絡を取り、迎えの船がまもなくやってくるというので、待ち時間の合間にホテルで用意してもらった

写真●11―19　タンガニイカ湖畔の滑走路

ランチボックスを開いて昼食とする。一時間以上は待たされたであろう。ようやく迎えの船が到着する。京大隊が使っているカシハの浜から一キロほど離れた南隣の浜にある私設のテンテッド・ロッジに無事に到着した。飛行機便の関係で、私たちはここに四泊し、チンパンジーを追って山を巡り、釣竿を片手に湖に遊ぶことにする。

伊谷純一郎さんの指導の下、西田利貞がここでチンパンジーの餌付けに成功したのは一九六六年のことであった。以来四〇年、多数の若い人たちがこの森に分け入り、チンパンジーの生態、社会、行動、群れ間の関係をつぶさに観察し、多くの新発見をもたらしてきた。ちょうどその時には、西田が、若手研究者の中村美知夫君、伊藤詞子さんなどとともに調査に入っていた。＊文献207・211・212・24・109 私たちは、翌一二日、朝食を済ませるとすぐ山に向かって出発した。遠くに鳴き声が聞こえたので、だいたいの位置は分かると言う。二〇分ほどだらだらした麓の道をたどると京大隊の基地があるカンシアナ谷に至り、だんだんと急になっていく斜面をそれとおぼしき方角に進路をとる。群れの遊動範囲には縦横に観察路が切り開かれていて、ガイドの二人が相談しながら道を選んでいく。上方でチンパンジーの呼び交わす声が私たちにも聞こえるようになった。最後は道を逸れ、ブッシュをかき分けて急峻な谷筋を詰めあがり、右手にようやくその姿を見出した。四、五頭のオス、メスがくつろいでいて、コドモが母親のまわりで遊んでいる。向こう側のブッシュの陰には西田が座り込んで、双眼鏡で彼らの行動をつぶさに観察し、ノートにとっている。彼の言うには、カンシアナの基地から真っ直ぐ上へ三〇分ぐらいでここまで着いたらしい。われわれのガイドは結局ずいぶん遠回りして一時間以上かかり、すっかりくたびれてしまった。しばらくチンパンジーの様子を眺めていたら、リーダーオスを追跡していた伊藤がわれわれに合流する。お昼に近づいたので、お弁当持参の西田たちを残し、われわれは引き返すことにする。なるほど西田に教えられた道を行くと、ほぼ一直線にカンシアナの基地まで一気に下ることができた。

写真●11—20　マハレのキャンプからの迎えの船に乗る。

文献207　中村　一九九七
文献211　西田　一九七三
文献212　西田　一九九四
文献24　Itoh・Nishida・Turner 1998
文献109　伊藤　二〇〇二

写真●11—21（左）　マハレのチンパンジーを観察する。草むらの陰に見えるのは西田利貞（撮影：藤岡悠一郎）。

午後は船を出して釣りに行かないか、とのロッジ・マネージャーの提案にしたがい、二〇分ほど南へ下って釣り糸をたれる。私たちは持参のリール竿で疑似餌のスプーンを投げるが、一緒に来てくれた二人の男は、手釣り用の仕掛けを用意する。先端にかなり大きな錘をつけて、三本ばかり針をつける。餌も何もつけず、素針で糸を上下させ、まず餌にするためのダガーを釣り上げる。ダガーとはタンガニイカ湖特産の鰯の一種で、夜間灯りをつけてダガーをおびき寄せ、大きな網ですくい獲ったものを天日で干すとまさにダシジャコである。煮物をおかずにするが、市場価値も高い。剃刀でダガーの身を切り取って、こんどはそれを餌にして水中に沈める。何匹かの魚を釣り上げたが、一匹は六〇センチぐらいもあるクーへであった。スズキの仲間で煮ても焼いても美味しいが、なんといってもこの魚は刺身にしてわさび醤油で食べるのが最高である。

マネージャーも歓迎するというので、夕食には西田君たちを招待する。ロッジの使用人が釣ったクーへを貰い、キッチンを借りて調理する。笹谷さんは山登りで大分お疲れのようだったので、今日は憲子がさばいてお造りにする。スープから始まるキャンプの晩御飯は、豪勢で、クーへの刺身もすばらしかった。

チンパンジーの群れがときに浜辺まで出てくることがある。そろそろやってきてもよいころだというが、私たちの滞在中には来なかった。ヒヒは近くまでやってきたし、イボイノシシが数頭、食堂のすぐ脇の砂の上で寝転んでいった。三日目の一三日に、もう一度チンパンジーを見たいと森へ出かけたが、これは空振りに終わった。西田たちもずっと奥の方へ追いかけていったようである。

次の日は昼食後、猛烈なシャワーに見舞われた。ちょうど食べ終わったときに降り始め、とても自分たちのテントまで戻れない。食堂の建物は古くなって、ちょうど建て替えようとしていたところであったが、古い屋根は雨漏りだらけ、みんな雨の当たらない部分に避難して、雨の過ぎ去るのを待った。一〇月半ばはそろそろ雨季の到来する季節である。

写真●11−22　カソゲの浜には、こんなロッジの食堂ができている。時々イボイノシシが来て、浜辺で寝そべる（撮影：笹谷哲也）。

17　ンゴロンゴロからセレンゲッティへ

一〇月一五日、帰りのヒコーキも順調に飛行し、アルーシャのマウント・メルー・ホテルに無事帰着した。整備の終わった車は、ホテルの地下の駐車場にちゃんと仕舞ってくれてあった。ショック・アブソーバーが四本いかれていたが、ザンビアのセナンガまでの悪路、そして、あのバンプの多かったアルーシャまでの道を考えれば、サスペンションに無理がかかるのも致し方ないだろう。

アルーシャからンゴロンゴロまでは、きれいに舗装され、一九〇キロの道のりを二時間あまりで走破することができた。ンゴロンゴロは大きなクレーターになっていて、これまでに私は何度かこのクレーターを見下ろしていたのだが、中へ降りていくのは初めてである。三〇〇メートルほど下の火口湖まで反時計回りに降りていくが、道路は狭く、砂利道である。ゆっくりと下まで降りると、平らな草原となっている湖底にさまざまな動物が見かけられる。中心部には水を湛えた池があり、水辺がピクニック・サイトになっている。ちょうど時間もよし、私たちもランチボックスを開くことにする。エジプシャングースをはじめ、たくさんの水鳥が遊んでいるが、気をつけなければならないのがトンビである。上空に輪を描いて獲物を狙っているが、ここで彼らの好餌食となっているのは、何百人もの人びとが広げているお弁当やお菓子だった。

草原の中に、私たちはチーターが何頭か座り込んで休んでいるのを見かける。車を止めて双眼鏡で観察していると、うしろから来る車もみな停まって眺めている。ライオン、豹、チーターなど、見つけにくい肉食獣を見るには、車が群がって停まっている所へ行ってみるのが、最も確実な方法である。クレーターの湖底から崖の急な登りに差し掛かる直前の小さな川に車一台通れるだけの狭い橋が架

写真●11―23　飽食し満足して休んでいるチーターの群れ。

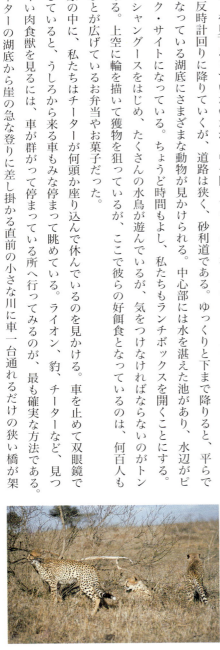

かっているのだが、そこに両側からきた車の群れがたまって渋滞している。喬のたもとのアカシアの木の上に豹が休んでいるというのだ。私たちのいる角度からは豹は見えなかったので、ただいらいらしながら、小一時間渋滞が解消するのを待つばかりであった。二年前にナクル湖ではじめて豹を見たが、木の上に寝そべっている豹の姿も見てみたかった。しかし私たちが通ったときにはすでに行方をくらませたあとであった。

クレーターの登りは大変な悪路であった。急な岩のごつごつとした斜面を四駆でゆっくりと登っていかなければならない。一周道路を経て、メインロードにもどってから、いよいよセレンゲッティへの道となるが、舗装が切れたあとの道は、ものすごい洗濯板道路であった。道幅はたっぷりとあり、年に何度かはブルドーザーで均しているという。均した直後は走りやすいが、たちまち凸凹ができはじめ、それがどんどんひどくなって波が大きくなり、洗濯板になってしまう。第1部でも何度か書いたが、こうした道路は時速六〇キロ以上のスピードで凸の山の上っ面を飛んでいくように走るのがコツであるが、いずれにせよ車が受けるショックはすさまじく、当然乗っている人間様もつらい思いをする。洗濯板のメインロードから左へ分岐し二十数キロ草原の中を走って薄暗くなったころ、ようやくサファリ・ロッジに到着した。すでにセレンゲッティ国立公園に隣接したところだった。

翌日は、公園のゲートに向かって一直線に北上し、ゲートのすぐ手前のメイン道路に合流する。ここから少し戻ったところに、二〇〇万年前の初期人類の化石、アウストラロピテクスが出土したオルドバイ渓谷があるのだが、この洗濯板道路を往復する気力も失せ、そのままゲートをくぐってセレンゲッティの中へ進入する。公園の中は制限速度が六〇キロ以下と決められているお陰で、道は比較的スムーズだった。公園の中心地にあたるセロネラに達し、そこから今夜の宿泊場所であるロボ・ロッジへと真北に進む。ロッジは小高くなった岩山の上にあり、天然の大岩を巧みに取り入れて、うまく設計されたゴージャスな建物であった。建物のまわりの岩の上にはいたるところにロック・ハイラックスがうろちょろと駆けまわったり、くつろいだりしていた。

野村号のルーフキャリアはここに来てついに修復不能に破壊し、重いタイヤを積んだままいつずり落ちて吹っ飛んでもおかしくない状態になっていた。ほとんどのボルトは抜け落ち、キャリアが天井にじかに乗っかっていて、前後左右に荷締めベルトでなんとか支えているだけという有様であった。天井の荷物を降ろしてなんとか二台の車に押し込み、ルーフキャリアはここで捨てていくことにする。一旦すべての荷物を降ろし、きっちりと積み直しをしていたら、プラスチックの箱に詰めてあった食料品のうち、コショウのビンが割れて、箱の中がコショウまみれになっているのを発見した。このガタガタ道路では、車も荷物も何とか持ちこたえてくれている方が不思議なくらいである。わたしの車のルーフキャリアの方は、早目からこまめにボルト締めしながら走ってきたので、まだなんとか持ちこたえてくれそうである。

翌一八日、今日の宿泊地セロネラへ戻る途中で、ハゲワシが何羽も舞っているのを見かけ、徐行して注意しながら近づいていく。いた、いた。ライオンの群れが木陰で休息をしているのである。メスが二頭、それにまだ小さなコドモが四、五頭、母親たちのまわりでじゃれあっている。オスはどこか近くにいるのだろうか、目にすることはできなかった。獲物の肉はほとんど食い尽くされて、ハゲワシはこれを狙って近くへ寄ってきていたのである。ライオンたちは

もうお腹が一杯なのであろう、食後のひとときをゆっくりと過ごしている。セロネラまでもう少しという川岸には、カバが陸地に上がってきて歩いていた。カバは夜になってから草原の草を食べに上がってくる動物で、昼間は普通なら水の中にもぐっているものである。これは珍しい光景であった。

当初私たちは、ロボ・ロッジのそばを通って、真っ直ぐ北上し、ケニアへの国境を越えて、マサイマラ国立公園のキーコロック・ロッジへ向かう予定をしていた。ところが今は、この国境は閉鎖されていて、ビクトリア湖の近くまで一旦西進し、国境を越えたのち今度は東へ国境沿いに戻ってマサイマラの西口から入らざるをえないことが分かった。大変な遠回りである。しかし、この道を通ったおかげでキーコロックまでの中間のかなり大きな川を渡るとき、橋の上から大きなワニが昼寝している姿を見る機会をえた。この時期、セレンゲッティとマサイマラを季節移動する一〇〇万頭を超えるといわれるヌー（ウシカモシカ）の大群がこちら側に移ってきていて、私たちはこの黒々とした動物の塊をうんざりするほど眺めつつ、キーコロック・ロッジに到着した。

キーコロックからナイロビまでは、ナロックを経由して、ナクルからの幹線道路に入り、一気に駆け抜けることができるはずだった。しかし、ナロックから幹線道路までの舗装は劣悪なもので、穴ぼこだらけ、それが補修されていないから、これなら砂利道の方がよっぽど走りやすいというものだ。悪名高いケニアの道路事情である。それでも私たちは、予定通り一〇月二〇日、無事ナイロビにたどりついて、フェアビュー・ホテルにチェックインした。

18　ケニア北部への旅

ここナイロビには住商の駐在員事務所があり、野村さんはいざ何か重大なトラブルがあった場合に

写真●11—24（右）セレンゲッティ国立公園で。ハゲワシが何羽も舞っているのを目印に近づくと、ライオンの群れが獲物を啄んでいた。

写真●11—25　セレンゲッティ国立公園の名物は百万頭にも及ぶヌー（ウシカモシカ）の群。ヌーの大群をかき分けて進む（撮影：藤岡悠一郎）。

備えて、古巣の会社へ旅程表を置いてきていた。ところが、それは最終案ではなく、少し日程の違ったものだったのである。この間違った旅程表が本社からヨハネスバーグとナイロビにファックスで送られており、大変なご迷惑をおかけする結果となってしまった。ナイロビの事務所長、冨田和雄さんが途中の滞在先であるはずのところへ、何ヵ所か電話連絡をされたのだが、一向に私たちの行方がつかめなかったというのである。野村高史元副社長がアフリカ旅行中に行方不明になったと、住商本社ではずいぶん心配され、幹部周辺で大騒ぎしておられたらしいのである。ナイロビに到着して、野村さんはいち早く所長の冨田さんに電話されて、事態は収束した。

　ナイロビはアフリカへの玄関口にあたるので、研究者たちもここを通過して、それぞれのフィールドへ向かう人が多い。日本学術振興会のアフリカ研究センターが事務所を置いて二〇一六年には五〇年になった。私自身もかつて家族とともに駐在していたわけだが、この頃は、京大アフリカ・センターの研修員だった波佐間逸博君[*文献217]がセンターの維持管理と研究者の便宜のため駐在していた。さらに二〇〇二年からは、京大アフリカ・センターも、二一世紀COEプロジェクトの一環として、東アフリカ研究の拠点となるここナイロビにフィールドステーション事務所を設置し、ケニア、タンザニア、ウガンダで研究する人たちがナイロビに立ち寄ったときの宿泊所兼研究室となっている。当時この事務所には博士号を得たばかりの孫暁剛君[*文献180]が常駐していて、これから行く北ケニアの旅に同行することになっていた。

　ここにはまた、やはり京都大学学士山岳会（AACK）の会員で私の一学年下の杉山隆彦君が、JICAのスタッフとして在住していた。彼がタンザニアのタンガ中学の教師を経て、モロゴロのソコイネ農科大学（当時はダレスサラーム大学農学部）で農芸化学の講師を長年務めていたことは前に述べたが、その後ナイロビ北郊にあるジョモ・ケニヤッタ農工大学創設の中心人物として長らく教鞭をとり、この頃はケニアの教育環境整備のために忙しく立ち働いていた。今は故人となったが、彼の業績

写真●11—26　波佐間逸博。ドドスの女たちと（撮影：河合香吏）。

写真●11—26　調査地でレンディーレの扮装をしてみる孫暁剛。

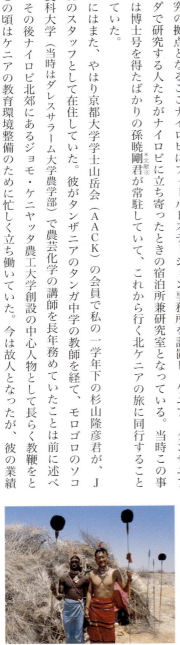

とアフリカへの情熱については、近年出た本の中で紹介があるので少し長くなるが引用しておく。[*文献90]

杉山は一九八〇年から一九九四年までの一四年間をジョモ・ケニヤッタ農工大学のために費やした。そのうち一九八五年からの九年間は長期専門家のチームリーダーで明け暮れた。（中略）この人物ほどアフリカ人を愛し、アフリカの大地に身を委ねた日本人は稀有であろう。それは、まさに〝アフリカの申し子〟のようでもあった。先に京都大学は時々、天衣無縫の研究者を産む所で、なぜか京大山岳部がその発祥の地である、ということを述べ、今西錦司博士の大興安嶺探検など、いくつかの例をあげてユーラシア大陸からアフリカ大陸にかけて冒険する研究者たちの源泉が京大山岳部にあると述べた。（中略）彼には強運のところもあった。それは一九九六年一一月二三日のことである。彼はジョモ・ケニヤッタ農工大学のチームリーダーを終えたのちもケニアのもう一つの教育プロジェクトに取り組んでいた。それは「ケニア中等理科教育強化プロジェクト」である。この日に杉山の乗ったエチオピア航空九六一便が離陸後、ハイジャックされる。ところが、こともあろうに墜落してしまう。乗客・乗員一七五人のうち一二三人が死亡するという大惨事に巻き込まれてしまった。ところが、乗客の三分の二が亡くなるという大惨事のなかで、彼は九死に一生を得て生還したのである。以来、彼は「俺は生かされた。残りの人生をアフリカのために捧げたい」といっていた。彼のアフリカ協力に関する信念は「焦るな、諦めるな、侮るな！　自分たちの眼の黒いうちは何ともならないかもしれない。それでも諦めずに、信じて種を蒔き続けることだ」であった。

ナイロビに二泊してゆっくり休養をとったあと、孫君を含めた私たち九名は一路北を目指して出発した。一〇月二二日であった。ナイロビ市内の韓国料理店で食あたりし体調をくずした私に代わって、

文献217　波佐間　二〇一五
文献180　孫　二〇一二
文献90　荒木　二〇一四

写真●11―28　アフリカ農業教育の発展に、文字通り生涯を捧げた杉山隆彦。

この旅では孫君がハンドルを握ってくれ、私は久し振りに助手席でくつろぐことができて、大助かりであった。初日はアバデレ山国立公園の入り口にある町ニエリのアウトスパン・ホテルに投宿し、翌日はケニア山の登山口にあたるナロモル・リバー・ロッジのキッチン付コテージに移動した。山麓の渓流には、イギリスの植民地時代に放流されたニジマスやブラウン・トラウトが自己繁殖していて、絶好のマス釣り場がたくさんある。私たちは釣りを楽しみ、鱒の塩焼きを期待していたのだが、残念ながらこのところケニア山の上部にかなりの降雨があり、河川が増水していて釣ることはできなかった。

一〇月二四日、ナニュキの町外れで赤道を越えるので、看板の下で記念撮影をする。ついに北半球に入り、ケニア山麓の海抜約二〇〇〇メートルのハイランドから五〇〇メートルのイシオロまで、一気に急坂を下りきる。肌寒かった高地から低地サバンナの叢原へ、灼熱の半砂漠へと気候もまた急変する。イシオロから先はいよいよ遊牧民、サンブル、レンディーレ、トゥルカナなど遊牧民の世界である。

19　車のトラブルで旅程の変更

写真●11—29　ナニュキの町外れで赤道点を越える丸山。ここから少し北上して、アフリカ縦断の旅を終了した。

イシオロの町外れにはポリス・チェックがある。ここから北へエチオピアまで、そして東へはソマリアまでの道は、無人地帯が延々と広がっており、ときに強盗団が出没したり、盗難車の密輸出がおこなわれたりするので、しっかりと車のナンバーを控えてチェックしている。町をはずれると舗装はなくなり、たちまち洗濯板道路に変貌する。サンブル国立保護区を左手に見て、アーチャーズポストを過ぎたところで、うしろからついてきていた野村号が停車し、無線が入る。車体の下で異音がするので点検するという。Uターンして駆けつけてみると、ショック・アブソーバーの上部のネジがはずれて下向きにぶらさがり、地面を引きずってガーッと音を立てていたらしい。ショック・アブソーバーなしでこれから五日間の悪路を行くことは不可能だ。いつスプリングが折れるか分かったものではないからである。

イシオロまで引き返し、真っ直ぐガレージに飛び込んで、新品のショック・アブソーバーに交換してもらう。再びポリス・チェックを通るが、今度は孫君がスワヒリ語で状況説明しただけでフリーパスで通過する。ところが、なにほどかも行かないうちに、またもや交換したばかりのショック・アブソーバーの上部がはずれてしまった。自分たちでなんとか修繕しようとするが、どうしてもうまくいかない。もう一度引き返してガレージで付け直してもらい再々出発、しかし、十数キロも行かないうちに、同じトラブルが発生した。上部のボルトを車体の穴に入れてナットで止めているのだが、あいだにかませてあるワッシャーが小さすぎて、洗濯板の凸凹でがたがた弾んでいるうちに、穴から抜け出し、外側へはずれてしまうようである。停車したまま、なんとか修復できないか試みてみるが、やはり引き返して大きめのワッシャーに付け替えてもらうより仕方がないようである。悪いことは重なるもので、ちょうどそこへ対向してきたトラックの跳ねた石がわたしの車の運転席側の窓ガラスにぶつかり、見事にヒビだらけになってしまった。触るとばらばらと崩れ落ち、怪我をしないように破片を全部とりのぞく。ポリス・チェックのお巡りさんたちも、さすがに何度も修理に戻ってくる私たちを気の毒がってくれた。

ショック・アブソーバーはワッシャーを取り替えることでなんとか落ち着いたようだが、窓ガラスはイシオロには在庫がなく、ナニュキかケニア山の東麓の町メルーまで行かなければ手に入らないという。距離の近いメルーへ行くことにする。ガラス屋の前の泥道に駐車したまま、店員が小一時間かかって新しいガラスを入れてくれた。昼を過ぎ、お腹がすいたので、道端で売っている食べ物を買い込み、走りながら昼食とした。孫と私が運転を交代し、かわるがわる食事をしながらイシオロに戻ってきたが、時刻はすでに二時を過ぎていた。とても今日中には孫の調査地であるレンディーレの村までは行き着くことはできないので、今日はイシオロ泊まりとする。

町で一番上等といわれるボーメン・ホテルに入るが、部屋は狭く小さな廊下に面した窓が一つあるだけの牢獄のような部屋だった。みんなで今後の予定を相談する。カイスト砂漠でラクダを遊牧するレンディーレを見て、さらに北西へ、トゥルカナ湖畔のオアシス、ロイヤンガラーニのオアシス・ロッジで二泊休息してから南下してナイロビへ帰着しこのたびの旅行を終える予定だったのだが、人間も車も悪路の長旅で疲労困憊の有様である。若者たちは疲れを知らず、なんとしても予定通り強行したがったが、笹谷夫妻、野村、私と六〇歳をはるかに超えた老人には、このあたりが限界と判断し、予定を変更して、も少し楽な行程を行くことにする。

20　アバデレ国立公園からマララルへ

植民地時代からあるサファリの基地、ニエリのアウトスパン・ホテルまで引き返してここで二泊休むことにする。中一日をのんびりと過ごし、午後のアバデレ・ツアーを予約する。若き日のエリザベス女王が宿泊した山腹のトゥリートップ・ホテルまでまずバスで送られる。古い木造り建物の三階ベランダの広々としたスペースから、巨象が水場に遊ぶ姿を見下ろしながら、コーヒーを飲んで一服する。

二台のサファリ・カーに分乗し、アバデレの山道を見物してまわる。標高が二千数百メートルあるので、植生はモンテン・フォーレストのゾーンで、高木の優占樹種はビャクシンとマキの仲間である。繁みが深いので、動物は窪地の草原でしかなかなか見られない。曲がりくねった道が森を縫ってそうした草原のビュー・ポイントを順繰りにたどっていく。イボイノシシやインパラ、ブッシュバックの群れが草原には散見され、ときにはブッシュをかき分けて木の葉を食む大きな象の群れを見かけることもある。緑色のきれいな中型の鳥、エボシドリが一羽、木の上に止まっていた。車を停めると、鳥はすぐ飛び立ったが、広げた翼の下面は鮮やかな緋色で、アフリカではもっとも美しい鳥の一つである。

最高地点の草原の展望台にはいくつかのベンチが置いてあるが、寒くてゆっくり休んでいることもできなかった。ぽつりぽつりと雨が当たってきて、下りは立ち上がって見晴らすために開けていた天窓を閉めきり、帰りを急いだ。

一〇月二七日、ニエリから北西に進路をとり、ニャフルルまでまずまずの舗装道路を順調に走り抜ける。まもなく舗装はなくなり、砂利道となるが、それほどひどい道ではない。北緯一度を少し越えたマラルが、変更した今回の最北の地点である。丘の中腹の古い丸木小屋のロッジに二泊し、ゆっくりと高地の草原と畑を見渡して旅の疲れを癒した。ロッジのまわりには、シマウマとインパラとイボイノシシ、サバンナモンキーが多数草を食んでおり、はるか彼方に見える向かいの丘陵地帯には農耕、牧畜を営むサンブル族の家々とトウモロコシ畑が見晴らせた。

翌日は朝のうちに町の市場までビーズ細工などを買いに出かけた。サンブルの若者は男も女も無類

写真●11－30　サンブルは男も女もおしゃれ好きでビーズ細工とカラフルな布で飾りたてる。着飾ったサンブルの女性と並ぶ中村香子。（写真提供：中村香子）

のおしゃれ好きである。年齢階梯制をもつ社会であり、男は割礼を受け、成人式を終えるとモラン（戦士）の階梯に属するようになり、長髪を真っ赤に染めてきれいに編み上げ、からだ中にも赤い顔料を塗りこめる。赤白のチェックの腰巻を巻きつけ、長い槍を手にすると、これが戦士の正装である。女性は恋人のモランからたくさんのビーズ細工の首飾りをプレゼントされ、やはり真っ赤に顔料を塗りこめた身体に、あるだけの首飾りをかけて飾りたてる。若者たちのこうした扮装と天に向かって一斉にジャンプする踊りは観光客のカメラの格好の対象となっており、いまや彼ら若者たちのよき収入源ともなっているのである。午後はロッジで休んで過ごしたが、元気な若者四人は、一度ラクダに乗ってみたいと、キャメル・ライドのツアーへと出かけていった。

21　ナクル湖のサイとフラミンゴ、そして旅の終わりに

帰りは、マララルから四〇キロばかり元来た道を南下したのち、西へと進路を変え、バリンゴ湖を目指した。このあたりは、河合香吏が初めて調査したチャムス、*文献135 そしてポコットが遊牧生活をする領域である。もうすぐバリンゴ湖へ着くという直前に、野村号からまたまた緊急の無線が入った。今度は車体の下の方で金属的な音がするというのだ。急遽Uターンして一緒に下まわりを点検する。左側後輪の板バネが一枚折れていた。七枚のうち下から三枚目であった。折れた切れ端がカチャカチャと金属音を発していたのである。応急処理としては、ガムテープなどでぐるぐる巻きに縛っておくぐらいしか手はない。もう少しでメインロードに出るので、とりあえずはゆっくりと走ってこれ以上のダメージを与えないようにするしかない。

バリンゴ湖からナクルへと南へ走る道路は、モイ前大統領の地元なので、彼が大統領に就任するや

文献135　河合　一九九八

写真●11―31（左）　旅の終わりにであったサイとバッファロー。

いなや、いち早く舗装工事がおこなわれた。しかし、当初立派な舗装道路と思われたこの道は、いまや穴ぼこだらけのひどいものに変貌している。一〇センチから一五センチの厚みで敷き詰めるべきアスファルトが、ここではほんの二センチばかりしか敷かれていない。工事予算の大部分を高級官僚など一部の人たちが着服してしまった結果にちがいないのである。

ナイロビに帰着する前の最後の日は、ナクル湖国立公園で過ごすことにしていた。いままでに見ることができなかったサイとフラミンゴを見るためである。よほど運がよければ豹に出くわすこともできるであろう。午後にナクルに着いた私たちは、半時計まわりにそれほど大きくもない湖をまわり、湖岸に車を置いて、フラミンゴの大群でピンクに染まった湖面にしばし眺めいった。湖の南端をまわり、ロッジに向かう途中の草原では待望のサイを見ることができた。大きなサイが二頭、のんびりとくつろいでいた。豹はやっぱり見ることができなかったが、私たちは、アフリカの代表的な動物をほぼ見尽くしたことになる。レイク・ナクル・ロッジの豪華なたたずまいの中で夕方のひとときを過ごし、サファリの最後の夜のために、冷たいビールで乾杯した。

翌一〇月三〇日朝、目前に広がる草原と湖面を見下ろしながら、ロッジを出発する。最後のアフリカのドライブ。ナイバ

シャまでの七〇キロほどは悪名高い穴ぼこだらけのでこぼこの舗装だが、残り八〇キロばかりは素晴らしいきれいな道である。一〇時ごろにはナイロビの町に帰着した。荷物を整理するため、学振の波佐間君のところへ直接乗りつける。

レンタカーとともに借りた装備と自分たちの個人の荷物を除いて、マットレスなど多少の装備と食糧、飲料をすべて放出し、学振のオフィスに寄贈した。孫君をはじめ、ここに立ち寄る研究者の方々に多少の役に立つものがあればという趣旨である。ホテルへの道すがら、孫君のオフィスの前を通って、定期的に開かれる露天市へ立ち寄り、笹谷さんや憲子たちが欲しがっていたサイザル麻の籠を買い込んだ。丸山、村尾の若い女性二人もいろいろ買い物をしたようだった。それからようやくフェアビュー・ホテルに到着する。もうこれ以上車は走らせない。南緯三五度から北緯一度までの一万八〇〇〇キロにおよぶアフリカ縦断の旅は無事終了した。

翌三一日朝九時に、約束どおり南アから二人のドライバーがホテルに車を引き取りにきた。彼らはこれから一週間、モンバサでバカンスをとったあと、五日間で最短ルートをとってヨハネスバーグまでぶっ飛ばして帰るということである。折れたスプリングに予想通り荷締めベルトをぐるぐる巻きに締め付け、荷物はできるだけ健在な方の車に積み込んでホテルをあとにした。

レンタカーを返して、われわれの車の旅は本当に終結した。ナイロビ在住のさまざまな方々にお世話になり、一一月一日夕方、私たち年寄り組五人がナイロビ空港へ向けホテルを出発する際に、隊は解散した。若い三人はまだしばらくナイロビに滞在し、結局、孫の案内でレンディーレを訪れたとのことである。およそ一ヵ月後には、全員が無事日本に帰国した。

アフリカ縦断の旅はこうして無事に終わりを告げた。最後には車も悲鳴をあげ、われわれＡＡＣＫの山男ＯＢも長旅の限界を感じていた。やはり、アフリカの旅は厳しいものである。六九日間におよぶ長い車の旅はしんどく、諸般の事情が許したとしてもカイロまで一気に行くことは無理だったろうと思われる。アフリカ大陸は広く、そしていろんな意味で雄大であった。アフリカ諸国はいま実にさまざまな困難を抱えている。しかし、この旅でも改めて感じたように、アフリカの人びとはめげずに生き抜き、そして底抜けに明るい。あの明るさがあるかぎり、アフリカは永遠に生き続けるだろうと私には思われるのである。

22　最後のブッシュマン調査

翌二〇〇六年九月二五日、いよいよこれが最後のカラハリ行かも知れないと思い、中部国際空港を夜一一時発のシンガポール航空で出発する。六時間待ちでヨハネスバーグ行に乗り継ぎ、到着は翌二六日午後四時一五分となる。トヨタの工場へ車を受けとりに行き、今回は憲子と二人で二週間ほどを過ごすので、中華食材店へ行って醤油、味噌、蕎麦、インスタントラーメンなどの日本食を買い込む。いつものカデ入りとは逆にナミビアをまわって四日がかりでハンシーに一〇月三日、カデには四日に着く。前年のアフリカ縦断の旅ではマイパーのキャンプへ行って泊まっていたので、ニューカデの定住地をじっくり見るのは久しぶりである。学校には立派な寄宿舎ができていて二段ベッドがずらりと並んでいる。生徒たちはみな寮生活をしているようである。給食係のおばさんが大きな鍋で食事の用意をしていた。

もっと驚いたのは煉瓦造りの大きな病院が出来上がっていたことである。中はどうなっているのかと思って覗いていると、アメリカ人の平和部隊のエドワードという青年が案内して説明をしてくれる。ハンシー・ディストリクトのなかでは設備も一通り整った一番立派な病院となり、奥の産婦人科病棟では出産も可能になるのだという。とりあえず建物は出来上がって、ディーゼル・エンジンの発電機

写真●11―32　二段ベッドの並んだ寄宿舎。

で最低限の機械は動かしているが、これからハンシーから電気を引いてきて、実際にちゃんと稼働するにはもうしばらくかかるということである。さてアフリカの物事の進み方で、果たしてそのいましばらくというのが一体どのくらいかかるのか、青年が言うには来年には電気が来るというのだが、それは疑わしいかぎりだと思った。そのことについては、後述しよう。

政府の役所や警察署の建物もそろっているし、ゲストハウスにバーまでが備わっている。お客を泊めることもできるのだという。町の外れに行くと牛の給水場もあり、すでに牛の数は一〇〇〇頭に近くなっているらしい。もうこれが最後の訪問かもしれないと思ったので、わたしはこうした新しい町の様子をできるだけカメラに納めて記録に残しておこうと思った。

一〇日には役所で老年年金の支給がおこなわれるというので見学に行く。四、五〇人の老人たちがずらりと並んで腰かけて順番を待っていた。支給される月額は一六六プラ（当時の一プラは約一五円）であった。カオギなど顔見知りのお年寄りが結構たくさんいる。ケネヌーも並んでいたが、彼も私とあまり変わらない歳だから年金をもらっていい歳だなと思い至る。五〇歳ぐらいのマーホが混じっているので、「お前はまだ若いのに、何をしてる?」と訊いたら、彼は肺結核を患っていて働けないから年金をもらっているのだという返事であった。

この年は一〇月だというのに季節外れの雨がよく降った。稀に乾季の最中なのに長雨が降ることもあるのだとギュベに教えられる。テント生活で雨に降られるのは鬱陶しいが、カンカン照りで暑いよりは涼しくていいかもしれない。一二日にニューカデを引き上げてカラハリ・アームズ・ホテルに飛びこみ久しぶりに屋根の下の柔らかいベッドでくつろぐ。帰りはハボローネを経由し、二日でヨハネスバーグに帰着した。

写真●11—33　赤レンガ造りの立派な病院が作られたが、ハンシーから電気が引かれるのはいつになるだろうか。（撮影：丸山淳子）

23　定住化社会の将来

先住民族に先祖伝来の土地の権利や民族自決権など幅広い権利を認めるべきだとする主張は、一九八〇年代から世界的に勢いを増してきており、一九九三年に国連総会は九三年から一〇年間を「国際先住民年」と定める決議をおこなった。そしてついに、二〇〇七年九月一三日には国連総会は「先住民族の権利に関する宣言」を、米国、カナダ、オーストラリア、ニュージーランドの四ヵ国の反対を押し切って、賛成一四三、棄権一一で採択した。

先住民族の権利に対するこのような国際世論の高まりをおおきく反映してのことであろう、二〇〇六年一二月には、ボツワナ高等裁判所は、政府がリザーブ（ＣＫＧＲ）の住民を本来の彼らの居住地から移住させ、再びリザーブへ立ち戻ることを禁じていることに対し、土地権、居住権を侵害しているものとして、憲法違反である旨の判決を下した。ロンドンに本部をおいた国際的な人権擁護団体であるサバイバル・インターナショナルの全面的な支援の下に、ハンシーに本部をおくＮＧＯ組織、ファースト・ピープル・オブ・ザ・カラハリがボツワナ政府を相手どって、何年か前からおこしていた訴訟案件であった。

敗訴したボツワナ政府は、いまや野生生物局の事務所のみが置かれているコイコム（旧カデの井戸）に居住地を復活させる考えはまったくないので、リザーブ内に戻った人には食料配給や医療、その他のいっさいの便宜やサービスはおこなわない旨を通達した。リザーブ内での土地権を回復した人びとも、水、食料の供給や医療その他の福祉サービスを受けるのに長年慣れてきてしまっている現在、三〇年近く逆戻りして遊動的狩猟採集生活に立ちもどろうと決断するのはむずかしいことである。

判決が下された直後に短期間ニューカデを訪れた丸山によると、二〇〇七年一月になってリザーブの中へ、ブッシュの彼方に移住を敢行したのは五名だけだったということである。今後はおそらくニューカデに拠点をおきながら、リザーブの中へときおり集団騎馬猟のチームを送ったり、ティロセマのおいしい豆〈ツォイ〉を採集するために、リザーブ北西部の豆の生育地へ集団で遠征に出かけるというのが現実的な妥協策となるのだろうか。少なくとも三五年間も過ごしてきた定住地の安逸な生活から、完全にブッシュのなかの厳しい自然にのみ依存する生活に逆戻りすることは不可能といえるであろう。

定住したブッシュマン社会の将来を予測するのはまことに困難なことである。物質文明と近代主義イデオロギーの急激な侵入に対して、人びとは最大限に抗いながらも、結局はなすすべもなく、受け身の立場でもろもろの変化に甘んじてきた。

植物採集は低調になり、狩猟も大きく様変わりした。人びとはいま、政府から支給される配給食料と年金によってかろうじて生活を支えている。三五年間にわたって食料無償配布がつづいてきた結果、人びとはますます依存的になりつつある。無償の援助はえてして人びとの自立心を損なうものである。

定住化政策の実施は、小規模な集団による移動と離合集散を前提とし、全面的に自然に依存していた今までの暮らしを真っ向から否定し、未知の文明を急激に押しつける生身の実験であったといえるであろう。

現金経済の浸透、大量の物資の流入、騎馬猟の隆盛、食料の配布といった生産基盤の変化に伴って、価値意識は大きく変容をきたし、狩猟採集社会を支えていた平等主義の原則はいま崩壊の危機に立たされている。そもそも定住化という政策自体が、平等主義と密接に結びついた流動的な社会編成を否定するものだったのである。また、大規模な牧畜や農耕がカラハリの自然環境に適合しない生業形態であることは、周辺の農場地帯の環境荒廃を見ればただちに分かることである。

第7章で述べたように、定住地への人口集中の結果、疎遠だった人びととも身近に暮らすようになり、いさかいや種々の社会的軋轢が増している。飲酒の機会が増え、盗みや暴力が横行し、社会の平和と秩序が脅かされている。政府の指導によって住民の間からチーフや評議員が選出されたが、元来が統治者なき平等主義で運営されてきた社会に、新しくリーダーシップを備えた政治機構を構築していくことはきわめて困難なことに思われる。

学校教育の導入は、とりわけ次世代に大きな影響を与える新しい重要な試みである。しかし、ボツワナの言語政策は、ツワナ語と英語のみによって言語教育がおこなわれており、ニューカデ小学校では母語であるグイ語、ガナ語を授業中に使用することが禁じられている。言語学者である中川によれば、グイ語、ガナ語は、人類の言語音としてもっとも複雑な、五〇数種類ものクリック子音などからなる音韻体系をもっているばかりでなく、原野の森羅万象を精緻に表現するまことに奥深い語彙の体系をも発達させている。*文献202 母語による教育を認めないことは、若い世代の文化的なアイデンティティを喪失させることにほかならないのである。

文献202　中川　一九九四

一五世紀にはじまったバントゥ諸民族の大移動と、その後につづく一七世紀以降のヨーロッパ人による植民地支配の結果、ブッシュマンはカラハリ砂漠の奥地に追いつめられて、かろうじて少数が生きながらえた。しかし、この地においても、彼らは二〇世紀後半の独立国家形成と経済や情報のグローバリゼーションの波の中で、従来の生活様式、経済、社会の枠組、価値観の変更を余儀なくされ、固有の文化を喪失しかねない危機に瀕しているのである。

ブッシュマンは、かつて動物を狩り、植物を採取し、自然の素材を巧みに利用して道具をこしらえ、暮らしをたててきた。カラハリの自然は荒々しく粗野で、人間が生活する場としては決して安逸なところではない。雨量は年間四〇〇ミリ程度で、旱魃の年には一五〇ミリしか降らないこともある。夏には四二度を超す酷暑になるかと思えば、冬の夜には氷点下一〇度ちかくまで気温が下がり、夜ごとに霜をみる。

人びとは一〇〇種類ばかりの野生の植物を採集して食物とするが、一〇月から一一月にかけてのもっとも暑く乾いた季節には、草木はすべて枯れ果て、頼みの綱となるのは〈オムツェ〉や〈ツァー〉といったウリ科植物の根っこだけとなる。

動物の肉はおいしいし、ブッシュマンが一番好みとする食べものであるが、そもそも動物の密度はそれほど高くない上に、弓矢や跳ね罠や犬の助けを借りた拙い狩猟法では、獲物の入手はそれほど簡単なものではない。先に詳述したように、全食事量のうち、肉の占める割合はわずか二割ていどにすぎなかったのである。

厳しい自然のなかに溶けこんで生活を営むためにブッシュマンがどれほど見事に適応してきたか、その具体例をあげれば枚挙にいとまはない。彼らは素晴らしい観察者であり、現実主義者であり、そしていかなる情況にも柔軟に対処できるオポチュニストでもあり続けた。この即物的、情況主義的性向は、いったん事あれば外界の変化にも巧みに順応する力を発揮してきたといってよい。

いま最後の生き残りのブッシュマンたちの世界に、重大な危機がもたらされている。一〇〇〇人以上というかつて経験したことのない大集落が出現し、社会関係は、かつての具体的、直接的な人的つながりから、巨大な数と非現実的な集団的抽象へと移行しつつある。狩猟採集経済は破綻し、配給と年金に依存せざるをえない現金経済の世界へと足を踏みいれた。平等分配の基本原理はその成立基盤を奪われ、価値体系そのものが根本的な変革をせまられている。

定住化政策は、ブッシュマンたちが何万年にも及ぶ悠久の歴史を経てカラハリの自然のなかで築きあげてきた絶妙の平衡関係で成りたたせてきた生活を、瞬時にしてつき崩す、深刻な矛盾に満ちたものであり、またその導入は、あまりに性急なものであった。

人びとがこの先どのように情況に対処し、いかなる生活世界をつくりあげていくのか、将来を予測するのはまことにむずかしいことである。だが、確信をもって言えることはただひとつである。彼らが、過去三五年間の定住化の過程で培ってきた絶ゆまざる適応の努力、農耕や牧畜の導入、民芸品の生産と販売、猟法の改善と工夫、貨幣経済への転換、社会関係の再編と秩序の再構築、政治意識の台頭などなど、こうした困難な課題を、情況をみきわめながらとにもかくにも克服してきた実績を考慮するならば、彼らはこれから後もなお、彼らなりの流儀で、したたかに適応を遂げつづけ、二一世紀のブッシュマン世界を構築していくにちがいないと、わたしは思うのである。

24　カラハリと私、その後

二〇〇六年の旅が最後かと思ったが、カラハリには、その後も訪れることになった。二〇〇九年六月一一日にハボローネに着いて、夕方NHKの仲居宏二君夫妻と会食する。第7章で紹介したが、仲居君は一九八〇年にドキュメンタリー番組を撮りに来たときのディレクターである。ボツワナの国営テレビで教育番組を流す企画をしており、彼はその製作のための指導をするためにやってきているのであった。二九年ぶりの再会でお互いの息災ぶりを祝いあった。仲居君は二九年前の撮影以来のボツワナ入りで、すでに一〇ヵ月を過ごしていて、奥さんが慰問のために短期間訪ねてきているのだという。まだ二、三年間はボツワナに滞在して番組を軌道に乗せる世話をするつもりだとのことだった。

　今回こそ最後のカラハリ訪問だろうと、以前にテープに録音しておいてまだ書き起こしてない民話、神話などのテープ起こしをおこなうよう心がけたのであるが、六月から七月にかけてのカラハリはデスクワークをするにはあまりにも寒く、陽が出て暖かいときには戸外で、南西風が吹きすさぶ寒いときには車の座席に座りこんでと場所を変えつつ、ブッシュマンの助手と二人でテープレコーダーの声

写真●11―34　一九八〇年のNHKの取材時にディレクターであった仲居宏二（右端）と二九年ぶりに再開し、インド料理店で会食する。左の男女二人は日本大使館の職員。

に聞き入りながら、一節ずつ民話を書きとっていった。短い調査期間中の切れ切れの時間での仕事はあまりはかどらず、結局五つのお話をテープから起こして書きとることができたにすぎない。だが面白そうな話は既にだいたい起こして書きとってあるから、これで良しということにしよう。

八月になってからカラハリへやってきたことはあったが、六、七月の真冬のカラハリは一九六〇年代、一九七〇年代の各一年半の滞在以来のことであった。年寄りは寒さに弱いというが、やはり寄る年波のせいもあったのだろう。憲子もこんな寒いのはもう御免だ。もうアフリカ旅行はこれで最後にしたいと悲鳴をあげた。病院ではすぐにも電気が開通すると聞いていたが、案の定電気はまだ通じていない。これこそがアフリカ時間というもので、その点では私もアフリカは本質的にはあまり変わっていないと一安心であった。

この時の調査では、冬の寒空のもとあまり外出もできず、もっぱら倉庫用の小屋の前のキャンプ地で六月一五日から七月三日までの一九日間を過ごし、時に集落に出かけてヘッドマンのロバツェ・ベスラーグ氏に面会したり、役所、学校、病院の様子を視察したり、人びとの暮らしぶりを見学したりした程度である。あまり詳細に観察する余裕もなかったけれど、状況は二〇〇六年に見たときとそれほど変わったふうにも思えなかった。

二〇一一年三月、わたしは懲りもせずにまたカラハリに出向いてきた。今度こそは最後のチャンスだと自覚する。さすがに憲子はもう同行するとは言わなかった。三月一一日、五時に起き上がり六時二〇分に朝食、荷物を積みこんで七時三〇分にヨハネスバーグを出発する。そろそろ雨季が明けるころだが、晴れたり曇ったり、ときにシャワーが降ったりするよい季節のはずである。ハボローネのホテルに午後二時に着き、ちょっと昼寝をしていると、六時に仲居君が迎えに来てくれる。彼と会って開口一番、「日本は大変なんですよ、知ってますか？　仙台で大地震があって、一〇メートルの津波が襲ってきたんですよ。」一〇メートルの津波というのはすごいなとびっくりした。地震が起こったのはお昼の二時四六分、ということは、ヨハネスバーグの時間では今朝七時四六分、わたしが車に乗って出発して直後のことであった。

一二日にハンシーまで行くと、やはり京大山岳部出身でアフリカ・センターの大学院に入ってきた原宏輔君[註10]というのが待ちかまえていた。彼はボツワナ大学へ三ヵ月の短期留学をしていて、帰国する前にブッシュマンをひと目見たいとわたしの予定を調べてハンシーのカラハリ・アームズ・ホテルのキャンプ・サイトで待っていたらしい。翌一三日、彼と二人でホテルの前にできたスーパーマーケットで買い物をしてからニューカデに向かい、昼前に到着する。今回の訪問はニューカデに三泊四日とまことに駆け足旅行であった。役所、警察、学校、病院、バーなどと原を連れて町のなかをひととおり見てまわる。ときどき小雨が降ったり、日が照って暑くなったりと予想どおりの気候である。さすがに最近になって電気が開通し、官公署には引かれている。まだ一般家庭に引かれるまでには至っていない。

驚かされたのは、多くの人びとが携帯電話を使って大声でおしゃべりを交わしていたことである。携帯電話用の巨大なアンテナが建てられて電波を中継している。いよいよこの遠隔の地にも都市化の波が着実に押し寄せている印象を強くもつにいたった。

ニューカデ集落にはもう一つ、私にとって大きな出来事があった。それは、第一回目の一九六七〜六八年の調査時に助手として働いてくれたテベチュー（一九七一年七月に死去）のあと、第二回目の一九七一〜七二年の調査時に調査助手として献身的に働いてくれ、その後も長い間井戸のポンプ番として協力を惜しまなかったバイペロ（名ばかりであったとはいえヘッドマンを務めたキュエロの弟）が急死していたことであった。テベチューをはじめとして、ノアアヤ、ダオグー、キュエロに続いて、この度はバイペロと、私がもっとも身近に接して信頼し、また彼らも親身になって私の面倒を見てくれた人たちが次々と彼岸のかなたへと旅立っていった。半世紀の時間の流れをひしと実感したものであ

註10　京大山岳部の慣習はいまも健在で、原は「あだ名をヘタレと言います」と自己紹介した。あだ名の由来は教えてくれなかったが、多分山登りの途中でバテてヘタりこんだのでもあろう。

る。

原君とはハンシーで別れてわたしは最後にナミビア経由で帰ることにする。マムノの国境検問所で、移民局担当の女性から福島原発が壊れて放射能漏れを起こしていることを教えられた。たいへんな災難が襲ったものだと驚いたが、アフリカのフィールドを旅行してまわっているわたしには故国の大事故も遠い異国の出来事に思われ、二万人以上の犠牲者を出した大津波とそれ以上に深刻な原発事故の脅威を肌身に感じたのは何日も先に日本へ帰国してからのことであった。

終章　アフリカ人類学概観——生態人類学の誕生とその展開

筆者が初めてブッシュマンに出会ったカルーのキャンプ。

これまでの章の記述は一人称による紀行文的な体裁をあえてとってきた。今や体験できない、十分に探検的要素ももったかつての研究現場の雰囲気を伝えることはできたとは思うが、研究史として概観するには、いささか冗長であろう。そこで、本書を閉じるにあたって、もう一度、アフリカ研究、特に生態人類学の歴史について簡潔に纏めておこう。

1 山登り、探検からアフリカ研究へ

一九五六年、私は京都府立洛北高校へ入学し、山岳部に所属した。洛北高校はその前身が旧制京都第一中学校（京一中）で、京一中山岳部の創設期には今西錦司、西堀栄三郎、桑原武夫、そしてその後に続く先輩諸氏には、梅棹忠夫、川喜田二郎、中尾佐助、富川盛道、川村俊蔵など、そうそうたる登山家、探検家、学者が打ち揃っておられたのである。高校山岳部をつうじて私は京都北山や奥美濃の山々を歩きまわったが、こうした山旅の中で、また山岳部の部室での雑談を通じて、大先輩の噂話をたえず耳にし、身近に感じてきた。

ヒマラヤ登山や探検の世界に強い憧れを抱くようになった直接のきっかけは、当時公開上映された映画「カラコラム」を学校の課外活動として団体観賞する機会をもちえたことであった。木原均隊長をはじめとする植物班による普通コムギの祖先であるタルホコムギの発見と一〇〇〇種に及ぶ膨大な植物採集。今西錦司支隊長率いる長大なカラコラムの氷河の探検。岩村忍、梅棹忠夫ら人類班によるヒンズークシ山系僻地でのモンゴル人の後裔といわれるモゴール人の探訪。異郷の地で華々しく調査活動を繰り広げる諸先輩の雄姿は、私の心の中にしっかりと刻みこまれた。

山登りや探検に結びつきやすいところとして、京都大学理学部を受験し、入学と同時に私は山岳部

写真●1 岐阜県で学生と調査を兼ねた山行をする今西錦司（右から二人目）。左端は、12章で記した縦断旅行の留守本部を頼んだ島田喜代男、その右が京都大学学士山岳会（AACK）によるヤルンカン登頂後に滑落遭難した松田隆雄、右端は生物学者の御勢久右衛門。

写真●2 サバンナを行く梅棹忠夫。（写真提供：国立民族学生物館アーカイブス）

に入部した。理学部にというよりはむしろ山岳部に入部したといった方がよいのかもしれない。勉学はそっちのけにして、年間の三分の一は山へ出かけていた。そして四回生の夏、ついに現役学生を主体にした大学山岳部はじめてのヒマラヤ登山を実現し、パンジャブ・ヒマラヤのインドラサン峰（六二二一m）に挑むことができたのである。

　このころ理学部動物学教室では、今西錦司、伊谷純一郎、河合雅雄さんたちがゴリラの調査を目指してアフリカへ出かけ、俄然アフリカ探検の熱が盛り上がっていたところであった。卒業論文には、インドラサン遠征の帰路南インドのケララ州で観察したニルギリラングールという猿の社会構造を分析した論文[*文献62]を提出したが[註11]、卒業後私は人間研究に転進し、東京大学の文化人類学の大学院に入学してアフリカでの人類学研究を目指すこととなったのである。

2　人類学調査の開始

　一九五八年、今西錦司と伊谷純一郎は、それまでの国内での野生ニホンザル研究の成果を踏まえ、人類進化の探究を柱として、人類に最も近縁なアフリカの大型類人猿の生活と社会を明らかにするため現地調査に赴いた。これは日本人によるアフリカでの学術研究の始まりでもあった。研究は、当初ゴリラを対象としてスタートしたが、さまざまな困難から、対象をチンパンジーに変えて調査は継続され、大きな成果がもたらされていった。この研究は、当初から霊長類の社会進化史、とくに人類社会の起源の究明を目指して進められてきた。初期人類の生活や社会を復元するには、現存する類人猿の社会と、現存する狩猟採集民の社会との両方を明らかにし、それらの資料をつきあわせることによって再構成する以外に科学的な方法がないのである。この方向に沿って、伊谷は一九六〇年の第三

文献62　Tanaka 1965

註11　このときに、川村俊蔵、吉場健二、杉山幸丸の各氏に初めてお会いすることになった。（三七三頁　写真5—9）

写真●3　ゲダラヒヒの群構造が離合集散するブッシュマンの社会構造にきわめて似ていると指摘した河合雅雄。（撮影：森梅代）

次ゴリラ調査に併行して、ウガンダ西南部のカヨンザの森に住むトゥワ・ピグミーの予察をおこなっているが、これがアフリカにおける生態人類学的調査のはしりであったといってよい。

　調査隊発足後四年目にあたる一九六一年以降は、人間の社会の実態を探るため、人類班が投入されることになり、富川盛道[*文献74]、富田浩造[*文献75]、梅棹忠夫[*文献117]、和崎洋一[*文献251]等がタンザニア北部のマンゴーラ地区の住民の調査にあたった。しかし、当初の中心的な課題であった人類進化史についての研究は、富田による狩猟採集民ハッザの食生活を中心とした研究のほかには、牧畜民ダトーガ、半農半牧民イラクなどの生活と社会の概括的資料を得るにとどまり、人類班の研究はマンゴーラ地区の多部族によって構成される複合社会の社会人類学的研究へと進展していったのである。

　人類社会進化史の再構成という視点にたち、ヒトの自然環境への適応、ないし自然とヒトとの相互関係を追究して、人類社会の成立基盤を生態学的に明らかにしようとする、いわゆる生態人類学的研究が本格的に開始されるのは、一九六六〜一九六八年の田中二郎によるカラハリ砂漠のブッシュマン研究以後のことである。

　私のこのときの研究を皮切りとして、狩猟採集、原始的焼畑農耕、遊牧的牧畜といった、自然に密着した生活形態を営む諸民族についての生態学的な研究が活発におこなわれるようになった。地域的には、初期のボツワナやタンザニアでの調査から、アフリカ大陸の十数ヵ国へと大きなひろがりをもつに至っている。現地調査の実勢も、一九七六年以降は毎年一〇名前後に及ぶ研究者がこれらアフリカ各地に赴くようになり、一九八六年に京都大学にアフリカ地域研究センター（一九九八年に大学院アジア・アフリカ地域研究研究科へと改組拡充し、現在に至っている）が設置され、体制が整えられると、大学院生も年々増加し、常時二〇〜三〇人の研究者がアフリカのいずれかのフィールドに滞在しているのが常態となってきている。

写真●4　タンザニアのマンゴーラで牧畜民を調査する富川盛道。その後ろが富田浩造。中央はチンパンジー調査班の東滋。左へ同じくチンパンジー調査班の西邨顕達。左上は東滋の探検部同期、沖津文雄（一九六二年）。（写真提供：西邨顕達）

写真●5　子どもたちに勉強を教える和崎洋一。ムワリム・ワザキ（和崎先生）と言われていた。（写真提供：伊谷樹一）

3　狩猟採集民の研究

アフリカに現存する狩猟採集民の研究は、欧米人によって主として形質人類学、言語学、文化人類学等の分野でおこなわれてきたが、彼らの環境への適応の実態を狩猟採集生活に焦点を置きながら生態学的に捉えようとした試みは、それまでほとんどみられなかった。私は、ブッシュマンの生活と社会の細部を詳細に記録し、分析した。私の初期の研究は、ブッシュマンの自然環境との相互関係、および自然の利用を扱った部分と、社会的なレベルでのグループ・ダイナミックスや社会関係を通じてみた適応の分析という二つの部分に大きく分けることができる。前者においては、彼らの食料獲得過程としての狩猟採集活動、消費過程としての食生活についての、質的量的に充実した資料が提出され分析されている。食物の中で植物性のものが八〇パーセントを占めており、それが彼らの食生活に安定性を与えていること、農耕や牧畜の要素をまじえない純粋に自然に依存した生活が、一人一日あたり平均四時間半という短時間の労働で支えられ、しかも見事な安定性を備えていることなどが解明され、これらは狩猟採集経済に対する従来の考え方に大きな訂正を迫るものであった。

後者の部分では、彼らの社会構造についての分析をおこなっているが、主として社会人類学の領域でおこなわれているようなスタティックな社会構造の把握にとどまらず、常に離合集散をくりかえす流動的な彼らの集団編成の実態が綿密に追跡された。従来の狩猟採集民の社会的単位に与えられた「バンド」の概念に対する批判をおこなうと同時に、こうした流動的かつ柔軟な集団編成の原理を、苛酷な環境に対する社会的なレベルでの適応として把握した。

この研究は、従来の、聞き込みを中心とし個別事象の収集に終始しがちであった民族学的方法に対

文献74　Tomikawa 1972
文献75　Tomita 1966
文献117　梅棹　一九六五
文献251　和崎　一九七七

写真●6　コンゴで竹内が調査したあと、アカ・ピグミーを調査し、その後カメルーンのバカ・ピグミーの調査に従事した北西功一。(写真提供：北西功一)

写真●7　澤田昌人。コンゴ人の夫人と。

して、人間の存在を生活環境全体の中に見据えてトータルに理解しようとする視点を提出した。しかも徹底した参与観察により、全生活過程を克明に記載・分析し、従来の人類学研究におけるもっとも基礎的な部分の欠落を埋めようとするなど、人間理解のための新たな視角を生みだすことになり、その後の生態人類学研究の発展の礎となった。

狩猟採集民研究の第二段階は、コンゴのイトゥリ森林に住むムブティ・ピグミーに関する一連の研究である。調査は、一九七二〜一九七三年に原子令三、一九七三〜一九七四年に丹野正、一九七四〜一九七五年に市川光雄によって継続的におこなわれた。

原子は、ムブティ・ピグミーの弓矢猟を営む人々と網猟を営む人々について、とくにその狩猟活動の綿密な記載と分析をおこなった。[*文献15] 環境の分析、狩猟法、狩猟の道具とその材質、狩猟活動と獲物に関する質的量的分析により、アフリカ狩猟採集民の一典型であるフォレスト・ハンターの性格と特性（すなわち、見通しの悪い森林内では、弓矢や網を用い、二〇人前後の共同作業によって半円形に猟場をとり囲み、獲物の動物を追い込んで捕獲する。また、集団の行動域は狭く限られている）を明確にし、対照的な乾燥地のオープンランド・ハンター（森林とは正反対に見通しがよいため、獲物に接近するには少人数で忍び寄る方法がとられねばならず、オープンランドでは基本的に弓矢か槍による単独猟がおこなわれる。動物も食用植物も分布がまばらで、集団の行動域は広大である）、ブッシュマンとの比較のための好資料を提供した。

丹野は、とくに網猟を営むグループについて、さらに詳しい狩猟活動の分析をおこない、同時に原子も問題としていたバンドの構造をさらに追究して、その父方居住的な特性を指摘し、それを合成バンドであると論じたC・ターンブルの説[*文献77]に鋭い批判を加えた。[*文献67]

原子、丹野の研究を引き継いだ市川は、環境分析、狩猟活動の分析を一段と精緻化させるとともに、ムブティの居住集団の構造を解明した。森林性ダイカーを中心とした彼らの狩猟獣の生息密度につい

写真●8 木村大治。旧ザイールのワンバ近辺で（一九八八年頃）。（写真提供：木村大治）

写真●9 亀井伸孝。カメルーン東部ンギリリ村マラパ集落のピグミー系狩猟採集民バカの子どもたちとともに（一九九八年　撮影：都留泰作）。

文献15 Harako 1976
文献77 Turnbull 1961
文献67 Tanno 1976

ても精密な量的分析をおこない、狩猟活動と実際の猟果の相関から網猟の生業としての安定性を指摘しつつ、ムブティの生活を森林環境への適応として把握した。また、調査地域の九つのバンドの約五九〇人を対象として、バンドの二〜三世代にわたる変容過程を追跡し、バンドの基本構造を明らかにすることに成功した。[＊文献22・108]

一九七六年に寺嶋秀明は、コンゴ東部の疎開林帯に住むムボテの調査に赴いた。その環境は、ムブティの住む熱帯雨林とブッシュマンが住むオープン・サバンナのちょうど中間に位置するエコトーン（推移帯）にあたる。寺嶋はムボテの狩猟活動と集団構造の解明に焦点をあてながら狩猟採集民の自然とのかかわりを探ろうとした。そして、彼らの生活と社会の様相は、この中間的環境設定に対応して、まさにピグミーとブッシュマンの中間的なものであることを発見した。とくに、最も重要な生業である狩猟は、オープンな平原部ではオープンランド・タイプの弓矢による個人猟、見通しの効きにくい林部ではフォレスト・タイプの集団が用いる網猟が巧みに使い分けられており、居住様式などもまた、こうした生活様式に合致するように両者の中間型をとっていることを明らかにした。[＊文献197]

一九七七年には市川が、ケニアのドロボの調査をおこなった。ドロボはかつて東アフリカ各地の丘陵地帯に散在していたが、いまでは北ケニアの一部に残存し、平原部の牧畜民サンブルと高度によって住みわけながら、部分的に共生関係を保っている。[＊文献107] 山地林とその麓のサバンナを居住域とする彼らの生活実態は、市川の調査以前にはほとんど知られていなかったものである。

私は一九六〇年代、一九七〇年代を通じて、単独でブッシュマン調査を続けてきたが、一九七九年に政府の定住化政策を受けて人々が井戸のまわりに定住し、生活が急激に変化する徴候を察知して、一九八二年以降は科学研究費補助金によるチームを編成し、京都大学の若手研究者、大学院生らとともに、変貌しつつあるブッシュマン社会を多角的に追究していった。ブッシュマン調査隊に参加したのは、年代順に菅原和孝、大崎雅一、北村光二、今村薫であり、そして他の大学からも文化地理学の

写真●10　都留泰作。修士課程で沖縄の漁民調査をしたのち、カメルーンのバカ・ピグミーの儀礼研究をおこなった。（写真提供：都留泰作）

写真●11　資料を計量中の安岡宏和（撮影：四方篝）。

写真●12　ピグミーの精霊儀礼に参加する分藤大翼。（写真提供：分藤大翼）

池谷和信、言語学の中川裕、大野仁美、人文地理学の野中健一などの協力を得た。

ムブティ・ピグミーについては、上述の原子、丹野、市川による継続的な動態調査に続いて、一九七八年には寺嶋が北東部の弓矢猟をおこなうグループについて、原子の研究を補完する調査をおこなった。この地域のピグミーについては、その後澤田昌人が調査に入り、人々の精神世界の解明に＊文献161とりくむなど生態人類学のカバーする領域を一段と広げていった。

4 農耕民の研究

タンガニイカ湖東岸でチンパンジーの観察調査を続けていた伊谷純一郎、西田利貞らは、その地の住民である焼畑農耕民トングウェと親しく接し、多くの生活技術、民族資料、自然認識の資料を得ていたが、この民族について本格的に調査に取り組んだのは掛谷誠である。広大な乾燥疎開林帯の原野の中に五〜三〇人程度の小集落に分散して住むトングウェは、焼畑農耕を主生業としながら、狩猟、採集、漁撈も熱心におこない、自然に強く依存した生活を営んでいる。一九七一年より調査を始めた掛谷は、彼らの自給自足的な食生活について、生産・獲得と消費、さらに食物を巡る社会関係の分析を主題にして調査を進めた。食物生産ならびに獲得にみられる顕著な傾向は、できるだけ少ない努力によって生計を維持してゆこうとする最小努力の傾向性であった。さらに注目すべきことは、頻繁な集落間の往来や相互扶助システムによって、食物はたえず集落間で平均化されていたことである。この最小努力と平均化という二つの傾向性は、相互に密接に関係しており、これが彼らの貧困な生活環境と低人口密度に対する適応のポイントとなっていること、またこの傾向性の維持が彼らの道徳律の基底となり、したがって人々の行動基準となっており、さらに彼らの社会にみられる多彩な超自然的

文献22 Ichikawa 1978
文献108 市川 一九八二
文献197 寺嶋 一九八四
文献107 市川 一九八〇
文献161 澤田 一九八九

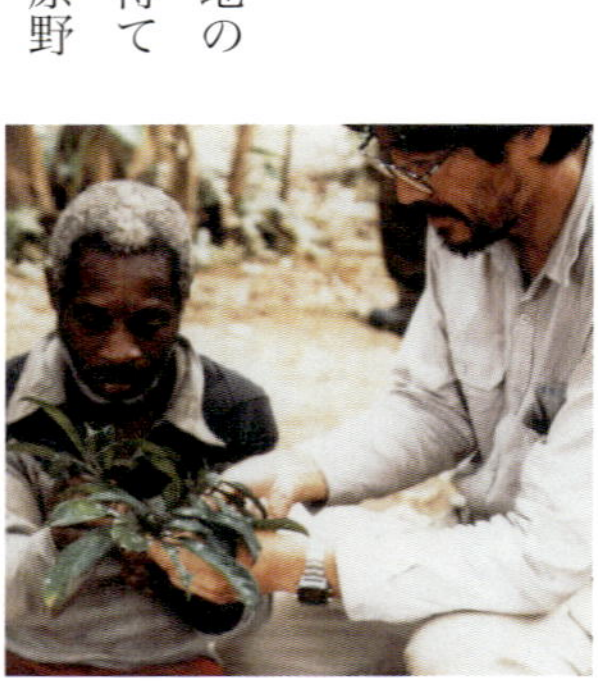

写真●13 バカ・ピグミーの村で、ンガンガ（呪医）から薬用植物について聞く佐藤弘明。（写真提供：佐藤弘明）

写真●14 山田孝子。キブ湖近くのBashiの村で（写真提供：山田孝子）。

世界とも深い関わりをもっていることを明らかにした。

掛谷は、乾燥疎開林帯における生業活動と適応の実態を記載・分析することによって、アフリカにおけるヒトの生活様式の一類型を捉えたが、この研究を足がかりとして、各地の焼畑農耕民の生態人類学的研究は急速に進展した。一九七二年には、武田淳が同じくトングウェの調査を進め、狩猟と蜂蜜採集活動の詳細な分析をおこなった。

一九七四年以後は、米山俊直が中心となって、コンゴ東部の乾燥疎開林帯、熱帯降雨林帯で焼畑農耕を営む諸民族のエスノサイエンス、生態人類学的研究が展開される。松井健はタンガニイカ湖西岸のトゥンブウェについて、民族動物学、自然認識研究の立場から、人々と自然との関わり方を克明に追究し[*文献228]、一九七六年以降には武田、佐藤弘明、山田孝子、末原達郎、安渓遊地らが、テンボや、モンゴ系農耕民ンガンドゥ、ボイェラ、ソンゴーラ、ニンドゥなどを継続的に研究した。いずれも焼畑農耕を主生業としながら、狩猟、採集、漁撈なども営み、深く自然と関わりをもって生活する人々の生計の基盤を明らかにすることにより、さまざまな環境における適応形態を捉えようとするもの[*文献187・159・245・92]であった。

トングウェについては、一九八五年から、後になってアフリカ・センターに赴任してきた伊谷樹一が栽培作物起源学の一環として、ササゲの原種を探り出すために住み込みの調査をおこない、焼畑をはじめとする生業全般について綿密な調査をおこなった。一九八八年からは西田正規が村に住みこんで、ナイフ、ナタ、鉄砲づくりなどの鍛冶仕事やそれらの道具類をどのように保管し、とり扱っているかなどを、先史学の立場から観察調査し、日本における縄文時代人の生活復元に役立てた[*文献214]。

写真●15　ルクワ湖畔で調査中の伊谷樹一（撮影：掛谷誠）。

写真●16　イルビンギア属の実を固めた、オディカと呼ばれる調味料の大きな塊を持つ安渓遊地（写真提供：安渓遊地）。

文献228　松井　一九七七
文献187　武田　一九八四
文献159　佐藤　一九九一
文献245　山田　一九八四
文献92　安渓　一九八四
文献214　西田　一九九一

5　牧畜民の研究

狩猟採集、農耕、牧畜という人類の三つの生活様式のうち、牧畜についての生態人類学的研究は一番遅れて着手された。一九七四年に私が北部ケニアに住む牧畜諸民族の予備調査をおこなったのを受けて、一九七五年に佐藤俊がラクダ遊牧民レンディーレの研究に取り組んだが、これが牧畜民を対象とした本格的な生態人類学研究の第一歩であった。

牧畜の生活様式は乾燥地帯に適応したものであるが、佐藤はその中でも最も乾燥した半砂漠地帯でラクダに全面的に依存した生活を営む人々について、家畜を介した人間と自然との関係を克明に分析することにより、この社会の成立基盤を探った。極めて乾燥し、動植物相も貧弱な生活環境についての詳細な分析と、ラクダをはじめとする飼養家畜の生理生態的特徴の分析の上にたって、人々は単純な生活技術にもかかわらず、家畜管理のための精緻な方式を編み出して、この家畜動物に強く依存しながら生活していること、およびこうした家畜への依存が、深く社会の構造や諸制度、人間関係までをも規定している点を指摘した。[*文献52]

一九七八年以降には、私と佐藤が中心となって北部ケニアの乾燥地域一帯に分布する諸民族についての比較研究が継続的に続けられた。佐藤は継続してレンディーレ、私と丹野はポコット、そして伊谷と太田至がトゥルカナを担当した。異なる環境のもとで、異なる言語文化的伝統をもつ複数の民族について、牧畜の生活様式の表現型の細部にわたる比較が進められた。一連の研究は、一九八〇年より原子と今井一郎によるガブラの研究、一九八二年よりは鹿野一厚によるサンブルの研究を追加した。これらの研究の中で、伊谷はトゥルカナが苛酷な自然環境を独特の世界観によって深く認知し、社会

写真●17　曽我亨。ガブラの集落近くの川辺で。（写真提供：曽我亨）

写真●18　作道信介。トゥルカナの村で。（撮影：曽我亨）

の運営に巧みに反映させている様を描写し、*文献103 太田は人間の牧畜適応を、家畜を主体に取り上げ、とくに人間—家畜関係を家畜側からの能動的働きかけをも重視して見ることによって、新たな家畜管理についての見解を提示した。*文献120

6　近年の研究動向と二一世紀への課題

一九九七年五月、ボツワナ政府は、半ば強制的にブッシュマンを七〇キロメートル離れた無人の地へ移住させた。見知らぬ土地への移住を拒否していた大多数の住民を最終的に移住へと踏みきらせたのは、畜牛を配布することを約束されたのに加えて、目前に多額の移住手当をちらつかされたことによるものであった。

一家族あたり二五×四〇メートルとあまりに狭く区画された居住地区には、たちまち一〇〇〇人を越す人口が集中し、人々の生活は一変した。移動生活を否定された定住村落での変容過程は、大学院生であった秋山裕之、高田明、丸山淳子などが調査隊に加わって続けられている。

二〇一三年一〇月以来、丸山のあと久しくブランクがあったが、アフリカ・センターの大学院生がブッシュマン調査に加わることになった。関口慶太郎がロバツェ道路沿いのローントゥリー・パンに近いカッガエの定住地を調査地に選定して研究を開始した。カッガエにはグイ、コー、カラハリの三民族が人数にして三：二：一の割合で混住しているが、これらの民族間の相互関係をみる中で、異民族混交の定住村落における近代化と社会文化変容の詳細を解明しようと取り組んでいる。さらに、二〇一五年からは、杉山由里子がニューカデ定住地において調査を開始し、五〇歳過ぎの男性が死亡しツワナ文化とキリスト教の影響を大きく受けた葬儀がおこなわれたのを目撃したのを契機として、こ

文献52　Sato 1980
文献103　伊谷　一九八〇
文献120　太田　一九八七

写真●19　湖中真哉。ケニア、ソマリア、エチオピア三国国境の調査地マンデラで。（写真提供：湖中真哉）

うした宗教的社会儀礼などの面での社会文化変容を追究しようとしている。

コンゴでは、モブツ政権の崩壊によって無政府状態の混乱が続き、ピグミー研究者は隣国のコンゴ民主共和国、およびそのさらに北西のカメルーンへと転進した。コンゴのリクアラ州に住むアカ・ピグミーには丹野、寺嶋に続いて竹内潔、北西功一が赴き、詳しい報告をもたらした。カメルーン南部のバカ・ピグミーについては、市川、佐藤弘明の指導のもとに、都留泰作、分藤大翼、亀井伸孝[*文献133]、安岡宏和[*文献243]をはじめとした若い大学院生が多数調査に入り、多方面から詳細な報告をもたらしつつある。彼らの研究は、生業を主体とした生態調査のみに終わることなく、都留や分藤による儀礼パフォーマンスの定量的分析[*文献198・226]、木村大治による相互交渉の解析[*文献150]などへと発展した。

ザンビア北部のミオンボ疎開林の中でチテメネと呼ばれる、耕地の六倍以上の広さから伐採した枝葉を集めて燃やす、特異な焼畑農耕を営むベンバの研究に転進した掛谷は、筑波大学院生だった杉山裕子とともに、一九八〇年代のザンビア政府による農業近代化政策のあおりを受け、化学肥料を用いる集約的農業が普及していく様を垣間見た。東西冷戦の終焉とともに政治、経済構造が大きく様変わりしていく中で、農業の近代化には大きな問題が横たわっていることが露見した。こうした経験を踏まえた掛谷らは、近代的な農業を直接的に導入することには大いに問題があり、むしろアフリカの大地が長年かかって育んできた集約的な在来農業こそが注目されるべきであるとの認識に到達した。

重田眞義はエチオピアでのみ栽培されるアフリカ起源の根栽作物であるエンセーテについて緻密な分析をおこない、土地と時間の生産性を按配しつつ一定の集約度のもとで安定した持続性を確保する特異な在来農業を詳細に検証し、アフリカ在来農業のもつ潜在力を正当に評価しようとした[*文献164]。篠原徹は、エンセーテ農業とは対極に位置する労働集約的なエチオピア南部のコンソの在来農業に注目し、領有面積の限られた不毛な土地環境を徹底的に開発して土地生産性を確保している事実を明らかにした[*文献165・166]。また、大学院生であった丸尾聡はバナナ栽培に生きるタンザニア北西部のハヤを[*文献233]、加藤正彦

写真●20　杉山由里子。抱いているのはリクガメ（撮影：高田明）。

写真●21　白石壮一郎、ウガンダの調査地で。（写真提供：白石壮一郎）

文献133　亀井　二〇〇一
文献243　安岡　二〇一一

はタンザニア南部でおこなわれるマテンゴの掘り穴耕作と呼ばれる農業体系を調査した[*文献130・131]。そうした近年の一連の研究によって、これらの農耕形態はいずれもアフリカの地に根づいた在来農業の諸類型であり、近代化とのせめぎ合いの中でなおかつアフリカの潜在力と将来性を呈示しうる貴重な生き証人だといってよいことが判明した。

佐藤俊によるレンディーレ、太田によるトゥルカナの研究が七〇年代より継続しておこなわれているのに加えて、遊牧民研究は、一九八六年より北村光二がトゥルカナの行動人類学的研究[*文献148]に参加し、河合香吏がチャムスの生態人類学、医療体系の研究をまとめあげた[*文献135]。一九九〇年には曽我亨がガブラ[*文献179]、湖中真哉がサンブル[*文献153]を、作道信介がトゥルカナの心理人類学調査[*文献155]に加わった。そして孫暁剛のレンディーレ[*文献180]、波佐間逸博のカラモジョン[*文献217]（ウガンダ）、内藤直樹のアリアール・レンディーレ[*文献201]、吉村郊子によるナミビアのヒンバ、白石壮一郎による農牧民サビニ[*文献169]（ウガンダ）、中村香子によるサンブルのビーズ装飾を巡る社会関係の研究[*文献205]など、若手による多彩なフィールドワークが進行している。

東西冷戦は終結したが、冷戦構造によってかろうじて保たれていたアフリカ諸国の均衡は、二〇世紀末の世界的な激動の中でむしろ翻弄され続けてきた。植民地分割の負の遺産を受けついだまま独立した諸国家の多くが、為政者や少数の権力者の利権あさりによる腐敗、堕落によって国家経営を破綻せしめ、無政府状態、民族対立による紛争の激化、そして国民大衆の貧困化を招くなど、二一世紀に大きな課題をもたらした。

グローバリゼーションの波が辺境の地にまで急激に押し寄せ、外発的な開発政策、近代化政策が否応なく浸透して、低人口密度と流動性を基盤としていたアフリカ伝統社会は定住化、集住化を余儀なくされ、市場経済への適応を強いられている。

こうしたさまざまな困難を内包した現代的諸問題に直面して、いかなるアフリカ的な持続的発展が可能なのか、いずれの地域社会も今や世界の趨勢とは無縁でありえない情況の中で、個別社会ごとの

文献198 都留 一九九六
文献226 分藤 二〇〇一
文献150 木村 二〇〇三
文献164 重田 二〇〇二
文献165 篠原 一九九八
文献166 篠原 二〇〇二
文献233 丸尾 二〇〇二
文献130 加藤 二〇〇一
文献131 加藤 二〇〇二
文献148 北村 二〇〇二
文献135 河合 一九九八
文献179 曽我 一九九六
文献153 湖中 二〇〇六
文献155 作道 二〇〇四
文献180 孫 二〇一二
文献217 波佐間 二〇一五
文献201 内藤 二〇〇四
文献169 白石 二〇〇四
文献205 中村 二〇〇四

特性に見合った的確な変容のあり方を、長期的な展望に立って、真剣に追い求めていくことが二一世紀のアフリカ研究に託された重要な課題となっている。

カラハリから世界へ羽ばたく人々——あとがきに代えて

二〇〇〇年以降毎年のようにセントラル・カラハリを訪れ、定住村の変化過程を追究してきた丸山淳子さんによると、病院には、医者、看護師がほぼいつも常駐するようになり、電気が供給されるようになった産婦人科病棟では出産も可能になっているということである。定住後に制度化された法廷（コトラ）も一応は機能し、この制度も社会に定着してきたと思えるが、裁判を主催するべきヘッドマンが長く在職している間にやや酒癖が悪くなり、ときに法廷を適切に取り仕切らなくなったと不満が出てきているらしい。

丸山は、アフリカの「先住民」運動史における「ランドマーク」とも呼ばれたボツワナの土地裁判、および政府の対応に対する問題点、そしてその後の住民の動向について報告・分析しているので、その要点だけを以下に紹介しておきたい。

二〇〇六年一二月、ボツワナ高等裁判所は、セントラル・カラハリ・ゲーム・リザーブ（ＣＫＧＲ）に居住していたブッシュマンが開発計画の一環で土地を追われたことを、「先住民」の権利の侵害であり、憲法違反であるとする判決を下し、国際的に高く評価された。しかしながら、判決はＣＫＧＲに戻る人には政府サービスを提供する必要がないとし、さらに政府は裁判の提訴者一八九名のみにＣＫＧＲへの帰還を許可したことによって、結果的にＣＫＧＲ内では「伝統的な狩猟採集生活」、立ち退き先のニューカデ、ツェレ、カウドゥワーネでは「開発の恩恵を受ける生活」を強いられることになり、ＣＫＧＲに戻れる人と戻れない人の間の溝が広がるといった問題が生じた。

この判決と政府の施策の中で、人々はどのように対応していったであろうか。ニューカデでは、移住後三年目の二〇〇一年の雨季以来、定住地のプロットから数キロ〜数十キロと離れたところにマイパーと称するブッシュ・キャンプを作りはじめ、そこで狩猟採集する人々が増えていったことは第10章で述べたとおりである。プロットとマイパーを頻繁に往復し、伝統的な狩猟採集と開発の恩恵を同時に受けるこの生活パターンは急速に普及し、現在では住民の四分の一がマイパーに住み、プロットの親族、友人と緊密に交流しあっている。

移住手当の多寡、牛の貸与を受けられた人とまだ受けられていない人、また賃労働でよく稼ぎ得た人とそうでない人といった格差が開いていき、定住後三七年、とくにニューカデへの移住後一九年を経て、こうした貧富の格差は一段と大きくなっている。一方でほとんど資産らしきものを持たない大多数の人々がいるのに対し、比較的少数の人たちとはいえ中古のトラックやロバ車を購入し、あるいは小さな店舗を開いて商売に励む人たちも出てきた。

二〇一〇年時点でCKGRに戻った人たちは約二〇〇人と推定されたが、そのほとんどはギョムやメツェアマノンというCKGRの東方、ニューカデからおよそ三〇〇キロメートルの遠方から来ていた人たちであった。この人々は、最後まで移住を拒み、CKGRの東部に残って生活を続けていて、「先住民」支援NGOが中心となって提訴したときに真っ先に呼びかけられ、提訴者のリストに載った人々であった。三〇〇キロも離れた故地へ帰還できる人たちは全て裕福な人たちで、四輪駆動のトラックに生活用品、水、食料などを積み込んで移動した。現在ニューカデにはトラックが四三台あり、その半数以上がCKGR東部への往復に使われているという。CKGRに帰った人々は、狩猟採集を主生業としながら、一、三週に一度は北東方向へ一〇〇キロばかりのツェレの定住地へ水汲みに行き、そして配給や年金の支給される頃にはちゃっかりとニューカデのプロットに戻って政府からの恩恵を受けていた。一方のニューカデ定住地では、マイパーのブッシュ・キャンプへ人口の四分の一は引っ越しし、プロットの人々と頻繁に交流している。こちらでは配給、年金、賃労働などを基本としながら、マイパーでの狩猟採集で食料を補充しているのである。

高等裁判所の判決が出た当初は、現場へ派遣された行政官による厳しい監視がなされていたが、やがて現場の役人たちも住民たちと面識をもち、近隣付き合いして暮らしているうちに、CKGRへの帰還を許されている一八九人以外の親族や短期訪問者が往来するのにも目こぼしをするようになり、またマイパーの存在をも黙認するようになっている。「CKGRでの伝統的狩猟採集生活」、「開発計画による近代的な生活」という窮屈な二つの場から、法や制度の網の目をかいくぐったインフォーマルな活動が可能となり、厳密な規制はなし崩し的に緩んで、人々は誠に現実的かつ功利的に、まさしくブッシュマンらしいご都合主義者ぶりを発揮して、なんとかよりうまい具合に立ちまわって暮らしをたてているというのが現状のようである。

＊　＊　＊

政治、経済のグローバリゼーションの浸透とボツワナ政府の定住化政策のもとに、セントラル・カラハリの原野に住む狩猟採集民ブッシュマンの社会が近代化の流れの中で大きく変容をきたしてきたことを強調してきたが、一方ではブッシュマンの側からの積極的な動きが起こっていることについても述べておく必要がある。CKGRからリザーブ外のニューカデほかへの半ば強制的な移住について、これを先住民の土地権利の侵害であるとして高等裁判所に提訴したのは、ハンシーで農場を経営していたイギリス人とナロ・ブッシュマンの混血であるジョン・ハードバトルが主導し、CKGR東部のギョム出身のロイ・セサナなどブッシュマンも加わって組織したNGOファースト・ピープル・オブ・ザ・カラハリであった。もちろん、これにはロンドンに本部を置くサーバイバル・インターナショナルをはじめとする国際的な先住民支援組織の強力なバックアップによる国際的な世論の支えがあった。ニューカデへの移住が強行される前の一九九六年にハードバトルは病死してしまっていたので、裁判の原告はロイ・セサナが先頭に立ち、彼は首都ハボローネはもちろんのこと、ヨーロッパ諸国にまで出かけていって、先住民運動の先頭に立って活躍したのである。ロイ・セサナとともに運動を率いたジュマンタという男性は現在ニューカデを代表するハンシー・ディストリクト議会の議員となっている。

ニューカデ小学校を卒業してハンシーの中学校へ多くの若者が出ていっていることについては、本文の中ですでに述べておいたが、少なからぬ若者たちは中学校卒業後、ハンシー周辺の観光業に就いているもの、ハボローネ周辺で専門学校やさらにはボツワナ大学、ナミビア大学で勉学し、それぞれの分野で活躍するものも増えてきている。さらに、海外にまで出

CKGR出身のブッシュマンとして初めての単行本を書いたクエラ・キエマ（左）、ともに写っているのは関口慶太郎（撮影：高田明）。

2015年にウイーンで開かれた国際狩猟採集民学会で、第1回の生涯功績賞（Lifetime Achievement Award）を受賞し名誉会員になった、右から、ジェイムズ・ウッドバーン、リチャード・リー、そして私。（撮影：窪田幸子）

向いて活動をおこなっている人たちも徐々に増えつつあるのが実情である。

世界に羽ばたいて活躍するブッシュマンたちの具体的な例をいくつか挙げておこう。私がカデ地域で調査をはじめた一九六七～六八年直後にカオーチュエで生まれたから、現在は四八歳ぐらいだと思われるグイの男性クエラ・キエマは、二〇歳ぐらいになってからであるがカデ小学校を優秀な成績で卒業し、ハンシーの中学校に進学した。二年間の課程を終えて、今度はマウンにある高校に進学することを許された。その後、彼はモレポローレ教員養成学校に通い、教員免許をとったが、デカールの福音伝道教会の牧師の指導によって作られたブッシュマンの産業を育成、支援し、文化・芸術活動を保全する団体、クル・カルチュラル・センターで副所長として働くことになった。彼はブッシュマンが好みとする親指ピアノの名手でもあったので、芸術活動の面でもボツワナを代表して何度もヨーロッパまで演奏に出かけている。クルで働きながら、ボツワナ大学からの奨学金を得て、ナミビア大学にも通い、社会学士の学位を取得した。そしてCKGR出身者としてはじめての単行本『*Tears for My Land : A Social History of the Kua of the Central Kalahari Game Reserve, Tc'amnqoo*

（故郷への涙――セントラル・カラハリ・ゲーム・リザーブ、タム・ノーのブッシュマン住民の社会変動史）」を著した。この本はＣＫＧＲのカデ地域に生まれ育った著者が自らの経歴を記し、生まれ故郷への愛着を示すとともに、ボツワナ国家の中の少数民族として種々の差別を受けながら変化してきたことを告発し、読者に訴えているものである。

丸山によれば、もう少し若いカデ出身の人でビヘラ・ツィーホという男は、ナミビア大学を卒業後ボツワナ大学大学院で修士号をとり、外務省の職員となって、現在はロンドンに赴任中である。また、ケテレロ・マーパラという若者は奨学金を得てアメリカの大学に留学中だとのことである。

二〇一五年九月には、ウイーンで国際狩猟採集民学会があり、これには私も参加したのだが、メツェアマノン出身のガナの男性、レーパング・ツィシモホとデカール出身のナロの男性、サウル・アイザックの二人のボツワナ大学院生が参加しており、両者ともに言語学を学んでいるが、ボツワナの教育制度、とくにブッシュマン社会の歴史、文化、言語を認めようとしないボツワナの教育政策に批判的な立場からコイサン言語の保存を呼びかけている。なかでも前者のレーパング・ツィシモホは、ガナ語の辞書を作って人々の言語保存に役立てたいと、中川裕君の指導も受けているとのことであった。ブッシュマンの人たち自身が自らの社会や文化、歴史、言語を研究することを始めたのを目の当たりにして、私はたいへん素晴らしいことだと感心し、心強い思いをもったものである。

こうしてカラハリの原野から巣立った少なからぬ人々がどんどんと文明世界へと飛びこんでいって、ボツワナ国内は言うに及ばず、広く世界の各地に羽ばたきだしているのも現実の姿なのである。

＊　　＊　　＊

人類の起源は最近まで五〇〇万年前と言われていたのが、二〇〇一年に中央アフリカのチャドで発見されたサヘラントロプス（*Sahelanthropus*）が直立二足歩行をしていたことが判明し、一挙に七〇〇万年前まで遡ることになった。およそ一万三〇〇〇年前（七〇〇万年の人類史からみればほんの最近の出来事である）から農耕の、さらに約一〇〇〇年遅れて牧畜の生産活動を始めた人類はどんどんと人口支持力を増大させ、産業革命を経て、エネルギー消費量は飛躍的に増加の一途をたどった。生あるものはいずれ滅亡へと向かう。それは自然界、宇宙の摂理であり、地球上の生命の誕生以来四〇億年の間に九九・九パーセントの種が滅んできた。

人類はチンパンジーとの共通祖先から分かれて直立二足歩行するようになってから七〇〇万年といわれ、ホモ・サピエンスとなってからも約二〇万年が経つが、いずれは人類滅亡のときが来るのは疑いないことである。人類が生産手段を開発して人口を増大させ、莫大なエネルギーを消費するようになって自然を乱開発し、自らを滅ぼすスピードに拍車をかけていることも間違いない事実である。

ここで現れてきたのがクリーンエネルギーといわれてきた原子力の技術である。いま我々が直面しているのは、原子力が滅亡への加速を早めるのではないかという危機感ではないだろうか。私がアフリカ紀行を主題としたこの本のあとがきであえて原発問題をとりあげるのは、たまたま私が最後のアフリカ滞在中に日本の原発がとんでもない重大事故を起こしたこととも無縁ではないかもしれない。原発が安全であるとの確信を持ち得ず、しかも核燃料廃棄物処理問題も未解決のままの今日、絶滅への速度を原子力が加速する可能性は極めて高いと考えている。

福島原発事故以後のドイツをはじめとするヨーロッパ各国の脱原発の動きは非常に迅速であった。唯一被爆体験をもち、しかも地震大国でもあり、真っ先に脱原発を表明してもよいはずの当の日本の動きは非常に鈍く、そこには目先の経済優先の論理がまかり通っているとしか考えられない現実がある。人類の叡智を最大限発揮し、長期的な視野で資本を投入してでも安全な代替エネルギーの開発を図ることが緊急の課題なのではないだろうか。省エネルギーによる節電に加えて、太陽光、風力、波力、小水力、地熱、バイオマスなどによる発電などの再生可能エネルギーに置き換える努力が避けられない。人類の滅亡を少しでも遅らせようとするならば真剣に考えるべき課題である。

狩猟採集民ブッシュマンをはじめとしてアフリカの自然社会の人たちが持ち合わせていた、自然と一体化し、自然への信頼に立った生き方の、万分の一でも我々は見習うところがありはしないか、本書はそうした意味でも我々が真剣に考えなければならない問題を多々含んでいると思われるのである。

＊　　＊　　＊

さて、アフリカへ初めて出かけて以来五〇年に及ぶ今日まで、ブッシュマン研究をはじめとする私のアフリカ調査行の実現のために、実に多くのさまざまな人々や機関にご支援いただき、お世話になってきた。行く先々の調査地で、あるいは旅行の道すがらに助けてもらったりお世話になった方々については、本文中に記しているが、お名前を挙げていない場合もたくさんある。とてもいちいちのお名前を挙げてお礼を申し述べることができないほど多くの人びとや機関からさまざまなご援助をいただいた。記して感謝の意を表する次第である。

長年月にわたるアフリカ滞在の中でも、とくに長くともに暮らしたカラハリのブッシュマンの友人たちは、私が身勝手に振る舞い、ご迷惑をかけたりしたにもかかわらず、私の滞在を常に快く受け入れて、調査の遂行に協力してくださった。

とりわけ長老クラスで私を温かく見守ってくださったノアアヤやキュエロ、調査助手としてよそ者の頼りない私をつねに助けてくれたテベチュー、バイペロ、ダオグー、ギュベ、トーノー、キレーホなどには本当にお世話になってきた。いまこの原稿を書きながら、トーノーが長患いののち二〇一六年六月二一日に亡くなったと訃報を受けとったばかりなのだが、これで上記八名の中でも、今も健在なのは私とほぼ同年配のギュベと四〇歳代のキレーホだけになってしまった。私が五〇年間に付きあってきた多くの方々がすでに彼岸に旅立ってしまっているが、みなさん、安らかにお休みになり、いつまでも変わらぬカラハリの自然の中で、この世にある私どもを暖かく見守ってくださることをお祈りするばかりである。

長年にわたって喜怒哀楽をともにしながらお付き合いしていただきお世話になったブッシュマンの方々はいうに及ばず、より短期間であったとはいえ、遊牧民レンディーレ、ポコット、コンゴの森の猟人ムブティ・ピグミー、タンガニイカ湖畔の焼畑農耕民トングウェの人びとにもお世話になり、思い出深い日々を送らせていただきました。本当にありがとうございました。

第一回目の調査は一般募金による北大探検隊、京大アフリカ調査隊のお世話になり、第二回目の調査は全面的にＮＩＭＨ（米国立精神衛生研究所）から資金提供を受けたハーバード大学カラハリ調査隊によったものであるが、それ以降のアフリカ文化探検にはほとんど文部省（現在の文部科学省）、日本学術振興会から科研費などによる資金の提供を受けて実現したものである。とくに我が国独特の科学研究費補助金（国際学術研究）は、長期継続して調査チームを派遣することができるものであり、たいへんありがたく、大半の調査研究はこの経費によって遂行されたものであることを記しておきたい。また、この他にもウェンナーグレン人類学財団、稲盛財団、日本証券財団からの奨学金、野外民族博物館リトルワールドからの民族資料収集費などによっても援助を受けることができた。謝意を表する次第である。

また、一九七一年に日本テレビ、一九八〇年にNHK、一九九九年に放送大学がドキュメンタリー映画の撮影にきて、これらは私の方が撮影のための裏方でお手伝いした場合もあるが、同行取材という興味深い経験をさせていただき、お世話にもなりました。

本書の出版については、私が長い旅の記録を一気呵成に書き連ねた原稿に加えて、過去にさまざまな機会に発表してきた論文やエッセイを丁寧に切り貼りして配置し、また四五〇枚以上の写真を適切にレイアウトしてくださってまとまりのある一冊の本に編集してくださった京都大学学術出版会の鈴木哲也編集長に大変お世話になった。感謝の意を表します。

本書がこのようにふんだんにカラー写真を盛りこんでぜいたくに構成でき買いやすい価格で世に出されることができたのは、京都大学総長裁量経費による援助があってのことである。本文にも述べたように山極壽一総長には長年に及ぶアフリカ研究を通じて本当にお世話になったが、その五〇年のまとめにあたって、このようなご配慮をいただけたことは、誠に感謝にたえない。本当にありがとうございました。

二〇一七年五月五日

安曇野市穂高にて

参照文献

[1] Akiyama, H. 2001, The Influence of Schooling and Relocation on the G/ui Pupil Companionship, *African Study Monographs*. Supplementary Issue 26, pp. 197–208.

[2] Biesele, M., 1976, Aspects of !Kung Folklore, In : R. B Les and I. DeVore (eds.) *Kalahari Hunter-Gatherers : Studies of the !Kung San and Their Neighbors*. Harvard University Press, Cambridge, Mass.

[3] Biesele, M., 1993, *Women Like Meat : The Folklore and Foraging Ideology of the Kalahari Ju/'hoan*. Witwatersrand University Press, Johannesburg.

[4] Bodenheimer, F. S. 1951, *Insects as Human Food*. Dr. W. Junk Publishers, Hague.

[5] Damas, D. 1968, Diversity of Eskimo Societies, In : R. B. Lee and I. DeVore (eds.) *Man the Hunter*. Chicago : Aldine, pp. 111–117.

[6] Deshler W. W., 1965, Native Cattle-Keeping in East Africa. In : A. Leeds and A. P. Voyda (eds.) *Man, Culture and Animals*. Washington : American Association for the Advancement of Science, pp. 153–168.

[7] Dyson-Hudson, N., 1966, *Karimojong Politics*. Oxford University Press, London.

[8] Evans-Pritchard, E. E., 1940, *The Nuer*. Oxford University Press, London.『ヌアー族』向井元子（訳）、岩波書店、東京。

[9] Fratkin, E., 1980, *Concepts of Health and Disease among the Ariaal Rendille, Herbal Medicine, Ritual Curing, and Modern Health Care in a Pastoral Community in Northern Kenya*, Ph. D. Dissertation, University of London, London.

[10] Fukui, K., 1979, Cattle Colour Symbolism and Inter-Tribal Homicide among the Bodi. In K. Fukui and D. Turton (eds.), *Warfare among East African Herders*, *Senri Ethnological Studies*, 3 : 147–177.

[11] Gould, R. A. 1969 *Yiwara : Foragers of the Australian Desert*. Scribners, New York.

[12] Grumm, A., 1976, Rendille Habitation. Unpublished Report.

[13] Gulliver, P. & Gulliver, P. H., 1953, *The Central Nilo-Hamites*. International African Institute, London.

[14] Gulliver, P. H., 1955, *The Family Herds*. Routledge & Kegan Paul, London.

[15] Harako, R., 1976, The Mbuti as Hunters——A Study of Ecological Anthropology of the Mbuti Pygmies (1). *Kyoto Uni-*

versity African Studies, Vol. X, pp. 37–99.

[16] Hart C. W. M, and Pilling A. R., 1960, *The Tiwi of North Australia*. New York : Holt, Rinehart and Winston.

[17] Heinz, H. J., 1966, *Social Organization of the !Ko Bushmen*. M. A. Thesis, Univ. of the Witwatersrand, Johannesburg.

[18] Heinz, H. J., 1972, Territoriality among the Bushmen in General and the !Ko in Particular. *Anthropos*, 67 : 405–406.

[19] Huffman, M. A., 1997, Current Evidence for Self-medication in Primates : A Multidisciplinary Perspective, *Yearbook of Physical Anthropology*, 40 : 171–200.

[20] Huffman, M. A., Gotoh, S., Izutsu, D., Koshimizu, K. and Kaunde, M. S., 1993, Further Observations of the Use of *Vernonia amygdalina* by a Wild Chimpanzee, Its Possible Effect on Parasite Load, and Its Phytochemistry, *African Study Monographs*, 14 : 227–240.

[21] Huntingford, G. W. B., 1953, *The Southern Nilo-Hamites*. International African Institute, London.

[22] Ichikawa, M., 1978, The Residential Groups of the Mbuti Pygmies. *Senri Ethnological Studies* No. 1. Africa 1, pp. 131–188.

[23] Ishida, H., Pickford, M., Nakaya, H. and Nakano, Y., 1984. Fossile Anthropoids from Nachola and Samburu Hills, Samburu District, *African Study Monographs* 2.

[24] Itoh, N., Nishida, T., Turner, L. 1998, Density and Distribution Patterns of Woody Vegetation in the Kasoje Forest, in Review of the Food of Chimpanzees. A Preliminary Report. In Nishida, T. (ed.) *Resource Use Patterns and Social Structure among Chimpanzees*. Nissindo Printer, Kyoto.

[25] Kakeya, M., 1976, Subsistence Ecology of the Tongwe, Tanzania. *Kyoto University African Studies* 10. pp. 143–212.

[26] Kiema, Kuela 2010, *Tears for My Land : A Social History of the Kua of the Central Kalahari Game Reserve, Tc'amnqoo*. Mmegi Publishing House, Gaborone.

[27] Konner, M. J., 1976, Maternal Care, Infant Behavior and Development among the !Kung. In R. B. Lee and I. DeVore (eds.) *Kalahari Hunter-Gatherers : Studies of the !Kung San and Their Neighbors*. Harvard University Press. Cambridge, Mass.

[28] Kuper, A., 1982, *Wires for Cattle : Bridewealth and Marriage in Southern Africa*. Routledge. London.

[29] Kurimoto, E., 1984, "Agriculture in the multiple subsistence economy of the Pari," in K. Sakamoto (ed.) *Agriculture and Land Utilization in the Eastern Zaire and Southern Sudan*, Kyoto University, Kyoto.

[30] Lee, R. B., 1965, *Subsistence Ecology of ! Kung Bushmen*. Ph. D. Dissertation, University of California, Berkeley.

[31] Lee, R. B., 1968, What Hunters Do For a Living, or, How To Make Out on Scarce Resources, In R. B. Lee and I. DeVore (eds.) *Man the Hunter*, Aldine Publishing Company, Chicago.

[32] Lee, R. B., 1969, "!Kung Bushman Subsistence : An Input-Output Analysis" Vayda (ed.) *Environment and Cultural Behavior : Ecological Studies in Cultural Anthropology*. The Natural History Press, Garden City, New York.

[33] Lee, R. B., 1972, "!Kung Spacial Organization : An Ecological and Historical Perspective" *Human Ecology* Vol. 1, No. 2.

[34] Lee, R. B., 1979, *The !Kung San : Men, Women, and Work in a Foraging Society*. Cambridge University Press, Cambridge.

[35] Lee, R. B. & I. DeVore (eds.), 1976, *Kalahari Hunter-Gatherers*. Harvard University Press, Cambridge, Mass.

[36] Marshall, L., 1957. The Kin Terminology of the !Kung Bushmen. *Africa* 27 : 1–25.

[37] Marshall, L., 1959, "Marriage Among the !Kung Bushmen" *Africa* Vol. 29.

[38] Marshall, L., 1960, "!Kung Bushman Bands" *Africa* Vol. 30.

[39] Marshall, L., 1961, Sharing, Talking and Giving : Relief of Social Tensions among the !Kung Bushmen, *Africa* : 31

[40] Marshall, L., 1976, *The !Kung of Nyae Nyae*. Harvard Univ. Press. Cambridge, Mass.

[41] Meggitt, M. J., 1962, *Desert People : A Study of the Walbili Aborigines of Central Australia*. Angus & Robertson, Sydney.

[42] Nonaka, Kenichi, 1996, Ethnoentomology of the Central Kalahari San, *African Study Monographs*, Supplementary Issue : 22 Center for African Area Studies, Kyoto Univ.

[43] Nurse, G. T., Noriko Tanaka, G. Mcnab And Trefor Jenkins 1973, "Non-Venereal Syphilis and Australia Antigen among the G/wi and G//ana San of the Central Kalahari Game Reserve, Botswana" *The Central African Journal of Medicine* Vol. 19, No. 10.

[44] Nurse, G. T., Weiner, J. S., and Ienkins, T., 1985, *The Peoples of Southern Africa and Their Affinities.* Clarendon Press, Oxford.

Nakamura, K., *Adornments of the Samburu in Northern Kenya : A Comprehensive List.* The Center for African Area Studies, Kyoto University. Kyoto.

[45] Ohsawa, H. 1982, Transfer of Group Members in Plain Zebras (*Equus burchelli*) in Relation to Social Organization, *African Study Monographs* 2.

[46] Ono, H., 1997, How Do the /Gui Categorize People? *Gengo Kenkyu : Journal of the Linguirtic Society of Japan* No.

111； 42–58.
[47] Osaki, M., 1984, The Social Influence of Change in Hunting Technique among the Central Kalahari San. *African Study Monographs*, 5： 49–62.
[48] Palgrave, K. C., 1977, *Trees of Southern Africa*. C. Struik Publishers, Cape Town.
[49] Peristiany, J. G., 1951, The Age-Set System of the Pastoral Pokot. *Africa* 21, pp. 188–206, 279–302.
[50] Radcliffe-Brown, A. R., 1930, The Social Organization of Australian Tribes, 1, *Oceania* 1： 34–63.
[51] Sahlins, M. D., 1965, “On the Sociology of Primitive Exchange”, in M. Banton (ed.) *The Relevance of Models for Social Anthropology*, Tavistock Publications, London, 139–236
[52] Sato, S., 1980, Pastoral Movements and the Subsistence Unit of the Rendille in Northern Kenya： with Special Reference to Camel Ecology, *Senri Ethnological Studies* No. 6, Africa 2. pp. 1–78.
[53] Schapera, I., 1930, *The Khoisan Peoples of South Africa： Bushmen and Hottentots*. Routledge & Kegan Paul, London.
[54] Schneider, H. K., 1957, The Subsistence Role of Cattle among the Pokot and in East Africa. *American Anthropologist* Vol. 59, pp. 278–299.
[55] Service, E., 1966, *The Hunters*. Prentice-Hall, New Jersey.
[56] Silberbauer, G. B., 1965, *Report to The Government of Bechuanaland on the Bushman Survey*. Bechuanaland Government, Gaberones.
[57] Silberbauer, G. B., 1981, *Hunter and Habitat in the Central Kalahari Desert*. Cambridge University Press, Cambridge.
[58] Spencer, P., 1973, *Nomads in Alliance： Symbiosis and Growth among the Rendille and Samburu of Kenya*, Oxford University Press, London.
[59] Steward J., 1955. *Theory of Culture Change： The Methodology of Multilinear Evolution*. University of Illinois Press, Urbana.
[60] Takada, Akira 2015, *Narratives on San Ethnicity： The Cultural and Ecological Foundations of Lifeworld among the !Xun of North-Central Namibia*, Kyoto University Press, Kyoto and Trans Pacific Press, Melbourne.
[61] Takeda, J., 1976, An Ecological Study of the Honey-collecting activities of the Tongwe, Western Tanzania, East Africa. *Kyoto University African Studies*, Vol. 10 : 213–247.
[62] Tanaka, J. 1965, Social Structure of Nilgin Langurs. *Primates.*, Vol 6, No. 1.
[63] Tanaka, J., 1969, The Ecology and Social Structure of Central Kalahari Bushmen： A Preliminary Report *Kyoto Univ. Af-*

rican Studies Vol. 3.

[64] Tanaka, J., 1979, A Study of the Comparative Ecology of African Gatherer-Hunters with Special Reference to San (Bushman-speaking People) and Pygmies. *Senri Ethnological Studies*. No. 1. pp. 189–212.

[65] Tanaka, J., 1980, *The San Hunter-gatherers of the Kalahari : A Study in Ecological Anthropology*, University of Tokyo Press, Tokyo.

[66] Tanaka, J. 2014, *The Bushmen : A Half-Century Chronicle of Transformations in Hunter-Gatherer Life and Ecology*. Kyoto University Press, Kyoto and Trans Pacific Press, Melbourne.

[67] Tanno, T., 1976, The Mbuti Net-hunters in the Ituri Forest, Eastern Zaïre. *Kyoto University African Studies* 10, pp. 101–135.

[68] Taylor, C. M. & O. F. Pye, 1966, *Foundations of Nutrition*. 6th Edition, Mac- Millan, New York.

[69] Terashima, H., 1980, Hunting Life of the Bambote : An Anthropological Study of the Hunter-Gatherers in the Wooded Savanna, *Senri Ethnological Studies* 6. Africa 2, pp. 223–268.

[70] Thomas, E. M. 1959 *The Harmless People*. Alfred A. Knopf, Inc., New York. 荒井喬・辻井忠男（訳）、『ハームレス・ピープル——原始に生きるブッシュマン』海鳴社。東京。

[71] Thomas, E. M., 1965, *Warrior Herdsmen*. Secker & Warburg, London. 田中二郎・向井元子（訳）、『遊牧の戦士たち』思索社、東京。

[72] Tobias, P. V., 1956, “On the Survival of the Bushmen,” *Africa* 26. pp. 174–186.

[73] Tobias, P. V., 1964, “Bushman Hunter-Gatherers : A Study in Human Ecology” Davis (ed.) *Ecological Studies in Southern Africa*. Dr. W. Junk Publishers, The Hague.

[74] Tomikawa, M., 1972, Cattle Brands of the Datoga : Human Relations in the Datoga Pastoral Society in East Africa, *Kyoto University African Studies*, 7 : pp. 1–55.

[75] Tomita, K., 1966, The Sources of Food of the Hadzapi Tribe : The Life of a Hunting Tribe in East Africa, Kyoto Univ. African Studies 1 : 157–171.

[76] Torry, W. I., 1973, *Subsistence Ecology among the Gabra*, Ph. D. Dissertation, Columbia University, New York.

[77] Turnbull, C. M., 1961, *The Forest People*. The American Museum of Natural History, New York.

[78] Turnbull, C. M. 1968, The Importance of Flux in Two Hunting Societies. In : R. B. Lee and I. DeVore (eds.) *Man the Hunter*, Aldine, Chicago. pp. 132–137.

〔79〕Ward, J. S., G. A. C. Bredell & H. G. Wenzel, 1960, "Responses of Bushmen and Europeans on Exposure to Winter Night Temperatures in the Kalahari" *J. Appl. Physiol.* Vol. 15.
〔80〕Warner, W. L. 1937., *A Black Civilization*. Harper & Row, New York.
〔81〕Woodburn J. C., 1968, An Introduction to Hadza Ecology. In : R. B. Lee and I. DeVore (eds.) *Man the Hunter*, Aldine, Chicago, pp. 49–55.
〔82〕Wyndham, C. H. & J. F. Morrison, 1956, "Heat Regulation of Masarwa (Bushmen)" *Nature* Vol. 178.
〔83〕Wyndham, C. H. & J. F. Morrison, 1958, "Adjustment to Cold of Bushmen in the Kalahari Desert" *J. Appl. Physiol.* Vol. 13.
〔84〕Yairi, K., 1975, Geometry and Mechanics of an echelon Faulting with Applications to the East African Raft System. *African Studies*, Nagoya-University.
〔85〕Yellen, J. E. and R. B. Lee, 1976, The Dobe-/Du/da Environment : Background to a Hunting and Gathering Way of Life, In R. B. Lee and I. DeVore (eds.), *Kalahari Hunter-gatherers*, Harvard Univ. Press, Cambridge, Mass.
〔86〕Zamma, K., 2002, Seasonal Change of the Density of Ticks and Grooming among Chimpanzees at Mahale Mountains National Park, Tanzania. *Anthropological Science* 110 : 128.
〔87〕秋山裕之　二〇〇四「定住地における子どもの民族誌」田中二郎・佐藤俊・菅原和孝・太田至編『遊動民《ノマッド》――アフリカの原野に生きる』昭和堂。京都。
〔88〕荒木茂　一九九六「土とミオンボ林――ベンバの焼畑農耕とその変貌」田中二郎・掛谷誠・市川光雄・太田至編著『続自然社会の人類学――変貌するアフリカ』アカデミア出版会。
〔89〕荒木茂　一九九八『土の自然誌』北海道大学図書刊行会。札幌。
〔90〕荒木光弥　二〇一四『アフリカに大学を作ったサムライたち――ジョモ・ケニヤッタ農工大学物語』（株）国際開発ジャーナル社。東京。
〔91〕荒木美奈子　二〇一一「ゆるやかな共」の創出と内発的発展――キンディンバ村における地域開発実践をめぐって」掛谷誠・伊谷樹一編著『アフリカ地域研究と農村開発』京都大学学術出版会。京都。
〔92〕安渓遊地　一九八四「原始貨幣としての魚――中央アフリカ・ソンゴーラ族の物々交換市」伊谷純一郎・米山俊直編著『アフリカ文化の研究』アカデミア出版会。京都。
〔93〕池谷和信　一九九四「21世紀の狩猟採集民――ボツワナ、サン社会の事例から」『季刊民族学』六八。
〔94〕池谷和信　二〇〇二『国家のなかでの狩猟採集民――カラハリ・サンにおける生業活動の歴史民族誌』国立民族学博物館研究

叢書四。国立民族学博物館。大阪。
[95] 石田英実　二〇〇九　「人類揺籃の地アフリカ」川田順造編著『アフリカ史』山川出版社。東京。
[96] 伊谷樹一　二〇〇三　「アフリカ・ミオンボ林帯とその周辺地域の在来農法」『アジア・アフリカ地域研究』二。
[97] 伊谷樹一・黒崎龍悟　二〇一一　「ムビンガ県マテンゴ高地の地域特性とJICAプロジェクトの展開」掛谷誠・伊谷樹一編著『アフリカ地域研究と農村開発』京都大学学術出版会。京都。
[98] 伊谷純一郎　一九六一　『ゴリラとピグミーの森』岩波書店。東京。
[99] 伊谷純一郎　一九六六　「チンパンジーの社会構造」『自然』二一（八）：一七―三〇。
[100] 伊谷純一郎　一九六七　「霊長類の社会から人間の社会へ」『科学』三七（Ⅳ）：一七〇―一七四。
[101] 伊谷純一郎　一九七四a　「生物社会学、人類学から見た家族の起源」青山道夫編『講座家族1　家族の歴史』弘文堂。東京。
[102] 伊谷純一郎　一九七四b　「イトゥリの森の物語」『生物科学』二六（四）：一八四―一九三。
[103] 伊谷純一郎　一九八〇　『トゥルカナの自然誌』雄山閣。東京。
[104] 伊谷純一郎　一九八六　「人間平等起源論」伊谷純一郎・田中二郎編著『自然社会の人類学――アフリカに生きる』アカデミア出版会。京都。
[105] 伊谷純一郎・原子令三（編著）　一九七七　『人類の自然誌』雄山閣、東京。
[106] 市川光雄　一九七六　「バンブティ・ピグミーの狩猟生活」『自然』三一（四）：二六―三五。
[107] 市川光雄　一九八〇　「東アフリカ、スイエイ・ドロボの養蜂」『季刊人類学』一一巻二号。
[108] 市川光雄　一九八二　『森の狩猟民――ムブティ・ピグミーの生活』人文書院。京都。
[109] 伊藤詞子　二〇〇二　「森の中の食べもの――チンパンジーの食物密度と空間分布」西田利貞・上原重男・川中健二編著『マハレのチンパンジー〈パンスロポロジー〉の三七年』京都大学学術出版会。京都。
[110] 伊藤義将　二〇一二　『コーヒーの森の民族生態誌――エチオピア南西部高地森林域における人と自然の関係』京都大学アフリカ地域研究資料センター。京都。
[111] 今井一郎　二〇〇四　「ガブラのノマディズムをどう見るか――生態学的要因と社会的・政治的要因」田中二郎・佐藤俊・菅原和孝・太田至編著『遊動民《ノマッド》――アフリカの原野に生きる』昭和堂。京都。
[112] 今西錦司　一九六〇　『ゴリラ』文芸春秋社。東京。
[113] 今村薫　一九九二　「セントラル・カラハリ・サンにおける採集活動」『アフリカ研究』四一　日本アフリカ学会。
[114] 今村薫　一九九三　「サンの協同と分配――女性の生業活動の視点から」『アフリカ研究』四二　日本アフリカ学会。
[115] 今村薫　一九九六　「ささやかな饗宴――狩猟採集民ブッシュマンの食物分配」『続自然社会の人類学』アカデミア出版会。京

都。
[116] 今村薫　二〇一〇『砂漠に生きる女たち——カラハリ狩猟採集民の日常と儀礼』どうぶつ社。東京。
[117] 梅棹忠夫　一九六五『サバンナの記録』朝日新聞社。東京。
[118] 大崎雅一　二〇〇一「セントラル・カラハリ年代記」田中二郎編著『カラハリ狩猟採集民——過去と現在』京都大学学術出版会。京都。
[119] 大崎雅一　二〇〇四「白人入植者とブッシュマンのはざまにて」田中二郎・佐藤俊・菅原和孝・太田至編著『遊動民《ノマッド》——アフリカの原野に生きる』昭和堂。京都。
[120] 太田至　一九八七「家畜の個体性の認知、およびその意味についての試論」和田正平編著『アフリカ——民族学的研究』同朋舎。東京。
[121] 太田至　二〇〇一「「われわれ」意識の乖離と重なり——ナミビアにおけるヒンバとヘレロの民族間関係」和田正平編著『現代アフリカの民族関係』明石書店。東京。
[122] 太田至　二〇〇四「トゥルカナ社会における婚資の交渉」田中二郎・佐藤俊・菅原和孝・太田至編著『遊動民《ノマッド》——アフリカの原野に生きる』昭和堂。京都。
[123] 太田至　二〇一六「「アフリカ潜在力」の探究——紛争解決と共生の実現にむけて」太田至　シリーズ総編集／松田素二・平野（野元）美佐編『シリーズ　アフリカ潜在力1　紛争をおさめる文化——不完全性とブリコラージュの実践』シリーズ序論、京都大学学術出版会。京都。
[124] 大塚柳太郎　一九七四「オリオモ地方パプア人の生態」大塚柳太郎・田中二郎・西田利貞（共著）『人類の生態』共立出版。東京。
[125] 大野仁美　一九九五「カラハリ狩猟採集民グイの親族名称体系」『アジア・アフリカ言語文化研究』五〇号、東京外国語大学アジア・アフリカ言語文化研究所。
[126] 掛谷誠　一九七四「トングウェ族の生計維持機構——生活環境・生業・食生活」『季刊人類学』五—三。講談社。東京。
[127] 掛谷誠　一九七七「トングウェ族の呪医の世界」伊谷純一郎・原子令三編著『人類の自然誌』雄山閣。東京。
[128] 掛谷誠　一九九六「焼畑農耕社会の現在——ベンバ村の一〇年」田中二郎・掛谷誠・市川光雄・太田至編著『続自然社会の人類学——変貌するアフリカ』アカデミア出版会。
[129] 掛谷誠・伊谷樹一編著　二〇一一『アフリカ地域研究と農村開発』京都大学学術出版会。京都。
[130] 加藤正彦　二〇〇一「タンザニア・マテンゴ高地の集約的農業をめぐる社会生態」『アフリカ研究』五九。
[131] 加藤正彦　二〇〇二「タンザニア・マテンゴの掘り穴耕作とコーヒー栽培——「土造り」による集約的農業」掛谷誠編著『ア

フリカ農耕民の世界――その在来性と変容』京都大学学術出版会。
[132] 加納隆至　一九八六『最後の類人猿――ピグミーチンパンジーの行動と生態』どうぶつ社。東京。
[133] 亀井伸孝　二〇〇一「狩猟採集民バカにおけるこどもの遊び」市川光雄・佐藤弘明編著『森と人の共存世界』京都大学学術出版会。京都。
[134] 亀井伸孝　二〇一〇『森の小さな〈ハンター〉たち――狩猟採集民の子どもの民族誌』京都大学学術出版会。京都。
[135] 河合香吏　一九九八『野の医療――牧畜民チャムスの身体世界』東京大学出版会。東京。
[136] 河合香吏（編）二〇〇九『集団――人類社会の進化』京都大学学術出版会。京都。
[137] 河合香吏　二〇一三「制度としてのレイディング――ドドスにおけるその形式化と価値の生成」河合香吏編『制度――人類社会の進化』第一〇章、京都大学学術出版会。京都。
[138] 河合香吏（編）二〇一三『制度――人類社会の進化』京都大学学術出版会。京都。
[139] 河合香吏　二〇一六「「敵を慮る」という事態の成り立ち――ドドスにとって隣接集団とはいかなる他者か」河合香吏編『他者――人類社会の進化』第九章、京都大学学術出版会。京都。
[140] 河合香吏（編）二〇一六『他者――人類社会の進化』京都大学学術出版会。京都。
[141] 河合雅雄　一九六一『ゴリラ探検記』光文社。東京。
[142] 川田順造　一九八七「幼名と成人名」岩田慶治編『世界の子ども文化』創元社。大阪。
[143] 川中健二　一九八八「アフリカ類人猿の社会構造」『アフリカ研究』三二：六九―八八。
[144] 北西功一　一九九七「狩猟採集民アカにおける食物分配と居住集団」『アフリカ研究』五一。
[145] 北西功一　二〇〇一「分配者としての所有者――狩猟採集民アカにおける食物分配」市川光雄・佐藤弘明編著『森と人の共存世界』京都大学学術出版会。京都。
[146] 北村光二　一九八七「社交としてのパフォーマンス――ブッシュマン社会の事例を手がかりに」谷泰編『社会的相互行為の研究』京都大学人文科学研究所。
[147] 北村光二　一九九六「『平等主義』というノスタルジア――ブッシュマンは平等主義者ではない」『アフリカ研究』四八。
[148] 北村光二　二〇〇二「牧畜民の認識論的特異性――北ケニア放牧民トゥルカナにおける「生存の技法」」佐藤俊編著『遊牧民の世界』京都大学学術出版会。京都。
[149] 木村重信　一九六六『カラハリ砂漠――アフリカ最古の種族ブッシュマン探検記』講談社。東京。
[150] 木村大治　二〇〇三『共存感覚――アフリカの二つの社会における言語的相互行為から』京都大学学術出版会。京都。
[151] 倉知康　一九七二「ブッシュマンの身体検査」『アフリカ研究』12号。

[152] 栗田和明　一九八二「ケニア西部、ポコット族とマラクエット族の経済活動――マーケットとその背景」『季刊人類学』一三(四)。
[153] 湖中真哉　二〇〇六『牧畜二重経済の人類学――ケニア・サンブルの民族誌的研究』世界思想社。京都。
[154] 阪本寧男　一九八八『雑穀のきた道――ユーラシア民族植物誌から』日本放送出版協会。東京。
[155] 作道信介　二〇〇四「トゥルカナにおける他者の「怒り」――対処としての占い」田中二郎・佐藤俊・菅原和孝・太田至編著『遊動民《ノマッド》――アフリカの原野に生きる』昭和堂。京都。
[156] 佐々木重洋　二〇〇〇『仮面パフォーマンスの人類学――アフリカ、豹の森の仮面文化と近代』世界思想社。京都。
[157] 佐藤俊　一九七八「ラクダ遊牧の民――北部ケニアのレンディーレ族」『アニマ』六六：八一―八七。
[158] 佐藤俊　一九九二『レンディーレ――北ケニアのラクダ遊牧民』弘文堂。東京。
[159] 佐藤弘明　一九九一「定住した狩猟採集民バカ・ピグミー」田中二郎・掛谷誠編著『ヒトの自然誌』平凡社。東京。
[160] 佐藤弘明　二〇〇一「森と病い――バカ・ピグミーの民俗医学」市川光雄・佐藤弘明編著『森と人の共存世界』京都大学学術出版会。京都。
[161] 澤田昌人　一九八九「夢にみた歌――エフェ・ピグミーにおける超自然的存在と歌」『民族藝術』五。
[162] 鹿野一厚　一九九九「人間と家畜との相互作用からみた日帰り放牧の成立機構――北ケニアの牧畜民サンブルにおけるヤギ放牧の事例から」『民族学研究』六四。
[163] 重田眞義　一九八八「ヒト―植物関係の実相――エチオピア西南部オモ系農耕民アリのエンセーテ栽培と利用」『季刊人類学』一九。
[164] 重田眞義　二〇〇二「アフリカにおける持続的な集約農業の可能性――エンセーテを基盤とするエチオピア南西部の在来農業」掛谷誠編著『アフリカ農耕民の世界――その在来性と変容』京都大学学術出版会。京都。
[165] 篠原徹　一九九八『アフリカでケチを考えた』筑摩書房。東京。
[166] 篠原徹　二〇〇二「エチオピア・コンソ社会における農耕の集約性」掛谷誠編著『アフリカ農耕民の世界――その在来性と変容』京都大学学術出版会。京都。
[167] 篠原徹　二〇〇五『自然と生きる技術』吉川弘文館。東京。
[168] 庄武孝義　二〇〇九『ブラッドハンター――血液が進化を語る』新樹社。東京。
[169] 白石壮一郎　二〇〇四「パートタイムの牧夫たち――山地農耕民サビニの放牧キャンプから」田中二郎・佐藤俊・菅原和孝・太田至編著『遊動民《ノマッド》――アフリカの原野に生きる』昭和堂。京都。
[170] 末原達郎　一九九〇『赤道アフリカの食糧生産』同朋舎出版。京都。

[171] 末原達郎　二〇〇四『人間にとって農業とは何か』世界思想社。京都。
[172] 菅原和孝　一九九三『身体の人類学』河出書房新社。東京。
[173] 菅原和孝　二〇一五『狩り狩られる経験の現象学——ブッシュマンの感応と変身』京都大学学術出版会。京都。
[174] 杉山祐子　一九八八「生計維持機構としての社会関係——ベンバ女性の生活ストラテジー」『民族学研究』五三—一。
[175] 杉山裕子　一九九六「農業の近代化と母系社会——焼畑農耕民ベンバの女性の生き方」田中二郎・掛谷誠・市川光雄・太田至編著『続自然社会の人類学——変貌するアフリカ』アカデミア出版会。
[176] 杉山幸丸　一九六七「森林のチンパンジー」『自然』二二（八）。
[177] 鈴木晃　一九七七『雑食化への道』玉川大学出版部。東京。
[178] 諏訪元　二〇一二「ラミダスが解き明かす初期人類の進化的変遷」『季刊考古学』一一八。
[179] 曽我亨　一九九六「不平等な家畜相続制度——ラクダ牧畜民ガブラの親と子の葛藤」田中二郎・掛谷誠・市川光雄・太田至共編著『続自然社会の人類学』アカデミア出版会。京都。
[180] 孫暁剛　二〇一二『遊牧と定住の人類学——ケニア・レンディーレ社会の持続と変容』昭和堂。京都。
[181] 高田明　二〇〇二「セントラル・カラハリ・サンにおける社会変容——人口動態、生業活動、乳幼児の体重の分析から」『アフリカ研究』六〇。
[182] 高田明　二〇〇三『南部アフリカのサンにおける社会的相互行為の発達に関する研究』博士学位申請論文。京都大学。
[183] 高村泰雄・重田眞義編著　一九九八『アフリカ農業の諸問題』京都大学学術出版会。京都。
[184] 竹内潔　一九九四「コンゴ東北部の狩猟採集民アカにおける摂食回避」『アフリカ研究』四四。
[185] 竹内潔　二〇〇一「彼はゴリラになった——狩猟採集民アカと近隣農耕民のアンビバレントな共生関係」市川光雄・佐藤弘明編著『森と人の共存関係』京都大学学術出版会。京都。
[186] 武田淳　一九七九「ンガンドゥ族の狩猟生活」『アニマ』七〇：八一—八七。
[187] 武田淳　一九八四「森林部族ンガンドゥの狩猟・狩猟儀礼・肉の分配」伊谷純一郎・米山俊直編著『アフリカ文化の研究』アカデミア出版会。京都。
[188] 田中二郎　一九六八「ブッシュマン——カラハリ砂漠の採集狩猟民」『自然』二三（一一）。
[189] 田中二郎　一九七一『ブッシュマン——生態人類学的研究』思索社。東京。
[190] 田中二郎　一九七四「ブッシュマンの生態」『人類の生態』生態学講座、第二五巻。共立出版。東京。
[191] 田中二郎　一九七八『砂漠の狩人——人類始源の姿を求めて』中央公論社。東京。
[192] 田中二郎　一九九四『最後の狩猟採集民——歴史の流れとブッシュマン』どうぶつ社。東京。

[193] 田中二郎　二〇〇八『ブッシュマン、永遠に。――変容を迫られるアフリカの狩猟採集民』昭和堂。京都。

[194] 谷泰　一九七六『牧夫フランチェスコの一日――イタリア中部山村生活誌』日本放送出版協会。東京。

[195] 丹野正　一九七七「ムブティ族ネット・ハンターの狩猟活動とバンドの構成」伊谷純一郎・原子令三編著『人類の自然誌』雄山閣出版。東京。

[196] 丹野正　一九八四「ムブティ・ピグミーの植物利用」伊谷純一郎・米山俊直編『アフリカ文化の研究』アカデミア出版会。京都。四三―一一二頁。

[197] 寺嶋秀明　一九八四「ムボテ族の狩猟生活――乾燥疎開林における狩猟生活の生態人類学的研究」伊谷純一郎・米山俊直編著『アフリカ文化の研究』アカデミア出版会。京都。一六五―二二五頁。

[198] 都留泰作　一九九六「バカ・ピグミーの精霊儀礼」『アフリカ研究』四九。

[199] 東郷昭彦　一九七四「自然関係や水関係」『テラ・インコグニタ　二――カラハリ砂漠』北大探検部。札幌。

[200] 富川盛道　二〇〇五『ダトーガ民族誌――東アフリカ牧畜社会の地域人類学的研究』弘文堂。東京。

[201] 内藤直樹　二〇〇四「牧畜民アリアールの複合的な民族アイデンティティ形成――「同一の経験の共有」に基づく帰属意識形成の事例から」田中二郎・佐藤俊・菅原和孝・太田至編著『遊動民《ノマッド》――アフリカの原野に生きる』昭和堂。京都。

[202] 中川裕　一九九四「クイ語調査初期報告」『アジア・アフリカ文法研究』二二：五五―九二。

[203] 中川裕　二〇〇四「〝詩化〟する動物への呼びかけ」田中二郎・佐藤俊・菅原和孝・太田至編『遊動民《ノマッド》――アフリカの原野に生きる』昭和堂。京都。

[204] 中林信浩　一九九一『国家を生きる社会――西ケニア・イスハの氏族』世織書房。神奈川。

[205] 中村香子　二〇〇四「「産まない性」――サンブルの未婚の青年層によるビーズの授受を介した恋人関係」田中二郎・佐藤俊・菅原和孝・太田至編著『遊動民《ノマッド》――アフリカの原野に生きる』昭和堂。京都。

[206] 中村香子　二〇一一『ケニア・サンブル社会における年齢体系の変容動態に関する研究――青年期にみられる集団性とその個人化に注目して』京都大学アフリカ地域研究資料センター。京都。

[207] 中村美知夫　一九九七『チンパンジー――ことばのない彼らが語ること』中央公論社。東京。

[208] 長島信弘　一九七二『テソ民族誌――その世界観の探究』岩波書店。東京。

[209] 西邨顕達・東滋　一九七七「カボゴのチンパンジー」伊谷純一郎編著『チンパンジー記』講談社。

[210] 西田利貞　一九六七「サバンナのチンパンジー」『自然』二二（八）。

[211] 西田利貞　一九七三『精霊の子供たち――チンパンジーの社会構造を探る』筑摩書房。東京。

[212] 西田利貞　一九九四『チンパンジーおもしろ観察記』紀伊國屋書店。東京。

〔213〕西田正規　一九八六『定住革命』新曜社。東京。
〔214〕西田正規　一九九一「トングウェ族の職人の世界」田中二郎・掛谷誠編者『ヒトの自然誌』平凡社。東京。
〔215〕野中健一　一九九七「中央カラハリ砂漠のグイ・ガナ＝ブッシュマンの食生活における昆虫食の役割」『アフリカ研究』五〇日本アフリカ学会。
〔216〕野中健一　二〇〇五『民族昆虫学——昆虫食の自然誌』東京大学出版会。東京。
〔217〕波佐間逸博　二〇一五『牧畜世界の共生論理——カリモジョンとドドスの民族誌』京都大学学術出版会。京都。
〔218〕塙狼星　二〇〇二「半栽培と共創——中部アフリカ、焼畑農耕民の森林文化に関する一考察」寺嶋秀明・篠原徹編著『エスノ・サイエンス』京都大学学術出版会。京都。
〔219〕塙狼星　二〇〇四「コンゴ共和国北部における焼畑農耕民と狩猟採集民の相互関係の動態」『アフリカ研究』六四。
〔220〕早木仁成　一九九〇『チンパンジーのなかのヒト』裳華房。東京。
〔221〕原子令三　一九七七「ムブティピグミーの生態人類学的研究——とくにその狩猟を中心にして」伊谷純一郎・原子令三編著『人類の自然誌』雄山閣。東京。
〔222〕原子令三　一九九八『森と砂漠と海の人びと』（株）ＵＴＰ制作センター。東京。
〔223〕福井勝義・谷泰編著　一九八七『牧畜文化の原像——生態・社会・歴史』日本放送出版協会。東京。
〔224〕藤岡悠一郎　二〇一六『サバンナ農地林の社会生態誌——ナミビア農村にみる社会変容と資源利用』昭和堂。京都。
〔225〕古市剛史　一九八八『ビーリャの住む森で』東京科学同人。東京。
〔226〕分藤大翼　二〇〇一「バカ・ピグミーの加入儀礼——ジェンギの秘密」沢田昌人編『アフリカ狩猟採集社会の世界観』京都精華大学創造出版所。京都。
〔227〕北大探検部　一九七四『テラ・インコグニタ、ニーカラハリ砂漠』北大探検部。札幌。
〔228〕松井健　一九七七「トゥンブウェ族の民族動物学——エコロジーとエピステモロジーの間で」伊谷純一郎・原子令三編著『人類の自然誌』雄山閣。東京。
〔229〕松沢哲郎　二〇〇二『進化の隣人——ヒトとチンパンジー』岩波書店。東京。
〔230〕松田素二　一九九六『都市を飼い慣らす——アフリカの都市人類学』河出書房新社。東京。
〔231〕松田素二（編）二〇一四『アフリカ社会を学ぶ人のために』世界思想社。京都。
〔232〕松田素二　二〇一六「「アフリカ潜在力」の社会・文化的特質」太田至　シリーズ総編集／松田素二・平野（野元）美佐編『シリーズ　アフリカ潜在力１　紛争をおさめる文化——不完全性とブリコラージュの実践』シリーズ序論、京都大学学術出版会。京都。

[233] 丸尾聡　二〇〇二　「バナナとともに生きる人びと――タンザニア北西部・ハヤの村から」掛谷誠編著『アフリカ農耕民の世界――その在来性と変容』京都大学学術出版会。
[234] 丸山淳子　二〇〇四　「命をさがす人びと――再定住地の内と外の暮らし」田中二郎・佐藤俊・菅原和孝・太田至編『遊動民《ノマッド》――アフリカの原野に生きる』昭和堂。京都。二四九―二六七頁。
[235] 丸山淳子　二〇〇八　『ポスト狩猟採集社会への移行に関する研究――ボツワナにおけるサンの再定住と社会関係の再編』学位申請論文、京都大学。
[236] 丸山淳子　二〇一〇　『変化を生きぬくブッシュマン――開発政策と先住民運動のはざまで』世界思想社。京都。
[237] 水野一晴・永原陽子（編著）　二〇一六　『ナミビアを知るための53章』明石書店。東京。
[238] 峯陽一　一九九六　『南アフリカ――「虹の国」への歩み』岩波書店。東京。
[239] 峯陽一　二〇〇一　「モレポローレと砂漠のフロンティア――一九二〇～三〇年代におけるバクウェナ・リザーブとセントラル・カラハリの政治経済学」『セントラル・カラハリの地域史の動態とサンの社会文化変容に関する人類学的研究』平成一〇年度～平成一二年度科学研究費補助金（基盤研究（A）（二））研究成果報告書。
[240] 村尾るみこ　二〇一二　『創造するアフリカ農民――紛争国周辺農村を生きる生計戦略』昭和堂。京都。
[241] 矢入憲二　一九七四　「アフリカ大地溝帯にみられる雁行断層系」『アフリカ研究』一四。
[242] 安岡宏和　二〇〇四　「コンゴ盆地北西部に暮らすバカ・ピグミーの生活と長期狩猟採集行（モロンゴ）――熱帯雨林における狩猟採集生活の可能性を示す事例として」『アジア・アフリカ地域研究』四（一）。
[243] 安岡宏和　二〇一一　『バカ・ピグミーの生態人類学――アフリカ熱帯雨林の狩猟採集生活の再検討』京都大学アフリカ地域研究資料センター。京都。
[244] 山極寿一　一九八四　『ゴリラ――森に輝く白銀の背』平凡社。東京。
[245] 山田孝子　一九八四　「ニンドゥ族の住居と植物の世界」伊谷純一郎・米山俊直編著『アフリカ文化の研究』アカデミア出版会。京都。
[246] 吉田憲司　一九九二『仮面の森――アフリカ・チェワ社会における仮面結社、憑霊、邪術』講談社。東京。
[247] 吉村郊子　二〇〇四　「土地と人をつなぐもの――ナミビアの牧畜民ヒンバにとっての墓」田中二郎・佐藤俊・菅原和孝・太田至編著『遊動民《ノマッド》――アフリカの原野に生きる』昭和堂。京都。
[248] 吉村郊子　二〇〇八　「ナビミアの放蓄民ヒンバと土地のかかわり――その歴史と現在」『国立歴史民俗博物館研究報告』第一四五集。
[249] 米山俊直　一九七七　『ザイール・ノート　アフリカ――町と村と人と』サンケイ出版。東京。

[250] 米山俊直　一九九〇『アフリカ農耕民の世界観』弘文堂。東京。
[251] 和崎洋一　一九七七『スワヒリの世界にて』日本放送出版協会。東京。

索　引
（事項／民族名／動植物名／人名／地名）

■事項索引

■民族名索引

本書で扱う主要民族については，主な生計活動を括弧内に付した。
また，
*印のある太字のものは，「事項索引」に詳細な下位項目とともにページを指示した。
**印のあるものは，関連項目が「事項索引」にも掲載されているので参照されたい。

■動植物名索引

狩猟採集民に頻繁に利用されるものは，原則方名で記して学名ないし標準和名を付した。索引には本書中に何度も登場する主な生物のみ掲載したが，狩猟採集民の利用生物の一覧は本文中に適宜一覧したので参照されたい。

また，

*__印を付した進化史的に重要な太字の種__については，関連項目とともに，事項索引に掲載した。

**印を付したものは，本文中に関連項目を掲載したので参照されたい。

■植物

■動物

■人名索引

■ブッシュマン（ガナ／グイ／ナロ／ジュツォワ）の人々

■ムブティ・ピグミーの人々

■カソゲ観察基地の人々（トングウェ）

■牧畜民（ポコット，ヒンバ）の人々

■研究者，研究協力者

■地名索引

著者略歴

田中二郎（たなか　じろう）

1941年京都生まれ。京都大学理学部卒業。東京大学大学院社会学研究科博士課程中退。理学博士。京都大学霊長類研究所助教授、弘前大学人文学部教授、京都大学アフリカ地域研究センター、アジア・アフリカ地域研究研究科教授を歴任。京都大学名誉教授。

専門は人類学、アフリカ地域研究。狩猟採集民ブッシュマン、ムブティ・ピグミー、遊牧民レンディーレ、ポコットなどを対象とした生態人類学的研究をおこなってきた。

主要著書『ブッシュマン——生態人類学的研究』思索社、1971。『砂漠の狩人——人類始源の姿を求めて』中央公論社、1978。『自然社会の人類学——アフリカに生きる』（共編著）、アカデミア出版会、1986。『ヒトの自然誌』（共編著）、平凡社、1991。『最後の狩猟採集民——歴史の流れとブッシュマン』どうぶつ社、1994。『続　自然社会の人類学——変貌するアフリカ』（共編著）、アカデミア出版会、1996。『カラハリ狩猟採集民——過去と現在』（編著）、京都大学学術出版会、2001。『遊牧民ノマッド——アフリカの原野に生きる』（共編著）昭和堂、2004。『ブッシュマン、永遠に——変容を迫られるアフリカの狩猟採集民』昭和堂、2008年。*The Bushmen : A Half-Century Chronicle of Transformations in Hunter-Gatherer Life and Ecology*, Kyoto University Press, 2014.

アフリカ文化探検——半世紀の歴史から未来へ

2017年7月20日　初版第一刷発行

著　者　田　中　二　郎

発行人　末　原　達　郎

発行所　京都大学学術出版会
京都市左京区吉田近衛町69
京都大学吉田南構内（〒606-8315）
電話 075(761)6182
FAX 075(761)6190
URL http://www.kyoto-up.or.jp/
振替 01000-8-64677

印刷・製本　亜細亜印刷株式会社

装　幀　森　華

ISBN978-4-8140-0112-5